RELACIONES INTERNACIONALES

ESTHER BARBÉ

Catedrática de Relaciones Internacionales
de la Universidad Autónoma de Barcelona

RELACIONES INTERNACIONALES

SEGUNDA EDICIÓN

tecnos

Diseño de cubierta:
J. M. Domínguez y J. Sánchez Cuenca

1.ª edición, 1995
1.ª reimpresión, 2001
2.ª reimpresión, 2002
2.ª edición, 2003

Juan Ignacio Luca de Tena, 15 - 28027 Madrid
ISBN: 84-309-4069-3
Depósito Legal: M. 39.895-2.003

Printed in Spain. Impreso en España por Rigorma

A Lluís

ÍNDICE GENERAL

SEGUNDA PARTE

ANÁLISIS DE LA SOCIEDAD INTERNACIONAL

ÍNDICE DE CUADROS

II. LA TEORÍA DE LAS RELACIONES INTERNACIONALES

III. LA SOCIEDAD INTERNACIONAL

IV. EL SISTEMA INTERNACIONAL

V. LA SOCIEDAD INTERNACIONAL DE ÁMBITO MUNDIAL: GÉNESIS, EVOLUCIÓN Y CRISIS DEL SISTEMA (1945-1989)

VI. LA SOCIEDAD INTERNACIONAL EN LA ERA DE LA GLOBALIZACIÓN

INTRODUCCIÓN A LA PRIMERA EDICIÓN

> «Never, never and never again shall it be that this beautiful land will again experience the oppresion of one by another and suffer the indignity of being the skunk of the world.»
>
> NELSON MANDELA, presidente de Sudáfrica (10 de mayo de 1994)

Esta obra es el fruto de varios años de docencia en relaciones internacionales. Una tarea nada fácil en los últimos tiempos en los que las relaciones internacionales han estado sometidas a una dinámica de cambio que ha adquirido proporciones de «vértigo» (proceso de unificación alemán), de *shock* (desaparición de la Unión Soviética) e, incluso, de sobrecogimiento (limpieza étnica en pleno corazón de Europa).

De ahí que esta obra se inscriba bajo la idea del cambio en la sociedad internacional. Hasta cierto punto no constituye una novedad. Más bien ha sido una constante entre los especialistas en relaciones internacionales el tener que revisar de manera permanente su agenda de investigación y su programa docente. La propia «naturaleza de la cosa» estudiada, como diría el profesor Antonio Truyol, así lo requiere. Sin embargo, hay que reconocer que enfrentarse al cambio, arrastrados por el día a día de los acontecimientos internacionales de los últimos años, constituye un reto nada desdeñable. De ahí que el docente en relaciones internacionales se enfrente a una situación, desgraciadamente, habitual en los últimos tiempos: el desajuste entre sus instrumentos de análisis y el objeto de estudio. El debate en las aulas nos lleva en muchos momentos a admitir, con la consiguiente decepción para profesor y estudiantes, el desajuste mencionado: ¿cómo responder a un estudiante que desea una definición precisa y clara del actual sistema internacional?, o que pregunta, lisa y llanamente, quién lidera el mundo de nuestros días.

Ante la avalancha de «sorpresas» internacionales, el profesor Roberto Mesa ha escrito que lo insólito del espectáculo y su acelerado tempo histórico no dejan lugar para el análisis. Algo de eso hay. Aunque el desconcierto que vivimos desde la desaparición del muro de Berlín, también ha supuesto un «acicate» para los teóricos de las relaciones internacionales. No en vano la inventiva de los grandes arquitectos de la sociedad internacional del siglo XX, como Woodrow Wilson, Franklin D. Roosevelt o Jean Monnet siempre ha llevado aparejada la aparición de teóricos «en la sombra», como Alfred Zimmern, Hans J. Morgenthau o Ernst Haas. Teóricos que, en la mayor parte de los casos, quedan recluidos en las páginas de los libros. Algunos de ellos aparecerán a lo largo de estas páginas.

Como no podía ser menos, el fin del mundo bipolar nos ha traído «aprendices de arquitecto» —la arquitectura institucional de la Nueva Europa o la reforma de Naciones Unidas son algunos de los proyectos más destacados— y, con ellos, una producción teórica marcada sobre todo por la incertidumbre. Estamos, pues, en una época de «reinvención» teórica. Este libro ha recogido, en un último capítulo, esa dimensión teórica que intenta abordar el actual mundo en transición. ¿Hacia dónde?

Esta obra no podía pasar por alto el «espíritu de los tiempos». De ahí que esa pregunta (¿hacia dónde?), y el sentimiento de transición, impregnen todas las páginas. Ahora bien, el cambio no lo arrastra todo. Nos hallamos ante una sociedad internacional que sufre un terremoto, no un *big bang*. Muchos edificios siguen en pie, como el hambre que azota a buena parte de la población africana, y otros han sufrido algunos daños, mientras que unos pocos, como la Europa bipolar, han desaparecido bajo la vorágine de acontecimientos.

En otras palabras, esta obra pretende poner al alcance del estudiante marcos teóricos, conceptos de trabajo, datos básicos e instrumentos de análisis que le sirvan de bases —en plural— desde las cuales seguir el fluir de las relaciones internacionales en esta época de transición que nos ha tocado vivir. La pluralidad de esas bases ha de servir a los estudiantes para abrir sus mentes, no para cerrarlas cubriéndolas con una avalancha de datos y de definiciones.

Estas páginas pretenden ayudar y estimular a los estudiantes para que desarrollen sus propias ideas en materia de relaciones internacionales. De ahí que el texto central de esta obra se vea complementado con una serie de breves lecturas (extractos de documentos políticos, de textos teóricos o de artículos de prensa) que, en nuestra opinión, constituyen un atractivo para el lector. Están «estratégicamente» seleccionadas para alcanzar su objetivo: ayudar al estudiante a desarrollar sus ideas, a base de lecturas y de una reflexión disciplinada. Todo ello habría de potenciar un bien cada día más escaso, pero no por ello menos necesario: el debate en las aulas.

Esta obra se ha puesto como meta utilizar el lenguaje para clarificar y para transmitir el conocimiento, no para oscurecerlo. De ahí que hayamos evitado la «jerga» que en muchos casos dificulta la comunicación entre docente y estudiante en el campo de las ciencias sociales. Sin que todo ello suponga renunciar al rigor en la expresión. Al contrario, se ha intentado evitar las ambigüedades y las imprecisiones, a la vez que adoptar un bagaje conceptual útil para el análisis. Estas dos preocupaciones —claridad y análisis— determinan la sistematización del presente libro, dividido en dos partes.

La primera parte, centrada en los aspectos teóricos y conceptuales de las relaciones internacionales, está formada por cinco capítulos en los que se aborda, sucesivamente, el concepto de relaciones internacionales (capítulo II), la disciplina de las relaciones internacionales (capítulo III), la teoría de las relaciones internacionales (capítulo IV), las relaciones internacionales en España (capítulo V) y la sociedad internacional (capítulo VI). Estos cinco capítulos persiguen el objetivo de claridad antes mencionado.

A continuación, la segunda parte de la obra está formada por tres grandes capítulos, centrados en aspectos analíticos de las relaciones internacionales: la conformación del sistema internacional como instrumento complejo de análisis (capítulo VII); la aplicación de dicho instrumento al análisis de la sociedad internacional de la guerra fría, entre 1945 y 1989 (capítulo VIII); y, finalmente, la incidencia que los cambios en la sociedad internacional de la posguerra fría tienen en la teoría y, de manera específica, en la transformación del sistema internacional (capítulo IX).

Cada uno de los capítulos de esta obra cuenta con un bibliografía amplia, recogida en las notas bibliográficas, así como con un breve epígrafe de «bibliografía de consulta». En éste se incluyen las que, a juicio de la autora, podrían ser lecturas de recomendación inmediata para el estudiante que desea profundizar en los temas tratados en dicho capítulo. Por todo ello, se ha considerado innecesario adjuntar una bibliografía final de tipo recapitulativo.

Finalmente, tan sólo cabe puntualizar la voluntad constante, a lo largo de estas páginas, de articular hechos y teoría: la vida internacional, que salta a las pantallas de televisión, y el pensamiento internacional, que suele quedarse encerrado en las páginas de los libros o entre las paredes de las aulas. Nuestro deseo de convivencia entre unos (hechos) y otras (ideas) parte de una doble presunción: primero, los hechos no hablan por sí solos y, segundo, la pura abstracción formal es, a nuestro modo de ver, un contrasentido en el terreno de las llamadas ciencias «sociales». Redundando en la voluntad docente de esta obra, se ha intentado vincular los dos niveles —teoría y praxis— sin olvidar, como dijo Keynes, que los hechos nos dicen lo que nuestras teorías sugieren que los mismos deberían revelarnos.

Una obra de estas características no es nunca un producto individual, un trabajo en solitario. En nuestro camino nos han acompañado y nos han ayudado muchas personas: maestros, alumnos y compañeros. La lista sería larga y la memoria juega malas pasadas. Todas ellas, tanto las que nos han ayudado en las etapas finales de este manuscrito como las que nos orientaron en las primeras fases de nuestra andadura profesional, son acreedoras de nuestro más sincero agradecimiento. Los errores que se hayan podido deslizar en estas páginas no son suyos, y sólo son imputables a la autora.

Esta obra se ha escrito durante el primer año de la presidencia de Nelson Mandela. Deseamos dejar constancia de ello. Las palabras del presidente Mandela, que encabezan estas páginas, constituyen un homenaje a la victoria de la razón sobre el *apartheid*, sobre el racismo, sobre la xenofobia… En suma, sobre la intolerancia.

Barcelona, 21 de junio de 1995
(Año de las Naciones Unidas para la Tolerancia)

PALABRAS PREVIAS A LA SEGUNDA EDICIÓN

> «El año Internacional del Agua Dulce (2003), proclamado por la Asamblea General de las Naciones Unidas, se celebra en un momento crucial.»
>
> KOFI A. ANNAN, secretario general de Naciones Unidas (12 de diciembre de 2002)

El momento es crucial, para el mundo y para las Naciones Unidas. Éste es un mundo en el que dos mil millones de personas carecen de agua potable y en el que las tropas estadounidenses y británicas han emprendido una guerra contra Irak, sin el aval de una resolución del Consejo de Seguridad. Temas dispares, pero conexos, que conforman la agenda mundial cuando estas páginas se encaminan a la imprenta.

Hay que señalar que el período de tiempo transcurrido entre la primera edición de este libro, en 1995, y la presente es un período de amplias transformaciones. Transformaciones que, en algunos casos, sirven para confirmar tendencias ya en marcha con anterioridad, pero, en otros, marcan el nacimiento de una nueva era, como fue, desgraciadamente, el caso de los atentados del 11 de septiembre de 2001 en Nueva York y Washington: la era de la «privatización de la guerra», como han señalado algunas voces.

En lo relativo a la confirmación de las tendencias en marcha, hay que recordar que, en este período, Europa (doce países europeos, para ser más exactos) se ha dotado de una moneda única. Lo que supone una transformación de primer orden en el mundo, todavía, de los estados soberanos. Esa misma Europa se amplía a veinticinco, en 2004, generando todo tipo de dudas en torno a su capacidad para resistir tal desafío, combinado con su proceso de constitucionalización.

El mundo no ha dejado de reforzar su lógica universalista. Así, el ingreso de Suiza y Timor Oriental en Naciones Unidas ha llevado la cifra de sus estados miembros hasta 191. La entrada en vigor, en julio de 2002, del Tribunal Penal Internacional supone un paso importante, a pesar de todas sus limitaciones, en el terreno de la justicia universal.

La globalización económica, generadora de grandes desigualdades, ha mostrado sus claroscuros en este período, con crisis disparatadas y socialmente dolorosas, como la crisis financiera del sudeste asiático, en 1997, y sus ondas de contagio (Brasil, Rusia), o la crisis argentina, a partir de 2001. Junto a esas crisis, no hay que olvidar el ritmo incesante de crecimiento económico que vive China (una media anual del 9,5 por 100 entre 1980 y 2000), que ha convertido a ese país en la sexta potencia económica del mundo, acompañado, eso sí, de enormes desequilibrios y desigualdades en su interior. Todo ello, en contraste con la vecina Japón, que vive en plena psicosis de crisis económica y social. Lo que plantea interrogantes respecto del escenario asiático en un futuro a medio plazo.

El mundo árabe ha vivido durante este período un «regreso al pasado», con la frustración de las expectativas creadas por el proceso de paz en Oriente Medio y el regreso de las hostilidades. Desgraciadamente, nuevos hechos han venido a sumarse a las imágenes, bien conocidas durante décadas, de los tanques israelíes patrullando en las poblaciones palestinas. Hechos que hunden a Oriente Medio en una espiral de irracionalidad cada vez más profunda. Éste es el caso de la decisión del gobierno israelí de construir un muro para separar a israelíes y palestinos, como si ello fuera posible, o de la decisión de numerosos jóvenes palestinos de inmolarse (bombas humanas), en defensa de los derechos de su pueblo.

Como siempre, el continente africano sigue siendo el espacio más asolado del mundo, por el efecto de la actividad humana (el conflicto de la República Democrática del Congo se ha cobrado casi tres millones de vidas en los últimos años) o de la enfermedad (en 2002 murieron dos millones y medio de africanos afectados por el virus del sida).

Todo ello nos lleva a recordar unas palabras del Informe de Kofi Annan, *Nosotros los pueblos: la función de las Naciones Unidas en el siglo XXI*, dirigido a la Cumbre del Milenio: «Construir un siglo XXI más seguro y más equitativo que el siglo XX es una tarea que exigirá una gran voluntad por parte de todos los estados y de todas las personas».

La tarea del presente libro está debidamente recogida en la introducción a la primera edición. Esta segunda edición persigue actualizar los datos de la anterior, así como adecuar su estructura a las necesidades de los actuales planes docentes. El libro está dividido en dos partes. En la primera parte se lleva a cabo una contextualización de la disciplina en su marco histórico (capítulo I), una presentación sistemática de las aproximaciones teóricas en Relaciones Internacionales hasta el momento presente (capítulo II) y una introducción a las características generales de la sociedad internacional (capítulo III). En la segunda parte, compuesta por otros tres capítulos, se abordan, de manera consecutiva, el sistema internacional como instrumento de análisis (capítulo IV), la sociedad internacional de la guerra fría, entre 1945 y 1989 (capítulo V) y la sociedad internacional en la era de la globalización (capítulo VI), que aproxima el estudio de la sociedad internacional hasta nuestros días.

Al igual que en la edición anterior, cada capítulo se acompaña de una breve bibliografía de consulta, así como, en buena parte de los capítulos, de unas lecturas complementarias, que sirven para ilustrar o para reflexionar sobre aspectos concretos abordados en el capítulo en cuestión. Al final del libro se incluye lo que hoy en día ya es imprescindible para el trabajo de profesores y estudiantes: una breve selección de páginas web, que hace las veces de instrumento de apoyo y de información para profundizar en buena parte de los temas estudiados a lo largo del libro.

Las últimas palabras constituyen una muestra de agradecimiento a aquellas personas que han facilitado o han colaborado directamente en la preparación de esta segunda edición. Un agradecimiento genérico es para mis colaboradores en el Instituto Universitario de Estudios Europeos, y Observatorio de Política Exterior Europea, de la Universidad Autónoma de Barcelona, por haber creado el excelente ambiente de trabajo en el que se ha ido gestando la revisión de esta obra durante los tres últimos años. Los profesores Oriol Costa, de la Universidad Autónoma de Barcelona, y José Antonio Sanahuja, de la Universidad Complutense de Madrid, han puesto su conocimiento especializado al servicio de este libro, redactando dos apartados del último capítulo. El lector los encontrará debidamente reseñados. Yo les agradezco el haberme permitido de su *expertise* y de su generosidad. Finalmente, deseo agradecer a Anna Herranz su eficaz trabajo como ayudante para la actualización y revisión de esta obra. Los errores que se hayan podido deslizar a lo largo del libro son exclusiva responsabilidad de la autora de estas páginas.

Barcelona, 24 de julio de 2003

PRIMERA PARTE

TEORÍA Y CONCEPTOS

CAPÍTULO I

LA DISCIPLINA DE LAS RELACIONES INTERNACIONALES: GÉNESIS ACADÉMICA

1. LA GUERRA COMO PROBLEMA SOCIAL, O EL ORIGEN DE LA DISCIPLINA

> «Que, puesto que las guerras nacen en la mente de los hombres, es en la mente de los hombres donde deben erigirse los baluartes de la paz.»
>
> Constitución de la UNESCO
> (Londres, 16 de noviembre de 1945)

El nacimiento de nuestra disciplina tuvo lugar en la Universidad de Gales (Aberyswyth), donde en 1919[1] se creó la cátedra Woodrow Wilson en relaciones internacionales[1 bis]. El nacimiento de la misma está directamente asociado a la recién finalizada primera guerra mundial, que había dejado nueve millones de muertos en el campo de batalla.

La sociedad europea que había superado o sabía cómo superar las grandes plagas de la humanidad (peste, hambre, pobreza) se hallaba frente a la «última plaga», en este caso no vinculada a fenómenos naturales sino a la actividad humana. Así, un mundo capaz de cambiar las condiciones humanas (hambre, enfermedad) mediante los avances técnicos y la ingeniería social (Bismarck puso en funcionamiento el primer *welfare state*), se veía lanzado a una carnicería que afectaba a la sociedad en su conjunto (el 50 por 100 de los jóvenes franceses entre veinte y treinta años

---

[1] La fecha de 1919 es la más citada entre los estudiosos del tema. Sin embargo, algunos autores retardan dicha creación hasta 1922. El debate en torno al tema está recogido en C. DEL ARENAL, *Introducción a las Relaciones Internacionales*, Tecnos, Madrid, 1990 (1.ª ed., 1984), p. 76.

[1 bis] El concepto de relaciones internacionales cubre una doble dimensión. El término «relaciones internacionales» designa, de entrada, un sector de la realidad social, el de aquellas relaciones humanas que se caracterizan, en palabras de Antonio TRUYOL, por su calidad de internacionales; pero la misma expresión designa, a su vez, la consideración científica de dichas relaciones. De ahí que hablemos de la disciplina de las relaciones internacionales. Esta formulación no es única. La academia utiliza hoy en día diversos términos para identificar estudios similares. Así, los términos relaciones internacionales, estudios internacionales, política internacional y política mundial, entre otros, conviven. Lo que demuestra falta de consenso a la hora de denominar la disciplina. Esta obra se inscribe en la tradición española, que ha justificado la adopción del término de relaciones internacionales por considerarlo el más adecuado para su objeto de estudio, la sociedad internacional. Asimismo, esta opción coincide con la actualmente dominante en el marco europeo. En ese sentido, hay que recordar la aparición, en 1995, de la primera publicación teórica de nuestra disciplina, de ámbito paneuropeo, con el título de *European Journal of International Relations*. Más recientemente, se ha publicado la que, en nuestra opinión, será la primera obra de referencia del siglo XXI en nuestra disciplina. Nos referimos al *Handbook of International Relations* (W. CARLSNAES, T. RISSE y B. SIMMONS, eds.), Sage, Londres, 2002.

mueren o son heridos durante la guerra). El arte de la época (pintura, literatura) es un buen reflejo del estado de ánimo de la sociedad europea, afectada de una crisis de civilización, que gráficamente recoge Paul Valéry al escribir *nous sommes mortels*. Frase ajena a la evidencia biológica.

El sentimiento de «plaga» y la mentalidad de cambio dominante en las sociedades industrializadas son contradictorios. De ahí, por tanto, que la voluntad de conocer y, a través de la misma, de cambiar, propia de las ciencias sociales desde el siglo XIX tome como objeto de interés el fenómeno de la guerra. La demanda social en ese sentido es una evidencia. La voluntad de cambio, propia de «la era del progreso» y que afecta a la sociedad en su conjunto (auge de las fuerzas socialistas en toda Europa), inspira el nacimiento de una disciplina que ha de tener como preocupación inicial el fenómeno de la guerra, negando así la máxima de Clausewitz que consideraba la guerra como una forma más de la actividad política. Esa interacción entre medio social y disciplina científica, que encontramos en la génesis de las relaciones internacionales, será una constante. De tal manera, que las aproximaciones teóricas en el campo de las relaciones internacionales están asociadas a las necesidades de la humanidad en cada momento (crisis energéticas, conflictos étnicos, problemas medioambientales, etc.). O, mejor dicho, a las problemáticas percibidas como tales por aquella parte de la humanidad que crea la agenda de investigación. *Esa idea de vinculación entre teoría (ideas) y práctica (hechos) es un eje conductor en estas páginas*.

Como ya se ha dicho, las relaciones internacionales adquieren *status* académico a partir de 1919, en tanto que esa fecha es el inicio de un proceso durante el cual se genera un colectivo académico con identidad propia. Colectivo que, por su peso numérico, está claramente dominado por la academia norteamericana (en un sentido restringido) y anglosajona (en un sentido más amplio)[2]. Ese peso ya es evidente en los orígenes de la disciplina. Si bien 1919 es la fecha de la institucionalización académica, años antes ya se puede hablar de la existencia de científicos dedicados de manera sistemática al estudio del fenómeno de la guerra como «problema social». En ese sentido, hay que mencionar la investigación subvencionada por la *Carnegie Endowment for Peace*, que en 1910 comenzó a publicar la primera revista científica en el campo de las relaciones internacionales. Se trata de *International Conciliation*, que durante medio siglo ha seguido una política editorial de gran rigor académico[3]. Tampoco hace falta esperar a 1919 para tener en las bibliotecas obras que merezcan la calificación de primeros trabajos en relaciones internacionales. Así, en 1900 se publica el libro de Paul Reinach, *World Politics at the End of the Nineteenth Century*, que suele citarse como uno de los primeros hitos en la génesis de la disciplina[4].

---

[2] El desarrollo de la disciplina en el mundo anglosajón es tratado en detalle en S. SMITH (comp.), *International Relations. British and American Perspectives*, Basil Blackwell, Oxford, 1985.

[3] Una valoración de la revista *International Conciliation* en W. C. OLSON y A. J. R. GROOM, *International Relations. Then and Now*, Harper Collins, Londres, 1991, p. 48.

[4] Véase, en ese sentido, las referencias de C. F. ALGER, «Relaciones Internacionales», en D. L. SILLS, *Enciclopedia Internacional de Ciencias Sociales*, vol. 9, Aguilar, Madrid, 1976 (ed. orig. en inglés, 1968), p. 188. El libro de Paul Reinach no está considerado, sin embargo, como el primer libro con una aproximación de relaciones internacionales, en el sentido actual del término. Gustavo PALOMARES ha apuntado en su *Proyecto Docente en Relaciones Internacionales* presentado en la Universidad Nacional de Educación a Distancia, en 1990, que el primer libro de tales características fue publicado en 1919 por David Heatley, *Diplomacy*

No es extraño que los primeros hitos de la disciplina se den en el mundo anglosajón (y de manera especial en el caso de la *Carnegie Endowment* en el mundo puritano de la Nueva Inglaterra[5]), ya que los mismos están marcados por el pensamiento liberal que en el siglo XIX, y tras las guerras de Crimea y la guerra franco-prusiana, generan una actitud pacifista como componente de un rechazo gubernamental más amplio. En este punto, el pensamiento liberal y el pensamiento marxista coinciden desde el momento en que identifican a la sociedad como víctima de unas guerras legitimadas por la deriva militar de los estados. Se asienta así la creencia de una antítesis entre estado y sociedad[6]. En cuanto a la responsabilidad de dichas guerras (el gobierno *tout court* o el gobierno como representante de la clase social dominante) o a la solución para las mismas (comercio e instituciones, por una parte, y revolución social, por otra), ambos pensamientos divergen. Mientras los liberales desean una reforma de los mecanismos diplomático-militares y una democratización de la actividad internacional mediante la participación de la opinión pública, los marxistas adoptan una actitud radical anti-sistema.

La influencia de ambos pensamientos en el marco político no tarda en dar sus frutos. Así, los «Catorce Puntos» (1918) de Wilson[7], por una parte, y el «Informe sobre la Paz» (1917) de Lenin[8], por otra, se convierten en la traducción de lo propiciado respectivamente por liberales y marxistas. Mientras el presidente Wilson fue directamente influido en su concepción del orden mundial por un grupo pacifista liberal, la *League to enforce Peace*, Lenin se formó en el pacifismo internacionalista de la Segunda Internacional[9]. Así, el desarrollo del movimiento pacifista en el futuro tendrá dos bases ideológicamente diversas (liberalismo y socialismo)[10].

Las referencias a Wilson y a Lenin no son gratuitas, cuando se trata de establecer los orígenes de la disciplina de las relaciones internacionales. En este sentido, OLSON y GROOM escriben que «la investigación del desarrollo intelectual de la teoría de las relaciones internacionales no se debe limitar tan sólo a los intelectuales si, por ese término a menudo mal utilizado, se hace referencia a personas que no tienen responsabilidades a nivel gubernamental»[11]. En efecto, la disciplina va a nacer por presiones de un medio social que ya lleva varias décadas mostrando voluntad de reforma en el terreno internacional. Lo que se traduce en el terreno gubernamental en avances del derecho internacional, como los introducidos por las

---

and the Study of International Relations, Clarendon Press, Oxford. Otros estudiosos del tema no consideran el libro de Heatley, mencionado por Palomares, como el primer *textbook* en relaciones internacionales sino una obra de carácter colectivo, publicada en 1916. Se trata de Arthur Greenwood *et al.*, *Introduction to the Study of International Relations*, MacMillan, Londres.

[5] Sobre la influencia del pensamiento religioso entre los estudiosos norteamericanos de relaciones internacionales, y de manera más precisa de *peace research*, véase la tesis doctoral de Rafael GRASA, *La objetividad de las ciencias sociales: Investigación para la paz y relaciones internacionales*, defendida en la Facultad de Filosofía de la Universidad de Barcelona, 1990.

[6] El tema ha sido desarrollado por F. N. HINSLEY, *Power and the pursuit of peace. Theory and practice in the history of relations between states*, Cambridge UP, Cambridge, 1963, p. 114.

[7] Véase el texto de los «Catorce Puntos» de Wilson en las «Lecturas Complementarias» de este capítulo.

[8] Véase el texto del «Informe sobre la Paz» de Lenin en las «Lecturas Complementarias» de este capítulo.

[9] Sobre el tema véase. G. D. H. COLE, *Historia del Pensamiento Socialista III y IV. La Segunda Internacional (1889-1914)*, FCE, México, 1964 (1.ª ed. en inglés, 1956).

[10] Una amplia referencia sobre el pensamiento y los autores que influyen en el movimiento pacifista, en M. MERLE, *Pacifisme et internationalisme XVII-XX siècles*, Armand Colin, París, 1966.

[11] W. C. OLSON y A. J. R. GROOM, *International Relations. Then and Now*, *op. cit.*, 1991, p. 47.

Conferencias de Paz de la Haya (1899 y 1907), en materia de arreglo pacífico de controversias y de derecho de guerra[12].

La movilización social y los avances jurídicos de varias décadas no van a impedir, sin embargo, la amarga experiencia de la Gran Guerra. Una vez acabada la contienda, una idea simple (ligada al origen de la disciplina) flota en el ambiente: la educación para la paz. Educación en un doble sentido: por un lado, educar a las masas como parte del proyecto liberal de democratización de la política internacional y, por otro, educar a las elites. En esta última dirección hay que entender el acuerdo informal alcanzado durante las negociaciones de Versalles por las delegaciones francesa, británica y estadounidense en torno a la conveniencia de crear instituciones científicas para el estudio de las cuestiones internacionales.

Las potencias anglosajonas serán las primeras en dotarse de centros de investigación en relaciones internacionales. Londres (*The Royal Institute of International Affairs*) y Nueva York (*Council on Foreign Relations*) serán, junto a Aberyswyth, los tres primeros puntos del mapa docente/investigador de la disciplina[13]. Disciplina que nace con una clara voluntad práctica (*policy science*). Lo que para algunos autores, como Martin WIGHT está en la misma «naturaleza de la cosa», ya que «la literatura del arte de la diplomacia, así como la del arte de la guerra, siempre han combinado la historia y el análisis con el asesoramiento práctico»[14]. Es evidente que los institutos de Londres y de Nueva York —responsables de la publicación hasta nuestros días de dos prestigiosas revistas en relaciones internacionales, la británica *International Affairs* y la estadounidense *Foreign Affairs*— tienen como objetivo la orientación de la política exterior del estado. El programa de estudios del *Council* especificaba en el año 1929 el doble objetivo del mismo: desarrollar, a través de un estudio científico e imparcial, una mejor comprensión de los problemas internacionales y una política exterior americana *inteligente* (el énfasis es nuestro)[15]. Es evidente, por tanto, que las primeras formulaciones teóricas en relaciones internacionales serán normativas, a partir del momento en que asumen como objetivo la tarea de «hacer inteligente» la política exterior del estado.

El carácter normativo de la disciplina también se aprecia en los primeros pasos de la misma en el terreno académico. De ahí la referencia a Alfred Zimmern, como primer ocupante de la cátedra Woodrow Wilson. La orientación de Zimmern, que goza de la doble condición de académico y de profesional, con experiencia en el *Foreign Office* y en la Sociedad de Naciones, tiene un claro componente idealista (la eliminación de la guerra). Para ello, Zimmern propone un estudio científico de las relaciones internacionales con un contenido nuevo, sustituyendo las relaciones interestatales por las relaciones entre los pueblos. De esta manera, se rechaza la apro-

---

[12] Sobre dichos avances, véase J. A. CARRILLO SALCEDO, *El Derecho Internacional en perspectiva histórica*, Tecnos, Madrid, 1991, pp. 31-37.

[13] En París no se llevó a cabo la creación de ninguna institución, como las de Londres y Nueva York. Si bien, en el mundo francófono, se puede mencionar la creación en Ginebra del *Institut Universitaire des Hautes Études Internationales*. El Instituto, sin embargo, será más un centro académico de formación que un creador de opinión. Su ubicación, en la ciudad sede de la Sociedad de Naciones, le convertirá en un punto de referencia importante para diplomáticos y funcionarios internacionales.

[14] M. WIGHT, *Power Politics*, Leicester UP, Leicester, 1978 (1.ª ed., 1946), p. 161.

[15] Las referencias al programa del *Council* del año 1929 están recogidas en W. C. OLSON y A. J. R. GROOM, *International Relations. Then and Now*, *op. cit.*, p. 59.

ximación interestatal, tradicional en el estudio de la sociedad internacional por parte del derecho internacional y de la historia diplomática. Así, para ZIMMERN, la vida internacional ha variado sustancialmente detectándose un nivel cada vez mayor de interdependencia entre los estados y de complejidad en las relaciones internacionales, a tal punto que el autor británico ve en ellas «un aparato altamente desarrollado, comparable al sistema nervioso del cuerpo humano»[16]. Se aprecia así en el lenguaje de Zimmern el distanciamiento que la nueva disciplina va a establecer respecto de las disciplinas tradicionales de la sociedad internacional (derecho e historia) y su ubicación en el marco de las ciencias sociales, muy influidas en aquella época por las ciencias naturales[17].

2. HISTORIA DIPLOMÁTICA Y DERECHO INTERNACIONAL: DISCIPLINAS TRADICIONALES DE LA SOCIEDAD INTERNACIONAL

La historia diplomática y el derecho internacional constituyen el marco académico establecido —el *establishment*— del que se han «liberado» las relaciones internacionales en pleno siglo XX. Si atendemos a Stanley HOFFMANN, «el análisis metódico de las relaciones entre los Estados ha estado durante largo tiempo, por decirlo de alguna manera, ahogado por la historia de estas relaciones y por el estudio de las normas jurídicas que tratan de ordenarlas»[18].

Así, nuestra disciplina constituye el producto científico reciente (en términos relativos) de una preocupación antigua. En ese sentido, Manuel MEDINA apunta que «el estudio científico de la política internacional más antiguo se debe a los historiadores». A lo que añade que la *Historia de la Guerra del Peloponeso* de Tucídides es «a la vez, el primer estudio científico de la historia y el primer análisis objetivo de las relaciones internacionales»[19]. A ello se podría sumar el hecho, bien conocido, de que el término *internacional* introducido por Jeremy Bentham, en 1780, nació vinculado justamente al derecho[20]. En relación con tiempos más recientes, se puede recordar que los estudios en Derecho son los únicos que antes de la primera guerra mundial introducían el término «internacional» en sus planes de estudio.

De esta manera, las relaciones internacionales nacen «desde» y «contra» dos disciplinas tradicionales en el medio académico: la historia diplomática y el derecho internacional. En primer lugar hallamos la historia diplomática, que en el siglo XIX se desgajó de la tradicional historia de los tratados. El nacimiento de esta última, en el siglo XVII, está ligado al sistema de estados europeos surgido de la paz de Westfalia. La historia diplomática consigue gran desarrollo en el siglo XX, sobre todo a raíz de la primera guerra mundial y el estudio de sus causas, tanto en la

---

[16] A. ZIMMERN, *The Study of International Relations*, Clarendon Press, Oxford, 1931, p. 14.

[17] Sobre el tema en cuestión, véase K. W. DEUTSCH *et al.*, *Advances in the social sciences, 1900-1980. What, Who, Where, How?*, Univ. Press of America, Nueva York, 1986, p. 250.

[18] S. HOFFMANN, «Théorie et Relations Internationales», *Revue Française de Science Politique*, vol. XI, n.º 2, 1961, p. 414.

[19] M. MEDINA, *La teoría de las relaciones internacionales*, Seminarios y Ediciones, Madrid, 1973, p. 29.

[20] Nos referimos a la obra de Jeremy Bentham, *An Introduction to the Principles of Moral and Legislation*, 1780.

Europa continental como en los países anglosajones. Las obras de Renouvin y de Toynbee[21] son buena muestra de ello. Si bien, con estos dos historiadores se pasa de la historia diplomática tradicional (enumeración de datos a partir de documentos diplomáticos) a una historia internacional (Renouvin utiliza el término «relaciones internacionales») basada en la explicación de las fuerzas profundas y del «sentido» de la historia[22].

El término «historia de las relaciones internacionales» sustituye progresivamente al de «historia diplomática», tras la primera guerra mundial. Ahora bien, algunos autores mantienen el tradicional de «historia diplomática». Es el caso de Jean Baptiste Duroselle[23], discípulo de Pierre Renouvin, quien se ha encargado de establecer las diferencias entre su disciplina (histórica) y las relaciones internacionales. Para el historiador francés el estudio de las relaciones internacionales no es historia en cuanto tal, sino que consiste en el «estudio científico de los fenómenos internacionales para llegar a descubrir los datos fundamentales y los datos accidentales que las rigen»[24].

La influencia de la disciplina histórica en las relaciones internacionales es una evidencia. El hecho, por ejemplo, de que Alfred Zimmern fuera historiador de formación es un dato simbólico, pero importante. En efecto, el desarrollo de las relaciones internacionales en algunos países –el caso de Gran Bretaña es el más espectacular— ha estado altamente influido por la historia (formación previa de los futuros académicos en relaciones internacionales)[25]. En la actualidad, y como ejemplo de lo apuntado, hay que indicar que la prestigiosa *London School of Economics* tiene dos departamentos de estudios internacionales (en sentido genérico): el de relaciones internacionales y el de historia internacional.

Antonio Truyol nos indica que, manteniendo el carácter autónomo de cada disciplina, no hay que olvidar el peso importante de la historia en las relaciones internacionales, tanto en el terreno histórico-genético como en el terreno metodológico. En el primer terreno, TRUYOL apunta que «si en el orden histórico-genético la historia, y singularmente la historia diplomática, contribuyó muy eficazmente a fomentar el estudio de las relaciones internacionales, en el orden epistemológico no cabe entre ambas materias una identificación [...] la explicación histórica es individualizadora; la de la política y la sociología es generalizadora o tipificadora»[26].

---

[21] Pierre Renouvin publicó entre 1953 y 1958 los ocho volúmenes de su *Histoire des Relations Internationales*. Arnold Toynbee, por su parte, publicó su monumental *A Study of History* (12 vols.) entre 1934 y 1961. Existen traducciones al castellano de ambas obras: *Historia de las relaciones internacionales*, 2 vols. (4 tomos), Aguilar, Madrid, 1967, y *Estudio de la Historia. Compendio*, 3 vols., Alianza, Madrid, 1970.

[22] Sobre la obra de Renouvin, véase el artículo de J. B. DUROSELLE, «Pierre Renouvin et la science politique», *Revue Française de Science Politique*, vol. XXV, n.º. 3, 1975, pp. 561-574.

[23] Se hace referencia al manual de J. B. DUROSELLE, *Histoire Diplomatique de 1918 à nos jours*, Dalloz, París, 1953 (1.ª ed.). Existe traducción al catalán de una edición de 1978, con el título de *Història Universal Contemporània. Les relacions internacionals 1918-1945*, EUC, Barcelona, 1982.

[24] J. B. DUROSELLE, «L'étude des Relations Internationales. Objet, Méthode, Perspectives», *Revue Française de Science Politique*, vol. II, n.º 4, 1952, p. 683.

[25] Sobre la vinculación entre historia y relaciones internacionales véase el capítulo de Ch. HILL, «History and International Relations», en S. SMITH (comp.), *International Relations. British and American Perspectives*, *op. cit.*, pp. 126-145.

[26] A. TRUYOL Y SERRA, *La Teoría de las Relaciones Internacionales como Sociología. (Introducción al estudio de las Relaciones Internacionales)*, Instituto de Estudios Políticos, Madrid, 1973 (1.ª ed., 1957), p. 65.

En el terreno metodológico, el mismo TRUYOL, después de establecer la proximidad entre historia y sociología en tanto que ciencias globales, apunta que «la historia es, en todo caso, disciplina auxiliar fundamental de la política y la sociología. Como en todas las ciencias relativas al hombre, en la política y la sociología es la historia el equivalente de la experimentación en las ciencias naturales.» De ahí que acabe otorgando a la historia como disciplina el calificativo de «gigantesco laboratorio»[27].

Junto a la historia diplomática, el derecho internacional es la otra gran disciplina tradicional que, a la vez, gesta (académicos formados en su seno) y «ahoga» (en términos de Stanley Hoffmann) el nacimiento de las relaciones internacionales. Desde las filas del derecho internacional, en el caso de los Estados Unidos, surgen muchos de los académicos que van a institucionalizar la disciplina en aquel país. En un principio, las diferencias epistemológicas (análisis de la realidad social frente al de la norma jurídica) no se traducen en el objeto inmediato de estudio: las instituciones internacionales. En ese sentido, la Sociedad de Naciones constituye un objeto de atención tanto para juristas como para politólogos y sociólogos de las relaciones internacionales. Así, hay que destacar la publicación en 1936 por Alfred Zimmern del *The League of Nations and the Rule of Law, 1918-1935*. El peso del derecho internacional en la tradición académica es muy importante, si tenemos en cuenta que el mismo, como apunta Martin WIGHT, es el que lleva a cabo las primeras interpretaciones sobre la sociedad internacional[28].

Lo que no contradice la mención anterior a Tucídides y a la historia desde el momento en que ésta adopta una aproximación estatocéntrica que no comparte el derecho de gentes en sus orígenes, caracterizado por su aproximación global a la sociedad internacional[29]. Como apunta Antonio Truyol, los orígenes de la ciencia del derecho internacional público se encuentran en la escuela española del derecho de gentes (siglos XVI-XVII), que aplica los principios del iusnaturalismo cristiano a la situación histórica de su tiempo[30]. Partiendo de Francisco de Vitoria y Francisco Suárez como fundadores del derecho internacional, los historiadores de la disciplina de las relaciones internacionales, OLSON y GROOM, destacan, a continuación, el papel de Hugo Grocio, encargado de transformar la disciplina en un «problema práctico» para los decisores políticos[31]. Lo que va a determinar el carácter estatocéntrico de la disciplina.

---

[27] Ibídem, p. 68.

[28] Opinión sostenida en M. WIGHT, «Why is there no International Theory?», en H. BUTTERFIELD, y M. WIGHT, *Diplomatic investigations. Essays in the Theory of International Politics*, Allen & Unwin, Londres, 1966, pp. 17-34.

[29] Sobre el derecho de gentes y la teoría de la sociedad internacional, véanse los trabajos de C. DEL ARENAL, «Las Casas y su concepción de la sociedad internacional», *Estudios de Deusto*, vol. XXV, n.º 1, 1977, pp. 27-54, y, más recientemente, «La visión de la sociedad mundial en la escuela de Salamanca», en A. MANGAS MARTÍN (comp.), *La escuela de Salamanca y el derecho internacional en América. Del pasado al futuro*, Univ. de Salamanca, Salamanca, 1993, pp. 27-48.

[30] A. TRUYOL Y SERRA, *Fundamentos de Derecho Internacional Público*, Tecnos, Madrid, 1977 (1.ª ed., 1950), p. 183.

[31] La referencia bibliográfica de W. C. OLSON. y A. J. R. GROOM, *International Relations. Then and Now*, *op. cit.*, p. 5, en relación con la escuela española del derecho de gentes es redundante. No se debe tanto a la información que aporta como al hecho de hacerlo en un capítulo dedicado a los «Antecedentes» de las relaciones internacionales. Con ello observamos un cambio positivo respecto a lo que escribía Celestino DEL ARENAL (1979: 19) hace unos años: «hasta ahora prácticamente nadie se ha ocupado de colocar a estos autores

Así, según Celestino DEL ARENAL, «este proceso, si acerca teoría y práctica, tiende al mismo tiempo a desembocar en una concepción puramente formal del derecho internacional, en el que los Estados se presentan como fines en sí mismos y el derecho internacional no es sino un instrumento a su servicio, lo que va en detrimento de la consideración de la sociedad internacional como algo más que la simple yuxtaposición de Estados y, en consecuencia, del desarrollo de una teoría de la sociedad internacional»[32].

A la aproximación estatocéntrica se une en el siglo XIX el positivismo jurídico, que centra la disciplina en el estudio de la norma, dejando de lado incluso el sistema de equilibrio en Europa, base de la existencia de los estados y del propio derecho internacional. No es extraño, por tanto, que el análisis de algunos de los teóricos más destacados de las relaciones internacionales, como Hans J. Morgenthau, parta justamente de la crítica al positivismo jurídico[33] y se centre en la noción de *balance of power* (equilibrio del poder)[34].

Estatocentrismo y positivismo jurídico son, por tanto, las dos características del derecho internacional en el momento en que despunta la disciplina de las relaciones internacionales, activada por las grandes conmociones sociales del siglo XX (sucesivo impacto de las dos guerras mundiales). Conmociones que van a tener un doble efecto, ya que, según apunta ARENAL, «se producen paralelamente, de un lado, los primeros pasos de la disciplina de las relaciones internacionales, y de otro, el derecho internacional público inicia un proceso de cambio, similar al que tiene lugar en la historia diplomática, que culmina en las concepciones sociológicas e históricas. La dinámica es parecida en todos los casos: necesidad de dar cuenta adecuada de la realidad internacional y toma de conciencia de las insuficiencias de las aproximaciones anteriores»[35]. El proceso de cambio en el derecho internacional, liderado por Max Huber y Dieter Schindler[36], supone la aparición del enfoque sociológico en el estudio del derecho internacional a través de la vinculación entre el dominio de las normas y las realidades político-sociales.

La impronta del derecho internacional, que desde la paz de Westfalia hasta la primera guerra mundial ha monopolizado el estudio de la sociedad internacional, es muy fuerte en la nueva disciplina, especialmente en los países de la Europa

---

españoles en el lugar que les corresponde dentro de la prehistoria de una teoría de las Relaciones Internacionales». En este sentido, hay que mencionar que la escuela británica de Teoría Internacional, desarrollada a partir de los trabajos (más orales que escritos) de Martin Wight en los años cincuenta siempre ha valorado el papel de la escuela española. Así, leemos en una recopilación reciente de los cursos de Martin WIGHT (1991: 2): «los escritores católicos, especialmente los neoescolásticos españoles, añadieron mucho a la doctrina medieval; de hecho, sus escritos, vistos en retrospectiva con las preocupaciones del siglo XX, parecen mucho más útiles que el resto de la teoría política del siglo XVI».

[32] C. DEL ARENAL, «La génesis de las relaciones internacionales como disciplina científica», *Revista de Estudios Internacionales*, vol. 2, n.º 4, 1981, p. 871.

[33] La obra central, en este sentido, es H. J. MORGENTHAU, *Positivisme mal compris et théorie realiste du droit international*, tirada aparte de la «Colección de estudios históricos, jurídicos, pedagógicos y literarios», en homenaje a D. Rafael Altamira, Madrid, 1936.

[34] Sobre el concepto de equilibrio del poder, entre nosotros, véase E. BARBÉ, «El "equilibrio del poder" en la teoría de las relaciones internacionales», *Revista CIDOB d'Afers Internacionals*, n.º 11, 1987, pp. 5-18.

[35] C. DEL ARENAL, «La génesis de las relaciones internacionales como disciplina científica», *op. cit.*, p. 874.

[36] A. TRUYOL Y SERRA, *Fundamentos de Derecho Internacional Público*, Tecnos, Madrid, 1977 (4.ª ed.; 1.ª ed. 1950), p. 204.

continental (Francia es, en este sentido, un ejemplo destacado[37]). Tanto es así que DOUGHERTY y PFLATZGRAFF califican el período de la historia de Europa entre 1648 y 1914 de «edad de oro del derecho internacional, la diplomacia, el equilibrio del poder y las alianzas»[38].

De ahí, por tanto, que los historiadores de la disciplina de las relaciones internacionales vinculen su desarrollo al mayor o menor lastre de las disciplinas tradicionales. Razón por la cual la disciplina encuentra un factor añadido de desarrollo en la academia norteamericana, donde las ciencias sociales (ciencia política y sociología) han conseguido a principios de siglo ya un *status* destacado frente al carácter dominante de derecho e historia en la academia europea. A excepción de unas referencias iniciales a los juristas vinculadas al idealismo institucional de los años diez y veinte, es sintomático que los trabajos sobre la historia de la disciplina en los Estados Unidos entren de lleno en un mundo de referencias propio de las ciencias sociales (toma de decisiones, *behaviorismo*, análisis de conflictos, sistemas, etc.)[39]. No en vano, nuestra disciplina se ha convertido con el tiempo en una de las grandes ramas de la ciencia política en Estados Unidos.

Justificaciones epistemológicas (ciencia social, *policy science*) y «razón de estado» («hacer inteligente» la política exterior, como en el caso citado de los Estados Unidos) son de momento los dos factores explicativos de la aparición de la disciplina. A ellos hay que sumar un tercero, *last but not least*, relativo al consenso entre los académicos sobre la aparición de la nueva disciplina. ¿Existe un grupo de académicos que se autodefinen bajo esa etiqueta? ¿La utilizan de manera similar? ¿Provienen de disciplinas diversas? ¿Comparten referencias comunes?

Un cúmulo de preguntas que aparentemente son contestadas de manera positiva. De entrada, como mínimo, a partir de 1916 gozamos de una serie de manuales que adoptan la etiqueta de relaciones internacionales y bajo la misma incluyen un conjunto de temas comunes[40]. Un indicador importante del consenso existente entre académicos (anglosajones, como mínimo) sobre la existencia de una «nueva dimensión» para analizar la sociedad internacional lo ofrece el cambio de denominación de la «Conferences of Teachers of International Law» (creada en 1911 a ins-

---

[37] Esta posición es defendida por J. J. ROCHE en la comunicación (no publicada) sobre *Les fondements de l'approche française des relations internationales*, presentada durante las jornadas sobre «International Studies in Europe: The intellectual and institutional dimensions» (París, abril de 1989). Estas jornadas son una muestra del interés, cada vez mayor, por el análisis comparativo de la disciplina de las relaciones internacionales, como punto de partida para la «organización europea» de la disciplina. Otros estudios comparativos sobre el desarrollo de la disciplina en países diversos los encontramos en H. C. DYER y L. MANGASARIAN, *The Study of International Relations. The State of the Art*, St. Martin's Press, Nueva York, 1989, y K. J. HOLSTI, *The dividing discipline. Hegemony and diversity in International Theory*, Allen & Unwin, Boston, 1985.

[38] J. E. DOUGHERTY y R. L. PFALTZGRAFF, *Contending Theories of International Relations*, Harper & Row, Cambridge, 1990 (1.ª ed., 1971), p. 2.

[39] El tema es desarrollado por N. R. RICHARDSON, «The Study of International Relations in the United States», en H. C. DYER y L. MANGASARIAN, *The Study of International Relations*, *op. cit.*, pp. 281-295.

[40] El análisis de catorce manuales de relaciones internacionales, publicados entre 1916 y 1931 en Estados Unidos y en Gran Bretaña, muestra que los autores abordan en su mayoría una serie de temas específicos: 1) la historia de las relaciones internacionales (a menudo definida como historia diplomática), 2) la organización internacional, 3) los aspectos económicos de los asuntos mundiales, 4) la política internacional (incluyendo política exterior), 5) el derecho internacional, 6) la guerra y las causas de la guerra, 7) la diplomacia, 8) la nación y el nacionalismo, y 9) el imperialismo. Este análisis ha sido llevado a cabo por W. C. OLSON y A. J. R. GROOM, *International Relations. Then and Now*, *op. cit.*, p. 69.

tancias de la *Carnegie Endowment*), que en 1925 pasó a denominarse «Conferences of International Law and Related Subjects». La curiosa denominación *—related subjects—* muestra el carácter incipiente del nuevo espacio científico. Un espacio que va a desarrollarse desde 1919 hasta nuestros días sobre la base de dos factores vinculados: el debate entre los teóricos y los cambios de la realidad internacional.

BIBLIOGRAFÍA DE CONSULTA

ARENAL, C. del: «La génesis de las relaciones internacionales como disciplina científica», *Revista de Estudios Internacionales*, vol. 2, n.º 4, 1981, pp. 849-892.

CARRILLO SALCEDO, J. A.: *El Derecho Internacional en perspectiva histórica*, Tecnos, Madrid, 1991, pp. 27-70.

DUROSELLE, J. B.: «L'étude des Relations Internationales. Objet, Métode, Perspectives», *Revue Française de Science Politique*, vol. II, n.º 4, 1952, pp. 676-701.

OLSON, W. C., y GROOM, A. J. R.: *International Relations. Then and Now*, Harper Collins, Londres, 1991, pp. 56-103.

TRUYOL Y SERRA, A.: *La Teoría de las Relaciones Internacionales como Sociología. (Introducción al estudio de las Relaciones Internacionales)*, Instituto de Estudios Políticos, Madrid, 1973 (1.ª ed., 1957), pp. 64-70.

LECTURAS COMPLEMENTARIAS

Nota introductoria: En este apartado de «Lecturas complementarias» se incluyen dos documentos políticos, los *Catorce Puntos* de Wilson y el *Decreto sobre la Paz* de Lenin. Ambos documentos han sido citados en el capítulo I como ejemplo del impacto de las nuevas ideas —base de la génesis de la disciplina de las relaciones internacionales— en la vida política. A pesar de la distancia ideológica entre ambos documentos, el lector puede observar la introducción de algunas ideas revolucionarias desde el punto de vista de la diplomacia tradicional entre potencias. Así, por ejemplo, la noción de diplomacia abierta o pública y el derecho de autodeterminación de los pueblos.

LECTURA 1. *Catorce Puntos* de Wilson. (Programa formulado por el presidente Woodrow Wilson en su intervención ante el Congreso de los Estados Unidos, el 8 de enero de 1918.)

1. Pactos de paz conocidos de todos, preparados abiertamente, de manera que, en adelante no haya alianzas particulares de ninguna especie entre las naciones, sino una diplomacia que proceda siempre con franqueza y de manera pública.
2. Libertad total de navegación en los mares fuera de las aguas territoriales, tanto en tiempos de guerra como de paz, excepto si los mares son cerrados total o parcialmente por una acción internacional o por la aplicación de una convención internacional.
3. La supresión, dentro de lo posible, de las barreras económicas y la consagración de la igualdad de trato en materia comercial para todas las naciones que observen la paz y se asocien para conservarla.
4. Intercambio de garantías suficientes de que los armamentos nacionales serán reducidos al mínimo compatible con la seguridad nacional.

5. Una solución generosa y absolutamente imparcial de las reclamaciones coloniales, basada en una estricta observancia del principio de igualdad en materia de soberanía entre los intereses de la población afectada y las legítimas reivindicaciones del gobierno cuyos derechos están por determinar.

6. La evacuación del territorio ruso y una posible solución de los problemas que afectan a ese país permitirán una cooperación mejor y más libre con las otras naciones del mundo, en un momento en el que Rusia tiene la oportunidad de llevar a cabo, de manera independiente, su desarrollo político y su política nacional. También le asegurarán una sincera bienvenida en la sociedad de naciones libres a través de su participación en las instituciones que Rusia decida. Más aún que una bienvenida, la asistencia de todo tipo que Rusia pueda necesitar y desear. El trato acordado a Rusia por sus naciones hermanas en los próximos meses será la prueba de la buena voluntad de éstas, de su comprensión de las necesidades rusas, distinguiéndolas de sus propios intereses, y de su inteligente y generosa benevolencia.

7. Todo el mundo está de acuerdo en que Bélgica debe ser evacuada y restablecida, sin límites a su soberanía, de la que disfruta como las otras naciones libres. Ningún otro acto será tan eficaz como esta voluntad de restaurar la confianza de las naciones en las leyes que ellas mismas han establecido para sus relaciones mutuas. Sin este acto reparador toda la estructura y la validez del derecho internacional se ven menoscabadas para siempre.

8. Todo el territorio francés debe ser liberado y restituidos los territorios invadidos, y el daño cometido por Prusia a Francia en 1871, a causa de Alsacia y Lorena, y que ha desequilibrado la paz del mundo casi durante cincuenta años, ha de ser reparado para que de una vez por todas se asegure la paz en interés de todos.

9. Se ha de proceder a fijar las fronteras de Italia sobre la base de líneas claramente reconocibles de nacionalidad.

10. Los pueblos de Austria-Hungría, cuyo lugar entre las naciones hay que salvaguardar y asegurar, han de gozar de oportunidades para desarrollarse autónomamente.

11. Rumania, Serbia y Montenegro deben ser evacuadas; devueltos los territorios ocupados; hay que acordar a Serbia un acceso libre y seguro al mar; y las relaciones de los estados balcánicos entre sí han de ser amistosas a partir de los vínculos históricos de lealtad y de nacionalidad y se han de fortalecer a partir de garantías internacionales de independencia política y económica, y de integridad territorial para los diferentes estados balcánicos.

12. Se debe asegurar a los territorios turcos del Imperio Otomano una auténtica soberanía; pero a las otras nacionalidades que se hallan bajo autoridad turca se les darán garantías de que gozarán de seguridad plena y de oportunidades para llevar a cabo un desarrollo autónomo. Los Dardanelos han de estar abiertos de modo permanente como zona de libre paso para los barcos y el comercio de todas las naciones, contando con garantías internacionales.

13. Se ha de establecer un estado polaco independiente, que incluya los territorios habitados de manera indiscutible por población polaca; el nuevo estado ha de tener garantizado un acceso libre y seguro al mar y se han de garantizar mediante acuerdo internacional la independencia política y económica y la integridad territorial del nuevo estado.

14. Es preciso que se constituya una asociación general de naciones en virtud de compromisos expresos, a fin de procurar a los estados, tanto grandes como pequeños, garantías mutuas de independencia política y de integridad territorial.

[Fuente: R. S. BAKER, *Woodrow Wilson and World Settlement*, Doubleday, Garden City, Nueva York, 1922, vol. III, pp. 42-46 (trad. y adaptación por E. Barbé).]

LECTURA 2. *Informe sobre la Paz de Lenin.* [Extractos del Informe sobre la Paz de V. I. Lenin ante el II Congreso de los Soviets de Diputados Obreros y Soldados de toda Rusia, pronunciado el 26 de octubre (8 de noviembre) de 1917.]

El problema de la paz es un problema candente, palpitante, del momento actual. Mucho se ha hablado y escrito acerca de este problema y es seguro que todos vosotros lo habéis discutido muchas veces. Permitid que os lea la declaración que ha de hacer el gobierno que acabáis de nombrar.

DECRETO DE LA PAZ

El Gobierno Obrero y Campesino, creado por la revolución del 24-25 de octubre y que se apoya en los Soviets de Diputados, Obreros, Soldados y Campesinos, propone a todos los pueblos beligerantes y a sus gobiernos entablar negociaciones inmediatas para una paz justa y democrática.

El gobierno considera la paz inmediata sin anexiones (es decir, sin conquistas de territorios ajenos, sin incorporación de pueblos extranjeros por la fuerza) y sin indemnizaciones, como una paz justa o democrática, como la que ansía la aplastante mayoría de la clase obrera y de los trabajadores de todos los países beligerantes, agotados, atormentados y martirizados por la guerra, la paz que los obreros y campesinos rusos han reclamado del modo más categórico y tenaz después del derrocamiento de la monarquía zarista.

[...]

De acuerdo con la conciencia jurídica de la democracia en general, y de las clases trabajadoras en particular, el gobierno entiende por anexión o conquista de territorios ajenos toda incorporación a un Estado grande o poderoso de una nacionalidad pequeña o débil, sin el deseo ni el consentimiento explícito, clara y libremente expresado por esta última, independientemente de la época en que se haya realizado esa incorporación forzosa, independientemente asimismo del grado de desarrollo o de atraso de la nación anexionada o mantenida por la fuerza en los límites de un Estado, independientemente, en fin, de si dicha nación se encuentra en Europa o en los lejanos países de ultramar.

Si una nación cualquiera es mantenida por la fuerza en los límites de un Estado, si a pesar del deseo expresado por ella —independientemente de si lo ha hecho en la prensa, en las asambleas populares, en los acuerdos de los partidos o en movimientos de rebeldía e insurrecciones contra la opresión nacional–, no se le concede el derecho de decidir en una votación libre, sin la menor coacción, la cuestión de las formas de su régimen de gobierno, después de la completa retirada de las tropas de la nación conquistadora o, en general, más poderosa, la incorporación de esa nación al Estado constituye una anexión, es decir, una conquista y un acto de violencia.

El gobierno considera que continuar esta guerra por el reparto entre las naciones fuertes y ricas de los pueblos débiles conquistados por ellas, es el mayor crimen contra la humanidad y proclama solemnemente su resolución de firmar sin demora unas cláusulas de paz que pongan fin a esta guerra en las condiciones indicadas, igualmente justas para todas las nacionalidades sin excepción.

El gobierno declara al mismo tiempo que en modo alguno considera irrevocable las condiciones de paz antes indicadas, es decir, que está dispuesto a examinar cualesquiera otras condiciones de paz, insistiendo únicamente en que sean presentadas con la mayor rapidez posible por cualquier país beligerante, y estén redactadas con toda claridad, sin ninguna ambigüedad y fuera de todo secreto.

El gobierno pone fin a la diplomacia secreta, manifestando su firme resolución de llevar todas las negociaciones a la luz del día, ante el pueblo entero, y procediendo inmediatamente a la publicación íntegra de los tratados secretos, ratificados o concertados por el gobierno de los terratenientes y capitalistas desde febrero hasta el 25 de octubre de 1917. Declara absoluta e inmediatamente anuladas todas las cláusulas de estos tratados secretos, puesto que en la mayoría de los casos tienden a proporcionar ventajas y privilegios a los terratenientes y a los capitalistas rusos y a mantener o a aumentar las anexiones a los grandes rusos.

Al invitar a los gobiernos y a los pueblos de todos los países a entablar inmediatamente negociaciones públicas para concertar la paz, el gobierno se declara, a su vez, dispuesto a negociar por escrito, por telégrafo, o mediante conversaciones entre los representantes de los diversos países, o en una conferencia de esos representantes.

[...]

[Fuente: V. I. LENIN, *Informe sobre la paz en el II Congreso de los Soviets. La política interior y exterior de la República*, Edic. en Lenguas Extranjeras, Moscú, s. f.]

CAPÍTULO II

LA TEORÍA DE LAS RELACIONES INTERNACIONALES

El siglo XX es un período relativamente corto de tiempo: setenta años que transcurren entre los espejos de Versalles y la caída del muro de Berlín. En ese período de tiempo nace y se desarrolla el nuevo espacio científico, que constituye la disciplina dc las relaciones internacionales.

Sin embargo, teorizar sobre la sociedad internacional y sus problemas (la guerra, de manera destacada) nos remonta, como ya se ha visto, hasta Tucídides. Nos hallamos así frente a una disciplina nueva que aborda un problema «clásico». De ahí la necesidad del teórico de las relaciones internacionales, tal y como hace Stanley HOFFMANN, de distinguir entre el pensamiento clásico, que ofrece un sustrato filosófico-normativo para la nueva disciplina, y la moderna teoría de las relaciones internacionales, entendida como «estudio sistemático de fenómenos observables, que intenta descubrir las variables principales, explicar el comportamiento y revelar los tipos característicos de relaciones entre unidades nacionales»[1].

El nacimiento pleno de esta teoría sistemática de las relaciones internacionales se produce a partir de la segunda guerra mundial. Si bien el período de entreguerras constituye un «laboratorio de ideas» de muchas de las teorías que van a alcanzar su pleno desarrollo en el mundo bipolar. La aproximación realista de Edward Hallet Carr en *The Twenty Years' Crisis 1919-1939*, publicado en 1939, o el funcionalismo de David Mitrany en *A Working Peace System*, publicado en 1943, constituyen sendos precedentes de dos autores muy celebrados durante los años cincuenta, Hans J. Morgenthau y Ernst Haas. El primero se distinguió por poner las bases del pensamiento realista entre los teóricos americanos de relaciones internacionales, además de aplicar dicho pensamiento al análisis de la política exterior de los Estados Unidos[2], y el segundo es el máximo exponente de los estudiosos de la integración europea a partir del neofuncionalismo[3].

El objetivo de este capítulo no es exponer de manera exhaustiva y sistemática la teoría de las relaciones internacionales, indicando escuelas, debates, autores y obras (véase cuadro 1, para el período 1919-1989). Existen excelentes libros sobre

---

[1] S. HOFFMANN, «Theory and International Relations», en J. ROSENAU (comp.), *International Politics and Foreign Policy*, The Free Press, Nueva York, 1969, p. 30.

[2] Entre otras obras, H. J. MORGENTHAU dedicó las siguientes al análisis de la política exterior de los Estados Unidos: *In Defense of National Interest. A Critical Study of American Foreign Policy*, Alfred A. Knopf, Nueva York, 1951; *The Purpose of American Foreign Policy*, Alfred A. Knopf, Nueva York, 1960; *Politics in the Twentieth Century. The impasse of American Foreign Policy*, Chicago UP, Chicago, 1962; *A New Foreign Policy for the United States*, F. A. Praeger, Nueva York, 1969.

[3] La obra central de Haas, base para los estudios neofuncionalistas sobre integración europea, es E. HAAS, *The Uniting of Europe. Political, Economic and Social Forces, 1950-1957*, Stanford UP, Stanford, 1958.

CUADRO 1

Evolución cronológica de las relaciones internacionales (marco político y marco teórico)

PERIODIZACIÓN	EVOLUCIÓN SOCIAL	EVOLUCIÓN CIENTÍFICA	EVOLUCIÓN TEÓRICA EN RELACIONES INTERNACIONALES		
Período	*Situación internacional*	*Marco académico*	*Agenda*	*Aproximaciones Paradigmas*	*Formulaciones teóricas*
1919	• Revolución Rusa • Fin I G.M. • Nuevo orden europeo (Versalles) • Fin patrón ORO • Crisis del 29 • Surgimiento fascismos	• Creación (1919) de: - Royal Inst. of International Affairs (Londres) - Council on Foreign Relations (Nueva York) - Cátedra Woodrow Wilson de RRII (Aberyswyth)	• Gobierno mundial (Sociedad de Naciones) • Seguridad colectiva • Libertad comercial • Autodeterminación de los pueblos	• IDEALISMO (Internacionalismo liberal) • DEBATE IDEALISMO-REALISMO (1.er debate en RRII)	• T.ª organización internacional-Funcionalismo (D. Mitrany)
39	• II G.M.				
45	• Yalta • Hiroshima y Nagasaki • Fin II G.M. • Primacía económica de los EEUU (Bretton-Woods) • Naciones Unidas (San Francisco) • Guerra fría (Berlín, Corea, Cuba) • Reconciliación franco-alemana (CEE) • Conferencia de Bandung: descolonización	• Exilio de académicos centro-europeos en Estados Unidos • Revolución behaviorista en las Ciencias Sociales • Nuevos métodos en RRII: —Simulación —Juegos —Cuantificación —Análisis matemático • DEBATE TRADICIONALISMO-CIENCISMO (2.º debate en RRII)	• Seguridad militar • Carrera de armamentos • Conflicto Este-Oeste • Extensión del conflicto E/O al Tercer Mundo • Construcción europea	• DEBATE IDEALISMO-REALISMO • REALISMO (*Realpolitik* tradicional)	• Realismo político (H. J. Morgenthau) • Sociología histórica (R. Aron) • Geopolítica (Strausz-Hupé) • T.ª integración-neofuncionalismo (E. Haas) • T.ª comunicaciones (K. Deutsch) • T.ª conflictos (T. Schelling) • T.ª sistemas (M. Kaplan) • *Decision-making* (G. Snyder) • Teorías estratégicas (H. Kahn) • *Peace Research* (J. Galtung)

CUADRO 1 (*Continuación*)

Evolución cronológica de las relaciones internacionales (marco político y marco teórico)

PERIODIZACIÓN	EVOLUCIÓN SOCIAL	EVOLUCIÓN CIENTÍFICA	EVOLUCIÓN TEÓRICA EN RELACIONES INTERNACIONALES		
Período	*Situación internacional*	*Marco académico*	*Agenda*	*Aproximaciones Paradigmas*	*Formulaciones teóricas*
62 71 73 75	• Recuperación económica de Europa Occidental y Japón • Aumento desigualdades económicas N/S - (NOEI) • 1.ª devaluación del dólar • Crisis energética • Fin sistema Bretton-Woods • Distensión EEUU/URSS/ China • Negociación armas nucleares (TNP, SALT) • Ostpolitik • CSCE	• DEBATE TRADICIONALISMO-CIENCISMO • Impacto guerra Vietnam en academia EEUU • Revolución posbehaviorista (crítica a neutralidad científica) • Progresiva aceptación pluralismo metodológico • Revalorización de la teoría	• Temas económico-sociales: —relaciones comerciales —crecimiento económico —crisis recursos • Actores internacionales: —organizaciones internacionales —empresas transnacionales —actores subestatales —ONG • Desigualdad económica (agenda de estudio de NNUU: CEPAL, etc.)	• TRANSNACIONALISMO (Industrialocentrismo liberal)	• Interdependencia compleja (R. Keohne y J. Nye) • T.ª régimen internacional (S. Krasner) • T.ª integración revisada (J. Nye)
				• ESTRUCTURALISMO (Tercermundismo crítico)	• T.ª dependencia (R. Prebisch) • T.ª centro-periferia (S. Amin) • Tª sistema-mundo (I. Wallerstein)
				• DEBATE ESTATOCENTRISMO-GLOBALISMO (3.er debate en RRII)	

CUADRO 1 (*Continuación*)

Evolución cronológica de las relaciones internacionales (marco político y marco teórico)

PERIODIZACIÓN	EVOLUCIÓN SOCIAL	EVOLUCIÓN CIENTÍFICA	EVOLUCIÓN TEÓRICA EN RELACIONES INTERNACIONALES		
Período	*Situación internacional*	*Marco académico*	*Agenda*	*Aproximaciones Paradigmas*	*Formulaciones teóricas*
79 85 89	• Segunda guerra fría • Régimen Jomeini en Irán • Crisis deuda México • Gorbachov, secretario general PCUS: *Perestroika, glasnost* • Euro-optimismo: Acta Única Europea • *Intifada* • Tratado INF (euromisiles) • Resolución de conflictos: Irán-Irak, Afganistán, Camboya, Namibia, Nicaragua • Elecciones democráticas en Polonia • Caída del muro de Berlín	• Confluencia de *Peace Research* y Relaciones Internacionales • Debate en torno al pluralismo teórico • Desarrollo de la Economía Política Internacional	• Conflicto Este-Oeste • Temas económicos en una agenda realista: —fin primacía EEUU —deuda Tercer Mundo —segunda crisis petróleo —integración económica —explotación del mar • Temas globales: —seguridad global —medio ambiente —sida —terrorismo —derechos humanos	• PLURALISMO PARADIGMÁTICO: —REALISMO (predominante) —TRANSNACIONALISMO —ESTRUCTURALISMO • Transformación del concepto de poder en RRII	• Neorrealismo (K. Waltz) • Institucionalismo neo-liberal (R. Keohane) • T.ª declive (D. Calleo) • T.ª realista integración (S. Hoffmann)

Elaboración: E. BARBÉ, C. GARCÍA y R. GRASA.

ese particular[4]. Nuestro objetivo es más limitado, ya que se pretende abordar, sucesivamente, cuatro aspectos que, a nuestro parecer, son fundamentales para aprehender teóricamente la sociedad internacional. Se trata de: 1) las grandes tradiciones de pensamiento sobre la sociedad internacional o, si se prefiere, el sustrato filosófico-normativo de la moderna disciplina; 2) las controversias científicas que ha generado

[4] En la literatura anglosajona, donde las obras de este tipo abundan, destaca J. E. DOUGHERTY y R. L. PFALTZGRAFF, *Contending Theories of International Relations*, Longman, Nueva York, 2001 (1.ª ed., 1971). Entre nosotros, la obra más exhaustiva es C. DEL ARENAL, *Introducción a las Relaciones Internacionales*, Tecnos, Madrid, 1990 (1.ª ed., 1984).

la formulación teórica, entrando así en un terreno propio de la epistemología y de la metodología de las ciencias sociales; 3) los paradigmas, mapas mentales o imágenes del mundo que la moderna teoría de las relaciones internacionales ha incorporado a medida que los acontecimientos políticos, económicos y sociales iban transformando la sociedad internacional, desde 1945 hasta nuestros días[5]; y 4) la evolución reciente de la teoría de las relaciones internacionales en el marco de la actual sociedad internacional, compleja y globalizada[6].

1. LAS GRANDES TRADICIONES DE PENSAMIENTO

> «Machiavelli and the Spanish neo-scholastics were really fellow-workers in the vineyards of international relations.»
>
> MARTIN WIGHT

La noción de tradiciones de pensamiento en la teoría internacional[7] fue introducida por el profesor británico Martin Wight. De ahí que nos basemos en su obra y en la de sus seguidores[8] para desarrollar el presente apartado. Las lecciones del profesor Wight —publicadas tras su muerte en forma de libro[9]— en los años cincuenta pusieron las bases de lo que se ha dado en llamar las tres grandes tradiciones de pensamiento en las relaciones internacionales[10]. No todos los autores utilizan los mismos términos para hacer referencia a las tres grandes tradiciones. El mismo Wight habla, de entrada, de *realismo, racionalismo y revolucionismo* (*revolutionism*) para sustituirlos más adelante por los equivalentes de maquiaveliano (*Machiavellian*), grociano y kantiano, en referencia lógicamente a los tres autores que dan nombre a las respectivas corrientes de pensamiento.

---

[5] Como se verá más adelante, en esta obra se utiliza el concepto de paradigma en tanto que mapa mental del teórico, mapa que le ofrece una imagen del mundo y que constituye una guía para la investigación.

[6] El final de la guerra fría abre una etapa de reformulación teórica en la que convergen procesos nuevos (el fin del bipolarismo) con procesos en marcha, de modo destacado durante la década de los ochenta, como la globalización económica.

[7] El término «Teoría Internacional», utilizado por Martin Wight, como contrapartida del término «Teoría Política» es criticado por Hedley Bull, quien prefiere el de teoría de relaciones internacionales sobre la base de que son las relaciones y no la teoría lo definible como internacional. Véase, en ese sentido, H. BULL, «Martin Wight and the Theory of International Relations», en M. WIGHT, *International Theory. The Three Traditions*, Leicester UP, Londres, 1991, pp. IX-XXIII. Esta obra asume la mencionada crítica y, como ya se ha visto, adopta el término de teoría de las relaciones internacionales.

[8] El peso de la filosofía política en el campo teórico de las relaciones internacionales ha sido importante en el desarrollo de la moderna disciplina en Gran Bretaña. En ese sentido, hay que destacar el papel desempeñado durante la década de los sesenta por el *British Committee on International Theory,* en el que participaron, junto a Martin Wight, buena parte de los autores que tras él han seguido la línea de la filosofía política en el campo teórico de las relaciones internacionales y que, como él, han desarrollado parte de su función docente e investigadora en el marco de la *London School of Economics*: Hedley Bull, John Vincent, Michael Donelan y James Mayall, entre otros.

[9] M. WIGHT, *International Theory*, *op. cit.*

[10] Tras la aparición del libro ha habido un gran interés por el tema. Véase, entre los trabajos sobre el mismo, D. S. YOST, «Wight and the "Three Traditions". Political Philosophy and the Theory of International Relations», *Review of International Affairs*, vol. 20, n.º 2, 1994, pp. 263-290.

La tesis de Wight es que antes del siglo XX no tenemos un cuerpo de pensamiento que aborde sistemáticamente las cuestiones sustanciales en relaciones internacionales[11]. Ni Grocio, por ejemplo, merece para Wight el tratamiento de pensador centrado en la dimensión internacional. Según WIGHT, «incluso en Grocio, hay más sobre la soberanía como principio de organización interna que como criterio de pertenencia a la sociedad internacional, y más acerca de la extinción de la soberanía por la vía dinástica de la muerte o del matrimonio que por la vía de la cesión o de la conquista»[12].

Así Wight construye, a partir de la teoría política (papel destacado para la teoría del estado[13]) y de la historia (base para el análisis de la diplomacia), las tres tradiciones de pensamiento antes mencionadas. Sin embargo, el mismo Wight las presentó como tipos ideales. De ahí que ningún autor, ni los propios Grocio, Kant o Maquiavelo, respondiesen en todo al modelo diseñado. En ese sentido, hay que recordar lo escrito por BULL, para quien «las clasificaciones en los estudios humanistas sólo son valiosas cuando se superan. Casi todos los escritores políticos más importantes en el campo de la teoría internacional tienen un pie a cada lado de la frontera que separa dos de las tradiciones, y la mayor parte de los escritores trascienden sus propios sistemas»[14].

Una vez realizada esta advertencia, vamos a exponer las características modélicas de cada una de las tradiciones de pensamiento. Se ha optado por las denominaciones adoptadas por Hedley BULL en su famoso *The Anarchical Society*[15], quien sustituyó a Maquiavelo por Hobbes, hablando de tradición hobbesiana y no de tradición maquiaveliana, en el caso de los pensadores realistas[16]. Las otras dos tradiciones, grociana y kantiana, que reúnen respectivamente a pensadores racionalistas y a pensadores revolucionistas, mantienen las denominaciones de Wight (grociana y kantiana). La elección se debe al hecho de que, a diferencia de Wight, Bull organiza las tradiciones de pensamiento en torno a una única pregunta esencial: la naturaleza de la sociedad internacional. Preocupación esta última que conecta con el objeto de estudio de esta obra: la sociedad internacional.

---

[11] A lo largo de su obra *International Theory*, Wight revisa el tratamiento que cada una de las tres grandes tradiciones de pensamiento hace de los temas sustanciales en las relaciones internacionales. Así, Wight aborda sucesivamente: la naturaleza humana, la sociedad internacional, la comunidad humana, el poder nacional, el interés nacional, la política exterior, el equilibrio del poder, la diplomacia, la guerra y el derecho internacional, las obligaciones y la ética.

[12] M. WIGHT, *International Theory*, *op. cit.*, p. 3.

[13] Los autores apuntados en estas páginas son tratados en profundidad, desde la dimensión teórica del estado, por A. TRUYOL Y SERRA, *Historia de la Filosofía del Derecho y del Estado. 2. Del Renacimiento a Kant*, Alianza, Madrid, 1988 (3.ª ed.; 1.ª ed., 1975).

[14] H. BULL, «Martin Wight and the Theory of International Relations», *op. cit.*, p. XXV.

[15] H. BULL, *The Anarchical Society. A Study of Order in World Politics*, Macmillan, Londres, 1977. Este libro es central para la formación en relaciones internacionales en los centros británicos.

[16] En trabajos anteriores (tesis doctoral sobre *La obra y el pensamiento de Hans J. Morgenthau*, Universidad Complutense de Madrid, 1986) hemos recurrido a Maquiavelo como pensador de referencia para estudiar la teoría realista de Hans J. Morgenthau; sobre la base de la concepción de «la razón de estado» como fuerza moral sostenida por ambos autores. Esta tesis, que se articulaba como análisis comparativo Maquiavelo *vs.* Morgenthau, fue en su momento discutida por el profesor Isidre Molas, quien defendía el análisis comparativo a partir de Hobbes y su «estado de naturaleza». Lo que, hasta cierto punto, explicaría el foco de atención adoptado, respectivamente por Wight (fuerza moral del estado) y Bull (naturaleza de la sociedad internacional) a la hora de «bautizar» esta tradición de pensamiento.

Siguiendo a BULL, las tres tradiciones se basan en una premisa de partida sobre la naturaleza de las relaciones internacionales y, a partir de la misma, en un conjunto de normas de comportamiento internacional[17]. Vamos a exponer sucesivamente la tradición hobbesiana, la kantiana y la grociana.

La *tradición hobbesiana* describe las relaciones internacionales como un estado de guerra de todos contra todos[18]. Nos encontramos así frente a una situación pura de conflicto entre estados o, en términos de teoría de juegos, un juego de suma cero. De tal manera que los intereses de un estado son excluyentes respecto de los de cualquier otro estado. En esta tradición, la actividad internacional más característica es la guerra. La paz, por su parte, no es más que un período de recuperación entre guerras.

En términos prescriptivos, la tradición hobbesiana ve el comportamiento internacional del estado libre de toda restricción legal o moral, dictado exclusivamente por sus propios objetivos. Las ideas de moralidad o de legalidad son ajenas al ámbito internacional, a diferencia de la sociedad interna, a no ser que se trate de la propia moral del estado. Tanto la idea de vacío moral (Maquiavelo) como la de moral de estado (Hegel) tienen cabida en esta tradición. El único principio que rige en la conducta internacional del mundo hobbesiano es la prudencia, el cálculo a la hora de emprender las acciones. Así, los acuerdos se respetan tan sólo si ello forma parte del propio interés en un momento dado.

La *tradición kantiana* se sitúa en el extremo opuesto de la anterior[19]. Según los kantianos las relaciones internacionales se definen a partir de los lazos sociales transnacionales que unen a los individuos de nacionalidades diferentes. En esta tradición el estado pierde relevancia en favor del individuo, cuyas relaciones en el marco de una potencial comunidad humana han de borrar el sistema de estados. Se parte de la idea de que en la comunidad humana los intereses de todos los hombres son idénticos. De ahí que las relaciones internacionales sean de carácter cooperativo puro. Los conflictos de intereses surgen entre los grupos gobernantes de los estados, pero no a nivel de los pueblos (proletariado en la versión marxista). La actividad internacional que mejor tipifica el mundo kantiano es el conflicto ideológico que pasa a través de las fronteras y divide la sociedad humana en campos (bloques) cuasi religiosos: los creyentes y los heréticos, los liberadores y los opresores.

A diferencia del hobbesiano, el kantiano cree que la conducta internacional está dictada por imperativos morales. Ahora bien, dichos imperativos no persiguen la cooperación entre los estados sino la desaparición del sistema de estados y su sustitución por una sociedad cosmopolita. Así, las reglas de coexistencia entre los estados quedan relegadas ante los objetivos morales del kantiano, que dividen el mundo entre elegidos y condenados, entre oprimidos y opresores. Por tanto, cuestiones tales como la soberanía o la independencia no se plantean.

---

[17] De manera sintética el tema ha sido desarrollado por H. BULL, *The Anarchical Society*, *op. cit.*, pp. 24-27. El texto se halla recogido en el apartado de «Lecturas complementarias» de este capítulo.

[18] Para profundizar en la tradición hobbesiana, véase H. BULL, «Hobbes and the international anarchy», *Social Research*, vol. 48, n.º 4, 1981, pp. 717-738.

[19] La tradición kantiana ha sido tratada por A. HURREL, «Kant and the Kantian paradigm in International Relations», *Review of International Studies*, vol. 16, n.º 3, 1990, pp. 183-205.

La *tradición grociana* se sitúa entre las dos anteriores, al describir las relaciones internacionales como una sociedad de estados o sociedad internacional[20]. En esta tradición, el conflicto entre estados es de carácter limitado en base a la existencia de reglas y de instituciones. Aquí el juego entre estados es de tipo distributivo y parcialmente productivo, ya que se descarta tanto la idea del conflicto permanente como la identidad completa de intereses. La actividad internacional que mejor tipifica el mundo grociano es el comercio o, de modo más general, las relaciones económicas y sociales entre los estados.

En términos prescriptivos, el grociano cree que la conducta del estado está limitada por las reglas y las instituciones de su sociedad (sociedad de estados). Prudencia, moralidad y derecho conformarían la lógica del comportamiento estatal, dispuesto a defender la existencia de dicha sociedad. Así, el grociano niega tanto la anarquía del hobbesiano como la voluntad de emancipación del kantiano, buscando el punto medio: el mundo del orden. En efecto, *anarquía, emancipación y orden* podrían constituir las palabras clave para definir cada una de las tradiciones: hobbesiana, kantiana y grociana.

Cada una de las tradiciones reúne una gran variedad de doctrinas sobre relaciones internacionales[21]. Así WIGHT[22] sitúa en el marco de los maquiavelianos el pensamiento de Hobbes, Hegel, Federico el Grande, Clemenceau y, ya en la moderna disciplina de las relaciones internacionales, los trabajos de Carr y de Morgenthau. En el terreno de los kantianos, el profesor británico sitúa tres grandes corrientes doctrinarias ligadas a la reforma protestante, a la Revolución francesa y a la Revolución comunista (Calvino, Rousseau y Marx, como ejemplos prominentes), así como sus contrapartidas (Contrarreforma, anticomunismo, etc.). Los grocianos, finalmente, están dominados por los iusinternacionalistas, por pensadores ingleses como Locke y Burke y por un elenco de políticos (Gladstone, Castlereagh, Roosevelt, Churchill, etc.).

La referencia a personalidades concretas (pensadores, políticos) para aludir a una u otra tradición es puramente indicativa. No hay que olvidar, tal como se apuntaba antes, que las tres tradiciones no constituyen espacios estancos. Al contrario, el propio Wight habló de las tres tradiciones como formando un espectro, de tal manera que ni los autores más prototípicos cumplen a rajatabla las condiciones del tipo-ideal. Ése es el caso, por ejemplo, de Maquiavelo o de Morgenthau, considerados respectivamente como los prototipos del realismo político en teoría del estado y en teoría de las relaciones internacionales. El estudio, en profundidad, de su pensamiento permite apuntar que ambos autores unen a su análisis realista (vacío moral, interés de estado, lucha por el poder, prudencia) una ética finalista (una misión al estilo kantiano) que convierte a Maquiavelo en un patriota italiano del siglo XVI y a Morgenthau en un pacifista americano del siglo XX[23].

---

[20] Sobre la tradición grociana, véase las obras de H. BULL *et al.* (comps.), *Hugo Grotius and International Relations*, Clarendon Press, Oxford, 1992, y de C. A. CLUTER, «The Grotian tradition in International Relations», *Review of International Studies*, vol. 17, n.º 4, 1991, pp. 41-65.

[21] Una buena colección de textos, que reúne desde Platón hasta autores actuales en relaciones internacionales, en E. WILLIAMS, M. WRIGHT y T. EVAN, *International Relations and Political Theory*, Open UP, Buckingham, 1993.

[22] Nos referimos a M. WIGHT, *International Theory*, *op. cit.*

[23] El desarrollo de esta idea en E. BARBÉ, *La obra y el pensamiento de Hans J. Morgenthau*, tesis de doctorado (parcialmente inédita), Universidad Complutense de Madrid, 1986, p. 83.

Si las tres tradiciones forman un espectro, como se acaba de apuntar, tampoco está claro que lo más correcto sea hablar de tres tradiciones y no de cuatro (como hace el propio Wight en algunos momentos, al introducir la figura de Gandhi o de los cuáqueros en bloque aparte) o de cinco. Esta última es la opción de Michael DONELAN, quien, de modo sugerente y sin voluntad de inflación en sus propias palabras, presenta cinco «caminos de pensamiento» (*ways of thought*), calificados como realismo, fideísmo, racionalismo, historicismo y derecho natural[24].

El sustrato filosófico-normativo, desarrollado por autores como Wight, Bull o Donelan, constituye en realidad el punto de partida en términos de debate en la moderna disciplina de las relaciones internacionales. Nos estamos refiriendo al *debate entre idealismo y realismo*. Se puede apuntar que el mismo se desencadenó en el período de entreguerras y la obra de Edward Hallet Carr *The Twenty Years' Crisis 1919-1939* estableció los términos del debate (en su caso calificado de utopismo *versus* realismo)[25]. El debate entre idealismo y realismo ha merecido estudios puntuales[26] y está presente en todo trabajo relativo al desarrollo de nuestra disciplina. Se trata, en realidad, de un debate asentado en las diversas tradiciones del pensamiento internacional. La escuela del realismo político arremete contra la concepción wilsoniana y su deriva jurídico-normativa sobre la base de su concepción de *Realpolitik*, que presenta el orden internacional en términos de equilibrio del poder.

No se trata aquí de desarrollar, en detalle, las claves de un debate permanente entre el pragmatismo del poder y la voluntad de la razón. Tan sólo cabe indicar que los momentos álgidos de este debate en la disciplina de las relaciones internacionales están asociados a los momentos de reformulación internacional o de posguerra, en un sentido amplio. En ese sentido, los primeros años de la guerra fría vieron florecer el debate con fuerza y no es de extrañar, por tanto, que en la actualidad se replantee el tema[27], tal como veremos en el apartado 4 de este capítulo

En Estados Unidos, este debate trasciende habitualmente los círculos académicos para instalarse en los medios políticos y convertirse en materia de opinión pública. No en vano, el debate idealismo-realismo constituye un sustrato intelectual permanente en el proceso de elaboración de la política exterior estadounidense.

Así pues, las tradiciones de pensamiento quedan recogidas en la moderna teoría de las relaciones internacionales, de manera significativa, a través del debate idealismo-realismo. Una vez establecidos los términos de este debate, propio de la dimensión filosófico-normativa aportada por las tradiciones de pensamiento, se entra en las consideraciones científicas sobre la moderna disciplina que, como vere-

---

[24] M. DONELAN, *Elements of International Political Theory*, Clarendon Press, Oxford, 1990. En concreto, sobre el carácter actual del pensamiento del derecho natural, base de las teorías de la sociedad mundial surgidas en las últimas décadas, véase C. DEL ARENAL, «La visión de la sociedad mundial en la escuela de Salamanca», en A. MANGAS MARTÍN (comp.), *La escuela de Salamanca y el derecho internacional en América. Del pasado al futuro*, Univ. de Salamanca, Salamanca, 1993, pp. 27-48.

[25] Véase un fragmento de la obra de Carr, en el que se recoge el debate realismo-utopismo, en el apartado de «Lecturas complementarias» de este capítulo.

[26] Entre los que destaca el de J. HERZ, *Political Realism and Political Idealism. A Study in Theories and Realities*, Chicago UP, Chicago, 1951.

[27] Lo que muestran algunas obras, como la de M. GRIFFITHS, *Realism, Idealism and International Politics. A reinterpretation*, Routledge, Londres, 1993.

mos, han sido a su vez motivo de división y de debate entre los teóricos de las relaciones internacionales.

2. LAS CONTROVERSIAS CIENTÍFICAS EN LA FORMULACIÓN TEÓRICA

Las relaciones internacionales, al igual que las otras ciencias sociales, han generado importantes controversias en torno a las cuestiones teóricas. No es de extrañar, si tenemos en cuenta, como apunta HOFFMANN, que «la teoría constituye el principio de orden en una disciplina»[28]. Pese a ello, el término «teoría» no tiene un sentido unívoco. Bajo esa denominación hallamos contenidos diversos, que en ocasiones son excluyentes y, en cambio, en otras, coexisten de manera positiva. Eso es lo que ha ocurrido en las relaciones internacionales con las dos grandes tradiciones intelectuales (comprensión histórica y explicación científica). Mientras en los años sesenta originaron un debate metodológico, en términos excluyentes, entre tradicionalistas y ciencistas; su coexistencia es vista hoy en día, según HOLLIS y SMITH, como «un síntoma de fertilidad en la disciplina»[29]. Este comentario apunta ya en la dirección final del presente apartado: la dirección del pluralismo y de la coexistencia en materia teórica en relaciones internacionales.

En este apartado vamos a presentar, de manera sistemática, cuatro aspectos de la formulación teórica, con la voluntad de incidir en el carácter plural de la teoría en relaciones internacionales. Así, se abordará sucesivamente: las teorías como etapas diversas del proceso científico, las teorías como niveles diferentes de análisis, las teorías como producto de tradiciones intelectuales y las teorías como «opción personal».

En primer lugar, el término «teoría» se aplica regularmente entre los analistas de las relaciones internacionales a etapas sucesivas del proceso del conocimiento científico. En efecto, etapas muy diversas del proceso del conocimiento científico son presentadas como teoría. De ahí, como indica BRAILLARD[30], que debamos distinguir entre las formulaciones teóricas, propiamente dichas, y aquellos trabajos de aproximación teórica (construcción taxonómica conceptual, elaboración de modelos, exposición y verificación de las hipótesis) que constituyen etapas hacia la formulación de un conjunto coherente de proposiciones (teoría). El mismo Braillard apunta que la mayor parte de trabajos teóricos en relaciones internacionales se centran en aspectos concretos (diseño de modelos, conceptualización) y, en unas pocas ocasiones, encontramos teorías totalmente elaboradas.

Stanley HOFFMANN, por su parte, redunda en la idea de las etapas en la construcción teórica, al apuntar que algunos se conforman con un simple conjunto de preguntas o con meros planteamientos metodológicos; otros llegan a un nivel más complejo, situando las hipótesis que guían la investigación y, finalmente, sitúa en el nivel más elevado a aquellos que pretenden establecer las leyes que explican los fenómenos[31].

---

[28] S. HOFFMANN, *Teorías contemporáneas de las relaciones internacionales*, Tecnos, Madrid, 1963 (ed. orig. en inglés, 1960), p. 26.

[29] M. HOLLIS y S. SMITH, *Explaining and understanding International Relations*, Clarendon Press, Oxford, 1992 (reimpr. de la 1.ª ed., 1990), p. 1.

[30] Idea desarrollada en Ph. BRAILLARD, *Théorie des relations internationales*, PUF, París, 1977, p. 17.

[31] Sobre este tema, véase S. HOFFMANN, «Theory and International Relations», *op. cit.*, p. 31.

Uno de los manuales más populares en el campo teórico de las relaciones internacionales[32] nos muestra claramente que el grado de elaboración de los conjuntos de proposiciones que se autodenominan «teorías internacionales» es extremadamente diverso, apuntando que esa tendencia se mantendrá.

En segundo lugar, la mención a los contenidos diversos de la teoría nos lleva al terreno de los niveles de análisis, introducido por SINGER[33]. El término «niveles de análisis» denota la existencia de múltiples «planos» para aproximarse al análisis de la sociedad internacional[34]. En otros términos, las teorías se dividen entre teorías globales (macronivel) y teorías parciales (nivel medio y micronivel).

Así, la teoría global ofrece una clave explicativa para el conjunto de la sociedad internacional, mientras que las teorías parciales se aplican a regiones o fenómenos concretos (caso de la teoría de la integración) o a un determinado tipo de actor (caso de las teorías de *decision making* en política exterior). Cada vez más se huye de la teoría con pretensiones globales, al estilo de la «lucha por el poder» de MORGENTHAU[35]. Lógico si, como apunta HOLSTI[36], las relaciones internacionales son cada vez más como una «amalgama de varios juegos». En consecuencia, la existencia de varios juegos supone la existencia de varias lógicas y, finalmente, de varias claves explicativas. De ahí que la teoría haya evolucionado en las últimas décadas, como se verá en los siguientes apartados, hacia el pluralismo paradigmático.

Las teorías parciales, por su parte, dividen la realidad internacional, encontrándonos con una multiplicidad de teorías de nivel medio y micro: algo así como un «archipiélago» de teorías, magníficamente descrito en algunas obras de síntesis[37]. Sin embargo, la parcialidad de las teorías no comporta la desconexión entre ellas. De ahí la vieja idea de la acumulación de teorías parciales para construir una teoría general empírica[38], o la voluntad de construir una teoría de la vinculación (*Linkage Theory*) para estructurar el *continuum* que va desde el individuo hasta el sistema internacional, pasando por el nivel medio del estado[39].

---

32 Nos referimos al libro de J. E. DOUGHERTY y R. L. PFALTZGRAFF, *Contending Theories of International Relations*, *op. cit.*, p. 17.

33 J. D. SINGER, «The level-of-analysis problem in International Relations», en ROSENAU, *International Politics and Foreign Policy*, *op. cit.*, pp. 20-29.

34 Los niveles de análisis han sido adoptados como criterio estructurador en manuales muy difundidos de relaciones internacionales. Véanse, en ese sentido, HOLLIS y SMITH, *Explaining and understanding International Relations*, *op. cit.*, y B. RUSSETT y H. STARR, *World Politics. The Menu for Choice*, Freeman and Company, Nueva York, 1989 (1.ª ed., 1981).

35 La lucha por el poder constituye, en la teoría de la política internacional de Morgenthau, la clave explicativa de las relaciones internacionales. Véase el desarrollo de esta idea en sus «Seis principios del realismo político», recogidos en H. J. MORGENTHAU, *Escritos sobre política internacional,* estudio preliminar de E. Barbé, Tecnos, Madrid, 1990, pp. 43-62.

36 K. J. HOLSTI, *The dividing discipline. Hegemony and diversity in International Theory*, Allen & Unwin, Boston, 1985, p. 132.

37 Entre otras, son recomendables las siguientes obras: de manera sintética, K. J. HOLSTI, «Along the Road to International Theory», *International Journal*, vol. 34, n.º 2, 1984, pp. 337-365, y, A. J. R. GROOM y M. LIGHT (comps.), *Contemporary International Relations: A Guide to Theory*, Pinter, Londres, 1994.

38 Esta idea fue defendida por F. ATTINÀ, *Relazioni Internazionali. Metodi e tecniche di analisi*, Etas, Milán, 1973, p. 222.

39 La teoría de la vinculación, apenas aplicada, fue introducida por J. ROSENAU, *Linkage Politics*, The Free Press, Nueva York, 1969.

En tercer lugar, los teóricos de relaciones internacionales se inscriben, como hemos visto en un principio, en una de las dos tradiciones intelectuales de las ciencias sociales. De ahí que nos encontramos con perspectivas diferentes cuando se trata de definir qué es una teoría de las relaciones internacionales. Así, mientras Kal HOLSTI defiende la posibilidad de teorizar en el campo de las relaciones internacionales, basándose en la existencia de un conjunto de «proposiciones descriptivas y explicativas acerca de la estructura, las unidades y los procesos de la política internacional que trascienden el tiempo, el lugar y las personas»[40], Raymond ARON, por su parte, niega la existencia de una teoría científica de las relaciones internacionales, equivalente a la teoría económica, desde el momento en que define la teoría como «un sistema hipotético-deductivo constituido por un conjunto de proposiciones, cuyos términos están rigurosamente definidos, y las relaciones entre los términos (o variables) se revisten a menudo de forma matemática»[41].

Las diferencias apuntadas responden al impacto de las grandes tradiciones intelectuales en la disciplina de las relaciones internacionales, con las consiguientes consecuencias epistemológicas y metodológicas. Nos encontramos así con dos grandes tradiciones teóricas en las relaciones internacionales: los filósofos, clásicos o tradicionalistas, y los empiristas, modernos o ciencistas.

En la primera tradición, la teoría, generalmente normativa, está determinada por la realización de un ideal; juzga la realidad sobre la base de valores o de juicios apriorísticos sobre la naturaleza de los hombres o de las instituciones. Las preguntas que se hace esta teoría intentan responder a cuestiones esenciales; por ejemplo, si el mundo va hacia la paz y el orden o bien si el estado de guerra es permanente[42]. La respuesta se elabora por medio de la reflexión filosófica, consistente en un conocimiento racional supraempírico o en un conocimiento intuitivo.

En términos de método, BULL califica de clásica «la aproximación a la teoría que deriva de la filosofía, la historia y el derecho, y que se caracteriza por encima de cualquier otra cosa por su confianza explícita en el ejercicio del propio juicio y por la idea de que si nos limitamos a la utilización de estándares estrictos de verificación y de prueba se podrá decir bien poco que sea relevante respecto de las relaciones internacionales»[43]. Punto este último que apunta en dirección crítica. En efecto, los tradicionalistas acusan a los ciencistas de perderse en puros formalismos (fascinación por los modelos matemáticos) y de no llevar a cabo estudios relevantes en relación con los problemas fundamentales de las relaciones internacionales.

En la segunda tradición, la teoría empírica está orientada al estudio de fenómenos concretos dentro de las relaciones internacionales y no al planteamiento de cuestiones esenciales. La teoría, siguiendo la lógica popperiana, ha de estar organizada en forma de definiciones rigurosas (incluso formulaciones matemáticas), pro-

---

[40] K. HOLSTI, *The dividing discipline*, *op. cit.*, p. 3.

[41] R. ARON, «Qu'est que c'est qu'une théorie des relations internationales?», *Revue Française de Science Politique*, vol. 17, 1967, p. 838.

[42] Un ejemplo recurrente, y todo un clásico entre las obras de relaciones internacionales, en este sentido es el libro de K. WALTZ, *Man, the State and War. A theoretical analysis*, Columbia UP, Nueva York, 1954 (trad. al español, 1970).

[43] H. BULL, «International Theory: The Case for a Classical Approach», *World Politics*, vol. 18, 1966, p. 361.

posiciones lógicas y conexiones causales empíricamente observables y, en consecuencia, verificables.

Esta aproximación ciencista se aleja del derecho, la historia y la filosofía para utilizar técnicas de análisis generadas por politólogos, sociólogos, psicólogos y antropólogos, entre otros, con el argumento de que dichas técnicas —estudios de comportamiento, análisis de contenido, simulación, teoría de juegos, correlaciones estadísticas— permiten observar las regularidades en el comportamiento internacional, conceptualizarlas de modo riguroso, darles forma mediante la construcción de modelos e incluso cuantificarlas. Como en el caso anterior, las críticas de los ciencistas a los tradicionalistas están centradas en las características de su método de conocimiento (descriptivo, inductivo y subjetivo, basándose en la intuición, en el buen juicio y en la reflexión) más próximo del «sentido común» que de un análisis científico[44].

Las críticas mutuas entre ciencistas y tradicionalistas, en los términos aquí recogidos, dan lugar al habitualmente conocido como segundo debate en relaciones internacionales (tras el primer debate que enfrenta, como ya se ha visto, a idealistas y realistas)[45]. Así, *el segundo debate entre tradicionalistas y ciencistas* es un debate en torno a cuestiones metodológicas, provocado por el impacto de la revolución behaviorista en las relaciones internacionales.

En cuarto lugar, abordamos el último aspecto que nos ayuda a perfilar el contenido y las características de las teorías en relaciones internacionales. Lo hemos definido como teoría en tanto que «opción personal». Bajo este título queremos hacer referencia a la polémica centrada en torno al carácter neutral del conocimiento científico. Polémica que en el marco teórico de las relaciones internacionales estuvo vinculada al segundo debate, ya mencionado, entre tradicionalistas y ciencistas. En efecto, la década de los sesenta es el momento en el que, al igual que en otras ciencias sociales (destacando la ciencia política) se da un enfrentamiento entre los defensores de la neutralidad absoluta en el proceso del conocimiento, vinculados habitualmente a las técnicas behavioristas, y los autores que reconocen la influencia que los valores ejercen sobre su opción investigadora sin que por ello nieguen la objetividad de su trabajo, distinguiendo así entre el ideal científico y el compromiso con determinados fines sociales o políticos. Lo que diferenciaría, en una lógica weberiana, al científico del político, dado que la actuación de este último está idealmente determinada por los mencionados fines políticos y sociales.

Este debate gnoseológico se ve superado por la revolución posbehaviorista[46], que afecta a las relaciones internacionales tanto como a las otras ciencias sociales.

---

[44] Morton Kaplan recoge una serie de obras críticas contra los tradicionalistas, en M. KAPLAN (comp.), *New Approaches to International Relations*, St. Martin's Press, Nueva York, 1968.

[45] Las referencias clásicas sobre el debate entre tradicionalistas y ciencistas son: K. KNORR y J. N. ROSENAU, *Contending approaches to International Politics*, Princeton UP, Princeton, 1969, y A. LIJPHART, «International Relations: great debates and lesser debates», *International Social Sciences Journal*, vol. XXVI, n.º 1, 1974, pp. 11-21.

[46] Sobre el tema de la revolución posbehaviorista, véase D. EASTON, «The New Revolution in Political Science», *The American Political Science Review*, vol. 63, n.º 4, 1969, pp. 1051-1061. Desde las relaciones internacionales se ironizó sobre el término de revolución posbehaviorista, al escribirse que: «el redescubrimiento por la ciencia política de las cuestiones morales o la constatación de que las relaciones internacionales tienen que ver tanto con los fines como con los medios [...] es el único significado que podemos dar a lo que ahora es portentosamente llamado la revolución posbehaviorista», en H. BULL, «Martin Wight and the Theory of International Relations», *op. cit.*, p. XX.

Más si cabe. No hay que olvidar que la autocrítica a los excesos del behaviorismo («pureza científica», «formalismo irrelevante») se enmarca en la crisis moral que sufren los Estados Unidos a causa de la guerra del Vietnam. Tema, este último, que erosionó el discurso de la «neutralidad científica» defendido por numerosos analistas estadounidenses en relaciones internacionales.

Finalmente, el consenso parece establecerse en torno a la idea de que los valores influyen en la opción investigadora (relevancia del tema de estudio) pero sin incidir en el desarrollo teórico posterior, que debería tener bases estrictamente científicas. Lo que no impide, por otra parte, la opción prescriptiva en el trabajo teórico. En realidad, la revolución posbehaviorista (que desea superar el discurso sobre la neutralidad y el apoliticismo de la ciencia) incide, de manera notable, entre los teóricos de las relaciones internacionales. De ahí la toma de posición de Robert KEOHANE y Joseph NYE, para quienes «las suposiciones personales acerca de la política mundial afectan profundamente lo que uno ve y cómo construye sus teorías para explicar los acontecimientos»[47].

Es más, el estudioso condicionado por el medio sociocultural e, incluso, por su propio interés gnoseológico (criterio de relevancia en la investigación) puede desempeñar un papel más allá de la propia teoría, en la práctica, conectando de esta manera con la tradición normativa, propia de la disciplina en sus orígenes. Por consiguiente, a partir de los setenta y como producto de la tensión epistemológica entre filósofos y empiristas gana terreno la teoría orientada a la acción (*policy science*), que estudia la realidad con la intención no ya de explicar los fenómenos internacionales sino de orientar la actuación. De ahí que, en las últimas décadas, destaquen los teóricos que, con una perspectiva humanista y/o marxista, plantean alternativas al orden internacional. Tal es el caso de la investigación para la paz (*peace research*), que orienta su trabajo hacia la acción con una voluntad de cambio del orden internacional. En relación con la investigación para la paz, Celestino DEL ARENAL apunta que «todos los estudiosos en este campo están de acuerdo en que la investigación para la paz carece de sentido si los resultados de la misma no se proyectan en una acción para la paz»[48].

A modo de recopilación, y con espíritu didáctico, esta obra hace suyas una serie de observaciones sobre el quehacer teórico en relaciones internacionales de la autora británica Susan Strange. Las mismas servirán como puente hacia el siguiente apartado, en el que se sistematizará la evolución teórica en relaciones internacionales entre 1945 y 1989, con el convencimiento de que los cambios teóricos (ideas) están íntimamente vinculados a la realidad internacional (hechos).

Como se acaba de apuntar, estas páginas asumen una serie de consideraciones expuestas por Susan STRANGE[49] en relación con los productos teóricos de nuestra disciplina. Se trata, de entrada, de cuatro *a prioris* negativos: *a*) la mayor parte del trabajo teórico se limita a la simple descripción; *b*) buena parte de la llamada teo-

---

[47] R. O. KEOHANE y J. S. NYE, *Power and Interdependence. World Politics in Transition*, Little Brown and Company, Boston, 1977, p. 23.

[48] C. DEL ARENAL, *Introducción a las relaciones internacionales*, *op. cit.*, p. 360.

[49] Las ideas recogidas a continuación están desarrolladas en S. STRANGE, «Toward a Theory of Transnational Empire», en E. O. CZEMPIEL y J. ROSENAU, *Global Changes and Theoretical Challenges. Approaches to World Politics for the 1990s*, Lexington Books, Lexington, 1989, pp. 162-164.

ría consiste en una simple reorganización de hechos, ya conocidos, mediante nuevas taxonomías; *c*) algunos teóricos se han dedicado a adoptar, simplificándolos, conceptos prestados de otras ciencias (caso de la teoría de juegos), con poca viabilidad en cuanto a su aplicación a la política internacional, y *d*) la teoría no ha conocido ningún avance a partir del desarrollo de las técnicas cuantitativas, tan alabadas por algunos sectores académicos.

A las críticas apuntadas la autora británica suma una serie de consideraciones sobre el buen hacer en materia teórica: *a*) la teoría debe pretender explicar algunos aspectos del sistema internacional que no son fácilmente explicables mediante el sentido común (identificar las conexiones causales); *b*) la teoría no aspira necesariamente a predecir (aspecto en el que se diferencia la ciencia social de la ciencia natural) o a prescribir (opción que queda en manos del teórico), y *c*) los teóricos deberían asumir una actitud científica, en el sentido de respetar las virtudes científicas de la racionalidad y de la imparcialidad y de aspirar a la formulación sistemática de proposiciones explicativas.

Estas consideraciones, de carácter amplio y no excluyentes (con los *a prioris* negativos como límite a tener en cuenta), corresponden al «espíritu de los tiempos». Un espíritu que Kal HOLSTI ha descrito en términos culinarios: «en los años veinte y treinta los *chefs* de las relaciones internacionales estaban de acuerdo sobre lo que había qué estudiar y cómo hacerlo; discrepaban respecto de la finalidad (*purpose*) del estudio. En los cincuenta y sesenta, estaban de acuerdo sobre los temas a estudiar y el objetivo del estudio, pero libraron amargas batallas en torno a cómo cocinarlo. Actualmente, parece que discrepan en todo: finalidad, sustancia y método. En consecuencia, el menú se ha ampliado enormemente, pero ello no es necesariamente síntoma de progreso»[50].

Lo visto hasta ahora nos muestra que tanto lo que respecta a la finalidad teórica (empírica, prescriptiva, predictiva) como lo que respecta al método se mueve en un espacio de abundancia. Múltiples adjetivos se aplican a la actual situación: pluralismo, eclecticismo, coexistencia, etc. Holsti nos adelanta, con cierto escepticismo, que lo mismo ocurre en los aspectos sustanciales de las relaciones internacionales. El siguiente apartado se dedica justamente al tratamiento de dichos aspectos sustanciales. Estos aspectos constituyen la base para establecer los «mapas mentales» dominantes en las relaciones internacionales.

3. HECHOS E IDEAS: LOS PARADIGMAS O MAPAS MENTALES DEL TEÓRICO

Los hechos no hablan por sí solos. Frase habitual en boca del teórico[51], quien tras parcelar la realidad (análisis) intenta recomponerla dentro de un marco explicativo global (síntesis). Así, el teórico en relaciones internacionales pretende, como

---

[50] K. J. HOLSTI, «International Relations at the end of the millenium», *Review of International Studies*, vol. 19, n.º 4, 1993, p. 408.

[51] La frase se la debemos a A. J. R. GROOM, «Paradigms in conflict: the strategist, the conflict researcher and the peace researcher», *Review of International Studies*, vol. 14, n.º 2, 1988, p. 97.

nos indica Kal HOLSTI, «mejorar la comprensión de la política mundial»[52]. Pero ¿qué ocurre cuando la política mundial se convierte en un puzzle o en un amalgama de juegos? Piezas que no encajan o reglas que no se cumplen en todos los casos constituyen la norma de lo que ha venido a denominarse, en relaciones internacionales, *el debate interparadigmático*.

En primer lugar, hay que precisar que el concepto kuhniano de paradigma —muy criticado por sus limitaciones y sus ambigüedades[53]— es utilizado aquí de modo equivalente a aproximación o concepción global del objeto estudiado. En cualquier caso, lo que más nos interesa es la funcionalidad del concepto y, siguiendo a Kal HOLSTI, la función del paradigma consiste en «imponer orden y coherencia en un universo infinito de hechos y datos que, en sí mismos, no tienen significado alguno»[54]. De ese modo, *el paradigma viene a jugar las veces de mapa mental del teórico*, mapa que le ofrece una imagen del mundo y que constituye una guía para la investigación. Como ya se ha dicho, los hechos no hablan por sí solos pero, además, tampoco responden a una única imagen del mundo. De ahí que, en palabras de Michael BANKS, «intentar comprender las relaciones internacionales suponga participar en un debate entre constelaciones de ideas en competencia»[55]. En consecuencia, las relaciones internacionales no disponen de un paradigma desde el momento en que, como escribe BRAILLARD[56], no hay acuerdo entre los investigadores sobre lo que constituye la especificidad de la disciplina y sobre un cuadro explicativo general que permita organizar la investigación. Así, objeto de estudio y agenda de investigación son susceptibles de acuerdo o desacuerdo entre los teóricos.

La transformación de la realidad internacional a partir de 1945 exigirá una incorporación progresiva de nuevos temas, que irá acompañada de avances metodológicos y de diversificación de premisas (imágenes del mundo). De tal manera que en los años ochenta —momento en que se impone el concepto de debate interparadigmático— se habla habitualmente de tres paradigmas que articulan la disciplina. La denominación de dichos paradigmas no es siempre idéntica, varía según el autor que consultemos[57] (véase cuadro 2). En la presente obra se adoptan las siguientes deno-

---

[52] K. HOLSTI, *The dividing discipline*, *op. cit.*, p. 125.

[53] En referencia a la obra de T. S. KUHN (1962), *The Structure of Scientific Revolutions*, Chicago UP, Chicago (trad. al castellano, 1977), que establece el carácter normal de una ciencia a partir de la organización en cada campo de estudio del conocimiento científico sobre la base de visiones o concepciones globales del objeto estudiado que inspiran el análisis, la investigación y la teoría. En el campo de las relaciones internacionales ya se apunta que el «infinito debate entre los paradigmas está acabado», en Ph. WINDSOR, «Foreword», en H. C. DYER y L. MANGASARIAN, *The Study of International Relations*, *op. cit.*, p. X. En este apartado se justifica el uso del término «paradigma», en tanto que la mayor parte de la literatura en relaciones internacionales de los años ochenta giró en torno al mismo.

[54] K. HOLSTI, *The dividing discipline*, *op. cit.*, p. 14.

[55] M. BANKS, «The evolution of International Relations Theory», en M. BANKS (comp.), *Conflict in World Society. A New Perspective on International Relations*, Wheatsheaf, Brighton, 1984, p. 4.

[56] Argumento desarrollado en Ph. BRAILLARD, «Les sciences sociales et l'étude des relations internationales», *Revue Internationale des Sciences Sociales*, n.º 4, 1984, pp. 666.

[57] A lo largo de los años setenta y ochenta existe una amplia literatura en la que se discute, justamente, el número de paradigmas existentes en relaciones internacionales. Uno de los primeros textos que plantea dicha cuestión es W. R. PHILLIPS, «Where have all the theories gone?», *World Politics*, vol. XXVI, n.º 2, 1974, pp. 155-188. Esta obra asume la noción, extendida, de tres paradigmas sobre la base, entre otros, de M. BANKS, «The evolution of International Relations Theory», *op. cit.*, y «The Inter-Paradigm Debate», en

CUADRO 2

Clasificación de los paradigmas o aproximaciones según diversos autores y tradiciones de pensamiento

ARENAL	Aproximación realista/ tradicionalista/estatocéntrica	Dependencia/Neomarxista/ Estructuralista	Sociedad Global/ Transnacionalista/ Interdependencia
	Tucídides, Maquiavelo, Hobbes	Marxismo	Kant
ATTINÀ	Anarquía	Comunidad	Transnacionalismo o interdependencia
	Hobbes, Locke, Rousseau, Kant	Wilson	
BULL	Interpretación realista	Universalista	Internacionalista (sociedad internacional)
	Hobbes	Kant	Grocio
GRIFFITHS	Realismo	Revolucionismo	Racionalismo
	Hobbes	Dante, Kant, Wilson, comunistas	Grocio, Hume, Locke
GROOM	Estrategas	*Peace Researcher*	*Conflict Researcher*
LITTLE & SMITH	Estatocéntrica Política del poder y la seguridad	Política del dominio y la interdependencia	Interdependencia y relaciones transnacionales
MAGHROORI & RAMBERG	Realismo	—	Globalismo-Transnacionalismo
ROSENAU	Estatocéntrico	Globalcéntrico	Multicéntrico
VIOTTI & KAUPPI	Realismo	Globalismo	Pluralismo
	Tucídides, Maquiavelo, Grocio, Clausewitz, Carr	Marx, Hobson, Lenin, Luxemburgo	Liberalismo (Smith, Ricardo), Hume, Bentham, Kant (Teóricos de los gupos de interés)

Fuente: C. GARCÍA SEGURA, *Proyecto Docente,* UAB, Barcelona, 1993.

M. LIGHT y A. J. R. GROOM, *International Relations. A Handbook of Current Theory*, Frances Pinter, Londres, 1985, pp. 7-26; y de K. HOLSTI, *The dividing discipline*, *op. cit.* De todas maneras, los dos autores citados no siguen los mismos criterios para dar contenido a dichos paradigmas. En la presente obra se adopta la clasificación de Banks, por lo que respecta a los contenidos, pero no a las definiciones. En lo que respecta a Holsti, este autor ha optado por abandonar su tradicional división en tres paradigmas: tradicional, sociedad global y dependencia. De ahí que en obras posteriores del autor nos encontremos con su clasificación en cinco imágenes del mundo, que responden a cinco modelos: realismo, sociedad de estados, modelo pluralista-interdependencia, modelo de la dependencia y modelos de la sociedad mundial. Esta división se encuentra en K. J. HOLSTI, *International Politics. A framework for analysis*, Prentice Hall, Englewood Cliffs, 1992 (6.ª ed.; 1.ª ed., 1967), pp. 66-77.

minaciones: *paradigma realista, paradigma transnacionalista*[58] y *paradigma estructuralista*[59].

El primero de ellos, el realismo, considerado como central en la disciplina[60] ya que su interpretación del mundo ha sido crucial para comprender la realidad internacional, obliga a los otros dos a desarrollarse como alternativas a la hegemonía intelectual del primero[61], calificado, en ese sentido, como paradigma tradicional[62]. Se puede escribir, por tanto, que entre 1945 y 1989 la evolución teórica de las relaciones internacionales ha perseguido dos objetivos: primero, explicar la realidad internacional, cada vez más compleja y multiforme, y, segundo, luchar contra el predominio del paradigma realista, anclado en la realidad plurisecular de la política internacional[63].

En primer lugar, por tanto, hay que explicar la realidad internacional. Esta afirmación nos permite introducir en estas páginas una reflexión de Michael Banks, que sirve como prólogo al tratamiento sucesivo de los tres paradigmas anunciados: realismo, transnacionalismo y estructuralismo. Nuestro objetivo es justificar su existencia a partir del mundo en que se han desarrollado y de los hechos que pretenden explicar. De ahí lo oportuno de la referencia a Michael Banks, muy ilustrativa de nuestra intención. Así, según BANKS, «[...] es erróneo pensar que la "teoría" es algo opuesto a la "realidad". Son inseparables. Cualquier enunciado encaminado a describir o explicar algo relativo a la sociedad mundial es un enunciado teórico. Es ingenuo y superficial abordar las relaciones internacionales prestando atención única-

[58] En esta obra se ha adoptado la definición de transnacionalismo, frente a la de pluralismo utilizada, entre otros, por M. BANKS, «The evolution of International Relations Theory», *op. cit.* y «The Inter-Paradigm Debate», *op. cit.*; o por P. R. VIOTTI y M. V. KAUPPI, *International Relations Theory. Realism, Pluralism, Globalism*, MacMillan, Nueva York, 1993 (1.ª ed., 1987). La razón básica es que el término de pluralismo se utiliza en un sentido amplio para definir el estado de la teoría en relaciones internacionales (pluralidad de teorías, de métodos y de paradigmas). Esta idea está desarrollada en E. BARBÉ, «El estudio de las Relaciones Internacionales. ¿Crisis o consolidación de una disciplina?», *Revista de Estudios Políticos*, n.º 65, 1989, p. 182.

[59] El término «estructuralismo» está bastante extendido para referirse al tercer paradigma. Si bien algunos autores utilizan el de «dependencia» (C. DEL ARENAL, *Introducción a las relaciones internacionales, op. cit.*), más restringido según nuestra opinión, o el de «globalismo» (P. R. VIOTTI y M. V. KAUPPI, *International Relations Theory, op. cit.*). Este último genera confusión, dado que otros autores (R. MAGHROORI y B. RAMBERG, *Globalism vs. Realism. International Relations Third Debate*, Westview Press, Boulder, 1982) lo aplican a lo que aquí definimos como «paradigma transnacional».

[60] Esta idea es un «lugar común» entre los teóricos de las relaciones internacionales. En ese sentido, se expresa uno de los padres del transnacionalismo. Véase R. O. KEOHANE, «Theory of World Politics: Structural Realism and Beyond», en A. W. FINIFTER (comp.), *Political Science: The State of the Discipline*, American Political Science Association, Washington DC, 1983, p. 504.

[61] Sobre el papel hegemónico del realismo en el marco intelectual, véase J. VASQUEZ, *The Power of Power Politics. A Critique*, Frances Pinter, Londres, 1983.

[62] Término adoptado por C. DEL ARENAL para referirse al realismo, en *Introducción a las relaciones internacionales, op. cit.*, redundando en la idea aquí desarrollada: la vinculación entre realismo y desarrollo teórico de las relaciones internacionales.

[63] En realidad, muchas de las obras publicadas a partir de los años cincuenta manifiestan explícitamente su voluntad de diferenciarse del realismo, bien sea en el terreno metodológico (donde realismo está asociado, hasta los años setenta, a teoría filosófico-normativa) o en el terreno paradigmático (ya en los años setenta), con el *boom* del transnacionalismo, a partir del libro de R. O. KEOHANE y J. S. NYE, *Transnational Relations and World Politics*, Harvard UP, Cambridge, 1973. Una excelente recopilación, sintética e informativa, de los hitos decisivos en la literatura en relaciones internacionales (desde 1900 hasta los años ochenta) se encuentra en W. C. OLSON y N. ONUF, «The Growth of a Discipline: Reviewed», en S. SMITH (comp.), *International Relations. British and American Perspectives*, Basil Blackwell, Oxford, 1985, pp. 19-22.

mente a los hechos. Hay que tener en cuenta que cualquier selección de hechos es literalmente abstracta. Los escogemos, porque creemos que son los más importantes, dentro de un menú más amplio en el que todos los hechos están a nuestro alcance. La pregunta es: ¿por qué son ésos los importantes? Y la respuesta es: porque se ajustan a un concepto, el concepto a una teoría y la teoría a una imagen subyacente del mundo. En el mismo sentido, cada "isla" de teoría en la literatura de las RRII (por ejemplo, sobre la distensión o sobre la integración política) forma parte de un mapa más general que nos muestra cómo está estructurada la sociedad mundial y cuáles son sus aspectos más significativos»[64].

¿Cómo construimos dichos mapas? Los autores nos dan respuestas diversas[65]. De todas ellas, esta obra adopta la opción de HOLSTI[66], consistente en aunar tres criterios: unidad privilegiada de análisis (actor internacional), problemática de estudio e imagen del mundo, adoptadas en cada paradigma. Criterios que, en cada caso, responden a las necesidades sociales percibidas por el teórico como tales.

Lo que nos lleva a un terreno subjetivo destacado en páginas anteriores: las relaciones entre el teórico y el mundo en el que escribe y para el que escribe. James ROSENAU apunta que, quizás hoy en día, «la estrecha relación entre la experiencia percibida y la investigación profesional no es tan evidente como en otras épocas»[67]. Estas palabras forman parte de la introducción a una obra colectiva de carácter autobiográfico en la que treinta y cuatro destacados teóricos de las relaciones internacionales revisan su trabajo en la disciplina a «la luz de los acontecimientos mundiales» que marcaron de forma más o menos directa su experiencia vital (en muchos casos, la segunda guerra mundial; el exilio, etc.). A pesar de ello, los teóricos nacidos en la «torre de marfil» del mundo occidental de la guerra fría han sentido «insatisfacción profesional», si no vital, a medida que se transformaba la sociedad internacional de la guerra fría (1945-1989). Aparece, así, el sentimiento de incapacidad para explicar fenómenos nuevos (a veces no tan nuevos) a partir de teorías «viejas». De ahí el desarrollo de nuevos paradigmas, base para la evolución del trabajo teórico (conceptualización, modelos, teorías de micronivel o de nivel medio, etc.). En ocasiones, como producto de la insatisfacción teórica y, en otras, contando además, con la experiencia vital.

A continuación se van a abordar sucesivamente los tres paradigmas anunciados —realismo, transnacionalismo y estructuralismo— sobre la base de los tres niveles del proceso teórico: *a*) percepción de los problemas internacionales, como desencadenante de los cambios teóricos, *b*) adopción de un paradigma o aproximación global, y *c*) formulaciones teóricas derivadas de cada paradigma (teorías, autores, obras)[68].

---

64 M. BANKS, «The Inter-Paradigm Debate», *op. cit.*, pp. 7-9.

65 Fulvio Attinà, por ejemplo, define los paradigmas según la imagen del mundo del teórico. De ahí su referencia a tres paradigmas, vinculados a las tradiciones de pensamiento: anarquía, transnacionalismo y comunidad. James Rosenau, por su parte, se centra en la unidad de análisis central en cada paradigma y así habla de unidad estatal, de multiplicidad y de globalidad. Más detalles sobre estas aproximaciones en E. BARBÉ, «El estudio de las Relaciones Internacionales», *op. cit.*, p. 182.

66 En referencia a K. HOLSTI, *The dividing discipline*, *op. cit.*

67 J. N. ROSENAU, «Mapping and Organizing the Journeys», en J. K. KRUZEL y J. N. ROSENAU, *Journeys through World Politics. Autobiographical Reflections of Thirty-four Academic Travelers*, Lexington Books, Lexington, 1989, p. 4.

68 Existen libros de *readings* (lecturas) que recogen, a partir de la clasificación de los tres paradigmas aquí expuesta, trabajos cortos de los autores más destacados en cada paradigma. Entre ellos se recomienda

A) Realismo y guerra fría

Una vez acabada la segunda guerra mundial, el realismo se presenta como el «mapa mental» más apropiado para el análisis de una sociedad internacional que acaba de vivir una guerra, cuyos orígenes se asocian al fracaso del «espíritu de Ginebra», y en la que persiste el conflicto, en este caso entre los ex aliados. El fracaso del «espíritu de Ginebra», por una parte, y la evidencia del «espíritu de Yalta», por otra, crean las condiciones óptimas para que la escuela tradicional, la escuela de la *Realpolitik* domine la escena intelectual. En efecto, la Gran Desilusión del período de entreguerras ha puesto en entredicho los valores normativo-jurídicos. De ahí que los realistas arremetan contra la imagen del mundo (armonía de intereses, seguridad colectiva) dominante en el *Palais de la Paix*, que para nada se ajusta a los problemas inmediatos derivados del inicio de la guerra fría, una guerra peculiar con múltiples facetas —lucha entre potencias, guerra de religión, carrera de armamentos que incide en la supervivencia de la humanidad[69]— que pone en entredicho la seguridad nacional. La lógica schmittiana que domina la sociedad internacional a finales de los años cuarenta y principios de los cincuenta explica el éxito del realismo político, cuyo máximo exponente en el campo teórico de las relaciones internacionales es, como ya se ha dicho, Hans J. Morgenthau[70].

Heredero de la tradición hobbesiana de pensamiento, Morgenthau elabora una teoría de la política internacional asentada en lo que él denomina principios del realismo político[71] y dirigida a «orientar» la diplomacia de los Estados Unidos en una época en la que supervivencia de dicho país se cree amenazada por las armas nucleares de la Unión Soviética.

La obra de Morgenthau tiene muchos seguidores en los años cincuenta, tanto en el campo académico (Thompson, Osgood) como entre los diplomáticos (Kennan) o los publicistas (Lippmann). El paradigma es claramente tradicional, como veremos a continuación, y el objetivo altamente pragmático (influir en el diseño de la política exterior de los Estados Unidos en época de guerra fría mediante la aplicación de la norma más clásica de la diplomacia europea: el equilibrio del poder). La suma de ambos elementos (análisis y praxis) se da en la obra de Henry Kissinger, como teórico (*A World Restored*) y como político, al frente de la diplomacia de los Estados Unidos en la época Nixon.

R. Little y M. Smith (comps.), *Perspectives on World Politics*, Routledge, Londres, 1992 (reimp. de la 2.ª ed. de 1991; 1.ª ed., 1981).

69 El carácter multifacético de la guerra fría es abordado con detalle por O. Osterud, «Intersystemic Rivalry and International Order: Understanding the end of the Cold War», en P. Allan y K. Goldman, *The end of the Cold War. Evaluating Theories of International Relations*, Martinus Nijhoff Publishers, Dordrecht, 1992, pp. 12-23, y por F. Halliday, *The making of the second cold war*, Verso, Londres, 1986 (2.ª ed.; 1.ª ed., 1983), pp. 7-10. El tema de la guerra fría será abordado, en detalle, en el capítulo V, al tratar la fractura Este-Oeste en el sistema internacional surgido tras la segunda guerra mundial.

70 Las consideraciones que siguen a continuación sobre Hans J. Morgenthau y el realismo (tanto en su dimensión clásica como en su reformulación neorrealista) están basadas en publicaciones anteriores de la autora, esencialmente E. Barbé, *La obra y el pensamiento de Hans J. Morgenthau*, *op. cit.*

71 Los conocidos seis principios del realismo político de H. J. Morgenthau, *Escritos sobre política internacional*, *op. cit.*, pp. 43-62, se basan en tres premisas esenciales de su pensamiento (estatocentrismo, naturaleza conflictiva de las relaciones internacionales y centralidad del poder) que reaparecerán al abordar las características definidoras del paradigma realista.

A grandes rasgos, el paradigma realista se caracteriza por (véase cuadro 3):

a) La unidad de análisis para los realistas es el estado, entendido como actor racional y unitario. La racionalidad se debe a su actuación (maximización del poder) y el carácter unitario lo acerca a la visión hegeliana del estado.

b) La problemática de estudio está centrada en la seguridad nacional. La supervivencia del estado en un medio hostil, en el que la amenaza es constante y militar (ambiente de guerra fría), constituye el problema por definición. Términos como guerra/paz, estrategia/diplomacia, conflicto, alianza militar y armamento, entre otros, son una constante en el vocabulario realista.

c) La imagen del mundo que sustenta el paradigma realista ha sido gráficamente definida como la imagen de las «bolas de billar», en referencia a los estados unitarios (impenetrables)[72] y en conflicto (choque) constante[73]. Esta imagen rechaza toda idea de comunidad (las sociedades internas no entran en contacto) y, en cambio, sugiere la de anarquía en una mesa en la que el espacio está abierto y en el que las bolas no se ajustan en sus movimientos a normas establecidas. Definición que nos remite a otros tantos términos equivalentes: estado de naturaleza, dilema de seguridad o «tercera imagen»[74].

CUADRO 3

Características del realismo

Contexto histórico	Guerra fría
Unidad de análisis	Estado como unidad racional
Problemática de estudio	Seguridad nacional (de base militar)
Imagen del mundo	Mesa de bolas de billar (conflicto)

Una vez establecidas las características del paradigma y conocido el «padre fundador» del mismo en la moderna teoría de relaciones internacionales[75], hay que in-

---

[72] La noción de impenetrabilidad del estado ya había sido criticada en los años cincuenta, en virtud del potencial «penetrador» de las armas nucleares que negaba la base del contrato social, el *quid pro quo* entre seguridad (ofrecida por el estado) y libertad (cedida por el individuo). Véase el argumento desarrollado por J. H. HERZ, *International Politics in the Atomic Age*, Columbia UP, Nueva York, 1959.

[73] El término «bolas de billar», que chocan como parte del juego, ya es clásico en la literatura de relaciones internacionales. Se debe a A. WOLFERS, *Discord and Collaboration. Essays on International Relations*, The Johns Hopkins UP, Baltimore, 1962.

[74] La «tercera imagen» en relaciones internacionales es un término acuñado por WALTZ, *Man, the state and war*, *op. cit.*, quien de esta manera hacía referencia al sistema de estados, frente a la naturaleza humana (primera imagen) y a la estructura interna del estado (segunda imagen), como responsable de la conflictividad internacional.

[75] A pesar de que el pensamiento de Morgenthau carezca de originalidad, dado su sustrato filosófico (razón de estado de Maquiavelo, estado de naturaleza de Hobbes) e histórico (diplomacia de equilibrio del poder a la Metternich), él fue el primero en aplicarlo de manera sistemática al mundo de la guerra fría. De ahí que todos los autores, sin entrar en detalles, le reconozcan (como mérito y como crítica) el papel citado de fundador.

dicar que el realismo ha generado diversas oleadas de teóricos. En algunos casos han reclamado el papel original de Morgenthau, como los neorrealistas[76] surgidos en los años de la segunda guerra fría[77], mientras que en otros casos se ha considerado tal vínculo sin que los afectados (la sociología histórica francesa, ejemplificada por Raymond Aron, en los años sesenta[78]) lo reconocieran así. Sin duda, la visión aroniana de las relaciones internacionales como un mundo de diplomáticos y estrategas ayudó a equiparar al autor francés con el realista estadounidense. Asimismo, la distinción aroniana entre política interna y política internacional (orden frente a anarquía) ha sido asumida como un elemento distintivo del realismo, a pesar de que Morgenthau no la compartía. En ese sentido, Aron ha contribuido a reforzar los componentes del pensamiento realista en relaciones internacionales.

Los teóricos británicos, por su parte, reciben a menudo el calificativo de realistas. Es el caso de Carr, Wight y Bull, en virtud de su tratamiento de las relaciones internacionales en tanto que sistema de estados. Punto, este último, tendente a confusión ya que, en principio, tanto la mayor parte de idealistas como de ciencistas compartían el estatocentrismo defendido por Morgenthau.

Las premisas del realismo (estatocentrismo, seguridad nacional en términos militares y anarquía) que diseñan la agenda investigadora en relaciones internacionales comienzan a plantear problemas a medida que se transforma la sociedad internacional: el paso de la guerra fría a la distensión, iniciada en la década de los sesenta, es nuestro punto de referencia. A primera vista, es el paso de un mundo simple, el mundo de la alta política (*high politics*) movido por la fuerza militar de las superpotencias, a un mundo complejo, el mundo de la baja política (*low politics*) determinado por factores sociales y económicos[79].

En ese sentido, la década de los setenta es el momento decisivo. Así, la reacción frente al realismo dominante supondrá la aparición de dos nuevas aproximaciones globales: el transnacionalismo y el estructuralismo. Ambas se presentan como alternativas al realismo y ambas generan un número importante de teorías, autores y obras.

Antes de entrar en dichos paradigmas, hay que puntualizar que desde los mismos se produce una revisión de posturas en la década de los ochenta. De tal manera, que autores destacados por su trabajo alternativo al realismo, reclamarán nuevamente cierto papel para el paradigma tradicional. De ahí la reflexión de Robert Keohane, padre del transnacionalismo, que a principios de los ochenta apunta en la dirección de la coexistencia entre paradigmas (pluralidad, complementariedad, acumulación) y no de la exclusión (paradigmas alternativos), dominante en

---

[76] Los neorrealistas, a diferencia del primer realismo, centran su análisis en la estructura del sistema internacional, para entender los mecanismos de cambio y de continuidad en el propio sistema. Entre los neorrealistas se encuentran Waltz, Keohane, Krasner y Gilpin. Sobre el neorrealismo véanse R. KEOHANE (comp.), *Neorealism and its critics*, Columbia UP, Nueva York, 1986, y L. TOMASSINI, «La política internacional después del muro», *Estudios Internacionales*, n.º 91, 1990, pp. 281-338.

[77] La obra más representativa del realismo dominante, en términos teóricos, durante la segunda guerra fría es el libro de K. WALTZ, *Theory of International Politics*, Wesley, Reading, 1979 (trad., 1988).

[78] La teoría de las relaciones internacionales en Francia ha estado claramente dominada por la obra de R. ARON, *Paz y guerra entre las naciones*, Alianza, Madrid, 1985 (1.ª ed. en francés, 1962).

[79] Los términos «*high politics*» y «*low politics*», de uso corriente hoy en día entre los autores de relaciones internacionales, fueron introducidos por S. HOFFMANN, «Obstinate or Obsolete? The fate of the nation-state and the case of Western Europe», *Daedalus*, n.º 95, 1966, pp. 862-915.

los setenta. En dicho sentido escribe KEOHANE: «el realismo es un componente necesario en un análisis coherente de la política mundial porque su incidencia en el poder, los intereses y la racionalidad es crucial para la comprensión del tema. Así, cualquier aproximación a las relaciones internacionales tiene que incorporar, o al menos tomar en consideración, elementos clave del pensamiento realista. Incluso los autores que se dedican a las instituciones y a las normas internacionales o los autores marxistas parten de premisas realistas. Dado que el realismo se basa en ideas fundamentales sobre la política mundial y sobre la actividad estatal, el progreso en las relaciones internacionales sólo será posible si construimos a partir del núcleo realista»[80].

B) TRANSNACIONALISMO Y PROBLEMAS GLOBALES *FIN DE SIÈCLE*

La teoría de las relaciones internacionales está plagada en los primeros años setenta de toques de atención sobre el carácter restrictivo del paradigma realista. En ese sentido, PUCHALA y FAGAN apuntan que las relaciones internacionales han cambiado desde mediados de los años sesenta, hasta el punto de «no comprender la política internacional contemporánea debido a que el desarrollo teórico de nuestra disciplina va actualmente por detrás de la cambiante realidad de la práctica diaria de los asuntos internacionales. En consecuencia, algunas de nuestras conceptualizaciones más utilizadas, de nuestras imágenes del mundo, producen menos conocimientos de los que nos proporcionaron en el pasado»[81]. En otras palabras, la teoría ha sido desbordada por la práctica. Mientras los teóricos seguían con la vista fija en las cuestiones de «alta política», los decisores políticos ya tenían sus agendas dominadas por los temas de «baja política»[82].

En efecto, las condiciones mundiales han cambiado sustancialmente desde los primeros años sesenta. Cambio que va a consolidarse una década después. Por una parte, la reducción de la tensión político-militar gracias a la distensión, que lleva a algunos autores a apuntar que el peligro de guerra entre las superpotencias ha desaparecido, se combina con nuevas realidades (explosión del número de estados a partir de la descolonización, crecimiento económico de Europa Occidental y Japón, etc.) y evidencia problemas (nuevos o reformulados): el desequilibrio Norte-Sur convertido en tema de la agenda internacional, la crisis energética, la crisis del sistema monetario, etc.

La suma de todos esos elementos (distensión político-militar, activismo de los países del Sur en las instancias internacionales e inestabilidad del sistema económico) da lugar a una serie de preguntas para las que el paradigma realista (centrado

---

[80] R. KEOHANE, «Theory of World Politics: Structural Realism and Beyond», *op. cit.*, p. 504.

[81] D. J. PUCHALA y S. I. FAGAN, «International Politics in the 1970s: The Search for a perspective», *International Organization*, vol. 28, 1974, pp. 247-249.

[82] En ese sentido, en C. W. KEGLEY y E. R. WITTKOPF, *World Politics. Trend and transformation*, 1989, MacMillan, Londres, p. 9, se destaca el cambio experimentado en la administración estadounidense. Así, en los años cincuenta, los altos cargos se dedicaban a los temas relacionados con la seguridad nacional (armamento nuclear, alianzas militares), mientras que los temas económicos quedaban en manos de funcionarios de menor rango; pero «durante los años setenta los temas de baja política empezaron a competir con los de alta política, atrayendo la atención de los decisores políticos clave».

en la dimensión político-militar del estado) no tiene respuesta. De ahí las críticas al mismo, basadas en su incapacidad para explicar el mundo de la distensión[83]. En ese espacio de «insatisfacción teórica» y de crítica al realismo dominante hay que situar la formulación en los años sesenta y setenta de los otros dos paradigmas anunciados: el transnacionalismo y el estructuralismo. Si los realistas tenían una finalidad precisa (explicar el comportamiento de los estados) ahora nos encontramos con otras dos finalidades que van a motivar a transnacionalistas (explicar los acontecimientos mundiales) y a estructuralistas (explicar por qué existen tales diferencias a nivel mundial entre ricos y pobres). Las finalidades de ambos paradigmas comportarán sus opciones ideológicas. Así, mientras el transnacionalismo es una visión típicamente occidental o «industrialocéntrica»[84] del mundo, de base liberal, el estructuralismo asume una posición crítica con el sistema económico mundial (en muchos casos de base marxista).

Como ya se ha indicado, el paradigma transnacionalista recibe otras denominaciones (interdependencia, globalismo, sociedad mundial o pluralismo). Cada una de ellas pretende destacar una dimensión específica: las interacciones en el caso del transnacionalismo y de la interdependencia, los actores en el caso del pluralismo y la sociedad internacional, en su conjunto, en el caso del globalismo y del paradigma de la sociedad mundial[85]. En realidad, Robert Keohane y Joseph Nye, «padres fundadores» del segundo paradigma, en tanto que alternativa al realismo, comenzaron hablando de transnacionalismo, si bien más adelante bautizaron su alternativa como «paradigma de la interdependencia compleja»[86]. Todas estas denominaciones son útiles en la medida en que, en su conjunto, responden a los tres criterios establecidos en páginas anteriores para caracterizar un paradigma: unidad de análisis, problemática e imagen del mundo, y en este caso se aplican al transnacionalismo (véase cuadro 4).

a) El transnacionalismo cuestiona el sistema de estados como estructura del sistema internacional. Su análisis, más allá del estado, va a incorporar una pluralidad de actores: organizaciones internacionales, empresas multinacionales, organizaciones no gubernamentales, unidades políticas sub-estatales e individuos, entre otros. Así el estado (gobierno central) pierde su carácter de actor exclusivo, para entrar en compe-

---

[83] Esta incapacidad es uno de los argumentos desarrollados por J. VASQUEZ, *The Power of Power Politics*, *op. cit.*, p. 128.

[84] Término utilizado por C. GARCÍA SEGURA, *Proyecto Docente* presentado para el concurso de Profesor Titular de Universidad, Universidad Autónoma de Barcelona, 1993, p. 32.

[85] K. HOLSTI, *The dividing discipline*, *op. cit.*, adopta el término de sociedad mundial. En su caso, como ya se ha dicho, el contenido se aleja de la dimensión transnacional. Así, Kal Holsti sitúa en el segundo paradigma aquellos autores que centran su análisis exclusivamente en la dimensión global de las relaciones internacionales, considerando como clásicos (realistas en nuestra terminología) todos los autores (caso de los interdependentistas) que se mueven en el mundo conceptual del poder (sea éste económico o político). Es decir, se refiera a un estado o a una empresa multinacional. Así, la diferencia más notable de Holsti se halla en el terreno normativo de la teoría, que acerca el segundo paradigma a la visión kantiana (comunidad humana) de la sociedad mundial. Así, el ejemplo ideal de dicho paradigma sería la producción vinculada al *World Order Models Project* (WOMP), basada toda ella en la premisa de la existencia en relaciones internacionales de una auténtica comunidad.

[86] El término «interdependencia compleja» es desarrollado por R. KEOHANE y J. NYE, *Power and Interdependence*, *op. cit.* Véase el texto incluido en el apartado «Lecturas complementarias» del presente capítulo.

CUADRO 4

Características del transnacionalismo

Contexto histórico	Distensión
Unidad de análisis	Pluralidad de actores internacionales (organizaciones int., ONG, empresas y transnacionales, actores subestatales, etc.)
Problemática de estudio	Problemas derivados de la actividad humana en un mundo altamente desarrollado: relaciones comerciales, medio ambiente, crisis de recursos, etc.
Imagen del mundo	Red o telaraña (Interdependencia)

tencia con otros actores[87], y su carácter impenetrable, convirtiéndose en un actor fragmentado[88], con lo que deja de existir una racionalidad de estado.

La relativización del estado como actor internacional, aquí introducida, es el núcleo duro del tercer debate en relaciones internacionales, tras el debate idealismo-realismo y el debate tradicionalismo-ciencismo. En este caso, bajo la denominación de *debate realismo versus globalismo* nos encontramos, en los años setenta con un debate que se inscribe plenamente en el espíritu posbehaviorista, desde el momento en que se adoptan posiciones flexibles en materia metodológica y las diferencias se centran en cuestiones sustanciales, tales como la superación o no de la visión estatocéntrica en la formulación teórica. En ese sentido, MAGHROORI y RAMBERG indican que el tercer debate abre una discusión en profundidad sobre las premisas fundamentales de las relaciones internacionales[89]. De ahí, su notable impacto, como veremos a continuación, en la agenda de investigación.

b) La problemática de estudio de los transnacionalistas va a suponer la introducción de una nueva agenda de investigación. Los temas político-militares reservados a diplomáticos y estrategas son sustituidos por una serie de cuestiones extremadamente activas en los foros internacionales durante los años setenta, cuestiones todas ellas vinculadas a la actividad humana en un mundo altamente desarrollado: relaciones comerciales y financieras, desarrollo tecnológico, mundo de las comunicaciones, grandes negociaciones de baja política (derecho del mar), cuestiones energéticas, temas culturales, problemas ecológicos, etc.

La articulación de problemas y actores va a suponer la introducción en la agenda de investigaciones sobre el comportamiento de diversos niveles de la administración

---

[87] El tema de la pluralidad de actores centra la atención de R. MANSBACH, *et al.*, *The Web of World Politics*, Prentice Hall, Englewood Cliffs, 1976.

[88] El carácter fragmentado del estado en tanto que actor internacional es desarrollado por R. KEOHANE y J. NYE, *Power and interdependence*, *op. cit.*, p. 25, a través de la noción de transgubernamentalismo, noción que «se aplica cuando se deja de lado el supuesto realista de que los estados actúan de modo coherente, como unidades».

[89] R. MAGHROORI y B. RAMBERG, *Globalism vs. Realism. International Relations Third Debate*, *op. cit.*, p. 13.

(especialmente sobre el caso estadounidense) en grandes negociaciones de baja política. Un espacio muy apropiado para el estudio de tales temas ha sido la Comunidad Europea, donde la noción de actor fragmentado es extremadamente útil (*lobbies*, intereses ministeriales, intereses de burocracias nacionales o comunitarias, etc.). Se introduce, de esta manera, un tipo de interacción en el que la negociación (el regateo) es la máxima de comportamiento, en el bien entendido de que entre los actores existe una red compleja de interacciones (económicas, tecnológicas) que los empele al diálogo, dado el elevado nivel de interdependencia entre los mismos (estados, multinacionales, etc.). Así, la noción de interdependencia compleja, introducida por Keohane y Nye, comporta la existencia de un juego cooperativo entre los actores internacionales y, caso de producirse un conflicto, este último no se traslada al terreno político-militar ya que los instrumentos de actuación propios del «estado armado» son inútiles en el mundo de la interdependencia compleja.

c) La imagen del mundo de los transnacionalistas está unida a los conceptos de sociedad mundial o de globalismo, en tanto que los flujos económicos o tecnológicos rompen con la lógica del sistema de estados para crear una lógica de red o de telaraña[90] en la que existen múltiples conexiones y en la que todas las piezas están vinculadas. Frente a la anarquía de los realistas, tenemos aquí un mundo grociano en el que los intereses mutuos generan un cierto orden internacional. De ahí que las múltiples teorías encuadrables en el marco del segundo paradigma se basen en premisas de cooperación y no de conflicto. Es el caso de las teorías de la integración[91], en su dimensión de integración técnico-económica, también llamada «integración informal» para distinguirla de la integración política institucionalmente formalizada[92], o de la teoría de los regímenes internacionales[93].

De la misma manera que los realistas estadounidenses de la guerra fría tenían como objetivo la orientación de la política exterior de su país, en base a principios clásicos como el equilibrio del poder, ahora nos encontramos con que los transnacionalistas tienen una finalidad práctica en el mismo terreno. Los mismos KEOHANE y NYE inscriben su análisis en un marco político bien definido: la necesidad por parte de los Estados Unidos de aprender a ejercer su liderazgo en un mundo en el que ha perdido su posición de hegemonía económica[94]. Esta preocupación, la pérdida de la hegemo-

---

[90] La noción misma está recogida en el título de una obra central en este segundo paradigma. Nos referimos a R. MANSBACH, *The Web of World Politics*, *op. cit.*

[91] Las teorías de la integración, vinculadas en su mayoría al proceso de construcción de la Comunidad Europea, van desde los primeros trabajos neofuncionalistas de E. HAAS, *The Uniting of Europe*, *op. cit.*, en los años cincuenta; hasta obras más recientes, de deriva realista, como R. O. KEOHANE y S. HOFFMANN (comps.), *The New European Community. Decisionmaking and Institutional Change*, Westview Press, Boulder, 1991.

[92] La distinción entre integración informal (económica y social) y formal (política) la debemos a W. WALLACE (comp.), *The Dynamics of European Integration*, Pinter, Londres, 1990, pp. 8-12.

[93] La noción de régimen internacional, introducida por R. KEOHANE y J. NYE, *Power and Interdependence*, *op. cit.*, p. 19, hace referencia a la existencia en el sistema internacional de «redes de reglas, normas y procedimientos que configuran el comportamiento y controlan sus efectos en un campo de actividad». El tema ha sido desarrollado por S. KRASNER, *International Regimes*, Cornell UP, Ithaca, 1983. En España se ha tratado el tema, de manera recapitulativa, en E. BARBÉ, «Cooperación y conflicto en las relaciones internacionales», *Revista CIDOB d'Afers Internacionals*, n.º 17, 1989, pp. 57-70.

[94] Véase la argumentación sobre el tema en R. KEOHANE y J. NYE, *Power and interdependence*, *op. cit.*, p. 242.

nía estadounidense en un mundo en cambio, constituye, como veremos[95], uno de los acicates teóricos en las relaciones internacionales a lo largo de los años ochenta.

Este último punto constituye una prioridad en la agenda de investigación de los transnacionalistas que, basándose en la noción de interdependencia, ofrecen una imagen de simetrías y de cooperación a nivel mundial. Esta imagen, y con ella el segundo paradigma, son criticados por Philippe BRAILLARD, para quien «el recurso, cada vez más extendido, al concepto de interdependencia que fundamenta, incluso, uno de los paradigmas actuales de estudio de las relaciones internacionales, introduce en el análisis opciones ideológicas implícitas. Incidiendo en el crecimiento de la interdependencia y presentando esta última como una situación simétrica (dependencia mutua de actores sociales) se tiende a enmascarar la dimensión conflictiva de las relaciones internacionales y la estratificación del sistema internacional»[96]. Con esta crítica de Braillard al transnacionalismo están establecidas las coordenadas para entrar en el tercer paradigma: el estructuralismo.

C) ESTRUCTURALISMO Y SUBDESARROLLO

El estructuralismo, tal y como se ha apuntado anteriormente, se inscribe en el mismo contexto histórico que el transnacionalismo, aunque su enfoque es totalmente diferente. En páginas anteriores hemos avanzado las diferencias de enfoque: mientras el segundo paradigma desea explicar acontecimientos mundiales que inciden en la trama económico-tecnológica altamente desarrollada, el tercer paradigma pretende conocer los orígenes, el carácter y las consecuencias del sistema capitalista mundial (con un interés especial por los temas del subdesarrollo).

El despegue económico de Europa Occidental y de Japón, primero, y el impacto de la crisis económica, después, evidencian cada vez más el estado de subdesarrollo en que está sumida una parte de la humanidad. Por consiguiente, el estructuralimo centra su análisis de las relaciones internacionales en las desigualdades, en términos de desarrollo económico, observables en el sistema capitalista mundial. A diferencia de los transnacionalistas, el estructuralismo no ve en el capitalismo un factor tendente a la integración y a la cooperación sino la causa de los problemas de subdesarrollo existentes en el planeta. Pensamiento vinculado a los teóricos del imperialismo, en su mayoría marxistas: Hobson, Hilferding, Bujarin, Rosa Luxemburgo y Lenin.

A diferencia de los dos paradigmas anteriores, el tercero no ocupa un lugar destacado en el núcleo duro de la teoría de las relaciones internacionales. No es extraño si tenemos en cuenta, como hemos visto en los casos anteriores, que el predominio estadounidense en la disciplina vincula el desarrollo teórico a las necesidades de la política exterior de dicho país, en sentido restringido, y de las potencias occidentales, en sentido más amplio, como demuestra el segundo paradigma (aplicable al mundo OCDE). No hay que olvidar que la dimensión teleológica del tercer paradigma se convierte, en algunos casos, en un alegato antisistema (alteración radical de las bases del sistema económico mundial).

---

[95] Este tema será abordado, de manera explícita, en el capítulo V de la presente obra, cuando analicemos las características del sistema internacional entre 1945 y 1989.

[96] Ph. BRAILLARD, «Les sciences sociales et l'étude des relations internationales», *Revue Internationale des Sciences Sociales*, n.º 4, 1984, p. 670.

Nos preguntamos, a continuación, por las características del estructuralismo en tanto que paradigma de estudio para las relaciones internacionales en base a los criterios habituales (unidad de análisis, problemática e imagen del mundo) (véase cuadro 5).

CUADRO 5

Características del estructuralismo

Contexto histórico	Posdescolonización
Unidad de análisis	Sistema económico capitalista mundial
Problemática de estudio	Relaciones centro-periferia y mecanismos generadores del subdesarrollo
Imagen del mundo	Pulpo de varias cabezas alimentado por los tentáculos

a) La unidad del análisis para los estructuralistas es el sistema capitalista mundial y sus partes (clases sociales, estados, empresas multinacionales, etc.). Así, el tercer paradigma fija su atención en un sistema global en el que los actores están sometidos a la lógica de dominio existente en el capitalismo. De ahí que las relaciones entre actores sean interpretadas bajo un prisma histórico (desarrollo del sistema capitalista) y bajo un prisma económico (relaciones centro-periferia).

b) La problemática de estudio sigue los dos prismas apuntados. Por una parte, el conocimiento de los orígenes, del funcionamiento y de la naturaleza del sistema capitalista mundial y, por otra parte, las relaciones económicas actuales y sus mecanismos de perpetuación, esencialmente en lo que se refiere a la dependencia y al subdesarrollo. El estructuralista, por tanto, pretende explicar las situaciones de marginalidad en que viven algunos pueblos y de ahí que tome como objeto de atención los mecanismos que perpetúan la situación y que afianzan la lógica de dependencia (mecanismos de inversión, programas de ayuda, fijación de precios, políticas de desarrollo, dominio político-militar, etc.).

c) La imagen del mundo, en el caso del estructuralismo, es una imagen conflictiva, expresada en términos marxistas de explotación. Lo que, en términos gráficos, algunos autores traducen en un pulpo de varias cabezas (centros), que se alimentan del trabajo de múltiples tentáculos (periferias)[97]. El sistema es tal que el tentáculo está condenado a trabajar para el centro en un juego de suma cero, en el que siempre hay un ganador (centro) y un perdedor (periferia). O, lo que es lo mismo, el sistema no genera en ningún caso intereses comunes, como ocurría en el segundo paradigma.

Los autores que se inscriben en el marco del tercer paradigma se dividen entre los teóricos de la dependencia, los teóricos del análisis centro-periferia y los teóri-

---

[97] La imagen del pulpo fue introducida por R. JENKINS, *Exploitation. The world power structures and the inequalities of nations*, Paladin, Londres, 1971, pp. 158-161.

cos del sistema mundo. Mientras la teoría de la dependencia[98], cuyo «padre fundador» es Raúl Prebisch[99], y el análisis centro-periferia[100], iniciado por Gunder Frank, parten de estudiosos radicados en países del Sur (esencialmente América Latina), los teóricos del sistema mundo[101] (Wallerstein como más destacado) se asientan en universidades del Norte. A diferencia de los paradigmas anteriores nos encontramos, en este caso, con un grupo de autores y de obras[102], críticos entre sí y muy criticados desde el exterior. Lo que ha debilitado sus posiciones en el terreno teórico, amén del efecto negativo que ha tenido sobre sus teorías el desarrollo acelerado de algunas economías del Sur (países asiáticos como Corea del Sur, Singapur, Taiwan, etc.).

Si bien su papel ha sido marginal, en comparación con los otros dos paradigmas, en el desarrollo teórico de la disciplina; en cambio, sí se puede destacar que los estructuralistas han tenido la virtud de introducir en la agenda de investigación una serie de temas que, junto a otros temas transnacionalistas y a algunas premisas realistas, han creado la «masa crítica» para desarrollar una de las líneas más fructíferas en la disciplina de las relaciones internacionales desde los años ochenta: la economía política internacional (EPI). Temas como el comercio internacional, el sistema monetario internacional, las relaciones Norte-Sur, las firmas multinacionales, los problemas económicos globales y las políticas económicas exteriores de los estados, entre otros, constituyen la agenda de la EPI donde, según Roger TOOZE, «la economía y la política, a nivel interno y a nivel internacional, se integran y no pueden explicarse independientemente una de otra»[103].

El análisis en conjunto de los tres paradigmas nos devuelve a la idea de partida: la amalgama de juegos en las relaciones internacionales. De ahí, posiblemente, el eclecticismo reinante en la teoría de las relaciones internacionales. Una consideración de Jacques HUNTZINGER nos permite escribir el epílogo del debate interparadigmático: «En fin, no es posible operar una vaga síntesis entre las diferentes apro-

---

[98] Los teóricos de la dependencia o dependentistas nacen, en los años cincuenta y sesenta, de los trabajos realizados por Raúl Prebisch en el marco de la Comisión Económica de Naciones Unidas para América Latina (CEPAL), al que siguen Cardoso, Dos Santos, Valenzuela, etc. A modo de ejemplo concreto, véanse las obras de F. CARDOSO y E. FALETTO, *Dependencia y desarrollo en América Latina*, México, 1978 (1.ª ed., 1969), y de C. FURTADO, *Economic Development of Latin America*, Cambrige UP, Londres, 1977.

[99] Véase un texto de Raúl Prebisch, representativo de este tercer paradigma, en el apartado «Lecturas complementarias» de este capítulo.

[100] El análisis centro-periferia, variante de la teoría de la dependencia, es de raíz marxista. El trabajo de Gunder Frank, principal autor de esta corriente, ha desbordado el marco de partida (América Latina) para aplicarse al mundo subdesarrollado en general. Otro autor destacado de esta corriente, Samir Amin, ha dedicado su atención al caso africano. Estos y otros autores, centrados en el análisis centro-periferia, tienen una notable producción. A modo de ejemplo, véase A. G. FRANK, *Sociología del desarrollo y subdesarrollo de la sociología. El desarrollo del subdesarrollo*, Barcelona, 1971, y S. AMIN, *El desarrollo desigual. Ensayo sobre las formaciones sociales del capitalismo periférico*, Barcelona, 1974.

[101] El análisis del sistema mundo de Wallerstein, profesor estadounidense, se caracteriza por estudiar la actual estructura de la economía mundial a partir de un estudio de largo alcance en el tiempo del sistema capitalista mundial visto de manera global: su moderno sistema mundial. Entre las obras de E. WALLERSTEIN, véase: *El moderno sistema mundial. La agricultura capitalista y los orígenes de la economía mundo europea en el siglo XVI*, Siglo XXI, Madrid, 1979.

[102] Análisis de las tres corrientes y bibliografía recapitulativa en Ch. BROWN, «Development and Dependency», en M. LIGHT y A. J. R. GROOM, *International Relations*, *op. cit.*, pp. 60-73. Entre nosotros, véase la bibliografía recapitulativa de C. DEL ARENAL, *Introducción a las relaciones internacionales*, *op. cit.*, pp. 331-332.

[103] R. TOOZE, «Perspectives and Theory: A Consumer's Guide», en W. C. OLSON, *The Theory and Practice of International Relations*, Prentice Hall, Englewood Cliffs, 1987 (1.ª ed., 1960), p. 30.

ximaciones de la sociedad internacional ni escoger entre las aproximaciones existentes, excluyendo las restantes, si se quieren abordar los fenómenos de la vida internacional en su totalidad, ya que cada una de estas aproximaciones hace hincapié en algunos aspectos de las relaciones internacionales e ignora otros. Ni Morgenthau, ni Lenin, ni el transnacionalismo poseen por sí solos las claves para comprender la sociedad internacional»[104]. Epílogo que quedaría «corto» si no apuntáramos, como indica Celestino DEL ARENAL, que el necesario multiparadigmatismo analítico se ve contrastado con las premisas filosóficas del teórico, que en su caso se traducen en «valores e intereses de naturaleza global y humana»[105]. Las apreciaciones anteriores (pluralismo teórico y premisas filosóficas) quedan bien recogidas en el cuarto, y último, apartado de este capítulo, dedicado a la evolución teórica de las Relaciones Internacionales en las dos últimas décadas.

4. EVOLUCIÓN RECIENTE DE LA TEORÍA

En este apartado, se trata de esbozar, de manera sintética, el panorama teórico de las relaciones internacionales en el momento actual[106]. Para ser más precisos, pretende exponer cómo ha evolucionado el marco teórico de las relaciones internacionales en las dos últimas décadas, partiendo de la pauta de lectura que nos ofrecen los tres mapas mentales antes descritos. Comenzamos igual que acabamos el apartado anterior, refiriéndonos a la pluralidad teórica. En obras recientes se recoge dicho espíritu. Así, Steve SMITH escribe: «Pienso que la política mundial, en una época de globalización, es muy compleja y, por ello, existe una variedad de teorías que intentan dar cuenta de aspectos diferentes de dicha complejidad. Se debería trabajar con aquellas teorías que mejor explican los fenómenos que nos interesan y que mejor reflejen nuestras propias premisas. Una cosa es segura: hay suficientes teorías para escoger y cada una de ellas dibuja una política mundial diferente»[107]. Lo mismo hacen James Rosenau y Mary Durfee, al escribir: «Los paradigmas no son superiores o inferiores los unos respecto a los otros [...] Su propósito es clarificar y explicar fenómenos en el contexto de premisas subyacentes. De ahí que no sean ni correctos ni incorrectos, más bien son útiles o inútiles dependiendo de lo que uno desea enfatizar o conseguir a través de la investigación sistemática»[108].

---

[104] J. HUNTZINGER, *Introduction aux Relations Internationales*, Seuil, París, 1987, p. 107.

[105] C. DEL ARENAL, «La Teoría de las Relaciones Internacionales hoy: debates y paradigmas», *Estudios Internacionales*, año XXII, n.º 86, 1989, p. 183.

[106] Existe literatura reciente que da cuenta del estado teórico de la disciplina. Véase, entre otros, J. DOUGHERTY y R. L. PFALTZGRAFF, Jr., *Contending Theories of International Relations*, Addison-Wesley-Longman, Nueva York, 2001; D. J. PUCHALA (comp.), *Visions of International Relations: Assessing an Academic Field*, University of South Carolina Press, Columbia, 2001; J.J. ROCHE, *Théories de relations internationales*, Montchrestien, París, 2001. Entre los libros más destacables de la última década, véase S. BURCHILL y A. LINKLATER *et. al.*, *Theories of International Relations*, Macmillan, Basingstoke, 1996 y el clásico P. R. VIOTTI Y M.V. KAUPPI, *International Relations Theory*, Allyn&Bacon, Boston, 1999 (1.ª ed. 1987).

[107] S. SMITH, «Reflectivist and Constructivist Approaches to International Theory» en J. BAYLIS y S. SMITH, *The Globalization of World Politics. An Introduction to International Relations*, Oxford UP, Oxford, 2001 (1.ª ed. 1997), p. 248.

[108] J. N. ROSENAU y M. DURFEE, *Thinking Theory Thoroughly. Coherent Approaches to an Incoherent World*, Westview Press, Boulder, 2000, p. 10. Estos autores utilizan, de manera indistinta, teorías, paradigmas y modelos.

Las dos citas anteriores coinciden en la presentación de la diversidad teórica en relaciones internacionales destacando, al mismo tiempo, que dichas teorías (análisis, hipótesis, explicación) se asientan en premisas subyacentes (imagen del mundo, concepción epistemológica) e intentan buscar explicaciones a fenómenos concretos (trabajo empírico). La constatación de la diferencia entre premisas, teorías y fenómenos, que atraen el interés del investigador, constituye un paso importante, como veremos a continuación, para entender la evolución teórica de las relaciones internacionales en los últimos años. De hecho, la diferenciación entre premisas, teorías y fenómenos es, tal y como muestran algunos analistas, útil como fundamento para construir los ejes explicativos del panorama teórico de las relaciones internacionales[109]. ¿Cómo dibujar dicho panorama en el momento actual?

Como ya se ha apuntado anteriormente, este apartado se presenta más en términos de evolución (cómo y porqué cambian las cosas) que en términos de clasificación (dónde, en qué caja, colocar las cosas). Quizá, como apunta Ole WAEVER, porque en relaciones internacionales buena parte del trabajo interesante «no cuadra en las cajas»[110]. Seguramente, por ello, WAEVER intenta hacer un recorrido por las relaciones internacionales de los años ochenta y noventa, partiendo del debate interparadigmático[111] que crea el panorama central de la disciplina en la primera mitad de los años ochenta. Un debate que, de modo genérico, se revistió de un halo de inconmensurabilidad (inexistencia de un lenguaje neutral que permitiera comparar los paradigmas), que ha sido criticado posteriormente. Como apunta GUZZINI, la relevancia de las premisas filosóficas en dicho debate anuló toda posibilidad de debate, valga la redundancia, en el terreno analítico y en el empírico[112]. En cualquier caso, el hecho es que a finales de los setenta y principios de los ochenta los tres mapas mentales aquí expuestos (realismo, transnacionalismo, estructuralismo) se percibían por una parte importante de la profesión como espacios estancos y sin posibilidad de comunicación entre ellos. De ahí, la percepción (criticada posteriormente) de estancamiento teórico.

Haciendo uso de un símil geométrico, WAEVER ha caracterizado la etapa del debate interparadigmático como un triángulo, en el que los tres vértices (realismo, transnacionalismo, estructuralismo) se mantienen equidistantes e incomunicados. Toda aproximación (necesaria para el diálogo) destruiría o modificaría el escenario triangular. Pues bien, siguiendo con el símil del triángulo, se puede decir que el esce-

---

[109] Rafael GRASA ha propuesto cartografiar las relaciones internacionales a partir de tres ejes, el fenoménico o empírico; el analítico (hipótesis, instrumentos de análisis) y el temático (asunciones definidoras de la realidad, premisas epistemológicas), en «La reestructuración de las relaciones internacionales en la posguerra fría: El realismo y el desafío del liberalismo neoinstitucional», *Cursos de Derecho Internacional de Vitoria Gasteiz 1996,* Universidad del País Vasco, 1997, pp. 103-148. Esta propuesta constituye una reelaboración de Y. LAPID, «The Third Debate: On the prospects of international theory in post-positivist era», *International Studies Quarterly,* vol. 33, n.º 3, 1989, pp. 235-254. La propuesta ha sido aplicada por O. COSTA, *Teoría Internacional: Debates y Cartografías. Los vínculos entre la seguridad y el medio ambiente desde las Relaciones Internacionales,* Memoria de Doctorado, Universidad Autónoma de Barcelona, 2002.

[110] O. WAEVER, «Figures of international thought: introducing persons instead of paradigms»» en I. B. NEUMANN y O. WAEVER, *The future of International Relations. Masters in the making,* Routledge, Londres, 1997, p. 27.

[111] Recordemos que en esta obra se ha hecho uso de los llamados tres paradigmas más con la voluntad de ordenar el marco teórico que como traducción directa del debate interparadigmático.

[112] S. GUZZINI, *Realism in International Relations and International Political Economy. The continuing story of a death foretold,* Routledge, Londres, 1998, p. 118.

nario teórico de las Relaciones Internacionales pasó, en los años ochenta, de ser un triángulo equilátero a convertirse en otro isósceles, en el que los dos vértices que conforman la base (realismo y transnacionalismo) se han aproximado considerablemente, gracias a sus transformaciones internas (realismo transformado en neorrealismo y transnacionalismo transformado en institucionalismo neoliberal) mientras que un tercer vértice, de nueva conformación, se configura alrededor de un grupo de teorías críticas con los dos anteriores. Este tercer vértice ha sido calificado, de múltiples y diversas maneras, con términos como teorías radicales, alternativas, posmodernas, pospositivistas, reflectivistas (término utilizado por Robert KEOHANE, en 1988, en su alocución como presidente de la *International Studies Association*)[113] o, simplemente, como teorías nuevas. De este modo, el final de la guerra fría sorprende a la teoría de las relaciones internacionales enfrascada en dos (llamémosles) debates[114]:

—el primero, el debate neo-neo, entre dos escuelas (neorrealistas y neoliberales), que comparten presupuestos científicos (cómo investigar) y agenda de investigación (qué investigar), en el escenario de triángulo isósceles antes dibujado;
—el segundo, más que un debate es, en palabras de WAEVER, una lucha sin piedad entre dos bandos (la síntesis neo-neo o racionalismo y los posmodernos o reflectivismo) sobre el alma misma de las relaciones internacionales que lleva a descalificaciones mutuas, transformándose el triángulo isósceles (por la síntesis neo-neo) en una simple línea recta cuyos extremos están ocupados, respectivamente, por racionalismo y reflectivismo.

CUADRO 6

Evolución reciente del debate teórico en Relaciones Internacionales

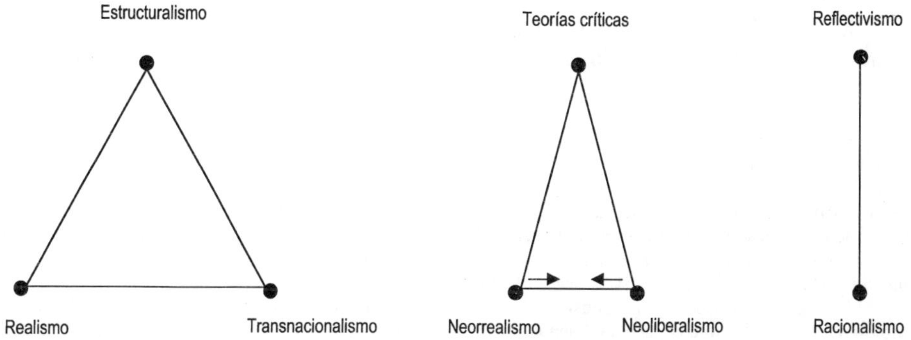

[113] R. KEOHANE, *International Institutions and State Power: Essays in International Relations Theory*, Westview, Boulder, 1989, p. 161.

[114] WAEVER los ha definido como cuarto debate *a* (racionalismo *versus* reflectivismo) y cuarto debate *b* (neorrealismo *versus* neoliberalismo) en «Figures of international thought: introducing persons instead of paradigms», *op. cit.*, p. 22.

La evolución del marco teórico de las relaciones internacionales, que ha seguido al final de la guerra fría, se construye con los mismos mimbres de los años ochenta, pero ha ganado en complejidad. Muchas de las teorías que quedaban fuera de escena, simplificada como triángulo isósceles o línea recta, o desdibujadas dentro del cajón de sastre del reflectivismo han merecido, en los últimos años, una mayor atención (caso de la teoría normativa, de las teorías de ciclo histórico o del constructivismo social, entre otros). Las experiencias que ha sufrido la humanidad en los años noventa y que está sufriendo en los primeros años del nuevo milenio no pueden dejar a los teóricos indiferentes. Como ya se ha señalado anteriormente en esta obra, hechos e ideas se retroalimentan[115]. Así, el panorama más reciente de la teoría destaca por la centralidad que está adquiriendo el constructivismo social. Steve SMITH, habla del constructivismo social como puente (*bridging the gap*)[116] entre los dos bandos antes enunciados (racionalismo frente a reflectivismo), de tal manera que el panorama teórico tendría ahora una forma nueva, con un puente (constructivismo) que pretende aproximar las dos orillas (los dos extremos de la línea recta antes mencionada). Una visión diferente de la evolución teórica de las relaciones internacionales es la aportada por KATZENSTEIN, KEOHANE y KRASNER, para quienes *el debate en relaciones internacionales se centra hoy en día entre racionalistas (neorrelistas y neoliberales) y constructivistas*[117], dejando de lado (por su irrelevancia) el posmodernismo, que originalmente constituye el núcleo de los reflectivistas. Esta opción es la que adopta el reciente *Handbook of International Relations,* que estructura las relaciones internacionales a partir de un «enfoque basado en el actual debate (conversación, en términos de FEARON y WENDT) entre racionalismo y constructivismo»[118]. Esto último desbarata el puente construido unas líneas más arriba.

Como se ha apuntado al principio, la intención dc cstc capítulo no es proceder a una clasificación y revisión sistemática de las escuelas o tendencias (algunos sectores posmodernos rechazan el término de escuelas, por el carácter de «ciencia normal» que ello comporta) que configuran el actual marco teórico. Es más, algunas obras recurren en los últimos años a otros parámetros de presentación, como la selección de autores concretos o de conceptos y contextos, para ofrecer una panorámica de la teoría de las relaciones internacionales[119]. De ahí, por tanto, que

---

[115] Véase, por ejemplo, como las ciencias sociales han conceptualizado el papel de las ideas sobre los hechos bajo la fórmula reciente de comunidades epistémicas. El concepto, surgido de las teorías de la cooperación, hace referencia a un grupo profesional que comparte objeto de estudio, un cuerpo común de hechos y una estructura interpretativa consensuada a partir de la cual convierten los hechos en conclusiones relevantes para orientar y prescribir políticas que favorezcan la cooperación. El término fue introducido en el campo de los estudios internacionales por HAAS, P., *Saving the Mediterranean. The Politics of International Environmental Cooperation*, Columbia UP, Nueva York, 1990.

[116] S. SMITH, «Reflectivist and Constructivist Approaches to International Theory», *op. cit.,* p. 242. El propio Smith ve poco factible el papel de puente que el constructivismo y, en concreto la obra de WENDT, se atribuyen (pp. 243-244). Entre nosotros, esta presentación del panorama teórico ha sido adoptada por M. SALOMÓN GONZÁLEZ, «La teoría de las relaciones internacionales en los albores del siglo XXII: Diálogo, disidencia, aproximaciones», *Revista CIDOB d'Afers Internacionals*, n.º 56, diciembre 2001/enero 2002, pp. 7-52.

[117] P. KATZENSTEIN, R. KEOHANE y S. KRASNER, «International Organization and the Study of World Politics», *International Organization*, vol. 52, n.º 4, pp. 363-485 y 645-685.

[118] W. CARLSNAES, T. RISSE y B. A. SIMMONS (comps.), *Handbook of International Relations,* Londres, Sage, 2002, p. xvi. En el mismo libro, véase el capítulo de J. FEARON y A. WENDT, «Rationalism v. Constructivism. A Skeptical View», en el que hacen del debate una conversación (p. 68).

[119] Véase, en ese sentido, respectivamente, las obras ya citadas de NEUMANN y WAEVER y de CARLSNAES, RISSE y SIMMONS.

nos limitemos a continuación (sin ninguna voluntad de exhaustividad) a dibujar el cómo y el porqué de la evolución teórica de las relaciones internacionales en las dos últimas décadas. El desarrollo teórico y, con él, de la disciplina de las relaciones internacionales ha estado, en nuestra opinión, dominado desde sus orígenes por tres factores: primero, por los debates dominantes en la propia disciplina que guían el estudio; segundo, por la evolución de las ciencias sociales y su impacto en las Relaciones Internacionales y, tercero, por las propias transformaciones de la realidad internacional y su incidencia en el enfoque teórico[120]. Cómo inciden los tres factores aquí mencionados en el desarrollo reciente de la teoría es presentado sucesivamente en estas páginas bajo los epígrafes de «discurso dominante», «voces críticas» y «nuevo tiempo mundial». Con ello se pretende, sin voluntad de ser exhaustivos ni de ofrecer una clasificación útil a todos los efectos, estructurar un mínimo recorrido por la evolución teórica de las relaciones internacionales en los últimos veinte años.

A) Discurso dominante

A partir de los años ochenta, las relaciones internacionales van a sufrir un cambio interesante. En efecto, las dos cosmovisiones subyacentes en la disciplina desde sus orígenes (realismo e idealismo) e influyentes, de manera pendular, en la formulación de la política exterior de los Estados Unidos, van a reformularse y, como producto de ello, a aproximarse. De tal manera que, si a principios de los años ochenta, se estaba hablando de paradigmas inconmensurables (realismo *versus* transnacionalismo); a finales de los años ochenta, se hablaba de debate entre neorrealismo y neoliberalismo, para pasar, finalmente, en los años noventa a hablarse de síntesis neo-neo o, aún más allá, de la práctica desaparición de diferencias (*not much of a gap*) entre las dos teorías[121]. En cualquier caso, hablemos de debate, de síntesis o de «medio-hermandad», en términos de Keohane[122], lo cierto es que todo lo que tiene que ver con la producción de neorrealistas y de neoliberales va a ocupar el espacio central de la disciplina (una disciplina, no lo olvidemos, eminentemente estadounidense). Las páginas de *International Organization* y de *International Security*, dos prestigiosas revistas en el campo de las relaciones internacionales, van a ser feudo, en un principio y respectivamente, de neoliberales y de neorrealistas. Bien pronto, las obras colectivas (donde la figura de Robert Keohane va a ser una de las más destacadas) y el uso indistinto de las páginas de una u otra revista van a marcar el camino hacia la síntesis antes apuntada. De esta manera, las dos cosmovisiones que tradicionalmente han influido en la política exterior de Estados Unidos

---

[120] Este esquema lo desarrollamos en E. Barbé, «El estudio de las Relaciones Internacionales. ¿Crisis o consolidación de una disciplina?», *Revista de Estudios Políticos*, n.º 65, 1989, pp. 175-177. El mismo esquema, presentado en forma de círculos concéntricos, en F. Halliday, *Las relaciones internacionales en un mundo en transformación*, Catarata, Madrid, 2002, pp. 31-32.

[121] Sobre la práctica desaparición de diferencias entre neorrealistas y neoliberales, véase R. Jervis, «Realism, Neoliberalism and Cooperation: Understanding the Debate», *International Security*, vol. 24, verano, 1999, pp. 42-63.

[122] R. Keohane y L. Martin, «Institutional Theory, Endogeneity and Delegation», cit. por Jervis, *op. cit.*, p. 43.

han generado un cuerpo de pensamiento bastante uniforme y muy influyente en el Washington de la posguerra fría. De ahí que, aún antes de entrar en la presentación de dicho discurso, nos permitamos recordar que una de las críticas más potentes que ha recibido el discurso neo-neo ha sido su carácter de discurso conservador del orden (entendido como *statu quo*) establecido en el sistema internacional. Como apuntó Robert COX, uno de los máximos exponentes de la teoría crítica en relaciones internacionales, «la teoría siempre está pensada para alguien y con algún propósito»[123]. Sin duda alguna, el discurso neo-neo tiene una clara voluntad prescriptiva, de cara a orientar la política de los Estados Unidos para el mantenimiento del orden internacional.

Como ya se ha dicho, *el acercamiento entre realismo y liberalismo parte de la reformulación de ambas posiciones en relaciones internacionales*. Aún a riesgo de simplificación excesiva, se pueden identificar algunos cambios fundamentales en realismo y liberalismo (transnacionalismo en las relaciones internacionales de los años setenta). Primero, el realismo se transforma en neorrealismo, sobre todo a partir del impacto que tiene la aparición en 1979 de la obra de Kenneth WALTZ, *Theory of International Politics*, que da paso a dos cambios fundamentales: uno, las decisiones en política exterior del estado pasan a explicarse, ya no por condicionantes domésticos o personales (liderazgo) sino por determinantes estructurales del sistema internacional y dos, la reflexión general que caracterizaba al realismo, basada en la historia y en la filosofía, da paso al formalismo científico (verificación o refutación de hipótesis en el marco de teorías microeconómicas de elección racional y de teoría de juegos). De este modo, el neorrealismo hace de la estructura el nivel de análisis por excelencia en relaciones internacionales (inicialmente se habló de realismo estructural) y se reviste de un aire científico formal[124]. Segundo, el liberalismo (término claramente abusivo) se concreta en la obra de los neoliberales en una serie de innovaciones con respecto a períodos previos. Así, se deja atrás el utopismo (armonía de intereses) y el cosmopolitismo (gobierno mundial) e incluso el transnacionalismo de los setenta (más enfocado hacia los flujos humanos y sociales que hacia los estados), para asentar el neoliberalismo en un institucionalismo que ha bebido de las fuentes del proceso de integración europea, centrado en conseguir la cooperación entre un grupo de estados democráticos y defensores del libre mercado en el marco de un sistema internacional anárquico.

A la hora de establecer las diferencias entre neorrealismo y neoliberalismo, y discernir las bases del debate, podemos acudir al esquema ya clásico de David BALDWIN[125], según el cual:

1. Los neorrealistas consideran que la anarquía limita más la actuación del estado de lo que piensan los neoliberales.

---

[123] R. COX, «A Perspective on Globalization», en J. H. MITTELMAN (comp.), *Globalization: Critical Reflections*, Lynne Rienner, Boulder, 1996, p. 87.

[124] Hans Morgenthau, padre del realismo clásico, incluyó en la 2.ª edición de su *Politics among Nations* sus famosos «Seis principios del realismo político», calificándolos de leyes científicas, con la intención de responder a todos los que habían criticado su trabajo de poco científico. En este sentido, la obra de WALTZ cerraría el ciclo de críticas a la falta de formalismo científico del realismo.

[125] D. BALDWIN, *Neorealism and neoliberalism: The Contemporary Debate*, Columbia UP, Nueva York, 1993, pp. 4-8.

2. Los neorrealistas consideran que la cooperación internacional es mucho más difícil de conseguir y de mantener, y que depende más del poder del estado de lo que piensan los liberales.

3. Los neoliberales enfatizan las ganancias absolutas de la cooperación internacional, mientras que los neorrealistas lo hacen con las ganancias relativas. Los neorrealistas se preguntarán quién gana más con la cooperación internacional, mientras que los neoliberales estarán concentrados en maximizar el nivel total de ganancias de todas las partes.

4. Los neorrealistas asumen que, a causa de la anarquía, los estados tienen que estar preocupados por las cuestiones de seguridad y por las causas y efectos de las guerras, mientras que los neoliberales se concentran en la economía política internacional y en el medio ambiente. Así pues, cada uno tiende a ver las perspectivas de la cooperación internacional de manera diferente. Estudian mundos diferentes.

5. Los neorrealistas se concentran en las capacidades antes que en las intenciones, mientras que los neoliberales prestan más atención a las intenciones y a las percepciones que a las capacidades.

6. Los neorrealistas no creen que las instituciones internacionales y los regímenes puedan mitigar los efectos limitadores de la anarquía en la cooperación internacional, mientras que los neoliberales creen que los regímenes y las instituciones pueden facilitar la cooperación.

Vistos los elementos del debate, ¿qué comparten neorrealistas y neoliberales? De modo sintético, se pueden apuntar tres cosas. Primero, comparten la premisa de que la inexistencia de una autoridad central, capaz de elaborar y hacer cumplir normas (anarquía), crea oportunidades para que los estados impulsen sus intereses de modo unilateral haciendo, a la vez, importante y difícil que los estados cooperen entre sí. Segundo, comparten una agenda de investigación que se ha concretado a lo largo de los años. Como hemos visto, en el listado anterior establecido por BALDWIN, tenemos un pensamiento optimista, que cree en la capacidad de las reglas y de las instituciones para mitigar los efectos de la anarquía en el sistema internacional frente a un pensamiento pesimista que se centra en la acción del estado, basada en el poder y en los intereses, para gestionar la anarquía. La síntesis neo-neo ha llevado hacia una agenda de investigación en la que los estudiosos se concentran en analizar la incidencia de las reglas y de las instituciones internacionales en el comportamiento de los estados en el marco de la anarquía internacional; como demuestra el desarrollo de la teoría de los regímenes internacionales[126], aplicada hoy en día

---

[126] Según hemos escrito, «[...] el régimen internacional es una *construcción teórica* que pretende explicar no las situaciones de anarquía y conflicto clásicas de la política internacional, sino las *situaciones de orden* (su creación, su evolución y su desaparición o cambio) existentes en un campo de actividad (*issue area*) internacional» y que se define como, en términos de S. KRASNER, «principios, normas, reglas y procedimientos de decisión en torno a los cuales convergen las expectativas de los actores en una determinada área de actividad internacional» en E. BARBÉ, «Cooperación y conflicto en las relaciones internacionales. La teoría del régimen internacional», *Revista CIDOB d'Afers Internacionals*, n.º 17, 1989, p. 56. Según P. MAYER, V. RITTBERGER y M. ZÜRN, «la teoría de los regímenes se dirige a explicar la posibilidad, condiciones y consecuencias de la gobernanza (*governance*) más allá de la anarquía pero sin llegar a un gobierno supranacional en una *issue area* determinada» en «Regime Theory. State of the Art and Perspective» en V. RITTBERGER (comp.), *Regime Theory and International* Relations, Clarendon Press, Oxford, 1993, p. 392.

tanto a las cuestiones medioambientales (capa de ozono) como a la seguridad (armas nucleares). En esta agenda, en la que unos optarán más por los temas de seguridad (neorrealistas) y otros por la economía política internacional (neoliberales), la gran diferencia entre ambos ha sido limitada por algunos analistas a su manera de valorar las ganancias: los neoliberales valorarán especialmente las ganancias absolutas, mientras que los neorrealistas prestarán especial atención a las ganancias relativas, sin olvidar un tema propio del pesimismo realista (la desconfianza que parte de la posibilidad de que algunos estados no cumplan con las instituciones establecidas para la cooperación internacional). De ahí que se haya calificado el debate neo-neo como una agenda de investigación preocupada en discernir si los estados persiguen ganancias absolutas o relativas. Traducido en términos metodológicos, algunos analistas, han dicho que el debate queda finalmente reducido a un coeficiente dentro de una fórmula (dada la formalización matemática del análisis). Tercero, y por último, ya que se ha hablado de metodología, hay que recordar que neorrealistas y neoliberales comparten el uso de teorías formales (*rational choice*, teoría de juegos), basadas en el comportamiento racional de los actores (fundamentalmente estados), para analizar los fenómenos internacionales. Teorías que, planteando preguntas concretas, pretenden explicar la realidad internacional mediante trabajos empíricos.

Así, finalmente, el debate o la síntesis (como se prefiera, hay argumentos en ambas direcciones) entre neorrealismo y neoliberalismo que ha conformado el núcleo duro de la disciplina de las relaciones internacionales desde los años ochenta, así como ha desarrollado la subdisciplina de la economía política internacional[127], tiende hacia una convergencia evidente en el qué y en el cómo. Según escribió KEOHANE, «necesitamos entender qué pautas institucionales nos conducen a más (en vez de menos) comportamiento cooperativo entre estados; esto es, necesitamos afirmaciones verificables y condicionadas, más que generalizaciones dogmáticas [...], los argumentos abstractos deben dar paso a investigaciones y evaluaciones empíricas»[128]. De este modo, nos encontramos hoy en día con un amplio elenco de autores (el núcleo duro de la disciplina en Estados Unidos) que centran sus trabajos empíricos (por ejemplo, en negociaciones multilaterales sobre cuestiones tan diversas como la degradación medioambiental, el regionalismo económico o las medidas de confianza de carácter militar) en el cuándo, el cómo y el porqué de la aceptación por parte de los estados de la cooperación. ¿Cuándo será beneficioso para el estado aceptar el papel de las instituciones internacionales? ¿Cómo afectará la existencia de un marco institucional a la definición de los intereses por parte del estado? ¿En qué situaciones puede el estado aceptar la dinámica de cooperación? Los resultados de la aplicación de éstas y otras preguntas similares al análisis empírico (casos de estudio) nos ofrecen un panorama teórico en el que, por su mayor o menor nivel de confianza en la capacidad de la cooperación para gestionar la anarquía internacional, los autores gozan de características que nos permiten seguir hablando de neoliberales y de neorrealistas (divididos entre neorrealistas defensivos y neorrealistas ofensivos,

---

[127] Sobre el desarrollo y características actuales de la economía política internacional, véase, entre nosotros, C. GARCÍA SEGURA, «La contribución de la economía política internacional a la reflexión teórica de las relaciones internacionales», *Revista Española de Derecho Internacional*, vol. LI, n.º 2, 1999, pp. 427-468.

[128] R. KEOHANE, *International Institutions and State Power, op. cit.*, p. 12.

estos últimos son la visión más escéptica con respecto a la preferencia de los estados por la cooperación en defensa de sus intereses)[129].

Al principio de este epígrafe se apuntaba que neorrealistas y neoliberales tienen una clara voluntad prescriptiva, en el sentido de orientar la política exterior de los Estados Unidos para mantener el orden internacional. El debate político en torno a cómo diseñar la política exterior de Estados Unidos para liderar el sistema internacional tras los hechos del 11 de septiembre se nutre del *background* teórico de los analistas en relaciones internacionales dominantes en dicho país. En obras recientes de neoliberales, como Joseph NYE, o de neorrealistas ofensivos, como John MEARSHEIMER, por poner dos ejemplos extremos, encontramos argumentos del debate político en curso en la agenda estadounidense tras el 11 de septiembre y sus secuelas (Afganistán, Irak).

The Tragedy of Great Power Politics, publicado por MEARSHEIMER en 2001, aporta la visión de un mundo de grandes potencias, con un valor explicativo limitado, si tenemos en cuenta que no toma en consideración ni factores domésticos ni factores ideológicos. A diferencia del neorrealismo (defensivo) de Kenneth WALTZ, para quien las potencias se sienten seguras cuando disponen de un nivel «adecuado» de poder que les permite mantener el *statu quo*, aunque no dominen el sistema, el neorrealismo ofensivo de MEARSHEIMER considera que las potencias tienden a maximizar el poder, persiguiendo una situación de hegemonía. En el mundo actual, la única potencia hegemónica (a nivel regional, por su control del Hemisferio Occidental) son los Estados Unidos. El interés de toda potencia hegemónica es impedir la aparición de otras que pudieran desafiarla a nivel mundial. MEARSHEIMER identifica el peligro potencial de China, en tanto que futura potencia hegemónica en Asia. De ahí que el autor plantee la necesidad de que los Estados Unidos, para mantener su *status*, necesiten disponer de un suplemento de poder, en forma de capacidad militar, al margen, naturalmente, de no cooperar en el desarrollo de China (vista como potencial desafío)[130]. El aumento de capacidades militares, con carácter preventivo, y una visión de ganancias relativas (Estados Unidos y China no pueden sacar ventajas, a la vez, del desarrollo económico de esta última) constituyen los dos ejes de esta visión neorrealista del mundo a principios del siglo XXI: un mundo de grandes potencias visto en términos de ganancias relativas y un mundo en el que la hegemonía de los Estados Unidos depende de su capacidad para maximizar sus recursos militares.

La paradoja del poder americano, publicado por Joseph NYE en 2002, aporta la visión de un mundo más complejo que el anterior en el que se solapan, conectados, entre ellos varios mundos (el del poder militar, el del poder económico y el mundo transnacional, en el que implica desde banqueros hasta terroristas). En ese mundo complejo, el *status* de primera potencia de que gozan los Estados Unidos se explica,

---

[129] Véase la diferenciación entre neorrealismo defensivo y ofensivo en R. JERVIS, «Neorealism, neoliberalism and cooperation», *op. cit.*, pp. 48-49.

[130] J. MEARSHEIMER, *The Tragedy of Great Power Politics*, Nueva York, W. W. Norton, 2001, p. 361. La única amenaza potencial que identifica Mearsheimer para la seguridad de Estados Unidos proviene de China y, de ahí, que prescriba una política de «contención» del desarrollo económico de dicho país, que convirtiéndose en un hegemon en su región pondría en peligro el papel de Estados Unidos en el mundo. En el caso concreto de la guerra contra Irak, Mearsheimer ha dejado bien claro que sus argumentos preventivos (frente a un potencial hegemon regional, caso de China) no son válidos para el caso de Sadam Hussein, Véase J. MEARSHEIMER y S. WALT, «An Unnecesary War», *Foreign Policy*, enero-febrero, 2003.

según NYE, no sólo por su poder duro (capacidades militares y económicas) sino, también y de modo muy especial, por su poder blando, entendido como su capacidad para determinar las preferencias de los demás. Como apunta NYE, la capacidad de marcar preferencias tiende a asociarse con resortes intangibles como una cultura, una ideología y unas instituciones atractivas[131]. La capacidad de atraer a los demás, convertirse en un ejemplo, constituye una vía fundamental para legitimar el poder de una potencia a nivel internacional. La visión neoliberal institucionalista de NYE, en este caso pensada y aplicada de modo específico en su obra al post-11 S, apunta a que los Estados Unidos podrán imponer un orden internacional, no sólo por su incomparable poder duro (económico, militar), sino por su capacidad para generar confianza entre los aliados y para facilitar la cooperación internacional. En suma, NYE dibuja un mundo en el que la primera potencia es limitada, por definición, y no puede desactivar todos los peligros (imposibilidad para actuar en todos los marcos internos de otros estados o para hacer frente a fenómenos transnacionales). Necesita de los demás y, de ahí, la importancia que NYE otorga al desarrollo de los mecanismos de confianza entre los aliados, al establecimiento de instituciones para hacer frente a las amenazas y a los problemas comunes, caso del terrorismo, y, por encima de todo, a la necesidad de que la potencia adopte un comportamiento que suponga la obtención de beneficios también para otros (ganancias absolutas).

Es evidente que la dimensión prescriptiva de MEARSHEIMER o de NYE, aún al margen de su dimensión analítica, incide de pleno en temas de fuerte debate político en los Estados Unidos de Bush, tales como el aumento espectacular del presupuesto militar (en 2003 el presupuesto americano es casi el doble del de los otros dieciocho países juntos de la OTAN) o la actuación unilateral al margen del Consejo de Seguridad en el caso del ataque contra Irak. Con ello, hemos visto un ejemplo concreto y contextualizado de eso que hemos denominado «discurso dominante» en la disciplina; dominante (que no único), cuya preocupación es orientar la política exterior de Estados Unidos.

B) VOCES CRÍTICAS

Retomemos el símil del triángulo isósceles o de la línea recta (dependiendo de si neorrealistas y neoliberales mantienen cierta distancia, cosa que aquí hemos constatado, o se han fundido en una síntesis neo-neo) del que hablamos al principio de este apartado. Dichas imágenes nos sirven para ilustrar un panorama teórico de las relaciones internacionales en el que *frente a neorrealismo y neoliberalismo (voces dominantes) se alza una serie de «voces críticas»* que conforman el vértice superior del triángulo o el otro extremo de la línea recta. Con ello no se consigue una descripción exhaustiva del mundo teórico de las relaciones internacionales, pero sí dibujar algo parecido al campo de juego más importante en la disciplina: el discurso neo-neo, por una parte, y esas voces críticas, por otra parte, que vamos a intentar caracterizar, aunque lo cierto es que juegan todos ellos en campos muy diferentes. Con un simil deportivo, se podría decir que mientras neorrealistas y neoliberales

[131] J. NYE, *La paradoja del poder americano*, Taurus, Madrid, 2003 (versión orig. 2002), p. 30.

jugaban a voleibol (campo y reglas de juego idénticas), ahora vamos a poner frente a ellos a un conjunto de teorías que nos van a trasladar al mundo del hockey (jugamos por el suelo, no por el aire), al del tenis (jugamos con una raqueta, no con la mano) o al del cricket (incomprensible para la mayoría de aficionados al deporte). Se actúa en terrenos diferentes, con reglas diferentes y con mentalidades diferentes. Incluso con lenguas diferentes (no en vano parte de las voces críticas se han desarrollado en Europa, aunque el inglés hace de *lingua franca*). Continuando con el símil deportivo, lo anterior nos lleva a concluir que no pueden jugar conjuntamente, pero todos dicen practicar deporte. Pero, ¿qué es el deporte? El debate se va a trasladar a un terreno mucho más trascendental. Las preguntas no van a girar en torno a las posibilidades, o no, de mitigar la anarquía en un sistema de estados, sino en torno a la esencia de la propia anarquía. ¿Es una realidad? ¿Es un tipo de discurso que sirve para construir una visión concreta del mundo? ¿Es el producto de unas prácticas sociales en un contexto histórico determinado y no un fenómeno dado?

La naturaleza del debate es bien diferente. En otras palabras, *desde finales de los años ochenta se empieza a hablar de una fractura entre positivismo y pospositivismo*[132] *o entre racionalismo y reflectivismo*[133]. Los pospositivistas van a acusar a las relaciones internacionales de ser la ciencia social más carente de autorreflexión[134] y van a llevar las relaciones internacionales hacia el terreno de la filosofía del conocimiento. Como escribe JORGENSEN, el nuevo debate «concierne esencialmente a las dimensiones ontológicas y epistemológicas del razonamiento científico en la disciplina»[135]. Estos autores critican las relaciones internacionales por haberse circunscrito al nivel empírico y al nivel analítico, y haber obviado el nivel filosófico. En mayor o menor medida, algunos autores plantean la disolución o, como mínimo, la reestructuración de la disciplina. Los más radicales plantean, a partir de la centralidad del individuo, «deconstruir nuestra disciplina dentro del estudio de la condición humana»[136]. De este modo, las relaciones internacionales entran en una dinámica que han vivido las ciencias sociales en general: rechazo del positivismo; entrada del posmodernismo; centralidad de las preocupaciones ontológicas y epistemológicas; adopción de nuevos ejes de reflexión, que sustituyen al clásico eje conflicto-cooperación, tales como el género, la relación estado-clase, la relación poder-conocimiento, etc.

Autores como Robert COX, James DER DERIAN o Alexander WENDT, representativos de corrientes como la teoría crítica, el posmodermismo o el constuctivismo social, van a conformar las filas de ese mundo crítico con el neorrealismo y el neoliberalismo. Todos ellos se caracterizan por rechazar, en mayor o menor medida, las premisas del positivismo que sustenta el trabajo de neorrealistas y neoliberales.

---

[132] LAPID, *op. cit.*

[133] KEOHANE, *International Institutions and State Power*, *op. cit.*

[134] Dicha crítica es expuesta, entre otros, por N. J. RENNGER, «The Fearful Sphere of International Relations», *Review of International Studies*, vol. 16, 1990, pp. 361-368.

[135] K. E. JORGENSEN, «On Storytelling in International Relations», *Cooperation and Conflict*, vol. 27, n.º 2, 1992, p. 215.

[136] Es el caso de H. H. HOLM y G. SORENSEN, «A New World Order: The Withering Away of Anarchy and the Triumph of Individualism? Consequences for IR-Theory», *Cooperation and Conflict*, vol. 28, n.º 3, 1993, p. 297. Entre nosotros, la reestructuración ha sido propuesta por P. GARCÍA PICAZO, *Las relaciones internacionales en el siglo XX. La contienda teórica*, UNED, Madrid, 1998.

Rechazan así: la distinción entre hechos y valores (la existencia de hechos objetivos, independientemente de la teoría que los analice); la existencia en el mundo social de regularidades que pueden ser descubiertas por el científico, como en el mundo natural; y, finalmente, la existencia de principios objetivos que permitan validar o falsar los resultados del trabajo (empírico). En suma, rechazan la posibilidad de diferenciar entre el sujeto que estudia y el objeto estudiado; ya que conciben el trabajo teórico como un proceso intersubjetivo, que cumple con funciones ideológicas. A título de ejemplo, y sin voluntad alguna de exhaustividad, se presentan a continuación algunas voces críticas (*teoría crítica, posmodernismo, constructivismo social*), a través, en buena medida, de sus críticas al racionalismo de neoliberales y neorrealistas.

La pretendida diferenciación entre hechos y valores y, de ahí, una teoría centrada en las dimensiones analíticas (diseño conceptual, establecimiento de hipótesis) y empíricas (contrastar los resultados gracias a leyes objetivas), va a ser rechazada por *la teoría crítica* y, en concreto, por COX[137]. Este autor va a criticar la teoría neorrealista de WALTZ, supuestamente caracterizada por su rigor científico (*rational choice*) y por su determinismo estructural (el comportamiento de los estados viene determinado por la estructura del sistema internacional). La frase de COX, que ya hemos visto al principio de este apartado —«la teoría siempre está pensada para alguien y con algún propósito»—, sitúa los valores en el centro del quehacer teórico. Así, toda teoría es teoría aplicada, en el sentido político del término (útil para alguna finalidad política concreta y, por tanto, con carga ideológica). De este modo, una teoría como el neorrealismo es considerada por COX como una *solving problem theory*. Una teoría que asume el mundo tal como es, incluidas sus relaciones de poder, y que se limita a solucionar los problemas que plantea su funcionamiento. Según COX, este tipo de teorías hace que el mundo parezca normal, tal y como es. Legitima el mantenimiento del orden internacional existente.

Frente a ello, COX aplica a las relaciones internacionales el pensamiento marxista de GRAMSCI, centrándose en el análisis de las estructuras sociales dominantes de las cuales se sirven las potencias para definir y mantener un orden internacional favorable a sus intereses. El análisis de COX, que hace uso de la historia para comprender los procesos de cambio, se pregunta por el origen del orden establecido (vínculos entre clases dominantes), por los mecanismos que lo mantienen, especialmente la naturaleza de la hegemonía en el sistema internacional, y por las posibilidades de cambio. Al igual que otras corrientes pospositivas, COX destaca el carácter intersubjetivo de las estructuras sociales; así, el estado, a diferencia de lo apuntado por el neorrealismo, no es asumido como un actor «natural» sino que es visto como una construcción social contingente, producto de un contexto histórico y social y sometido a cambio constante (aspecto que, por otra parte, defendían autores clásicos del realismo, como Hans Morgenthau). En suma, los trabajos de COX, centrados en un análisis histórico y sociológico de base marxista, que combina fuerzas sociales y productivas con estructuras políticas e institucionales, concluyen sobre la potencialidad de cambio social existente en el sistema internacional. Como ha apuntado Stanley HOFFMAN, la teoría de COX contiene una dimensión normativa y utópica a

[137] Véase, R. COX, «Social Forces, States and World Orders: Beyond International Relations Theory», en R. COX y T. SINCLAIR (comp.), *Approaches to World Order*, Cambridge UP, Cambridge, 1981, pp. 85-123 y «A Perspective on Globalization», *op. cit.*

favor de un orden social diferente, y de ahí deriva el propio HOFFMAN que dicha teoría constituye «una guía para la acción estratégica de cara a conseguir un orden alternativo»[138].

La teoría crítica, que ha tenido una influencia notable en los estudios sobre seguridad, pero muy especialmente en la economía política internacional, gracias a su preocupación por el funcionamiento de los mecanismos de dominación y de hegemonía en el sistema, ocupa un lugar destacado en el campo de la economía política internacional, y por ende en las relaciones internacionales. Una corriente conformada por autores que comparten dos cosas: primero, el rechazo por parte de todos ellos del positivismo y de las explicaciones propuestas por el neorrealismo y el neoliberalismo y, segundo, el objetivo emancipatorio, que anima sus trabajos, dirigido a la consecución de un orden internacional nuevo[139].

La voluntad emancipatoria, vinculada justamente al conocimiento, también es apuntada por la corriente postmoderna. En efecto, el *posmodernismo* entra en la disciplina, procedente de otras ciencias sociales (sociología, psicología, linguística), con el objetivo declarado de «emancipar» las relaciones internacionales, a través de un cambio radical de las bases del conocimiento. En otras palabras, como recoge uno de los libros más representativos de los posmodernos, «para superar la autoridad de la Ilustración, necesitamos abordar cómo están constituidos el conocimiento, la verdad y el significado»[140]. Ese es el elemento que une a los posmodernos: superar la autoridad ilustrada de la modernidad, superar la búsqueda racional de la verdad. Como escribe SMITH, «el posmodernismo está especialmente interesado en deconstruir y dudar de toda narración que pretenda tener acceso directo a la verdad»[141]. Así, cualquier teoría que pretenda haber descubierto alguna verdad sobre el mundo (incluida la noción de hegemonía identificada por la teoría crítica como mecanismo de mantenimiento del orden) se vuelve sospechosa para los posmodernos, quienes la califican de metanarrativa. Toda verdad lo es sólo dentro de su propio discurso. De ahí que el posmodernismo se haya centrado sobre todo en el estudio de la narrativa, de los discursos que construyen la «verdad».

Siguiendo los trabajos de FOUCAULT y de DERRIDA, aparecen en el marco de las relaciones internacionales autores (DER DERIAN, ASHLEY, WALKER) que aplican estrategias textuales (genealogía, deconstrucción, doble lectura) para demostrar la arbitrariedad de lo que habitualmente se reconoce como verdadero (la anarquía, por ejemplo, del sistema internacional) o la contingencia de unos conceptos habitualmente considerados como centrales (soberanía, por ejemplo) que no son sino el producto de relaciones de poder. Relaciones de poder que se traducen en discursos dominantes sobre discursos dominados. De ahí, por tanto, que la mayor parte de la obra de estos autores se centre en deconstruir o hacer dobles lecturas de las afirmaciones textuales contenidas en textos de tipo práctico (comunicados de organizaciones internacionales, por ejemplo) o de tipo teórico, con la intención de conocer las motivaciones de sus autores. Los textos de teóricos realistas, bien sea en la versión

---

[138] S. HOFFMAN, «Critical Theory and the Inter-Paradigm Debate», *Millenium*, vol. 16, n.º 2, 1987, p. 238.
[139] Véase C. J. GARCÍA SEGURA, *op. cit.*, p. 447.
[140] GREGORY, D.V., «Foreword» en J. DER DERIAN y M. J. SHAPIRO (comps.), *International/Intertextual Relations*, Lexington Books, Lexington, 1989, p. XIII.
[141] SMITH, *op. cit.*, p. 239.

clásica (MORGENTHAU), como en la versión neorrealista (WALTZ), se encuentran entre los preferidos por los posmodernos. En clave feminista (reflexionando desde la lógica de la mujer y del género), también se han llevado a cabo análisis del discurso con la intención de demostrar como se construye una visión del mundo, una verdad masculina. Así, por ejemplo, se puede mencionar la reformulación de los seis principios del realismo político de Hans MORGENTHAU, llevada a cabo por J. Ann TICKNER[142], en clave feminista (véase cuadro 7).

CUADRO 7

Reformulación feminista de los principios del realismo político

1. La política, como la sociedad en general, está gobernada por leyes objetivas que encuentran sus raíces en la naturaleza humana, que es invariable: por tanto, es posible desarrollar una teoría racional que refleje estas leyes objetivas.	1. Una perspectiva feminista cree que la objetividad, tal y como ésta se define culturalmente, está asociada a la masculinidad. Por esto, las supuestamente leyes «objetivas» de la naturaleza humana están basadas en una visión parcial y masculina de la naturaleza humana. La naturaleza humana es tanto masculina como femenina: contiene elementos de reproducción y desarrollo así como también de dominación política. La objetividad dinámica nos ofrece una visión más relacionada de la objetividad, con menor potencial para la dominación.
2. El principal indicador del realismo político es el concepto de interés definido en términos de poder, que aporta un orden sistemático a la esfera de la política, de manera que hace posible la comprensión teórica de la política. El realismo político enfatiza la racionalidad y la objetividad.	2. Una perspectiva feminista cree que el interés nacional es multidimensional y dependiente contextualmente. Por tanto, éste no puede ser definido solamente en términos de poder. En el mundo contemporáneo, el interés nacional requiere más bien soluciones cooperativas que no soluciones de suma cero para un conjunto de problemas globales e interdependientes, que incluyen la guerra nuclear, el bienestar económico y la degradación medioambiental.

[142] Hay que puntualizar que el trabajo de J. Ann TICKNER nos interesa aquí, como ejemplo, a efectos de análisis de discurso de un texto conciso, ya que la autora, a diferencia del posmodernismo lleva a cabo una reconceptualización, nos ofrece una verdad (una versión femenina de la realidad). Sobre la teoría feminista en relaciones internacionales y sus variantes (incluida la versión posmoderna) véase, entre nosotros, I. RODRÍGUEZ MANZANO, «La teoría feminista de las relaciones internacionales», *Papeles y memorias de la Real Academia de Ciencias Morales y Políticas. Tribuna Joven. Temas de Relaciones Internacionales y Derecho Internacional*, n.º 10, 2001, pp. 156-170. El feminismo posmodernista, siguiendo a SMITH (*op. cit.*, p. 232), se preocupa por el género, y no por la mujer, como otras variantes del feminismo en relaciones internacionales. Este tipo de feminismo se centra en el análisis de la construcción social de diferencias entre hombres y mujeres. Su tema clave es qué tipo de papel social crean las estructuras y los procesos de la política mundial para hombre y para mujer, con preguntas como ¿qué tipo de «hombres» son requeridos para servir en los ejércitos?, ¿ha conducido la política mundial a la creación de determinado tipo de hombres y de mujeres?

3. El realismo considera que el concepto clave de interés definido en términos de poder es una categoría objetiva con validez universal, pero no lo dota de un significado establecido de una vez para siempre. El poder es el dominio del hombre por el hombre.	3. No se puede atribuir al poder un significado universalmente válido. El poder, entendido como dominación y control, privilegia la masculinidad e ignora la posibilidad de la atribución colectiva de poderes, otro aspecto del poder que a menudo se asocia con la feminidad.
4. El realismo político es consciente del significado moral de la acción política. También es consciente de la inevitable tensión entre el imperativo moral y las exigencias de la acción política acertada.	4. Una perspectiva feminista rechaza la posibilidad de separar los preceptos morales de la acción política. Toda acción política tiene una significación moral. La agenda realista para maximizar el poder y el control prioriza los preceptos morales del orden por encima de los preceptos de la justicia y de la satisfacción de las necesidades básicas precisas para asegurar la reproducción social.
5. El realismo político se niega a identificar las aspiraciones morales de una nación concreta con unas leyes morales que gobiernan el universo. Es el concepto de interés definido en términos de poder el que nos salva tanto de los excesos morales como de la locura política.	5. Aun reconociendo que las aspiraciones morales de determinadas naciones no pueden equipararse con unos principios morales universales, una perspectiva feminista busca encontrar los elementos morales comunes en las aspiraciones humanas que puedan convertirse en la base para la desescalada de los conflictos internacionales y para la construcción de la comunidad internacional.
6. El realista político defiende la autonomía de la esfera política. Éste se pregunta ¿Cómo influye esta política en el poder de la nación?	6. Una perspectiva feminista niega la validez de la autonomía política. Teniendo en cuenta que, en la cultura occidental, la autonomía está asociada con la masculinidad, los esfuerzos disciplinarios para construir una visión del mundo que no se base en una concepción pluralista de la naturaleza humana son parciales y masculinos. La construcción de límites en torno a un campo político determinado, define lo político de una manera que excluye las preocupaciones y contribuciones de las mujeres.

Fuente: J. A. TICKNER, «Hans Morgenthau's Principles of Political Realism: A Feminist Reformulation», *Millenium*, vol. 17, n.º 3, 1988, pp. 429-440.

El objetivo último del posmodernismo, como apunta uno de los autores de esta corriente, SPEGELE, no es «ofrecer un marco teórico en una disciplina establecida, sino mostrar que esa disciplina es la base para órdenes de dominio, control y exclusión, que deberían ser cuestionados, subvertidos y superados»[143]. La disciplina se funde en un espacio abierto, en el que domina una reflexión «filosófica», en permanente cambio, y en muchos casos sorprendente para los no especialistas

[143] R. D. SPEGELE, «Richard Ashley's Discourse for International Relations», *Millenium*, vol. 21, n.º 2, 1992, pp. 147-184.

en deconstrucciones[144], que vemos como el guión de una comedia romántica o una crónica deportiva forman parte de la deconstrucción de una obra teórica de relaciones internacionales. El cómo (método de trabajo) ha costado muchas críticas a los posmodernos desde sectores no necesariamente dominantes en la disciplina. Es el caso de Susan STRANGE, quien apuntó la dificultad para «penetrar» en sus textos; son incomprensibles[145] para los no iniciados (véase aquí nuestro símil del cricket). A ello se suma, de todas maneras, el relativismo de los posmodernos, que niegan la posibilidad de generar conocimiento compartido. Como escriben KEGLEY y WITTKOPF, «los deconstruccionistas comparten el principio filosófico de que toda concepción humana sobre la realidad global está relacionada con su propia comprensión y, por tanto, que no existe ningún principio objetivo cuya validez sea independiente de una visión personal; una interpretación es tan válida como cualquier otra y, en consecuencia, no tiene sentido intentar desarrollar una concepción compartida del mundo»[146]. De ahí, el negativo «todo vale» que se achaca a los posmodernos. Este relativismo, junto a la abstracción del trabajo llevado a cabo por los posmodernos (alejado de la realidad de los problemas internacionales, como diría buena parte de la disciplina, mientras que ellos se encargarían de negar dicha realidad) ha hecho que muchos sectores, a pesar del interés de algunas de sus aportaciones (el papel relevante del discurso en la construcción de identidades, que será especialmente destacado por los constructivistas), los consideren irrelevantes, por carecer de una agenda de investigación empírica, e, incluso, peligrosos[147].

El *constructivismo social* constituye la tercera de las voces críticas reseñadas con anterioridad. Como veíamos al principio de este apartado, el constructivismo, ha sido calificado por el autor más representativo de esta corriente en relaciones internacionales, Alexander WENDT, como un puente entre racionalistas y reflectivistas. WENDT ha escrito en el que, seguramente, es su texto más famoso, *Anarchy is what states make of it* (1992), «mi objetivo en este artículo es construir un puente entre estas dos tradiciones (racionalismo y reflectivismo) [...] desarrollando un argumento constructivista [...] a partir de la afirmación liberal de que las instituciones inter-

---

[144] Es el caso de la lista de actores internacionales (no utiliza tal expresión), «extraña» a nuestro razonamiento habitual, que ofrece R. ASHLEY («Geopolitics, Supplementary, Criticism: A Reply to Professors Roy and Walker», *Alternatives*, vol. XIII, 1988, pp. 93-94), en la que incluye: el individuo posesivo, el estado nacional, la comunidad nacional, el hombre científico, el proletariado consciente, el padre de familia, la voz femenina, la voluntad general, los imperativos inmanentes de la humanidad, Occidente, [...] Dios, la patria, el falo o el útero». La cita se la debemos a R. GRASA, *Proyecto docente y currículum*, Universidad Autónoma de Barcelona, 1991.

[145] S. STRANGE, *States and Markets*, Londres, Pinter, 1994 (1.ª ed. 1988). En el mismo sentido se expresa Kal HOLSTI («International Relations at the End of the millenium», *Review of International Studies*, vol. 19, n.º 4, 1993, p. 408), para quien, las teorías posmodernas «más que crear comprensión sobre "lo qué está ocurriendo", tal y como los estudiantes preguntan habitualmente, nuestra disciplina tiende hacia el escolasticismo, haciéndose inaccesible a aquéllos a los que debería dirigirse, básicamente estudiantes y decisores políticos».

[146] Ch. KEGLEY y E. R. WITTKOPF, *World Politics. Trend and Transformation*, Boston, Bedford, 2001 (8.ª ed.).

[147] Según K. HOLSTI («Mirror, Mirror on the Wall, which are the Fairest Theories of All?», *International Studies Quarterly*, vol. 33, n.º 3, 1989, p. 261), «si mantenemos nuestros ojos abiertos a lo que sucede realmente en el mundo y atendemos a las exigencias de la fiabilidad del conocimiento, evitaremos los peligros [...] de la obsesión por la novedad y los relativismos extremos en el terreno teórico y metodológico; en otras palabras, los peligros de una vida intelectual sin criterios».

nacionales pueden transformar las identidades y los intereses de los estados [...] mi estrategia para construir este puente será argumentar contra la afirmación neorrealista de que el hecho de confiar tan sólo en las capacidades de uno mismo *(self help)* deriva naturalmente de la estructura anárquica, exógena al proceso [...] Defiendo que *self help* y política de poder no se derivan lógica o causalmente de la anarquía y que si hoy nos encontramos en un mundo *self help* se debe al proceso, no a la estructura. No existe ninguna lógica de "anarquía", aparte de las prácticas que crean y concretizan una estructura de identidades e intereses en lugar de otra; la estructura no tiene existencia ni causalidad al margen del propio proceso. El *self help* y la política de poder son instituciones, no formas esenciales de la anarquía. *La anarquía es lo que los estados hacen de ella*»[148].

¿Cómo situar el texto anterior entre todo lo que hemos visto hasta este momento? Es evidente que WENDT rechaza el determinismo estructural del neorrealismo (el bipolarismo del sistema internacional no explicaría la carrera nuclear), para centrarse en el proceso, en las prácticas de los actores (la desconfianza mutua entre las superpotencias explicaría la carrera nuclear). Un proceso que WENDT aborda desde el supuesto neoliberal de que las instituciones transforman los intereses y las identidades de los estados (los acuerdos de control armamentístico llevarían a una crisis de identidad en la lógica de exclusión entre potencias, traducible en el factor Gorbachov). Justamente, la construcción de intereses y de identidades, coincidiendo en esta querencia por las identidades con el posmodernismo, va a constituir el centro de atención del constructivismo. Así, *en lugar de enfatizar exclusivamente los incentivos materiales (económicos, militares), el constructivismo presta gran atención a la construcción de las identidades (principios y valores compartidos, percepciones del mundo, marcos histórico-culturales generadores de identidades, mecanismos de interiorización).* Lo que tiene consecuencias en el terreno analítico (rechazo de la racionalidad coste-beneficio). Como escribe WENDT, «los constructivistas están interesados en la construcción de las identidades y de los intereses y, a partir de ahí, adoptan una aproximación más sociológica que económica a la teoría sistémica»[149]. Así, por ejemplo, el análisis de los constructivistas en materia de integración regional presta gran atención al tema de la identidad regional y al discurso del *region building*, en lugar de focalizar su interés en las condiciones favorables o desfavorables de la estructura internacional (caso de los neorrealistas) o en los incentivos materiales que explican la opción de los estados por construir instituciones de cooperación regional (caso de los neoliberales).

De lo anterior se deriva que los constructivistas están especialmente interesados en conocer cómo se construyen los actores, las prácticas y las instituciones de la vida internacional; especialmente aquellos que las sociedades y los investigadores dan

---

[148] A. WENDT, «Anarchy is what states make of it: The Social Construction of Power Politics», *International Organization*, vol. 46, n.º 2, p. 394. La voluntad de *bridge builder* de WENDT, en el artículo de 1992 y olvidada en textos posteriores, no transmite la complejidad de un marco amplio de autores. El propio WENDT (véase FEARON y WENDT en CARLSNAES, RISSE y SIMMONS, *op. cit.*, p. 57) distingue, en términos epistemológicos, tres tipos de constructivistas: positivistas, posmodernos e interpretativistas. Junto a WENDT, los analistas en teoría de las relaciones internacionales, suelen destacar también de modo especial los nombres de ONUF y KRATOCHWIL, como destacados autores de la corriente constructivista (véase SMITH, *op. cit.*, p. 242).

[149] A. WENDT, «Collective identity formation and the international state», *American Political Science Review*, vol. 88, n.º 2, 1994, p. 385.

por asentado que «son así porque son así»: por ejemplo, estado soberano, política de poder o identidad étnica. Como escribe el propio WENDT, «dar por hecho que son naturales es problemático, ya que así se oculta que los objetos y las prácticas sociales dependen de la existencia de opciones y ello puede constituir una barrera al cambio social»[150]. Se incorpora, de este modo, una constante en las voces críticas: el papel que puede desempeñar el conocimiento, en tanto que generador de inmovilismo o de cambio en el sistema internacional.

El trabajo de WENDT, que constituye el núcleo duro de lo que hoy entendemos por constructivismo social en relaciones internacionales, nos lleva a apuntar, de modo sintético, tres grandes características del constructivismo social.

En primer lugar, el constructivismo comparte preocupaciones con la agenda de investigación en la que se desarrolla el debate entre neorrealistas y neoliberales. De entrada, por lo tanto, y a diferencia de los posmodernos, WENDT opina que la investigación ha de orientarse hacia el terreno empírico y, en concreto, hacia el mundo anárquico del sistema de estados (los estados siguen siendo, para WENDT, los actores principales) en el que se llevan a cabo interacciones de tipo cooperativo, tal y como explican los neoliberales. Un ámbito que ha incorporado el enfoque constructivista ha sido el estudio de los procesos regionales que se están viviendo en el mundo (Unión Europea, Tratado de Libre Comercio [TLC], Asia-Pacífico [APEC], etc.). No es extraño, ya que estos casos de estudio nos ponen frente a procesos de construcción de nuevas comunidades (*region building*) y, con ellas, de nuevas identidades y de nuevos intereses. Andrew HURRELL[151] apunta que estos estudios constructivistas, en lugar de centrarse exclusivamente en los incentivos materiales, enfatizan la dimensión socio-cognitiva (fuerzas ideacionales, conocimiento compartido, percepciones, aprendizaje, estructuras institucionales y normativas). Así, el análisis constructivista, según HURRELL, implica:

—Primero, y a diferencia de las teorías racionalistas, hay que prestar mayor atención a los procesos mediante los cuales se crean y evolucionan los intereses y las identidades; a las interacciones entre las auto-imágenes y los incentivos materiales cambiantes y, finalmente, al lenguaje y al discurso a través del cual se expresa todo lo anterior.

—Segundo, hay que prestar atención a cómo los actores interpretan el mundo y cómo se forma su percepción del «lugar al que pertenecen».

—Tercero, hay que considerar cómo los intereses y las identidades se conforman a través de situaciones históricas o culturales concretas (momentos constitutivos), de factores domésticos y del proceso continuado de interacción entre los estados.

En segundo lugar, el constructivismo está especialmente interesado por el papel que desempeñan las ideas en la construcción de la vida social; en nuestro caso, de la política mundial. De ahí, por tanto, que la investigación no se detenga en las acciones realizadas, sino que se interese de modo especial por las motivaciones de los

---

[150] FEARON y WENDT, en CARLSNAES, RISSE y SIMMONS, *op. cit.*, p. 57.

[151] A. HURRELL, «Explaining the resurgence of regionalism in world politics», *Review of International Studies*, n.º 21, 1995, p. 353.

actores, por el sentido que dan a sus acciones, basadas en identidades e intereses. Así, el constructivismo relativiza el papel de los factores materiales (geografía, tecnología), que son mediatizados por las ideas. En palabras de SMITH, la futura agenda de investigación en relaciones internacionales (inspirada por el constructivismo) debería centrarse en «la relación entre lo que los actores hacen y lo que son»[152]. Lo que, sin duda, implica un análisis en el que tendrán un papel relevante las percepciones, el discurso, los factores de tipo histórico-cultural, etc. El hecho, por ejemplo, de que los países de Extremo Oriente y del Sudeste asiático sean reticentes hacia procesos de institucionalización regional, en el sentido fuerte del término, puede llevar al investigador (en clave constructivista) a preguntarse por factores explicativos vinculados a las concepciones culturales de dichos países y, con ello, a su idea de autoridad y de legitimidad.

Tercero, el constructivismo está especialmente interesado en mostrar el carácter de construcción social de actores e instituciones, negando el carácter natural de los mismos. Este proceso de construcción social determina los intereses y las identidades de los actores. Así, por ejemplo, un proceso de integración económica entre varios países puede ser responsable de la aparición de nuevas identidades (europeísmo) o de nuevos intereses. Así, los intereses y las identidades se crean y recrean en procesos de interacción social. Somos lo que somos por cómo interactuamos. Intereses e identidades no son sagrados, son el producto de prácticas intersubjetivas. En ese sentido, por ejemplo, el estudio del regionalismo asiático lleva a Richard HIGGOT a identificar la existencia de una identidad asiática (*Asianess*), entre otras cosas, con prácticas compartidas por un grupo de países del Sudeste asiático en materia laboral. El discurso de *Asianess* (identidad propia y compartida), generado por dichos países, constituiría una estrategia (defensa de intereses) para hacer frente a las presiones de europeos y americanos en torno a la introducción de nuevas normas laborales[153].

Revisando hoy en día trabajos empíricos en el campo del regionalismo, u otros, es evidente que el constructivismo está teniendo un impacto notable. Ha introducido preguntas nuevas en la agenda del investigador. Si insistimos en el trabajo empírico, es porque el propio WENDT ha abogado en publicaciones recientes por la necesidad de reorientar el rumbo de la disciplina, abandonando el espacio ontológico y epistemológico en el que se había movido, en buena medida, en los últimos años. Así, según WENDT, «no es que queramos decir que las cuestiones ontológicas y epistemológicas no deban ser abordadas por los académicos de relaciones internacionales, o que no se consigue nada haciéndolo. De hecho, algunos resultados ya son evidentes. De los campos con orientación empírica, dentro de la ciencia política, las relaciones internacionales son posiblemente el más consciente y desarrollado filosóficamente, el más interesado en el examen continuado de las cuestiones fundamentales en torno a qué es y qué debería ser la investigación social [...] Deberíamos ser conscientes de los límites de los debates filosóficos para dar algún sentido a las relaciones internacionales. Si "racionalismo *vs.* constructivismo" tiene que ser otro gran

---

[152] SMITH, *op. cit.*, p. 244.

[153] R. HIGGOT, «The international political economy of regionalism. The Asia-Pacific and Europe compared», en W.D. COLEMAN y G. R. D. UNDERHILL (comps.), *Regionalism and Global Economic Integration*, Routledge, Londres, 1998, p. 57.

debate en relaciones internacionales, no lo construyamos en torno a cuestiones ontológicas»[154].

En suma, el propio WENDT reclama una visión pragmática —alejada del componente ontológico y epistemológico de las voces críticas— que lleve a ver el debate o la conversación (como apunta el propio WENDT) entre racionalistas y constructivistas no como dos visiones del mundo en competencia, sino como dos aproximaciones que se plantean preguntas relevantes sobre la política internacional, que el mismo autor reseña: ¿cómo inciden los estados, las organizaciones no gubernamentales o las corporaciones multinacionales en la política internacional?; ¿en qué condiciones es más conflictiva o más cooperativa la política mundial?; ¿es posible superar la anarquía? En suma, *WENDT acaba definiendo a racionalismo y constructivismo, simplemente, como lentes analíticas que se aproximan a los fenómenos de la política internacional desde preguntas diferentes*[155]. Esta conclusión de WENDT, que cierra el tema de la articulación entre ciencias sociales y relaciones internacionales, es muy oportuna para entrar en el tercer factor que nos ayuda a entender la evolución teórica en relaciones internacionales en las dos últimas décadas: el cambio de la propia realidad internacional.

C) NUEVO TIEMPO MUNDIAL

Las transformaciones de la propia vida internacional constituyen el tercer factor tomado en consideración en estas páginas para explicar la evolución teórica de las Relaciones Internacionales en las dos últimas décadas. Haciendo uso de un término acuñado por Zaki LAÏDI, podemos decir que las Relaciones Internacionales han tenido que hacer frente, tras el fin de la guerra fría, a *un nuevo tiempo mundial, definido como el momento en que las consecuencias geopolíticas y culturales de la posguerra fría se encadenan con la aceleración de los procesos de globalización económica, social y cultural.* No se trata por tanto del tiempo de la posguerra fría —cuyas consecuencias geopolíticas se dejan notar sobre todo en Europa— ni del tiempo de la globalización —el proceso está en marcha desde mucho antes— sino del encadenamiento de ambos procesos[156]. Los dos procesos convergentes aquí citados nos sirven para presentar sendas evoluciones en el campo teórico de las Relaciones Internacionales. La primera de ellas tiene que ver con la revalorización de la aproximación histórica y la segunda con el auge de la teoría normativa. Historia y ética asoman, de esta manera, de modo decidido en este nuevo tiempo mundial en el que convergen la desaparición del bipolarismo y el fenómeno de la globalización.

Comencemos por una breve referencia a cómo l*a aproximación histórica ha ganado en presencia durante los últimos años en el campo de las Relaciones Inter-*

---

[154] FEARON y WENDT en CARLSNAES, RISSE y SIMMONS, *op. cit.*, p. 67.

[155] Ibídem, p. 68.

[156] Z. LAÏDI *et al.*, *Le Temps Mondial*, Editions Complexe, Bruselas, 1997, p. 313. Una de las principales consecuencias que LAÏDI extrae de su análisis, basado en la doble ruptura del espacio y del tiempo es la desaparición de referencias universales y, con ella, la aparición del relativismo cultural. Su pensamiento le ha llevado a buscar un marco en el que buscar nuevas referencias de alcance regional, una nueva «geopolítica del sentido». Sobre el desarrollo de dicho pensamiento, véase Z. LAÏDI (dir.), *Géopolitique du sens*, Desclée de Brouwer, París, 1998, pp. 9-44.

nacionales[157]. Hay que recordar que, como si se tratara de un producto cinematográfico, la caída del Muro de Berlín puso de moda la palabra Fin. En efecto, se habló del Fin de la Teoría por la incapacidad de los analistas para prever la descomposición del bloque del Este así como del Fin de la Historia, que Francis FUKUYAMA identificó con el fin del enfrentamiento ideológico entre capitalismo y socialismo. Mientras unos reclamaban el fin de la disciplina de las Relaciones Internacionales, otros afirmaban la existencia de un modelo único (capitalismo global) y, con ello, se empezó a hablar de geoeconomía como alternativa a la geopolítica que durante toda la guerra fría había ocupado un espacio central en el razonamiento en Relaciones Internacionales. En otras palabras, una de las dudas recurrentes entre los teóricos a partir del fin de la guerra fría tiene que ver con el efecto «cortina de humo» que dicha guerra había desempeñado, ya que su existencia no dejaba apreciar los cambios de larga duración que se iban produciendo a nivel mundial, vinculados al desarrollo y expansión de la economía capitalista.

De ahí que surjan preguntas tales como ¿qué tipo de cambio conlleva el final de la guerra fría? o, contrariamente, ¿en qué medida nos hallamos frente a una continuidad «enmascarada» por décadas de guerra fría? Ese tipo de preguntas obtienen en su momento respuestas como la de Jeanne KIRPATRICK, destacada representante de la diplomacia estadounidense en la década Reagan, para quien «la lógica de funcionamiento de los últimos cuarenta años se ha sacudido hasta sus cimientos»[158], pero dichas preguntas también despiertan un interés muy notable por las explicaciones de *longue durée*, rememorando la terminología de BRAUDEL, o por la historia mundial, de TILLY. Así, en la academia española, por ejemplo, nos encontramos con autores del campo de las Relaciones Internacionales que se plantean «describir, con vistas a entender el presente turbulento de las relaciones internacionales, un proceso histórico de homogeneización civilizatoria cuyos inicios pueden situarse en lo que algunos autores han llamado el largo siglo XVI»[159].

En otras palabras, los análisis centrados en los tiempos históricos de larga duración gozan de un mayor interés entre los analistas, desconcertados por el final de la guerra fría (desaparición de la alternativa socialista), y enfrentados a una serie de problemas en la agenda (redefinición del orden internacional, globalización desigual, estados fracasados) que revalorizan la «mirada hacia atrás». El proceso de formación de los estados europeos (frente al fracaso del sistema de estados en África), las etapas de crecimiento económico en el mundo occidental (frente a la situación de subdesarrollo en la que viven tres cuartas partes de la humanidad) o el proceso de modernización/occidentalización del mundo (frente a las resistencias a la homogeneización encontradas en África o Asia) se convierten en espacios de reflexión para el analista de las Relaciones Internacionales en el nuevo tiempo mundial. De ahí, por ejemplo, que los análisis históricos sobre la evolución de la sociedad internacional, propios de la escuela inglesa de Relacio-

---

157 Hemos tratado el tema con mayor detalle en E. BARBÉ, «La teoría de las relaciones internacionales en la posguerra fría», *Cursos de Derecho Internacional de Vitoria Gasteiz 1993*, Tecnos/Universidad del País Vasco, Madrid, 1994, pp. 123-156.

158 J. J. KIRPATRICK, «Beyond the Cold War», *Foreign Affairs*, vol. 69, n.º 1, 1989/1990, pp. 1-2.

159 F. J. PEÑAS ESTEBAN, *Occidentalización, fin de la Guerra Fría y relaciones internacionales*, Alianza, Madrid, 1997, p. 12.

nes Internacionales (WIGHT, BULL, WATSON), o el enfoque teórico de la economía-mundo capitalista de WALLERSTEIN[160], ya citados en esta obra, recuperen un espacio más destacado en una disciplina que se «repiensa» a sí misma tras el período de «larga paz» de la guerra fría[161].

El porqué del cambio, cómo se produce el cambio o el nivel de cambio que se pueda estar produciendo en la sociedad internacional son algunas de las preguntas que mueven a los analistas a buscar explicaciones de *longue durée*. Un ejemplo muy claro de la búsqueda de explicaciones, más allá de la propia guerra fría, nos lo ofrece en su momento el propio colapso de la Unión Soviética. En el terreno de la sovietología es donde fueron más evidentes las presunciones inmovilistas de una comunidad intelectual que durante cuatro décadas había influido en la política exterior de los Estados Unidos, presentando a la Unión Soviética como un estado totalitario, tendente por naturaleza a expandirse y «contenido», tan sólo, por el potencial militar occidental[162]. Lo que hacía del todo inexplicable un proceso interno como el acontecido en el bloque del este desde la llegada al poder de Gorbachov, en 1985. Algunos autores comenzaron, tras el fin de la guerra fría, a aplicar las teorías de los ciclos de poder en una lógica histórica, para explicar que no es casual que una potencia ceda en su política imperial de manera voluntaria[163]. Así, lo acontecido en la Unión Soviética respondía a lógicas históricas (comportamiento de las potencias en determinadas situaciones) y no exclusivamente a las particularidades del período de la guerra fría.

El nuevo tiempo mundial viene, en realidad, marcado por dos grandes preguntas: la primera tiene que ver con la propia consideración del orden internacional (¿estamos frente a un sistema internacional con un líder único, los Estados Unidos?) y la segunda con el proceso de globalización (¿estamos frente a un fenómeno nuevo o es una cuestión de grado respecto de otras épocas?). Sin ánimo de exhaustividad, se puede apuntar que ambas preguntas nos llevan hacia autores que en los años noventa se han servido de los precedentes históricos para ofrecer respuestas. Dichos autores ofrecen respuestas, basadas en la combinación de factores, político-militares, económicos, sociales y culturales, que vienen a ilustrar la importancia de la organización en el sistema internacional. De tal manera que las etapas históricas vendrían determinadas justamente por el cambio en dicha organización, determinado por el cambio de potencia. Así la potencia (hegemónica) viene definida no sólo por su capacidad para ejercer la coerción sino también por su habilidad para organizar el funcionamiento del sistema sobre bases de consenso.

---

[160] Entre otras obras con aproximación histórica, véase E. WALLERSTEIN, *El moderno sistema mundial, op. cit.* y A. WATSON, *The evolution of international society. A comparative historical analysis*, Routledge, Londres, 1992.

[161] El término de «larga paz» ha sido utilizado en referencia al período de la guerra fría. Véase J. L. GADDIS, *The Long Peace. Inquiries into History of the Cold War*, Oxford UP, Oxford, 1987.

[162] George Kennan, padre de la «contención» ha sido, sin embargo, un crítico de la imagen de la Unión Soviética dominante entre los académicos más influyentes en la formulación de la política exterior estadounidense. Según él, «la imagen de una Rusia estalinista, equilibrada y ansiosa de atacar a Occidente, tan sólo contenida por las armas atómicas de los Estados Unidos fue, en gran medida, una creación de la imaginación occidental» en G. KENNAN, *Memoirs 1925-1950*, Little Brown, Boston, 1967, (trad. 1972), p. 361.

[163] Es el caso, por ejemplo, de Ch. F. DORAN, *Systems in Crisis. New Imperatives of High Politics at Century's End*, Cambridge UP, Cambridge, 1991.

Es el caso, por ejemplo, de George MODELSKI, quien construye en torno al concepto de potencia global[164] y al de instituciones fundamentales de la política global (sistemas imperiales, sistema Estado-nación, organizaciones mundiales) un modelo en forma de ciclos históricos. Así, la evolución de la política mundial adquiere para MODELSKI forma de ciclos extensos de política global durante los cuales un Estado adquiere el liderazgo global y desarrolla una organización global. Cada uno de dichos ciclos (seis ciclos que van desde 1430 hasta nuestros días)[165] atraviesa un proceso evolutivo, en fases, que viene determinado por el potencial evolutivo de un Estado o de una organización mundial basada en la zona más activa del sistema mundial. Dichas fases (formación de agenda, formación de coaliciones, macrodecisión y ejecución), que vienen a durar cada una de ellas una generación (algo más de un siglo la suma de las cuatro), han servido a MODELSKI para caracterizar el escenario actual de las relaciones internacionales[166]. Así, según MODELSKI, el momento actual de las relaciones internacionales forma parte de un ciclo que se inició en 1973; momento en el que finalizó el ciclo precedente, que va de 1850 a 1973, y durante el cual los Estados Unidos pusieron en marcha su agenda de liderazgo global a través de sus sucesivas etapas (formulación; formación de coaliciones; macrodecisión en el período 1914-1945 basada en victorias militares, como ha sido tradicional en el sistema internacional y, finalmente, su ejecución hasta 1973).

Este modelo de ciclos lleva a MODELSKI a caracterizar el período actual de las relaciones internacionales, que para él comienza en 1973[167], como un período de formulación de la agenda; un período en el que participan todos los actores, coexistiendo la potencia global (Estados Unidos, ya que la Unión Soviética nunca habría gozado de tal calidad por sus deficiencias) con muchos otros actores que avanzan sus propias agendas (Naciones Unidas, G-7, G-77, ONG y Unión Europea, entre otros). La agenda generada durante este período se caracteriza por ser una agenda de problemas globales, tales como los problemas medioambientales. El modelo de MODELSKI prevé justamente que a principios del siglo XXI nos encontramos a pun-

---

[164] Según MODELSKI, «para mantener el rol de potencia global, un Estado debe tener capacidad no sólo militar (antes naval, ahora aeroespacial) y económico-financiera, sino también capacidad tecnológica e industrial —que le permita controlar la gestión de los diversos regímenes que componen la interdependencia global—, así como capacidad cultural e ideológica que le sirva para construir el consenso sobre los principios organizativos del sistema respetando la individualidad de los sujetos participantes», en F. ATTINÀ, *El sistema político global. Introducción a las relaciones internacionales*, Paidós, Barcelona, 2001 (1ª edic. en italiano, 1999), pp. 54-55. Los fundamentos de la teoría de G. MODELSKI los encontramos en «The Long Cycle of Global Politics and the Nation state», *Comparative Studies in Society and History*, vol. XX, n.º 2, 1978, pp. 214-235 y en «A System Model of the Long Cycle» en G. MODELSKI (comp.), *Exploring Long Cycles*, Lynne Rienner, Boulder, 1987, pp. 112-128. Sobre Modelski y su aplicación al campo de las Relaciones Internacionales, estas páginas son deudoras de la síntesis realizada por F. ATTINÀ, *El sistema político global, op. cit.*

[165] Los seis ciclos de MODELSKI se dividen en dos grandes eras. Primero, una era europea occidental y después una era post-europea. En la primera era identifica cuatro ciclos (1430-1516; 1540-1609; 1640-1714; 1740-1815) y en la segunda dos (1850-1945 y el ciclo que se inicia en 1973 y en el que estamos inmersos). Para mayor detalle, véase G. MODELSKI, *Long Cycles in World Politics*, Univ. of Washington Press, Seattle, 1987, pp. 64-137.

[166] G. MODELSKI, «Evolutionary Global Politics», *International Studies Quarterly*, vol. XL, n.º 3, 1996, pp. 321-342.

[167] El propio MODELSKI sitúa la etapa de formulación de la agenda entre 1973 y 2000. Es evidente, hoy en día y una vez conocidos los hechos, que los acontecimientos del 11 de septiembre constituyen un punto de inflexión importante y útil a efectos de marcar etapas.

to de iniciar la fase de formación de coaliciones, basadas en intereses políticos, económicos, sociales y culturales. Y de ahí que surja una pregunta fundamental para este nuevo siglo: ¿será necesaria una guerra general, propia de la etapa de macrodecisión, para pasar a la etapa de ejecución a mediados del siglo XXI? Esa ha sido la lógica de los ciclos anteriores desde 1430, tal y como señala MODELSKI en base a sus trabajos históricos. El propio autor avanza, sin embargo, la posibilidad de que el aprendizaje realizado en la segunda mitad del siglo XX en materia de gestión de conflictos (Naciones Unidas, Unión Europea) pueda dar paso a una nueva forma de macrodecisión, no necesariamente la tradicional violencia militar (guerra generalizada) que constituía la base de un nuevo liderazgo general. Sugiere, en consecuencia, que el proceso evolutivo en curso hoy en día podría generar una nueva forma de organización política global: una comunidad democrática mundial.

Tras MODELSKI, pasemos ahora al marco académico europeo de las Relaciones Internacionales, donde la aproximación histórica ya ha tenido tradicionalmente un espacio más destacado (sociología histórica, escuela inglesa) y lo hacemos, en este caso, a través del segundo gran componente del nuevo tiempo mundial: la globalización. El fenómeno de la globalización constituye, sin lugar a dudas, el foco principal de interés en la literatura de Relaciones Internacionales durante los últimos años[168]. Como ya se ha apuntado, dicho fenómeno plantea una pregunta fundamental en torno a si nos hallamos frente a algo nuevo o si, por el contrario, estamos frente a una etapa más en un proceso de larga duración. En este caso, David HELD (junto a Anthony Mc GREW) nos permite apreciar cómo la «mirada histórica» adquiere un papel destacado para explicar la actual sociedad internacional globalizada. Según el propio HELD, «para entender la globalización contemporánea hay que apoyarse en el conocimiento de lo que diferencia a esas fases, lo que incluye el modo en que esos sistemas y patrones de interconexión global se organizan y reproducen, sus diferentes geografías y la cambiante configuración de las relaciones de poder [...] requiere el análisis de cómo han variado los patrones de la globalización a lo largo del tiempo para poder así establecer lo que es propio de la fase actual»[169]. Este autor británico lleva a cabo una periodización que divide la globalización en varias etapas (premoderna, hasta 1500, coincidiendo con el descubrimiento de América; moderna temprana, entre 1500 y 1850; moderna, entre 1850 y 1945, y contemporánea, a partir de 1945[170]. En materia de periodización del proceso histórico de globalización, un número amplio de autores coincide en destacar que la intensidad y extensión de los cambios socioeconómicos que se producen a partir de la década de los setenta permiten hablar de una nueva fase histórica[171].

---

[168] Véase, entre nosotros, el trabajo de C. GARCÍA SEGURA, «La globalización en la sociedad internacional contemporánea: Dimensiones y problemas desde la perspectiva de las Relaciones Internacionales», *Cursos de Derecho Internacional de Vitoria-Gasteiz 1998*, Tecnos/Servicios Editorial Universidad del País Vasco, Madrid, 1999, pp. 317-350.

[169] D. HELD y A. MCGREW, *Globalización/Antiglobalización. Sobre la reconstrucción del orden mundial*, Barcelona, Paidós, 2003 (edic. en inglés 2002), p. 19.

[170] D. HELD *et al.*, *Global Transformations: Politics, Economics and Culture*, Polity, Cambridge, 1999, pp. 414-452.

[171] Esta tesis es sostenida, entre nosotros, por J. IBÁÑEZ, *Poder y autoridad en las relaciones internacionales: El control del comercio electrónico en Internet*, Tesis Doctoral defendida en la Universitat Pompeu Fabra, 2002 (inédita).

Al igual que MODELSKI, HELD explica la actual sociedad internacional en términos de larga duración. Según dicho autor, que se califica de transformacionalista, «la interpretación transformacionalista hace hincapié en que la globalización es un proceso histórico a largo plazo que está cargado de desafíos y que es modelado de forma significativa por factores coyunturales [y] la fase contemporánea del cambio global está transformando los fundamentos mismos del orden mundial a base de reconstituir las formas tradicionales de la estatalidad soberana, la comunidad política y la gobernanza internacional»[172]. En ese proceso de reconstitución, propio de la globalización de principios del siglo XXI, el propio HELD presenta un proyecto al que define como socialdemocracia cosmopolita y con el que pretende exponer «una dirección del cambio con puntos claros de orientación, a corto y largo plazo»; tales como, promoción de la administración imparcial de la ley en el ámbito internacional, mayor transparencia, control y democracia en la gobernanza global, mayor compromiso con la justicia social en la búsqueda de una distribución más equitativa de los recursos mundiales y la seguridad humana, protección y reinvención de la comunidad en diversos ámbitos (desde el local hasta el global), regulación de la economía global a través de la gestión pública de los flujos financieros y comerciales globales, provisión de bienes públicos globales e implicación de los principales grupos de interés en la gobernanza corporativa[173].

En suma, la aproximación al nuevo tiempo mundial a partir de evoluciones de larga duración, como es el caso de MODELSKI con sus ciclos históricos o de HELD con sus fases de globalización, acaba por ofrecernos una visión de futuro asentada en el desarrollo generalizado de mecanismos adoptados y de comportamientos aprendidos en la segunda mitad del siglo XX. MODELSKI, con sus referencias a la deseable expansión de las funciones de Naciones Unidas y HELD, con su esperanza en Europa como impulsora, a partir de su propia experiencia histórica, de la causa de la socialdemocracia cosmopolita abren la puerta del segundo tema de este apartado: el «florecimiento»[174] de la teoría normativa.

En efecto, *el nuevo tiempo mundial que se asienta sobre la fase actual de la globalización, iniciada en los años setenta, y el fin de la guerra fría es el escenario del auge actual de la teoría normativa*[175]. De hecho, no olvidemos que la disciplina de las Relaciones Internacionales nació, tras la primera guerra mundial, explícitamente marcada por la dimensión normativa, tal y como hemos visto en el capítulo I de esta obra; centrada en aquel caso en la búsqueda de mecanismos y en la creación de comportamientos tendentes a la eliminación de la guerra. El escenario de entreguerras en el que se crió la disciplina tenía las características de cambio, por una parte, y de proximidad entre el analista y los acontecimientos (entre las ideas y los hechos), por otra, de las que goza la sociedad internacional en el nuevo tiempo mundial.

---

[172] D. HELD y A. MCGREW, *Globalización/Antiglobalización*, *op. cit.*, pp. 145 y 149.

[173] Ibídem, p. 150.

[174] Hacemos uso del término utilizado por I. AGUIRRE ZABALA, «La teoría normativa de las Relaciones Internacionales, hoy», *Cursos de Derecho Internacional de Vitoria-Gasteiz 1995*, Tecnos/Servicio Editorial Universidad País Vasco, Madrid, 1996, p. 49.

[175] El libro que marcará el inicio de la etapa actual en el campo de la teoría normativa es el de R. BEITZ, *Political Theory and International Relations*, Princeton UP, Princeton, 1979.

Es lógico hablar de cambio si tenemos en cuenta el nivel de transformación sufrido por la sociedad internacional. No en vano, la desaparición de la fractura este-oeste produjo sacudidas notables que llevaron, en los años noventa, a la reaparición de conflictos armados en Europa. Sin embargo, como se recoge en la introducción de esta obra, se trata de un terremoto y no de un *big bang*. En consecuencia, los cambios en «cascada», en terminología de ROSENAU[176], dejan tras de sí enormes espacios de continuidad. Es decir, cambio y continuidad se articulan en el nuevo tiempo mundial. De tal manera que el teórico tiene ante sí una sociedad aún más compleja que la de los años ochenta, ya que a aquella complejidad (globalización económica, integración regional, pluralismo cultural, problemas globales) se suma ahora el «desorden» del mundo posbipolar, que incide tanto en el concierto de las potencias, si se nos permite esta expresión, como en la percepción individual de la nueva sociedad internacional.

El fluir de acontecimientos, que anula toda distancia temporal entre el analista y los hechos, nos permite hablar de transición en un doble sentido: práctico y teórico. En ese terreno, Andrés ORTEGA matizaba en la primera mitad de los años noventa que no nos hallamos ante una transición en el sentido habitual del término sino que, parafraseando a Ortega y Gasset, nos hallamos en un «interregno» o «vacío entre dos organizaciones del mando histórico: la que fue y la que va a ser»[177].

Así, el auge de la teoría normativa, que se venía detectando ya a lo largo de los años ochenta, se acrecienta por las experiencias que vive el mundo en la última década del siglo XX. Acontecimientos como la guerra en Bosnia Herzegovina, en pleno corazón de Europa; el genocidio ruandés seguido de otras barbaries en África (Liberia, Sierra Leona, Zaire reconvertido en República Democrática del Congo) o el uso de la fuerza por parte de gobiernos occidentales (Kosovo, Afganistán, Irak) han abierto un debate político de primer orden. El resurgimiento de la teoría normativa ha ido en paralelo a dicho debate o, aún mejor, se inscribe en su seno, dando así un contenido ético al mismo. La búsqueda de argumentos morales por parte de los estadistas occidentales para justificar sus decisiones ha sido redundante en las dos últimas décadas.

Incidiendo en la conexión entre hechos e ideas, apuntada en estas páginas, Steve SMITH escribía a principios de los años noventa que «los teóricos internacionalistas están ahora condenados a vivir tiempos interesantes, y el empuje de la disciplina en la última década, o más allá, ha sido el restablecimiento de las preocupaciones normativas»[178]. Autores como HOFFMANN, BEITZ, VINCENT o WALZER han avalado con sus libros[179] el empuje de la teoría normativa, aún antes de entrar de pleno en el

---

[176] Véase J. ROSENAU, *Turbulence in World Politics. A Theory of Change and Continuity*, Harvester Wheatsheaf, Londres, 1990.

[177] J. ORTEGA Y GASSET, *La rebelión de las masas*, en *Obras Completas 4*, Revista de Occidente, Madrid, 1971, (ed. orig. 1931), cit. en A. ORTEGA, *La Razón de Europa*, El País/Aguilar, Madrid, 1994, p. 18. La noción de *interregnum*, aplicada a la actual sociedad internacional también es utilizada por K. BOOTH, (comp.), *New Thinking about Strategy and International Security*, Harper Collins, Londres, 1991, p. XXI, quien parafraseando a Gramsci, recoge que «lo viejo está muriendo y lo nuevo no ha podido nacer; en este *interregnum* aparece una gran diversidad de síntomas mórbidos».

[178] S. SMITH, «The Forty Years' Detour: The Resurgence of Normative Theory in International Relations», *Millenium*, vol. 21, n.º 3, 1992, p. 490.

[179] Se pueden citar como representativos: S. HOFFMANN, *Duties beyond Borders. On the Limits and Possibilities of Ethical International Politics*, Syracuse U. P., Syracuse, 1981; M. WALZER, *Guerras justas e injustas. Un razonamiento moral con ejemplos históricos*, Paidós, Barcelona, 2001 (1.ª ed. en inglés, 1977)

mundo de la posguerra fría. El tipo de reflexión de estos autores introduce una visión diferente de la sociedad internacional al no preguntarse por el cómo (por ejemplo, cómo actúan las potencias en el sistema o cómo funciona el sistema económico internacional) sino por qué (por ejemplo, por qué han de estar el poder y la riqueza distribuidos entre una serie de estados determinados o porqué se han establecido determinadas reglas comerciales y no otras). En otras palabras, los problemas morales constituyen, en este caso, el centro de atención del teórico, que estudia el porqué de las cosas para realizar propuestas explícitas de cómo deberían ser en base a un sistema de valores establecido. Así, según Chris BROWN, por «teoría normativa de las relaciones internacionales entendemos el cuerpo de pensamiento que se centra en la dimensión moral de las relaciones internacionales y en las cuestiones más amplias de significado e interpretación generadas por la disciplina. En esencia se centra en la naturaleza ética de las relaciones entre comunidades y estados. Lo que significa, en el contexto de la agenda clásica, dedicarse a la violencia y a la guerra, mientras que en la nueva agenda hay que unir a dichos temas tradicionales las demandas actuales de justicia distributiva internacional»[180].

Abundan los acontecimientos que a lo largo de las dos últimas décadas han dado lugar a reflexiones teóricas de carácter normativo. Algunos grandes ejes permiten articular la producción científica. Sin ánimo de exhautividad se puede hacer mención de algunos de ellos. Un primer eje se construye en torno al valor moral de la autonomía del estado; cosa que lleva a un debate inevitable entre el respeto de la soberanía estatal y el derecho a la intervención (injerencia) humanitaria. La decisión, por ejemplo, en 1991 tras la guerra del Golfo de crear en el norte de Irak una zona de protección para la población kurda atacada por el gobierno de Sadam Hussein constituye un hecho destacado en esta línea. Un segundo eje lleva a la cuestión del carácter ético, o no, de la violencia interestatal. En otras palabras, al tema tradicional de la guerra justa. Dicho tema fue ampliamente desarrollado, por ejemplo, a raíz de los bombardeos realizados por la OTAN sobre el territorio serbio-kosovar en 1999 con la intención de impedir la limpieza étnica de los albaneses de Kosovo. Un tercer eje tiene que ver con temas de justicia distributiva internacional. Se trata de abordar las obligaciones de los estados ricos en relación a los pobres en un mundo en el que la mitad de la humanidad vive con menos de dos euros diarios. En otras palabras, la mitad de la humanidad dispone diariamente de unos recursos inferiores a los 7.000 millones de euros que los agricultores españoles recibieron en forma de subvenciones comunitarias durante el año 2001. A dichos ejes se podrían sumar algunos más, como los debates en torno a la universalidad de los Derechos Humanos o a las obligaciones derivadas de la degradación medioambiental. Los aquí citados conforman el centro de atención de la agenda de la teoría normativa.

A la hora de abordar los grandes ejes de debate (guerra justa/guerra injusta; soberanía estatal/intervención humanitaria; economía de mercado/justicia distributiva) debemos establecer previamente, tal y como apunta Chris BROWN, la visión del teórico normativo para fundamentar sus valores y definir sus objetivos, distinguien-

---

y R. J. VINCENT, *Human Rights and International Relations*, Cambridge U.P., Cambridge, 1986. Para una bibliografía detallada, véase AGUIRRE ZABALA, *op. cit.*, pp. 49-50.

[180] Ch. BROWN, *International Relations Theory. New Normative Approaches*, Harvester Wheatsheaf, Nueva York, 1992, p. 3.

do entre la visión cosmopolita y la visión comunitaria[181]. Esto es, si los derechos básicos son detentados por los individuos (la humanidad) o por las comunidades políticas (estados). Esta diferencia se evidencia rápidamente en temas como, por ejemplo, las armas de destrucción masiva o los derechos de la mujer. ¿Tienen derecho los estados a disponer de armas de destrucción masiva, en nombre de la seguridad nacional, si ello puede poner en peligro a la humanidad? ¿Es aceptable que determinadas culturas realicen prácticas contra la integridad física (órganos genitales) de las mujeres, escudándose en la tradición? La bondad de la bomba nuclear de los pobres (armas químicas) como defensa en un mundo dominado por los ricos, con arsenales nucleares, o el relativismo cultural como defensa frente a la imposición de valores occidentales son argumentos que se manejan en este tipo de debates. No se trata aquí de entrar en el debate, tan sólo de recordar que el mismo ha alcanzado gran auge en los últimos años.

Un tema en el que el debate ha tenido una resonancia pública importante, justamente por haber afectado de modo directo a la política de las potencias del sistema en los últimos años, ha sido el relativo a la moralidad del uso de la fuerza. El debate ha ido parejo a hechos como la intervención de la OTAN en Serbia y Kosovo, justificada por razones humanitarias (evitar la limpieza étnica); las llamadas a la guerra santa en el mundo islámico o la adopción de la Doctrina de Guerra Preventiva por parte de la administración Bush (septiembre 2002) que subyace en la intervención de Estados Unidos contra el régimen de Sadam Hussein en 2003.

En el terreno teórico se puede destacar la revitalización de la argumentación moral en torno a la guerra desarrollada por Michael WALZER. Hay que apuntar que su trabajo fundamental *Guerras justas e injustas*, publicado en 1977 al socaire de la guerra de Vietnam que, por cierto, calificó de guerra injusta, ha «marcado los desarrollos posteriores de la reflexión sobre la relación entre guerra y justicia hasta convertirse en el texto clásico del tratamiento moderno del tema»[182]. Sus teorías sobre la guerra justa constituyen una actualización de las doctrinas clásicas sobre *ius ad bellum* (finalidades por las que se hace la guerra) y *ius in bello* (medios con los que se conduce la guerra). Preguntas fundamentales como cuáles son las causas justas para hacer uso de la fuerza o qué reglas de conducta se deben seguir en la guerra centran el pensamiento de WALZER en torno a la guerra justa, que, según él, siempre ha de ser una guerra limitada en el alcance y en los medios. Así, para WALZER, la guerra justa es fundamentalmente una respuesta frente a una agresión (violación de la soberanía política y de la integridad territorial de un estado), que debe ser conducida de modo moral (evitar sufrimientos a civiles, proporcionalidad, no hacer uso de instrumentos o métodos inmorales, como las armas nucleares o las violaciones sistemáticas de mujeres).

---

[181] Ibídem.

[182] R. GRASA, «Introducción», en M. WALZER, *Guerras justas e injustas*, *op. cit.*, p. I. Los trabajos de WALZER han sido analizados, entre nosotros, por Rafael GRASA. Véase la referencia anterior, así como R. GRASA, «Introducción», en M. WALZER, *Guerra, política y moral*, Paidós, Barcelona, 2001, pp. IX-XLII.

CUADRO 8

La guerra contra Irak (2003), ¿es una guerra justa?

Es una pregunta muy concreta. No se refiere a si la guerra es legítima conforme al derecho internacional, ni a si es política o militarmente prudente librarla ahora (o nunca). Sólo pregunta si es moralmente defendible: ¿justa o injusta? Dejo el derecho y la estrategia a otra gente.

La guerra de Sadam es injusta, aunque él no iniciara los combates. No está defendiendo su país frente a un ejército conquistador; está defendiendo su régimen, el cual, teniendo en cuenta su historial de agresión en el extranjero y brutal represión en el interior, no tiene ninguna legitimidad moral, y se resiste a desarmar a su régimen, como le ordenó Naciones Unidas, aunque luego no le obligara a obedecer. Ésta es una guerra que él podía haber evitado cumpliendo sencillamente las exigencias de los inspectores de la ONU, o, al final, aceptando el exilio por el bien de su país. Es cierto que la defensa propia es el caso paradigmático de guerra justa, pero lo de propia se refiere a un colectivo, no a una sola persona o a una pandilla de tiranos que se aferra desesperadamente al poder, independientemente del coste para la gente de a pie.

La guerra de EEUU es injusta. Aunque desarmar a Irak es un objetivo legítimo, moral y políticamente, es un objetivo que casi con toda certeza habríamos podido conseguir con medidas que no fueran una guerra a gran escala. Siempre he rechazado el argumento de que la fuerza es el «último recurso», porque a menudo, como los franceses demostraron este otoño e invierno pasados, la idea de «último» es meramente una excusa para posponer indefinidamente el uso de la fuerza. Siempre hay algo más que hacer antes de lo que viene en último lugar. Pero la fuerza era necesaria para todos los aspectos del régimen de contención, que era la única alternativa a la guerra, y fue necesaria desde el principio. Las zonas de restricción de vuelos y el embargo requirieron medidas enérgicas casi todos los días, y los inspectores regresaron a Irak sólo gracias a una amenaza creíble por parte de EEUU. La fuerza no es una cuestión de todo o nada, y no es una cuestión de primero o último (o de ahora o nunca); su uso tiene que ser oportuno, y tiene que ser proporcionado. En marzo de 2003 se podría haber hecho frente a la amenaza que representa Irak con algo que no fuera la guerra en la que ahora estamos metidos. Y una guerra librada antes de su momento no es una guerra justa.

Pero ahora que estamos en ella, espero que la ganemos y que el régimen iraquí caiga rápidamente [...] Pero hasta la gente que estaba en contra de iniciar esta guerra puede todavía insistir en que debería dirigirse conforme a los dos compromisos cruciales asumidos por la Administración de Bush. En primer lugar, que se haga todo lo posible por evitar o reducir las bajas civiles; éste es el requisito esencial para que haya *jus in bellum,* justicia en la forma de dirigir la guerra, que todos los ejércitos en todas las guerras están obligados a cumplir, independientemente de la moralidad de la guerra en sí. En segundo lugar, que se haga todo lo posible por garantizar que el régimen pos-Sadam sea un Gobierno de, por y para el pueblo iraquí; éste es el requisito esencial de lo que podría denominarse *jus post bellum,* la parte menos desarrollada de la teoría de la guerra justa, pero, evidentemente, importante estos días.

Fuente: M. WALZER, «¿Es ésta una guerra justa?», *El País*, 8 de abril de 2003.

Uno de los temas que confronta el pensamiento de WALZER con hechos recientes de gran impacto en la opinión pública mundial es su análisis de la intervención humanitaria, justificada, según el autor, «cuando representa una respuesta (con razonables expectativas de éxito) respecto a actos que conmueven la conciencia moral de la humanidad»[183]. Intervenciones de la última década dirigidas desde el mundo occidental, como la guerra del Golfo (1991), Bosnia, Kosovo, Afganistán o Irak (2003) (véase cuadro 8) han sido analizados por WALZER[184], con respuestas diferentes sobre el carácter justo, o no, de dichas intervenciones. Así pues, los análisis de WALZER en la última década nos sitúan frente a una variedad de situaciones (causas de la intervención y métodos de la misma) que le llevan a conclusiones diferentes. Así, en el caso de la guerra del Golfo (1991) se muestra favorable a la intervención estadounidense contra Sadam Hussein, al tratarse de una respuesta a un acto de agresión, aunque plantea matices y algunas críticas en torno a determinadas conductas de la coalición armada. En el caso de Bosnia se muestra partidario de la intervención limitada, por varias razones: por una parte, las víctimas de la tiranía o del odio étnico no pueden ejercer su derecho a la autodeterminación y, por otra parte, no se puede recurrir a soluciones del pasado (fideicomiso, protectorado) que ya no son aceptables en los tiempos actuales. Sin embargo, su actitud es muy crítica con los bombardeos de la OTAN, en 1999, sobre Serbia y Kosovo, por tratarse de acciones que no cumplen las exigencias ni de la política ni de la moral, puesto que no lograron su objetivo de acabar con la limpieza étnica ni asumieron una posición moral viable. Finalmente, la reacción de WALZER a los ataques del 11 de septiembre y la consecuente campaña de Estados Unidos contra los talibanes de Afganistán se centró en dos preocupaciones (proporcionalidad de la respuesta y adecuación de los medios a la lucha contra el terrorismo), apuntando sobre todo a la necesidad no sólo de «defender nuestra vida sino nuestro modo de vida», en el sentido de no actuar contra personas inocentes, como hacen los terroristas, ni de violar los principios del estado de derecho. El *ius in bello*, cómo llevar a cabo la guerra contra el terrorismo (formar una coalición internacional, complementar la lucha militar contra el terrorismo con lucha contra la pobreza y la explotación), constituye el centro de su reflexión en torno a la conducción de la guerra justa tras el 11 de septiembre.

El campo teórico de las Relaciones Internacionales, que acabamos de entrever a grandes rasgos en su complejidad y pluralidad, nos hace capaces de enfrentarnos mejor equipados mentalmente al objeto de estudio de nuestra disciplina, la sociedad internacional, que abordaremos en el siguiente capítulo.

BIBLIOGRAFÍA DE CONSULTA

ARENAL, C. del: *Introducción a las Relaciones Internacionales*, Tecnos, Madrid, 1990 (1.ª ed., 1984), pp. 95-412.

BAYLIS, J. y SMITH, S.: *The globalization of world politics. An introduction to international relations*, Oxford UP, Oxford, 2001 (1.ª ed., 1997), pp. 141-252.

---

[183] WALZER, *Guerras justas e injustas*, op. cit., p. 157.

[184] Las informaciones sobre los textos de WALZER relativos a los casos de la guerra del Golfo, de Bosnia, Kosovo y de Afganistán proceden de los textos de GRASA, citados en la nota 182.

DOUGHERTY, J. E., y PFALTZGRAFF, R. L.: *Contending Theories of International Relations*, Addison-Wesley-Longman, Nueva York, 2001 (1.ª ed., 1971).

GROOM, A. J. R., y LIGHT, M. (comps.): *Contemporary International Relations: A Guide to Theory*, Pinter, Londres, 1994.

HALLIDAY, F.: *Las relaciones internacionales en un mundo en transformación*, Catarata, Madrid, 2002.

LITTLE, R. y SMITH, M. (comps.): *Perspectives on World Politics*, Routledge, Londres, 1992 (reimp. de la 2.ª ed. de 1991; 1.ª ed., 1981).

MESA, R.: *Teoría y Práctica de las Relaciones Internacionales*, Taurus, Madrid, 1980 (1.ª ed., 1977), pp. 68-175.

LECTURAS COMPLEMENTARIAS

Nota introductoria: El presente apartado ofrece al lector una serie de lecturas básicas en el campo de la Teoría de las Relaciones Internacionales. Siguiendo la lógica del capítulo II se han incluido cinco textos teóricos. El primero de ellos, de Hedley Bull, recoge de manera sintética los fundamentos de las tres grandes tradiciones de pensamiento (hobbesianos, grocianos y kantianos). El segundo texto, de Edward Hallet Carr, publicado originalmente en 1939, es una ilustración puntual del debate entre idealismo y realismo, a partir de la crítica que dicho autor realizó de las ideas internacionalistas, dominantes en el período de entreguerras. Los tres textos restantes, de Hans J. Morgenthau, Robert Keohane y Joseph Nye, y Raúl Prebisch, son otras tantas ilustraciones de los tres paradigmas o mapas mentales que han articulado el marco teórico de las relaciones internacionales en las últimas décadas: realismo, transnacionalismo y estructuralismo.

LECTURA 1. Hedley Bull, «La idea de sociedad internacional», en *The Anarchical Society. A Study of Order in World Politics*, Macmillan, Londres, 1977, pp. 24-27 (extractos). (Trad. y selec. por E. Barbé.)

[...] A través de la historia del sistema de estados modernos han existido tres tradiciones de pensamiento en competencia: la tradición hobbesiana o realista, que ve la política internacional como un estado de guerra; la tradición kantiana o universalista que ve en el ejercicio de la política internacional una potencial comunidad humana; y la tradición grociana o internacionalista que ve la política internacional como una realidad en el marco de la sociedad internacional. En estas páginas expondré lo que es esencial para la idea grociana o internacionalista de la sociedad internacional, y qué la diferencia de la tradición hobbesiana o realista, por una parte, y de la tradición kantiana o universalista, por la otra. Cada uno de los modelos tradicionales de pensamiento incorpora una descripción de la naturaleza de la política internacional y una serie de prescripciones sobre el comportamiento internacional.

La tradición hobbesiana describe las relaciones internacionales como un estado de guerra de todos contra todos, un terreno de lucha en el cual los estados se oponen entre sí. Las relaciones internacionales, en la visión hobbesiana, representan el conflicto puro entre estados y se asemejan a un juego completamente distributivo o de suma cero: el interés de cada estado excluye los intereses de los restantes. La actividad internacional más característica, desde el punto de vista hobbesiano, es la guerra. De este modo, la paz, para los hobbesianos, no es sino un período de recuperación de la última guerra y de preparación para la próxima.

La prescripción hobbesiana a la hora de actuar internacionalmente apunta que el estado es libre de perseguir sus objetivos respecto de otros estados, sin restricciones morales o legales de ningún tipo. En esta concepción, las ideas de moralidad y de derecho sólo son válidas en el contexto de una sociedad, pero la vida internacional se desarrolla más allá de los vínculos existentes en una sociedad. Si hay que perseguir objetivos legales o morales en la política internacional, éstos no son otros que los objetivos legales o morales del estado mismo. Bien se considera, como Maquiavelo, que el estado dirige la política exterior en una especie de vacío moral o legal, o, como Hegel, que el comportamiento moral del estado en política exterior reside en su propia auto-afirmación. Las únicas reglas o principios que, según la tradición hobbesiana, limitan o circunscriben el comportamiento de los estados en sus relaciones mutuas son las reglas de la prudencia y de la conveniencia. En consencuencia, los acuerdos se han de respetar sólo si es conveniente hacerlo, pero, si no es así, se pueden incumplir.

En el extremo opuesto, la tradición kantiana o universalista cree que la naturaleza esencial de la política internacional reside no en el conflicto interestatal, como los hobbesianos, sino en los lazos transnacionales entre sociedades, que crean vínculos entre seres humanos individuales que son sujetos o ciudadanos de los estados. En la concepción kantiana, el tema dominante de las relaciones internacionales es sólo aparentemente la relación entre estados, ya que en realidad es la relación entre todos los hombres en esa comunidad del género humano, que existe potencialmente incluso sin existir en la realidad y, que cuando se materialice hará desaparecer el sistema de estados.

Dentro de la comunidad del género humano, según la concepción universalista, los intereses de todos los hombres son idénticos. La política internacional, vista desde esta perspectiva, no es un juego puramente distributivo o de suma cero, como defienden los hobbesianos, sino un juego puramente cooperativo o de suma no-cero. Los conflictos de intereses existen entre los grupos dirigentes de los estados, pero éste es sólo el nivel superficial del sistema de estados existente; bien entendido, los intereses de todos los pueblos son los mismos. La actividad internacional que, según el kantiano, mejor tipifica la actividad internacional en su conjunto es el conflicto horizontal de ideologías que pasa a través de las fronteras de los estados y que divide la sociedad humana en dos campos: los depositarios de la inmanente comunidad del género humano y los que se oponen a ella; los que practican la fe verdadera y los herejes, los liberadores y los oprimidos.

La visión kantiana o universalista de la moralidad internacional nos dice, a diferencia de los hobbesianos, que existen imperativos morales en el campo de las relaciones internacionales que limitan la actuación de los estados, pero que esos imperativos imponen no la coexistencia y la cooperación entre estados sino la liquidación del sistema de estados y su sustitución por una sociedad cosmopolita. La comunidad del género humano es, para la visión kantiana, no sólo la realidad central de la política internacional en el sentido de que las fuerzas capaces de hacerla realidad están aquí, sino que también es fin y objeto del compromiso moral. Las reglas que mantienen la coexistencia y el intercambio social entre estados deberían ser ignoradas si los imperativos morales así lo requieren. La buena fe no tiene sentido con los herejes, excepto por razones de conveniencia táctica; entre el elegido y el condenado, entre el liberador y el oprimido, la cuestión de la aceptación mutua de derechos de soberanía o de independencia no se plantea.

La que ha sido llamada tradición grociana o internacionalista se sitúa entre la tradición realista y la tradición universalista. La tradición grociana describe la política internacional en términos de sociedad de estados o de sociedad internacional. Contra la tradición hobbesiana, los grocianos defienden que los estados no están comprometidos en una lucha constante, como gladiadores en una arena, sino que sus conflictos se ven limitados por reglas e instituciones comunes. Pero contra la perspectiva kantiana o universalista, los grocianos aceptan la premisa hobbesiana de que los soberanos o los estados constituyen la principal realidad de la política internacional; los miembros básicos de la sociedad internacional son los estados, por delante de los seres humanos individuales. La política internacional, en la perspectiva grociana, no expresa ni el conflicto total de intereses entre los estados ni la completa identidad de los mismos; más bien se parece a un juego que es parcialmente distributivo pero también productivo. La actividad internacional especifica que, en la visión grociana, lo que mejor tipifica dicha actividad como un todo no es ni la guerra entre estados, ni el conflicto horizontal que pasa a través de las fronteras de los estados, sino el comercio o, de manera más general, las relaciones económicas y sociales entre los países.

La prescripción grociana para la conducta internacional es que todos los estados, en sus relaciones mutuas, están ligados por reglas e instituciones de la sociedad que ellos conforman. Así, contra la visión hobbesiana, los estados en la visión grociana están ligados no sólo por reglas de prudencia o de conveniencia, sino también por imperativos morales y legales. Pero, contra la visión del universalista, estos imperativos no pretenden la liquidación del sistema de estados y su sustitución por una comunidad universal del género humano, sino más bien por la aceptación de los requisitos de coexistencia y de cooperación en una sociedad de estados.

Cada una de las tradiciones incorpora una gran variedad de doctrinas sobre la política internacional, entre las cuales existe una vaga conexión. En diferentes períodos cada uno de los modelos de pensamiento aparece en un idioma diferente y en relación con diferentes temas y preocupaciones.

LECTURA 2. Edward Hallet Carr, «La crítica realista del internacionalismo», en *The Twenty Years' Crisis, 1919-1939. An Introduction to the Study of International Relations*, Harper Torchbooks, Nueva York, 1964 (1.ª ed., 1939), pp. 85-88 (extractos). (Trad. y selec. por N. Sainz.)

El concepto de internacionalismo es una forma especial de la doctrina de la armonía de intereses. Al igual que esta doctrina, el internacionalismo tiene dificultades para presentarse como una realidad independiente de los intereses y de las políticas de sus promulgadores. Sun Yat-sen escribió que «el cosmopolitismo es lo mismo que la teoría china del imperio mundial de hace dos mil años [...]. China deseaba ser dueña y señora del mundo y situarse por encima de todas las otras naciones, por ello adoptó el cosmopolitismo». En el Egipto de la Octava Dinastía, según Freud, «el imperialismo quedó reflejado en la religión de la universalidad y del monoteísmo.» La doctrina de un único estado mundial, propagada por el Imperio romano y después por la Iglesia católica, era el símbolo de su voluntad de dominio mundial. El internacionalismo moderno tiene su origen en la Francia de los siglos XVII y XVIII, momento en el que la hegemonía de Francia en Europa se hallaba en su momento álgido. Éste fue el período en el que Sully escribió *Grand Dessin* y el Abbé de Saint-Pierre su *Projet de Paix Perpétuelle* (planes para perpetuar el *statu quo* internacional favorable a la monarquía francesa); en el que nacieron las doctrinas filantrópicas y cosmopolitas de la Ilustración; y en el que el francés se estableció como la lengua universal de las personas cultivadas. Un siglo después el liderazgo pasó a Gran Bretaña, que se convirtió en el feudo del internacionalismo. La víspera de la Gran Exposición de 1851 —acontecimiento que simbolizó mejor que cualquier otro la supremacía mundial de Gran Bretaña— el príncipe consorte habló de manera conmovedora de «ese gran final hacia el que apunta el curso de la historia: la consecución de la unidad del género humano», que Tennyson alabó como «el parlamento de los hombres, la federación mundial». En nuestro siglo, Francia eligió el momento de su mayor supremacía en los años veinte para lanzar un plan de «Unión Europea»; poco después Japón expresó su objetivo de proclamarse líder de un Asia unida. Es sintomático del predominio internacional de los Estados Unidos el éxito que ha tenido la publicación, a finales de los años treinta, de un libro de un periodista americano en el que se propone una unión mundial de democracias en la que los Estados Unidos desempeñarían un papel predominante.

De la misma manera que las llamadas a la «solidaridad nacional» en la política interna siempre proceden de un grupo dominante que desea usar esa solidaridad para reforzar su propio control sobre toda la nación, las llamadas a la solidaridad internacional y a la unión mundial proceden de aquellas naciones dominantes que esperan ejercer su control sobre un mundo unificado. Los países que están luchando desesperadamente para conseguir un puesto en el grupo de los poderosos tienden de manera natural a invocar el nacionalismo contra el internacionalismo de las potencias que controlan el sistema. En el siglo XVI, Inglaterra oponía su incipiente nacionalismo al internacionalismo del Papado y del Imperio. En el último siglo y medio, Alemania ha opuesto su incipiente nacionalismo al internacionalismo, primero de Francia y después de Gran Bretaña. Estas circunstancias hicieron de Alemania un país impenetrable para las doctrinas universalistas y filantrópicas que se habían popularizado en la Francia del siglo XVIII y en la Gran Bretaña del XIX; y su hostilidad al internacionalismo se agravó tras 1919, cuando Gran Bretaña y Francia se empeñaron en crear un nuevo «orden internacional» como baluarte de su propio predominio internacional. En las páginas de *The Times* (5 de noviembre de 1938) un corresponsal alemán escribía que «por internacional hemos llegado a entender una concepción que coloca a otras naciones por encima de la nuestra propia». Ahora bien, no hay duda de que, si Alemania llegara a conseguir la supremacía en Europa, adoptaría eslóganes internacionales y establecería algún tipo de organización internacional para reforzar su poder. Un ex ministro laborista del gobierno británico solicitó en un determinado momento (en la Cámara de los Lores, 30 noviembre 1938) la supresión del artículo 16 del Pacto de la Sociedad de Naciones, ante el supuesto, no deseado, de que en algún momento los estados totalitarios pudieran hacerse con el control de la Sociedad e invocar dicho artículo para justificar el uso de la fuerza por su parte. Sin embargo, parecía más problable que dichos países desearan convertir el Pacto Anti-Komintern en una especie de organización internacional. «El Pacto Anti-Komintern —dijo Hitler en el Reichstag el 30 de enero de 1939— se convertirá algún día en el punto de cristalización de un grupo de potencias cuyo objetivo último no es otro que eliminar las amenazas a la paz y a la cultura instigadas por una aparición satánica.» En el mismo momento un periodista italiano escribía: «o Europa alcanza la solidaridad o el Eje tendrá que imponerla». «Europa en su conjunto —dijo Goebbels— está adoptando un nuevo orden y una nueva orientación bajo el liderazgo intelectual de la Alemania nacionalsocialista y de la Italia fascista.» Éstos eran síntomas no de un cambio de visión, sino del hecho de que Alemania e Italia sentían que se acercaba el momento en el que serían suficientemente fuertes para adoptar el internacionalismo. «Orden internacional» y «solidaridad internacional» serán siempre eslóganes de aquellos que se sienten suficientemente fuertes para imponérselo a los demás.

La revelación de la base real de aquellos principios habitualmente profesados de manera abstracta en la política internacional es el aspecto más concluyente y más convincente de la denuncia de los realistas contra el utopismo. La naturaleza de la acusación frecuentemente es malentendida por aquellos que intentan refutarla. La acusación no es que los seres humanos son incapaces de vivir de acuerdo a sus principios. Importa muy poco que Wilson, quien creía que la ley era más importante que la paz, o que Eden, que creía en la seguridad colectiva, se equivocaran ellos mismos o se equivocaran al inducir a sus ciudadanos a aplicar dichos principios consecuentemente. Lo que importa es que esos principios, supuestamente absolutos y universales, no son en absoluto principios, sino los reflejos inconscientes de una política nacional basada en una interpretación particular del interés nacional en un momento dado. Tiene sentido pensar que la paz y la cooperación entre las naciones, entre las clases o entre los individuos es un fin común y universal, prescindiendo de los conflictos de intereses y de la política. Tiene sentido pensar que existe un interés común en mantener el orden, sea un orden internacional o «la ley y el orden» en el ámbito nacional. Pero tan pronto como se intentan aplicar estos supuestos principios abstractos a situaciones políticas concretas, pronto quedan al descubierto como disfraces transparentes de intereses creados. El fracaso del utopismo reside no en sus fallos para cumplir con sus principios, sino en su incapacidad para proveer modelos, absolutos y desinteresados, para la gestión de los asuntos internacionales. El utópico, enfrentado al hundimiento de unos modelos, cuyo carácter interesado ha sido incapaz de penetrar, se refugia en la condena de una realidad que no se adapta a dichos estándares. Un texto escrito por el historiador alemán Meinecke, tras la primera guerra mundial, es el mejor juicio anticipado del papel del utopismo en la política internacional del período:

> «El fallo profundo del pensamiento occidental, basado en el derecho natural, fue que, una vez aplicado a la vida real del estado, se convierte en letra muerta; no penetra la conciencia del estadista; no impide la hipertrofia moderna del interés de estado, y así conduce a quejas sin objeto, a suposiciones doctrinarias o, aún más, a falsedad e hipocresía.»

Estas «quejas sin objeto», estas «suposiciones doctrinarias» y esta «falsedad e hipocresía» son familiares para todos aquellos que han estudiado y escrito acerca de la política internacional en los países de habla inglesa entre las dos guerras mundiales.

LECTURA 3. Hans J. Morgenthau, «Otro «gran debate»: El interés nacional de los Estados Unidos», en *Escritos sobre política internacional* (Presentación de A. Truyol y Serra, Estudio preliminar, traducción y notas de E. Barbé), Madrid, Tecnos, 1990 (publicación original en inglés, 1952), pp. 99-109 (extractos).

La controversia que se ha desatado a causa de recientes publicaciones, mías o del embajador Kennan, se diferencia de los grandes debates de la política exterior americana en dos aspectos. Plantea una cuestión más fundamental para la comprensión de la política exterior americana y para la política en general que cualquiera de los «grandes debates» ya conocidos. [...]

¿Cuál es el interés nacional? ¿Cómo lo podemos definir y darle el contenido que le convierta en una guía para la acción? Ésta es la cuestión más importante que ha planteado el debate actual.

A menudo se ha argumentado en contra de la concepción realista de la política exterior que su concepto clave, el interés nacional, no proporciona un criterio aceptable para la acción política. Este argumento tiene dos bases fundamentales: la inconcreción del concepto y su susceptibilidad a interpretaciones, tales como el imperialismo ilimitado y el nacionalismo a ultranza, que no están en consonancia con la tradición americana en política exterior. El argumento no carece de sentido pero, no por ello, invalida la utilidad del concepto.

[...] el concepto de interés nacional contiene dos elementos, uno lógicamente exigido y, en ese sentido, necesario; y el otro, que es variable y está determinado por las circunstancias.

Cualquier política exterior que opera con el patrón del interés nacional debe hacer, necesariamente, alguna referencia a la entidad física, política y cultural que denominamos nación. En un mundo en el que un número de naciones soberanas compiten entre ellas y se enfrentan por poder, las políticas exteriores de todas las naciones deben necesariamente hacer referencia a la supervivencia como requisito mínimo. Así, todas las naciones están obligadas a proteger su identidad física, política y cultural frente a la usurpación por parte de otras naciones.

Se ha sugerido que este razonamiento convierte al estado nacional en la última palabra en política y al interés nacional en un patrón absoluto para la acción política. Sin embargo, no es así. La idea de interés es de hecho la esencia de la política y, como tal, no se ve afectada por las circunstancias de tiempo y de lugar. La afirmación de Tucídides, nacida de la experiencia de la antigua Grecia, de que «la identidad de intereses es el vínculo más seguro entre estados o entre individuos» fue recogida en el siglo XIX por Lord Salisbury al observar que «el único vínculo que perdura» entre las naciones es «la ausencia de intereses enfrentados». La eterna discusión entre las escuelas de pensamiento realista y utópico sobre la naturaleza de la política se podría muy bien formular en términos de intereses concretos contra principios abstractos. Sin embargo, mientras que la relación de la política con el interés es permanente, la conexión entre interés y estado nacional es un producto histórico.

El mismo estado nacional es obviamente un producto de la historia y, como tal, destinado a dar lugar con el tiempo a otros modos de organización política. [...] En beneficio de quienes insisten en descartar el estado nacional y construir organizaciones supranacionales a través de un mandato constitucional, debe señalarse que esas nuevas formas de organización aparecerán o bien por medio de la conquista o bien gracias al consentimiento basado en el reconocimiento mutuo de los intereses nacionales de las naciones afectadas, pues ninguna nación renunciará a su libertad de acción si no tiene motivos para pensar que obtendrá beneficios para compensar esa pérdida. [...] Así pues, por una aparente paradoja, lo históricamente relativo en la idea del interés nacional sólo puede superarse mediante la promoción concertada del interés nacional de un grupo de naciones.

La supervivencia de una unidad política, como la nación, en su identidad es el mínimo irreductible, el elemento necesario de sus intereses frente a otras unidades. Considerada de modo aislado, la determinación de su contenido en una situación concreta es relativamente simple, pues encierra la integridad del territorio de la nación, de sus instituciones políticas y de su cultura. Así el bipartidismo en política exterior, especialmente en períodos de guerra, se puede conseguir fácilmente a través de la promoción de esos requisitos mínimos del interés nacional. La situación es diferente en relación con los elementos variables del interés nacional. Todas las corrientes contrarias de personalidades, opinión pública, intereses sectoriales, política de partido y tradiciones morales y políticas influyen sobre su determinación. [...] [En Estados Unidos], los intereses de grupo ejercen una presión constante sobre la dirección de nuestra política exterior, reclamando su identidad con el interés nacional. Sin embargo, es dudoso que, con la excepción de unos pocos casos espectaculares, hayan conseguido determinar correctamente el curso de la política exterior americana. Es más posible, dada la naturaleza de la política interna en Estados Unidos, que la política exterior americana, dado que es objeto de presiones debidas a intereses sectoriales, sea el producto de un compromiso entre intereses sectoriales divergentes. El concepto de interés nacional, que emerge de esta pugna como guía de la política exterior, posiblemente no satisfaga las exigencias racionales de los intereses globales de los Estados Unidos. Pero el concepto de interés nacional, que emerge de esta pugna entre intereses sectoriales en conflicto es también algo más que un interés sectorial particular o la suma de todos ellos. Es, por decirlo así, el mínimo común denominador que reúne a los intereses sectoriales y al interés nacional en un difícil compromiso que deja mucho que desear teniendo en cuenta todos los intereses en juego. [...]

El problema más agudo surge actualmente de la importancia que el público y los representantes del gobierno, al menos en sus manifestaciones públicas, atribuyen a los valores representados y a las políticas perseguidas por las organizaciones internacionales bien como alternativas o bien como complementos a los valores y a las políticas defendidas por el gobierno nacional. Con frecuencia se afirma que la política exterior de los Estados Unidos no persigue más objetivo que los de las Naciones Unidas. En otras palabras, la política exterior de los Estados Unidos sería idéntica a la de las Naciones Unidas. Esta afirmación no tiene ninguna base real que la sostenga. Ya que la estructura constitucional de las organizaciones internacionales, como las Naciones Unidas, y sus prácticas procedimentales hacen imposible que las mismas persigan intereses diferentes de los de los estados-miembro que dominan sus órganos de decisión política. La identidad entre los intereses de las Naciones Unidas y los de los Estados Unidos tan sólo puede referirse a las políticas de los Estados Unidos en el seno de las Naciones Unidas, mediante las cuales queda asegurado el apoyo de Naciones Unidas a la política americana. [...]

A la vista de la situación, el auténtico problema no es si los denominados intereses de las Naciones Unidas, que no existen al margen de los intereses de sus miembros más influyentes, han remplazado al interés nacional de los Estados Unidos, sino para qué intereses han conseguido los Estados Unidos el apoyo de las Naciones Unidas. Si estos intereses no pueden ser los intereses de los Estados Unidos, tampoco tienen por qué ser intereses nacionales. Aquí nos hallamos en presencia de ese fenómeno moderno que ha sido descrito como «utopismo», «sentimentalismo», «moralismo» o «aproximación legalista-moralista». El denominador común de todas esas tendencias en el pensamiento político moderno es la sustitución de los intereses nacionales por patrones supranacionales de acción que generalmente se identifican con una organización internacional, como las Naciones Unidas. El interés nacional no es desplazado por intereses sub o supranacionales que, aunque de valor inferior al interés nacional, son reales y dignos de consideración dentro de su propia esfera. Lo que aquí desafía al interés nacional es una mera ficción, un producto del deseo que es postulado como norma válida para la conducta internacional, sin que lo sea ni aquí ni en ningún otro lugar. Así queda planteado el núcleo de la actual controversia entre utopismo y realismo en las relaciones internacionales.

El interés nacional como tal debe ser defendido contra la usurpación por otros intereses no-nacionales. Incluso, una vez esto se haya llevado a cabo, se debe establecer un orden racional entre los valores que componen el interés nacional y entre los recursos vinculados a ellos. Si bien los intereses que una nación puede perseguir en su relación con otras naciones presentan una infinita diversidad y magnitud, los recursos de que se dispone para la promoción de esos intereses son necesariamente limitados en cantidad y en calidad. Ninguna nación posee los recursos para perseguir todos los objetivos deseables con el mismo vigor; por consiguiente, todas las naciones deben hacer una distribución lo más racional posible de sus recursos escasos. El requisito previo indispensable de esta distribución racional es captar con claridad la distinción entre los elementos necesarios y los elementos variables del interés nacional. [...]

Este problema se plantea en su forma extrema cuando una nación persigue, o se le pide que persiga, objetivos que no sólo son innecesarios para su supervivencia, sino que incluso tienden a comprometerla. Naciones de segunda fila, que sueñan con desempeñar el papel de grandes potencias, como Italia y Polonia en el período de entreguerras, son ejemplos claros. Lo mismo puede decirse de las grandes potencias que sueñan con rehacer el mundo a su propia imagen y se embarcan en cruzadas de ámbito mundial, agotando sus recursos. Aquí el análisis científico tiene la urgente tarea de ajustar los objetivos nacionales a la medida de los recursos de que se dispone, con el fin de hacer compatible su consecución con la supervivencia nacional. [...]

El concepto de interés nacional no presupone ni un mundo naturalmente pacífico y armonioso ni la inevitabilidad de la guerra, como consecuencia de la persecución de intereses nacionales por parte de todas las naciones. Supone, por el contrario, un continuo conflicto y amenaza de guerra, que habrá de ser minimizado mediante el continuo ajuste de los intereses en conflicto a través de la acción diplomática. [...]

LECTURA 4. Robert O. Keohane y Joseph S. Nye, «Realismo e interdependencia compleja», en *Power and Interdependence. World Politics in Transition*, Little Brown, Boston, 1977, pp. 23-37 (extractos). (Trad. y selec. por E. Barbé.)

[...] Para los realistas políticos, la política internacional, como cualquier otro tipo de política, es una lucha por el poder, pero, a diferencia de la política interna, es una lucha dominada por la violencia organizada. En palabras del manual más influyente de la posguerra (en referencia a *Politics among Nations* de Hans J. Morgenthau): «La historia nos enseña que las naciones activas en política internacional están continuamente preparándose para, metidas en o recobrándose de la violencia organizada en forma de guerra.» Tres premisas son esenciales para la visión realista. Primero, los estados, como unidades coherentes, son los actores dominantes en la política mundial. Esto constituye una doble premisa: los estados son predominantes, y actúan como unidades coherentes. Segundo, los realistas asumen que la fuerza es un instrumento útil y efectivo de la política. También se pueden emplear otros instrumentos, pero el uso o la amenaza de la fuerza es la manera más efectiva de esgrimir el poder. Tercero, en parte a causa de la segunda premisa, los realistas asumen que existe una jerarquía de temas en la política mundial, encabezada por las cuestiones de la seguridad militar: la «alta política» de la seguridad militar domina la «baja política» de los asuntos económicos y sociales.

Las premisas realistas definen un tipo ideal de política mundial. Nos permiten imaginarnos un mundo en el cual la política está continuamente caracterizada por un conflicto activo o potencial entre estados, en el que el uso de la fuerza es posible en cualquier momento. Cada estado intenta defender su territorio y sus intereses de amenazas, auténticas o percibidas. La integración política entre estados es mínima y dura el tiempo que sirve a los intereses nacionales de los estados más poderosos. Los actores transnacionales o bien no existen o son políticamente irrelevantes. Únicamente el ejercicio de la fuerza o la amenaza de su uso permite la supervivencia de los estados, y el sistema es estable sólo durante el tiempo que los estadistas consiguen conciliar sus intereses, a través del buen funcionamiento del equilibrio del poder.

Podemos desafiar todas y cada una de las premisas realistas. Si las desafiamos todas al mismo tiempo, nos podemos imaginar un mundo en el cual: primero, otros actores, al margen de los estados, participen directamente en la política mundial; segundo, no exista una clara jerarquía de temas; y tercero, la fuerza sea un instrumento ineficaz de la política. En esas condiciones —que nosotros definimos como las características de la interdependencia compleja— podemos esperar una política mundial muy diferente de la que se da bajo condiciones realistas.

Exploraremos esas diferencias en este texto. Hay que puntualizar que no defendemos que la interdependencia compleja refleje fielmente la realidad política mundial. Más bien lo contrario, tanto ella como el retrato realista son tipos ideales. Muchas situaciones caerán entre los dos extremos. A veces las premisas realistas serán adecuadas, o bastante adecuadas, pero frecuentemente la interdependencia compleja nos ofrece una descripción mejor de la realidad. Antes de decidir qué modelo explicativo aplicamos a una situación o un problema, necesitamos entender hasta qué punto las premisas realistas o las de la interdependencia compleja corresponden a la situación dada.

LAS CARACTERÍSTICAS DE LA INTERDEPENDENCIA COMPLEJA

La interdependencia compleja tiene tres características principales:

1. Canales múltiples conectan las sociedades, incluyendo: lazos informales entre elites gubernamentales, tan abundantes como las negociaciones formales a nivel de ministerio de asuntos exteriores; lazos informales entre elites no-gubernamentales (cara a cara o a través

de telecomunicaciones); y organizaciones transnacionales (como bancos multinacionales o corporaciones). Estos canales pueden resumirse en relaciones interestatales, transgubernamentales y transnacionales. Las relaciones interestatales son los canales normales asumidos por los realistas. La transgubernamentalidad se aplica cuando relativizamos la premisa realista de que los estados actúan coherentemente como unidades. La transnacionalidad se aplica cuando relativizamos la premisa de que los estados son las únicas unidades.

2. La agenda de las relaciones interestatales está formada por múltiples temas que no están ordenados siguiendo una jerarquía clara o consecuente. Esta ausencia de jerarquía entre los temas significa, entre otras cosas, que la seguridad militar no domina firmemente la agenda. Varios temas surgen de lo que se acostumbra a considerar política interna, y la distinción entre política interna y asuntos exteriores se desdibuja. Estos temas son tratados por diversos ministerios (no sólo asuntos exteriores), y a varios niveles. Una política de coordinación inadecuada en esos casos —cuando existen temas o problemas compartidos por varias instancias gubernamentales— comporta costes significativos. Los diferentes temas generan diferentes coaliciones, tanto en los mismos gobiernos como a través de los mismos, y comportan grados diferentes de conflicto. [...]

3. Cuando prevalece la interdependencia compleja, los gobiernos no usan la fuerza militar, ni contra otros gobiernos de la región, ni a causa de esos nuevos temas surgidos de la política interna. Sin embargo, la fuerza puede ser importante en las relaciones de esos mismos gobiernos con gobiernos externos a la región, o cuando se trate de otros temas. Por ejemplo, la fuerza militar podría ser irrelevante para resolver desacuerdos en materia económica entre los miembros de una alianza; pero, al mismo tiempo, ser muy importante en las relaciones políticas y militares de esa alianza con un bloque rival. En el primer caso se darían las condiciones de la interdependencia compleja, pero no en el segundo.

Las teorías tradicionales de la política internacional niegan de manera implícita o explícita la exactitud de esas tres premisas. En consecuencia, los tradicionalistas están tentados a negar la relevancia de las críticas basadas en el tipo ideal de la interdependencia compleja. Creemos, sin embargo, que nuestras tres condiciones se dan en buena medida en algunos temas globales de interdependencia económica y ecológica y que, prácticamente, caracterizan el conjunto de las relaciones entre cierto tipo de países. Uno de nuestros propósitos es probar este argumento. [...]

Canales múltiples

Una visita a cualquier gran aeropuerto es una manera de confirmar la existencia de múltiples canales de contacto entre los países industriales avanzados; existe una voluminosa literatura para probarlo. Los burócratas de países diferentes tratan los unos con los otros en reuniones, a través del teléfono o por vía escrita. Del mismo modo, las elites no gubernamentales frecuentemente se reúnen al hilo de los negocios, en organizaciones tales como la Comisión Trilateral, y en conferencias patrocinadas por fundaciones privadas.

Además, las firmas multinacionales y los bancos inciden tanto en las relaciones internas como en las internacionales. [...]

Estos actores son importantes no sólo a causa de sus actividades lucrativas, sino también porque actúan como correas de transmisión, haciendo política gubernamental en países sensibles a dicha actuación. A medida que el ámbito de las actividades gubernamentales se ha ampliado y que empresas, bancos y, en menor medida, sindicatos, toman decisiones que trascienden las fronteras nacionales, las políticas internas de los diferentes países interfieren entre sí. [...]

Ausencia de jerarquía entre temas

Las agendas de asuntos exteriores —es decir, los conjuntos de temas relevantes para la política exterior con los que los gobiernos se sienten preocupados— son cada vez más amplias y más variadas. Ya no se pueden subordinar todos los temas a la seguridad militar. Tal y como describió la situación el secretario de estado, Henry Kissinger, en 1975: «seguir adelante con la agenda tradicional ya no es posible. Un nuevo tipo de temas, sin precedentes, están apareciendo. Los problemas de la energía, los recursos, el medio ambiente, la población, los usos del espacio y del mar se sitúan junto a las cuestiones de la seguridad militar, la ideología y la rivalidad territorial que tradicionalmente han conformado la agenda diplomática.»

La lista de Kissinger, que podría ampliarse, ilustra cómo las políticas de los gobiernos, incluso aquellas que previamente eran consideradas únicamente nacionales, se influyen entre sí. Las medidas de consulta amplia desarrolladas por la OCDE, el GATT, el FMI y la Comunidad Europea, indican lo habitual del solapamiento de política interna y política exterior en el marco de los países pluralistas desarrollados. [...]

Menor papel de la fuerza militar

Los politólogos han enfatizado tradicionalmente el papel de la fuerza militar en la política internacional. [...] La supervivencia es el primer objetivo de todos los estados, y en el peor de los casos, la fuerza es, en último término, necesaria para garantizar la supervivencia. Así, la fuerza militar es siempre un componente central del poder nacional.

Si bien, particularmente entre los países industrializados y pluralistas, el margen de percepción de seguridad ha aumentado; en general el temor de un ataque ha disminuido y el temor de un ataque mutuo practicamente es inexistente. [...]

Además, a menudo la fuerza no es un medio apropiado para obtener otro tipo de objetivos, como el bienestar económico y ecológico, que cada vez son más importantes. No es impensable un cambio radical que hiciera plausible que el uso o la amenaza de la fuerza militar reapareciera a causa de un tema económico o en las relaciones entre países industriales avanzados. En ese momento las premisas realistas volverían de nuevo a ser una guía segura para los acontecimientos. Pero en la mayor parte de las situaciones, los efectos de la fuerza militar son costosos e inciertos.

Ahora bien, incluso cuando se ha eliminado el uso directo de la fuerza entre un grupo de países, el poder militar puede ser usado, en este caso, con fines políticos. No hay que olvidar que las superpotencias continúan haciendo uso de la amenaza de la fuerza para disuadir los ataques de otras superpotencias contra ellas mismas o contra sus aliados. Esa capacidad de disuasión ofrece una función indirecta, protectora, que puede ser usada por las superpotencias a la hora de negociar con sus aliados sobre otros temas. [...]

En las relaciones Norte-Sur, en las relaciones entre países del Tercer Mundo y en las relaciones Este-Oeste la fuerza es a menudo importante. El poder militar ayuda a la Unión Soviética a dominar la Europa del Este tanto política como económicamente. La amenaza de una intervención militar americana, abierta o encubierta, en el Caribe ha ayudado a limitar los cambios revolucionarios en el Caribe, especialmente en Guatemala en 1954 y en la República Dominicana en 1965. [...]

LOS PROCESOS POLÍTICOS DE LA INTERDEPENDENCIA COMPLEJA

Las tres características principales de la interdependencia compleja dan lugar a procesos políticos peculiares, que transforman los recursos de poder en poder como control de los resultados. Habitualmente se pierde o se añade algo en esa transformación. En condiciones de interdependencia compleja la transformación será diferente que en un marco realista, y nuestras predicciones sobre los resultados tendrán que ajustarse adecuadamente.

En el mundo realista, la seguridad militar será el objetivo dominante de los estados, afectando incluso a temas que no están directamente relacionados con el poder militar o la defensa del territorio. Los problemas no militares no sólo estarán subordinados a los militares sino que, además, serán estudiados por sus implicaciones político-militares. [...]

Sin embargo, en un mundo de interdependencia compleja, se espera que los funcionarios, particularmente los de los niveles más bajos, insistan en la *diversidad* de objetivos que el estado ha de perseguir. A falta de una clara jerarquía entre los temas, los objetivos variarán de tema a tema, y puede ser que ni tan siquiera estén vinculados entre sí. Cada burocracia se centrará en sus preocupaciones, y aunque los diversos ámbitos de la administración afectados lleguen a compromisos, se darán cuenta de que es difícil mantener una línea de actuación constante. Además, los actores transnacionales irán introduciendo objetivos diferentes para cada una de las áreas temáticas.

Estrategias de vinculación

Así, en la interdependencia compleja los objetivos variarán según las áreas temáticas y, por tanto, se modificarán la distribución del poder y los procesos políticos habituales. [...]

A medida que la fuerza militar se devalúa, los estados militarmente fuertes encontrarán más difícil ejercer su dominio en aquellos temas en los que son débiles. Puesto que la distribución de los recursos de poder, por ejemplo, en el comercio, los transportes marítimos o el petróleo, es bastante diferente; los tipos de resultados y los procesos políticos habituales variarán de uno a otro tema. Si la fuerza fuera fácilmente utilizable, y la seguridad militar fuera el máximo objetivo de la política exterior, las variaciones en las estructuras de poder de los diversos temas no importarían demasiado. La vinculación entre esos ámbitos y las cuestiones militares aseguraría el dominio constante de los estados más fuertes en su conjunto. Pero cuando la fuerza está en gran medida inmovilizada, los estados fuertes son conscientes de que esa vinculación es poco efectiva. [...]

Además, los actores internacionales son diferentes según los temas, y las organizaciones internacionales en las que se llevan a cabo las negociaciones están a menudo muy diferenciadas las unas de las otras. [...]

Así, a medida que decae la utilidad de la fuerza y un tema adquiere mayor importancia, la distribución del poder entre cada uno de los temas se hace más importante. Si las vinculaciones en su conjunto son menos efectivas, los resultados de la negociación serán diferentes según el tema del que se trate. [...]

Establecer la agenda

La segunda premisa de la interdependencia compleja, la falta de una clara jerarquía entre múltiples temas, nos lleva a esperar que la política de elaborar y controlar la agenda se vuelva más importante. Los análisis tradicionales llevan al estadista a concentrarse en los temas político-militares y a prestar poca atención a la actividad más amplia de conformar la agenda. [...]

La orientación tradicional hacia los temas militares y de seguridad implica que los problemas cruciales de la política exterior son impuestos a los estados por la acción o la amenaza de otros estados. Esto es alta política, por oposición a la baja política de los asuntos económicos. [...]

En la interdependencia compleja podemos esperar que la agenda se vea afectada por los problemas internos e internacionales creados por el desarrollo económico y por la cada vez mayor sensibilidad frente a la interdependencia. Los grupos nacionales descontentos politizarán los temas y forzarán la introducción de nuevos temas, antes considerados nacionales, en la agenda interestatal. [...] La propaganda en torno a las empresas multinacionales en los primeros años setenta, junto con su rápido desarrollo en los últimos veinte años, situó el tema de la regulación de dichas empresas muy arriba en la agenda de Naciones Unidas y en las agendas nacionales.

Relaciones transnacionales y transgubernamentales

La tercera condición de la interdependencia compleja, los múltiples canales de contacto entre sociedades, aún desdibuja más la distinción entre política interna y política internacional. La disponibilidad de aliados para las coaliciones políticas no está necesariamente limitada por las fronteras nacionales como asume el análisis tradicional. Cuanto más cerca estamos de la situación de interdependencia compleja, más esperamos que los resultados de la negociación política se vean afectados por las relaciones transnacionales. Las empresas multinacionales son significativas tanto como actores independientes como instrumentos manipulados por los gobiernos. [...]

Los contactos entre burocracias gubernamentales encargadas de tareas similares [...] conducen a coaliciones transgubernamentales en torno a una política particular. [...]

Un organismo gubernamental puede perseguir intereses propios con el pretexto del interés nacional. [...]

La ambigüedad del interés nacional plantea serios problemas para los máximos dirigentes del gobierno. A medida que las burocracias contactan unas con otras directamente a través de las fronteras nacionales (sin pasar a través del ministerio de asuntos exteriores), el control centralizado se hace más difícil. [...]

Papel de las organizaciones internacionales

Finalmente, la existencia de canales múltiples nos lleva a predecir un papel diferente y significativo para las organizaciones internacionales en la política mundial. Los realistas seguidores de Hans J. Morgenthau habían dibujado un mundo en el que los estados, actuando en interés propio, luchaban por «el poder y la paz». Los temas de seguridad son dominantes y la guerra amenaza. En ese mundo se debe asumir que las instituciones internacionales tengan un papel reducido, limitado a las raras ocasiones en que se dé congruencia de intereses. Las organizaciones internacionales son así claramente periféricas para la política mundial. Pero en un mundo de múltiples temas, imperfectamente vinculados, en el cual las coaliciones se forman transnacionalmente y transgubernamentalmente, el papel potencial de las instituciones internacionales en la negociación política ha ido en aumento. En particular, dichas instituciones ayudan a formular la agenda internacional y actúan como catalizadores para la formación de coaliciones y como foros para las iniciativas políticas y los vínculos propiciados por los países débiles. [...]

Las estrategias del Tercer Mundo de solidaridad entre los países pobres se han desarrollado en y para una serie de conferencias internacionales, la mayor parte bajo los auspicios de Naciones Unidas. [...]

Las organizaciones internacionales son a menudo instituciones muy útiles para los estados débiles. La norma «un estado, un voto» del sistema de Naciones Unidas favorece las coaliciones de los pequeños y los no poderosos. [...] En efecto, las normas sustantivas de la mayor parte de organizaciones internacionales, tal y como se han desarrollado a lo largo de los años, inciden en la igualdad económica y social así como en la igualdad entre los estados.

LECTURA 5. Raúl Prebisch, «Cinco etapas de mi pensamiento sobre el desarrollo», *El Trimestre Económico* (México), vol. L (2), n.º 198, abril-junio de 1983, pp. 1077-1096 (extractos). (Selec. por N. Sainz.)

I. INTRODUCCIÓN

Cuando inicié mi carrera como joven economista y profesor durante los años veinte creía firmemente en las teorías neoclásicas.

Sin embargo, la tremenda represión de la primera gran crisis del capitalismo —la depresión mundial— generó en mí graves dudas acerca de estas creencias. En retrospectiva, me parece que fue el inicio de un largo período de herejías cuando traté de explorar nuevas concepciones en el campo del desarrollo económico. La segunda gran crisis del capitalismo, que todos estamos padeciendo ahora, ha fortalecido mi actitud.

En el largo período transcurrido entre estas dos grandes crisis mi pensamiento sobre el desarrollo ha atravesado por etapas sucesivas bajo la influencia de una realidad cambiante y del ensanchamiento de mi propia experiencia.

Durante aquellos años agitados de la depresión ejercí cierta influencia sobre la política económica de mi país —la Argentina—, primero como subsecretario de Finanzas y luego como banquero central. [...]

En aquel entonces, mis ocupaciones no me permitieron el ejercicio de actividades teóricas. Pero cuando hube de abandonar tales ocupaciones, a principios de los años cuarenta, traté durante varios años de derivar ciertas concepciones teóricas de mi experiencia. Ésta fue la primera etapa, antes de la CEPAL. La segunda y la tercera etapas aparecieron durante mi cooperación con la CEPAL, y la cuarta se relaciona con mi trabajo en la UNCTAD. Por último, la quinta etapa corresponde a un período final en el que, libre de responsabilidades ejecutivas por primera vez en muchos años, he podido revisar y desarrollar sistemáticamente mi pensamiento.

II. LA PRIMERA ETAPA

La primera etapa se desarrolló después de 1943 cuando, habiéndome visto forzado a abandonar mis responsabilidades públicas, pude dedicar algunos años a la reflexión sobre el significado de mi experiencia anterior. Surgieron en mi mente algunos problemas teóricos importantes. ¿Por qué tenía que apartarme repentinamente de mis creencias arraigadas? ¿Por qué parecía necesario que el Estado desempeñara un papel activo en el desarrollo? ¿Por qué ocurría que las políticas formuladas en los centros no podían aplicarse en la periferia? Estas y otras reflexiones allanaron el camino para la etapa siguiente.

III. LA SEGUNDA ETAPA

Mi ingreso en la Comisión Económica para América Latina de las Naciones Unidas, en 1949, ocurrió cuando mis ideas estaban llegando ya a la madurez [...].

En la formulación de mi punto de vista mencioné desde el principio el papel del progreso técnico. Entre los aspectos principales de este fenómeno, mi interés se vio atraído en particular por la cuestión de la difusión internacional del progreso técnico y la distribución de sus frutos, ya que los datos empíricos revelaban una desigualdad considerable entre los productores y exportadores de bienes manufacturados, por una parte, y los productores y exportadores de bienes primarios, por la otra. [...]

Tratando de encontrar una explicación de estos fenómenos en aquellos años hice especial hincapié en el hecho de que los países de la América Latina forman parte de un sistema de relaciones económicas internacionales que denominé el sistema «centro-periferia». [...] Había en efecto una «constelación económica» cuyo centro lo constituían los países industrializados favorecidos por esta posición —apoyada en su avance previo en materia de progreso técnico—, quienes organizaban el sistema en su conjunto para que sirviera a sus propios intereses.

[...] este sistema de relaciones económicas internacionales trajo consigo una exagerada absorción de ingreso de la periferia por parte de los centros. Sin embargo, la penetración y propagación del progreso técnico en los países de la periferia eran más lentas que lo requerido para la absorción productiva de toda la fuerza de trabajo. En consecuencia, la concentración del progreso técnico y sus frutos en las actividades económicas orientadas hacia las exportaciones se volvió característica de una estructura social heterogénea donde una gran parte de la población permanecía al margen del desarrollo.

Mientras que mi diagnóstico de la situación de los países latinoamericanos se basó en mi crítica del patrón de desarrollo orientado hacia afuera, que, en mi opinión, no permitía el desarrollo pleno de tales países, la política de desarrollo que propuse se orientaba hacia el establecimiento de un nuevo patrón de desarrollo que permitiría superar las limitaciones del patrón anterior; esta nueva forma de desarrollo tendría como objetivo principal la industrialización.

[...]

VI. LA QUINTA ETAPA

1. En busca de nuevas perspectivas

[...] Desde el principio me formulé otra vez algunos interrogantes de importancia fundamental que había dejado antes sin respuestas convincentes. ¿Por qué se ve acompañado el proceso de desarrollo por el aumento de las disparidades del ingreso y la riqueza? ¿Por qué es tan persistente la inflación, y por qué no responde a los remedios tradicionales? ¿Cuáles razones explican algunas contradicciones importantes del proceso de desarrollo de la periferia que no han ocurrido en el desarrollo histórico de los centros, por lo menos con una intensidad comparable? ¿Por qué se ha quedado atrás la periferia?

Estos y otros interrogantes bullían en mi mente y me impulsaban a hacer nuevos esfuerzos para encontrar respuestas coherentes. Para tal fin revisé con gran espíritu crítico mis ideas anteriores. Había en ellas algunos elementos válidos, pero distaban mucho de constituir un sistema teórico. Llegué a la conclusión de que, para empezar a construir un sistema, era necesario llevar la perspectiva más allá de la mera teoría económica. En efecto, los factores económicos no pueden separarse de la estructura social [...].

2. De nuevo el concepto de centro-periferia

Mi antiguo concepto de centro y periferia seguía siendo válido, pero debía enriquecerse mediante la introducción de algunas consecuencias muy importantes de la hegemonía de los centros. [...]

El progreso técnico se inició en los centros y sus frutos permanecieron fundamentalmente allí. Para bien o para mal, tales frutos no se difundieron a la periferia mediante una baja general de los precios en relación con los aumentos de la productividad. En su desarrollo histórico el papel de la periferia se restringió fundamentalmente a la oferta de productos primarios. Esto explica el hecho de que el crecimiento del ingreso estimulara la demanda y las continuas innovaciones tecnológicas en los centros, lo que daba gran impulso a la industrialización. El hecho de que la periferia se quedara atrás no era resultado de un designio maléfico sino de la dinámica del sistema. [...]

3. La importancia dinámica del excedente económico

La esencia de mi interpretación gira alrededor del concepto de excedente económico, o sea la considerable proporción de los incrementos sucesivos de productividad que son apropiados por los dueños de los medios de producción, en particular quienes se concentran en los estratos sociales altos. [...]

Me parece que el excedente tiene una importancia dinámica decisiva. En efecto, es la fuente principal del capital reproductivo que multiplica el empleo y la productividad. Pero al mismo tiempo es el conducto para el incremento del consumo privilegiado de los estratos sociales altos que imitan más y más los patrones de consumo de los centros. [...]

[...]

7. Los límites del poder de redistribución

Como expresé en otra parte, el excedente y su papel dinámico se basa en la desigualdad técnica, económica y política. Los procesos democráticos han demostrado gran eficacia en el mejoramiento de los ingresos reales y en la evolución del Estado. Pero en el sistema actual existe un límite que no puede exceder el poder de redistribución, un límite que cuando se alcanza pone en peligro la dinámica del sistema. [...] una de las fallas principales del proceso es la desviación, hacia el consumo desproporcionado, de lo que debiera asignarse a la acumulación de capital.

[...] Debo concluir lamentablemente que, en el curso avanzado del desarrollo periférico, el proceso de democratización tiende a volverse incompatible con el funcionamiento regular del sistema. Esto no se debe tanto al fracaso de tal proceso, derivado de la inmadurez política prevaleciente en la periferia, como al grave sesgo socioeconómico del mecanismo de la distribución del ingreso y la acumulación de capital en favor de los estratos sociales superiores.

Para evitar confusiones frecuentes debo subrayar que el mercado dista mucho de ser el regulador supremo de la economía. Sin embargo, tiene una importancia considerable desde el punto de vista económico y político. Lo que importa en realidad es la estructura que se encuentra detrás del mercado y el funcionamiento arbitrario de las relaciones del poder. Cambiemos las estructuras, conservemos el mercado y respetemos las disparidades del ingreso derivadas de las diversas aportaciones individuales al proceso productivo.

8. El mercado internacional

Podríamos formular una reflexión similar en relación con las fuerzas del mercado internacional. Reconozco plenamente el valor de la competencia, a pesar de que dista mucho de ser perfecta, como bien sabemos. Sin embargo, el funcionamiento correcto del mercado internacional requiere tomar en consideración las consecuencias de las grandes disparidades estructurales existentes entre los centros y la periferia. Señalé antes que los frutos de la productividad permanecen en su mayor parte en los centros. Esto aumenta la demanda y promueve las innovaciones tecnológicas y la acumulación de capital en éstos, con efectos apenas residuales sobre la periferia en el desarrollo histórico del capitalismo.

Este patrón de desarrollo dejó a la periferia al margen de la industrialización. Cuando se inició la industrialización (de ordinario con gran retraso) se debió recurrir a la protección y a los subsidios para compensar la superioridad económica y tecnológica de los centros [...].

Esto se aplica a las actividades industriales donde la periferia puede competir con los centros. Sin embargo, los centros se resisten a admitir esta competencia aun cuando no haya subsidios a las exportaciones.

[...] [Además la] política comercial liberal de los centros se aplica a los bienes donde la periferia tiene un atraso tecnológico. En cambio, en los bienes donde puede competir, los centros distan mucho de seguir una política liberal.

Los centros, en particular los Estados Unidos, han subrayado el papel de las corporaciones transnacionales en la periferia. Se supone que estas corporaciones internacionalizan la producción. Pero sobre todo han generado la internacionalización del consumo, es decir, han dado mayor impulso a la sociedad privilegiada de consumo.

Hay un aspecto de importancia fundamental al que no han prestado atención suficiente los gobiernos de los países en desarrollo. Aún no hemos podido romper el aislamiento que heredaron estos países del antiguo patrón de la división internacional del trabajo. En efecto, la mayor parte del comercio mundial se ha realizado entre los propios centros. El comercio de los países en desarrollo ha convergido en los centros, pasando por alto la potencialidad enorme del comercio recíproco. Por cierto, debo recordar que desde los primeros días de la CEPAL he predicado vigorosamente la necesidad de esta reforma estructural del comercio mundial.

9. La hegemonía histórica de los centros

Este hecho ha sido y sigue siendo un factor importante en la supervivencia de la hegemonía histórica de los centros sobre la periferia. Esta hegemonía está cambiando, pero se encuentra muy fuertemente apoyada en la fragmentación del mundo en desarrollo y la superioridad económica y tecnológica de los centros. Algunos de mis colegas, dentro y fuera de la CEPAL, han explorado mucho mejor que yo la importancia política y estratégica de esta hegemonía. De allí ha surgido el concepto de la «dependencia». Sin embargo, como suele suceder, el péndulo de la controversia pasó al otro extremo, de modo que algunos autores han tratado de explicar todas las fallas del desarrollo periférico en función de la «dependencia». Llevados por su entusiasmo estos autores han llegado a recomendar una «desvinculación» radical de los centros. [...]

Una de las manifestaciones de la hegemonía es la resistencia de los centros a cambiar el *statu quo*. No me refiero sólo a la relación centro-periferia sino también a los importantes cambios estructurales que podían ocurrir dentro de la periferia y dentro de los centros. Prevalecen los intereses inmediatos, de modo que cuando la periferia, con razón o sin ella, lesiona estos intereses económicos o políticos, los centros —y en particular el centro dinámico principal— reaccionan con frecuencia con medidas punitivas, aun mediante la intervención militar en casos extremos.

10. La necesidad de transformar el sistema

Me parece que la transformación del sistema es inevitable si queremos combinar el desarrollo económico con la equidad social y el adelanto político. Pero las opciones doctrinales más ampliamente difundidas no parecen muy útiles para la orientación de esta transformación.

La opción neoclásica propugna el restablecimiento del crecimiento dinámico del excedente de acuerdo con los principios del capitalismo periférico, aunque para ello sea necesario congelar el proceso de democratización mediante la imposición de regímenes autoritarios. Aparte de su probada ineficacia, esta opción neoclásica debe rechazarse porque renuncia a los valores políticos democráticos y liberales. Las diversas opciones que han sido apoyadas por los movimientos democráticos (como los socialdemócratas o los democratacristianos) suelen derivar hacia la mera redistribución y las crisis asociadas a ella, sin que propongan idea alguna acerca de la solución de las mismas. Por su parte, el socialismo ortodoxo deposita su fe en la propiedad estatal de los medios de producción y también congela el proceso de democratización. Por lo tanto, creo que ha llegado el momento de buscar una síntesis entre el socialismo y el liberalismo, para establecerse así la unidad filosófica esencial del liberalismo económico con el liberalismo político. [...]

Se requiere el socialismo para asegurar el «uso social» del excedente. La tasa de acumulación de capital y la corrección de las grandes disparidades sociales debieran someterse a la decisión colectiva, estableciendo un nuevo régimen institucional, político y económico, para tal efecto. Por su parte, el liberalismo económico es necesario por cuanto deben dejarse en manos del mercado las decisiones individuales de producción y consumo.

Necesitamos una política internacional inspirada en una visión a largo plazo de centros y periferia. Pero el largo plazo empieza ahora en lo tocante a una política económica ilustrada que implique una serie de medidas convergentes mutuamente aceptadas. Los centros y la periferia están perdiendo una gran oportunidad. No se está haciendo nada importante para enfrentar una responsabilidad histórica enorme, cuyas consecuencias económicas, sociales y políticas son muy graves para todo el mundo.

CAPÍTULO III

LA SOCIEDAD INTERNACIONAL

«The most fundamental question
you can ask in international theory is,
what is international society.»

MARTIN WIGHT (1987)

El siglo XX, que ha dado origen a nuestra disciplina, es también el siglo de la mundialización. A diferencia de Hobbes, Grocio o Kant, vivimos, en palabras de Roberto MESA, en «el mundo cerrado de una sociedad internacional herméticamente estatalizada»[1]. El desarrollo de la tecnología (como, por ejemplo, los satélites de comunicaciones) y la globalización de la economía son los dos fenómenos que mejor evidencian la realidad del «mundo cerrado» (un mundo sin «fuentes del Nilo» por descubrir) o de la aldea global. La evidencia de la mundialización en el terreno técnico-económico tiene su contrapartida en el terreno político bajo la forma de la estatalización.

Paradójicamente, la estatalización —proceso de fragmentación en entidades soberanas— es una forma más de mundialización desde el momento en que «armoniza» la forma de organización de las comunidades políticas independientes que constituyen la sociedad internacional. En ese sentido, mundializar y estatalizar pueden ser procesos divergentes, cuando se trate de tecnología o de economía, pero también convergentes, cuando se trate de política. El escenario ideal de dicha convergencia —el mundo estatalizado— está encarnado en la Asamblea General de Naciones Unidas: 191 estados que representan a más de seis mil millones de individuos.

Para los historiadores de la sociedad internacional, la Asamblea General es el resultado de un proceso evolutivo: la transformación de la sociedad europea de estados en una sociedad universal. En ese sentido, BULL y WATSON apuntan que la manera de saber hasta qué punto la sociedad internacional, surgida de la paz de Westfalia (1648), se iba universalizando, estaba en relación directa con la participación de estados no-europeos en las conferencias multilaterales de la «familia de naciones», cuyo prototipo es el Congreso de Viena (1815)[2]. Así, la ampliación de dicha representación supondría el avance hacia la universalización. Tal proceso de ampliación comienza con la participación del Imperio otomano en la Conferencia de Paz de París (1856). Las Conferencias de La Haya (1899, 1907) serían, por el número de países no-europeos presentes y su impacto (en especial el de los países latinoameri-

[1] R. MESA, *La Nueva Sociedad Internacional*, Centro de Estudios Constitucionales, Madrid, 1992, p. 113.

[2] El proceso de ampliación de la sociedad internacional es descrito por H. BULL y A. WATSON, *The expansion of international society*, Clarendon Press, Oxford, 1984, pp. 121-123.

canos, en la de 1907), el preludio de la actual Asamblea General por su composición y por la correlación de fuerzas existente en la misma (véase cuadro 1).

CUADRO 1

Evolución del número de estados participantes en la sociedad internacional, distribuidos por continentes

Estados miembros o participantes	*Congreso de La Haya (1907)*	*Sociedad de Naciones (1926)*	*ONU miembros fundadores (1945)*	*ONU 1975*	*ONU 2003 (julio)*
Estados europeos*	20	28	15	31	48
Estados americanos	18	18	22	29	35
Estados asiáticos y de Oceanía 4	7	10	39	56	
Estados africanos	—	3	4	46	52
Total	*42*	*56*	*51*	*145*	*191*

* En el caso de los estados caucásicos (procedentes de la disolución de la Unión Soviética) y de Turquía se ha aplicado el criterio de la CSCE, incluyéndose en el cómputo de estados europeos.

Nuestra aproximación a la sociedad internacional parte, por tanto, de dos ideas básicas, aunque no suficientes: en primer lugar, *la actual sociedad internacional es una sociedad mundial* y, en segundo lugar, *la sociedad internacional está formada por estados soberanos.*

Nuestro objetivo en este capítulo consiste en establecer una definición operacional de la sociedad internacional, en tanto que la misma es considerada en esta obra como objeto de estudio de las relaciones internacionales. En buena medida, la concepción de la sociedad internacional (objeto material) ha de determinar la perspectiva de análisis que da lugar a una disciplina específica de las relaciones internacionales, al margen de otras disciplinas que también aborden la mencionada sociedad. En palabras de TRUYOL, «lo que da lugar a una disciplina especial de las relaciones internacionales es, como en toda disciplina, más que el objeto material, el punto de vista o perspectiva desde el cual dicho objeto material es considerado; o sea, lo que en la epistemología tradicional se denominara el objeto formal»[3]. En ese sentido, esta obra asume, como apuntó en su día GONZÁLEZ CAMPOS, que la función del teórico de las relaciones internacionales es «la exposición y análisis del actual

[3] A. TRUYOL Y SERRA, *La Teoría de las Relaciones Internacionales como Sociología (Introducción al estudio de las Relaciones Internacionales)*, Instituto de Estudios Políticos, Madrid, 1973 (1.ª ed., 1957), p. 62.

sistema internacional»[4]. De esta manera, la definición de sociedad internacional, objeto del presente capítulo, cierra la dimensión conceptual del presente libro (capítulos I a III) para dar paso a la dimensión analítica del mismo, centrada en el sistema internacional (capítulos IV a VI).

En el presente capítulo se abordan tres cuestiones centrales para la definición de la sociedad internacional: 1) la noción de sociedad *versus* la noción de comunidad; 2) las características de la actual sociedad internacional, y 3) la lógica del poder en una sociedad internacional global. A lo largo de los tres apartados se incide tanto en la naturaleza de la sociedad internacional como en los aspectos más actuales de la misma. Esto último nos obliga a dejar abiertos algunos temas que, a nuestro parecer, nutren los grandes debates políticos, jurídicos y morales de nuestros días a nivel internacional.

1. SOCIEDAD *VERSUS* COMUNIDAD

> «La diversité culturelle doit, au même titre que la dynamique historique, être au coeur du projet théorique des sciences sociales dans l'étude des relations internationales.»
>
> PHILIPPE BRAILLARD (1984)

El debate terminológico entre comunidad internacional y sociedad internacional que, en su momento, ocupó la atención de los iusinternacionalistas de nuestro país, tiene aún hoy algunos elementos de interés. De entrada hay que precisar que dicho debate, originado por un artículo de Antonio POCH Y CAVIEDES[5] publicado en 1943, tiene interés desde la perspectiva del teórico de las relaciones internacionales. En ese sentido, Celestino DEL ARENAL apunta que el artículo, centrado en la clásica distinción conceptual de Tönnies y Scheler entre comunidad y sociedad, supuso «el primer intento, desde la Guerra Civil, de analizar la sociedad internacional en términos objetivos y científicos, no simplemente ideológicos»[6]. Así, en los años cuarenta y cincuenta, el debate comunidad *versus* sociedad (en los términos planteados) sirvió para renovar los estudios iusinternacionalistas y para desarrollar la disciplina de las relaciones internacionales en nuestro país. En esta obra, el interés en torno a dicho debate parte de la voluntad de vincular el contenido del mismo (en sus aspectos conceptuales) con el análisis de la sociedad mundial de finales del siglo XX.

La distinción fundamental entre comunidad y sociedad, tal y como establece el texto de POCH[7], se traduce en los siguientes términos:

---

[4] La referencia de J. D. GONZÁLEZ CAMPOS, *Curso de Derecho Internacional Público*, Facultad de Derecho, Oviedo, 1975, se la debemos a C. DEL ARENAL, *La teoría de las Relaciones Internacionales en España*, International Law Association (Sección Española), Madrid, p. 191.

[5] A. POCH y G. DE CAVIEDES, «Comunidad internacional y sociedad internacional», *Revista de Estudios Políticos*, vol. VI, n.º 12, 1943, pp. 341-400.

[6] C. DEL ARENAL, *La teoría de las Relaciones Internacionales en España*, *op. cit.*, p. 54.

[7] La información recogida a continuación se basa en A. POCH, «Comunidad internacional y sociedad internacional», *op. cit.*, pp. 349-358.

1. La comunidad es una unidad natural y espontánea, mientras que la sociedad es una unidad en cierta manera artificial. En la comunidad, la vida del individuo coincide con la vida conjunta y no se puede pensar en una vivencia plena del individuo, al margen de la convivencia grupal. En la sociedad, aunque hay exigencias pragmáticas, no se da la exigencia lógica de vivir conjunto y, en ese sentido, el vivir individual precede lógicamente al convivir.

2. La comunidad es una manera de «ser» para el individuo en ella incorporado, mientras que la sociedad es una manera de «estar». Mientras se pertenece a la comunidad, como parte del ser, se participa (reflexiva y conscientemente) en la sociedad. En este sentido, siempre es posible separar una de las partes del todo social.

3. La comunidad es integración, mientras que la sociedad es suma de las partes. Así, la forma constitutiva de la primera es una ley jerárquica de distribución mientras que la segunda es una convención conmutativa.

4. En la comunidad priman los valores convergentes, mientras que en la sociedad priman valores divergentes. Si bien en la sociedad los valores pueden converger por *necessitas*, mientras que en la comunidad se instrumentan por la *virtus*. De ahí que en la comunidad prime lo ético (valores comunes), mientras en la sociedad prima lo jurídico (legislación).

El contenido de ambos conceptos[8], definidos por POCH[9] como «conceptos límites que no se muestran en genuina pureza en el campo moral de la historia humana», da lugar a reflexión. En ese sentido, algunos trabajos de los años cincuenta[10] concluyen en favor de la sociedad internacional, como esquema más ajustado a la realidad internacional en su conjunto. Lo que no obvia para que se aprecien elementos de comunidad (existencia de comunidades particulares dentro de la sociedad internacional global, enfoque positivista jurídico, etc.). La cuestión, como tal, es abordada hoy en día en el marco de nuestra disciplina[11]. A ese respecto, ARENAL apunta que

[8] A partir de Ferdinand Tönnies, Manuel Medina ha recogido las diferencias entre sociedad y comunidad, en los siguientes términos: «mientras que las formas sociales comunitarias serían aquellas de carácter orgánico, basadas en una «voluntad esencial», que convierte a los individuos en «células» de una entidad social con fines supraindividuales, la sociedad se basaría sólo en la «voluntad arbitraria», en relaciones mecánicas, garantizando la independencia y personalidad de sus miembros, y estando, en definitiva, condicionada por los intereses de éstos y no por la finalidad colectiva», en M. MEDINA, *Teoría y formación de la sociedad internacional*, Tecnos, Madrid, 1983, p. 28.

[9] A. POCH, «Comunidad internacional y sociedad internacional», *op. cit.*, p. 357.

[10] Hacemos referencia especialmente a las obras de Mariano AGUILAR NAVARRO, *Derecho Internacional Público*, Madrid, 1952, y de Luis LEGAZ LACAMBRA, «La sociedad internacional como realidad sociológica», *Escuela de Funcionarios Internacionales. Cursos y Conferencias, 1,* 1955-1956, I, pp. 451-479, donde se aborda el tema del orden internacional, planteando si el mismo se constituye como comunidad o como sociedad. Este aspecto de las mencionadas obras ha sido analizado con detalle por C. DEL ARENAL, *La Teoría de las Relaciones Internacionales en España, op. cit.*, pp. 61-64.

[11] En la disciplina existe una corriente de pensamiento que niega radicalmente la existencia de elementos societarios en el sistema de estados, que no es tratada aquí. Sin embargo, sí queremos destacar el concepto de «sociedad limitada», adoptado por Stanley Hoffmann, por el matiz que introduce desde el campo de la sociología: «en el conjunto interestatal, a diferencia del grupo social que constituye la nación [..] las relaciones sociales no forman una mezcla de «sociedad» (relaciones de mutualidad que corresponden a una división del trabajo) y de «comunidad» (cooperación incondicional, que corresponde a un «desear vivir juntos» colectivo), sino una mezcla de «sociedad limitada» (relaciones de coexistencia entre unidades que no se distinguen por una división del trabajo sino, al contrario, que se parecen en el sentido de que cumplen las mismas funciones)», en S. HOFFMANN, «L'ordre international» en M. GRAWITZ, y J. LECA, *Traité de Science Politique*, vol. 1, PUF, París, 1985, p. 668.

«ante la cuestión de si estamos ante una "sociedad" o una "comunidad" internacional, pensamos que la posición más adecuada a las realidades del presente es la que afirma que estamos ante una sociedad internacional inmersa en un proceso de evolución hacia una comunidad internacional, es decir, que estamos ante una sociedad internacional que presenta ya rasgos característicos de una comunidad, aunque ésta no se ha configurado todavía plenamente como tal»[12].

Preguntarse por los rasgos de dicha comunidad nos lleva, a nuestro parecer, al marco jurídico-normativo. En ese sentido, el propio ARENAL introduce la consideración de Hermann Mosler sobre la sociedad internacional como comunidad legal[13]. Abundando en la idea de la comunidad legal, se puede destacar la siguiente consideración de CARRILLO SALCEDO: «tanto en la regulación de intereses comunes de los Estados [...], como *a fortiori*, en la reglamentación jurídica de intereses generales de la comunidad internacional en su conjunto (como por ejemplo, la promoción del desarrollo, la protección del medio ambiente como patrimonio común de la humanidad, o la protección internacional de los derechos humanos), el clásico Derecho internacional ha sido sustituido progresivamente por un Derecho internacional más social, más comunitario»[14].

La introducción de una lógica distributiva, propia de una comunidad, a través del nuevo derecho internacional es evidente (la noción de patrimonio común de la humanidad es un buen ejemplo). Lo que, a nuestro entender, explica que se hable de «rasgos característicos» de comunidad en la actual sociedad internacional. Ahora bien, ¿cómo explicar el proceso de evolución de dicha sociedad hacia una comunidad? ¿Cuáles son sus bases? Nuestra hipótesis es que dicho proceso (la evolución hacia una comunidad de valores) es, en palabras de Charles DE VISSCHER, «un orden en potencia en el espíritu de los hombres»[15]. Lo que no comporta inmovilismo, ya que no excluimos ni los avances en el terreno de la justicia (desarrollo de un derecho internacional más social) dentro de la actual sociedad internacional; ni los cambios en la correlación de fuerzas entre los estados dentro de la sociedad internacional (motivados por cambios políticos internos, alianzas internacionales, procesos de integración regional, etc.) que pueden suponer mayor seguridad, libertad y bienestar para determinadas poblaciones; ni otras manifestaciones de carácter transnacional (conciencia de solidaridad en sociedades altamente desarrolladas). En conjunto creemos que el presente no tiene el monopolio de la verdad. De ahí que la sociedad de estados sea asumida como un producto histórico más de la organización internacional (uso abusivo del término), al igual que el Imperio mogol en la India o el *Oikoumene* bizantino[16].

La sociedad internacional, conformada como sociedad de estados, es, a nuestro modo de ver, el producto de una dialéctica constante entre la lógica de la domina-

---

[12] C. DEL ARENAL, *Introducción a las Relaciones Internacionales*, Tecnos, Madrid, 1990 (1.ª ed., 1984), p. 429.

[13] Nos referimos a Hermann MOSLER, *The International Society as a Legal Community*, Alphen aan den Rijn, 1980, citado por C. DEL ARENAL, *Introducción a las Relaciones Internacionales, op. cit.*, 428.

[14] J. A. CARRILLO SALCEDO, *El Derecho Internacional en perspectiva histórica*, Tecnos, Madrid, 1991, p. 180.

[15] Ch. DE VISSCHER, *Théories et réalités en Droit International Public*, París, 1970 (4.ª ed.), pp. 110 y 123.

[16] Es interesante el seguimiento histórico de diversas sociedades internacionales, entre otras el Imperio mogol de la India o el *Oikoumene* bizantino, que llevan a cabo H. BULL, y A. WATSON, *The expansion of international society, op. cit.*

ción, existente en cualquier sociedad[17] (Marx), y la lógica del contrato y de la autorregulación (Locke). Este último aspecto domina en el análisis de la sociedad internacional (en términos históricos o actuales) llevado a cabo por la escuela británica de relaciones internacionales. Este análisis es de gran interés para plantear en términos distintos y, a nuestro parecer, útiles la cuestión de la comunidad *versus* sociedad a finales del siglo XX.

Hedley BULL y Adam WATSON, teóricos e historiadores de la sociedad internacional, parten de una visión autorregulada y contractual de la misma, cuando escriben que «al hablar de sociedad internacional nos referimos a un grupo de estados (o, de manera más general, a un grupo de comunidades políticas independientes) que no forman simplemente un sistema, en el sentido de que el comportamiento de uno es un factor de cálculo necesario para los demás, sino que además han establecido, a través del diálogo y del consentimiento, reglas e instituciones comunes para organizar sus relaciones y han reconocido tener intereses comunes para mantener dichos acuerdos»[18]. En lo que respecta a las reglas e instituciones mencionadas, el propio BULL apunta que los estados se ven a sí mismos «ligados por ciertas reglas en sus relaciones entre ellos, como el respetar las declaraciones de independencia, el cumplir con los acuerdos contraídos y el poner ciertos límites al ejercicio de la fuerza. Al mismo tiempo, cooperan en el trabajo de las instituciones; entre otras, los procedimientos del derecho internacional, la maquinaria de la diplomacia y las costumbres y convenciones de la guerra»[19].

Basándose en dicha definición, Hedley Bull analiza una serie de sociedades internacionales de diferentes momentos históricos (el sistema griego de estados-ciudad, el sistema internacional de China durante el Período de los Estados Combatientes, el sistema de estados de la antigua India, etc.). El análisis de dichas sociedades internacionales lleva a nuestro autor a una conclusión relevante para el tema que abordamos. Así, según BULL, «el rasgo común de todas estas sociedades internacionales históricas es que todas se fundaron sobre una civilización o una cultura común, o al menos sobre algunos de los elementos de una civilización: lengua común, epistemología y comprensión común del universo, religión común, código ético común, estética o tradición artística común»[20]. Abundando en esa idea, BULL apunta que, «por una parte, han existido elementos de una cultura intelectual común —tales como una lengua común, una perspectiva filosófica o epistemológica común, una tradición artística y literaria común— que han facilitado la comunicación entre los miembros de la sociedad. Por otra parte, han existido elementos de un sistema común de valores —tales como religión o código moral común— cuya presencia ha servido para reforzar el sentido de intereses comunes que une a los estados creando

[17] En este sentido, algunos autores de la escuela realista de relaciones internacionales, como Hans J. MORGENTHAU (*Politics among Nations. The Struggle for Power and Peace*, Alfred A. Knopf, Nueva York, 1978), niegan la diferencia entre el marco interno y el marco internacional. De ahí que la lógica del poder sea una cuestión de grado (mayor a nivel internacional) y no de naturaleza (uso legítimo o ilegítimo de la fuerza). Así, por ejemplo, la libertad de los pueblos del Tercer Mundo respecto de sus colonizadores no ha supuesto, necesariamente, mayores niveles de seguridad individual. El uso de la fuerza, contra la población del país, es moneda de uso corriente en África, Asia y América Latina.

[18] H. BULL, y A. WATSON, *The expansion of international society*, *op. cit.*, p. 1.

[19] H. BULL, *The Anarchical Society. A Study of Order in World Politics*, Macmillan, Londres, 1977, p. 13.

[20] Ibídem, p. 16.

un sentimiento de obligaciones comunes»[21]. La distinción introducida por Bull nos remite a la cuestión aquí abordada: sociedad *versus* comunidad. En efecto, la doble dimensión de la cultura universal (intelectual *versus* moral) se podría entender en esos términos.

Algunos autores desestiman, por completo, la existencia hoy en día de una cultura universal, a falta de «una lengua común, de una memoria común y de haber compartido maneras de pensar, razonar y comunicarse»[22]. Lo que ha llevado, ya en la posguerra fría, a analistas estadounidenses a presentar, de modo más que discutible, un futuro plagado de «conflictos entre civilizaciones» (véase cuadro 2). Sin embargo, es evidente, que la actual sociedad mundial está altamente integrada en lo que respecta a reglas e instituciones, por una parte, y a conocimientos, por otra parte. En el primer caso, el sistema de Naciones Unidas constituye el ejemplo más evidente de la universalización de la organización internacional mientras que, en el segundo caso, la industria de la comunicación ha creado a nivel mundial un modelo de modernización basado en los patrones del mundo euro-americano.

CUADRO 2

Conflictos entre civilizaciones en la posguerra fría

La política mundial está entrando en una nueva fase [...]. Mi hipótesis es que la fuente fundamental de conflicto en este nuevo mundo no será ni ideológica ni económica. Las grandes divisiones entre la comunidad humana y la fuente prioritaria de conflictos serán culturales. Los estados nacionales seguirán siendo los actores más poderosos en los asuntos mundiales, pero los conflictos principales de la política global ocurrirán entre naciones y grupos de diferentes civilizaciones. Las líneas de fractura entre civilizaciones serán las líneas de batalla del futuro. El conflicto entre civilizaciones será la última fase en la evolución del conflicto en el mundo moderno. [...]

La identidad cultural será cada vez más importante en el futuro, y el mundo se transformará en gran medida por las interacciones entre las siete u ocho grandes civilizaciones. Éstas incluyen la occidental, la confuciana, la japonesa, la islámica, la hinduista, la eslavo-ortodoxa, la latinoamericana y, posiblemente, la civilización africana. Los conflictos más importantes del futuro ocurrirán a lo largo de las líneas de fractura cultural que separan dichas civilizaciones entre sí. [...]

La cultura occidental ha permeado, a nivel superficial, el resto del mundo. Sin embargo, a un nivel más básico los conceptos occidentales difieren fundamentalmente de los que prevalecen en otras civilizaciones. [...]

El eje central de la política mundial en el futuro es muy posible que sea, en palabras de Kishore Mahbunani, el conflicto entre *the West and the Rest* y las respuestas de las civilizaciones no-occidentales al poder y a los valores de Occidente. [...] el foco central de conflicto en el futuro inmediato se dará entre Occidente y varios estados confuciano-islámicos [...].

Fuente: S. P. HUNTINGTON, «The Clash of Civilizations?», *Foreign Affairs*, vol. 72, n.º 3, 1993, pp. 22-49.

---

[21] Ibídem, p. 316.

[22] Nos referimos a A. BOZEMAN, «The International Order in a Multicultural World», en H. BULL y A. WATSON, *The Expansion of International Society*, *op. cit.*, p. 391.

Nos encontramos nuevamente con una dualidad (sociedad *versus* comunidad o sociedad intelectual *versus* sociedad moral), de la que Adam WATSON ha sacado conclusiones en relación con la sociedad mundial de finales del siglo XX: «un elevado número de estados sólo aceptan los aspectos reguladores de la actual sociedad, sin sentirse ligados por los valores y los códigos de conducta derivados de Europa»[23]. Así, *la sociedad de estados se asume como factor regulador, pero no como factor legitimador del sistema.*

En suma, la sociedad mundial de nuestros días es aceptada de manera general en tanto que organizadora, pero no en tanto que transmisora de valores dentro de un marco cultural dominante. Como mucho se puede hablar de una cultura diplomática común y de una cultura de la modernidad compartida por la elite y sin raíces en muchas sociedades[24]. Así pues, la sociedad mundial se define a partir de la aceptación de unas ciertas normas de funcionamiento y de comportamiento (dimensión reguladora e intelectual). Ahora bien, la base legitimadora de la sociedad mundial aún está fragmentada. De ahí que hablemos de un mundo multicultural en lo que a moral y a valores se refiere. Una sociedad internacional diferente, por tanto, de todo lo conocido hasta ahora, ya que suma mundialización y multicultura. En este sentido Adam WATSON ha escrito que «la sociedad multicultural global es todavía algo nuevo y experimental y aún no ha encontrado una forma que encaje adecuadamente con las realidades del sistema»[25]. Lo que abre, a nuestro parecer, un tema de debate central en el tratamiento de la actual sociedad internacional.

2. LAS CARACTERÍSTICAS DE LA ACTUAL SOCIEDAD INTERNACIONAL

La actual sociedad internacional merece múltiples adjetivos. Los autores, según su aproximación, cargan más las tintas en uno u otro aspecto. En esta obra, se va a caracterizar la sociedad internacional a partir de ideas ampliamente aceptadas. Ello supone, en algunos casos, entrar en aparente contradicción. En ese sentido, *la sociedad internacional se caracteriza, a la vez, por ser anárquica y por ser ordenada.* El binomio anarquía/orden, sin embargo, se adapta perfectamente a *una sociedad que, también, vamos a caracterizar como heterogénea, interdependiente y compleja.* Lo que, en buena medida, justifica el concepto de sociedad aplicado a nuestro objeto de estudio. Comencemos por los aspectos de heterogeneidad, interdependencia y complejidad de la actual sociedad internacional.

Es un «lugar común» en nuestros días hablar de la heterogenidad de la sociedad internacional. El primer paso en dicha dirección viene dado por el aumento del número y del tipo de actores internacionales. Así, la pluralidad de actores internacionales (fenómeno recogido por la literatura española)[26] constituye el elemento de partida. Los cambios internacionales que explican el desarrollo del paradigma transna-

---

[23] A. WATSON, *The evolution of international society*, Routledge, Londres, 1992, p. 300.

[24] Estas apreciaciones se basan en H. BULL, The Anarchical Society, op. cit., p. 317.

[25] A. WATSON, *The evolution of international society*, *op. cit.*, p. 309.

[26] Sin voluntad exhaustiva se recogen a continuación algunas clasificaciones de actores internacionales. Manuel Medina habla de estados, organizaciones internacionales, grupos particulares e individuos, en M. MEDINA, *La teoría de las relaciones internacionales*, Seminarios y Ediciones, Madrid, 1973, pp. 151-152. Roberto Mesa menciona al estado, el individuo, las organizaciones internacionales (en proceso de emancipa-

cionalista en los años setenta suponen la toma en consideración de un número, cada vez mayor, de actores en las relaciones internacionales. Cada vez más en número y cada vez más heterogéneos. Así el criterio de la soberanía, que convertía al estado en actor, se ve relegado por criterios funcionales (capacidad para movilizar recursos, habilidad para crear solidaridades, lealtades e identificaciones, etc.). De ahí que, junto al estado y a las organizaciones internacionales, los dos actores más clásicos, se preste atención a una gama amplia de actores. Así, en los años setenta y ochenta, grupos de presión, empresas transnacionales, ministerios o agencias gubernamentales, organizaciones no gubernamentales y gobiernos subestatales, entre otros constituyen el centro de atención de los teóricos. Todo ello genera heterogeneidad ya que los objetivos son muy diversos (la tradicional seguridad del estado o la búsqueda de beneficio de los actores económicos se ve contrarrestada por los objetivos de justicia o de solidaridad perseguidos por algunos actores) y, en ocasiones, contradictorios (la subdivisión del estado entre representantes diversos genera intereses diferentes, etc.). Actores con objetivos tan diversos generan necesariamente mayor heterogeneidad en la naturaleza de las relaciones que se dan a nivel internacional (económicas, culturales, políticas, tecnológicas, etc.).

La multiplicación del número y del tipo de actores es un ejemplo del carácter dinámico de la sociedad internacional. Se puede apuntar que desde el final de la segunda guerra mundial la sociedad internacional vive un proceso constante de formación y de reestructuración que ha tenido como resultado un aumento de la interdependencia. Las manifestaciones de dicha interdependencia, que no significa necesariamente dependencia mutua, se traducen en especial en el terreno económico y en el terreno tecnológico. El terreno tecnológico, unido al «dilema de la seguridad», ha sido el productor de la «dinámica más unificadora de la humanidad»: el terror nuclear. Basada, eso sí, en el terror psicológico y no en la realidad cotidiana de los individuos. Nuevas dinámicas, como el peligro ecológico, inciden en la percepción de una sociedad global (alcance de los problemas) y multidimensional (origen de las problemáticas).

Heterogeneidad, interdependencia y, por fin, complejidad. En palabras de DEL ARENAL, «la complejidad es producto, por una parte, de la propia heterogeneidad de los actores y del carácter interdependiente, multiforme y con frecuencia contradictorio de sus intereses, acciones y relaciones, así como de la naturaleza global y multidimensional de la propia sociedad internacional, y por otra, de la tensión dialéctica entre el protagonismo individual de los actores, sobre todo de los Estados, y la necesidad de un protagonismo de la propia sociedad internacional como tal»[27].

Las características mencionadas de la sociedad internacional (heterogeneidad, interdependencia, complejidad) nos llevan a apuntar que, hoy en día, el teórico de las relaciones internacionales está obligado a «pensar globalmente». Ahora bien, el pensamiento global no puede pasar por alto una realidad que, a nuestro parecer, es

---

ción), los movimientos de liberación nacional, así como fenómenos clásicos (organizaciones sindicales, grupos religiosos, uniones culturales) y otros más nuevos (sociedades multinacionales), en R. MESA, *Teoría y Práctica de las Relaciones Internacionales*, Taurus, Madrid, 1980 (1.ª ed., 1977), p. 182. Julio González Campos incide en los siguientes: estados soberanos, organizaciones internacionales, grupos sociales y económicos e individuos, en J. D. GONZÁLEZ CAMPOS, *Curso de Derecho Internacional Público*, Facultad de Derecho, Oviedo, policopiado, 1975, pp. 7-10. Celestino del Arenal los resume en estados, organizaciones internacionales, organizaciones no gubernamentales, empresas transnacionales, grupos sociales y políticos e individuos, en C. DEL ARENAL, *Introducción a las Relaciones Internacionales*, *op. cit.*, p. 433.

27 C. DEL ARENAL, *Introducción a las Relaciones Internacionales*, *op. cit.*, p. 433.

decisiva en la actual sociedad internacional: «actuar localmente» (lógica estatal) todavía constituye el eje de la actual sociedad internacional[28]. En ese sentido, CARRILLO SALCEDO apunta, en referencia al carácter global de la sociedad internacional, que «a pesar de todos estos datos de la práctica internacional, creo igualmente que sería prematuro considerar como sobrepasada y anacrónica la noción de soberanía estatal, y pensar que la Humanidad o la comunidad internacional ha desplazado a los Estados. En otras palabras, si bien es evidente que los grandes problemas globales de nuestro tiempo son mundiales, afectan a la comunidad internacional en su conjunto y carecen de solución en el plano exclusivamente nacional —con lo que existe una innegable contradicción entre la mundialización de los problemas y la inexistencia de centros de decisión institucionalmente internacionales—, igualmente evidente me parece el indiscutible papel que aún desempeña la soberanía como idea fuerza, política y jurídicamente»[29].

Este comentario nos remite a nuestro punto de partida: la sociedad internacional caracterizada como anárquica. Numerosos autores comienzan por decirnos que lo que mejor caracteriza a la sociedad internacional es la anarquía, entendida como ausencia de una autoridad central, superior a la de las unidades. En ese sentido, Antonio TRUYOL apunta que «una sociedad es internacional cuando el poder está descentralizado, distribuido entre grupos que lo monopolizan en sus respectivos territorios»[30].

El concepto de anarquía subyace en la clásica referencia de ARON a la «legitimidad y a la legalidad del recurso a la fuerza»[31] por parte de los estados como rasgo característico de las relaciones internacionales. Por consiguiente, la sociedad internacional es, en términos políticos, una sociedad no estructurada o no integrada. Lo que convierte el recurso a la fuerza en un instrumento de regulación entre las unidades.

Hasta ahora, pues, la sociedad internacional anárquica se vería sometida a una dinámica centrífuga y fragmentadora. Sin embargo, al principio apuntábamos el carácter ordenado de dicha sociedad. ¿Es posible combinar anarquía y orden? La dinámica de la sociedad internacional actual parece confirmarlo. En concreto, algunos estudiosos centran su interés justamente en los elementos de orden social identificables en la anarquía internacional, entre los que destacan el derecho internacional, la diplomacia y el equilibrio del poder[32]. Redundando en la idea aquí apuntada, Martin WIGHT ha escrito lo siguiente: «hay algunos que sostienen que la sociedad internacional carece de los requisitos mínimos de lo que normalmente se entiende por una sociedad y, en consecuencia, no se puede hablar de sociedad. Apuntan que las condiciones de las relaciones internacionales, a causa de la frecuencia de la guerra y del conflicto, quedan mejor descritas como "anarquía internacional". Si por anarquía se entiende la ausencia de gobierno común, esa es justamente la característica que diferencia a la política internacional de la política interna. Pero si anarquía significa

---

[28] El eslogan «pensar globalmente y actuar localmente», utilizado por los globalistas de los años ochenta, nos ha inspirado.

[29] J. A. CARRILLO SALCEDO, *El Derecho Internacional en un mundo en cambio*, Tecnos, Madrid, 1984, p. 212.

[30] A. TRUYOL Y SERRA, *La Sociedad Internacional*, Alianza, Madrid, 1991 (6.ª reimp., 1974), p. 20.

[31] R. ARON, «Qu'est que c'est qu'une théorie des relations internationales?», *Revue Française de Science Politique*, vol. 17, 1967, p. 843.

[32] La obra de H. BULL, *The Anarchical Society*, *op. cit.*, se centra, justamente, en el desarrollo de esos tres elementos de orden: derecho internacional, diplomacia y equilibrio del poder.

desorden total, entonces el término no describe las relaciones internacionales. En la vida internacional hay tanto conflicto como cooperación; existe un sistema diplomático, un derecho internacional y unas instituciones internacionales que complican o modifican los efectos de la política de poder; e incluso hay reglas que limitan las guerras y que han tenido cierta influencia. Es imposible negar que existe un sistema de estados, y admitir la existencia de un sistema nos sitúa a medio camino de la sociedad; porque la sociedad es un número de individuos unidos en un sistema de relaciones con ciertos objetivos comunes. Es interesante observar el ansia con que todos los nuevos estados independientes buscan su admisión en el sistema internacional, en la creencia de que es una sociedad, intercambiando representantes diplomáticos e ingresando en Naciones Unidas; y al revés, como los afrikaners de África del Sur, quienes a lo largo de toda su historia han deseado aislarse y liberarse de las trabas de las obligaciones internacionales, no pueden conseguirlo»[33].

Esa noción de orden, sin embargo, no recubre toda idea de orden en la sociedad internacional. En efecto, no hay que pasar por alto la tensión existente entre el orden internacional, entendido como orden interestatal y basado en el respeto mutuo de la soberanía, y un posible orden mundial, ejemplificado en la noción de los derechos humanos.

En ese sentido se expresa Stanley HOFFMANN, al escribir: «Hay tensión, más que complementariedad, entre las dos nociones de orden, que corresponden, una a la sociedad global, parcialmente ficticia, y otra a un grupo a la vez real (los Estados), abstracto (¿qué es la entidad Estado independientemente de los individuos y de los grupos?) y extraordinariamente limitado»[34].

Este tema plantea una cuestión central en la reflexión de nuestros días: orden *versus* justicia en las relaciones internacionales. En este sentido es cruel, pero muy acertada, la reflexión de Susan Strange en relación con la tensión entre sistema de estados y seguridad individual. Así, según STRANGE, tras el fin de la guerra fría «las perspectivas de paz mundial entre estados son mucho mejores que en los últimos cien años, siempre que se dé una condición [...] que la economía de mercado a nivel mundial siga funcionando de manera efectiva y esto no se autodestruyó, como acostumbraban a decir los viejos marxistas, como resultado de sus propias contradicciones internas [...]. Una perspectiva mejor para la estructura de seguridad gobernada por las relaciones interestatales no significa que la seguridad para los individuos (hombres, mujeres y niños) deba necesariamente mejorar. Puede que sí o puede que no. No lo podemos decir. Muy posiblemente, los riesgos para la seguridad de los individuos irán en aumento. Si es así, será a causa de los desafíos de tipo criminal, religioso o étnico que sufra la autoridad del estado y a causa de la mayor disponibilidad en la estructura de producción de armamento barato, pero altamente letal y sofisticado [...]. La experiencia de bosnios, serbios y croatas en la antigua Yugoslavia puede ser una premonición del futuro»[35]. Así, la tensión entre orden y justicia constituye un factor potencial de cambio en la dinámica del sistema internacional. O, lo que es lo mismo, un revulsivo del *statu quo*. La pregunta de partida en torno a qué es la sociedad internacional tiene en este punto, a nuestro parecer, uno de los temas de debate de mayor actualidad y de mayor profundidad moral.

---

[33] M. WIGHT, *Power Politics*, Leicester UP., Leicester, 1978 (1.ª ed., 1946), p. 105.
[34] S. HOFFMANN, «L'ordre international», *op. cit.*, pp. 667-668.
[35] S. STRANGE, *States and Markets*, Pinter, Londres, 1994 (1.ª ed., 1988), pp. 62-63.

3. LA LÓGICA DEL PODER EN UNA SOCIEDAD INTERNACIONAL GLOBAL

El concepto de *complexe relationnel international* de Chevallier, que Antonio Truyol introdujo desde sus primeras obras en la literatura española en relaciones internacionales, recubre la noción de globalidad, que hoy en día nos llega, de manera simbólica, a través de términos anglosajones (*web*, *network*).

A nuestro modo de ver, la noción de sociedad internacional global merece una explicación. En ese sentido, HOFFMANN establece una diferenciación, a nuestro parecer, básica: «Cuando hablamos de sociedad internacional nos referimos, de hecho, no a una sino a dos realidades. La primera es el conjunto interestatal: las relaciones que existen entre las diferentes unidades actuando en la escena mundial en tanto que detentadoras de los poderes públicos y como expresión de las voluntades y de las aspiraciones de los individuos y de los grupos que las componen. La segunda es la sociedad transnacional: las relaciones que se establecen a través de las fronteras de estas unidades, entre los individuos y los grupos»[36]. La concepción de Stanley Hoffmann parte del discurso tradicional de la sociología histórica, desarrollado por Raymond ARON ya en los años sesenta (véase cuadro 3), sin llegar a las mismas conclusiones a las que llegó Aron: la inexistencia de una sociedad internacional.

CUADRO 3

Sociedad Internacional, según Raymond Aron

Quizá podría denominarse sociedad internacional o sociedad mundial al conjunto que engloba el sistema interestatal, la economía mundial (o el mercado mundial o el sistema económico mundial), los fenómenos transnacionales y supranacionales, aplicándose el adjetivo internacional a todos los aspectos que he distinguido. Por comodidad, llamamos sociedad internacional al conjunto de todas esas relaciones entre Estados y entre personas privadas que permiten soñar con la unidad de la especie humana. No creo que la fórmula *sociedad internacional* o, preferentemente, *mundial* constituya un verdadero concepto. Designa, sin describirla, una totalidad que incluiría a la vez el sistema interestatal, el sistema económico, los movimientos transnacionales y las diversas formas de intercambio (de comercio, en el sentido amplio del siglo XVIII) de sociedades civiles con sociedades civiles, las instituciones supranacionales. ¿Se puede llamar sociedad a esa especie de totalidad que no conserva casi ninguno de los rasgos característicos de una sociedad, cualquiera que ésta sea? ¿Puede hablarse de un sistema internacional que incluyera todas las formas de la vida internacional? Lo dudo.

Fuente: R. ARON, *Paz y guerra entre las naciones. 1. Teoría sociológica*, Alianza, Madrid, 1985 (8.ª ed. en francés, 1984; 1.ª ed., 1962), p. vii.

---

[36] S. HOFFMANN, «L'ordre international», *op. cit.*, p. 666.

Esa noción de dualidad constituye, a nuestro parecer, una realidad social evidente que, antes de abordarla en términos teóricos, queremos plantearla en términos políticos. De ahí las palabras de Butros Gali, quien, en su informe de 1992 *Un Programa de Paz*, escribía: «Hemos entrado en una era de transición mundial marcada por dos tendencias singularmente contradictorias. Las asociaciones regionales y continentales de estados están elaborando mecanismos para profundizar en la cooperación y suavizar algunas de las características contenciosas de las rivalidades de soberanía y nacionalismos. Las fronteras nacionales se ven desdibujadas por el avance de las comunicaciones y el comercio global, y por las decisiones de los estados de ceder algunas prerrogativas de soberanía a asociaciones políticas comunes de mayor alcance. Sin embargo, al mismo tiempo, surgen nuevas y violentas declaraciones de nacionalismo y soberanía, y la cohesión de los estados se ve amenazada por brutales luchas étnicas, religiosas, sociales, culturales o lingüísticas. La paz social se ve desafiada, por un lado, por nuevas declaraciones de discriminación y de exclusión y, por otro, por actos terroristas que pretenden minar el proceso evolutivo y las transformaciones por medios democráticos.»

A efectos analíticos, asumimos, de entrada, la existencia de dos lógicas (sociedad de estados y sociedad transnacional) que interactúan en la sociedad internacional, conformando una única realidad, una realidad global en la que política y economía, por mencionar los aspectos más destacados de la actividad internacional, son inseparables[37]. Antes de desarrollar esta idea que nos sirve para fijar nuestro criterio de análisis hay que apuntar que la misma ha servido a James ROSENAU para desarrollar la noción de «turbulencia» en relaciones internacionales[38]. El autor estadounidense habla, así, de dos estructuras básicas en las que quedan bifurcadas las relaciones internacionales. Por un lado, el sistema interestatal que actúa esencialmente en el terreno diplomático-militar y, por otro lado, diversos actores que forman un sistema multicéntrico en torno a cuestiones básicamente socioeconómicas. Rosenau considera que dichos sistemas son a la vez interdependientes, competitivos e interactivos.

La aproximación de Rosenau sitúa justamente en la mencionada estructura bifurcada entre los dos sistemas la capacidad para manejar las tensiones entre cambio y continuidad que se dan en el momento actual. Por una parte, el sistema estatocéntrico se considera adecuado para enfrentarse a las presiones más duras y persistentes, a la vez que para seguir controlando la política mundial de manera clásica. Por otra parte, el sistema multicéntrico se considera capaz de absorber la dinámica por medio de la cual la autoridad está siendo redistribuida, tanto hacia arriba (supranacional, global) como hacia abajo (subestatal, social).

Al comenzar este capítulo indicábamos que la concepción de la sociedad internacional (objeto material) ha de determinar la perspectiva de análisis (objeto formal). En ese sentido, se apuntaba que la función del teórico de las relaciones internacionales es la exposición y análisis del actual sistema internacional. Veamos, a continuación, por qué esta obra asume la perspectiva del sistema internacional como marco adecuado para la docencia y la investigación en relaciones internacionales.

---

[37] La idea ha sido desarrollada por R. KEOHANE, *After Hegemony. Cooperation and Discord in the World Political Economy*, Princeton UP, Princeton, 1984, p. 22, y por S. STRANGE, *States and Markets*, *op. cit.*, p. 25.

[38] Sobre el concepto de turbulencia en relaciones internacionales, véase J. ROSENAU, *Turbulence in World Politics. A Theory of Change and Continuity*, Harvester/Wheatsheaf, Londres, 1990.

En primer lugar, la perspectiva de las relaciones internacionales, tal y como han apuntado Truyol, Mesa o Arenal, es la de la sociedad internacional en su conjunto (aproximación global), y no simplemente la de los elementos de la misma. En términos analíticos, el sistema internacional constituye un instrumento apropiado para adoptar el supuesto enfoque global.

En segundo lugar, una vez adoptado el enfoque global, vamos a proseguir en nuestra explicación inducidos por una observación de DEL ARENAL, que dice que, «a efectos de hacer operativo y significativo el estudio de las relaciones internacionales, es necesario fijar un criterio que nos proporcione la pauta de nuestra indagación y haga inteligible nuestro estudio»[39]. Nuestro criterio, en este sentido, está determinado por la asignación o distribución del poder en la sociedad internacional. Así, en esta obra se considera que *las relaciones internacionales son relaciones sociales que inciden en la distribución del poder a nivel mundial.* Esta definición de relaciones internacionales se inscribe, si bien con espíritu de concreción, en definiciones más amplias, como las de Kal Holsti o Celestino del Arenal. Así, para HOLSTI «el término "relaciones internacionales" se refiere a cualquier interacción, sea o no iniciada por un gobierno, entre los miembros de sociedades separadas»[40], mientras que DEL ARENAL habla de «relaciones entre individuos y colectividades humanas que configuran y afectan de modo esencial a la sociedad internacional en cuanto tal»[41].

A partir de la definición de las relaciones internacionales como relaciones sociales que inciden en la distribución del poder a nivel mundial, la definición de sociedad internacional *va de soi.* En efecto, *la sociedad internacional es el complejo de relaciones sociales que distribuyen el poder a nivel mundial.* Lo que no debe equipararse con relaciones de poder, en el sentido de política del poder (*power politics*), que en el subconsciente colectivo está dominado por la preponderancia de lo militar.

La definición de sociedad internacional aquí expuesta obliga a plantear una serie de cuestiones que, a nuestro parecer, pueden articularse bajo la forma analítica de un sistema internacional. Así, nos preguntamos: ¿quién tiene poder?, ¿cuáles son las fuentes del poder a finales del siglo XX?, ¿cómo se ejerce el poder? Estas cuestiones son, a nuestro parecer, básicas para entender la dinámica del cambio y de la continuidad en la actual sociedad internacional.

Preguntarse quién tiene poder a finales del siglo XX nos lleva al terreno de los actores internacionales (estados con enormes diferencias, empresas transnacionales, organizaciones internacionales, grupos religiosos, etc.). Las respuestas, en ese terreno, han dejado de ser evidentes. Como apunta BULL, «por sistema político mundial entendemos la red mundial de interacciones que reúne no sólo los estados sino también otros actores políticos, "por encima" y "por debajo" del estado»[42]. ¿Cuáles son esos actores políticos? Es decir, quiénes son aquellos que ejercen poder.

Lo que nos lleva a preguntarnos: ¿cómo entendemos el poder? La escuela realista clásica nos había enseñado, con ejemplos contundentes, que el poder es relación: la

---

[39] C. DEL ARENAL, *Introducción a las Relaciones Internacionales*, *op. cit.*, p. 437.

[40] K. J. HOLSTI, *International Politics. A framework for analysis*, Prentice Hall, Englewood Cliffs, 1992 (6.ª ed.; 1.ª ed., 1967), p. 10.

[41] C. DEL ARENAL, *Introducción a las Relaciones Internacionales*, *op. cit.*, p. 437.

[42] H. BULL, *The Anarchical Society*, *op. cit.*, p. 276.

capacidad de A para obligar a B a realizar un acto determinado[43]. Sin embargo, la visión del poder como relación sólo se explica dentro de una concepción estructural del mismo[44]. Así, el poder estructural, en palabras de STRANGE, «es el poder para configurar y determinar las estructuras del sistema mundial en las que los estados, sus instituciones políticas, sus empresas y (no menos importante) sus científicos y sus profesionales tienen que operar [...]. En resumen, el poder estructural confiere el poder para decidir cómo se deben hacer las cosas, para configurar los marcos en los que los estados se relacionan entre sí, con las sociedades o con las empresas. El poder relativo de cada parte en una relación es mayor o menor dependiendo de si es o no capaz también de determinar la estructura que encierra la relación»[45].

La apreciación de Strange en torno al poder como capacidad para crear las «reglas del juego» en la sociedad internacional coincide con la formulación de KEOHANE y NYE sobre el papel del poder en un mundo interdependiente[46]. Estos autores establecen la distinción entre *sensitivity* (riesgos que corre el estado a causa de los cambios en el exterior, en otro estado o a nivel general) y *vulnerability* (riesgos que corre el mismo estado, una vez se han adoptado las medidas políticas oportunas). Así, el mayor o menor nivel de vulnerabilidad está en relación directa con la mayor o menor capacidad del estado para modificar las reglas del juego a su favor, contrarrestando así los efectos negativos de la primera decisión. Un ejemplo clásico de análisis, en este terreno, es el impacto del aumento en 1973 del precio del petróleo.

Falta preguntarse por las fuentes que configuran dicho poder estructural. STRANGE las resume en los siguientes términos: «el poder estructural no se encuentra en una única estructura sino en cuatro, diferenciables pero relacionadas. Estas cuatro estructuras interactivas no son propias del sistema mundial [...] son las mismas que encontramos en pequeños grupos humanos, como la familia [...]: el control sobre la seguridad, el control sobre la producción, el control sobre el crédito y el control sobre el conocimiento, las creencias y las ideas»[47].

En tercer lugar, la lógica del poder estructural, mucho más sutil y menos visible que el poder relacional, al establecer reglas de juego y no al imponer directamente un comportamiento, se instrumentaliza perfectamente a través de la noción de sistema en la que, según KEOHANE, «los actores están constreñidos e incentivados en sus actuaciones por las características del mismo»[48]. Ello no comporta una lógica de continuidad. Al contrario, nuestro sistema internacional (en el que el estado desempeña un papel destacado como constructor de instituciones, reglas y prácticas; como centro de autoridad política y como monopolio legal de la violencia) enfoca el ejercicio del

---

[43] Véase, en ese sentido, H. J. MORGENTHAU, *Politics among Nations. The Struggle for Power and Peace*, *op. cit.*

[44] En este apartado introducimos una referencia específica al poder, en tanto que poder estructural. El tema del poder es tratado con más amplitud en el siguiente capítulo, cuando se desarrolla la estructura del sistema internacional.

[45] S. STRANGE, *States and Markets*, *op. cit.*, pp. 24-25. La autora utiliza indistintamente este concepto o el de economía política global.

[46] El tema del poder en un mundo interdependiente es tratado por estos dos autores en R. O. KEOHANE, y J. S. NYE, *Power and Interdependence. World Politics in Transititon*, Little Brown and Company, Boston, 1977, pp. 11-15.

[47] S. STRANGE, *States and Markets*, *op. cit.*, p. 26.

[48] R. KEOHANE, *After Hegemony*, *op. cit.*, p. 26.

poder en tanto que proceso dinámico, en el que están implicados todo tipo de actores y todo tipo de objetivos (reclamación territorial, bienestar, difusión de valores, etc.).

En este sentido, la noción de sistema internacional recoge perfectamente la dinámica aquí apuntada (estructura que afecta a la actividad así como actividad que configura la estructura). En otros términos, como señala WAEVER, «esta perspectiva es posible gracias a un estudio detallado sobre cómo las reglas evolucionan a causa de las condiciones cambiantes del sistema y cómo esas reglas, a su vez, cambian la mecánica del sistema»[49]. De tal manera que la noción de sistema internacional nos permite integrar la doble lógica apuntada por Rosenau en el actual mundo de turbulencias: por un lado, la estructura del sistema a la que dedican su interés algunas obras básicas de los años setenta[50], y, por otro lado, la dinámica del sistema, también llamada proceso, en términos de KEOHANE y NYE[51], densidad dinámica, en términos de RUGGIE[52], o capacidad de interacción, en términos de BUZAN[53].

Esta obra, como se apuntaba al principio, desea detenerse en los aspectos de cambio y continuidad en nuestro sistema internacional. En ese sentido, preguntarnos por las fuentes del poder en el mundo actual (coerción militar, éxito económico, sistema de valores, etc.) o plantearnos cuáles son los mecanismos de cambio (nacionales, transnacionales, mundiales) o los valores desencadenantes de los mismos (seguridad, bienestar, libertad, justicia) constituyen, a nuestro modo de ver, cuestiones relevantes para el análisis de la sociedad internacional a principios del siglo XXI.

BIBLIOGRAFÍA DE CONSULTA

ARENAL, C. DEL: «La nueva sociedad mundial y las nuevas relaciones internacionales: Un reto para la teoría y para la política», en *Cursos de Derecho Internacional y Relaciones Internacionales de Vitoria-Gasteiz 2001*, Servicio Editorial Universidad del País Vasco, Bilbao, 2002, pp. 17-86.

ARON, R.: *Los últimos años del siglo*, Espasa Calpe, Madrid, 1984, pp. 15-28.

BULL, H.: *The Anarchical Society. A Study of Order in World Politics*, Macmillan, Londres, 1977 (reimps. sucesivas), pp. 3-22.

MESA, R.: «La Sociedad Internacional contemporánea», en *La nueva Sociedad Internacional*, Centro de Estudios Constitucionales, Madrid, 1992, pp. 109-136.

STARR, H.: *Anarchy, Order and Integration. How to manage interdependence*, The University of Michigan Press, Ann Arbor, 1997.

TRUYOL Y SERRA, A.: *La Sociedad Internacional*, Alianza, Madrid, 1991 (6.ª reimp., 1974), pp. 17-98.

WATSON, A.: *The evolution of international society*, Routledge, Londres, 1992, pp. 299-318.

---

[49] O. WAEVER, «International Society - Theoretical Promises Unfulfilled?», *Cooperation and Conflict*, vol. 27, n.º 1, 1992, p. 106.

[50] Nos referimos a R. KEOHANE, y J. NYE, *Power and Interdependence*, *op. cit.*, 1977, y K. WALTZ, *Theory of International Politics*, Wesley, Reading, 1979.

[51] R. O. KEOHANE, y J. S. NYE, «Power and interdependence revisited», *International Organization*, vol. 41, n.º 4, 1987, pp. 725-753.

[52] J. G. RUGGIE, «Continuity and Transformation in the World Polity: Toward a Neo-realist Synthesis», *World Politics*, n.º 35, 1983, pp. 261-285.

[53] B. BUZAN, Ch. JONNES, y R. LITTLE, *The Logic of Anarchy. Neorealism to Structural Realism*, Columbia UP, Nueva York, 1993.

SEGUNDA PARTE

ANÁLISIS DE LA SOCIEDAD INTERNACIONAL

CAPÍTULO IV

EL SISTEMA INTERNACIONAL

1. INSTRUMENTO DE ANÁLISIS

«Si hay un concepto que puede unificar el análisis en relaciones internacionales es, sin duda, el concepto de sistema internacional. Definido como el conjunto de interacciones entre los diferentes actores internacionales, pone el acento sobre la totalidad antes que sobre las partes, sobre el bosque antes que sobre los árboles y se confunde así con las relaciones internacionales como campo de estudio»[1].

Desde nuestra perspectiva, la noción de sistema internacional sirve para conceptualizar una realidad de carácter total sin determinar la naturaleza de las relaciones entre las unidades, que puede ir desde la lucha entre intereses nacionales hasta la asignación de valores universales. Opinión que apoyan las palabras de Kal HOLSTI, quien escribe que «un sistema internacional puede ser definido como una colección de entidades políticas independientes —tribus, estados-ciudad, naciones o imperios— que interactúan con considerable frecuencia y conforme a procesos regularizados». Ahora bien, la indefinición respecto de la naturaleza de las interacciones defendida en estas páginas se ve, en cambio, matizada en boca de Raymond ARON, quien llama «sistema internacional al conjunto constituido por una serie de unidades políticas, que mantienen entre sí relaciones regulares y que son todas susceptibles de verse implicadas en una guerra general»[2].

La noción de sistema, entendida como instrumento analítico tal y como se recoge en estas páginas, y no como teoría general[3], puede ser utilizada por teóricos con concepciones paradigmáticas y epistemológicas muy diferentes. De ahí que se detecte una concepción sistémica del objeto de estudio tanto en las teorías clásicas del equilibrio del poder[4] como entre los globalistas, centrados en las comunicaciones[5] o en el mercado mundial[6].

La noción de sistema internacional es utilizada aquí en tanto que instrumento de análisis. De ahí que no pretendamos explicar la realidad internacional como si se tratara de un sistema en equilibrio (en el sentido de funcionamiento mecánico y previ-

---

[1] Estas palabras se deben a B. KORANY, «La crise des relations internationales: vers un bilan», *Études Internationales*, vol. XV, n.º 4, 1984, p. 751.

[2] R. ARON, *Paz y guerra entre las naciones,* vol 1., Alianza, Madrid, 1985 (1.ª ed. en francés, 1962), p. 133.

[3] Sobre la doble concepción del sistema internacional, como instrumento de análisis o teoría general, véase el trabajo de Ph. BRAILLARD, *Théorie des systèmes et relations internationales*, Bruylant, Bruselas, 1977.

[4] En referencia, esencialmente, al trabajo de H. J. MORGENTHAU, *Politics among Nations. The Struggle for Power and Peace*, Alfred A. Knopf, Nueva York, 1978 (1.ª ed., 1948).

[5] Véase, en este sentido, el trabajo de K. DEUTSCH, *The Analysis of International Relations*, Prentice Hall, Englewood Cliffs, 1988 (1.ª ed., 1968).

[6] Véase I. WALLERSTEIN, *El moderno sistema mundial. La agricultura capitalista y los orígenes de la economía-mundo europea en el siglo XVI*, Siglo XXI, Madrid, 1979 (1.ª ed. en inglés, 1974).

sible) al estilo de las ciencias naturales. Esta opción comparte la crítica a la teoría de sistemas expuesta por BRAILLARD, quien escribe: «un reproche que a menudo se dirige al concepto de sistema, y más particularmente a su empleo en las ciencias sociales, es que introduce un punto de vista conservador en el análisis, centrándolo en la cuestión del equilibrio e incluso introduciendo un postulado normativo, que atribuye carácter de normalidad a todo lo que contribuya a la armonía interna del sistema para el mantenimiento del *statu quo* y que considera desviación todo lo que aleja el sistema de su equilibrio [...] esas consecuencias son producto de un mal uso del concepto. La crítica de conservadurismo desaparece si se adopta un modelo (que integre) los cambios estructurales»[7].

Para nosotros el sistema internacional es un modelo[8] o, si se prefiere, un tipo ideal[9] que nos permite «abordar» la realidad confusa con ideas claras, a riesgo, eso sí, de simplificar en algunos casos la complejidad de la sociedad internacional. En efecto, el tipo ideal no está concebido como descripción detallada de la realidad. Es una reconstrucción elaborada sobre la base de la selección de determinados rasgos. Lo que supone elección por parte del teórico; la lógica del sistema es inter-paradigmática y, como escribe BONANATE, «da vida a una multiplicidad de definiciones alternativas y de aplicaciones heterogéneas»[10]. Más allá de esa elección teórica, determinada por la propia concepción de la sociedad internacional, el análisis persigue abordar la creación, el funcionamiento y el cambio de sistema a partir de conceptos, de lógicas y de principios de orden establecidos racionalmente.

Nuestra definición de sistema internacional pretende ser operativa, a partir del momento en que la misma ha de generar nuestro marco de análisis. Siguiendo a BRAILLARD, la definición del término sistema ha de tomar en consideración cuatro puntos: 1) un sistema está constituido por elementos; 2) entre esos elementos existen relaciones o interacciones; 3) estos elementos y sus relaciones forman un todo, una totalidad; y 4) esta totalidad manifiesta una cierta organización[11].

En virtud de dichos puntos, y con la intención de generar un marco de análisis útil para la docencia y la investigación, entendemos que *el sistema internacional*

---

[7] Ph. BRAILLARD, *Théorie des systèmes et relations internationales*, *op. cit.*, p. 100.

[8] La noción de modelo se entiende en tanto que «construcción supuestamente capaz de reproducir un fenómeno o un objeto, no en todos sus elementos pero sí en algunos de ellos, los que consideramos esenciales o representativos. Se trata, por tanto, de una representación simplificada de la realidad que nos permite, gracias al proceso de simplificación realizado, captar y estudiar mejor dicha realidad», en Ph. BRAILLARD, ibídem, p. 155.

[9] Los tipos ideales de Max Weber sirven para delimitar la realidad de forma unívoca. A diferencia de un modelo explicativo, no tienen pretensión de exclusividad. Así, un tipo ideal presupone la existencia de otros tipos ideales. Sobre los tipos ideales de Weber, véase R. ARON, *Las etapas del pensamiento sociológico*, vol. 2, Siglo XX, Buenos Aires, 1987, pp. 246-252. Sobre la calificación de tipo-ideal aplicada al sistema internacional queremos destacar la siguiente consideración de Antonio Truyol: «No pocas discusiones de carácter epistemológico (especialmente en torno a la distinción entre ciencias naturales y ciencias sociales o la existencia de «leyes» en el campo de éstas) parecen volver sobre puntos ya ampliamente discutidos en la tradición filosófica y científica europea, como si un peculiar *American way of science* tuviese necesariamente que bastarse a sí mismo. Así, algunas de las categorías propuestas en dicho contexto no resultan ni más explicativas ni más conceptualmente elaboradas que las de los «tipos ideales» weberianos», en A. TRUYOL Y SERRA, «Prólogo», en M. MEDINA, *La teoría de las relaciones internacionales*, Seminarios y Ediciones, Madrid, 1973, p. 15.

[10] L. BONANATE, «Sistema politico internazionale», en L. BONANATE, y C. M. SANTORO (comps.), *Teoria e analisi nelle relazioni internazionali*, Il Mulino, Bolonia, 1986, p. 119.

[11] Ph. BRAILLARD, *Théorie des systèmes et relations internationales*, *op. cit.*, p. 51.

está constituido por un conjunto de actores, cuyas relaciones generan una configuración de poder (estructura) dentro de la cual se produce una red compleja de interacciones (proceso) de acuerdo a determinadas reglas[12]. Así pues, actores, estructura y proceso constituyen los tres puntos de referencia básicos para nuestro análisis. De esta manera seguimos el esquema de análisis adoptado por autores como Kal HOLSTI[13], quien habla de unidades del sistema, estructura e interacciones, o Fulvio ATTINÀ[14], quien distingue entre actores, estructura y relaciones. En consecuencia, nuestro análisis no aborda, de manera autónoma, el medio o entorno del sistema internacional, como sí lo hacen algunas de las obras de relaciones internacionales más extendidas en nuestro país. Es de destacar, en este sentido, el esquema desarrollado por Marcel MERLE[15], quien habla de entorno del sistema constituido por los factores que «están en el origen del flujo de demandas y de apoyos que afectan al conjunto de los actores comprendidos dentro de los límites del sistema»[16]. Esos factores, en terminología de Marcel Merle, o determinantes causales para Raymond ARON[17], son de «dudosa» autonomía, como apunta el mismo MERLE[18]. Este autor, sin embargo, los considera autónomamente en base a dos argumentos (la necesaria dimensión histórica del análisis y la coacción que el medio ejerce sobre el comportamiento de los actores). En nuestra opinión, el esquema de análisis aquí propuesto aborda tanto la dimensión histórica, integrada en el análisis del proceso del sistema internacional, como la dimensión coactiva, recogida en el análisis de la estructura del sistema internacional en un momento dado. En ese sentido, el análisis de los factores queda implícitamente asumido.

A partir de los tres componentes del sistema internacional aquí reseñados —actores, estructura y proceso— se han desarrollado los siguientes apartados de este capítulo. Antes de entrar en los mismos, hay que indicar que la lógica sistémica adoptada en esta obra tiene, a nuestro modo de ver, dos ventajas. En primer lugar, permite identificar los modelos habituales de interacción entre los actores internacionales a la vez que constituye una variable para explicar el comportamiento de las unidades que forman el sistema. Así, siguiendo a HOFFMANN, «las teorías sistémicas parten del conjunto constituido por las unidades en competición y pretenden extraer las variables principales y las "reglas del juego", a pesar de la ausencia en el medio interestatal de las normas constitucionales que sirven a menudo de marco res-

---

[12] Esta definición está basada en la distinción clásica entre estructura y proceso de M. KAPLAN (comp.), *System and Process in International Politics*, Wiley, Nueva York, 1957.

[13] K. HOLSTI, *International Politics. A framework for analysis*, Prentice Hall, Englewood Cliffs, 1988 (5.ª ed.; 1.ª ed., 1967).

[14] F. ATTINÀ, *La politica internazionale contemporanea*, Franco Angeli, Milán, 1989 (1.ª ed., 1983).

[15] Véase M. MERLE, *Sociología de las relaciones internacionales*, Alianza, Madrid, 1991 (2.ª ed.; ed. orig. en francés, 1988). Dicho esquema ha sido, asimismo, adoptado por R. MESA, *Teoría y Práctica de las Relaciones Internacionales*, Taurus, Madrid, 1980 (1.ª ed., 1977), quien adopta el concepto de «ecología» de las relaciones internacionales para hablar de actores y factores. Marcel Merle destaca los siguientes factores: espacio, hombres, progreso técnico, intereses y «pasiones». Roberto Mesa, por su parte, habla de geografía, demografía y medio ambiente, de fuerzas económicas y sociales, de fuerzas religiosas y de factor ideológico.

[16] Ibídem, p. 159.

[17] Véase R. ARON, *Paz y guerra entre las naciones*, *op. cit.*, p. 229, quien distingue entre causas físicas o materiales (espacio, población o recursos) y determinantes sociales (nación, civilización y humanidad).

[18] M. MERLE, *Sociología de las relaciones internacionales*, *op. cit.*, p. 162.

trictivo a las actividades de los partidos, de las administraciones y de los intereses en la sociedad nacional. La idea de partida es que, incluso en un medio sin soberano en la cumbre, la libertad de maniobra de los centros de decisión está limitada por la configuración del conjunto y que ésta, a su vez, también determina los rasgos específicos del orden que existe en un momento dado (o bien permite comprender por qué no existe)»[19].

En segundo lugar, como destaca Marcel MERLE, la ventaja de la aproximación sistémica es que pone el acento en el juego de las interacciones y, por tanto, en la articulación entre los diferentes campos y entre los diferentes niveles de análisis[20]. Lo que permite integrar, junto a la aproximación global, aproximaciones concretas, que dan lugar a subsistemas, determinados por el campo de actividad, regional o funcional (*issue area*)[21] o por el nivel de análisis (desde el individuo hasta el nivel global)[22]. De ahí que la lógica de análisis del sistema global se traslade, también, a otros marcos más restringidos (por ejemplo, el sistema del Próximo Oriente o el sistema financiero internacional), en los que el sistema global funciona como medio o entorno, en la lógica sistémica clásica o eastoniana, de cada uno de dichos sistemas particulares. Lo que nos permitirá realizar análisis complementarios de un mismo fenómeno, desde niveles[23] o desde campos diferentes (así, por ejemplo, el análisis de la toma de decisiones, por una parte, y la teoría de la integración a nivel regional, por otra, pueden darnos dos visiones complementarias de un mismo fenómeno: la construcción de las Comunidades Europeas).

Pasaremos, a continuación, a desarrollar de modo específico cada uno de los componentes del sistema internacional: los actores, la estructura y el proceso.

2. LOS ACTORES INTERNACIONALES: DEFINICIÓN Y TIPOLOGÍA

La lógica sistémica se basa en la noción de unidades interactivas. En el caso del sistema internacional, surge de inmediato una cuestión a ese respecto: ¿estamos hablando de un sistema interestatal?, tal y como nos dejan ver algunos de los autores citados en estas páginas. La respuesta no es fácil. Por una parte, el uso del con-

---

[19] S. HOFFMANN, «L'ordre international», en M. GRAWITZ, y J. LECA, *Traité de Science Politique* vol. 1, PUF, París, 1985, p. 671.

[20] Idea desarrollada por M. MERLE, *Sociología de las relaciones internacionales, op. cit.*

[21] El término «*issue area*», de uso corriente en la teoría de las relaciones internacionales, es definido por Keohane y Nye. Así, los *issues* son «problemas que conciernen a los elaboradores de la política (*policy makers*) y que éstos consideran relevantes para la política pública (*public policy*)». De lo que sigue que «cuando los gobiernos activos en una serie de *issues* los consideran altamente interdependientes y actúan con todos ellos a la vez, podemos denominar a esta serie de *issues* una *issue area*», en R. O. KEOHANE, y J. S. NYE, *Power and Interdependence. World Politics in Transititon*, Little Brown and Company, Boston, 1977, p. 65.

[22] B. RUSSETT, y H. STARR, *World Politics. The Menu for Choice*, Freeman and Company, Nueva York, 1989 (1.ª ed., 1981), manual muy extendido entre los estudiantes de relaciones internacionales en Estados Unidos, parte de la distinción entre seis niveles de análisis: individual, individuo en tanto que desempeña un papel determinado (defiende intereses concretos), estructura gubernamental, características sociales de un estado determinado, interacciones internacionales y sistema mundial.

[23] Los niveles de análisis en el sistema internacional fueron introducidos por J. D. SINGER, «The level-of-analysis problem in International Relations», en J. ROSENAU (comp.), *International Politics and Foreign Policy*, The Free Press, Nueva York, 1969, pp. 20-29.

cepto en obras de referencia recientes así lo confirma[24]. Por otra parte, nuestra aproximación de partida (la sociedad global) lo desmiente.

Esta obra no define la calidad de actor sobre la base de la naturaleza (jurídica, por ejemplo) de la unidad en cuestión, sino a partir de su capacidad y de su habilidad para cumplir las funciones asignadas y obtener los objetivos propuestos en el sistema. Creemos que esta definición se ajusta a las necesidades de la actual sociedad internacional en la que los terrenos de juego (militares, comerciales, humanitarios, ecológicos, etc.) y las políticas realizadas son múltiples y diversos. Ello no significa que todo acto transnacional confiera inmediatamente categoría de actor; así, el turista que viaja al extranjero, por ejemplo. Dicha categoría se mide a partir de la influencia, efectivamente ejercida, por el actor en cuestión en su «terreno de juego» (la promoción de los derechos humanos por parte de Amnistía Internacional, por poner un ejemplo bien conocido).

La aproximación funcional a los actores se basa en criterios amplios[25]. De tal manera, que *el actor internacional es aquella unidad del sistema internacional (entidad, grupo, individuo) que goza de habilidad para movilizar recursos que le permitan alcanzar sus objetivos, que tiene capacidad para ejercer influencia sobre otros actores del sistema y que goza de cierta autonomía.*

Nos hemos quedado, por tanto, sin un criterio unificador formal y hemos diversificado los tipos de actores en base a los «terrenos de juego». Esto último nos lleva a indicar que la condición de actor está ligada a necesidades concretas y temporales (evolución de la agenda internacional). De ahí, por ejemplo, la aparición a partir de los años setenta de organizaciones no gubernamentales dedicadas a la defensa del medio ambiente. Así pues, el actor es relativo y temporal. Lo que lleva a algunos autores a esgrimir dicho argumento para dejar determinados actores, considerados más efímeros, al margen del análisis. Es el caso de Philip TAYLOR, quien define a los actores no estatales, con un criterio restrictivo, como «transnacionales formalmente organizadas», basándose en su voluntad de centrarse en los actores no-estatales más importantes y más permanentes[26].

A efectos de análisis, esta obra también va a poner limitaciones al concepto de actor internacional, una vez asentadas las condiciones de partida (capacidad, habilidad, autonomía). Aunque no identificamos sistema internacional con sistema interestatal, sí reconocemos el papel central de la lógica interestatal[27]. Lo que nos lleva a situar al actor-estado como punto de referencia. Sin que ello quiera decir que el estado se considere, por definición, como actor más importante. Sin embargo, sí se considera la lógica interestatal como punto de referencia básico y a determina-

---

[24] Véase, en dicho sentido, la voz sistema internacional en G. EVANS y J. NEWNHAM, *The Dictionary of World Politics*, Harvester/Wheatsheaf, Nueva York, 1992, p. 158, o en J. KRIEGER (comp.), *The Oxford Companion to Politics of the World*, Oxford UP, Nueva York, 1993, pp. 460-463.

[25] La amplitud de criterios a la hora de definir el actor internacional es palpable en R. MANSBACH, *et al.*, *The Web of World Politics*, Prentice Hall, Englewood Cliffs, 1976. Entre nosotros, véase C. GARCÍA SEGURA, «La evolución del concepto de actor en la Teoría de las Relaciones Internacionales», *Papers*, n.º 41, 1993, pp. 13-32.

[26] P. TAYLOR, *Nonstate Actors in International Politics. From Transregional to Substate Organizations*, Westview Press, Boulder, 1984, p. 20.

[27] Este reconocimiento se asienta en nuestra concepción de la sociedad internacional, basada en dos lógicas (la interestatal y la transnacional o multicéntrica) que coexisten en la sociedad global.

dos estados, como veremos, como actores centrales en el sistema en razón de su capacidad, de su habilidad y de su autonomía. Sobre esa base, vamos a redefinir el concepto de actor internacional para hacerlo más útil a efectos analíticos. Seguimos a RUSSETT y STARR, para quienes la calidad de actor internacional se fundamenta en tres elementos: 1) la unidad ha de llevar a cabo funciones continuadas y significativas (en el sentido de impacto continuado en el sistema interestatal); 2) la unidad es tomada en consideración por parte de los elaboradores de la política exterior y, en consecuencia, tiene impacto en la formación de la política exterior, y 3) la entidad tiene cierto grado de autonomía o libertad a la hora de tomar decisiones[28]. En este caso, la definición de actor internacional está en relación con el sistema interestatal. En efecto, pero ¿qué actores significativos no entrarían dentro de la misma? En muchos casos, por otra parte, en claro desafío a las atribuciones del estado. Lo que Edmond JOUVÉ ha denominado «l'état, acteur concurrencé»[29]. ¿Quién lleva a cabo dicha competencia? A esta pregunta, el autor francés responde haciendo mención tanto de actores «supraestatales» (organizaciones internacionales gubernamentales, organizaciones no gubernamentales internacionales, empresas multinacionales y la humanidad en su conjunto) como de actores «infraestatales» (el individuo y los grupos).

En este apartado no se pretende abordar de manera exhaustiva el tema de los actores internacionales[30]. Tan sólo destacar dos ideas en relación con los actores que nos parecen importantes de cara al posterior desarrollo del sistema internacional en su doble dimensión (estructura y proceso). Antes de entrar en las mismas, hay que precisar una cuestión previa: ¿qué tipología de actores internacionales vamos a adoptar en estas páginas? Ya hemos visto, al abordar el marco teórico de las relaciones internacionales (capítulo II), que la unidad de análisis o actor internacional priorizado por el analista constituye una pista importante sobre su aproximación. *Grosso modo* se puede hablar de dos tipos de clasificaciones. Una primera, ampliamente adoptada en las obras de relaciones internacionales publicadas en España, y que podemos definir como clásica[31], y una segunda, aparecida en los años setenta en el marco de los trabajos sobre el sistema global (globalismo o transnacionalismo) realizados en Estados Unidos.

La primera de dichas clasificaciones está ampliamente recogida en la obra de Marcel Merle *Sociología de las relaciones internacionales*. MERLE parte de una definición amplia de actor internacional. Él mismo escribe: «Por "actor" hay que entender toda autoridad, todo organismo, todo grupo e, incluso, en el caso límite, toda persona capaz de "desempeñar una función" en el campo social; en nuestro caso concreto en la escena internacional»[32]. A partir de dicha definición, el autor francés dibuja tres tipos de actores internacionales (véase cuadro 1) a partir de un *a priori*: «que el Estado o los Estados sean actores internacionales no elimina la exis-

---

[28] Véase B. RUSSETT, y H. STARR, *World Politics*, *op. cit.*, p. 65.

[29] Nos referimos a E. JOUVE, *Relations internationales*, PUF, París, 1992.

[30] Existe una amplia literatura sobre el tema de los actores internacionales. Véase el compendio bibliográfico de N. SAINZ, «Bibliografía sobre actores internacionales», *Papers*, n.º 1, 1993, pp. 159-164.

[31] Véanse las clasificaciones de M. MERLE, *Sociología de las relaciones internacionales*, *op. cit.;* R. MESA, *Teoría y Práctica de las Relaciones Internacionales*, *op. cit.*, y D. COLARD, *Les relations internationales de 1945 à nos jours*, Masson, París, 1991 (1.ª ed., 1977).

[32] M. MERLE, *Sociología de las relaciones internacionales*, *op. cit.*, p. 341.

tencia de actores no estatales»[33]. En negativo, por tanto, nos dibuja los otros tipos de actores: «primeramente, hay que considerar el caso de las organizaciones interestatales o intergubernamentales para preguntarse si estas instituciones, creadas y animadas por los Estados, han adquirido, frente a sus miembros, el mínimo de autonomía necesaria para desempeñar una función específica. Frente a los organismos interestatales, se encuentra el inmenso y mal definido sector de las iniciativas privadas. Bajo la denominación de «fuerzas transnacionales», se encuentran ejemplos muy numerosos y muy variados de grupos que asumen unas funciones y que ejercen una influencia más o menos grande sobre la decisión de los otros actores»[34]. Si atendemos al análisis del propio Marcel MERLE (véase cuadro 1), esos ejemplos variados de fuerzas transnacionales se circunscriben a tres fenómenos: organizaciones no gubernamentales, firmas multinacionales y opinión pública internacional[35].

CUADRO 1

Tipología de actores internacionales, según Merle

— Estados
— Organizaciones intergubernamentales
— Fuerzas transnacionales:
  • Organizaciones no gubernamentales
  • Firmas multinacionales
  • Opinión pública internacional

Fuente: M. MERLE, *Sociología de las Relaciones Internacionales*, Alianza, Madrid, 1991.

Frente a la anterior tipología, llamémosla clásica, hay que hacer mención de «una manera de abordar» los actores internacionales propia de los enfoques transnacionalistas. En este caso, hay que destacar, en primer lugar, que el estado y la territorialidad pierden importancia y, en segundo lugar, que la transnacionalidad deja de constituir un «cajón de sastre», como en el caso de la tipología anterior, para adquirir perfiles más definidos. Entre las tipologías de actores internacionales elaboradas desde la corriente transnacionalista destaca la desarrollada, entre otros, por MANSBACH[36], quien considera seis tipos de actores:

— AGI: actores gubernamentales interestatales u organizaciones interbugernamentales, tales como la Organización de Estados Americanos (OEA) o la UNESCO, por poner dos ejemplos.

---

[33] Ibídem, p. 342.
[34] Ibídem, p. 342.
[35] Véase desarrollo del tema en ídem, pp. 410-470.
[36] Véanse R. W. MANSBACH *et al.*, *The Web of World Politics*, *op. cit.*, y R. W. MANSBACH y J. VASQUEZ, *In Search of Theory. A New Paradigm for Global Politics*, Columbia UP, Nueva York, 1981.

— ANGI: actores no gubernamentales interestatales, en referencia a grupos e individuos que llevan a cabo actividad internacional, sin representar a sus estados; los ejemplos en este caso nos llevarían a hablar, entre otros, de organizaciones no gubernamentales de protección de los derechos humanos, como Amnistía Internacional, o empresas transnacionales, como IBM o Shell.

— Estado: los estados, en referencia a la actuación del gobierno central, terreno privilegiado del análisis realista; incluyendo aquí los cerca de doscientos estados soberanos que existen en la actualidad.

— AGNC: actores gubernamentales no centrales, en referencia a la actuación de los gobiernos locales (sobre todo regionales o municipales)[37]; abriéndose así un elenco de actores cuya política es tema de debate en la actualidad; por ejemplo, en el caso de las comunidades autónomas españolas con presencia internacional.

— AING: actores intraestatales no gubernamentales; es decir, grupos privados del ámbito nacional (organizaciones de carácter filantrópico, partidos políticos, sindicatos, grupos de intereses económicos, etc.) que mantienen relaciones directas con actores internacionales, al margen de su gobierno; como por ejemplo el PSOE o la Academia Sueca, que concede el Premio Nobel de Literatura.

— Individuo: personas que, merced a su prestigio personal y a título individual, ejercen una actividad destacada (defensa de la paz o de los derechos humanos, militancia antinuclear, etc.) en la escena internacional, como científicos (Bertrand Russell) o artistas (Pau Casals).

De esta manera, la tipología de Mansbach distingue entre actores públicos y actores privados. Tres tipos en cada caso, como hemos visto. Con los actores públicos o gubernamentales (AGI, estados y AGNC) y los actores privados o no gubernamentales (ANGI, AING e individuos), Mansbach nos obliga a un esfuerzo de imaginación al plantear lo que él denomina un «sistema conglomerado complejo» (*complex conglomerate system*), que no es otra cosa que la presentación en forma de matriz de todas las interacciones posibles entre los seis tipos de actores reseñados. En estas páginas se ha intentado adaptar dicha matriz a nuestro mundo de referencias (véase cuadro 2). Se verá que la misma nos ofrece una imagen difusa y compleja de las relaciones internacionales. Como apunta Caterina GARCÍA, «el término "conglomerado" hace referencia a la mezcla de materiales y de elementos diversos que se agrupan sin asimilarse. La idiosincrasia, el rasgo primario de este sistema, es la existencia de diversos tipos de actores diferentes que se agrupan según las situaciones específicas y forman distintos alineamientos difusos y flexibles en base a los objetivos que se pretenden alcanzar y a los medios que deben movilizarse para ello»[38].

En la presente obra se adopta el criterio clásico de dividir los actores internacionales en tres grandes grupos: estados, organizaciones intergubernamentales —que aquí denominamos organizaciones internacionales— y fuerzas transnacionales. Con ello no

---

[37] La inclusión de este tipo de actor por parte de autores norteamericanos está muy vinculada al análisis de casos concretos (políticas municipales, como el caso de Seattle en Estados Unidos o políticas regionales, como el caso de Quebec en Canadá). Sobre ambos temas, véanse, entre nosotros, M. SALOMÓN, «Las ciudades y el desarrollo de su papel internacional», *Papers*, n.º 41, 1993, pp. 127-142, y C. GARCÍA SEGURA, «La actividad exterior de Quebec: giro económico y consolidación», *Autonomías*, n.º 16, 1993, pp. 117-143.

[38] C. GARCÍA, «La evolución del concepto de actor en la teoría de las relaciones internacionales», *op. cit.*, p. 25.

CUADRO 2

Interacciones entre actores, según Mansbach

Tipo actor	AGI	ANGI	Estado	AGNC	AING	Indiv.
AGI	ASEAN UE	AI Ecosoc ONU	Rusia OTAN	Land alemán CE	UGT OIT	Pau Casals ONU
ANGI		Bayer Médicos del Mundo	Francia Green-peace	Ayunt. Barcelona COI	DC (Chile) ITT	Sting A.I.
Estado			Cuba España	Quebec-Francia	OLP Túnez	Carter Nicaragua
AGNC				Cataluña Ródano-Alpes	COE Ayunt. Jaca	Václac Havel Premio Int. Cataluña
AING					PSOE SPD	García Márquez Academia Sueca
Indiv.						Bertrand Russell Albert Einstein

Idea original: R. W. MANSBACH *et al.*, *The Web of World Politics*, Prentice Hall, Englewood Cliffs, 1976.

Nota: A continuación se detallan algunas interacciones que pudieran generar más dificultades de comprensión, por su carácter o por el tiempo transcurrido.

— Los servicios secretos de Francia llevaron a cabo un acto de terrorismo contra el barco *Rainbow Warrior* de Greenpeace, en 1985, con el resultado de un muerto. El barco hacía campaña contra las puebas nucleares francesas en el Pacífico Sur.

— El gobierno de Cataluña y el de la región francesa de Ródano-Alpes forman un órgano de consulta regular (junto a otras regiones europeas), conocido como los «Cuatro Motores de Europa».

— La empresa ITT apoyó, en 1973, a la trama golpista contra el presidente chileno Salvador Allende, que implicaba a dirigentes de la Democracia Cristiana.

— Tras el abandono del Líbano en 1982, la OLP instaló su sede en la capital tunecina, gracias a la acogida del gobierno de dicho país.

— El violonchelista Pau Casals actuó en 1958, en un acto de contenido político, ante la Asamblea General de las Naciones Unidas y en 1971 compuso su *Himno a las Naciones Unidas.*

— El cantante Sting popularizó, a través de sus recitales en favor de Amnistía Internacional, el trabajo de esta ONG en los años ochenta.

— A título individual y, en base a su prestigio personal, el ex presidente de los Estados Unidos, James Carter, realizó funciones de mediador en el proceso de transición en Nicaragua, en 1990, de los sandinistas a Violeta Chamorro.

— En 1995, Vaclav Havel recibió el Premio Internacional Catalunya (otorgado por un Instituto dependiente de la *Generalitat*) por su actitud ética en el marco de la Nueva Europa.

— B. Russell y A. Einstein organizaron en los primeros años cincuenta el «Movimiento Pugwash», formado por científicos de los dos bloques y dirigido contra el peligro de la guerra nuclear.

menospreciamos el valor de actores internacionales como los destacados, en igualdad de condiciones, por la tipología de Mansbach (gobiernos regionales, individuos, etc.). Ya se ha dicho que la concepción de sociedad internacional que inspira estas páginas está basada en dos lógicas (la interestatal y la transnacional o multicéntrica). Lo que da por supuesta la importancia de esos «otros actores» o «nuevos actores», como apuntan algunas voces, si bien la novedad es más que dudosa en muchos casos.

El objetivo que persiguen estas páginas —introducción general al tema de los actores internacionales y presentación de ideas-clave sobre el papel de dichos actores en la conformación del actual sistema internacional— se ve facilitado con la adopción de la tipología clásica, más manejable. En lo que respecta a las ideas-clave antes apuntadas, hay que precisar que esta obra desarrolla dos ideas centrales sobre los actores internacionales. En primer lugar, se destaca la idea de diferencia y de jerarquía entre los estados frente a la noción de igualdad y de soberanía. Lo que nos lleva, lógicamente, a abordar el tema de las potencias en el sistema internacional. En segundo lugar, se abunda en la noción de mundialización, para lo que se incide en el fenómeno organizativo internacional (crecimiento exponencial de las organizaciones internacionales y de las ONG) y en la globalización de la economía (impacto de las empresas transnacionales en la producción mundial). Todo ello lleva a complementar la noción de sistema jerárquico, producto de las diferencias interestatales, con la noción de sistema concéntrico (sistema centro-periferia), derivado de la existencia y de la actuación, en el mundo actual, de las organizaciones internacionales, las ONG y las empresas transnacionales. En otras palabras, el análisis de los actores internacionales en el actual sistema internacional permite caracterizar a este último como jerárquico y concéntrico.

A) El sistema de estados: la lógica de la diferencia

Cualquier estudio sobre actores internacionales comienza por una referencia al estado. En algunas ocasiones porque el estado es presentado como actor privilegiado o casi único. Es el caso de los autores realistas clásicos, como Hans J. Morgenthau. Sin embargo, en otras ocasiones el analista parte del papel cada vez más reducido de los estados (gobiernos nacionales) en el sistema internacional, tal y como ocurre en el caso de los autores transnacionalistas. En este último caso, la tipología de actores internacionales proporcionada por Mansbach es un buen ejemplo. De esta manera, en tanto que afirmación o en tanto que negación, el estado se convierte en referencia continuada a la hora de analizar el sistema internacional. Se puede hablar, pues, al mismo tiempo de crisis y de consolidación del estado, en tanto que actor internacional.

La consolidación del estado como forma de organización política es una evidencia en términos numéricos. Sólo hay que recordar que la Organización de las Naciones Unidas ha pasado de 51 miembros, firmantes originarios de la Carta de San Francisco en 1945, a 191[39] en 2003 (véase cuadro 3). La fragmentación esta-

[39] Los estados soberanos que no son miembros de la Organización de Naciones Unidas, aunque en algunos casos sí lo son de agencias especializadas del sistema de las Naciones Unidas, son: China (Taiwan), y la

talizadora es un hecho cotidiano, y en ocasiones dramático, desde el final de la guerra fría.

La crisis del estado, por otra parte, está asociada al desafío que supone para los gobiernos nacionales otro tipo de actores. Así, el desarrollo de las organizaciones internacionales o la globalización de la economía, acompañada del reforzamiento de las empresas transnacionales, son ejemplos en dicho sentido. Sin embargo, el papel del estado como actor internacional se ve desafiado por su propia proliferación que supone la utilización de un mismo concepto para hablar de realidades absolutamente diferentes. Algunos autores[40] consideran que, dada la diferencia existente entre los estados en términos de recursos, capacidades, posibilidades y autonomía para explotar y escoger entre todas esas posibilidades, es inapropiado llamar a todas esas unidades estados[41]. De ahí que, en este apartado, una vez establecidos los elementos materiales de definición del estado, pasemos a hablar en plural: los estados frente al estado.

CUADRO 3

Países miembros de las Naciones Unidas (julio de 2003)

Estado miembro	*Fecha de ingreso*	*Estado miembro*	*Fecha de ingreso*
Afganistán	1946	Arabia Saudí	1945
Albania	1955	Argelia	1962
Alemania	1973	Argentina	1945
Andorra	1993	Armenia	1992
Angola	1976	Australia	1945
Antigua y Barbuda	1981	Austria	1955

ciudad del Vaticano (Santa Sede). A los estados soberanos hay que sumar, para completar la geografía mundial, una serie de territorios dependientes. Entre los territorios dependientes se pueden destacar, por formar parte de nuestro marco de referencia, Gibraltar o las Islas Malvinas, dependientes de Gran Bretaña, o Puerto Rico, dependiente de Estados Unidos. La mayor parte de territorios dependientes son islas del Caribe, como Montserrat o las Islas Vírgenes, o del Pacífico, como Tokelau o las Islas Cook, dependientes de Nueva Zelanda. El territorio dependiente de mayor tamaño es Groenlandia, vinculado a Dinamarca, con una extensión 4,3 veces superior a la de España. Los listados estadísticos no siempre recogen el mismo número de unidades. Mientras el *Informe sobre el Desarrollo Mundial 2002*, Banco Mundial, Washington, 2002, maneja la cifra de 208 unidades (no incorpora ni los países no miembros del Banco Mundial, ni las unidades de menos de 30.000 habitantes), el *Anuario El País 2002*, El País, Madrid, 2002, que trabaja con las cifras combinadas del *Atlas Banco Mundial 2001* y el anuario francés *Atlaseco 2002*, trabaja con 213 unidades. Mientras no se indique lo contrario esta obra toma como referencia la cifra más alta, de 213 unidades.

[40] Véase B. RUSSETT y H. STARR, *World Politics, op. cit.*, p. 61.

[41] Las diferencias en lo que respecta a los elementos constitutivos de un estado son, hoy en día, astronómicas si las comparamos con las existentes en los orígenes del sistema de estados (los estados europeos que crearon la lógica westfaliana). Ejemplos extremos, en este sentido, los tenemos en el caso de dos estados soberanos y miembros de las Naciones Unidas: Estados Unidos y Palau. Mientras el primero dispone de un territorio de más de nueve millones de kilómetros cuadrados y una población de 282 millones de habitantes, el segundo tiene una extensión de 192 kilómetros cuadrados y alrededor de 19.000 habitantes. Los datos estadísticos, relativos a los estados y territorios del mundo, del presente apartado proceden de: *Informe sobre el Desarrollo Mundial 2002, op. cit.; Informe sobre Desarrollo Humano 2002* (PNUD), Mundi Prensa, México, 2002; *World Resources 2002. A guide to the global environment*, Oxford UP, Nueva York, 2001; *L'État du Monde 2003*, La Découverte, París, 2002; *Anuario El País 2002, op. cit.*

CUADRO 3 (*Continuación*)

Países miembros de las Naciones Unidas (julio de 2003)

Estado miembro	*Fecha de ingreso*	*Estado miembro*	*Fecha de ingreso*
Azerbaiyán	1992	España	1955
Bahamas	1973	Estados Unidos de América	1945
Bahrein	1971	Estonia	1991
Bangladesh	1974	Etiopía	1945
Barbados	1966	Federación Rusa	1945
Belarús	1945	Fiji	1970
Bélgica	1945	Filipinas	1945
Belice	1981	Finlandia	1955
Benín	1960	Francia	1945
Bhután	1971	Gabón	1960
Bolivia	1945	Gambia	1965
Bosnia-Herzegovina	1992	Georgia	1992
Botswana	1966	Ghana	1957
Brasil	1945	Granada	1974
Brunei	1984	Grecia	1945
Bulgaria	1955	Guatemala	1945
Burkina Faso	1960	Guinea	1958
Burundi	1962	Guinea Bissau	1974
Cabo Verde	1975	Guinea Ecuatorial	1968
Camboya	1955	Guyana	1966
Camerún	1960	Haití	1945
Canadá	1945	Honduras	1945
Chad	1960	Hungría	1955
Chile	1945	India	1945
China (República Popular)	1945	Indonesia	1950
Chipre	1960	Irak	1945
Colombia	1945	Irán	1945
Comoras	1975	Irlanda	1955
Confederación Suiza	2002	Islandia	1946
Congo	1960	Islas Marshall	1991
Corea (República de)	1991	Islas Salomón	1978
Corea (R. Popular Democrática)	1991	Israel	1949
Costa de Marfil	1960	Italia	1955
Costa Rica	1945	Jamaica	1962
Croacia	1992	Japón	1956
Cuba	1945	Jordania	1955
Dinamarca	1945	Kazajistán	1992
Djibuti	1977	Kenia	1963
Dominica	1978	Kirguizistán	1992
Ecuador	1945	Kiribati	1999
Egipto	1945	Kuwait	1963
El Salvador	1945	Laos	1955
Emiratos Árabes Unidos	1971	Lesotho	1966
Eritrea	1993	Letonia	1991
Eslovenia	1992	Líbano	1945

CUADRO 3 (*Continuación*)

Países miembros de las Naciones Unidas (julio de 2003)

Estado miembro	*Fecha de ingreso*	*Estado miembro*	*Fecha de ingreso*
Liberia	1945	República Dominicana	1945
Libia	1955	República Eslovaca	1993
Liechtenstein	1990	Ruanda	1962
Lituania	1991	Rumania	1955
Luxemburgo	1945	Saint Kitts y Nevis	1983
Macedonia (ex República Yugoslava)	1993	Samoa	1976
Madagascar	1960	San Marino	1992
Malaisia	1957	San Vicente y Granadinas	1980
Malawi	1964	Santa Lucía	1979
Maldivas	1965	Santo Tomé y Príncipe	1975
Malí	1960	Senegal	1960
Malta	1964	Seychelles	1976
Marruecos	1956	Serbia y Montenegro	2000
Mauricio	1968	Sierra Leona	1961
Mauritania	1961	Singapur	1965
México	1945	Siria	1945
Micronesia	1991	Somalia	1960
Moldova	1992	Sri Lanka	1955
Mónaco	1993	Sudáfrica	1945
Mongolia	1961	Sudán	1956
Mozambique	1975	Suecia	1946
Myanmar	1948	Surinam	1975
Namibia	1990	Swazilandia	1968
Nauru	1999	Tailandia	1946
Nepal	1955	Tanzania	1961
Nicaragua	1945	Tayikistán	1992
Níger	1960	Timor-este	2002
Nigeria	1960	Togo	1960
Noruega	1945	Tonga	1999
Nueva Zelanda	1945	Trinidad y Tobago	1962
Omán	1971	Túnez	1956
Países Bajos	1945	Turkmenistán	1992
Pakistán	1947	Turquía	1945
Palau	1995	Tuvalu	2000
Panamá	1945	Ucrania	1945
Papua Nueva Guinea	1975	Uganda	1962
Paraguay	1945	Uruguay	1945
Perú	1945	Uzbekistán	1992
Polonia	1945	Vanuatu	1981
Portugal	1955	Venezuela	1945
Qatar	1971	Vietnam	1977
Reino Unido	1945	Yemen	1947
República Centroafricana	1960	Zambia	1964
República Checa	1993	Zimbabwe	1980
República Democrática del Congo	1960		

a) *Soberanía y territorio*

La aparición del estado en su forma actual es relativamente reciente. En términos internacionales —creación de un sistema de estados— el Tratado de Westfalia (1648) supone el punto de partida de un nuevo mundo, en el que la anterior multiplicación de autoridades y de lealtades (príncipes, emperador, papa) da paso al monopolio de la autoridad política sobre un territorio determinado. El principio central del Tratado de Westfalia era simple —el monarca impondrá su religión en su territorio— pero a la vez novedoso: el monarca sería soberano en su territorio. Desaparecía, de esta manera, la posibilidad de una autoridad externa o superior a la del monarca (emperador, papa). Mientras en Europa se imponía el sistema de estados, en otras zonas del mundo como en India, en China o entre los árabes o los mongoles persistía el sistema imperial.

Los elementos constitutivos del estado moderno son tres: territorio, población y gobierno, con autoridad para gobernar sobre los otros dos. Jurídicamente, el estado se diferencia de cualquier otro actor porque goza de un *status* legal único, goza de soberanía. Lo que diferencia al estado de cualquier otro actor y lo que iguala a los estados entre sí. En términos jurídicos, todos los estados son iguales, en tanto que todos son soberanos. Principio proclamado en el artículo 2.1 de la Carta de las Naciones Unidas y desarrollado en la resolución 2625 (XXV) de la Asamblea General de Naciones Unidas (Declaración de principios de Derecho Internacional que rigen las relaciones de amistad y cooperación entre los Estados), en la que podemos leer: «Todos los estados gozan de la igualdad soberana. Tienen iguales derechos e iguales deberes y son por igual miembros de la comunidad internacional, pese a las diferencias de orden económico, social, político o de otra índole.»

Hedley BULL indica que la soberanía incluye «la soberanía interna, que comporta la supremacía sobre cualquier otra autoridad existente entre la población o en el territorio» y la soberanía externa que significa «no supremacía, sino independencia de cualquier autoridad externa»[42]. Así, la soberanía externa se traduce en que ninguna autoridad puede decir al estado cómo actuar. Es decir que no existe ningún superior jerárquico con autoridad legítima para decir al estado lo que tiene que hacer. Es independiente. Lo que algunos autores, como Raymond ARON, traducen en el carácter legítimo del recurso a la fuerza armada por parte del estado[43], y otros, como Daniel COLARD, apuntan desde el Derecho Internacional Público que «soberanía no significa que el estado no esté sometido a reglas obligatorias que le son superiores; significa que no está sometido sin su consentimiento a ninguna autoridad ni organismo que le imponga una obligación»[44].

Ahora bien, la independencia objetiva del estado (declaración de independencia) alcanza todo su valor en el sistema internacional cuando es reconocida por los otros miembros del sistema de estados. A veces ese reconocimiento puede tener efectos importantes sobre el propio sistema: la proclamación de independencia de Croacia y Eslovenia, en junio de 1991, se convierte en términos del sistema de estados

---

[42] H. BULL, *The Anarchical Society. A Study of Order in World Politics*, Macmillan, Londres, 1977, p. 8.

[43] R. ARON, «Qu'est que c'est qu'une théorie des relations internationales?», *Revue Française de Science Politique*, vol. 17, 1967, p. 843.

[44] D. COLARD, *Les Relations Internationales de 1945 à nos jours*, *op. cit.*, p. 87.

europeos en un desafío de primer orden. En ese sentido, la posguerra fría nos ha traído ejemplos evidentes de cómo los estados independientes precisan del reconocimiento de la comunidad internacional. En especial, de aquellos estados o grupos de estados considerados vitales para la supervivencia del nuevo estado (vecinos poderosos, grandes potencias, etc.). De manera genérica se puede apuntar que desde las grandes descolonizaciones de los años sesenta el ingreso del estado recién nacido en las Naciones Unidas es el corolario de su reconocimiento por la comunidad internacional: una cierta legitimación colectiva. El reconocimiento es el ejemplo de partida que nos muestra que toda consideración sobre el papel de un estado en el sistema internacional se ha de expresar en términos de relación (el poder del estado, como veremos más adelante, no se considera *per se* sino en un marco de relaciones determinado entre dicho estado y los otros actores del sistema internacional).

En el terreno jurídico, la relación entre estados soberanos viene determinada en la actualidad por una serie de principios contenidos en la Carta de las Naciones Unidas. Entre los cuales destacan tres grandes principios:

1) el principio de la igualdad entre los estados (art. 2.1) queda reflejado en la composición de la Asamblea General de las Naciones Unidas donde se aplica la regla de «un estado, un voto»;
2) el principio de la no intervención o de la no injerencia (art. 2.7) se puede interpretar como el corolario lógico de la soberanía;
3) el principio de no recurrir a la fuerza (art. 2.4) tiene por objeto que un estado no recurra a la amenaza o al uso de la fuerza contra la integridad territorial o la independencia política de otro estado y, con ello, la guerra se ve abolida, salvo en casos de legítima defensa (art. 51).

La experiencia de cincuenta años de funcionamiento de Naciones Unidas nos sirve para saber que los principios han sido habitualmente vulnerados. Es el caso del principio de no injerencia o no intervención en los asuntos internos o externos de otro estado. Si bien las intervenciones en los asuntos de otros estados, llevadas a cabo por las dos superpotencias (entre otros) desde el final de la segunda guerra mundial, eran calificadas de legítimas cuando se trataba de una acción propia y de ilegítimas cuando eran ajenas. Así, el gobierno de los Estados Unidos, por ejemplo, justificó su intervención militar en Panamá en 1989, mientras condenó diez años antes la de la Unión Soviética en Afganistán. Ahora bien, tras el fin de la guerra fría se puede hablar de una corriente amplia de opinión que se plantea la revisión de algunos principios, como el de la no-intervención, sobre la base de criterios humanitarios (deber de injerencia humanitaria). Esta cuestión alcanzó una resonancia pública importante en 1991, vinculada a la situación de la población kurda de Irak tras la guerra del Golfo. Tanto es así que algunos países destacados, como Francia, apuntaron políticamente en favor de «una especie de deber de intervención en el interior de un país cuando una parte de su población es víctima de persecución», en palabras del entonces presidente Mitterrand. Sin embargo, y a pesar de que la noción de deber de injerencia humanitaria rodeó el ambiente del Consejo de Seguridad de las Naciones Unidas en el caso de la asistencia a los kurdos del norte de Irak, en 1991, el Consejo no legitimó en su resolución 688, adoptada el 5 de abril de 1991 y relativa a los sufrimientos de los kurdos, ningún tipo de intervención humanitaria, sino que, como apunta PASTOR RIDRUEJO, «tuvo buen cuidado en dejar a salvo la soberanía e integridad territorial de Irak»[45].

Ya hemos dicho que el *status* legal del estado —su soberanía— le diferencia de cualquier otro actor internacional. Si bien hay que precisar que el estado tiene una segunda característica que le diferencia de los demás actores: la disposición de un territorio (terrestre, aéreo y marítimo, a no ser que se trate de un estado enclavado o sin salida al mar). Ningún otro actor dispone legalmente de un territorio. Hoy en día, todo el territorio del mundo —la Antártida en situación de *impasse*[46]— tiene un soberano (bien sea bajo la forma de estado soberano o como territorio dependiente de uno de éstos). Es más, se podría decir —como ocurre en el caso de las islas Spratly, en el mar de China Meridional— que la soberanía «crea» el territorio. En efecto, un territorio de apenas 10 kilómetros cuadrados, esparcido entre 33 islas y 400 atolones, que en algunos casos apenas sobresalen del agua, ha dado lugar a una «defensa militar de banderas» ondeando literalmente sobre las olas. La soberanía sobre ese «espacio anfibio», que enfrenta a varios países de la región y de forma destacada a China (República Popular y Taiwan) y Vietnam, está creando un territorio (terrestre, aéreo y marítimo). Los, aparentemente importantes, recursos en gas y petróleo de la zona han creado un territorio propicio sólo para las tortugas y las plataformas petrolíferas, y con él soberanías contestadas.

Los criterios jurídicos nos dan un punto de partida que, desde las relaciones internacionales, hemos de relativizar sobre la base de la capacidad y de la habilidad de cada entidad soberana para ejercer un efectivo control sobre su territorio y para llevar a cabo sus objetivos (a nivel nacional y a nivel internacional)[47]. Así, más allá del criterio jurídico definidor de toda entidad estatal (soberanía), el enfoque funcional de las relaciones internacionales se centrará en la habilidad de cada entidad para movilizar recursos de cara a la consecución de objetivos determinados y en la capacidad de la misma para ejercer influencia sobre el comportamiento de otros actores del sistema internacional.

La soberanía es un concepto relativo en términos de influencia internacional. ¿En qué medida es soberano un estado gravemente endeudado[48], como Ecuador? ¿En qué medida ejerce su soberanía un país que no dispone de flota para controlar la pesca ilegal en sus aguas territoriales? ¿Cómo hacer frente al uso de satélites cien-

---

[45] J. A. PASTOR RIDRUEJO, *Curso de Derecho Internacional Público y Organizaciones Internacionales*, Tecnos, Madrid, 1994 (5.ª ed.), pp. 300-301.

[46] La Antártida está sometida a un régimen especial. En 1959 doce países interesados en el territorio firmaron un Tratado, que entró en vigor en 1961, y que supuso la congelación de las pretensiones de soberanía territorial, la desmilitarización del continente y su conversión en un espacio abierto a la investigación científica. La duración del Tratado, treinta años, no dio lugar en 1991 a una conferencia de revisión, a partir de reclamaciones de soberanía territorial, sino que los países implicados firmaron un protocolo mediante el cual se prohíbe, durante cincuenta años, la explotación de los recursos minerales de la Antártida. El tema hay que enmarcarlo en el desarrollo que ha alcanzado, en los últimos años, la protección del medio ambiente en la agenda internacional.

[47] Lo que no obsta para que, de modo legal, se introduzcan métodos que reconocen o propician, a veces en términos de discriminación positiva, la desigualdad entre los estados. Es el caso, por ejemplo, del voto ponderado utilizado en algunas organizaciones internacionales.

[48] Según el Banco Mundial, «son países gravemente endeudados los que tienen un nivel superior al crítico en una de las dos relaciones fundamentales, a saber: valor actual del servicio de la deuda-PNB (80 por 100), y valor actual del servicio de la deuda-exportaciones (220 por 100)».

tíficos o militares que investigan sobre territorios ajenos? ¿Cómo puede un estado altamente desarrollado, como Austria, evitar los efectos nocivos sobre su medio ambiente de un vecino altamente contaminante como la República Checa?

La capacidad —en términos de riqueza/pobreza, entre otros— será un criterio determinante pero, tal y como mostraba el ejemplo checo-austríaco, el poder en las relaciones internacionales es un fenómeno cada vez más difuso y más difícil de determinar en el entramado global del sistema internacional. Especialmente cuando los temas tratados son por definición transnacionales —no conocen de fronteras—, como ocurre con la degradación medioambiental.

b) *Estados frente a estado*

Los actores internacionales, tal y como se ha apuntado, forman un mundo similar al reino animal. Son numerosos, variados por su naturaleza, cumplen funciones diversas, evolucionan, etc. Al igual que los animales se pueden clasificar en clases y, una vez establecidas las grandes clases (mamíferos o estados, reptiles u organizaciones internacionales, etc.), se entra en las subclases, los órdenes, las familias y las especies. Este símil sirve para indicar, antes de comenzar a hablar de los estados en el sistema internacional, que no existe una única clasificación a realizar. Al contrario, criterios diversos nos permitirán clasificar a esos 191 estados que forman la ONU en múltiples subclases (y a partir de ahí reclasificarlos nuevamente según criterios más restringidos). Algunos autores hablan de «clubes de estados»: los ricos, los nuclearizados[49], los exportadores de combustible[50], los militarizados, etc.

A modo de ilustración, y sin ánimo exhaustivo, podemos abordar la idea de la diferencia en el sistema de estados a partir de algunos criterios tangibles que, más adelante, van a servir de base para establecer la noción de jerarquía entre los estados del sistema.

La diferencia entre los estados (en su forma actual) viene dada, en primer lugar, por un elemento obvio: su *edad*. En la actual Asamblea General de Naciones Unidas se sientan estados jóvenes (apenas dos o tres décadas de existencia y sin tradición previa como entidad política) junto a estados viejos (varios siglos de existencia y tra-

---

[49] El tema de la proliferación nuclear se ha convertido en un tema candente en la agenda internacional, tal y como mostró la Conferencia de revisión del Tratado de No Proliferación Nuclear (TNP), finalizada el 16 de mayo de 1995. La decisión de dicha Conferencia —prórroga indefinida del TNP— divide al mundo entre dos tipos de países: los nucleares (Estados Unidos, Rusia, Reino Unido, Francia y China), que no deben transferir armamento nuclear a otros países, y los demás, que se comprometen a no adquirirlo ni fabricarlo. El club oficial de los cinco países nucleares se ve secundado por un club oficioso de países (no firmantes del TNP) que ya disponen de tecnología nuclear militar (India, Pakistán e Israel) y, más allá, una serie de estados que, a pesar de formar parte del TNP, están desarrollando programas nucleares, como Irak, Irán o Corea del Norte. El control de la proliferación nuclear constituye una de las grandes preocupaciones a principios del siglo XXI.

[50] Los países exportadores de combustible, calificados así por el Banco Mundial en su Informe de 1994, son aquellos países cuyas exportaciones y reexportaciones de petróleo y gas representaron como mínimo un 50 por 100 de sus exportaciones en el período 1987-1991. Este grupo de países está formado por Nigeria, Angola, Argelia, Congo, Irak, Gabón, Venezuela, Arabia Saudí, Bahrein, Irán, Libia, Omán, Trinidad y Tobago, Turkmenistán, Brunei, Emiratos Árabes Unidos y Qatar. Véase *Informe sobre el Desarrollo Mundial*, *op. cit.*, p. 263.

diciones asentadas como entidad política y/o cultural). Si bien es difícil abordar comparativamente el sistema de estados de principios de siglo (mucho más heterogéneo y complejo en términos jurídico-territoriales) y el actual, sí se puede apuntar la obvia diferencia que existe entre la cifra de 42 estados asistentes en el año 1907 al Congreso de La Haya y el número actual de miembros de la ONU: 191 estados. La Asamblea General es un ejemplo claro del actual sistema: el crecimiento entre 1945 y 1975, de 51 a 145 miembros supone la entrada en la Organización de un mundo nuevo (afro-asiático), racial y culturalmente alejado del mundo ginebrino (europeo-americano) que dio origen a las Naciones Unidas tras la segunda guerra mundial (véase cuadro 4).

CUADRO 4

Distribución geográfica de la Asamblea General (ONU)

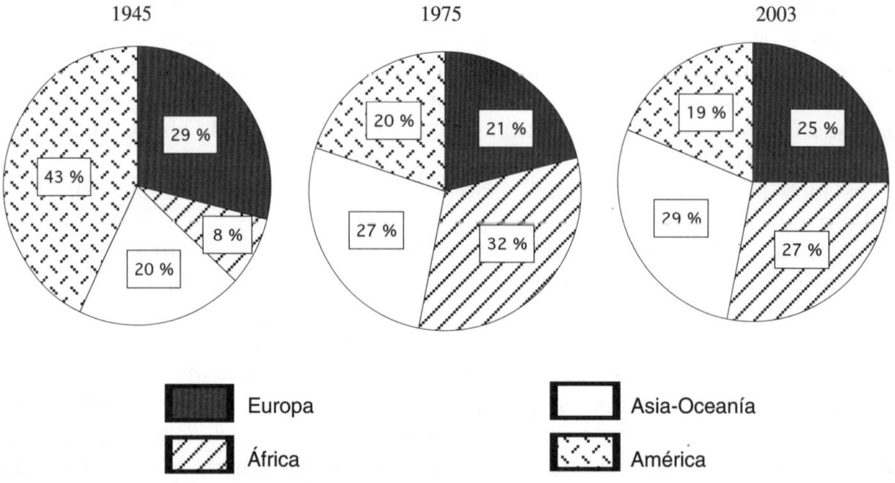

Nota: Los estados caucásicos de la ex Unión Soviética, así como Turquía, están contabilizados como europeos.

La descolonización masiva en la década de los sesenta significó la aparición de una multitud de estados que, en gran medida, se delimitaron a partir de fronteras administrativas de origen colonial y que carecían de recursos humanos adecuados (ingenieros, médicos, diplomáticos, etc.) para dirigir y gestionar el país. De manera genérica[51],

[51] Se refiere a tendencias genéricas. Algunos estados de «edad avanzada», radicados en América Latina, comparten las dificultades de la mayor parte de estados jóvenes del Tercer Mundo, mientras que algunos estados

se puede apuntar que los estados jóvenes tienen enormes hándicaps en comparación a los viejos estados. *Hándicaps* en múltiples sentidos —pobreza, falta de infraestructuras, sociedades no consolidadas dentro de sus fronteras— que nos permiten hablar de países en crisis. Ésa fue la denominación que el *Informe sobre el Desarrollo Humano 1994* del PNUD otorgó a una serie de países —Afganistán, Angola, Haití, Irak, Mozambique, Myanmar, Sudán y Zaire—, a partir de sus «malos resultados» en varios epígrafes: seguridad alimentaria, seguridad en el empleo y en el ingreso, violaciones de derechos humanos, conflictos étnicos y de otro orden y gasto militar. El tema de los estados en crisis se ha hecho cada vez más visible en la agenda internacional. Hoy es un lugar común vincular los estados fracasados o estados fallidos (*failed states*) con seguridad en general (la de los propios habitantes de dichos países y la del resto del planeta). Buena muestra de ello ha sido el primer documento doctrinal elaborado por la Unión Europea en materia de seguridad (véase cuadro 5).

CUADRO 5

Estados fallidos

En muchas partes del mundo, el mal gobierno, los conflictos civiles y la facilidad de adquisición de armas ligeras han llevado a un debilitamiento del poder del Estado y de las estructuras sociales. En algunos casos se ha producido algo cercano al colapso de las instituciones del Estado. Somalia, Liberia y Afganistán son los ejemplos recientes más conocidos. La debilidad del Estado es explotada con frecuencia (a veces, incluso causada) por elementos criminales. Los ingresos procedentes de la droga han provocado el resquebrajamiento de las estructuras estatales en varios países productores de drogas; en Afganistán, los ingresos procedentes de la droga mantuvieron en el poder a los talibanes y a varios ejércitos privados. Cuando los Estados se descomponen, la delincuencia organizada toma el relevo. Las actividades delictivas que se desarrollan en estos países afectan a la seguridad de Europa. Importantes flujos clandestinos de drogas e inmigrantes llegan a Europa a través de los Balcanes, Europa oriental y Asia central.

Fuente: Javier SOLANA, *Una Europa segura en un mundo mejor,* Consejo Europeo de Salónica, 20 de junio de 2003.

La fragilidad de los estados está especialmente extendida en África, donde la Organización de la Unidad Africana (creada en 1963 y sustituida en 2002 por la Unión Africana) convirtió en un principio básico el respeto de las fronteras surgidas de la descolonización. Sin embargo, la posguerra fría, como en tantos otros temas, ha «descongelado» situaciones dadas. Así, tras décadas de lucha armada contra el ejército etíope, el referéndum de autodeterminación celebrado en Eritrea (abril de 1993), con la supervisión de Naciones Unidas y favorable a la secesión de dicho

---

recientes (caso de Brunei o de algunos países del golfo Pérsico) tienen, en cambio, una situación diferente, en términos económicos, debida al azar: la posesión de abundantes recursos energéticos en sus territorios.

territorio, significa la apertura de una nueva era «legal» para los estados africanos. La fragmentación de estados «congelados» durante la guerra fría y la aparición de otros nuevos, con el consiguiente aumento de miembros en Naciones Unidas, es una tendencia evidente en los años noventa[52].

Tras la edad, otros dos elementos tangibles nos permiten apreciar la diversidad actual entre los estados: su *territorio* y su *población*. En términos territoriales, Naciones Unidas alberga 191 estados que van desde las dimensiones de Rusia (17 millones de kilómetros cuadrados) hasta las dimensiones de Mónaco (un kilómetro cuadrado). Los extremos no son, sin embargo, elocuentes de un hecho evidente: el 50 por 100 del territorio mundial está bajo la soberanía de ocho estados (Rusia, Canadá, China, Estados Unidos, Brasil, Australia, India y Argentina) y 48 unidades (estados y territorios) tienen menos de 1.000 kilómetros cuadrados (el municipio de Madrid tiene 600 kilómetros cuadrados). Entre estos últimos se encuentran estados miembros de Naciones Unidas, como Bahrein (622 km^2), San Vicente y Granadinas (388 km^2) o Liechtenstein (157 km^2), que tienen superficies equivalentes a lo que en España son algunos parques nacionales (los 750 km^2 de Doñana o los 160 km^2 de Ordesa-Monte Perdido).

El tamaño del territorio, sin embargo, no es un valor *per se* (Rusia o Gran Bretaña, con territorios muy diferentes, han desempeñado en diferentes momentos papeles de primeras potencias, respectivamente continental y marítima). La ubicación del territorio (control de estrechos estratégicos, país enclavado, condiciones climáticas, etc.) y su riqueza (combustibles, minerales estratégicos, autosuficiencia alimentaria, agua, etc.) son cuestiones a considerar. En lo que respecta a la riqueza del territorio, no hace falta recordar la trascendencia política que ha tenido la concentración de los recursos energéticos en algunas regiones del mundo, destacando los países de Oriente Medio con el 65 por 100 de las reservas mundiales de petróleo (véase cuadro 6).

CUADRO 6

Reservas de petróleo en miles de millones de barriles (2000)

América del Norte	26
América Latina	117
Europa	21
Ex URSS	57
África	75
Oriente Medio	575
Asia Pacífico	44
Total	*915*

Fuente: *Oil and Gas Journal*. Reservas probadas estimadas el 1 de enero de 2000.

[52] Eritrea ingresó en Naciones Unidas el 28 de mayo de 1993, de forma rápida y discreta, si tenemos en cuenta los años de guerra transcurridos desde 1962, momento en el que el gobierno etíope acabó con el régimen autónomo de Eritrea (territorio federado con Etiopía desde 1952). Ambos países se volvieron a enfretar militarmente entre 1998 y 2000.

Los recursos de agua dulce, por su parte, se han convertido en un tema políticamente preocupante. Tanto es así que las disputas internacionales a causa del agua —el conflicto en torno al río Jordán es uno de los casos más conocidos— constituyen un tema destacado, proclive a generar conflictividad, en la agenda internacional [53]. En ese sentido, Butros Gali anunciaba en 1985 que «la próxima guerra en Oriente Medio se librará por el agua». Las predicciones fallaron ante la guerra del Golfo (impensable a mediados de los ochenta), pero no dejan de hacer referencia a un problema de larga duración en la región y central en el actual proceso de paz[54].

La población, al igual que el territorio está repartida de manera dispar a lo ancho del planeta. Los extremos en este caso corresponden a China, con una población en 2000 de 1.253 millones de habitantes (20,63 por 100 del total mundial), y al Vaticano, con una estimación de 1.000 habitantes. Seis estados gozan de soberanía sobre el 50 por 100 de la población mundial (China, India, Estados Unidos, Indonesia, Brasil y Rusia), mientras que 58 unidades (estados y territorios) tienen poblaciones de menos de un millón de habitantes. Entre estos últimos se cuentan miembros de Naciones Unidas como Gambia (un millón de habitantes), Islandia (277.000 habitantes) o Seychelles (80.000 habitantes). En otros términos, provincias o ciudades españolas tienen poblaciones equivalentes a las de un estado con escaño en la ONU: la población de Gambia es equivalente a la de la provincia de Cádiz, la de Islandia a la del municipio de Hospitalet de Llobregat y la de Seychelles a la de la ciudad de Palencia.

Si el tamaño del territorio ha de contrastarse con otros muchos elementos cuantificables (riqueza natural, por ejemplo), lo mismo ocurre con la población. Incluso más que en el caso anterior ya que la «calidad» de la población, en términos demográfico-culturales, es un factor decisivo para el desarrollo de un estado. En este terreno (educación, cultura, salud) los indicadores a considerar son muy diversos: esperanza de vida, mortalidad infantil, analfabetismo, libros publicados, etc. Tan sólo cabe recordar, a modo de ejemplo, y para abundar en la idea de la diferencia existente en el mundo contemporáneo entre unos y otros estados, que la tasa de mortalidad infantil en el año 1999 variaba, en los extremos, entre las 168 muertes por cada 1.000 nacimientos en Sierra Leona y las 3 de Singapur. La esperanza de vida se movía en el año 1999 entre los 37 años de Sierra Leona y los 80 de Japón. En lo que respecta a la tasa de analfabetismo en la población adulta en el año 1999, ésta iba desde las cifras más negativas de Níger (85 por 100 entre los mayores de 15 años) hasta una tasa genérica en la mayor parte de países de ingreso alto, que, según la UNESCO, es inferior al 3 por 100[55].

[53] Son múltiples los casos de conflictividad ligados al uso de los recursos en agua dulce. A continuación se enumeran algunos de los más destacados, indicando el río y los países en litigio por sus aguas: Jordán (Líbano, Siria, Israel, Egipto y Entidad Nacional Palestina); Nilo (Egipto, Sudán y Etiopía); Ganges y Brahmaputra (India y Bangladesh); Mekong (Camboya, Laos, Vietnam y Tailandia); Han (Corea del Norte y Corea del Sur); Colorado y Río Grande (México y Estados Unidos); Paraná (Brasil, Paraguay, Uruguay y Argentina); y Syr Darya y Amu Darya, ríos que llevan sus aguas al mar de Aral, en vías de desaparición (ex repúblicas asiáticas de la ex Unión Soviética).

[54] Véase F. Izquierdo, «El agua en la cuenca del río Jordán: la lucha por un recurso escaso», *Papers*, n.º 46, 1995, pp. 121-138.

[55] En España, sin embargo, en la década de 1990 la tasa de analfabetismo femenino superaba dicha cifra para situarse en el 7 por 100.

c) *Estados ricos/estados pobres*

Otros dos criterios, clásicos a la hora de abordar las diferencias tangibles entre los estados, son el *tamaño económico* y el *tamaño militar* de cada unidad política.

En lo que respecta al tamaño económico del estado, el PNB constituye un primer indicador a considerar. En 2000, el PNB de los Estados Unidos encabezaba el ranking mundial con casi 10 billones de dólares. En el extremo opuesto, el PNB de Kiribati era de 80 millones de dólares. En el año 2002, el presupuesto de la comunidad autónoma de La Rioja (el más reducido de las autonomías españolas), de más de 535 millones de Euros, era más elevado que el PNB de unas 20 unidades políticas del mundo, entre las que encontraban miembros de Naciones Unidas como Bhutan, Andorra o Saint Kitts y Nevis.

Como siempre, más allá de los extremos, lo elocuente es observar la concentración del PNB a nivel mundial. En efecto, tres estados (Estados Unidos, Japón y Alemania) acumulan casi el 50 por 100 de la producción mundial (España ocupaba en 2000 el onceavo puesto con un 1,77 por 100 del total mundial). Sólo 16 estados tenían en 2000 productos nacionales superiores al 1 por 100 del producto total mundial, y esos estados acumulaban casi el 82 por 100 de la producción mundial, mientras que las 115 unidades menos productivas del mundo sumaban en total un 1 por 100 de la producción mundial. Entre estas 115 unidades encontramos a países como Senegal, Paraguay, Jordania o Nicaragua.

El PNB *per capita* es el siguiente indicador a considerar. Entre otras cosas, porque ha servido de base al Banco Mundial para diseñar una clasificación aplicable a todos los estados del mundo. El PNB *per capita* nos muestra que en las últimas décadas las diferencias van en aumento entre el sector privilegiado de estados (cada vez más reducido) y los demás. Según el *Informe sobre Desarrollo Humano 1994*, mientras el 20 por 100 más rico de la población mundial se enriquecía, pasando de disponer del 70 por 100 en 1960, al 85 por 100 en 1990, del ingreso mundial, el 20 por 100 más pobre se empobreció, al pasar en el mismo período del 2,3 al 1,4 por 100 del ingreso mundial. Así, «una quinta parte de la humanidad, principalmente en los países industrializados, cuenta con las cuatro quintas partes del ingreso mundial y otras oportunidades de desarrollo»[56]. Lo que de manera gráfica queda recogido en la diferencia abismal que separa a un habitante de Luxemburgo con más de 36.000 dólares de renta anual (el primer PNB *per capita* del mundo en 2000) de uno de la República Democrática del Congo con 100 dólares (el último).

Como ya se ha dicho, el Banco Mundial clasifica los estados y territorios en tres grupos, según su nivel de PNB *per capita*: países de ingreso bajo, de ingreso medio (subdividido en países de ingreso medio bajo y países de ingreso medio alto) o de ingreso alto (véase cuadro 7).

En 2002, sobre la base de 208 unidades contabilizadas por el Banco Mundial, el grupo de países de ingreso alto estaba formado por 52 unidades (junto a estados hay que incluir territorios como Hong Kong, Islas Vírgenes, etc.), entre las cuales se cuenta España, con 15.000 dólares. El grupo de países de ingreso medio sumaba un total de 90 unidades, 52 de las cuales eran de ingreso medio bajo, como Tailandia,

---

[56] *Informe sobre Desarrollo Humano 1994*, *op. cit.*, p. 40.

CUADRO 7

Clasificación de países (Banco Mundial)

Clasificación según PNB per capita *en 1992*	*Número de países*
Países de ingreso bajo: 755 $ o menos	66
— Países de ingreso medio:	
— medio bajo: entre 756 y 2.995 $	52
— medio alto: entre 2.996 y 9.265 $	38
Países de ingreso alto: 9.266 $ o más	52

Fuente: *Banco Mundial*, en el sitio www.worldbank.org/data/countryclass/countryclass.html (consultado en mayo de 2002).

Turquía o Rusia, y 38 de ingreso medio alto, como Grecia o Brasil. Finalmente, el grupo de los países de ingreso bajo sumaba en 2002 un total de 66 estados. Estos últimos, también calificados de países menos adelantados[57] o de países pobres[58], se concentran en el África subsahariana y en Asia (sur de Asia y sudeste asiático), aunque de manera más concreta también encontramos ejemplos en América (Haití), Asia Central (Tayikistán) y Oriente Medio (Yemen).

El aumento espectacular de las diferencias entre países pobres y países ricos en las últimas décadas así como el deterioro social generalizado en el Tercer Mundo y en algunas capas sociales de los países ricos ha llevado al PNUD (Programa de Naciones Unidas para el Desarrollo) a buscar indicadores que permitan captar —mejor que cifras macroeconómicas de carácter global para un estado— el nivel de desarrollo humano. De ahí la definición, a partir de 1990, del *índice de desarrollo humano,* ampliamente utilizado en la actualidad por el sistema de Naciones Unidas, y formado «por tres componentes básicos de desarrollo humano: longevidad, nivel de conocimientos y nivel de vida. La longevidad se mide por la esperanza de vida. El nivel de conocimientos se mide mediante una combinación de alfabetización de adultos (ponderada por un factor de dos tercios) y promedio de los años de escolaridad (ponderado por un factor de un tercio). El nivel de vida se mide mediante el poder adquisitivo, sobre la base del PIB *per capita* ajustado por el costo local de la vida (paridades de poder adquisitivo)»[59]. Junto al Índice de Desarrollo Humano (IDH) se han desarrollado otros índices complementarios, como el Índice de Pobreza Humana (IPH) y el Índice de Desarrollo por Sexos (IDS). Este último viene a confirmar el hecho bien conocido que la pobreza entre los pobres afecta más a las mujeres que a los hombres.

El IDH se considera más explicativo que el PNB *per capita* (sobre todo en el caso de estados con enormes desigualdades sociales) ya que éste no refleja la forma

---

[57] Terminología utilizada por el *Informe sobre Desarrollo Humano 2002, op. cit.*
[58] Terminología utilizada por el anuario *World Resources, op. cit.*
[59] *Informe sobre Desarrollo Humano2002, op. cit.*, p. 253.

en que el crecimiento económico se traduce en bienestar humano. En 1992, por ejemplo, Arabia Saudí, con 7.040 dólares de PNB por habitante, tenía un 35,9 por 100 de analfabetos entre su población adulta y presentaba una tasa de mortalidad infantil de treinta y uno por cada mil nacimientos. Por su parte, la Isla Mauricio, con un PNB *per capita* equivalente al 40 por 100 del saudí, gozaba de un desarrollo humano más elevado, si tenemos en cuenta que su tasa de analfabetos adultos era de 14 por 100 y la tasa de mortalidad del 20 por 1000.

Es indicativo, en este sentido, que en el *Informe sobre Desarrollo Humano 2002*, basado en datos del año 2000 relativos a 173 países, hubiera dieciocho estados cuyo lugar en la clasificación según el IDH[60] estaba, como mínimo, veinte puestos por debajo de su lugar en la clasificación según PNB *per capita*. Entre éstos destacan, de modo evidente, países productores de combustibles (gas y petróleo) y algunos paraísos turísticos[61].

De la misma manera que el PNB *per capita* servía al Banco Mundial para crear tres tipos de países, lo mismo ocurre con el IDH. De ahí que se hable de un grupo de alto desarrollo humano, formado por cincuenta y tres países; un grupo de desarrollo humano medio, con ochenta y cuatro países y un tercer grupo, de desarrollo humano bajo, con treinta y seis países. Si nos atenemos a la clasificación elaborada por el PNUD con relación a 2000, la primera sociedad del mundo por su nivel de desarrollo humano es la de Noruega, con un índice 0,942, seguida por Suecia, Canadá, Bélgica y Australia. El grupo de las últimas cinco sociedades del mundo por su nivel de desarrollo humano son, por orden ascendente, Sierra Leona (la última, con un índice 0,191), Níger, Burundi, Mozambique y Burkina Faso.

Estas referencias a los cinco primeros y últimos puestos se podría ampliar más allá, hasta los veinticinco primeros y últimos puestos, para comprobar en cifras una realidad bien conocida: el desarrollo humano más alto corresponde al mundo de la OCDE (veintidós de los veinticinco primeros países pertenecen a la OCDE)[62] y el desarrollo humano más bajo nos sitúa frente a un mundo africano (veinticinco países africanos).

---

[60] La clasificación de los países según IDH se elabora del siguiente modo: «En un primer momento, cada uno de los factores (esperanza de vida, nivel educativo y renta) se expresa en una escala que va de 0 a 1. El «0» significa que el país en cuestión está dotado del máximo observable en relación con dicha variable, mientras que el «1» corresponde al valor más débil observado. Por ejemplo, en materia de esperanza de vida, el valor más elevado que se ha observado es el de Japón (78,6 años) y el más débil el de Sierra Leona (42 años). Un país como Marruecos, con 62 años de esperanza de vida, tendría en la escala que va de 0 a 1 un índice 0,45 [(78,6-62):(78,6-42)=0,45] mientras que Japón, con sus 78,6 años de esperanza de vida tendría un nivel 0 [(78,6-78,6):(78,6-42)=0]. El mismo cálculo se realiza para el indicador del nivel de educación y para el indicador del nivel de renta. En una segunda etapa, se efectúa la media de las tres cifras así obtenidas y se resta de la cifra 1. Así se obtiene el índice compuesto de desarrollo humano. Se llega, en el caso de Japón, a un IDH de 0,929 y en el de Marruecos, a un 0,549. De esta manera es posible clasificar todos los países», en *L'État du Monde 1995*, La Decouverte, París, 1995, p. 647.

[61] A continuación se ofrece la lista de dichos países, indicando junto a los mismos el número de lugares que descienden en la clasificación del IDH, con respecto al PNB *per capita.* Entre los países de desarrollo humano alto: Qatar (25). Entre los países de desarrollo humano medio: Arabia Saudí (26), Omán (38), Granada (22), República Dominicana (20), Túnez (26), República Islámica de Irán (22), Argelia (22), Sudáfrica (56), Guinea Ecuatorial (73), Gabón (44), Namibia (54), Swazilandia (33) y Botswana (62). Entre los países de desarrollo humano bajo: Yibuti (28), Guinea Conakry (30), Gambia (23) y Angola (36). Elaboración a partir de *Informe sobre Desarrollo Humano*, 2002, *op. cit.*

[62] Según el *Informe sobre Desarrollo Humano 2002, op. cit.*, España ocupa el lugar 21, con un índice 0,913. Este lugar 21 hace que nuestro país se encuentre cuatro puestos por encima en el ranking de PNB *per capita* (posición 17) que en el de IDH.

d) *Estados armados*

El tamaño militar del estado constituye un criterio clásico a la hora de establecer jerarquías en el sistema internacional. Como ocurre con las dimensiones geográfico-demográfica y económica del estado, nos hallamos, en el caso de la dimensión militar, frente a una variedad de indicadores. Así, podríamos fijarnos, según apuntan algunos autores, en: «número de hombres movilizados o movilizables; tipo de armamento del que se dispone; calidad y cantidades; calidad del liderazgo y de la organización militares; nivel de gastos militares (total y proporcional); industria y comercio de armamentos: fabricación, exportación, importación, clientes y proveedores»[63].

En términos mundiales, el nivel de gasto militar por parte de los estados ha sufrido cambios tras el fin de la guerra fría. Todos los expertos en el tema están de acuerdo en que el momento cumbre en el gasto militar a nivel mundial corresponde al año 1986-1987. En ese momento, y globalmente, los grandes países en términos armamentísticos eran bien conocidos: los Estados Unidos y la Unión Soviética suponían cada uno de ellos, por su parte y de manera individual, un 30 por 100 del gasto militar mundial. Si a ambos países les sumamos sus respectivas alianzas militares nos encontramos con que en 1987, la OTAN (45 por 100) y el Tratado de Varsovia (35 por 100) significaban el 80 por 100 del gasto militar mundial total[64]. Ahora bien, en términos proporcionales, la militarización del estado se ha dejado notar mucho más entre los países pobres o en desarrollo que en los países industrializados. En efecto, el gasto militar de dichos países ha aumentado[65], entre 1960 y 1987, tres veces más rápidamente que el de los países industrializados. Lo que supone un aumento del 7,5 por 100 anual frente a un 2,8 por 100 para los países industrializados. El resultado es que la participación que corresponde a los países en desarrollo en el gasto militar mundial aumentó, en el período 1960-1987, del 7 al 15 por 100. Gran parte de ese gasto (un tercio) correspondió a los países de Oriente Medio y de África del Norte. Pero el resto —la sorprendente suma de 95.000 millones de dólares anuales— correspondió a los países más pobres del mundo.

Si nos fijamos en la relación entre el presupuesto militar del estado y su PNB, nos percatamos de que, a lo largo de los ochenta, los países más militarizados del mundo se sitúan en la zona de Oriente Medio. Irak, que en el año 1990 dedicaba el 20 por 100 de su PNB a gastos militares, había llegado en 1984 a dedicar prácticamente el 30 por 100. Israel, un buen ejemplo de estado militarizado, ha pasado de un 23,5 por 100 en 1981 a un 8,4 por 100 en 1990.

La reducción del gasto militar a nivel mundial fue una constante desde finales de los ochenta hasta 1998. Sin embargo, entre 1998 y 2000 hay que hablar de un repunte en el gasto. La reducción antes mencionada se sitúa fundamentalmente en América

---

[63] J. Palou, «El concepto de potencia media. Los casos de España y México», *Revista CIDOB d'Afers Internacionals*, n.º 26, 1993, p. 9. En la misma obra, el autor apunta, también, algunos indicadores geográficos y demográficos, así como indicadores económicos. En el primer caso, se trata de: dimensiones y naturaleza del territorio; situación física y geopolítica; número de habitantes; distribución de la población (según edades y geográficamente); índice de crecimiento demográfico; disponibilidad de recursos naturales. Entre los indicadores económicos, cita: sistema económico; PNB o PIB (total y *per capita*); distribución de la riqueza; distribución de la población (según el sector de ocupación y según la división rural/urbana); niveles de industrialización y productividad; producción y consumo de energía; recursos técnicos (nivel de tecnología); intercambios comerciales con el exterior y diversificación de dichos intercambios (pp. 8-9).

[64] Véase *SIPRI Yearbook 1994*, Oxford UP, Nueva York, 1994, p. 389.

[65] Las cifras indicadas a continuación proceden del *Informe sobre Desarrollo Humano 1994*, *op. cit.*, pp. 53-68.

del Norte, Europea y Oriente Medio. En cambio, África, Asia y América Latina fueron escenarios continuados de aumento del gasto. Europa ha sido, sin duda, el escenario más favorecido por lo que en su momento se llamó «dividendos de la paz». Así, mientras en el año 2000 el porcentaje medio de gasto mundial en defensa (en términos PNB) era del 2,5 por 100, países europeos como España o Alemania estaban un poco por encima del 1 por 100. Sin embargo, la opción dominante en Europa (bajos presupuestos de defensa, con excepciones como Grecia o Turquía) choca, sobre todo después del 11-S, con la política de Estados Unidos (el presupuesto para 2003 ha aumentado un 18 por 100 en relación al año anterior). Tanto es así, que el gasto en defensa de Estados Unidos dobla al de sus socios en la OTAN (18 estados).

Desgraciadamente, como ya se ha dicho, los países pobres son los que han ocupado y ocupan puestos proporcionalmente destacados por su gasto militar (véase cuadro 8), con las consecuencias negativas que ello comporta a nivel de gastos sociales (educación y salud) del estado[66]. Sin duda, la situación de guerra civil o de regímenes dictatoriales en países del Tercer Mundo alimenta buena parte de la industria armamentista.

CUADRO 8

Gasto militar de los países con menor Producto Nacional Bruto per capita *(1991)*

País	*Gasto militar (en % del PNB)*
Etiopía	9,0
Burundi	6,1
Sierra Leona	1,6
Tayikistán	1,4
Eritrea	22,9
Guinea-Bissau	1,3 (1998)
Chad	1,2 (1998)
Mozambique	2,4
Nepal	0,9
Rwanda	4,2

Fuente: *SIPRI Yearbook 2001*, pp. 282-290.

Si la industria armamentista de un país es un indicador del lugar de ese país en la clasificación de lo que aquí hemos denominado países armados, no hay más que preguntarse por los grandes suministradores de armamento a nivel mundial. Dejando de lado la industria militar nuclear, sometida por otra parte a un régimen legal de no proliferación, los grandes suministradores de armas convencionales forman un grupo reducido de países que entre 1996 y 2000 han exportado más del 85 por 100 del total

[66] La relación entre gasto militar y gasto social (salud y educación combinados) se halla, en muchos países, increíblemente desproporcionada en favor del primero. Es el caso de Omán que dedica un 2,9 por 100 del PIB a gastos de sanidad y un 9,7 por 100 a defensa, de Eritrea que dedica un 1,8 por 100 a educación y un 22,9 por 100 a defensa o de Pakistán que dedica un 0,7 por 100 a sanidad y un 4,5 por 100 a defensa. Véase *Informe sobre Desarrollo Humano 2002*, *op. cit.*

mundial, estando el total mundial valorado en dicho período en casi 104.000 millones de dólares[67]. A título indicativo hay que destacar el papel desempeñado por los cinco miembros permanentes del Consejo de Seguridad de Naciones Unidas, ya que los supuestos responsables del mantenimiento de la paz a nivel mundial desempeñan asimismo las veces de potencias exportadoras de armamento hacia continentes conflictivos, donde radican la mayor parte de conflictos armados (véase cuadro 9).

Así, los «cinco guardianes de la paz», en terminología rooseveltiana, son responsables, cincuenta años después del final de la segunda guerra mundial, del 80 por 100 del armamento adquirido por los países en los que se multiplican los conflictos armados. Como apuntó, en su momento, el *Informe sobre Desarrollo Humano 1994*, «durante el decenio pasado, más del 40 por 100 de las ventas de las principales armas convencionales se hicieron a potenciales focos de conflicto. De los proveedores, Brasil, China, Egipto, España, Estados Unidos, Francia, Italia, Libia, Rumania y la ex Unión Soviética figuraron entre los principales infractores. Irónicamente, los países proveedores perdieron el control de la difusión de las armas y más tarde han tenido que hacer enérgicos intentos para recuperar las mismas armas que habían suministrado»[68]. Los casos de Irak y de Somalia son elocuentes en ese sentido[69]. Francia, gran suministrador del régimen iraquí, acabó luchando en la guerra del Golfo contra el país que había armado, ayudando a convertir su ejército en el cuarto del mundo (a finales de los años ochenta); y los Estados Unidos, por su parte, intentaron pacificar una Somalia que habían armado en más de un 60 por 100 de su capacidad a lo largo de los años ochenta.

CUADRO 9

Países exportadores de armas (1996-2000), en millones de dólares (a precios constantes de 1990)

Importadores	*Exportadores*						
	EUA	*Rusia*	*Francia*	*Reino Unido*	*Alemania*	*Otros*	*Total*
África	213	886	188	36	28	1.864	3.215
Américas	1.458	629	449	1.257	548	2.505	6.846
Asia	18.001	10.566	5.828	1.744	898	5.950	42.987
Europa	12.177	1.677	839	610	1.790	2.371	19.404
Oriente Próx./Medio	16.889	1.930	3.487	3.275	2.241	2.226	30.048
Oceanía	588	–	2	100	90	846	1.626
Otros	6	–	1		49	72	128
Total	49.271	15.690	10.792	7.026	5.647	15.849	104.275

Fuente: *SIPRI Yearbook, 2001*, p. 326.

[67] Datos del *SIPRI Yearbook 2001*, *op. cit.*, p. 326.

[68] *Informe sobre Desarrollo Humano 1994*, *op. cit.*, p. 62.

[69] En el caso de Irak, los grandes suministradores de la década 1980-1990 fueron la ex URSS (más del 55 por 100), Francia, China, Brasil y Egipto. En el caso de Somalia: Estados Unidos (más del 60 por 100), Italia, España, Libia y los Emiratos Árabes Unidos.

Los cambios entre la década de los ochenta y la actual posguerra fría se dejan notar, en cierta medida, en los listados de los principales importadores de armas. Así, los doce primeros compradores del mundo, que contabilizan aproximadamente un 50 por 100 del total mundial, nos ofrecen dos listas ligeramente diferentes si se trata del período 1985-1989 o del período 1996-2000. Ordenados de mayor a menor, la primera lista estaba formada por: India, Irak, Japón, Arabia Saudí, Siria, Egipto, Checoslovaquia, Corea del Norte, España, Polonia, Turquía y Angola. En el mismo orden, la lista relativa al período más actual la forman: Taiwan, Arabia Saudí, Turquía, Corea del Sur, China, India, Grecia, Egipto, Japón, Emiratos Árabes Unidos, Israel y Finlandia.

La negativa incidencia social de la elevada militarización de los estados del Tercer Mundo ha roto, por completo, la lógica más tradicional del poder de los estados. En efecto, la inseguridad ha dejado de ser, en la mayor parte de los casos, una amenaza externa para convertirse en una vivencia cotidiana. Como apuntaba el *Informe sobre Desarrollo Humano 1994*: «resulta dudoso que ese gasto haya traído mayor seguridad al ciudadano medio de esos países. En los países en desarrollo, las probabilidades de morir debido al abandono social (por desnutrición y enfermedades prevenibles) es superior en 33 veces a las probabilidades de morir en una guerra como resultado de una agresión externa. [...] Por consiguiente, el gasto en armas menoscaba la seguridad humana, al consumir preciosos recursos que podrían haberse destinado al desarrollo humano»[70]. Esta consideración nos plantea una pregunta central: ¿hasta qué punto los recursos tangibles de un estado son explicativos de su situación en el sistema internacional? Lo que nos lleva a hablar ya no de desigualdad entre los estados que conforman el sistema, evidenciada en términos tangibles u objetivos, sino de jerarquía en el marco del sistema.

B) La noción de jerarquía: las potencias del sistema

¿Cómo vamos a establecer la jerarquía entre los estados del actual sistema internacional? Se han mencionado recursos diversos (territorio, población, riqueza, gasto militar) que todo estado poderoso ha poseído y posee en cantidades destacadas. Muchas veces se juzga, a partir de dichos recursos, el poder de un estado en el sistema internacional. Así, se asume que los estados grandes siempre son capaces de obligar a los pequeños a actuar de acuerdo con los intereses de los primeros. De esta manera, se está abordando el poder en el sentido hobbesiano, en términos de cantidad o de propiedad: el poder como posesión. Sin embargo, Locke, Max Weber o, más recientemente, los analistas de las relaciones internacionales distinguen entre el *poder como recursos* (la base del poder) y el *poder como influencia* (el ejercicio del poder de un estado sobre los demás).

Esto es, el poder sólo se puede entender como una relación entre estados y la estimación del poder debe realizarse en las precisas circunstancias en las que la interacción tiene lugar[71]. Sobre el papel, los recursos de los Estados Unidos en los

---

[70] *Informe sobre Desarrollo Humano 1994*, *op. cit.*, p. 56.

[71] Véase, en ese sentido, B. Hocking y M. Smith, *World Politics. An Introduction to International Relations*, Harvester, Nueva York, 1990, p. 195.

años sesenta y setenta frente al enemigo vietnamita eran muy superiores. Su poder potencial, sin embargo, no se tradujo en ejercicio del poder (obtención de los objetivos perseguidos) y los Estados Unidos acabaron perdiendo una guerra en la que, en términos potenciales, tenían que conseguir la victoria. Lo mismo se puede apuntar en relación con Francia y la guerra de independencia de Argelia, o con la Unión Soviética en Afganistán. Lo que nos obliga a preguntarnos por la existencia de otro tipo de recursos, de tipo cualitativo o intangible, sin los cuales es imposible explicar el sentido de las interacciones en el sistema de estados.

a) *La intangibilidad del poder*

La evaluación del poder en términos internacionales es un proceso complejo que difícilmente puede ser cuantificado. Algunos investigadores se han dedicado, con escaso éxito, a establecer correlaciones entre diversos indicadores y a construir índices de poder con la intención de identificar las potencias y de jerarquizar así los estados del sistema internacional[72].

El proceso de transformar unos recursos cuantificables en el ejercicio de una cierta influencia en el sistema internacional (obligar a otro estado, de modo coercitivo o no, a que actúe según nuestra voluntad) supone una movilización en la que *recursos intangibles* van a estar presentes. En muchas ocasiones se trata de la otra cara de los recursos tangibles, conocidos y cuantificables (territorio, fuerzas armadas, población, riqueza económica). Por ejemplo, ¿cómo podemos cuantificar la moral de una población?, ¿cómo podemos valorar la capacidad de liderazgo de los oficiales de un ejército?, ¿cómo podemos prever la eficacia de un cuerpo diplomático?, etc. Así, junto a los recursos que dotan al estado de una capacidad determinada (tener poder), éste debe gozar también de las estructuras políticas, sociales y económicas que permitan al gobierno movilizar dichos recursos nacionales y convertirlos en instrumentos de política exterior, con el objetivo de ejercer influencia internacional (ejercer poder).

Sin ánimo de exhaustividad se pueden mencionar algunos recursos intangibles característicos[73]. La *cohesión de la población* es un factor importante. Así, en aquellos países en los que un grupo (tribu, grupo religioso, etc.) se sienta ajeno al estado, éste tendra una fuente de debilidad. El levantamiento de chiítas y de kurdos contra el gobierno de Sadam Husein durante la guerra de 1991 es un ejemplo en este sentido. El nivel de compromiso individual con la persistencia del estado es otro

---

[72] Véanse las correlaciones entre algunos indicadores de recursos nacionales establecidas por B. RUSSETT y H. STARR, *World Politics. The Menu for Choice*, *op. cit.*, pp. 144-149.

[73] B. RUSSETT y H. STARR, ibídem, mencionan, por ejemplo, la educación, la sanidad, la unidad y la moral de la población. Entre otros elementos, el realismo clásico destaca factores tan intangibles como el carácter y la moral nacional o la calidad de la diplomacia. Véase H. J. MORGENTHAU, *Politics among Nations. A Struggle for Power and Peace*, Alfred A. Knopf, Nueva York, 1978 (5.ª ed. rev.; 1.ª ed., 1948), pp. 105-170. Entre nosotros, a modo de compendio, véase J. PALOU, «El concepto de potencia media: los casos de España y México», *op. cit.* p. 9, quien enumera los siguientes: «sistema político y de distribución del poder político en el seno de la sociedad (división de tareas, papel del gobierno, partidos políticos, administraciones, opinión pública); calidad de la diplomacia y del conjunto de instrumentos de política exterior; calidad del gobierno, de los líderes y de la burocracia en general; estabilidad política; cohesión política y capacidad de acción colectiva; servicios de inteligencia (obtención y análisis de información)».

aspecto importante que explica, entre otras cosas, que algunos estados puedan persistir en un medio hostil. El caso de Israel en el seno del mundo árabe es un buen ejemplo. Algunos factores tan intangibles como el prestigio están ligados a la actuación de determinadas personalidades políticas: el peso, por ejemplo, de la Suecia de Olof Palme o de la Tanzania de Nyerere en los organismos internacionales. Elementos tan intangibles como la moral nacional pueden ayudar a entender los fracasos de Francia en Argelia y de Estados Unidos en Vietnam.

Algunos de los recursos intangibles apuntados (capacidad de liderazgo, moral nacional, eficacia administrativa, etc.) serán decisivos en el momento en que el gobierno se decida a traducir su capacidad nacional en una determinada influencia internacional. De modo particular hay que hacer mención concreta de un elemento imprescindible en el proceso de movilización de dicha capacidad: *la voluntad política*. Así, el proceso de ajustar determinados recursos (fuerzas armadas, medios de transporte, riqueza económica, cuerpo diplomático, etc.) a la persecución de ciertos objetivos (expansión territorial, funciones pacificadoras, responsabilidades organizativas internacionales, etc.) estará determinado por la voluntad de asumir funciones de dimensión internacional: colonización, «misión civilizadora», organización del mantenimiento de la paz, mediación internacional, etc.

La voluntad o, contrariamente, la falta de voluntad para asumir dichas funciones es básica a la hora de valorar la influencia que va a ejercer un estado. En lo que respecta a la falta de voluntad, es clásica la mención al comportamiento de los Estados Unidos en el período de entreguerras. En efecto, la influencia ejercida por ese país en el terreno político en dicho período es muy inferior a la que se le debería suponer en función de sus capacidades o recursos tangibles. Justamente, la falta de voluntad política, determinada por la falta de apoyo popular a toda política de participación en el sistema internacional, llevó a ese país a persistir en su tradicional política de aislamiento, a pesar de los cambios ocurridos a nivel mundial. Entre otros, la importancia cada vez mayor de los Estados Unidos en términos económicos, técnicos y militares. La no pertenencia de ese país a la Sociedad de Naciones, a pesar de haber sido un proyecto concebido por el presidente Woodrow Wilson, es el mejor ejemplo en este sentido.

Otros ejemplos más recientes, como el comportamiento de los países de Europa Occidental en las guerras de la ex Yugoslavia, hacen reflexionar sobre la importancia de la voluntad política en la vida internacional, junto a la posesión de capacidades suficientes y de instrumentos apropiados para alcanzar todos los objetivos perseguidos.

En el proceso de movilizar recursos para transformarlos en influencia, hay que tener en cuenta también la dificultad que supone en muchos casos el disponer de recursos apropiados para una situación dada. Es importante entender en qué medida los diferentes tipos de recursos y los instrumentos de influencia (diplomacia, disuasión militar, presión económica, etc.) pueden ser sustituidos los unos por los otros. En términos de inversión, por ejemplo, la riqueza puede ser utilizada para formar ejércitos modernos, una población culta y con amplios conocimientos (investigación y educación), o una población más sana. A su vez, los instrumentos militares pueden servir, si se tiene éxito, para adquirir más riqueza. Casi todas las bases de poder tienen cierta capacidad para transformarse en otras, pero el «tipo de cambio» varía mucho. En el terreno de los recursos intangibles es donde la dificultad es a veces más patente. ¿Cómo crear afecto entre una población predispuesta contra nosotros? El caso del rechazo entre la población somalí de las tropas multinacionales que desembarcaron en el país en diciembre de 1992, bajo bandera de Naciones Unidas, es un claro ejemplo en dicho sentido.

El problema de sustituir una base de influencia por otra crea dificultades para el analista de las relaciones internacionales que valora un tipo de recurso por encima de los demás; así los realistas con los recursos militares o los marxistas con los recursos económicos. En la década de los setenta, ligados a los cambios internacionales del momento, comienzan a aparecer múltiples trabajos que plantean la dificultad cada vez mayor para fundir un recurso y transformarlo en otro. Así, la fuerza nuclear se muestra inútil a la hora de estabilizar un tipo de cambio o de disuadir a la OPEP de que aumente el precio del petróleo. La tendencia a dar cada vez mayor importancia al poder *soft* (suave) frente al poder *hard* (duro) —véanse los sistemas de información frente al material militar— y a multiplicar los espacios de cooperación (las instituciones y los ámbitos multilaterales ganan en importancia) relega al pasado el discurso tradicional de los recursos militares como determinantes últimos de los poderosos en el sistema internacional. En términos globales, el poder es menos coercitivo (menos militar). Así, por ejemplo, la proyección a nivel mundial de la cultura occidental supone una baza importante para las potencias europeas y norteamericanas, difícil de medir, pero indudablemente importante en términos de influencia a nivel mundial.

En realidad, el mundo actual es mucho más complejo que la Europa del Congreso de Viena a la hora de definir el poder de un estado, empezando por los propios riesgos para su seguridad nacional. El crecimiento del número de estados ha ido asociado a la vulnerabilidad de los mismos. Maquiavelo o Hobbes ya pensaban en términos de «seguridad nacional», pero ¿qué incluían ahí dentro? Básicamente integridad territorial. Hoy en día, el poder y también la soberanía del estado se ven afectados por fenómenos económico-ecológicos, como la deuda externa o la disminución de la capa de ozono. En suma, el poder hoy en día es un *poder difuso,* en términos de Joseph NYE. «Difusión, que —según el autor estadounidense— ha sido propiciada, como mínimo, por cinco fenómenos: la interdependencia económica, los actores transnacionales, el nacionalismo en los estados débiles, la extensión de la tecnología y los cambios en el escenario político»[74].

b) *Las reglas del juego*

Hay que hacer una última distinción entre el poder como suma de recursos que los estados poseen (ya analizado) y la estructura externa que condiciona dicho poder. Es decir, lo que algunos autores definen como *poder estructural: la habilidad para determinar las reglas del juego en la política internacional.* En otras palabras, el poder como relación. Así, el poder de un estado es tal en la medida en que éste es capaz de ejercer su influencia sobre otros estados y, aún más, en la medida en que es

---

[74] J. NYE, *Bound to lead. The changing nature of American power*, Basic Books, Nueva York, 1991 (reimp., ed. 1990), p. 182.

capaz de establecer las reglas de juego (normas jurídicas, prácticas sociales, regímenes internacionales). En este sentido es importante conocer con exactitud el contexto en el que se va a desarrollar la actividad del estado, ya que los recursos y los objetivos de un estado adquieren sentido sólo cuando se ponen en relación con los recursos y los objetivos de otros estados. Por ejemplo, como ya hemos apuntado, la India se convirtió en los años ochenta en el primer comprador de armas del mundo (superando incluso a Irak). Si el objetivo de la India era sentirse segura frente a sus vecinos, es obvio que lo ha conseguido en el caso de Pakistán, pero ni mucho menos en el caso de China. A pesar de los esfuerzos indios —la India ha llegado a gastar hasta el 7 por 100 de su PNB en defensa, en un país donde el PNB *per capita* ronda los 300 dólares—, la estructura de poder militar en Asia es tal que China predetermina el contexto militar en el que se mueven los países del sur y del sudeste asiáticos. Lo mismo se podría aplicar a otros aspectos de la determinación estructural del poder (en un sentido amplio), como las estructuras financieras, productivas o culturales.

Los límites que la estructura de poder impone a la actuación de los estados, bien sea a nivel mundial o a nivel regional, fueron ampliamente destacados, en los años setenta y ochenta, por los autores neorrealistas en su dimensión político-militar[75]. Sin embargo, una de las grandes críticas que se hace a los autores que han analizado el sistema internacional a partir, exclusivamente, de la estructura de poder político-militar —determinada durante varias décadas por la relación bipolar Estados Unidos-Unión Soviética— es que son incapaces de captar factores de cambio, tales como las transformaciones internas en dichos estados o bien el proceso de difusión que ha sufrido el poder en las relaciones internacionales (en muchas ocasiones a espaldas de los estados que supuestamente definen la estructura de poder a nivel internacional). El sistema internacional de la posguerra fría es, sin lugar a dudas, un sistema que presenta graves dificultades de definición al analista. ¿Cómo establecer la estructura de poder? En otras palabras, la identificación de las potencias en el actual sistema es una tarea compleja. ¿Qué estados desempeñan el papel de potencias en el sistema? ¿Podemos hablar de un solo tipo de potencias? ¿Existen varios tipos de potencias?

Nuestro concepto de *potencia* nos lleva a preguntarnos por *los estados que establecen las reglas del juego y que disponen de recursos y son capaces de movilizarlos para defender dichas reglas*[76]. Esta pregunta es un «lugar común» en los últimos años. Después de varias décadas de asumir, de manera simplista, la existencia de dos potencias —Estados Unidos y Unión Soviética— que estructuraban un sistema bipolar, el hundimiento del bloque soviético planteó múltiples preguntas. Posiblemente, el acontecimiento que mejor marcó esa reflexión sobre el sentido y la naturaleza de una potencia a finales del siglo XX fue la guerra del Golfo. Esa reflexión vino a ser el colofón de un debate dilatado que, a lo largo de los años ochenta, ocupó a los analistas del sistema internacional en torno al declive de los Estados Unidos como potencia internacional[77]. Ello nos lleva a pensar, pues, que la noción de potencia, al igual que la noción de poder, se había vuelto compleja y difusa mucho antes del final de la guerra fría.

---

[75] Véase K. WALTZ, *Theory of International Politics*, Addison-Wesley, Reading, 1979.

[76] E. BARBÉ, «El estado como actor internacional: crisis y consolidación del sistema de estados», *Papers*, n.º 41, 1993, pp. 33-54.

[77] Véase, en ese sentido, P. KENNEDY, *The rise and fall of the Great Powers*, Random House, Nueva York, 1987 (trad., 1989).

c) *Las potencias: definición y clasificación*

En esta obra hemos definido a las potencias como aquellos estados que establecen las reglas del juego y que disponen de recursos y son capaces de movilizarlos para defender dichas reglas. A la hora de hablar de potencias, la mayor parte de autores tienden a adjetivar el fenómeno. Y si atendemos a la proyección histórica del tema nos percatamos de que el término «gran potencia» es de uso corriente entre los estudiosos. ¿Cómo se define?

Tras profundizar en la literatura, se pueden apuntar dos grandes tendencias a la hora de definir el concepto de gran potencia. La primera se centra en los recursos y la segunda en el sistema. Así, algunos autores responden a la cuestión de qué es una gran potencia centrándose en su capacidad para ganar en una guerra a otra gran potencia[78] o en su reputación como potencia militar, igualable pero no superable por ninguna otra potencia[79]. Mientras, otros autores consideran que una gran potencia es un estado cuya salida del sistema supondría un cambio total en la estructura del mismo[80]. En otras palabras, como veremos al abordar la estructura del sistema, las grandes potencias son las responsables del equilibrio en un determinado sistema. De hecho, ése fue el espíritu que animó al Congreso de Viena a establecer formalmente el estatuto de gran potencia, en beneficio de Rusia, Prusia, Gran Bretaña, Francia y Austria. Se observará que la definición genérica de potencia aquí retenida pretende aunar las dos tradiciones, ya reseñadas: aquella que define a la potencia a partir de sus recursos (poder-posesión) y aquella que lo hace a partir de la función equilibradora o estructuradora que el estado cumple en relación con los otros estados (poder-relación).

La construcción y la evolución del sistema internacional desde 1945 hasta nuestros días es un ejercicio nuevo en muchos sentidos (multiculturalismo, globalización económica, etc.). Lo mismo se puede decir en materia de grandes potencias. De ahí que nos veamos obligados a abandonar la lógica histórica del sistema de estados europeos de los siglos XVIII y XIX, donde *el concepto de gran potencia servía para definir a aquellos estados con recursos (más o menos equivalentes) de todo tipo, incluido el militar que les daba el poder de coerción, y que creaban las reglas del juego gracias a su participación en las guerras y en las grandes conferencias diplomáticas.* El equilibrio del poder entre las grandes potencias (entre cinco y siete) constituía el mecanismo estabilizador del sistema. Pues bien, como es sabido, el sistema internacional surgido de la segunda guerra mundial rompió con esa lógica previa. Además, la transformación progresiva del sistema (evidente a partir de los años setenta) ha hecho cada vez más compleja la tipología de las potencias. De ahí que la tipología recogida en estas páginas no pretenda exclusividad, sino utilidad de cara al análisis de la sociedad internacional a partir de 1945. Hablamos, así, de varios tipos de potencias: la *superpotencia,* la *potencia hegemónica,* la *gran potencia,* la *potencia media* y la *potencia regional.* Fuera del marco de las potencias, existe un número amplio de estados, a los que reservamos los conceptos de *estado pequeño* y, de manera muy concreta, de *microestado.*

---

[78] Idea defendida por M. WIGHT, *Power Politics, op. cit.,* p. 46.

[79] Argumento esgrimido por G. R. BERRIDGE, y J. W. YOUNG, «What is a «Great Power»?», *Political Studies,* n.º XXXVI, 1988, pp. 233.

[80] G. EVANS y J. NEWNHAM, *The Dictionary of World Politics, op. cit.,* p. 158.

Antes de entrar en la definición de los diversos tipos de potencias, insistimos en la idea de que los autores hacen opciones muy diversas en lo que respecta tanto a la tipología como a las definiciones consiguientes. Así, por ejemplo, Antonio TRUYOL nos habla de: grandes potencias, superpotencias (como resultado de la crisis del concepto de gran potencia durante el bipolarismo), potencias menores y pequeños estados[81]. Martin WIGHT, de modo *sui generis* introduce tres tipos de potencias: grandes potencias, potencias mundiales (aquellas grandes potencias que ejercen control efectivo en Europa gracias a sus recursos fuera del continente, como ocurrió con España en el siglo XVI) y potencias menores[82]. Marcel MERLE, por su parte, centra su tipología en el alcance del estado: aquellos que están en condiciones de desempeñar una función mundial, y que califica de potencias mundiales; aquellos que desean desempeñar una función mundial pero cuya capacidad reduce su influencia a un sector particular de las relaciones internacionales; aquellos que disponen de capacidades para ejercer funciones de líder regional y; finalmente, los que no desempeñan más que la función local más básica (preservar su independencia). A estos últimos los considera más objetos que sujetos de las relaciones internacionales[83].

No hay duda de que la tipología de las potencias en el actual sistema internacional se encuentra a caballo entre un sistema bipolar (desaparecido) y un sistema en formación (sin estructura de poder precisa). De ahí, por tanto, que sea preciso hacer referencia a algunos elementos del desaparecido sistema bipolar. Por una parte, por lo que tienen de continuidad y de cambio en el actual sistema internacional y, por otra parte, porque la tipología aquí establecida nos ha de servir para analizar la sociedad internacional desde 1945.

Como veremos, el sistema bipolar y su progresiva transformación desde 1945 hasta 1989 han introducido novedades respecto de la tradicional estructura de poder del sistema de estados europeos, donde el concepto de gran potencia servía para definir a aquellos estados con recursos (más o menos equivalentes) de todo tipo (económico, político y militar) que creaban las reglas del juego. Antonio TRUYOL complementa esta definición de gran potencia y no se limita a una sola definición. Parafraseando a Toynbee, TRUYOL caracteriza a la gran potencia como «la potencia política cuya acción se ejerce en toda la extensión del ámbito máximo de la sociedad en cuyo marco opera»[84] o, a partir de Mosler, nos dice que «lo que constituye la esencia de la gran potencia es la capacidad para tomar parte activamente en la política mundial»[85]. En suma, TRUYOL acaba por definir las grandes potencias como «aquellas que se ven afectadas por todas las cuestiones que en cualquier sector y aspecto del mundo interestatal se susciten, aunque no participen en ellas directamente. Son las potencias con intereses generales, que se contraponen a las potencias con intereses particulares o limitados»[86]. Esta serie de definiciones del concepto de gran potencia, apuntadas todas ellas por el mismo autor, nos sirven de preámbulo a la opción realizada en estas páginas. No es la única (muchos autores aúnan, por

---

[81] A. TRUYOL Y SERRA, *La sociedad internacional*, Alianza, Madrid, 1991 (1.ª ed., 1974), pp. 115-127.
[82] Véase M. WIGHT, *Power Politics*, Leicester UP, Leicester, 1978, pp. 41-67.
[83] M. MERLE, *Sociología de las relaciones internacionales*, *op. cit.*, pp. 345-355.
[84] A. TRUYOL Y SERRA, *La sociedad internacional*, *op. cit.*, p. 116.
[85] Ibídem, p. 120.
[86] Ibídem, p. 123.

ejemplo, superpotencia y gran potencia en una sola categoría; otros desestimarían la categoría de microestados aquí retenida, etc.), pero la tipología aquí desarrollada intenta ser coherente internamente. Abordemos, así, sucesivamente los tipos antes mencionados.

Las *superpotencias* desempeñan en el sistema bipolar, nacido tras la segunda guerra mundial, un papel equivalente al de las grandes potencias de la Europa del Congreso de Viena. Así, los Estados Unidos y la Unión Soviética son los responsables de establecer el equilibrio en el conjunto del sistema a través esencialmente de la disuasión nuclear mutua. Recordemos que en la Europa de los siglos XVIII y XIX eran la guerra y la diplomacia los dos instrumentos privilegiados. El alcance mundial de las superpotencias viene determinado, por tanto, por su poder de disuasión (su capacidad militar y nuclear), que constituye la base de su influencia en el marco internacional y que se traduce en la creación de zonas de influencia (división del mundo). En esta definición se observa que la lógica bipolar domina el sistema en su dimensión político-militar y que, por tanto, hemos de hablar de dos superpotencias justamente en ese terreno. La desaparición del sistema bipolar no significa la desaparición de los recursos característicos de la superpotencia (militares y nucleares), sino la desaparición de las reglas del juego en dicho terreno. Lo que siempre genera incertidumbre.

La desaparición de la Unión Soviética ha supuesto una revisión del concepto de superpotencia, evidente de cara al futuro, pero también de manera retrospectiva a causa, durante la guerra fría, de la ausencia material de la Unión Soviética en la definición de las reglas del juego en el ámbito económico internacional.

De ahí la aparición del concepto de *potencia hegemónica,* aplicado a los Estados Unidos sobre la base de su capacidad para marcar las reglas del juego en el terreno económico (en solitario, en un principio) y en el terreno político-militar (junto a la Unión Soviética). Lo que diferenciaría a los Estados Unidos de la Unión Soviética durante la guerra fría. Es decir, sería la única potencia con influencia suficiente para determinar la estructura del poder en todos los ámbitos (político, militar, económico), como mínimo durante un cierto período de tiempo[86 bis]. Y, sin lugar a dudas, en el momento de diseñar el sistema internacional surgido de la segunda guerra mundial.

El concepto de *gran potencia* será aplicado tras la segunda guerra mundial a un grupo de países, con intereses mundiales, que cumplen funciones diferentes en el sistema. Ese grupo de países está formado, desde la perspectiva actual, por Francia, Gran Bretaña, China, Japón y la República Federal de Alemania. Los criterios para destacar a este grupo de países son variados y entran en los ámbitos diversos de las

---

[86 bis] La perspectiva que interpreta la organización del sistema internacional en términos de hegemonía ejercida de modo estable por un solo estado (estabilidad hegemónica) está muy presente en trabajos de Economía Política Internacional. De ahí que autores de este campo sustituyan el concepto de gran potencia por el de potencia hegemónica y el de equilibrio por el de estabilidad, otorgando un papel central a los factores económicos (el orden hegemónico, para algunos, se formaría cuando la producción de un Estado diera lugar a un único sistema de producción). Véase una síntesis introductoria al tema en F. ATTINÀ, *El sistema político global. Introducción a las relaciones internacionales*, Paidós, Barcelona, 2001, pp. 50-64. Este autor italiano cita, de modo destacado, los trabajos de C. CHASE-DUNN, *Global Formation. Structures of the World Economy*, Blackwell, Oxford, 1989 y de R. COX, *Production. Power and World Order. Social Forces in the Making of History*, Columbia U.P., Nueva York, 1987.

relaciones internacionales (económico, político y militar). Como miembros permanentes del Consejo de Seguridad y del Club Nuclear, China, Francia y Gran Bretaña desempeñan un papel jerárquicamente superior en el sistema internacional que aúna historia, prestigio y voluntad política. Japón y la República Federal de Alemania, por su parte, consiguen gracias a sus recursos financieros y comerciales convertirse, a su vez, en erosionadores del papel hegemónico de los Estados Unidos en el ámbito económico internacional[87].

El concepto de *potencia media* es posiblemente el más abarcador. Es un concepto muy utilizado en los últimos años en referencia a países de tamaño grande o medio con una diplomacia activa en ciertas áreas (derechos humanos, mediación, fuerzas de mantenimiento de la paz) que les supone, en algunos casos, un gran prestigio. Se puede decir que la voluntad política prima sobre los recursos del estado en cuestión. HOLBRAAD, analista del tema, apunta que «las potencias medias son aquellas que, debido a sus dimensiones, sus recursos materiales, su voluntad y capacidad de aceptar responsabilidades, su influencia y su estabilidad están en vías de convertirse en grandes potencias»[88]. A partir de esa definición (dudosa en cuanto a su dimensión de futuro), y justificada por una serie de indicadores, este autor elabora una lista de países, entre los que destacamos a España, Italia, Canadá, Brasil, India, México y Nigeria. Dados los límites imprecisos de esta definición (más evidentes que en los casos anteriores) es lógico que la lista de potencias medias de Holbraad difiera respecto de las de otros autores[89]. Si bien los países mencionados más arriba suelen constar en todas las listas.

El concepto de *potencia regional,* que en ocasiones se solapa con el de potencia media, se aplica a aquellos países que por su peso (demográfico, económico, militar, etc.) y su política en un marco regional concreto (habitualmente en el Tercer Mundo) desempeñan el papel de gran potencia en ese ámbito geográfico, estableciendo las reglas del juego en el mismo. En este caso, la complejidad de algunas regiones hace que la asunción del papel de potencia constituya una fuente permanente de conflicto (India y Pakistán en Asia del Sur, Irak y Siria en el Próximo Oriente, Marruecos y Argelia en el Magreb, etc.).

No hace falta indicar que la mayor parte de los 191 miembros de las Naciones Unidas no pertenecen a ninguna de las categorías aquí mencionadas, careciendo a nivel individual de instrumentos de influencia y de papel alguno en la elaboración de las reglas del juego. Lo que no obsta para que mediante una acción combinada en marcos colectivos (grupos, organizaciones internacionales, etc.) hayan alcanzado un cierto protagonismo internacional. Éste es el grupo de los *estados pequeños* o estados con una más que limitada participación en los asuntos internacionales. En su seno habría que distinguir una categoría muy especial de estados, los *microestados.* No existe acuerdo en torno a la definición de un microestado, pero la concepción general gira en torno a sus reducidas dimensiones en términos territoriales y/o de población. Algunos autores avanzan la cifra de 250.000 habitantes como un mínimo

---

[87] Junto a Japón y a la República Federal de Alemania se puede hacer mención, aunque no se trate de un estado sino de una *rara avis*, de la Comunidad Europea en tanto que gran potencia económica (participación en el establecimiento de las reglas del juego en este terreno).

[88] C. HOLBRAAD, *Middle Powers in International Politics*, Macmillan, Londres, 1984, p. 68.

[89] Véase, al respecto, J. PALOU, «El concepto de potencia media», *op. cit.,* pp. 7-36.

por debajo del cual podríamos hablar de microestados[90]. El fenómeno no es desconocido en la vieja Europa (Mónaco, San Marino y Liechtenstein tienen alrededor de 30.000 habitantes) pero en los últimos años ha adquirido proporciones notables a partir de la descolonización de pequeñas islas del Caribe o del Pacífico, dando lugar a estados miembros de las Naciones Unidas, como Palau (19.000 habitantes) o Saint Kitts y Nevis (40.000 habitantes). Si el parámetro adoptado fuera el territorio, en ese caso Singapur (581 km^2) debería ser retenido. Ahora bien, estamos refiriéndonos a la economía número 40 del mundo, en términos de PNB. Lo que no es despreciable. Así pues, el tema no es sencillo y, de hecho, ha sido motivo de preocupación en la ONU: ¿cuál es la base mínima para gozar de la condición de miembro de Naciones Unidas? Palau tiene 19.000 habitantes y 192 km^2. ¿Es una cuestión de población? ¿Es una cuestión de territorio? Y algunos se pueden preguntar, ¿por qué no una cuestión de PNB?, abriéndose así una puerta que desde el Tercer Mundo se presiente peligrosa. De ahí que la mayoría de países afro-asiáticos de la Asamblea General de Naciones Unidas no haya dudado en aceptar a Palau, Tonga o Tuvalu. No lo olvidemos, todos los estados son iguales, pero...

C) Las organizaciones internacionales

Tras el análisis exhaustivo de los estados como actores internacionales, se aborda a continuación el fenómeno de las organizaciones internacionales. La idea de organización está comprendida en la propia naturaleza del sistema internacional y, en las últimas décadas, una de las manifestaciones de dicha organización ha sido justamente la proliferación de organizaciones internacionales. En palabras de Inis Claude, «la organización internacional es un proceso y las organizaciones internacionales constituyen aspectos representativos del estadio que ese proceso ha alcanzado en un momento dado»[91].

Nuestra idea es que ese proceso ha alcanzado, a principios del siglo XXI, un carácter global. En otras palabras, el conjunto de la humanidad está organizado. Así, cada uno de nosotros forma parte de esa organización internacional, bien sea mediante actos privados y voluntarios (asociarnos a una ONG como Médicos sin Fronteras) o mediante actos simples e inevitables de la vida cotidiana (pagar el IVA en la compra diaria, y con ello financiar el presupuesto de la UE, o adquirir un billete de avión y, así, aceptar las normas internacionales de la IATA).

Como ya se ha dicho, en este apartado se van a abordar las organizaciones internacionales. ¿Qué entendemos por una organización internacional? Vamos a hacer, de entrada, una salvedad relativa a la terminología adoptada en estas páginas. A la hora de adoptar términos o conceptos, los autores no siempre coinciden. Lo que puede inducir a error. Aquí partimos de la idea de que el fenómeno organizativo internacional distingue, según sean sus miembros, entre las organizaciones intergubernamentales (representación de los gobiernos) y las ONG u organizaciones no gubernamentales (compuestas por individuos y grupos de carácter privado). Parecería

---

[90] B. Russett y H. Starr, *World Politics*, *op. cit.*, p. 63.

[91] I. Claude, *Swords into Plowshares*, Random House, Nueva York, 1964, p. 4.

lógico, pues, que habláramos de organizaciones internacionales en un sentido genérico, distinguiendo después entre organizaciones internacionales intergubernamentales (OIG) y organizaciones internacionales no gubernamentales (OING). Ésta es una opción lógica, clarificadora, y muy habitual en las obras que tratan el tema[92]. Si bien algunos autores apuntan que la diferencia entre unas y otras no es tan clara y diáfana. Así, según Manuel MEDINA, «la distinción entre ambos tipos de organizaciones no es siempre fácil, sin embargo. El Consejo Nórdico está integrado por representantes de los parlamentos de los países nórdicos, pero no de sus gobiernos; sin embargo, suele ser clasificado como organización "intergubernamental" por el carácter "oficial" de sus miembros. En cambio, la IATA, de la que forman parte compañías aéreas nacionales que en su mayoría son de carácter gubernamental o semigubernamental, es considerada como organización no gubernamental, ya que las compañías están en ella representadas como sociedades mercantiles y no como órganos de sus gobiernos respectivos»[93].

Como ya se ha anunciado en el apartado 2 del presente capítulo, en esta obra utilizaremos el término «organizaciones internacionales» para referirnos a las organizaciones de base gubernamental —las OIG—, como la ONU, el Consejo de Europa o la Liga Árabe[94], aunque dicho uso sea abusivo. Ahora bien, existen razones para ello. En efecto, buena parte de aquellos autores que diferencian, en un principio, entre OIG y OING derivan hacia el uso del término genérico «organizaciones internacionales» cuando pasan a desarrollar el tema de las OIG[95]. En otras palabras, el término «OIG» —aunque sea el más correcto, conceptualmente hablando— no es de uso corriente, ni en el lenguaje habitual (prensa, por ejemplo) ni en la tradición académica española[96]. Como escribe Manuel MEDINA, «cuando se habla de organización internacional se suele entender por tal una organización intergubernamental»[97].

Con un espíritu práctico (favorecer la comunicación), y por las razones apuntadas, la organización internacional es catalogada en esta obra como OIG, coincidiendo así con la opción realizada por las propias Naciones Unidas, ya que, como apunta PONS RAFOLS, «el concepto de organización internacional provoca importantes dificultades de carácter teórico y es por ello que con voluntad pragmática la Comisión de Derecho Internacional de las Naciones Unidas, al elaborar proyectos de tra-

---

[92] Véanse M. MERLE, *Sociología de las Relaciones Internacionales*, *op. cit.*, pp. 384-430; R. GRASA, «Las organizaciones internacionales y los nuevos desafíos globales», *Papers*, n.º 41, 1993, pp. 76-83; C. W. KEGLEY y E. R. WITTKOPF, *World Politics. Trend and Transformation*, St. Martin's Press, Nueva York, 1993 (4.ª ed.), pp. 156-158.

[93] M. MEDINA, *Las organizaciones internacionales*, Alianza, Madrid, 1979 (1.ª ed., 1976), p. 30.

[94] Las ONG serán tratadas en el último apartado dedicado a actores internacionales, el de las fuerzas transnacionales.

[95] Así, por ejemplo, M. MERLE, *Sociología de las relaciones internacionales*, *op. cit.*, escribe, en el marco de un capítulo sobre OIG, que «las organizaciones internacionales presentan un rasgo común que es el estar fundadas y constituidas por Estados» (p. 385). C. W. KEGLEY y E. R. WITTKOPF, *World Politics*, *op. cit.*, en un apartado sobre OIG caracterizan a Naciones Unidas como «la organización internacional más conocida» (p. 156).

[96] Ésta es la opción más habitual en nuestro país. Véanse, entre otros, M. MEDINA, *Las organizaciones internacionales*, *op. cit.*; DÍEZ DE VELASCO, *Las Organizaciones Internacionales*, Tecnos, Madrid, 1994 (8.ª ed.; 1.ª ed., 1977), y J. A. PASTOR RIDRUEJO, *Curso de Derecho Internacional Público y Organizaciones Internacionales*, Madrid, Tecnos, 1992, (4.ª ed.; 1.ª ed., 1986).

[97] M. MEDINA, *Las organizaciones internacionales*, *op. cit.*, p. 30.

tados multilaterales codificadores de Derecho internacional, y las conferencias intergubernamentales que los han adoptado, se han inclinado por una definición simple de organización internacional considerando como tales a las «organizaciones intergubernamentales». Con esta definición se pone de relieve el elemento fundamental de las organizaciones internacionales: su configuración como asociación de estados»[98]. Sepa pues el lector que en estas páginas el término «organizaciones internacionales» a partir de este momento es adoptado como equivalente a «OIG».

Una vez establecida la terminología, pasemos a la génesis, a las definiciones y a las tipologías del actor internacional que nos ocupa: las organizaciones internacionales. ¿Qué entendemos por una organización internacional? ¿Cómo surge el fenómeno? ¿Cómo se manifiesta a principios del siglo XXI?

a) *Definición y génesis*

Existen múltiples definiciones de organización internacional. Mejor, como apunta Rafael GRASA, «no existe nada parecido a una definición estándar de qué se entiende por "organizaciones internacionales". [...] Por todo ello algunos autores han propuesto un método diferente. Primero, singularizar los rasgos comunes presentes en buena parte de las definiciones al uso [...]; posteriormente, establecer a partir de ellos una mera definición operativa»[99]. Éste es el método seguido tanto por muchos autores anglosajones de relaciones internacionales[100] como por juristas españoles.

Entre estos últimos, PASTOR RIDRUEJO ha escrito lo siguiente: «Se ha señalado que desde un punto de vista jurídico no hay una definición generalmente aceptada de organización internacional, no obstante lo cual sí parece existir consenso en la doctrina en cuanto a los elementos que deberían entrar en aquella definición. A nuestro juicio, la organización internacional tiene seis rasgos diferenciales indiscutidos, a saber: carácter interestatal, base voluntaria, órganos permanentes, voluntad autónoma, competencia propia, y cooperación entre sus miembros a efectos de la satisfacción de intereses comunes»[101].

Así pues, sumando los rasgos anteriores, podríamos decir que *la organización internacional es una asociación de estados establecida mediante un acuerdo internacional por tres o más estados, para la consecución de unos objetivos comunes y dotada de estructura institucional con órganos permanentes, propios e independientes de los estados miembros*[102].

---

[98] F. X. PONS RAFOLS, «El Comité Olímpico Internacional y los Juegos Olímpicos: Algunas cuestiones de relevancia jurídico-institucional», *Revista Española de Derecho Internacional*, vol. XLV, n.º 2, 1993, p. 285.

[99] R. GRASA, «Las organizaciones internacionales», *op. cit.*, p. 62.

[100] Véase C. ARCHER, *International Organizations*, Routledge and Kegan, Londres, 1992 (2.ª ed.; 1.ª ed., 1983).

[101] J. A. PASTOR RIDRUEJO, *Curso de Derecho Internacional Público*, *op. cit.*, p. 690.

[102] Esta definición es muy próxima a la que podemos hallar en manuales españoles de organizaciones internacionales. Véase, en ese sentido, M. DÍEZ DE VELASCO, *Las organizaciones internacionales*, *op. cit.*, p. 41., donde escribe que las organizaciones internacionales son «asociaciones voluntarias de Estados establecidas por acuerdo internacional, dotadas de órganos permanentes, propios e independientes, encargados de gestionar unos intereses colectivos y capaces de expresar una voluntad jurídicamente distinta de la de sus miembros».

La definición aquí recogida nos servirá para avanzar un paso más en el conocimiento de las organizaciones internacionales. En efecto, esta definición incluye una referencia al número mínimo de estados[103], pero ¿cuál es el alcance habitual? Se habla de objetivos comunes, ¿qué tipo de objetivos suelen dar lugar a estas asociaciones? Y, finalmente, se nos hace notar que toda organización ha de contar con una estructura institucional (sede, órganos permanentes, procedimiento para la toma de decisiones, etc.). Así, el alcance geográfico, primero; los fines, después; y, por último las estructuras organizativas nos van a permitir establecer un cierto orden (tipología) en ese mundo complejo de las cerca de 250 organizaciones que existen hoy en día. Antes de abordar las tres tipologías en cuestión, se realizará una breve referencia a la génesis de las organizaciones internacionales y a su proliferación desde el final de la segunda guerra mundial.

Las organizaciones internacionales aparecen relativamente tarde en el marco del sistema de estados. Contrariamente a lo que pudiera pensarse hoy en día, las organizaciones internacionales no nacen vinculadas a las cuestiones de guerra y de paz, sino que es la revolución industrial y las necesidades que la misma genera en todos los terrenos (comunicación, comercio, etc.) la que va a impulsar la aparición de las primeras organizaciones. En efecto, la primera organización que merece dicho nombre, creada en 1815, fue la Comisión Central para la Navegación del Rin[104]. La libertad de navegación, uno de los temas que más preocuparon al espíritu liberal del siglo XIX, llevó a la creación de nuevas Comisiones fluviales a lo largo del siglo (Elba, 1821; Escalda, 1839; Po, 1849; Danubio, 1856). Las Comisiones fluviales, muy simples por lo que respecta a su estructura organizativa (una secretaría y unas reuniones periódicas del plenario), se encargaron de poner de manifiesto la filosofía que anima a la aparición de las organizaciones internacionales: la necesidad de cooperación y de administración conjunta que tienen los estados cuando perciben la existencia de intereses comunes.

El terreno de los intereses comunes, por lo que dejan ver esas primeras Comisiones y las Uniones que se irán creando hasta la primera guerra mundial, es de carácter técnico-económico. Sin ánimo de exhaustividad, las mencionadas Uniones Administrativas o Internacionales (algunas aún existen hoy en día) llevaron a cabo funciones particulares, como dejan ver sus nombres: Unión Telegráfica Internacional (1865), Organización Meteorológica Mundial (1873), Unión Postal Universal (1874), Oficina Internacional de Pesos y Medidas (1875), Unión para la Protección de la Propiedad Industrial (1883), Oficina Central del Transporte por Ferrocarril (1893); Instituto Internacional de Agricultura (1905), Oficina Internacional de la Salud (1907), etc.

---

[103] En nuestra definición se incluye la cifra mínima de tres estados, siguiendo las consideraciones del *Yearbook of International Organizations 1994/95*, vol. 1, Union of International Associations/SAUR, Múnich, 1994 (31.ª ed.), en el que podemos leer: «todas las organizaciones establecidas por acuerdos establecidos entre tres o más estados tienen una entrada en el *Anuario*. A propósito de la resolución 334 (XI) de 20 de julio de 1950, se decidió de común acuerdo con el Secretariado de Naciones Unidas en Nueva York no incluir en el *Anuario* organismos surgidos de acuerdos bilaterales» (p. 1617). Otros autores, sin embargo, parten en su definición de la cifra mínima de dos estados. Es el caso, por ejemplo, de C. ARCHER, *International Organizations*, *op. cit.*, p. 37, o, entre nosotros, de R. GRASA, «Las organizaciones internacionales», *op. cit.*, p. 63.

[104] Dicha Comisión fue establecida por el Acta del Congreso de Viena (1815), en la que se recogía el principio de la libertad de navegación por los ríos internacionales.

Así pues, el germen de la organización internacional está ligado a tareas específicas y necesarias en un mundo en pleno desarrollo industrial (comunicación, transportes, ciencia, etc.), como la Europa del siglo XIX y principios del siglo XX. En el continente americano se creó en 1890 la Unión Internacional de las Repúblicas Americanas, con sede en Washington, antecedente de la Organización de Estados Americanos (OEA), creada en 1948 en Bogotá[105].

Habrá que esperar a más adelante, en concreto a los traumas que creó la primera guerra mundial, para aplicar la filosofía en su conjunto (tratado internacional, órganos permanentes) al terreno político. A pesar de que el siglo XIX ha sido rico en organización internacional en materia política (Concierto europeo derivado del Congreso de Viena; Conferencia de Berlín sobre África, en 1884; Conferencias de La Haya, en 1899 y 1907) no se puede hablar de organizaciones internacionales *stricto sensu*[106]. Será finalmente el desenlace de la primera guerra mundial, y las nuevas ideas aportadas a la reorganización de la posguerra, lo que dé origen a la primera organización internacional con funciones en el campo del mantenimiento de la paz y de la seguridad internacionales. Nos referimos naturalmente a la Sociedad de Naciones, creada por el Tratado de Versalles (1919), junto con la Organización Internacional del Trabajo (OIT). Las funciones asumidas por estas dos organizaciones —paz y seguridad, por una parte, y regulación de las condiciones laborales, por otra— abren una nueva etapa, más compleja que la anterior. Se espera que las organizaciones internacionales puedan prevenir la repetición de acontecimientos como los vividos por Europa en los años diez: la guerra, así como la revolución provocada por la clase obrera.

Este desarrollo funcional (asumir nuevas funciones) de las organizaciones internacionales va acompañado de un crecimiento numérico de las mismas. Así, mientras en 1914, antes de la primera guerra mundial, existían 37 organizaciones, en 1939, al inicio de la segunda, dicha cifra era de 79[107]. Sin embargo, será a partir del final de la segunda guerra mundial cuando el número de organizaciones comience a crecer de manera exponencial, hasta llegar a las 243 registradas hoy en día por el *Yearbook of International Organizations*[108].

---

105 A título de curiosidad se puede señalar que en 1911 se creó la Unión Postal de las Américas y España.

106 Los encuentros del siglo XIX que, a diferencia de las organizaciones internacionales, no dieron lugar a la formación de órganos permanentes y encuentros periódicos previstos en un tratado internacional, se califican de conferencias diplomáticas. Ése es también el caso de la Conferencia sobre la Seguridad y la Cooperación en Europa, entre 1975 y 1995. En enero de 1995 dio paso a una organización internacional (la OSCE, Organización para la Seguridad y la Cooperación en Europa).

107 Las cifras del número de organizaciones creadas entre 1815 y 1939 que se ofrecen en estas páginas proceden de A. TRUYOL, *La Sociedad Internacional*, *op. cit*, p. 213. Un recuento de las mismas en los listados históricos del *Yearbook of International Organizations 1994/1995*, vol. 2., *op. cit.*, pp. 1722-1723, nos da unas cifras inferiores a las anteriores, de 24 y 72 respectivamente, mientras que otros autores aquí mencionados (Díez de Velasco o Kegley y Wittkopf) dan cifras de alrededor de 50 y 80 para cada uno de los períodos.

108 Esta cifra hace referencia a las organizaciones internacionales consideradas convencionales por el *Yearbook of International Organizations 2001/2002*, vol. 5, *op. cit.*, p. 15. Esto es, las que se ajustan a la definición utilizada en estas páginas (permanencia, más de tres estados, acuerdo internacional, etc.). En realidad, en los últimos años ha disminuido la cifra de organizaciones de este tipo consignadas en el *Yearbook*, respecto de 1972, con 280; 1981, con 337; y 1989, con 300. Ello se debe, en buena medida, a que el número de organizaciones inactivas ha ido en aumento. Si no se hiciera ningún distingo entre organizaciones internacionales realmente reseñables y otras (subsidiarias de otras organizaciones nacionales orientadas internacionalmente, no convencionales, etc.) la cifra sería elevadísima.

Una vez definido el término «organizaciones internacionales» y establecido el origen de las mismas, se pasa a continuación a establecer una serie de tipologías que permitirán clasificar las organizaciones internacionales. A modo de interrogantes ya se han establecido una serie de criterios que permiten diferenciar entre organizaciones internacionales o, en otras palabras, nos permiten establecer tipologías. Se trata de su composición, sus funciones y su modalidad de organización interna.

b) *Tipologías: composición, funciones y estructura institucional*

En primer lugar, por su composición, podemos hablar de dos tipos de organizaciones: las *organizaciones universales* o con vocación de universalidad y las organizaciones restringidas, formadas por un número limitado de miembros, y que suelen conocerse también como *organizaciones regionales.*

Así, las *organizaciones de ámbito universal* son aquellas que están abiertas a la participación potencial de todos los estados del sistema. En la actualidad existen 35 organizaciones de tipo universal[109]. La más conocida es, sin duda, la ONU, que con sus actuales 191 miembros cubriendo la práctica totalidad del planeta[110], ha conseguido que la universalidad, objetivo en 1945, se haya convertido en una realidad hoy en día. Las otras organizaciones universales más conocidas son los quince organismos especializados de Naciones Unidas, de los que haremos una breve mención a continuación. Entre las restantes organizaciones universales, algunas, como la Organización Internacional de la Energía Atomica (OIEA), están vinculadas a Naciones Unidas. Sin embargo, otras, como la Organización Mundial del Turismo (OMT), se hallan al margen del sistema de las Naciones Unidas.

Los quince organismos especializados de Naciones Unidas forman un grupo desigual desde el punto de vista de su composición (sólo la mitad de ellos han conseguido unas dimensiones equivalentes a las de la ONU por lo que respecta a sus miembros) y de su origen [en algunos casos proceden de las viejas Uniones del siglo XIX, como la Unión Postal Universal (UPU), mientras que en otros son de factura reciente, como la Organización de Naciones Unidas para el Desarrollo Industrial (ONUDI), en vigor desde 1985; aunque la gran mayoría surgieron al final de la segunda guerra mundial, como la Organización de Naciones Unidas para la Educación, la Ciencia y la Cultura (UNESCO) o el Fondo Monetario Internacional (FMI)]. El tema de sus funciones o competencias será motivo de atención más adelante.

Tras las organizaciones potencialmente abiertas a todos los estados del planeta, o universales, hay que distinguir un segundo tipo de organizaciones. Las organizaciones restringidas que en la actualidad suman la cifra de 208. Estas organizaciones limitan, de modo geográfico o funcional, los potenciales estados miembros. A veces el nombre mismo de la organización determina su alcance geográfico y, en consecuencia, sus potenciales miembros, como la ASEAN (Asociación de Naciones del Sudeste Asiático). En otros casos, sin embargo, la organizaeión no se define, *a priori*, en términos geográficos. Así, por ejemplo, la Organización para la

---

[109] *Yearbook of International Organizations 2001/20002*, vol. 5, *op. cit.*, p. 33.

[110] Recordemos que los estados soberanos no miembros de la ONU son China (Taiwan) y Ciudad del Vaticano, además de una serie de territorios dependientes.

Cooperación y el Desarrollo Económico (OCDE), que reúne a países de varios continentes[111].

Muchos autores definen a esas 208 organizaciones restringidas como *organizaciones regionales,* por oposición a las universales, derivando de ello el concepto de regionalismo, de uso corriente entre los estudiosos de las relaciones internacionales. Ese uso pragmático del término región —es regional todo lo que no es o no pretende ser universal— ha sido sofisticado por algunos autores con intencionalidad teórica[112] o simplemente taxonómica[113]. En este último sentido, por ejemplo, el *Yearbook of International Organizations* distingue entre organizaciones regionales, un epígrafe formado por 173 organizaciones, y organizaciones intercontinentales, epígrafe que reúne a 34 organizaciones y del que forman parte organizaciones como la ya mencionada OCDE, la Organización del Tratado del Atlántico Norte (OTAN)[114] o la Organización de la Conferencia Islámica (OCI)[115].

Una vez más el tema requiere un cierto espíritu pragmático, dado que no existe ningún acuerdo, entre los teóricos, respecto de lo que se entiende por región en relaciones internacionales. En ese sentido, Rafael GRASA escribe que «no siempre es fácil decir con precisión dónde acaba y empieza una región, puesto que al definirla se mezclan a menudo criterios geográficos y extrageográficos. [...] Más allá de los problemas de definición, las "regiones" tampoco pueden considerarse elementos estáticos, inamovibles, como muestran las transformaciones de los mapas políticos europeos derivadas de la desaparición del bloque del Este»[116]. Éste es un buen tema si tenemos en cuenta que en la actualidad el calificativo de «europea», aplicado a una organización, sirve tanto para la Organización sobre la Seguridad y la Cooperación en Europa (OSCE), formada por 55 estados, como para la Unión Europea, formada por quince.

En definitiva, *el primer criterio de clasificación (miembros de la organización o alcance de la misma) nos sirve para diferenciar entre organizaciones universales y organizaciones regionales, teniendo en cuenta que en este último caso existen esca-*

---

[111] La OCDE se creó en 1960, a partir de una anterior organización (la Organización Europea de Cooperación Económica vinculada a la gestión del Plan Marshall), y está formada en la actualidad por 30 países, 23 europeos (todos ellos de la ex Europa Occidental, desde España hasta Turquía), tres americanos (Estados Unidos, Canadá y México) y cuatro del Pacífico (Japón, Corea del Sur, Australia y Nueva Zelanda).

[112] Es el caso de Joseph Nye, quien distingue entre microrregiones y macrorregiones. Así, aquella organización internacional formada por un grupo de estados cuyas capitales en ningún caso están separadas por una distancia superior a 3.000 millas o 4.827 kilómetros es una organización microrregional. En caso contrario, es macrorregional. Entre las microrregionales mencionaba, por ejemplo, la entonces Comunidad de África del Este o el Consejo Nórdico. Entre las macrorregionales, se hallaban la OTAN o la entonces Asociación de Libre Comercio Latinoamericana (ALALC). De ello derivaba que la posibilidad de integración es mayor contra menor es la distancia geográfica entre los estados implicados en el proceso. Por lo tanto, las posibilidades de integración van parejas a la microrregionalidad. Véase J. NYE, *Peace in parts. Integration and Conflict in International Organization*, University Press of America, Lanham, 1987 (1.ª ed., 1971).

[113] Por lo que respecta a la taxonomía se puede citar como caso particular el de Philip Taylor, quien distingue, de modo genérico, entre organizaciones regionales y suprarregionales. Así, esta última categoría reuniría tanto a las aquí definidas como universales, como la OIT, como a las intercontinentales, caso de la OCDE, por ejemplo. Véase P. TAYLOR, *Nonstate Actors in International Politics*, *op. cit.,* p. 22.

[114] Formada, en la actualidad por 19 estados, reúne a 17 estados europeos (desde Turquía hasta Islandia) más Estados Unidos y Canadá.

[115] Organización creada en 1971 y formada en la actualidad por 57 miembros y 3 observadores de religión islámica de África, Asia y Europa (Turquía).

[116] R. GRASA, «Las organizaciones internacionales», *op. cit.,* p. 65.

las geográficas variables[117]. Ahí tenemos el caso de la Unión Económica del Benelux[118], pequeña organización, que acaba por crear una denominación regional, o de extensas organizaciones formadas por estados de varios continentes, como la ya mencionada Organización de la Conferencia Islámica, o la Organización de Países Exportadores de Petróleo (OPEP)[119].

Son justamente las organizaciones regionales, como nos muestran las cifras, las grandes responsables del crecimiento numérico de las organizaciones internacionales desde 1945 hasta nuestros días[120]. Lo que, por otra parte, no siempre es considerado como un síntoma positivo. Como apunta DÍEZ DE VELASCO, «su proliferación (en algunos casos se podría hablar de inflación, como en África Occidental donde actúan más de 30 organizaciones) no deja de ser fuente de numerosos problemas derivados de eventuales situaciones de concurrencia, doble empleo, despilfarro humano y financiero, lo que exige importantes medidas de coordinación»[121].

Pasemos ahora al segundo criterio: los fines de la organización o la extensión de sus funciones. En este terreno hay que hablar de dos tipos de organizaciones. Las primeras son aquellas que tienen *funciones diversificadas* o fines generales. En otras palabras, se les supone capacidad para abordar todos los temas que consideren necesarios, a no ser que el tratado fundacional excluya alguno en concreto (así, el Consejo de Europa establece una limitación muy precisa, los temas de defensa). El ejemplo más clásico de organización multifuncional es la ONU, en cuya carta fundacional se habla de mantenimiento de la paz y la seguridad, así como de cooperación en todos los terrenos (económico, social, humanitario)[122]. Junto a la ONU, dos organizaciones regionales de ámbito continental —la Organización de Estados Americanos (OEA)[123] y la Organización de la Unidad Africana (OUA)[124], converti-

---

[117] Así M. DÍEZ DE VELASCO, *Las Organizaciones Internacionales*, *op. cit.*, p. 46, habla de intercontinentales, continentales, interregionales, regionales y subregionales. Otros autores se limitan a señalar tres subdivisiones: interregionales, regionales y subregionales. Ése es el caso de C. W. KEGLEY, y E. R. WITTKOPF, *World Politics*, *op. cit.*, p. 157.

[118] La Unión Económica del Benelux, gestada durante la segunda guerra mundial y creada formalmente en 1958, es el resultado final de un proceso de integración económica entre tres países (Bélgica, Países Bajos y Luxemburgo), cuyos primeros pasos se dieron en los años treinta.

[119] La OPEP, creada en 1960, está formada por 11 países exportadores de petróleo: países árabes, como Irak o Argelia; africanos, como Nigeria , y americanos, como Venezuela.

[120] Entre las obras que abordan de manera detallada (datos básicos de cada una de las organizaciones, listados) y sintética las organizaciones internacionales, se recomienda G. SCHIAVONE, *International Organizations. A Dictionary and Directory*, Macmillan, Londres, 1992 (3.ª ed.).

[121] M. DÍEZ DE VELASCO, *Las Organizaciones Internacionales*, *op. cit.*, p. 40. A continuación se mencionan algunas de las organizaciones formadas por países del África Occidental: Consejo de la Entente, Fondo de Solidaridad Africano, Fondo del ECOWAS para la Cooperación, Compensación y Desarrollo, Banco Central de Estados del África Occidental, Comunidad Económica del África Occidental, Comité Permanente Interestatal de Lucha contra la Sequía en el Sahel, Comunidad Económica de Estados del África Occidental, Fondo Comunitario de Desarrollo, Unión del Río Mano, Organización para el Desarrollo de la Cuenca del Río Gambia, Organización para el Desarrollo del Río Senegal, etc.

[122] El carácter multifuncional de la ONU ha de considerarse, en el momento de su creación, como una victoria del proyecto de Roosevelt frente a las concepciones limitadas de Stalin y de Churchill, quienes hubieran preferido una organización dedicada exclusivamente al mantenimiento de la paz y de la seguridad.

[123] La OEA, creada en 1948, está formada en la actualidad por los 35 países del continente americano. En el caso de Cuba, la OEA excluyó en 1962 al «gobierno actual» (en referencia al de Fidel Castro), sin que por ello el país haya dejado de ser estado miembro.

[124] La Organización de la Unidad Africana fue creada en 1963 por la Carta de Addis-Abeba. Los treinta miembros originarios han pasado a ser más de cincuenta. En el marco de la OUA ha sido muy conflictivo el

dos en 2002, en Unión Africana— son buenos ejemplos de organizaciones multifuncionales[125].

Tras las organizaciones multifuncionales, hay que hacer mención de las *organizaciones con fines específicos* o limitados. Algunos autores hablan de organizaciones monofuncionales. En este terreno se sitúan aquellas organizaciones que tienen competencias concretas, como muchas del sistema de Naciones Unidas. Así, por ejemplo, la Organización Meteorológica Mundial (OMM), la Organización Mundial de la Salud (OMS) o la Organización de Aviación Civil Internacional (OACI). Entre las organizaciones regionales, la gran mayoría son de competencias limitadas y se circunscriben al terreno económico. Pensemos, por ejemplo, en la Comunidad Europea del Carbón y del Acero (CECA), la Organización de Países Árabes Exportadores de Petróleo (OPAEP), o algunas de las organizaciones africanas [la Organización para el Desarrollo del Río Senegal (ODRS), la Unión Aduanera y Económica del África Central (UDEAC), la Comunidad Económica de los Estados Centroafricanos (CEECA), etc.], o americanas [Mercado Común Centroamericano (MCCA), Mercorsur, Comunidad del Caribe (CARICOM), etc.]. Sin duda alguna, es el grupo de organizaciones regionales de finalidad económica, parejo a la descolonización, el que más ha contribuido al crecimiento numérico de las organizaciones internacionales en las tres últimas décadas[126].

Entre los fines específicos de las organizaciones se intentan establecer algunos grandes grupos[127]. Así podemos distinguir entre cuatro grandes tipos de *fines*: *económicos,* caso del Fondo Monetario Árabe (FMA); *militares y de seguridad,* caso de la Unión Europea Occidental (UEO); *sociales, culturales y humanitarios,* caso de la Organización de Estados Americanos para la Educación, la Ciencia y la Cultura; y *técnicos o científicos,* caso de la Organización Internacional de Satélites de Telecomunicaciones (INTELSAT). A partir de los dos criterios de clasificación establecidos en estas páginas —miembros de la organización y funciones de la misma— podemos elaborar una tabla en la que, combinando los dos criterios, queden recogidas las diversas tipologías, con apoyo de ejemplos concretos (véase cuadro 10).

---

ingreso de la República Árabe Saharaui Democrática (RASD). Tras su ingreso, en 1980, Marruecos provocó una grave crisis en la organización.

[125] En el caso de la Carta de la Organización de la Unidad Africana se apunta en el artículo I, entre otros objetivos, que los estados miembros coordinarán y armonizarán su política general en las siguientes materias: política y diplomacia; economía, transportes y comunicaciones; educación y cultura; sanidad, higiene y alimentación; ciencia y técnica; defensa y seguridad. En la Carta de la Organización de los Estados Americanos se nos habla, en el artículo I, de los siguientes propósitos: la solución pacífica de controversias; la solución de los problemas políticos, jurídicos y económicos que se den entre los miembros; la promoción del desarrollo económico, social y cultural. Véase el texto de ambos tratados en R. MESA, *La Sociedad Internacional, II. Documentos básicos*, Taurus, Madrid, 1983.

[126] La disolución de la Unión Soviética también ha tenido efectos en ese terreno. Por una parte, han desaparecido organizaciones propias del bloque soviético —la Organización del Tratado de Varsovia y el Consejo de Ayuda Económica Mutua (CAME)—, pero, por otra, han aparecido organizaciones regionales de tipo clásico en torno a los nuevos estados, como el Consejo de Estados Bálticos (papel destacado de los países nórdicos y de Alemania), la Cooperación Económica del Mar Negro (papel destacado de Turquía) o la Organización de la Cooperación Económica (papel destacado de Irán).

[127] En muchas ocasiones es difícil establecer, con precisión, el grupo al que pertenece una organización, siendo muy próximos los terrenos técnicos, económicos y sociales. Se ha evitado la mención a los fines políticos, que sí recogen algunos autores (P. TAYLOR, *Nonstate actors in International Politics*, *op. cit.*), justamente por su amplitud y porque en muchos casos las organizaciones que entrarían en ese ámbito, como la ONU o la OEA, ya se han incluido en la categoría de organizaciones de fines generales.

CUADRO 10

Tipología de organizaciones internacionales

	Org. universales	*Org. regionales*
Fines generales	ONU	OEA (Org. de Estados Americanos) OUA (Org. de la Unidad Africana)
Fines económicos	OMC (Org. Mundial del Comercio) BIRD (Banco Int. de Recons. y Desarrollo)	Mercosur UMA (Unión del Magreb Árabe)
Fines sociales	UNESCO (Org. de NU para Educación, Ciencia y Cultura) OIT (Org. Int. Trabajo)	Consejo Nórdico OCI (Org. de la Conferencia Islámica)
Fines militares	ONU (Consejo de Seguridad)	OTAN (Organización del Tratado del Atlántico Norte) OTSC (Organización del Tratado de Seguridad Colectiva)
Fines técnicos	OMM (Org. Meteorológica Mundial) OMI (Organización Marítima Internacional)	CERN (Centro Europeo de Investigación Nuclear) ESA (Agencia Europea del Espacio)

Hemos hecho mención a un tercer criterio para clasificar o poder distinguir entre diferentes tipos de organizaciones. Se trata de la *estructura institucional* o la modalidad de organización interna. A diferencia de los dos criterios anteriores (composición y funciones), en este caso es más difícil establecer pautas o grandes grupos. Cada organización tiene particularidades concretas, ni que sea en la denominación de sus órganos internos. Marcel MERLE, sin embargo, ofrece cuatro modelos (véase cuadro 12) que, en su opinión, responden a las grandes modalidades[128] existentes hoy en día, y que están ordenados de menor a mayor, en el sentido de menor a mayor complejidad.

El modelo básico (modelo 1) nació con las primeras organizaciones internacionales. Se trata de un esquema básico, compuesto por un plenario (órgano político) y un secretariado (administración), adoptado por las Uniones Administrativas del siglo XIX. El modelo pervive en algunas organizaciones, como la OTAN, en la que el Consejo Atlántico (plenario), con reuniones periódicas, y el secretariado[129] constituyen la espina dorsal de la organización, a la que se suman órganos subsidiarios (Comité Militar, otros comités, Estado Mayor Internacional, etc.). El secretariado suele establecerse en la ciudad sede de la organización[130] (Bruselas en el caso que nos ocupa).

[128] M. MERLE, *Sociología de las relaciones internacionales*, *op. cit.*, pp. 390-393.

[129] Tanto en el caso de la OTAN, como en el de otras organizaciones más políticas que técnicas, el papel del secretario ha dejado de ser puramente administrativo para convertirse en una figura de relevancia política.

[130] Algunas organizaciones, especialmente las universales, suelen tener una sede principal y una o más subsedes, secundarias o regionales.

Convertirse en sede de una organización internacional supone una baza positiva para todos los gobiernos, si tenemos en cuenta el interés que éstos suelen mostrar por ello. Las cifras nos muestran en el momento actual que algunos países han tenido más éxito que otros a la hora de ser «elegidos» como sede de una organización internacional. No hay sorpresas al respecto, y la imagen de París, Bruselas, Londres o Ginebra queda reafirmada. En efecto, las cifras nos muestran (véase cuadro 11), por una parte, que el viejo mundo europeo es el «hogar» de las organizaciones internacionales y, por otra parte, que en algunas regiones ha proliferado el fenómeno (caso, por ejemplo, del África Occidental).

CUADRO 11

Países-sede de organizaciones internacionales

País-sede	*N.º secretariados*
Francia	19
Reino Unido	14
Suiza	12
Bélgica	11
Dinamarca, Egipto	8
Estados Unidos de América	7
España, Federación Rusa, Suecia	6
Canadá, Arabia Saudí	5
Alemania, Austria, Burkina Faso, Camerún. Finlandia, Marruecos, Noruega, Trinidad y Tobago, Senegal	4
Costa de Marfil, Ecuador, Etiopía, Guyana, Indonesia, India, Italia, Nigeria, Túnez	3

Fuente: *Yearbook of International Organizations 2001-2002*, vol. 2, Union of International Associations, Múnich, 2002, pp. 1529-1534. Elaboración: E. BARBÉ.

Pasando del secretariado al plenario, hay que indicar que el nivel de representación gubernamental en el órgano plenario —embajador/representante permanente, ministro o jefe de estado o de gobierno— está regulado en cada caso, y puede variar según las circunstancias. El Consejo Atlántico de la OTAN, por ejemplo, se reúne (dos veces al año) a nivel ministerial, si bien en ocasiones lo ha hecho a nivel de jefes de estado y de gobierno (cumbre), creando así una imagen de «excepcionalidad». En cambio, en otras organizaciones la «norma» es justamente que el plenario sea una reunión en la cumbre, caso del Consejo Presidencial o Consejo Supremo de la UMA o de la Conferencia de Jefes de Estado y de Gobierno de la Unión Africana.

El segundo modelo (modelo 2) de estructura institucional es un modelo muy extendido entre las organizaciones universales. En este caso la estructura está constituida por el plenario, por un órgano restringido, que emana del anterior, y por un secretariado. Es el caso de la ONU, por ejemplo, donde el Consejo de Seguridad es el paradigma de órgano restringido (15 miembros frente a los 191 que conforman el plenario, la Asamblea General). El carácter de órgano restringido puede ser políticamente relevante, como ocurre en el caso del Consejo de Seguridad de la ONU o en el caso de los Directores Ejecutivos del Banco Internacional de Reconstrucción y Desarrollo (BIRD), o simplemente técnico, como el Comité Ejecutivo de la Organización Meteorológica Mundial (OMM). La diferencia viene establecida por las funciones que realiza dicho órgano restringido, habitualmente encargado de ejecutar las decisiones adoptadas en el plenario, o de realizar tareas especializadas. Sin embargo, en el caso del Consejo de Seguridad de Naciones Unidas, nos hallamos frente al responsable del mantenimiento de la paz y la seguridad internacionales. No se trata de un simple órgano ejecutorio, sino de un órgano decisorio, cuyas decisiones (resoluciones) han de ser aceptadas y cumplidas por todos los miembros de las Naciones Unidas (art. 25 de la Carta).

El tercer modelo (modelo 3) es muy habitual en las organizaciones surgidas en el marco de la Europa Occidental (Consejo de Europa, Unión Europea Occidental), en las que se aprecia, junto al papel de los representantes gubernamentales que conforman el órgano plenario (llamémoslo Consejo o Comité de Ministros), el papel de los parlamentarios nacionales. No hay que olvidar, por ejemplo, que la Asamblea Parlamentaria del Consejo de Europa fue en los inicios de esa organización, creada en 1949, un «laboratorio político de primer orden» para los promotores de la construcción europea[131]. Los órganos parlamentarios que vienen a unirse al plenario y al secretariado (amén de otros organismos subsidiarios), con funciones consultivas, son vistos como la voz de la opinión pública en las organizaciones internacionales.

Según Marcel MERLE, «este tipo de organización que sólo aparece a escala regional, se aproxima más al sistema de separación de poderes que el modelo "onusiano", en el que la Asamblea Plenaria, encarnación de la colectividad de los Estados miembros, continúa siendo (salvo en lo referente a la competencia del Consejo de Seguridad) el órgano soberano de donde emanan las directrices esenciales»[132].

Queda un último modelo (modelo 4) que responde a un caso único: la Unión Europea[133]. El esquema está a «medio camino» entre la lógica insitucional de la separación de poderes dominante en el estado y la lógica intergubernamental de las organizaciones internacionales propia de los tres modelos anteriores en los que el plenario formado por los representantes gubernamentales de los estados miembros constituye el órgano supremo, se llame Consejo Atlántico (OTAN), Consejo Supremo (UMA) o Asamblea General (OEA). Frente a la lógica intergubernamental, los quince países que forman la Unión Europea han aceptado delegar soberanía en favor de órganos independientes que representan al mismo tiempo los intereses naciona-

---

[131] En los primeros años del Consejo de Europa, la Asamblea de dicha organización reunía a políticos de la talla de Winston Churchill o Paul Henri Spaak. Este último se cuenta entre los «padres fundadores» de la Comunidad Europea.

[132] M. MERLE, *Sociología de las relaciones internacionales*, *op. cit.*, p. 391.

[133] El Tratado de la Unión Europea, que entró en vigor el 1 de noviembre de 1993, mantiene *grosso modo* el marco institucional de la Comunidad Económica Europea, bajo la denominación global de instituciones de la Comunidad Europea.

les y el interés comunitario, y que están vinculados entre sí por relaciones de complementariedad de las que se deriva el proceso decisorio.

Así, de modo simplificado, la Comisión Europea —ejecutivo en potencia— elabora propuestas y aplica las medidas decididas; el Parlamento Europeo se pronuncia sobre tales propuestas (dictamen conforme, codecisión) y el Consejo de Ministros toma, en buena medida, la decisión final, mientras que el Tribunal de Justicia garantiza el cumplimiento del Derecho comunitario y el Comité Económico y Social, órgano consultivo, representa los intereses de la sociedad. Nos hallamos ante una estructura institucional única con órganos independientes de los estados (Comisión y Tribunal de Justicia), con un Parlamento legitimado por su elección por sufragio universal, con un Consejo de Ministros en el que muchas decisiones se toman por mayoría[134] y, ya fuera del marco institucional, con financiación propia.

Con esta referencia al cuarto y último modelo —la Unión Europea— se han introducido algunos temas, que no se van a tratar de modo detallado, pero que merecen toda la atención. Se ha hecho una breve referencia al sistema de voto en el marco del Consejo de Ministros de la Unión. Es evidente que *el mecanismo de toma de decisiones ha de captar el interés de cualquiera que se aproxime a una organización internacional.* Los sistemas de voto en las organizaciones internacionales son múltiples y variados[135] y, sin duda, reflejan el nivel de compromiso de los estados con el marco de cooperación constituido. A mayor voluntad de compromiso, mayor apertura (preferencia por la mayoría ante la unanimidad) en el sistema de voto deseado. La unanimidad es paralizante para una organización, dirán algunos, pero otros la defenderán en nombre de la defensa de la soberanía nacional. Éste es un tipo de debate al que nos tienen muy acostumbrados, en los últimos años, los líderes de los países europeos.

Por otro lado, el sistema de voto será un tema más preocupante para los estados miembros cuanto mayores sean las obligaciones que se deriven para el estado de las decisiones adoptadas por la organización internacional. No es lo mismo votar una resolución en la que se apoya la idea genérica del desarrollo sostenible que adoptar un acuerdo que nos obligue a comprometer recursos propios en apoyo de esa idea. Igual que no es lo mismo condenar la actitud de un gobierno extranjero no respetuoso con los derechos humanos de su población, que adoptar un acuerdo mediante el cual se interrumpan todo tipo de relaciones con dicho país, sobre todo si se trata de un país «interesante» en el terreno económico; caso de China, por ejemplo. Hay algunas esferas de la vida del estado —como la militar— que difícilmente son imaginables en un marco de toma de decisiones que no sea la unanimidad.

Más allá de la referencia al sistema de voto, el caso de la Unión Europea suscitaba otra cuestión importante: una referencia a la existencia de financiación propia. *El tema de la financiación no es un tema de orden menor.* Al contrario. En algunos casos ha llevado incluso a la disolución de una organización[136]. El ejemplo de Nacio-

---

[134] Sobre la estructura institucional de la Unión Europea, véase C. GUTIÉRREZ ESPADA, *El sistema institucional de la Unión Europea*, Tecnos, Madrid, 1994.

[135] Concretamente se pueden recordar opciones tan diversas como el consenso, institucionalizado en la OSCE; el derecho de veto en el Consejo de Seguridad; la mayoría cualificada en el Consejo de la Unión Europea; la mayoría, simple o de dos tercios, según los casos en la Asamblea General de Naciones Unidas, etc.

[136] Es el caso del Consejo Internacional del Estaño, cit. por M. DÍEZ DE VELASCO, *Las organizaciones internacionales*, *op. cit.*, p. 109.

CUADRO 12

Modelos de organización interna, según Merle

Modelo n.º 1 («Uniones» del siglo XIX o, actualmente, tipo OTAN)

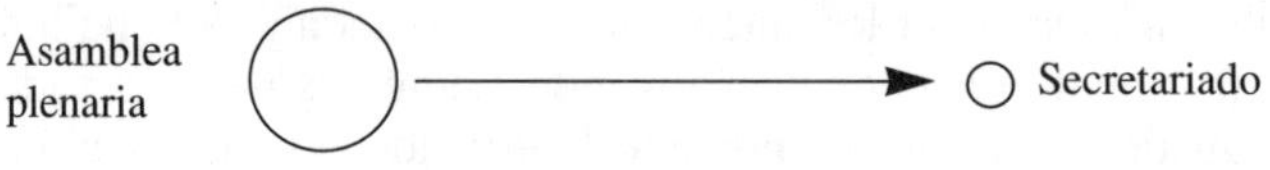

Modelo n.º 2 (Instituciones especializadas de la familia de la ONU)

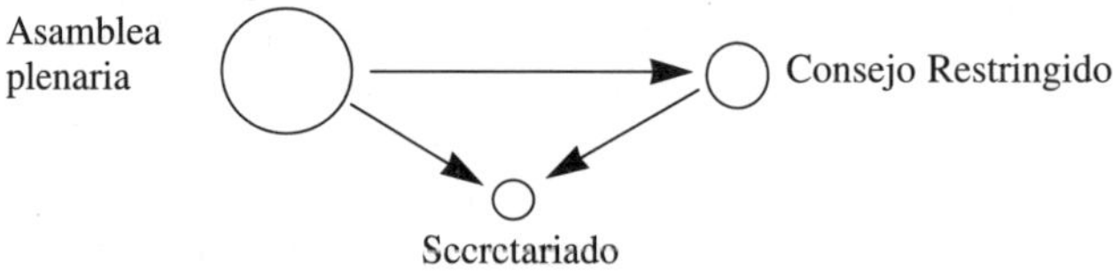

Modelo n.º 3 (Consejo de Europa)

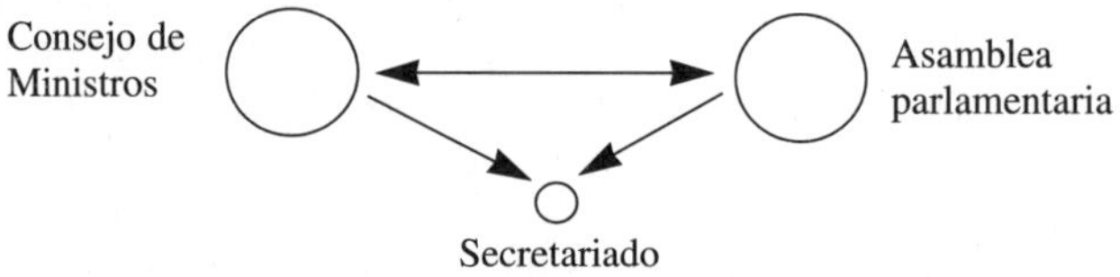

Modelo n.º 4 (Comunidad Económica Europea)

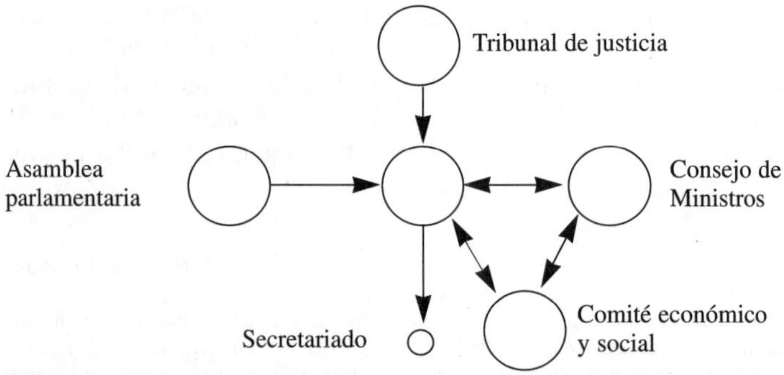

Nota: No se han tenido en cuenta los órganos subsidiarios.
Fuente: M. MERLE, *Sociología de las relaciones internacionales*, Alianza, Madrid, 1991, p. 392.

nes Unidas, sumida en una crisis financiera, es un buen ejemplo de ello. Una vez más la Unión Europea es un caso especial, al contar con recursos propios gracias, entre otras cosas, al pago de impuestos indirectos en los países miembros. Sin embargo, la mayor parte de organizaciones depende de las contribuciones de sus miembros. Lo que deja en manos de los estados un arma notable, sobre todo en el caso de aquellos estados que realizan aportaciones importantes al presupuesto de la organización. Volviendo a la ONU, se ha de reseñar que el presupuesto de una organización de 191 países está financiado en más de un 75 por 100 por 9 países[137]. Lo que ocasiona que algunos países, como Estados Unidos que financia el 22 por 100 del presupuesto, puedan desestabilizar, caso de desearlo, el trabajo de la organización en su conjunto. Bien por no estar de acuerdo con la orientación de la organización o, simplemente, al acumular retrasos en el pago de la cuota (política seguida por el gobierno de Washington desde mediados de los años ochenta, acumulando en 2003 una deuda con la organización, equivalente al 45 por 100 de su presupuesto regular anual)[138]. Las diferencias en el pago han llevado, sobre todo en Estados Unidos, a algunas voces críticas con el igualitarismo de la Asamblea General a reclamar la introducción del voto ponderado. Lo que acabaría con la filosofía que inspiró Naciones Unidas en 1945.

Otras voces, sin embargo, nos recuerdan que en realidad el coste que supone para los estados el mantenimiento de las Naciones Unidas es poco significativo. Así, Vicenç FISAS escribe: «las Naciones Unidas funcionan con unos medios presupuestarios realmente insignificantes. [...] A la escasez del presupuesto hay que sumar el déficit crónico motivado por la tradicional resistencia de algunos estados a pagar sus cuotas. [...] el presupuesto regular de Naciones Unidas para 1993 ha sido de 1.600 millones de dólares, una cantidad no muy superior al coste de un solo día de la operación "Tormenta del Desierto" o al de un bombardero B-2, la mitad del presupuesto consolidado del Ayuntamiento de Barcelona para 1993, e inferior al presupuesto anual del Departamento de Bomberos de la ciudad de Nueva York. El coste estimado de las operaciones de mantenimiento de la paz que funcionaban en aquel mismo año, estimado en unos 3.600 millones de dólares, equivale al presupuesto combinado de los departamentos de policía y de bomberos de la ciudad de Nueva York»[139].

Las cifras constituyen un sarcasmo, si se tiene en cuenta lo que se exige de las Naciones Unidas: el mantenimiento de la paz y de la seguridad internacionales.

---

[137] Se trata de Estados Unidos (22 por 100), Japón (19,5 por 100), Alemania (9,8 por 100), Francia (6,5 por 100), Reino Unido (15,5 por 100), Italia (5 por 100), Canadá (2,6 por 100), España (2,5 por 100) y Brasil (2,5 por 100). La mayor parte de países paga la cuota mínima (0,01 por 100 del presupuesto).

[138] En marzo de 2003, los Estados Unidos tenían una deuda acumulada con Naciones Unidas de 532.000 millones de dólares (el 47 por 100 del total de la deuda acumulada por los estados miembros), una cifra equivalente al PIB anual de España. Para realizar un seguimiento detallado de la crisis financiera de Naciones Unidas, véase http://www.globalpolicy.org

[139] V. FISAS, *Caos i Pau. La reforma de les Nacions Unides i el futur dels «Cascos Blaus»*, Centre UNESCO de Catalunya, Barcelona, 1993, pp. 19-20 (existe ed. en español, *El desafío de Naciones Unidas ante el mundo en crisis*, Icaria, Barcelona, 1994).

c) *¿Reflejo de la interdependencia global?*

El esbozo de tipología de organizaciones internacionales que se acaba de presentar nos familiariza con una idea, ya aplicada en el caso de los estados. En todos los casos hablamos de estado o de organización internacional, pero no es lo mismo Francia que Sierra Leona y no es lo mismo la Unión Europea que la Comunidad Económica de los Países de los Grandes Lagos (CEPGL)[140]. Esta última afirmación viene a contestar a la pregunta planteada en el título de este subapartado. En otras palabras, hasta qué punto es correcto hablar de «las organizaciones internacionales como agentes y reflejo de la interdependencia global a nivel social y económico», tal y como hacen KEGLEY y WITTKOPF[141].

Como ya sabemos, la función principal de las organizaciones es la creación de marcos de cooperación entre los estados, bien sea con la intención de crear ventajas mutuas (lógica de las Uniones del siglo XIX) o de minimizar el conflicto, creando mecanismos de arreglo pacífico o canales diplomáticos alternativos (lógica de la Sociedad de Naciones). Esas dos funciones, implantadas en los inicios del siglo XX a través de sendas organizaciones, se han convertido a principios del siglo XXI en densas redes de relaciones. En efecto, las organizaciones internacionales que han dado lugar a marcos multilaterales de encuentro se han convertido en multiplicadoras incesantes de las reuniones bilaterales. Así, por ejemplo, la reunión del Consejo de Ministros de la Unión Europea, con 15 representantes gubernamentales, equivale a 104 encuentros de tipo bilateral. Sin duda, en términos cuantitativos el gran multiplicador de contactos y de comunicación a nivel mundial —el «enjambre» de las relaciones internacionales— es el período anual de sesiones de la Asamblea General de Naciones Unidas, con sus 191 delegaciones nacionales.

Sin embargo, cantidad y calidad no siempre van unidas. En efecto, si nos centramos exclusivamente en las cifras nos encontramos con que África es el espacio en el que las redes de interdependencia y de comunicación deberían ser más densas. En contra de lo que pudiera parecer, África es un continente altamente organizado en «términos formales», si hacemos caso del número de «carnés de socio» que existen en el mismo: 2.282, de un total mundial de 8.452, frente a Europa (2.457), Asia (1.706), América (1.681) y Oceanía (326)[142]. Sin embargo, como ya se ha dicho, la mayor parte de las organizaciones regionales existentes en África son inoperantes, carecen de recursos y, en muchos casos, han sido creadas sobre cimientos poco sólidos (estados débiles y marcos regionales con conflictos internos), más próximos a la filosofía institucionalista de la ex metrópoli (África francófona) que a las condiciones reales sobre el terreno[143]. Ese institucionalismo africano (desarrollado sobre todo en el occidente y el centro del con-

[140] La CEPGL, creada en 1976 y formada por Ruanda, Burundi y Zaire, tiene como fines la integración económica y la libertad de movimientos de personas y bienes. Lo que suena a sarcasmo hoy en día.

[141] C. W. KEGLEY y E. R. WITTKOPF, *World Politics*, *op. cit.*, p. 158.

[142] Véase *Yearbook of International Organizations 2001/2002*, vol. 5, *op. cit.*, p. 19. Estas cifras se derivan, como es lógico, de sumar en cada continente el número de organizaciones a las que pertenece cada uno de los estados de dicho continente. Turquía está contabilizada en Europa, así como Rusia y los estados caucásicos de la ex Unión Soviética.

[143] Las referencias a África no afectan al norte de África, que, aunque en términos cuantitativos está aquí integrado en ese continente, en términos analíticos lo consideramos dentro de un marco de países árabes.

tinente) explica que «países depauperados», como Camerún o Gabón, pertenezcan a tantas organizaciones internacionales (entre 50 y 60) como algunas potencias medias (véase cuadro 13).

CUADRO 13

Países que pertenecen a más de 50 organizaciones internacionales

90 a 80		*60 a 50*	
Francia	87	Camerún	58
Suecia	85	Polonia	58
Dinamarca	85	India	57
Finlandia	84	Argentina	57
Noruega	83	Rumania	56
		Costa de Marfil	55
80 a 70		Colombia	55
		Libia	55
Alemania	79	Senegal	55
España	76	Paquistán	55
Países Bajos	76	Hungría	55
Reino Unido	75	Luxemburgo	54
Egipto	75	Venezuela	54
Italia	72	Jordania	54
Bélgica	71	Cuba	53
		Gabón	53
70 a 60		República de Corea	53
		Indonesia	53
Túnez	69	Nigeria	52
Portugal	68	Islandia	52
Marruecos	68	Ecuador	52
Suiza	66	Irak	52
Brasil	64	Perú	52
Federación Rusa	63	Bulgaria	52
Argelia	63	República Árabe de Siria	52
Estados Unidos	62	Yemen	52
Austria	62	Irlanda	51
Japón	61	Mauritania	51
Grecia	61	Australia	51
Canadá	61	Bolivia	50
Sudán	61	Malaisia	50
México	60	Chile	50
Turquía	60	Líbano	50
		Sudáfrica	50

Fuente: *Yearbook of International Organizations 2001/2002*, Union of International Associations, Múnich, 2002, vol 2, pp. 1520-1528. Elaboración: E. Barbé y O. Costa.

Si dejamos de lado el caso particular de esos países africanos, nos percatamos de que la densidad organizativa a nivel mundial sigue una lógica bien definida[144]. Una lógica basada en las desigualdades que hemos apreciado en el sistema de estados, a nivel de recursos tangibles (riqueza económica, IDH) e intangibles (calidad de la diplomacia, moral nacional). Si las organizaciones internacionales son un reflejo de la interdependencia global, es evidente que esa interdependencia se expresa en círculos concéntricos (de carácter no excluyente). Empezando por el centro, nuestro círculo se va nutriendo, sucesivamente, por países nórdicos, países de la Unión Europea y países de la OCDE, seguidos por los países árabes (miembros de la Liga Árabe, lo que incluye a Sudán) y un grupo que podemos denominar de potencias medias y/o regionales de América y Asia (Argentina, Brasil, India, Indonesia, etc.). En términos cuantitativos, Europa Occidental es el mundo de las organizaciones internacionales, destacando la Europa nórdica[145] y/o la Europa de la Unión Europea como centros de impulso.

En este caso, la cantidad y la calidad coinciden, si entendemos por tal: la eficacia, los niveles de compromiso (elementos de carácter supranacional incorporados en la Unión Europea, como órganos independientes o legislación comunitaria directamente aplicable en los estados miembros) y los beneficios (economías de escala, aumento de las exportaciones, redistribución de recursos).

Así, los estados más internacionalizados del mundo —traducido en su pertenencia a organizaciones internacionales— se caracterizan bien por una o varias de las siguientes condiciones: gozar de un elevado nivel de desarrollo humano, ser una potencia del sistema (destacando las potencias medias y/o regionales) y tener voluntad de contar con un perfil internacional destacado (las fuerzas de mantenimiento de la paz han contado a lo largo de los años con una presencia destacada de algunos de los países más organizados, como los nórdicos; algunos estados asiáticos como Indonesia o India se cuentan entre los promotores del no-alineamiento, etc.).

En suma, estas cifras sirven para apoyar la tesis sostenida en estas páginas: el carácter globalizador de las organizaciones internacionales ha reforzado las tramas de interdependencia entre los países OCDE, aumentando el nivel de bienestar y de seguridad entre ellos. De tal manera que el centro del sistema se ha visto favorecido respecto de la periferia gracias a la implantación de esas organizaciones regionales, que han ayudado al mantenimiento y al desarrollo de «islas de paz y de bienestar» en el centro de un «mar tormentoso».

El éxito de la regionalización en algunas zonas, como paradigma el caso de Europa Occidental, ha impulsado el deseo de imitación. En otras palabras, la regionalización, basada en la creación de «mercados comunes»[146], constituía uno de los

[144] Sesenta y dos países son miembros de entre 90 y 50 organizaciones internacionales. La lectura del cuadro 13 nos permite comprobar, en términos de grupos de países, lo siguiente: entre 90 y 80 OI, 6 países (5 UE, 4 nórdicos); entre 80 y 70 OI, 7 países (6 UE, 1 árabe); entre 70 y 60 OI, 15 países [4 árabes, 2 europeos, 4 UE, 4 americanos, 1 asiático); entre 60 y 50 OI (7 árabes, 4 UE, 3 europeos, 6 africanos, 8 América Latina, 6 asiáticos).

[145] En esa lista de países nórdicos hay que destacar el nivel de participación de Islandia, teniendo en cuenta que se trata de un país con poco más de un cuarto de millón de habitantes.

[146] No hay que olvidar, sin embargo, que el marco regional de Europa Occidental se sustenta no sólo en la Unión Europea, con funciones eminentemente económicas (Comunidad Europea), sino también en organizaciones con fines político-sociales (Consejo de Europa), con fines de seguridad (OTAN), etc.

fenómenos centrales del sistema internacional a finales del siglo XX, traducido en procesos como el TLC (Tratado de Libre Comercio de América del Norte) o el AFTA (Zona de Libre Comercio de los países ASEAN)[147].

Todo ello choca con el espíritu dominante en los años setenta, propio de los teóricos del transnacionalismo[148], que veía en las organizaciones universales (sistema de Naciones Unidas) un instrumento para la formación de coaliciones y la defensa de programas de actuación por parte de los países pobres, en materia económico-social. En otras palabras, el apogeo de dichas organizaciones estuvo ligado a la aspiración por parte de los países pobres de convertirlas en mecanismos de redistribución de la riqueza a nivel mundial.

¿Qué se ha hecho de esas aspiraciones para las organizaciones universales? ¿Qué hay que esperar de cara al futuro de dichas organizaciones cuando dominan los procesos de regionalización? Paul TAYLOR finaliza un estudio sobre el tema escribiendo lo siguiente: «Una conclusión central se aplica al modelo de crecimiento de las organizaciones internacionales regionales y universales. Hay muchas razones para creer que las organizaciones internacionales universales alcanzaron su techo en los primeros años ochenta, ligado al techo de sus recursos financieros. Sin embargo, en el terreno de la organización regional continuó el crecimiento tanto en los años ochenta como en los noventa. En otras palabras, la sociedad internacional se ha ido regionalizando; en parte a causa de factores especiales que animaban el regionalismo y, en parte, como producto de las características del desarrollo de las organizaciones internacionales universales. Dicho desarrollo no ha gozado ni de la dinámica que imprime el funcionalismo utilitario [...], ni del miedo a la marginalización (no hay un equivalente al hecho de ser relegado a una "segunda velocidad" como sí ocurre, por ejemplo, en el marco de la Comunidad Europea) y, por otra parte, la base cultural común es muy débil»[149].

D) LAS FUERZAS TRANSNACIONALES

El tercer, y último, tipo de actor internacional que abordamos en estas páginas es el de las fuerzas transnacionales. Salimos así del mundo conformado por los estados y por las asociaciones de estados (organizaciones internacionales) para entrar en lo que Antonio TRUYOL ha denominado el «pueblo internacional» o el «elemento democrático de la sociedad internacional»[150]. Es decir, como han escrito KEOHANE y NYE, la transnacionalidad aparece cuando relativizamos la premisa de que los estados son los únicos actores del sistema y centramos nuestra atención en los canales múltiples que conectan las sociedades a través o por encima de las fronteras estatales[151]. Es decir,

---

147 Véase P. J. KATZENSTEIN, «Regionalism in Comparative Perspective», *Cooperational Conflict*, 1996, vol. 31, n.º 2.

148 Véase el texto de Robert Keohane y Joseph Nye recogido en el apartado «Lecturas complementarias» del capítulo IV.

149 P. TAYLOR, *International Organization in the Modern World*, Pinter, Londres, 1993, p. 255. En el texto original, el autor distingue entre organización regional y organización global. En la traducción este último término ha sido sustituido por universal.

150 A. TRUYOL, *La Sociedad Internacional*, *op. cit.*, p. 128.

151 Véase el desarrollo del tema en el texto recogido en las «Lecturas complementarias» del capítulo IV.

todos *aquellos flujos que no parten de una iniciativa pública (gubernamental), sino privada, y que, como corresponde a todo actor internacional, influyen en el sistema internacional.* Flujos que pueden provenir de una acción estrictamente individual (mensaje de paz de un Premio Nobel), que pueden adoptar la forma de opinión pública a nivel internacional (movimiento europeísta), que pueden generar beneficios (actividad empresarial), que pueden tener fines humanitarios (ONGD o ONG de ayuda al desarrollo) o espirituales (órdenes misioneras), etc. En este caso, el fenómeno es más escurridizo, menos «materializable» que en el caso de los estados o de las organizaciones internacionales. Tanto por su naturaleza como por sus finalidades, las fuerzas transnacionales son múltiples y muy diversas. Pueden abordar desde fenómenos duraderos y altamente organizados como las iglesias o las federaciones sindicales, por poner dos ejemplos, hasta la aparición espontánea de un estado de opinión en torno a un acontecimiento (guerra, desastre natural, etc.) que influya en el comportamiento de los estados y de las organizaciones internacionales.

Los elementos que acabamos de aportar coinciden con la definición de fuerzas transnacionales que realiza Marcel MERLE, al escribir que «entendemos por fuerzas transnacionales los movimientos y las corrientes de solidaridad de origen privado que tratan de establecerse a través de las fronteras y que tienden a hacer valer o imponer su punto de vista en el sistema internacional»[152].

En este apartado vamos a centrar nuestra atención, de modo exclusivo, en dos tipos de fuerzas transnacionales: las organizaciones no gubernamentales y las empresas transnacionales. Su naturaleza, pero sobre todo su finalidad, distingue netamente a los dos actores mencionados. Mientras el lucro constituye el objetivo por definición de las empresas transnacionales —ahí están los 15.320 millones de dólares de beneficios de la empresa Exxon Mobil en el año 2001, por poner un ejemplo[153]—, es justamente la ausencia de objetivos lucrativos una de las características que define a las organizaciones no gubernamentales. Comencemos por éstas.

a) *Las organizaciones no gubernamentales, en busca de una definición*

Los medios de información recogen a diario la actividad de una u otra ONG. Amnistía Internacional, Médicos sin Fronteras, la Unión Interparlamentaria, el Club de Roma, la Cámara de Comercio Internacional, el Comité Internacional de la Cruz Roja, la Federación Sindical Mundial o Greenpeace son algunas de las organizaciones que se asoman periódicamente a las páginas de la prensa. Son unas pocas de las miles que existen en la actualidad. Porque, como apuntan algunos autores hace dos décadas, los años ochenta se pueden calificar como «la década de las ONG»[154]. Tendencia que sigue en nuestros días. Lo que viene a indicar que la trascendencia públi-

---

[152] M. MERLE, *Sociología de las relaciones internacionales*, *op. cit.*, p. 411. Si bien el término «solidaridad» no es aplicable a fuerzas transnacionales con fines lucrativos, como las empresas.

[153] Véase *Fortune*, 15 de abril de 2002. Los beneficios de la empresa Exxon Mobil son equivalentes al PNB de países como Costa Rica o Sri Lanka, que en 2001 se situaban alrededor del número 75 en el *ranking* de los países según su PNB.

[154] Y. BEIGBEDER, *Le rôle international des organisations non gouvernementales*, Bruylant, Bruselas, 1992, p. 3.

ca de las ONG como actores internacionales es relativamente reciente. El crecimiento del número de ONG así lo demuestra (véase cuadro 14). La mitad de las casi seis mil organizaciones que existen en la actualidad se han creado en los últimos veinticinco años.

CUADRO 14

Crecimiento del número de ONG (1909-2000)

1909	176	1984	4615
1954	997	1988	4518
1958	1060	1992	4696
1962	1324	1996	5472
1966	1675	1997	5766
1970	1993	1998	5825
1976	2502	2000	5936
1981	4263		

Fuente: *Yearbook of Internacional Organizations 2000/2001*, Union of International Associations, Múnich, 2001, p.1466.

Sin embargo, esa importancia creciente de las ONG choca con la antigüedad del fenómeno. Los autores hablan de dicha antigüedad vinculándola habitualmente a movimientos de origen religioso. Algunos aventuran ejemplos concretos para identificar el origen de las ONG. Así, por ejemplo, la Orden de Rosacruz (1649)[155] o el Comité Internacional de la Cruz Roja (1863)[156]. Lo cierto es que el *Yearbook of International Organizations* ya señala la existencia de una ONG (cuantificada en el grupo de las órdenes religiosas) en el año 312[157]. En lo que respecta al origen de las ONG, BEIGBEDER escribe: «En la Edad Media las obras de caridad y las instituciones educativas de la iglesia y de las órdenes religiosas adquirieron dimensión internacional. Desde 1863, el Movimiento Internacional de la Cruz Roja, movimiento laico, ha asumido y sigue asumiendo un papel primordial de pionero y de ejemplo en el terreno de la puesta en marcha del derecho humanitario y de las ayudas de urgencia»[158].

Estos comentarios sobre el origen de las ONG permiten observar un hecho evidente: *el término de ONG se aplica a realidades diversas,* así una orden religiosa nacida en el siglo IV o el CICR (Comité Internacional de la Cruz Roja), organización suiza inspiradora y guardiana, desde finales del siglo XIX, del derecho humanitario en situaciones de guerra.

Lo que plantea problemas evidentes a la hora de identificar el origen del fenómeno, la definición del mismo y establecer una mínima tipología de las ONG. Los

[155] Es el caso de Ch. W. KEGLEY y E. R. WITTKOPF, *World Politics*, *op. cit.*, p. 132.
[156] E. JOUVE, *Relations internationales*, *op. cit.*, p. 101.
[157] Véanse datos en *Yearbook of International Organizations 1994/95*, vol. 2, *op. cit.*, p. 1721.
[158] Y. BEIGBEDER, *Le rôle international des organisations non gouvernementales*, *op. cit.*, p. 4.

orígenes confusos de las ONG nos sirven de preámbulo al tema que va a ocupar este subapartado: el intento de definir el poco definible fenómeno de las ONG.

Si hoy en día acumuláramos los productos de los tres grandes fenómenos que, por razones históricas o analíticas, llaman la atención del estudioso de las ONG (las órdenes religiosas, las ONG de alcance nacional y las ONG internacionales) se podría hablar de una cifra de hasta 30.000 ONG[159]. En realidad el proceso histórico que lleva hasta las actuales ONG —aquellas que nos vienen de inmediato a la memoria, como Greenpeace o Médicos del Mundo— se puede dividir en tres períodos: un primer período que llega hasta el siglo XIX durante el cual el fenómeno de la ONG está vinculado a la vida religiosa (creación de monasterios «filiales»[160], peregrinaciones, órdenes hospitalarias, etc.); un segundo período, a partir del siglo XIX, en el que el espíritu liberal (individualismo) dominante en el mundo anglosajón, sumado a la caridad cristiana, llevan a que los individuos se organicen, sin contar con los poderes públicos, para hacer frente a las injusticias sociales generadas por la revolución industrial sobre todo a nivel nacional (Cáritas, creado en Alemania en 1897, o el Ejército de Salvación, creado en Londres en 1865); y un tercer período, que desde finales del siglo XIX, y hasta la actualidad, ha conducido a la aparición de múltiples organizaciones de alcance internacional, con agendas de trabajo cada vez más diversificadas: primero fueron los desastres de la guerra y después se han ido sumando las condiciones de vida en el Tercer Mundo, la defensa de los derechos humanos, la ayuda sanitaria, etc.

Ante un fenómeno tan dilatado en el tiempo y tan amplio, ¿cómo definir las ONG? Es evidente que la cifra de ONG retenida en estas páginas (5.936 en el año 2000) se basa en una definición excluyente. ¿Cuál es esa definición?

Una vez más, como ocurría con las organizaciones internacionales, el tema no es fácil. Más difícil aún, si cabe. A continuación se va a enumerar una serie de definiciones, para finalmente recordar cuáles son los criterios que nos permiten hablar, hoy en día, de 5.936 ONG.

El Consejo Económico y Social de las Naciones Unidas (Ecosoc) las ha definido de modo amplio, al apuntar que «cualquier organización no creada por vía de acuerdos intergubernamentales se considerará [...] como organización no gubernamental [...] incluso aquellas que acepten miembros designados por autoridades gubernamentales, siempre que dichos miembros no obstaculicen la libre expresión de la opinión en esas organizaciones»[161]. En este caso se destaca tan sólo *el carácter privado de la organización.*

El Instituto de Derecho Internacional precisa más al definir las ONG como «grupos de personas o de colectividades, libremente creados por la iniciativa privada, que ejercen, sin ánimo de lucro, una actividad internacional de interés general, al margen de toda preocupación de orden exclusivamente nacional»[162]. Así pues, *a la iniciativa privada se suma el carácter no lucrativo de la organización y su alcance internacional.*

---

[159] En concreto 31.085, recogidas en el *Yearbook of International Organizations 1994/95*, vol.1, *op. cit.*, p. 1624.

[160] El término lo debemos a A. TRUYOL, *La Sociedad Internacional*, *op. cit.*, p. 133.

[161] *Yearbook of International Organizations 1994/95*, vol. 1, *op. cit.*, p. 1616.

[162] Referencia en M. BETTATI y P. M. DUPUY, *Les ONG et le Droit International*, Economica, París, 1986, p. 278.

La siguiente definición es de Marcel MERLE, para quien «se entiende por ONG todo grupo, asociación o movimiento constituido de forma duradera por particulares pertenecientes a diferentes países con la finalidad de alcanzar objetivos no lucrativos»[163]. De esta manera, Merle plantea un requisito más: la composición multinacional de la ONG. En otros términos, *la internacionalidad de la ONG viene dada por la multinacionalidad de sus miembros.* En ese sentido, por ejemplo, el Comité Internacional de la Cruz Roja, que constituye un punto de referencia en la historia de las ONG, nos plantea un problema ya que, como hemos visto, se trata de una institución suiza. En efecto, el CICR, formado exclusivamente por nacionales suizos y caracterizado por su neutralidad y su estilo (discreción), ha sido a lo largo de más de un siglo una organización destacada por su trabajo humanitario en relación con la guerra (visita a detenidos y prisioneros, atención a heridos, localización de desaparecidos, etc.), incidiendo en la regulación internacional sobre la protección de personas, civiles y militares, en momentos de conflicto armado. Ahora bien, el CICR ha impulsado el desarrollo de las Sociedades Nacionales de la Cruz Roja y de la Media Luna Roja, casi 150 en todo el mundo, que en esencia trabajan a nivel nacional. Las Sociedades Nacionales han constituido una ONG internacional a través de su asociación en el marco de la Liga de las Sociedades de la Cruz Roja y de la Media Luna Roja, federación de todas las sociedades nacionales. Esta última actúa en situaciones de catástrofes naturales y, en caso de guerra, atiende a refugiados, desplazados, evacuados, etc. Esta información en torno al mundo de la Cruz Roja nos permite distinguir, pues, entre: organizaciones nacionales, la Federación internacional de dichas organizaciones nacionales y la organización suiza, de vocación internacional. Todo ello complica los ánimos del «clasificador». Sigamos con las definiciones.

Contrastemos la definición de Marcel Merle con la que nos ofrece el Consejo de Europa. Esta organización europea habla de las ONG como de «asociaciones, fundaciones y otras instituciones privadas que cumplen las siguientes condiciones: *a*) tener un fin no lucrativo de utilidad internacional; *b*) haber sido creadas por un acto derivado del Derecho interno de una de las partes; *c*) ejercer una actividad efectiva como mínimo en dos estados; y *d*) tener una sede estatutaria en el territorio de una de las partes y tener su sede real en el territorio de esta misma parte o de otra de las partes»[164]. Con esta definición se precisan algunos aspectos de las ONG no tratados aún: *las ONG son entidades de derecho nacional.* En este último sentido, por ejemplo, veamos cómo define la Carta Olímpica al Comité Olímpico Internacional: «El COI es una organización internacional no gubernamental, sin fines lucrativos, constituida como asociación dotada de personalidad jurídica, reconocida por decreto del Consejo Federal Suizo del 17 de septiembre de 1981. Su duración es ilimitada»[165].

En efecto, como escribe BEIGBEDER, «las ONG nacionales e internacionales se crean en el marco de legislaciones nacionales: no existe ninguna convención univer-

---

[163] M. MERLE, *Sociología de las Relaciones Internacionales*, *op. cit.*, p. 413.

[164] Definición recogida en Y. BEIGBEDER, *Le rôle international des organisations non gouvernementales*, *op. cit.*, p. 10.

[165] Norma 19 de la Carta Olímpica recogida por F. X. PONS RAFOLS, «El Comité Olímpico Internacional y los Juegos Olímpicos: Algunas cuestiones de relevancia jurídico-institucional», *op. cit.*, p. 285. Sobre el COI véase también J. SUREDA, «El Comité Olímpico Internacional: ¿un nombre para la eternidad?», *Papers*, n.º 41, 1993, pp. 143-158.

sal que otorgue a las ONG internacionales personalidad y capacidad jurídica en todos aquellos países en los que tengan secciones nacionales o en los que ejercen sus actividades»[166]. Así, *Médecins sans Frontières* es una asociación de derecho francés, belga o suizo (según el caso) mientras que «Médicos sin Fronteras» es una asociación de derecho español. Esto limita, sin duda, la actuación de las ONG. Como escribe Marcel MERLE, «la colectividad de Estados [...] nunca ha aceptado conferir a las ONG un estatuto jurídico apropiado a su naturaleza y a sus funciones. A falta de un acuerdo internacional que les valdría reconocimiento y libertad de acción en el territorio de todos los Estados signatarios, las ONG se ven obligadas a colocarse bajo el imperio de la legislación del país en donde han decidido fijar su sede. [...] Incluso en el caso de Bélgica, que ha establecido, desde 1919, una legislación especial destinada a facilitar la implantación y el funcionamiento de las ONG en su territorio, la situación de las ONG que han obtenido el beneficio de este régimen de favor permanece inadaptada, ya que la ley belga no puede crear ningún derecho susceptible de ser invocado fuera del territorio belga ante una autoridad extranjera. [...] El problema del estatuto universal de las asociaciones será indudablemente insoluble, mientras los Estados continúen atrincherándose tras las prerrogativas de su soberanía»[167]. La hospitalidad belga con las ONG queda reflejada en las cifras. Así, la ciudad de Bruselas es la ciudad más «internacionalizada» del mundo, ya que en la misma se halla el secretariado principal de 471 organizaciones y el secundario o regional de otras 83 (sumando organizaciones internacionales y ONG). En el *ranking* de «ciudades internacionales» del mundo, Bruselas es seguida por París (354 principales y 102 regionales), Londres (256 y 30) y Ginebra (102 y 32)[168].

Un elemento *a priori* definidor de las ONG —ser definidas como entidades de derecho nacional— nos ha permitido ahondar en uno de los temas políticamente relevantes del desarrollo de las ONG: las reticencias de la comunidad de estados a darles «autonomía» en términos jurídicos. La relación ONG-estado es uno de los aspectos que volverá a reaparecer en estas páginas, ligado sobre todo a los temas de financiación.

La acumulación de las cuatro definiciones anteriores nos ofrece una serie de características a partir de las cuales elaborar una definición propia. Sin embargo, la lectura de esas definiciones nos plantea una duda. En efecto, la definición de Merle apunta que la ONG-actor internacional ha de estar constituida por particulares (personas físicas o jurídicas) pertenecientes a diferentes países. Lo que nos permitiría distinguir entre ONG nacionales (Comité Olímpico Español, Cruz Roja Española, Manos Unidas, etc.) y ONG internacionales (Comité Olímpico Internacional, Liga de las Sociedades de la Cruz Roja y de la Media Luna Roja, Greenpeace, etc.). En el caso de las ONG internacionales podemos hallarnos frente a estructuras diferentes (federaciones de asociaciones nacionales, como la la Federación Mundial de Asociaciones de Naciones Unidas; organizaciones que reclutan a individuos y que forman secciones nacionales, como *Amnesty International*, de origen británico, que cuenta con secciones nacionales en más de 80 países organizadas en forma de grupos locales, etc.).

---

[166] Y. BEIGBEDER, *Le rôle international des organisations non gouvernementales*, *op. cit.*, p. 15.

[167] M. MERLE, *Sociología de las Relaciones Internacionales*, *op. cit.*, p. 424.

[168] No disponemos de datos más actualizados. Los citados son de mediados de los noventa. Véase *Yearbook of International Organizations 1994-1995*, vol. 2, *op. cit.*, p. 1718.

Este elemento —la composición internacional— no está recogido en todas las definiciones. Lo que lleva a que las cifras de ONG existentes puedan variar según lo amplia o lo restrictiva que sea la definición. En esta obra se ha aportado la cifra de 5.936 ONG internacionales recopiladas, en el año 2000, en el *Yearbook of International Organizations*. Esta cifra es restrictiva desde el momento en que recoge aquellas ONG, llamadas convencionales, que reúnen las siguientes características: objetivos internacionales que afecten como mínimo a tres países; los miembros a título individual o colectivo, con pleno derecho de voto, han de proceder de tres países, como mínimo; una estructura permanente con sede y órganos de gobierno democráticamente elegidos; la financiación ha de proceder, como mínimo, de tres países; gozar de autonomía plena, aun en el caso de que estén vinculadas a otras organizaciones y, finalmente, han de desarrollar una actividad regular[169].

El *Yearbook*, obra de referencia básica a la que acuden todos los analistas del fenómeno, nos ofrece, como ya se ha dicho, la cifra de 5.936 ONG (convencionales) para el año 2000. Algunos autores, sin embargo, ofrecen cifras más abultadas[170]. Ello se debe a que esos autores han partido de definiciones más amplias de ONG internacional. A partir de criterios menos restrictivos, el propio *Yearbook* ofrece la cifra de 12.326 ONG, resultante de sumar a las ONG convencionales una segunda categoría, denominada «otros cuerpos internacionales», en la que se incorporan, entre otras, las ONG nacionales de orientación internacional[171].

El espíritu restrictivo es el que anima a PONS RAFOLS a elaborar una serie de elementos característicos y definitorios de lo que debe entenderse por una ONG internacional. Los mismos recogen los elementos que han ido aportando las definiciones aquí recogidas. Los elementos en cuestión, de una ONG, son: «su estructura debe ser internacional; no debe tener su origen en un acuerdo intergubernamental; no debe haber una representación gubernamental, al menos en grado tal que pueda condicionar su actividad; deben estar organizadas de forma democrática; sus finalidades no deben ser lucrativas; deben perseguir un interés internacional y deben estar constituidas de conformidad con el derecho interno de un Estado»[172]. Una vez establecidos todos estos elementos hay que apuntar que, ya en el terreno práctico, las situaciones suelen ser confusas y los límites muy imprecisos. El mismo PONS RAFOLS ha aplicado los elementos citados al análisis del COI, concluyendo que el COI plantea dudas por lo que respecta al carácter no lucrativo de sus fines o al carácter democrático de su organización interna. Como éste se podrían citar centenares de casos dudosos, en especial por lo que respecta a la autonomía de muchas ONG respecto de los gobiernos o de las organizaciones internacionales, sobre todo por razones financieras, y al carácter democrático de su organización interna.

---

169 Ibídem, vol. 1, *op. cit.*, pp. 1617-1618.

170 Según Judge, «las ONG gozan de buena salud, a juzgar por su número y su variedad, en constante crecimiento: 12.457 en el *Yearbook of International Organizations, 1992/1993*», en Y. BEIGBEDER, *Le rôle international des organisations non gouvernementales*, *op. cit.*, p. VIII.

171 *Yearbook of International Organizations 2001/2002*, vol. 5, *op. cit.*, p. 33. Aún se puede hacer referencia a un tercer tipo de ONG, catalogadas como tipos especiales, que acogerían entre otras a las órdenes religiosas o a las organizaciones supuestamente desaparecidas, totalizándose así una cifra de 47.098.

172 F. X. PONS RAFOLS, «El Comité Olímpico Internacional y los Juegos Olímpicos: Algunas cuestiones de relevancia jurídico-institucional», *op. cit.*, p. 289.

De ahí que se incida, nuevamente, en el carácter impreciso de las ONG a las que vamos a definir como *asociaciones o grupos, constituidos de modo permanente por particulares (individuos o colectivos) de diversos países (mínimo tres), que tienen objetivos no lucrativos de alcance internacional*[173]. A partir de la revisión de definiciones realizadas hasta este momento se han ido planteando algunas cuestiones problemáticas. En el terreno teórico hemos comprobado la dificultad de definir el fenómeno de las ONG. Por dos razones. En primer lugar, el concepto de ONG aquí adoptado se aplica tanto a «grupos de interés», como la Organización Internacional de Patronos, que goza de estatuto consultivo como ONG ante el Ecosoc, como a organizaciones con fines humanitarios, como Médicos sin Fronteras. Ello es inevitable. En segundo lugar, la composición nacional o multinacional de una organización se convierte en un elemento diferenciador a efectos estadísticos, tal y como queda recogido en estas páginas. Hay que apuntar que todas las grandes ONG —Marcel MERLE habla de «gigantes» y «enanos»[174]—, de una manera u otra, son multinacionales. Si bien, junto a ellas, la miríada de pequeñas ONG, cuya eficacia se pone a menudo en duda, han servido en muchos casos para «internacionalizar» las sociedades nacionales a un nivel muy local (ONG, por ejemplo, de marco municipal, universitario, etc.). En ese sentido, como escriben RUSSETT y STARR, «las ONG tejen la trama de la sociedad global»[175], de la misma manera que los grupos privados lo hacen en una sociedad nacional. ¿Hasta qué punto esa globalización afecta a todos los estados? O, como en el caso de las organizaciones internacionales, hay que hablar de un centro más «entramado» frente a una periferia con unas sociedades apenas organizadas.

En el terreno práctico han surgido una serie de cuestiones que merecen cierta atención, como las relaciones de las ONG con las instancias gubernamentales. Esas relaciones ponen en peligro muy a menudo la «credibilidad» de una ONG en tanto que organización autónoma y realmente privada, al margen de los intereses de uno o varios estados.

En el siguiente subapartado se abordarán los dos temas aquí planteados: primero, la credibilidad de las ONG, a partir de sus relaciones con los estados o con las organizaciones internacionales y segundo, la «centralización» del fenómeno de

---

[173] Recogemos, como contrapunto, una definición más amplia de ONG, con incidencia en los aspectos jurídicos: «aquellas asociaciones, fundaciones e instituciones privadas, fruto de la iniciativa privada o mixta, con exclusión de todo acuerdo intergubernamental, constituidas de manera duradera, espontánea y libre por personas, privadas o públicas, físicas o jurídicas, de diferentes nacionalidades que, expresando una solidaridad transnacional, persiguen sin espíritu de lucro un objetivo de interés internacional y han sido creadas de conformidad con el derecho interno de un Estado», en J. M. SOBRINO HEREDIA, «La determinación de la personalidad jurídica de las organizaciones internacionales no gubernamentales: contribución del Consejo de Europa», *Revista Española de Derecho Internacional*, 1990, n.º 1, p. 102.

[174] Según MERLE, «entre los primeros encontramos las organizaciones sindicales internacionales como la Federación Sindical Mundial (FSM), que reivindica a 155 millones de adherentes en 61 países; la Confederación Internacional de Sindicatos Libres (CISL), que agrupa a 48 millones de adherentes repartidos en 89 países; la Confederación Mundial del Trabajo (CMT), representada en 70 países, u organizaciones de masas como la Federación Mundial de Antiguos Combatientes (20 millones de miembros en 81 países). Frente a éstas, hay ONG que sólo agrupan a unos centenares o varias decenas de miembros», en M. MERLE, *Sociología de las Relaciones Internacionales*, *op. cit.*, p. 419. Al hablar de grandes ONG de dimensión pública cotidiana se piensa en casos como el de Greenpeace, que cuenta con cerca de tres millones de socios en todo el mundo o el de Amnistía Internacional, con alrededor de un millón de socios a nivel mundial.

[175] B. RUSSETT y H. STARR, *World Politics*, *op. cit.*, p. 70.

las ONG: ¿dónde y por qué aparecen las ONG? Ésa es una pregunta muy apropiada en el marco de la España actual, donde ha crecido espectacularmente el número de ONG.

b) *Las ONG: credibilidad y «centralización»*

Los objetivos no lucrativos constituyen una característica indiscutible de las ONG. Ahora bien, los fines perseguidos, sean cuales sean (la defensa de intereses sindicales o de los derechos humanos, la ayuda al desarrollo, la educación para la paz, la creación de opinión pública europeísta, etc.), sólo pueden llevarse a cabo contando con recursos financieros. De ahí que la financiación constituya la «prueba de fuego» para las ONG. Su viabilidad depende de su solvencia y su autonomía depende del origen de sus recursos. De ahí que el Ecosoc se haya mostrado exigente, en lo que respecta a este punto, con las ONG que gozan de su estatuto consultivo. En ese sentido, Naciones Unidas ha establecido que los recursos básicos de esas ONG deberían proceder, en su mayor parte, de miembros individuales (cuotas individuales) o de las contribuciones de las filiales nacionales, aunque no se descartan otros medios de financiación. Lo que se traduce habitualmente por poderes públicos nacionales y por organizaciones internacionales. En este último caso, por ejemplo, la Comisión Europea se ha convertido en una importante fuente de financiación para muchas ONGD de los países miembros de la Unión Europea[176], que se ven regularmente asociadas a los programas europeos de desarrollo, de ayuda alimentaria, de ayuda de urgencia, etc.

En el caso de los poderes públicos, todos los gobiernos[177] de los países de la OCDE —entre ellos España— tienen sistemas para «cofinanciar» las ONG, sumándose así a los recursos privados (cuotas, donaciones, colecta de fondos, venta de materiales, etc.) y a la financiación de organizaciones internacionales, caso de existir. La financiación pública de una ONG, sobre todo de las ONGD, se lleva a cabo por diversas vías: subvenciones globales, de carácter periódico; subvenciones para financiar un proyecto individual; subcontratos que convierten a la ONG en agente ejecutivo del programa de acción (ayuda alimentaria, proyectos de cooperación) del gobierno en cuestión; y medidas fiscales (exenciones de renta en base a donaciones, subvenciones gracias a las partidas consignadas a la cooperación internacional en las declaraciones de renta, etc.).

Los niveles de financiación pública, a través de un estado o de una organización internacional, de una ONG llevan a BEIGBEDER a escribir lo siguiente: «La financiación pública puede ocasionar la dependencia de las ONG con respecto a los poderes públicos nacionales y a las OI. Lo que puede limitar la autonomía programática y la libertad de opinión y de expresión de las ONG "asistidas" o cofinanciadas. Las ONG deberían, ellas mismas, definir públicamente y aplicarse un límite (por ejem-

---

[176] Desde 1976 el presupuesto comunitario incluye una línea específica para la cofinanciación de acciones realizadas por las ONG de ayuda al desarrollo. El año 2000 la Comisión Europea financió acciones por un valor de 199 millones de euros.

[177] Lo que se aplica a todos los niveles: gobierno central, gobiernos locales y gobiernos regionales o similares.

plo el 20 por 100 de sus ingresos totales) de financiación pública, a fin de reducir ese peligro, o esa tentación»[178].

La falta de transparencia financiera y la gestión de algunas ONG, que lleva a que la mayor parte de los recursos sean para la supervivencia de la propia organización (gastos administrativos), ha ocasionado un cierto malestar en algunos países de la OCDE[179]. Aunque se trate de ONG nacionales y oficiales, se pueden mencionar los escándalos de algunas Asociaciones Nacionales de la Cruz Roja (Francia, España) que dieron lugar en plena década de los noventa a ciertas reticencias respecto de la proliferación de las ONG, especialmente en el marco de la ayuda al desarrollo. De ahí que en aquellos países en los que el fenómeno tiene más tradición (Francia, por ejemplo) se haya entrado en una etapa de debate sobre los métodos utilizados para la captación de fondos (imágenes escalofriantes del Tercer Mundo como «espacio de asistencia») y la utilización de los mismos, amén de la «dudosa» independencia en muchos casos de las ONG[180].

Esas dudas con respecto a la independencia efectiva de muchas ONG han llevado al Ecosoc, como ya hemos dicho, a mostrarse cauto a la hora de conceder su estatuto consultivo, estableciendo las condiciones ya apuntadas al candidato (origen mayoritariamente privado de la financiación).

Ahora bien, ¿qué valor tiene dicho estatuto consultivo? BETTATI y DUPUY han apuntado que el estatuto consultivo es considerado como una «etiqueta de credibilidad internacional»[181]. Hasta cierto punto el estatuto consultivo que una organización internacional —como la ONU, la UNESCO, la OMS, el BIRD o el Consejo de Europa, entre otras— otorga a una ONG es un cierto reconocimiento de su trabajo y le supone mayor legitimidad y prestigio para continuar ejerciendo sus funciones[182]. También le supone un campo de contactos amplio, favorecido por la organización internacional. La relación entre la organización internacional y las ONG con estatuto consultivo puede ser muy variada, pero como su nombre indica, el estatuto convierte a las ONG, sobre todo, en órganos de consulta, en vínculos entre la sociedad

---

[178] Y. BEIGBEDER, *Le rôle international des organisations non gouvernementales*, *op. cit.*, p. 54.

[179] La crisis de *Frères des Hommes* (Hermanos del Hombre en España), ONG de ayuda al desarrollo, mostró a principios de la década de 1980 que esta organización apenas dedicaba el 15 por 100 de sus recursos al Tercer Mundo, gastándose el resto en administración e infraestructuras en Europa.

[180] En el caso español es interesante el estudio de M. L. ORTEGA CARPIO, *Las ONGD y la CRISIS del desarrollo*, Iepala, Madrid, 1994, en el que la autora establece las grandes familias de las ONG españolas (en su mayoría de carácter nacional) de ayuda al desarrollo y establece sus vinculaciones políticas y, a partir de ellas, sus facilidades o dificultades para obtener fondos públicos. Véase también J. RIBERA I PINYOL, «Las Organizaciones No Gubernamentales de Cooperación al Desarrollo (ONGD) en España», *Anuario Internacional CIDOB 1991*, CIDOB, Barcelona, 1992, pp. 67-72.

[181] M. BETTATI y P. M. DUPUY, *Les ONG et le Droit International*, *op. cit.*, p. 12.

[182] En algunos casos las ONG han desempeñado un papel destacado en el propio proceso de creación de una organización internacional. Así, por ejemplo, la OSCE (Organización sobre la Seguridad y la Cooperación en Europa), producto del proceso de Helsinki, ha crecido en paralelo a ONG como la Asamblea de los Ciudadanos de Helsinki o la Federación Internacional de Helsinki para los Derechos Humanos. La OSCE concede a algunas ONG un estatuto de contribuyente. Entre otras, por ejemplo, la Concertación OSCE de ONG's-Mujeres, el Comité Internacional de los Campos de Concentración Nazis, el Forum Europeo para la Libertad en la Educación, la Asociación de Mujeres y Hombres Judíos, Amnistía Internacional, la Oficina Europea de las Lenguas Minoritarias, etc. Sobre las ONG y el proceso de Helsinki véase, entre nosotros, J. A. GARCÍA VILAR, *Las organizaciones no gubernamentales ante la reunión en Madrid de la Conferencia sobre la Seguridad y la Cooperación en Europa*, Universidad Pontificia, Salamanca,1983.

y las organizaciones internacionales y, en ocasiones, las ONG son las encargadas de llevar a cabo sobre el terreno programas previstos por una organización internacional. Además, el hecho de disponer de un estatuto consultivo sitúa a la ONG en una posición privilegiada (más información, mayores posibilidades de obtener recursos, mayor influencia, etc.). Así pues, las ONG se pueden convertir, frente a las organizaciones internacionales, en grupos de presión, asesoras, consultoras, instrumentos operativos, etc.

En el caso del Ecosoc, el número de ONG con estatuto consultivo es elevado, más de 2.000, divididas en tres categorías: el *status* general, que les permite intervenir en la elaboración del orden del día de las sesiones del Consejo, en la que se inscriben aquellas ONG con actividades amplias que cubren todos o casi todos los terrenos de trabajo del Ecosoc y que deben ser vastas, social y geográficamente hablando[183]; y el *status* especial, destinado a ONG con competencias particulares dentro del amplio marco de los temas abordados por el Ecosoc[184], permite a esas ONG que asistan a las reuniones públicas del Consejo y que presenten informes por escrito. Otras 900 ONG están inscritas en la lista del Ecosoc, como Roster, y pueden ser consultadas puntualmente. El hecho de entrar, o no, en el mundo de las ONG con estatuto consultivo de Naciones Unidas, o de ser expulsado, está en manos de un órgano restringido del Ecosoc (el Comité de las ONG, formado por 19 representantes gubernamentales, que adopta las decisiones por consenso). Ello provoca, sobre todo en el terreno de las ONG de defensa de los derechos humanos, situaciones de «auto-censura» por parte de ONG que temen perder o no conseguir su estatuto. En los casos más conflictivos (habitualmente organizaciones de derechos humanos), la norma del consenso dificulta tanto la retirada del estatuto como la obtención de uno nuevo. El primer supuesto (retirada) se dio en 1991, con la Liga Internacional de los Derechos Humanos que, ante los ataques cubanos fue defendida por Grecia, Costa Rica y Chile. En el mismo año *Human Rights Watch* vio como la negativa de algunos gobiernos le impedía obtener (segundo supuesto) el estatuto consultivo, a pesar, o quizás a causa, de su considerable actividad a nivel internacional (detallados informes anuales sobre el estado de los derechos humanos en el mundo)[185].

El papel de las ONG, como instigadoras en nombre de la sociedad frente a los representantes gubernamentales, se ha dejado notar en grandes encuentros celebrados bajo la égida de las Naciones Unidas. Nos referimos a la organización de cumbres paralelas de ONG, que han reunido a miles de personas y que han tenido gran eco en los medios de comunicación, en los casos de la Cumbre de la Tierra sobre medio ambiente, celebrada en Río de Janeiro en 1992, la Conferencia sobre Derechos Humanos, celebrada en Viena en 1993, la Cumbre Mundial para el Desarrollo

---

[183] En la categoría de *status* general, de la que disponen unas 130 ONG, se encuentran, por ejemplo, la Confederación Mundial del Trabajo, la Federación Mundial de Asociaciones Pro Naciones Unidas, la Federación Internacional de Productores Agrícolas, la Organización Internacional de Patronos, la Unión Interparlamentaria, etc.

[184] Cerca de 1.100 ONG gozan de este tipo de estatuto. Entre otras, la Asociación Internacional de Abogados, el Comité Internacional de la Cruz Roja, el Congreso Mundial Judío, la Federación Internacional de Periodistas.

[185] En el caso de *Human Rights Watch* se mostraron contrarios a darle el estatuto los representantes de Irak, Cuba, Argelia, Sudán y Siria. Véanse las informaciones sobre este caso y el anterior en Y. BEIGBEDER, *Le rôle international des organisations non gouvernementales*, *op. cit.*, p. 36.

Social, celebrada en Copenhague en marzo de 1995 o la Segunda Conferencia sobre Desarrollo Sostenible, celebrado en Johannesburgo, en 2002, entre otras.

Con lo dicho hasta ahora queda claro que el fenómeno de las ONG es un fenómeno en expansión, si bien con cierta debilidad, aquí apuntada (financiación pública, por ejemplo). Como escribe Marcel MERLE, «esta debilidad procede de la dispersión de los centros de interés y de la incapacidad en que se encuentran todas las buenas intenciones de unificar su acción para imponer sus opiniones a sus interlocutores; pero también resulta de las divisiones que afectan, demasiado frecuentemente todavía, a la acción internacional de cada uno de estos grupos privados; y, finalmente, también procede de la táctica que ha conducido a la mayoría de las ONG a buscar el aval de los Estados, y el padrinazgo de las OIG»[186].

Observada la proliferación de las ONG, y planteada su relación con los estados y las organizaciones internacionales, nos podemos preguntar cómo se han implantado geográficamente las ONG. Si el fenómeno procede de la iniciativa privada, es evidente que el mismo estará íntimamente vinculado al desarrollo de la sociedad civil, así como a la «cultura internacional» de esa sociedad (contactos con ex colonias, presencia internacional amplia que va desde las inversiones económicas hasta la participación en las organizaciones internacionales, sensibilidad internacional de las elites, etc.). Lo que una vez más nos lleva al mundo OCDE, en un grado superior al que se daba en el caso de las organizaciones internacionales (véase cuadro 15). En efecto, los veintitrés países del mundo cuyos nacionales pertenecen a más de 2.000 ONG son todos países del marco OCDE (catorce de ellos pertenecen a la Unión Europea)[187].

CUADRO 15

Países representados en más de dos mil ONG (2000)

Francia	3752	Finlandia	2803
Alemania	3701	Noruega	2694
Reino Unido	3595	Canadá	2463
Italia	3467	Portugal	2441
Holanda	3368	Australia	2306
Bélgica	3334	Grecia	2247
España	3312	Japón	2246
Suecia	3141	Polonia	2207
Suiza	3143	Hungría	2185
Dinamarca	2947	Irlanda	2089
Estados Unidos	2858	República Checa	2026
Austria	2816		

Fuente: *Yearbook of International Organizations 2001/2002*, Union of International Associations, Múnich, 2002, vol 2, pp. 1520-1528.

[186] M. MERLE, *Sociología de las Relaciones Internacionales*, *op. cit.*, p. 430.

[187] Compárese el *ranking* aquí recogido, del año 2000, con el *ranking* ofrecido por Marcel MERLE (ibídem, p. 417).

Si hubiéramos comparado el *ranking* de los primeros países del mundo por la participación de sus ciudadanos en ONG, entre 1981 y 1994, nos hubiéramos percatado de dos cosas. En primer lugar, el aumento por igual de las cifras en todos los países (Francia, por ejemplo, pasó de tener nacionales suyos en 1.898 ONG, en 1981, a tenerlos en 3.038, en 1994). En segundo lugar, el aumento equivalente en todos los países sólo tuvo una excepción. Es decir, en los trece años transcurridos entre 1981 y 1994, tan sólo una sociedad aumentó su «grado de internacionalización» por encima de la media, subiendo puestos en el *ranking* de las primeras. Esa sociedad fue la española, que pasó del puesto 10 en 1981 al puesto 7 en 1994, desplazando a suecos, suizos y daneses[188] en el grupo de los primeros. Dados los cambios sufridos por la sociedad española en el período —consolidación de la democracia— y el nivel de incorporación de nuestro país a la vida internacional ese cambio es comprensible. Junto a las tradicionales ONG, vinculadas al mundo religioso[189], los españoles comenzaron a familiarizarse con otras ONG. Más allá de la implantación de las ONG internacionales[190], España ha conocido un *boom* de ONGD, de carácter nacional, favorecidas sobre todo por la creación en 1985 de la Secretaría de Estado para la Cooperación Internacional y para Iberoamérica (SECIPI) y más adelante, en 1988, la Agencia Española de Cooperación Internacional (AECI); así como por la incorporación de nuestro país a las Comunidades Europeas en 1986. No hay que olvidar que España fue hasta 1981 catalogada por el Banco Mundial como país en desarrollo de renta media. De ahí que en los años ochenta se produzca un cambio tan notable: concienciación de la sociedad sobre los problemas del Tercer Mundo, del medio ambiente, etc.; mayor implantación de las ONG internacionales (Alimentación y Desarme, Médicos sin Fronteras, Veterinarios del Tercer Mundo, *Plenty*, Greenpeace, Medicus Mundi, Ayuda en Acción, etc.); *boom* de ONGD, de carácter nacional, gracias a la financiación pública; etc.

Volviendo a la lista de los países con más de 2.000 ONG representadas en su tejido social, hay que apuntar que la misma nos sugiere —al igual que ocurría con las organizaciones internacionales— la idea de que el mundo se globaliza desde el centro. Y con ello las redes de la sociedad global se tejen de modo más estrecho y más eficaz ahí donde se radican los «centros públicos de poder», quienes, por otra parte, financian en buena medida la acción de esas ONG. Si sumamos actividad pública y actividad privada (término relativo, en muchos casos) nos percatamos de que la organización internacional en el sentido genérico de la palabra, tal y como lo utilizó Inis Claude, conforma un sistema internacional concéntrico. En el centro la red organizativa es muy densa, mientras que en la periferia la capacidad de organización propia es muy limitada (testimonial en muchos casos)[191]. Lo que genera una

[188] Hay que destacar también el caso de Portugal, cuya sociedad estaba presente en el año 2000 en 2.441 ONG, mientras que en 1994 lo estaba en 1992; si bien por aquellas fechas ya había superado a países como Japón o Australia.

[189] Entre las ONG, de carácter nacional, del medio religioso que en algunos casos vienen funcionando desde los años cincuenta, se pueden citar: Justicia y Paz, Intermón, Iepala, Manos Unidas, etc.

[190] «En la década de los ochenta comienzan a extenderse por España las ONGD internacionales [....]. Ayuda en Acción (1980) y Paz y Cooperación (1982) son dos ejemplos», cit. en M. L. Ortega Carpio, *Las ONGD y la CRISIS del desarrollo*, *op. cit.*, p. 149.

[191] El nivel de organización internacional de cada uno de los continentes queda reflejado en el número de secretariados principales, de organizaciones internacionales y de ONG, que los mismos albergan. Así, en 1994, Europa albergaba 3.448, seguida de América (892), Asia (355), África (343) y Oceanía/Pacífico (106). Véase *Yearbook of International Organizations 1994/95*, vol. 2, *op. cit.*, p. 1717.

debilidad para las propias ONG del centro o del norte, sobre todo en el caso de la ayuda al desarrollo, ya que a la hora de llevar a cabo sus programas de acción no tienen interlocutores adecuados en la periferia o en el sur. Las ONG del norte chocan así con los estados del sur. Esta afirmación abre un tema de gran debate en el que algunos críticos con la actuación de muchas ONG tendrían mucho que decir. Éste no es el lugar. Tan sólo destacar, antes de abordar el tema de los objetivos de las ONG y sus métodos de actuación, que el mundo de las ONG es un mundo amplio y diverso que acoge bajo dichas siglas desde una asociación de profesionales que pretende la defensa de unos intereses corporativos hasta grupos de «oscura» procedencia que, mediante su implantación en comunidades indígenas, colaboran con las fuerzas de represión en el país en cuestión[192]. Entre unos y otros, el siguiente subapartado está dedicado a aquellas ONG que destacan hoy en día, tanto por sus objetivos como por su implantación y que han creado un «estilo de trabajo».

c) *Defensa del medio ambiente, ayuda humanitaria, derechos humanos y desarrollo: grandes objetivos de las ONG*

Una vez asumido que el término ONG es un «cajón de sastre», en el que incluir grupos tan dispares como la Internacional Socialista y el Comité de Coordinación de las Industrias Textiles y, por tanto, que los ámbitos de actuación de las ONG pueden ser de lo más diverso (educación, deporte, política, sanidad, etc.), vamos a centrarnos en aquellas ONG que tienen mayor incidencia hoy en día en la opinión pública internacional, tanto por sus objetivos como por sus métodos de trabajo.

Los ámbitos de actuación que más sensibilizan a las sociedades occidentales, creadoras de ONG, en los últimos años se pueden resumir en cuatro grandes apartados: ayuda humanitaria, defensa del medio ambiente, promoción de los derechos humanos y ayuda al desarrollo.

Por lo que respecta a los métodos de trabajo de las ONG dedicadas a esos ámbitos, hay que hablar de diversidad. En el caso de los derechos humanos y del medio ambiente se da un papel destacado a *las campañas de sensibilización.* Se podría decir que las ONG desempeñan, a veces, la función de «sistemas de alerta avanzada», al denunciar actuaciones de consecuencias peligrosas para el futuro (vertidos incontrolados, hostigamiento de comunidades, etc.). Lo que supone que *las ONG han de contar con el apoyo de los medios de comunicación.* En ese sentido, los medios se han convertido en una pieza vital para su trabajo, tanto para obtener fondos (afiliación de nuevos miembros, financiación de programas concretos, etc.) como para concienciar a la opinión pública sobre los peligros que existen (deforestación, racismo, etc.) y la manera de hacerles frente. En esa línea de *activismo de las ONG,* éstas intentan movilizar a la opinión pública ante situaciones concretas usando métodos diversos (presionar a las autoridades con el envío de cartas, organizar manifestaciones pacíficas, publicación de informes, etc.). Las ONG también llevan a cabo *funciones educativas* con objetivos prácticos (formación de cooperantes para

---

[192] Este tipo de actuación ha sido denunciada, en más de una ocasión, por comunidades indígenas de América Central.

el Tercer Mundo) o con voluntad de concienciar a la sociedad (cursos sobre derechos humanos, educación para la paz, etc.). Los métodos hasta aquí mencionados convierten a las ONG en grupos de presión dentro de sus sociedades. Más allá de eso hay que considerar también, especialmente en el caso de las acciones humanitarias y de la ayuda al desarrollo, la puesta en práctica de medidas sobre el terreno (ayuda alimentaria, asistencia sanitaria, etc.), que supone la existencia de equipos profesionales. El trabajo de los cooperantes en el Tercer Mundo (cursos de capacitación profesional, perforación de pozos, etc.) finaliza el proceso iniciado por los activistas en las sociedades occidentales. En todo ese proceso el voluntariado desempeña un papel importante[193]. En suma, las ONG que trabajan en los ámbitos aquí tratados son una suma de: grupos de presión ante las autoridades, conciencia de la opinión pública, órganos de información, centros de educación y formación, unidades operativas sobre el terreno, etc.

Para ilustrar dichos métodos de trabajo se recoge un breve perfil de tres ONG destacadas, hoy en día, a nivel mundial: Greenpeace, Amnistía Internacional y Médicos sin Fronteras.

Greenpeace apareció en 1971 de forma casi espontánea y vinculada a las protestas contra las pruebas nucleares de los Estados Unidos en el territorio de Alaska. Un grupo de canadienses y estadounidenses (activistas antinucleares, cuáqueros y objetores de conciencia) se dirigió con un viejo barco, al que bautizaron como Greenpeace, a la zona de pruebas nucleares para impedir que las mismas se llevaran a cabo. Fueron arrestados y no consiguieron llegar, pero esta primera acción marcó un estilo. A través de los medios de comunicación de Canadá y de Estados Unidos se dio una gran resonancia a la acción del Greenpeace. La reacción de la opinión pública, que organizó múltiples manifestaciones, llevó al gobierno de los Estados Unidos a suspender las pruebas nucleares en Alaska[194].

El nombre de Greenpeace catalizó un estado de ánimo implantado en Estados Unidos, Canadá, Australia y Nueva Zelanda. A lo largo de los años setenta se fueron creando grupos con dicho nombre —organizados internacionalmente a partir de 1978 en Greenpeace International— y se iniciaron campañas que unían al movimiento antinuclear de los orígenes una preocupación por la preservación de las especies (ballenas, focas, etc.). En la actualidad Greenpeace cuenta con más de 39 Greenpeace nacionales (Greenpeace España existe desde 1984 y tiene unos 73.000 socios), que en total suman alrededor de cuatro millones de socios. La estructura organizativa es jerárquica y muy centralizada, quedando en manos de Greenpeace International la posibilidad de desautorizar a las instancias nacionales.

El estilo de trabajo de Greenpeace se centra en las campañas de sensibilización mediante acciones, a menudo espectaculares (así, la ocupación de una plataforma petrolífera de la empresa Shell en el mar del Norte en junio de 1995). Las campañas de Greenpeace se dividen en cinco áreas: ecología marina, contaminación, nuclear, atmósfera y ecología terrestre. Las campañas de Greenpeace se caracterizan por su profesionalidad en el terreno del activismo ecológico. La capacidad movilizadora de Greenpeace en las sociedades occidentales le costó a la organización la vida de uno

---

[193] El tema, desde el punto de vista español, ha sido tratado por I. ARMENGOL, *et al.*, *El voluntario/cooperante español en los países en desarrollo*, Coordinadora de ONG para el Desarrollo, Madrid, 1991.

[194] Véase M. BROWN y J. MAY, J., *Historia de Greenpeace*, Raíces, Madrid, 1989.

de sus miembros, a causa de una bomba instalada, en 1985, por los servicios secretos franceses en su barco *Rainbow Warrior*. La campaña llevada a cabo por Greenpeace contra las pruebas nucleares francesas en el Pacífico en aquellos momentos supuso un pulso para el gobierno de Mitterrand. El tema se reabrió con el anuncio, en junio de 1995, por parte del presidente Chirac de nuevas pruebas nucleares en el atolón de Mururoa.

Greenpeace ha tenido problemas, a causa de sus acciones, con estados (España secuestró el mismo *Rainbow Warrior* en 1980) y con organizaciones internacionales (la Comisión Ballenera Internacional). Su línea de acción, absolutamente independiente de estados y organizaciones internacionales, se basa en una financiación estrictamente privada (cuotas de los socios) y una sistemática negativa a aceptar cualquier tipo de subvención.

Más allá de la acción directa, con acciones espectaculares como las llevadas a cabo durante la campaña del Mediterráneo en los años noventa[195], Greenpeace actúa como *lobby* elaborando informes para parlamentarios y para la administración pública y como órgano de educación pública, mediante la elaboración de folletos, boletines, etc.

En 1977 *Amnistía Internacional* saltó a las primeras páginas de la prensa mundial al recibir el Premio Nobel de la Paz. Era el premio a diecisiete años de trabajo de una ONG que con el paso del tiempo se ha convertido en la más importante y más conocida entre las dedicadas a la defensa y la promoción de los derechos humanos.

En 1960 dos estudiantes portugueses fueron condenados a siete años de prisión por haber brindado por la libertad, en un país que vivía bajo un régimen dictatorial desde 1926. Un abogado británico, Peter Benenson, intentó protestar ante la embajada portuguesa en Londres. Su escaso éxito le llevó a iniciar una campaña en la prensa internacional, una «llamada en favor de los presos de conciencia». Al obtener el apoyo de miles de personas de varios países creó la asociación «Llamada a la Amnistía», rebautizada como «Amnistía Internacional».

La misma Amnistía Internacional se autocalifica como «movimiento mundial, no gubernamental e independiente, que se esfuerza por prevenir y remediar algunas de las peores violaciones de derechos humanos que cometen los gobiernos. La organización trabaja, principapente, para:

»— liberar a los presos de conciencia: personas encarceladas a causa de sus creencias o de su origen étnico, sexo, color o idioma, que no han hecho uso de la violencia ni abogado por ella;

»— lograr juicios justos, imparciales y sin demoras para todos los presos políticos;

»— conseguir la abolición de la pena de muerte y la erradicación de la tortura y otros tratos crueles a los presos;

»— poner fin a las ejecuciones extrajudiciales y a las desapariciones;

---

[195] La campaña del Mediterráneo, que aborda tres grandes temas (vertidos tóxicos, ecología marina y desarme nuclear) se inició en 1986. Los objetivos, a largo plazo, afectan a los diversos países costeros y se han adoptado todos los métodos de trabajo habituales, intentando penetrar en el tejido social del mundo árabe (países de la orilla sur). Entre los éxitos de la campaña destaca la declaración de la Isla de Cabrera, por parte del gobierno español, como Parque Nacional Marítimo Terrestre. Sobre dicha campaña véase J. SORRIBAS VIVAS, «Greenpeace como actor internacional. La campaña del Mediterráneo», *Papers*, n.º 46, 1995, pp. 155-166.

»— acabar con los abusos cometidos por grupos de oposición, tales como la toma de rehenes, la tortura, el homicidio de prisioneros y otros homicidios arbitrarios»[196].

Amnistía Internacional es una organización imparcial, que no acepta subvenciones estatales para no ver comprometida su independencia. Al igual que Greenpeace, se financia gracias a las cuotas y a las donaciones de sus miembros[197]. Habitualmente, los miembros de la organización no trabajan jamás en un caso que se haya producido en su propio país, como una medida más para reforzar la imparcialidad. Al mismo tiempo, la organización no emite juicios globales sobre la ideología de un gobierno, sino que actúa «caso a caso».

En efecto, Amnistía actúa a partir de denuncias, goza de una red de información muy amplia y utiliza diversos métodos de trabajo. Así, por ejemplo, en muchos casos se envían misiones de observación, para que se cumpla el procedimiento debido, a los procesos en que se juzga a una persona por razones de conciencia. Habitualmente, los casos son «adoptados» por un grupo de Amnistía Internacional. De tal manera que un grupo radicado en una ciudad española se encarga de seguir el caso, pongamos de un detenido en Perú, iniciando una campaña de sensibilización para conseguir su puesta en libertad, mediante el envío de miles de cartas a las autoridades españolas y peruanas. En un solo año, 1990, «más de 4.500 personas fueron adoptadas como presos de conciencia o fueron objeto de investigación de cara a una eventual adopción, 1.609 detenidos fueron liberados y se abrían 1.683 nuevos dossieres, que afectaban a más de 2.000 personas [...], se lanzaron 823 llamadas a la acción urgente en favor de 3.626 personas en 90 países; de las cuales, 139 por casos de tortura, 21 por detenidos en un estado crítico, 83 por casos de arrestos arbitrarios [...], 160 a causa de ejecuciones extrajudiciales o desapariciones [...], 26 casos de amenazas de muerte y 20 de malos tratos [...]. Finalmente, 21 redes de acción regional han actuado en favor de miles de víctimas de violaciones de los derechos humanos en todos los continentes»[198]. Este ejemplo nos da una idea del volumen de trabajo «caso a caso» realizado por el entramado mundial de Amnistía (secciones nacionales o estructuras de coordinación en 80 países, organizadas en forma de grupos locales).

En algunas ocasiones, la organización juega las veces de «sistema de alerta avanzada». En otras palabras, pone sobre aviso cuando se produce una situación dramática en un país en lo que se refiere a los derechos humanos. Se inician entonces campañas destinadas a sensibilizar a la opinión pública, activando el mecanismo de las «llamadas individuales» mediante cartas enviadas a autoridades del propio país, del país afectado o de las Naciones Unidas (véase cuadro 16, en el que se recoge la carta tipo utilizada por la sección estadounidense de Amnistía Internacional en el caso de Safiya Hussaini).

---

[196] El mandato de Amnistía Internacional, en los términos aquí recogidos, fue aprobado por su Consejo Internacional en 1991.

[197] La venta de productos con la imagen de la ONG o la organización de actuaciones y grabación de discos a beneficio de la misma son recursos habituales.

[198] Información ofrecida por Y. BEIGBEDER, *Le rôle international des organisations non gouvernementales*, *op. cit.*, p. 105.

CUADRO 16

Campaña de Amnistía Internacional, sección estadounidense (Safiya Hussaini, 2002)

Su excelencia:

Escribo para expresar mi alarma por el caso de Safiya Hussaini, quien fue condenada a muerte el 14 de octubre de 2001. La señora Hussaini, de 30 años de edad y residente en Tungar-Tudu, en el Estado de Sokoto, fue condenada por el Tribunal Supremo Shari'ah en Gwadabawa, Estado de Sokoto, a morir lapidada por adulterio. Estoy preocupado por la falta de transparencia y la rapidez con que ha tenido lugar este juicio. Además, parece que se aplicaron estándares y valideces testimoniales diferentes a Safiya y el hombre casado involucrado en el caso. El hombre fue liberado por falta de pruebas, lo cual indica una discriminación por razón de sexo por parte del tribunal.

Respetuosamente, deseo que se anule la pena de muerte a la señora Hussaini y que se le garantice un recurso de acuerdo con el debido proceso de la ley nigeriana y las obligaciones de Nigeria bajo la Carta Africana de Derechos Humanos y de los Pueblos y el Convenio Internacional de Derechos Civiles y Políticos. Creo que si llegara a ser ejecutada, ello equivaldría a una pena cruel, inhumana y degradante, en tanto que imposición intencionada de dolor o sufrimiento severo, de la cual todas las personas están protegidas por el Convenio contra la Tortura, que la República Federal de Nigeria ratificó el 28 de junio de 2001.

Sr. Embajador, el gobierno de Nigeria tiene la obligación de proteger las vidas de todos sus ciudadanos de una manera justa y equitativa. Deseo que se anule la sentencia a muerte de Safiya y que el Gobierno Federal tome todas las medidas para asegurar que el derecho de Safiya a un recurso es respetado y reforzado. Espero saber qué tratamiento da usted a esta cuestión.

Nota: Texto que se debe remitir, adjuntando nombre y firma, al embajador de la República Federal de Nigeria.

Fuente: amnesty-usa.org/action/letter_safiya_hussaini.html.

En ocasiones, y sobre todo cuando se trata de campañas que implican a todo un país, Amnistía hace llamadas a sectores destacados de la población (artistas, intelectuales, juristas, etc.) para que participen en las mismas, haciendo uso de su prestigio personal o de su influencia como colectivo. La colaboración de algunos músicos destacados del panorama mundial, como Bruce Springsteen o Sting en la década de los ochenta, dio un fuerte impulso a la imagen de Amnistía entre sectores jóvenes de la sociedad.

Los Informes Anuales de Amnistía Internacional constituyen una de las fuentes de información más importantes sobre el estado de los derechos humanos en el mundo. Los mismos son una base de trabajo importante para algunas organizaciones internacionales en las que Amnistía tiene estatuto consultivo o participa con cierta regularidad (Ecosoc, UA, OSCE, Consejo de Europa, etc.).

Médicos sin Fronteras se creó en París en 1971. Desde su creación, el término «sin fronteras» ha sido adoptado por un grupo de ONG formadas habitualmente por colectivos profesionales (ingenieros, veterinarios, etc.). Su origen se remonta a la guerra de Biafra. Un grupo de médicos franceses, entre los cuales se hallaba Bernard Kouchner[199], acudió a una llamada del CICR para asistir a heridos de guerra. El horror del hambre unido a las masacres del ejército nigeriano produjeron un gran efecto entre los médicos franceses, quienes, a causa del deber de discreción del CICR, no pudieron dar publicidad a la situación. De esa experiencia nació la idea de crear un movimiento de médicos, con profesionales que pudieran llevar asistencia a las víctimas de guerra y testimoniar después sobre los horrores vividos. Entre 1971 y 1980 se crearon en Francia tres organizaciones (*Médecins sans Frontières*, *Aide médicale internationale* y *Médecins du Monde*).

La red internacional de Médicos sin Fronteras se ha extendido a lo largo de los años ochenta, hasta contar en la actualidad con siete secciones (la española se creó en 1986) y haber conseguido una imagen de presencia internacional destacada, como recuerdan las imágenes de algunos conflictos: Kurdistán iraquí, Somalia y Ruanda, como más destacados.

El objetivo esencial de Médicos sin Fronteras consiste, según su Carta, en «aportar ayuda a todas las víctimas de catástrofes naturales, de accidentes colectivos y de situaciones de beligerancia, sin ninguna discriminación de raza, de política, de religión o de filosofía». Su actuación se atiene a las normas de estricta neutralidad, sin inmiscuirse en los asuntos del país en el que actúan. La organización, que se proclama independiente, cuenta con las aportaciones de sus socios (en Francia más de 700.000 y en España 78.000), si bien también goza de financiación pública (especialmente de la Unión Europea).

Sus acciones más destacadas son aquellas que corresponden a las situaciones de emergencia, en las que sobresalen los traslados forzados de población a causa de conflictos militares, aún cuando también trabajan en países del Tercer Mundo creando estructuras sanitarias. En esas situaciones de emergencia se valora la rapidez de actuación de una ONG, como Médicos sin Fronteras, frente a la lentitud de la maquinaria burocrática de las organizaciones internacionales. La sección belga de la ONG dispone, por ejemplo, de una «Unidad de Intervención Rápida» (término habitualmente aplicado a fuerzas militares) formada por cirujanos y anestesistas de hospitales belgas que, mediante un sistema de rotación, son capaces de responder a una urgencia internacional, viajando hacia el lugar de la catástrofe (habitualmente un país del Tercer Mundo) en un plazo de seis horas.

Esta ONG ha practicado habitualmente lo que algunos llaman la diplomacia humanitaria, reivindicando el derecho de asistencia médica para poblaciones en situación de miseria vinculada muy a menudo a la inestabilidad político-militar y convirtiéndose en testimonios de los hórrores vividos habitualmente en los campos de refugiados.

Tras esta referencia a tres de las ONG más destacadas del actual panorama mundial, dedicaremos un último subapartado sobre fuerzas transnacionales al fenómeno de las empresas transnacionales.

---

[199] Bernard Kouchner acuñó, junto con Mario Bettati, el término «deber de injerencia» (*Le devoir d'ingérence*, Denöel, París, 1987), que en la posguerra fría se ha reclamado en múltiples ocasiones: éxodo de los kurdos en el norte de Irak, campos de refugiados en Ruanda, limpieza étnica en Kosovo, ataque contra la población en Liberia, etc.

d) *Las empresas transnacionales*

Las empresas transnacionales constituyen un fenómeno de primer orden en la vida del sistema económico internacional surgido de la segunda guerra mundial y, en consecuencia, hay que valorar su papel en el conjunto del sistema. En otros términos, ¿hasta qué punto las empresas transnacionales se han convertido en un desafío para los estados? Ésta es una pregunta que durante varias décadas ha suscitado gran interés entre los estudiosos de los actores internacionales. Antes de abordar dicha pregunta hay que introducir el fenómeno *per se* comenzando por definirlo.

La Comisión de Empresas Transnacionales del Consejo Económico y Social de las Naciones Unidas considera empresas transnacionales a aquellas «que incluyen entidades en dos o más países, sean cuales fueren las fórmulas jurídicas y las esferas de sus actividades; que funcionen con un sistema de adopción de decisiones que permita una política coherente y una estrategia común gracias a uno o más centros de adopción de decisiones; y que las entidades tengan vínculos de propiedad o de otra forma, de modo que una o varias de ellas puedan ejercer influencia sobre las demás, compartir conocimientos, recursos y responsabilidades»[200].

De esta definición concluimos que *las empresas transnacionales actúan en varios países,* según fórmulas diversas (grupos de empresas, filiales, sucursales, adquisición de empresas nacionales, etc.), pero tienen *una lógica común de actuación.* En efecto, la empresa matriz, responsable de las inversiones directas que se hacen en otros países, es también la responsable última de la gestión (propiedad, producción, ventas) del conjunto[201].

Esta definición no cubre, sin embargo, un aspecto importante, el de los objetivos. En ese sentido, veamos la siguiente definición de Francesc GRANELL, para quien son empresas transnacionales (el autor utiliza el término «multinacionales»), aquellas que «[...] bajo una unidad mundial de gestión, tienen intereses y actúan en una pluralidad de países, acomodándose a las condiciones económicas, sociales y legales de cada uno de ellos con el fin de conseguir la maximización de sus beneficios y la mejor defensa de sus potencialidades de nivel mundial»[202]. Así pues, el objetivo lucrativo —*la maximización de beneficios gracias a una estrategia mundial y a costa de las condiciones locales*— es la razón de ser de las empresas transnacionales. Como escribe Marcel MERLE, «los objetivos de la firma no consisten únicamente en extender sus actividades más allá de las fronteras. Las implantaciones en el extranjero tienen como objetivo: i) tratar de reducir los cos-

---

[200] Comisión de Empresas Transnacionales del Consejo Económico y Social de las Naciones Unidas: Labor relacionada con la definición de empresas transnacionales. Doc. E/C.10/1083/14, citado por O. ESTADELLA, «¿Fue eficaz para el fin del *apartheid* en Sudáfrica la adopción de códigos de conducta para las empresas transnacionales?», *Revista CIDOB d'Afers Internacionals*, n.º 28, 1995, p. 107.

[201] Definiciones más restrictivas, utilizadas en Estados Unidos, hablan de empresa transnacional en el caso de una empresa con una cifra de negocios superior a los cien millones de dólares anuales, con una implantación, como mínimo, en seis países diferentes, y si el activo de las filiales está por encima del 20 por 100 del activo total de la empresa.

[202] F. GRANELL, *Las empresas multinacionales y el desarrollo*, Ariel, Barcelona, 1974. La definición de Francesc Granell está recogida en R. CALDUCH CERVERA, *Relaciones internacionales*, Ediciones Ciencias Sociales, Madrid, 1991, p. 309.

tes de producción, beneficiándose de las condiciones fiscales, geográficas, sociales, más rentables; ii) diversificar las actividades de la firma, topográfica y sectorialmente, a fin de poder maximizar su beneficio y repartir los riesgos en distintos tipos de producción»[203].

Tras la definición, basada en tres elementos —expansión más allá de las fronteras nacionales, unidad de gestión y maximización de beneficios gracias a una estrategia de actuación mundial— hay que puntualizar que en esta obra se habla de empresas transnacionales, y no de multinacionales como suelen hacer otros autores[204], ya que, como apunta Susan STRANGE, el término «corporación multinacional» o «empresa multinacional» fue acuñado a principios de los años sesenta por razones estratégicas por la firma IBM, pero no ha respondido jamás a la idea implícita (la multinacionalidad del capital y de la dirección)[205]. Ya hemos visto, por otra parte, que las Naciones Unidas han optado también por el término de transnacionales.

Una vez definido el fenómeno, hay que puntualizar que, al igual que ocurría con las ONG, es difícil situar con precisión el origen del mismo. Hasta cierto punto la colonización de Asia y África en los siglos XVIII y XIX constituye una manera de crear empresas transnacionales sin salir del «mercado nacional»; un mercado nacional con un radio de miles de kilómetros y que, en algunos casos, se extendía sobre los cinco continentes. Como escribe Marcel MERLE, «el fenómeno no es nuevo. Basta con recordar las condiciones en las que se extendió el capitalismo, a través del mundo en el siglo XIX. [...] Los empresarios capitalistas, atentos a protegerse de la concurrencia extranjera, presionaron frecuentemente sobre sus gobiernos para que tomasen el control de algunos territorios asegurándoles de esta forma una situación de monopolio. [...] La soberanía ejercida por la metrópoli sobre su imperio colonial tenía, pues, por efecto no sólo proteger las empresas metropolitanas instaladas en ultramar contra la concurrencia extranjera, sino también servir de cobertura a la movilidad de los capitales y a los flujos de intercambios que se consideraba tenían lugar en el marco de un solo Estado. Fue precisa la descolonización, es decir, la ruptura de los lazos de dependencia, para que las actividades de las firmas coloniales se considerasen extranjeras y comenzase a suscitarse otro tipo de análisis»[206].

Se puede decir que la historia de las empresas transnacionales va, hasta cierto punto, pareja con la de las organizaciones internacionales. Las condiciones del siglo XIX —desarrollo científico-técnico, y consiguiente aceleración de la producción y de la comercialización— son el punto de arranque. En el caso de las empresas, de modo directo mediante la creación de filiales (Friedrich Bayer creó en Estados Unidos una filial de su empresa alemana en 1865)[207] o, de modo indirecto, mediante el mecanismo de la colonización. Sin embargo, no es hasta después

---

[203] M. MERLE, *Sociología de las relaciones internacionales*, *op. cit.*, p. 435.

[204] Véase, por ejemplo, R. GILPIN, *The Political Economy of International Relations*, Princeton UP, Princeton (NJ),1987, pp. 231-262, o R. TAMAMES, *Estructura económica internacional*, Alianza, Madrid, 1993 (17.ª ed.; 1.ª ed., 1970), pp. 375-386.

[205] S. STRANGE, *States and Markets*, Pinter, Londres, 1994 (1.ª ed., 1988), p. 245.

[206] M. MERLE, *Sociología de las relaciones internacionales*, *op. cit.*, pp. 430-431.

[207] Sobre la aparición de las empresas multinacionales y su proliferación, véase C. W. TUGENDHAT, *Las empresas multinacionales*, Alianza, Madrid, 1973.

de la segunda guerra mundial que el fenómeno de la empresa transnacional gana en importancia y en dimensiones: la virtual mundialización de algunas empresas, que las lleva a estar presentes en todos los continentes. Lo que se ve favorecido, entre otras cosas[208], por la descolonización. Los espacios de África y de Asia, al mismo tiempo que se fragmentan nacionalmente, se homogeneízan por lo que respecta a su relación con el sistema económico mundial (un sistema diseñado, a finales de la segunda guerra mundial, por los Estados Unidos). La importancia de los Estados Unidos en la economía mundial, que se tradujo en poder político para diseñar las reglas monetarias y comerciales, se apoya en buena medida en esas grandes empresas que, a lo largo de las décadas siguientes, van a ir implantándose por el mundo (entre 1946 y 1969 el volumen de las inversiones norteamericanas directas en el extranjero pasó, en valor contable, de 7.200 a 70.763 millones de dólares; constituyendo en 1969 el 65 por 100 del total de las inversiones directas en el exterior)[209].

En el año 2001, Estados Unidos seguía siendo el primer país del mundo en el *ranking* de las grandes empresas. De las 100 primeras empresas del mundo, 38 eran de los Estados Unidos, seguidos, cada vez más de cerca, por Japón (20 empresas) y por Alemania (10 empresas)[210]. En efecto, desde mediados de los años setenta se observa un descenso del número de empresas estadounidenses situadas entre las primeras del mundo (entre 1960 y 1987, el número de empresas de ese país entre las 200 primeras del mundo pasó de 127 a 77)[211]. Algunos autores hablan a partir de ese momento de un «Nuevo Multinacionalismo»[212] en el que, junto a las empresas de los Estados Unidos, empiezan a destacar no tan sólo las europeas y japonesas (anteriores en el tiempo en algunos casos) sino también las de los nuevos países industrializados (Brasil, Corea, China).

Hay que hablar de un crecimiento cuantitativo y cualitativo (empresas públicas junto a empresas privadas, empresas de economías emergentes junto a empresas del Norte, diversificación geográfica de los procesos de producción, etc.) de las empresas transnacionales que ha afectado al sistema internacional en su conjunto. En efecto, los niveles de crecimiento económico[213] y de comercio internacional[214] alcanzados en las últimas décadas están ligados a una estrategia de mundialización de la producción, de la cual son responsables las empresas transnacionales. Hoy día las estrategias de producción exigen que las empresas públicas o privadas, de países

[208] La progresiva creación del mercado único, que ha llegado a ser un espacio con más de 370 millones de consumidores (Europa de los Quince), constituyó un acicate para la instalación de empresas de países terceros en el territorio de la Unión Europea. En ese sentido, la integración europea ha sido, desde sus inicios, con la introducción de una tarifa externa común, un empuje más a la transnacionalización de la producción.

[209] Cifras citadas por R. Calduch Cervera, *Relaciones internacionales*, *op. cit.*, p. 308.

[210] Entre las 100 primeras empresas industriales del mundo se sitúa una española, Repsol YPF.

[211] Citado por C. W. Kegley y E. R. Wittkopf, *World Politics*, *op. cit.*, p. 193.

[212] Véase R. Gilpin, *The Political Economy of International Relations*, *op. cit.*, p. 232.

[213] En 1997, las empresas transnacionales y sus filiales tenían activos globales superiores a 13 billones de dólares y un total de ventas superior a 9,5 billones de dólares. En términos de inversión extranjera y de ventas, este volumen era algo superior a una quinta parte del total mundial. Véase C. W. Kegley y E. R. Witkopf, *op. cit.* (ed. 2001), p. 226.

[214] En 1997, se calcula que el 33,3 por 100 del comercio mundial de mercancías y de servicios no financieros correspondía a las empresas transnacionales y a sus filiales. Véase ibídem.

desarrollados o del Tercer Mundo, se transnacionalicen[215]. Si bien, no hay que olvidar el papel desempeñado por los grandes bancos[216], partícipes en la expansión de las empresas industriales. En la última década, sin embargo, los movimientos especulativos de capitales —eufemísticamente definidos como «capitalismo de casino»[217]— han triunfado sobre las inversiones productivas. Se puede apuntar que la preocupación que algunos expresaron, a mediados de los años setenta, en torno al poder político de las empresas transnacionales, ha dado paso a un sentimiento de inseguridad provocado por los movimientos especulativos de capitales.

Volvamos al papel de las empresas transnacionales en el sistema internacional. Por lo que respecta a su participación en el PNB mundial, ésta es obvia cuando se observa el listado de las 50 primeras unidades productivas del mundo (países por su PNB, en 2000, y empresas, por sus cifras de ventas, en 2001) (véase cuadro 17). En ese listado aparecen 37 estados y 13 empresas. Si extendiéramos la lista a cien unidades, el peso de las empresas sería mayor: 56 estados y 44 empresas forman el *ranking* de las cien unidades productivas más importantes del mundo.

Estas cifras llevan habitualmente a reflexionar sobre el papel de las transnacionales como desafío al control de los estados sobre sus economías nacionales, incluso sobre sus asuntos políticos, o como instrumento de «redistribución en negativo» (aumento de los desequilibrios Norte-Sur) en la economía mundial, dado el origen nacional de la mayor parte de dichas empresas.

Se ha escrito mucho, sobre todo en los años setenta, en torno al poder de las empresas transnacionales. Algunos autores hablaron de un *cosmocorp* para enfatizar su poder, otros han escrito, según ellos, en momentos de «exuberancia» que, a finales del siglo XX, la economía mundial estaría controlada por unas pocas docenas de empresas[218].

Lo cierto es que los efectos positivos y/o negativos de las empresas transnacionales (véase cuadro 18) están vinculados, y los autores, según su enfoque (transnacionalismo, estructuralismo) se centran en unos u otros. Dos cosas han atraído el interés de los estudiosos del sistema internacional en relación con las empresas transnacionales: por una parte, las relaciones de estas empresas con los estados (sobre todo los estados receptores) y por otra parte, el efecto de las mismas sobre la evolución del sistema económico internacional.

---

[215] De manera aproximada se puede indicar que el número de firmas transnacionales a finales de los años noventa se situaba alrededor de 53.000, con más de 450.000 filiales. Véase ibídem, p. 226.

[216] Los bancos transnacionales se han convertido en grandes fuerzas político-económicas. A principios de 1999, los activos combinados de los primeros veinte bancos superaban los 425 billones de dólares. De estos bancos, siete son japoneses y cuatro americanos; Suiza, Países Bajos y China tienen registrados dos cada uno y Gran Bretaña, Alemania y Francia, con uno por país. Véase ibídem, pp. 227-228.

[217] El eufemismo se lo debemos a Susan Strange. Detrás del mismo se esconde una realidad: cada día circulan en los mercados financieros del mundo más de un billón de dólares que, a falta de un control efectivo por parte de instituciones internacionales, han generado una «filosofía de especulación y riesgo», que ha llevado a crisis nacionales importantes (México, en 1995, por ejemplo).

[218] El término de *cosmocorp* fue introducido por D. A. BALDWIN, «Cosmocorp: The Importance of Being Stateless», *Columbia Journal of World Business*, n.º 6, 1971, pp. 25-30. El autor «exuberante», como él se autodefine, es R. GILPIN, *The Political Economy of International Relations*, *op. cit.*, p. 231.

CUADRO 17

Países y empresas ordenados por su producción anual (2000)

Puesto	*Unidad económica*	*Millones de dólares*
1	Estados Unidos	9.882.842
2	Japón	4.677.099
3	Alemania	1.870.136
4	Reino Unido	1.413.432
5	Francia	1.286.252
6	China	1.079.954
7	Italia	1.068.518
8	Canadá	689.549
9	Brasil	587.553
10	México	574.512
11	España	555.004
12	India	479.404
13	República de Corea	457.219
14	Australia	394.023
15	Holanda	364.948
16	Argentina	285.473
17	Federación Rusa	251.092
18	Suiza	240.323
19	Bélgica	231.016
20	Suecia	227.369
21	*Exxon Mobil*	*210.392*
22	Turquía	199.902
23	*Wal-Mart Stores*	*193.295*
24	Austria	190.957
25	*General Motors*	*184.632*
26	*Ford Motor*	*180.598*
27	Hong Kong, China	163.261
28	Dinamarca	160.780
29	Polonia	158.839
30	Indonesia	153.255
31	*DaimlerChrysler*	*150.070*
32	Noruega	149.349
33	*Royal Dutch/Shell Group*	*149.146*
34	*BP*	*148.062*
35	Arabia Saudita	139.383
36	*General Electrics*	*129.853*
37	*Mitsubishi*	*126.579*
38	República sudafricana	125.887
39	Tailandia	121.972
40	*Toyota Motor*	*121.416*
41	Venezuela	120.848
42	Finlandia	119.832
43	*Citigroup*	*118.826*
44	Grecia	111.955
45	Israel	110.332
46	*Itochu*	*109.756*
47	*Total Fina Elf*	*105.870*
48	Portugal	103.871
49	*Nippon Telegraph & Telephone*	*103.235*
50	*Enron*	*100.789*

Fuente: Para las empresas, *Fortune*, en el sitio web fortune.com. Para los países, *Atlas del Banco Mundial 2000*, en el sitio worldbank.org/data/ databytopic/GNPPC.pdf (consultado en mayo de 2002).

Los autores estructuralistas, por ejemplo, han destacado el impacto negativo, en términos económicos y políticos, de las empresas en los países de la periferia; mientras que los transnacionalistas han destacado su efecto positivo en la creación de redes de interdependencia entre los estados. En el primer caso, los estructuralistas han fijado su atención en la intervención política de algunas empresas en la vida interna de los países receptores[219]. También han incidido en los efectos económicos de las transnacionales, responsabilizándolas de la dependencia creciente de las economías del Sur, al no crear condiciones para un auténtico desarrollo local. Así, las transnacionales se han aprovechado de una mano de obra barata, sin introducir tecnología avanzada, sin invertir sus beneficios en el país receptor y con el desplazamiento de las industrias contaminantes lejos de su territorio (el desastre de Bhopal, en 1984, que produjo miles de muertos, tras una fuga de gas en las instalaciones de *Union Carbide* es uno de los más dramáticos).

Los autores transnacionalistas, por su parte, han destacado el papel que las empresas han tenido en la creación de redes de interdependencia, bien sea a través de las inversiones directas o gracias al desarrollo de los intercambios comerciales. Si bien, ese proceso de interdependencia (dependencia cuando el tema es visto desde el Sur) se ha ido concentrando geográficamente. Tanto es así que desde los años ochenta se puede hablar de desinversión de las empresas transnacionales en el Sur en favor de un mundo tripolar (Estados Unidos, Japón y Unión Europa) en el que cada polo a la vez es país de origen y país receptor. En los primeros años noventa, cuando la sociedad estadounidense fue consciente de que su país era el primero del mundo por las inversiones extranjeras en él radicadas vivió un intenso debate en torno a la «venta» de su país a las empresas japonesas y europeas (véase cuadro 18).

En lo que respecta al incremento del comercio internacional —positivo para los interdependentistas— éste se ha visto muy potenciado por la estrategia de diversificación geográfica de la producción, adoptada por las empresas transnacionales. Ello ha generado elevadas cifras de comercio intrafirmas (el modelo de automóvil Ford Escort, vendido en Europa en los años ochenta, involucraba en su fabricación a empresas del grupo en quince países diferentes). Esa diversificación geográfica de la producción tiende, por otra parte, a favorecer la creación de «regiones productivas» (por ejemplo, el caso de Japón con los países ASEAN). En suma, la orientación de la inversión y la distribución geográfica de la producción que llevan a cabo las empresas transnacionales está regionalizando la economía mundial (tres grandes regiones con sus centros en la Unión Europea, los Estados Unidos y Japón), en detrimento de los países que quedan al margen (África y las zonas más pobres de Asia y América Latina).

En suma, las empresas transnacionales están densamente concentradas en el centro del sistema (exportador de la mayor parte de inversiones y receptor de las tres cuartas partes de dichas inversiones). Aunque el origen de las inversiones se haya diversificado (el retroceso de los Estados Unidos se ha visto compensado con el avance de Japón, Canadá, Alemania o Suiza, entre otros), su destino queda dentro del círculo central.

---

219 Es el caso, por ejemplo, de la empresa ITT en Chile (donde poseía Chiltelco) que intervino financieramente para impedir la elección de Allende y, una vez elegido Allende y puesta en marcha su campaña de nacionalización de empresas, indujo al gobierno de los Estados Unidos a tomar medidas económicas contra aquel país.

CUADRO 18

Balance del papel de las empresas transnacionales

Positivo	*Negativo*
• Aumentar el volumen del comercio mundial. • Formar capital añadido para activar el desarrollo. • Financiar créditos y el servicio internacional de la deuda. • Apoyar el libre comercio y desmontar las barreras comerciales. • Favorecer el desarrollo tecnológico. • Transferir tecnología a los países en vías de desarrollo. • Reducir costes aprovechando el principio de las ventajas comparativas. • Generar empleo. • Apoyar la formación de trabajadores. • Extender la ocasión de comprar nuevos productos a través de la internacionalización de la producción. • Mundializar el márketing y los métodos publicitarios. • Potenciar el crecimiento nacional y facilitar la modernización de los países en vías de desarrollo. • Generar bienestar y riqueza. • Favorecer las relaciones pacíficas entre los estados, que desean preservar un orden que les reporta riqueza y comercio. • Romper las barreras nacionales y acelerar la globalización de la economía y de las reglas que rigen el comercio internacional.	• Crear oligopolios que reducen la competencia y la libre empresa. • Conseguir capital en los países receptores, en detrimento de la industria local, y exportar beneficios a los países de origen. • Crear un sistema de deudores y de dependencias financieras. • Monopolizar la producción y controlar su distribución mundial. • Crear «mercados refugio» que limitan y canalizan otras inversiones, dando ventaja desleal a las empresas transnacionales. • Exportar tecnología no adecuada a los países en vías de desarrollo. • Impedir el crecimiento de la industria local en el Tercer Mundo, que depende de la tecnología del Primer Mundo. • Crear carteles que contribuyen a generar inflación. • Reducir el empleo, dirigiendo la competencia del trabajo desde el mercado. • Limitar los salarios de los trabajadores. • Limitar la oferta de materias primas en mercados internacionales. • Erosionar culturas tradicionales, creando una cultura mundial, dominada por el consumismo. • Aumentar la diferencia entre ricos y pobres. • Aumentar el bienestar de las elites del Tercer Mundo a costa de los pobres. • Apoyar los regímenes represivos en nombre de la estabilidad y el orden. • Desafiar la soberanía nacional y poner en peligro la autonomía del estado-nación. • Crear carteles con otras empresas transnacionales con las que comparten mercados, reduciendo la competencia.

Fuente: C. W. KEGLEY y E. R. WITTKOPF, *World Politics. Trend and Transformation*, St. Martin's Press, Nueva York, 2001, 8.ª ed., pp. 190-191.

Así, las empresas transnacionales son un instrumento de globalización desde el momento en que organizan la producción mundial. Ahora bien, de la misma manera que ocurría con las organizaciones internacionales y con las ONG, esa globalización tiene una trama central mucho más densa en la que la presencia masiva de actores internacionales no estatales es sintomática, junto con las desigualdades observadas en el sistema de estados, de una de las grandes fracturas del actual sistema internacional (la fractura centro-periferia).

3. LA ESTRUCTURA DEL SISTEMA INTERNACIONAL

La estructura del sistema internacional ya ha sido definida en estas páginas como la configuración de poder surgida de las relaciones entre los actores[220]. La noción de estructura sirve, a nivel analítico, para establecer los límites dentro de los que se mueven los actores en su conjunto. Como escribe BRUCAN, «son las estructuras, las capacidades y las relaciones de poder que prevalecen en el sistema en un determinado momento las que determinan el carácter de la pauta de las relaciones entre naciones y, de tal manera, la naturaleza del sistema internacional»[221]. En realidad, los análisis que centran su interés en la estructura del sistema y en su mantenimiento, en tanto que factor de orden en las relaciones internacionales (determinismo estructural), son los responsables de convertir la lógica sistémica en una lógica conservadora y defensora del *statu quo*[222].

El análisis de la sociedad internacional en base a la lógica estructural no tiene necesariamente finalidad conservadora; eso sí, parte de la lógica jerárquica. En efecto, la jerarquía que ya hemos abordado en relación con los actores —las potencias/estados del sistema— es determinante de la estructura del sistema. De ahí que, para ser más precisos, debamos definir la estructura como *la configuración de poder generada por las potencias del sistema.*

Si reducimos los actores que configuran la estructura del sistema a las potencias es porque, a nuestro parecer, sólo ellas disponen del poder estructural que permite dictar las reglas de juego a nivel global en el sistema internacional. Si en estas páginas se utiliza el concepto de sistema internacional y no el de sistema de estados, a pesar de que se define la estructura en base exclusivamente a las potencias, es porque no se desestiman los aspectos transnacionales implicados en el control del poder por parte de las potencias. Se sigue, por tanto, la primera acepción apuntada, a continuación, por PISTONE: «Mientras bastante a menudo se tiende a usar indistintamente la expresión "sistema internacional" y "sistema de estados", en nuestra opinión es más correcto usar la primera expresión cuando nos referimos al conjunto constituido por un sistema de estados y por la sociedad transnacional que aquél encuadra, y la segunda expresión cuando en cambio nos limitamos a considerar el sistema de los estados, prescindiendo del tipo concreto de sociedad transnacional al que está vinculado»[223].

---

[220] Entre nosotros el tema ha sido abordado por M. MEDINA, «Concepto de estructura en la sociedad internacional», *Revista de Estudios Internacionales*, vol. 3, n.º 4, 1982, pp. 985-1003.

[221] S. BRUCAN, *La disolución del poder*, Siglo XXI, México, 1974 (ed. en inglés, 1971), p. 14.

[222] Es el caso del realismo estructural, representado por la obra de K. WALTZ, *Theory of International Politics*, Wesley, Reading, 1979.

[223] S. PISTONE, «Relaciones Internacionales», en N. BOBBIO (comp.), *Diccionario de Política*, Siglo XXI, México, 1988 (ed. orig. en italiano, 1983), p. 372.

Se ha apuntado que sólo las potencias disponen del poder estructural. Recordemos que el concepto de poder estructural ya fue abordado en el capítulo III a partir de la formulación de Susan STRANGE[224]. Según dicha formulación, el poder estructural comporta el control sobre la seguridad, sobre la producción, sobre las finanzas y sobre los conocimientos (ciencia, técnica y cultura). Los análisis históricos sobre el auge y la desaparición de las potencias[225] nos muestran que en, mayor o menor medida, las cuatro dimensiones del poder aquí enunciadas están presentes. Los análisis de los globalistas, por otra parte, nos indican que las dimensiones *soft* del poder (comunicaciones, finanzas) son vitales en la actualidad[226]. En paralelo, el fin de la guerra fría trajo consigo un *revival* del pesimismo histórico, que sitúa nuevamente el control sobre la seguridad como un factor central en el análisis[227], aún más reforzado tras los hechos del 11-S. Estas referencias nos sirven para justificar el carácter multidimensional del poder, aquí adoptado. La pregunta podría surgir en torno a la capacidad de las potencias para controlar todas las dimensiones del poder (seguridad-producción-finanzas-ideas)[228]. Si bien aquí se trata de ofrecer instrumentos de análisis aplicables a cualquier sistema histórico internacional, hay que hacer una salvedad en torno a la relación actual entre potencias y actores privados en el terreno técnico-económico (empresas transnacionales, financieras, banca, etc.). En esta obra se defiende, en principio, la idea de la convergencia entre el poder del estado y el de sus empresas transnacionales, como mínimo en lo que afecta a los casos que nos ocupan (potencias centrales del sistema). Esta teoría ha sido desarrollada por Robert GILPIN en relación con los Estados Unidos[229]. Ahora bien, los ajustes entre la lógica interestatal y la lógica transnacional no siempre son fáciles. Quizás el momento que nos ha tocado vivir es un momento de ajustes difíciles, de «turbulencia» como nos dice el término acuñado por James Rosenau. De ahí, como veremos, la dificultad para ajustar los instrumentos de análisis (la estructura, por ejemplo) a la actual sociedad internacional.

La noción de estructura, en tanto que elemento de análisis, ha de servirnos para comprender la realidad. En ese sentido, PISTONE introduce uno de los elementos que más ha interesado a los teóricos del sistema internacional, al escribir: «La jerarquía entre estados y el equilibrio entre las grandes potencias constituyen los dos elementos estructurales fundamentales en el marco de la anarquía internacional, que la transforman de una simple pluralidad caótica de estados en un sistema de estados, o sea en una realidad caracterizada por un orden relativo y por tanto relativamente más comprensible y más previsible en sus procesos concretos»[230].

---

[224] Nos referimos a S. STRANGE, *States and markets*, *op. cit.*

[225] Entre dichos trabajos, y dado su impacto sobre el análisis de la política exterior estadounidense, destaca P. KENNEDY, *The Rise and Fall of the Great Powers*, *op. cit.*

[226] El concepto de *soft power* lo popularizó J. NYE, *Bound to lead. The Changing Nature of American Power*, *op. cit.*

[227] Un buen ejemplo del renacimiento del pesimismo histórico es el artículo de J. MEARSHEIMER, «Back to the future: Instability in Europe after the Cold War», *International Security*, vol. 15, n.º 1, 1990, pp. 5-56.

[228] S. Strange sostiene que el control sobre los cuatro elementos a la vez, cuando se da, es propio del estado o bien, apunta la profesora británica, de asociaciones criminales como la mafia, que suman el control sobre su seguridad, sus finanzas, sus empresas productivas y, además, un sistema de valores (lealtad) en forma de comunidad. Véase S. STRANGE, *States and markets*, *op. cit.*

[229] Véase R. GILPIN, R., *U.S. Power and the Multinational Corporation*, Basic Books, Nueva York, 1975.

[230] S. PISTONE, «Relaciones Internacionales», *op. cit.*, p. 365.

La noción de equilibrio entre las grandes potencias en el sistema internacional (*balance of power* o equilibrio de poder, en la terminología de uso habitual) tiene una larga trayectoria en el pensamiento político occidental, en general, y en la teoría de las relaciones internacionales, en particular. No vamos a abordar aquí el tema en toda su complejidad[231]. Sí hemos visto que el mismo está directamente asociado al mantenimiento del orden (relativo) en el sistema internacional. Una de las preguntas más clásicas a la hora de abordar el orden en el sistema es en torno a quién o quiénes establecen dicho orden. O, de una forma más precisa, cuántas son las potencias que conforman la estructura. El número de potencias es el criterio más habitualmente utilizado para establecer la tipología de sistemas internacionales. Aquí hablaremos de tres tipos de sistemas: multipolar, bipolar y unipolar o imperial[232].

Antes de abordar los tres tipos de sistemas, debemos introducir un segundo criterio útil para el análisis, en torno a los «sentimientos» de las potencias o, en otras palabras, a los sistemas de valores de las potencias. En ese sentido, Raymond ARON escribe: «[...] me parece fundamental la distinción entre sistemas homogéneos y sistemas heterogéneos. Llamo sistemas homogéneos a aquellos en los cuales los Estados pertenecen al mismo tipo y obedecen al mismo concepto de política. Llamo heterogéneos, por el contrario, a aquellos sistemas en los que los Estados están organizados de acuerdo con otros principios y proclaman valores contradictorios»[233]. No hay que olvidar que el control sobre las ideas (sistemas de valores) constituye una de las dimensiones del poder estructural. Por tanto, una fuente de poder para las potencias. En ese sentido, la homogeneidad facilita la comunicación en el sistema, mientras que la heterogeneidad la dificulta, en tanto que las identidades son diferentes, incluso excluyentes (enemigos por naturaleza).

La noción de equilibrio, entre dos o entre varias potencias, está presente respectivamente en el sistema bipolar y en el sistema multipolar. Sin embargo, el sistema unipolar o sistema imperial está determinado por la lógica de la hegemonía. La tipificación de dichos sistemas nos ha de servir para dar respuesta a una serie de preguntas básicas, vinculadas al establecimiento del orden: ¿quién establece la agenda internacional?, ¿quién determina o influye habitualmente en las negociaciones globales?, ¿quién tiene capacidad para formular soluciones y, en caso extremo, para imponer soluciones, aunque sea «lejos de casa» y mediante el uso de la fuerza?, ¿qué políticas nacionales e internacionales son las que producen más impacto a nivel mundial?

El *sistema unipolar o sistema imperial* responde a la lógica imperial (véase cuadro 19). Es decir, una única potencia establece la agenda, dicta las normas y controla todas las fuentes del poder. Esto último significa que la potencia hegemónica reúne en sus manos el poder de coerción (inmensamente superior al de las otras unidades del sistema, aun aliándose) e impone su sistema de valores. Nos hallamos, por tanto, frente a un sistema homogéneo por definición, en el que las relaciones de dominación se

---

[231] Véase E. BARBÉ, «El «equilibrio del poder» en la teoría de las relaciones internacionales», *Revista CIDOB d'Afers Internacionals*, n.º 11, 1987, pp. 5-17.

[232] La mayor parte de autores distinguen en estos términos entre sistemas internacionales. R. ARON, *Paz y guerra entre las naciones* vol. 1, *op. cit.*, distingue entre equilibrio pluripolar y equilibrio bipolar. Morton Kaplan, Kenneth Waltz, Hedley Bull o Stanley Hoffman, por mencionar a algunos autores de primera línea, también recurren al criterio del número de potencias para tipificar los sistemas internacionales.

[233] Ibídem, p. 140.

CUADRO 19

Sistema unipolar o imperial

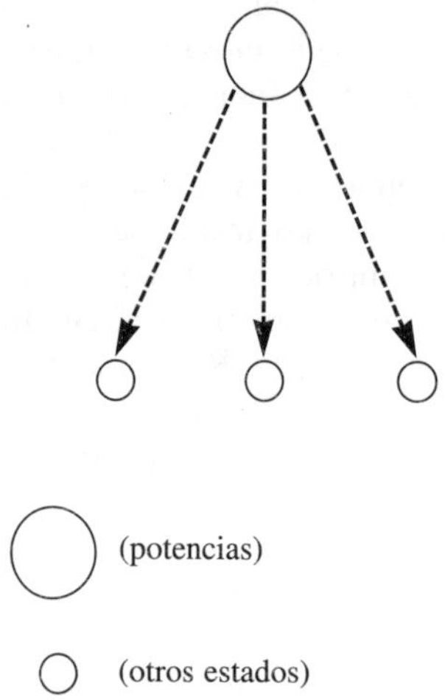

- Poder de coerción = potencia hegemónica.
- Homogeneidad del sistema de valores (impuesto por potencia hegemónica).
- Estabilidad = hegemonía.
- Cambio = Erosión interna de la potencia hegemónica, cambio inducido desde el exterior del sistema o por relaciones en horizontal entre los otros estados del sistema.

dan en vertical (de arriba abajo). La estabilidad del sistema entrará en crisis en el momento en que la lógica de funcionamiento se altere. Lo que puede ocurrir porque las relaciones en horizontal entre las otras unidades del sistema lleguen a erosionar el poder de la potencia hegemónica, porque la propia potencia hegemónica se erosione internamente (luchas intestinas, derroche de recursos), o bien porque se produzca un cambio inducido desde el exterior del sistema («invasión de los bárbaros»).

Robert GILPIN[234] y Raymond ARON[235] han atribuido a los Estados Unidos surgidos de la segunda guerra mundial respectivamente el calificativo de «potencia hegemónica» y de «república imperial». Lo que nos lleva a pensar que esta categoría de análisis nos puede ser útil, así como las dos siguientes, a la hora de abordar el sistema internacional desde 1945 hasta nuestros días.

El *sistema bipolar* está determinado por el equilibrio entre dos potencias (véase cuadro 20). Lo que significa que nos encontramos en un sistema en el que dos potencias gozan de capacidades equivalentes y superiores a las de las restantes unidades del sistema (incluso si estas últimas se alían), y de un mecanismo para establecer el equilibrio bipolar (disuasión nuclear mutua en el caso del sistema de la guerra fría). Dos potencias establecen la agenda, las normas e imponen la coerción al conjunto. El sistema puede ser homogéneo, caso de que las dos potencias compartan los mismos valores, y heterogéneo, caso de no ser así. Esto último comporta voluntad por parte de cada una de las potencias de imponer a las restantes unidades su sistema de valores. Lo que puede suponer un sistema dividido, por razones de identidad, entre dos bloques, como

---

[234] En referencia a R. GILPIN, *War & Change in World Politics*, Cambridge UP, Cambridge, 1981.
[235] Véase R. ARON, *La República Imperial*, Alianza, Madrid, 1976 (ed. orig. en francés, 1973).

CUADRO 20

Sistema bipolar

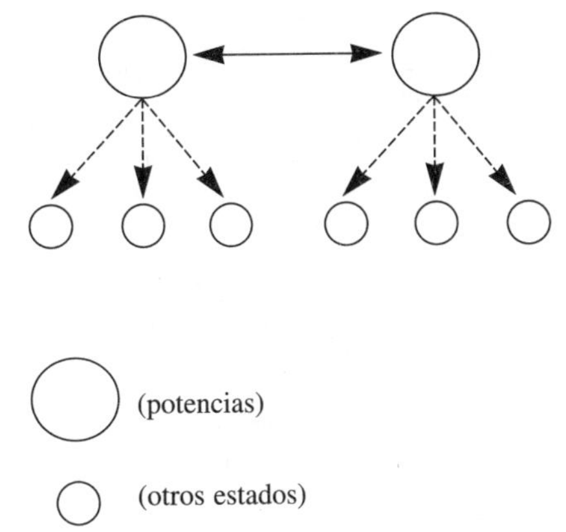

- Poder de coerción = dos potencias.
- Homogeneidad o heterogeneidad (sistema de valores de las potencias). La heterogenidad propicia la creación de bloques liderados por potencias.
- Estabilidad = equilibrio bipolar.
- Cambio = erosión del liderazgo de las potencias respecto de los estados liderados, enfrentamiento entre las potencias (guerra), erosión de la bipolaridad interbloques por parte de los otros estados, etc.

lo ocurrido durante más de cuatro décadas entre un bloque comunista y otro capitalista. En el caso del sistema bipolar, el cambio de sistema puede derivar de diversas situaciones: el fracaso del equilibrio bipolar y la consiguiente guerra entre las dos potencias, una erosión del liderazgo de las potencias (una o las dos) respecto de los propios estados que lideran, o bien una erosión generalizada del sistema gracias al establecimiento de relaciones interbloques por parte de los estados liderados a un lado y otro. Estas posibles evoluciones de un sistema bipolar nos serán de utilidad para analizar la evolución de la sociedad internacional nacida en 1945.

El *sistema multipolar* está determinado por el equilibrio entre varias potencias (véase cuadro 21). Los ejemplos históricos (la Europa de los siglos XVIII y XIX) sitúan la cifra, en este caso, entre cinco y siete. Se trata de potencias con capacidades aproximadamente equivalentes. De tal manera, que el poder de coerción está más dividido que en el caso anterior y el mecanismo de equilibrio en el sistema está asociado a la idea de alianza. En efecto, la alianza se contrapone a cualquier intento de hegemonía por parte de alguna de las potencias. Lo que en muchos casos supone el recurso a la fuerza como mecanismo de equilibrio entre las potencias. En este caso, la heterogeneidad del sistema introduce incertidumbre permanente respecto del valor de las alianzas. El ejemplo más clásico de sistema multipolar heterogéneo es el sistema europeo de los años treinta, en el que se contraponían tres sistemas de valores (liberalismo, socialismo y fascismo), mientras que la imagen de sistema multipolar homogéneo ha estado asociada durante largos períodos de tiempo al sistema europeo de estados, con el Congreso de Viena (1815) como momento simbólico[236]. El cambio de sistema, en este caso, va a estar habitualmente supeditado a un cambio de

[236] El Congreso de Viena ha ejercido una atracción sobre teóricos de las relaciones internacionales, que han llevado a la práctica sus ideas sobre la estabilidad en el sistema internacional desde posiciones de privilegio. Es el caso de H. KISSINGER, *Un mundo restaurado*, Fondo de Cultura Económica, México, 1973 (ed. orig. en inglés, 1964).

CUADRO 21

Sistema multipolar

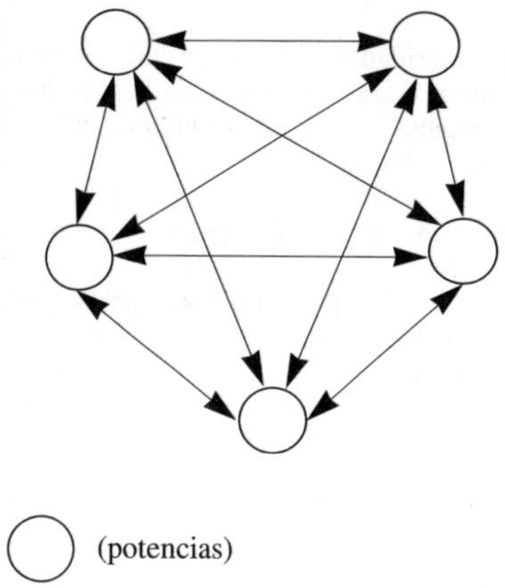

- Poder de coerción = *n* potencias (habitualmente cinco o siete).
- Homogeneidad o heterogeneidad (sistema de valores de las potencias). Heterogeneidad suscita mayor incertidumbre.
- Estabilidad = equilibrio multipolar (habitualmente sistema de alianzas entre las potencias).
- Cambio = alteración de las alianzas entre las potencias (guerra como método habitual) o aparición de nuevas potencias en el sistema.

alianzas, que puede degenerar en una guerra entre potencias e, incluso, en la aparición de nuevas potencias.

La tipología aquí ofrecida, que combina número de potencias y criterio ideológico, es básica. Algunos autores la desarrollan creando una serie de modelos más complejos. El ejemplo más clásico, en este sentido, es el de Morton KAPLAN, quien, a partir de cinco modelos iniciales (sistema de equilibrio del poder, sistema bipolar rígido, sistema bipolar flexible, sistema jerárquico internacional y sistema universal internacional), fue creando nuevas posibilidades[237]. La aplicación más interesante de estas tipologías la encontramos en una serie de estudios históricos en los que se ha intentado llevar a cabo un trabajo de clasificación y de ordenación de la historia de las relaciones internacionales, «materia prima para el teórico», en palabras de Kenneth THOMPSON[238].

A propósito de la polaridad del sistema, queremos recordar en este punto que el carácter bipolar o multipolar del mismo ha sido motivo de constante preocupación por parte de los teóricos a lo largo de las últimas décadas. En ese sentido, se puede destacar el debate entre los autores que defienden la mayor estabilidad del sistema bipolar (Kenneth Waltz, por ejemplo) frente a los autores (como Raymond Aron o Morton Kaplan) que ven en el multipolarismo un marco más flexible y moderado[239]. A modo

[237] M. KAPLAN (comp.), *System and Process in International Politics*, Wiley, Nueva York, 1957.

[238] K. THOMPSON, «Toward a Theory of International Politics», *American Political Science Review*, n.º 49, 1955.

[239] En la compilación de J. ROSENAU, *International Politics and Foreign Policy*, *op. cit.*, hay un capítulo dedicado a los equilibrios y desequilibrios en el sistema en el que se aborda, por parte de los autores mencionados y otros (Deutsch, Singer, Rosecrance, Young), todo lo relacionado con el debate sobre la estabilidad en el sistema bipolar y en el multipolar.

de ejemplo, se puede mencionar que Stanley Hoffmann y Hedley Bull, respectivamente, se han mostrado en contra y a favor de la idea de que el sistema internacional de los años setenta se pueda calificar de equilibrio del poder[240]. Lo que hace de Stanley Hoffmann uno de los autores que a lo largo de los años ha escrito sobre la inestabilidad del sistema surgido de la segunda guerra mundial y su constante proceso de evolución. Todo ello mucho antes de 1989.

Creación, cambio y desaparición de un sistema internacional son, todos ellos, temas que nos remiten de nuevo a la estructura. La pregunta que se plantea en este caso es: ¿cómo y por qué ciertos estados se convierten en potencias dominantes en el sistema? La teoría más extendida, en este sentido, nos explica que *el proceso de cambio de sistema está vinculado a una guerra general,* de la que surge una nueva configuración de potencias, encargadas de establecer las normas del nuevo sistema (conferencia de paz, nuevo orden internacional, etc.), tal y como ocurrió en 1815, en 1919 o en 1945[241]. Estas teorías contemplan habitualmente como criterio la desaparición de determinados actores y la aparición de otros nuevos. Pero ¿qué ocurre cuando, aun permaneciendo, cambian las funciones de una potencia determinada? ¿Nos encontramos frente a un cambio en el sistema o frente a un cambio de sistema, de nuevo tipo? Estas preguntas están lógicamente vinculadas a un proceso histórico muy concreto. El proceso que estamos viviendo desde finales de la década de los ochenta y que ha supuesto el fin de la guerra fría, la desaparición de la lógica bipolar, la desintegración del bloque del este y de la propia Unión Soviética, etc. La evolución y los cambios del sistema surgido de la segunda guerra mundial serán tratados en los capítulos V y VI. Antes, sin embargo, de entrar en ese tema se va a sistematizar, en el último apartado de este capítulo, la dimensión más compleja del sistema internacional como instrumento de análisis: el proceso. A continuación se aborda, pues, el proceso, erosionador constante, si se quiere poner en estos términos, de la estructura del sistema internacional.

4. EL PROCESO DEL SISTEMA INTERNACIONAL

Se ha indicado en el apartado anterior que el proceso constituye el aspecto dinámico del sistema internacional, en tanto que sus interacciones van a ser las que determinen la erosión de la estructura y, finalmente, el cambio de sistema. En ese sentido, es interesante partir de BRECHER para reordenar los componentes del sistema y entrar en el proceso, en concreto. Según este autor, «un sistema posee a la vez componentes estáticos y dinámicos. La *estructura* nos indica cómo se sitúan los actores, los unos respecto de los otros. Sus variables fundamentales son el número de actores y la distribución del poder entre ellos. El *proceso* designa las redes de interacción entre los actores de un sistema. Las variables fundamentales de interacción son el tipo, identificado siguiendo un *continuum* conflicto/cooperación, y

---

[240] La posición de ambos autores es recogida en forma de debate por H. LEVINE, *World Politics Debated. A Reader in Contemporary Issues*, McGraw Hill, Nueva York, 1983, pp. 86-94.

[241] Esta idea es defendida por numerosos autores. Entre ellos, R. ARON, *Paz y guerra entre las naciones*, *op. cit.*; R. GILPIN, *War & Change in World Politics*, *op. cit.*; y L. BONANATE, «Sistema politico internazionale», en L. BONANATE (comp.), *Politica Internazionale*, La Nuova, Florencia, 1979, pp. 352-397.

la intensidad, que traduce el volumen de interacciones durante un período determinado. Se postula la existencia de un vínculo entre la estructura y el proceso: cada estructura posee el proceso de interacción que le corresponde y una estructura crea y mantiene interacciones regulares»[242].

Una vez definido *el proceso como las redes de interacción que se originan entre los actores de un sistema,* se trataría de abordar las dos variables fundamentales del mismo: los tipos de interacción y la intensidad de las mismas. La lógica global o reticular, propia de la sociedad transnacional, es extremadamente compleja (*complexe relationnel international*), en especial cuando se aborda la segunda variable (la intensidad de las interacciones) y se presta a interpretaciones múltiples. De ahí que el objetivo de este breve apartado se centre en identificar, clasificar y definir los tipos de interacciones más básicas en el proceso internacional.

Antes de entrar en dicho terreno, hay que matizar lo escrito por Brecher en el sentido de que «cada estructura posee el proceso de interacción que le corresponde». En realidad, la estructura no es un elemento estático en tanto que el proceso la dinamiza constantemente. Sin embargo, sí es cierto que una estructura rígida (los primeros años de la guerra fría, por ejemplo) supone interacciones más pautadas. Por consiguiente, cuando la estructura es más flexible (distensión de los años setenta) o está cargada de incertidumbres (década de los noventa), el proceso es central para el analista por su potencial de cambio. Una obra publicada en España, lo corrobora: «Siguiendo la tradicional clasificación de la realidad internacional en tres niveles —estructuras, procesos y actores—, parece dominar cada vez más [...] la visión de que si en la Guerra Fría se daba primacía de las estructuras, en la post-Guerra Fría y el mundo globalizado, la primacía es de los procesos»[243].

Hecha esta salvedad, comencemos por definir qué entendemos por interacciones internacionales. Siguiendo a HOCKING y SMITH, «las interacciones internacionales son procesos políticamente relevantes de comunicación e intercambio entre los actores en el sistema internacional»[244]. El criterio de relevancia política, cuya consecuencia es la redistribución del poder en el sistema, nos permite dilucidar entre los actos relevantes y los que no lo son.

Esos procesos de comunicación y de intercambio se sitúan, si seguimos la definición de Brecher, en un *continuum* conflicto/cooperación. De ahí que identifiquemos como tipos fundamentales de interacción los dos apuntados: *conflicto* y *cooperación.* Cada uno de ellos va a ser tratado, a continuación, de modo separado.

Sin embargo, no hay que olvidar que se sitúan en un *continuum* y, en consecuencia, son algo así como los grados de «fiebre» que registra un termómetro aplicado a un enfermo llamado sociedad internacional. Cuando ese termómetro llega a su nivel más alto (máximo peligro para la sociedad internacional) registra el máximo nivel del conflicto de intereses en escena. En otras palabras, se entra en una situación de guerra. En el extremo opuesto, cuando el termómetro llega a su nivel más bajo se podría decir que el conflicto de intereses ha desaparecido. Existe una

---

[242] M. BRECHER, «Système et crise en politique internationale», en B. KORANY, *Analyse des relations internationales. Approches, concepts et données*, Gaëtan Morin, Montreal, 1987, p. 83.

[243] Véase A. ORTEGA, *La Razón de Europa*, El País/Aguilar, Madrid, 1994, p. 36.

[244] B. HOCKING y M. SMITH, *World Politics. An Introduction to International Relations*, Harvester/Wheatsheaf, Nueva York, 1990, pp. 216-217.

situación de armonía. ¿Cómo? Al fundirse, mediante un proceso de integración, los diversos intereses existentes en uno solo. Aparecería, así, un interés nuevo (interés europeo, por ejemplo) que sustituiría a los anteriores intereses estatales. Hasta cierto punto, con la integración desaparece la propia lógica del sistema internacional (básicamente un sistema de estados). Entre un extremo (guerra) y otro (integración), el *continuum* de interacciones internacionales pasa por etapas diversas (véase cuadro 22) que marcan los niveles de discordia, de máximo a nulo, entre los intereses existentes: 1) un nivel máximo de conflicto, que degenera en conflicto armado; 2) un nivel de conflicto en el que persiste la discordia, bien sea porque no se hacen intentos de adaptar las incompatibilidades o porque éstos fracasan; 3) un nivel de cooperación, en el que los actores perciben la necesidad de coordinar sus intereses; y 4) un nivel de nula discordia o de armonía, que se alcanza mediante procesos de integración entre estados, creándose «zonas de paz» en el marco de nuestra sociedad internacional.

CUADRO 22

El continuum *conflicto/cooperación*

Guerra	*Conflicto*	*Cooperación*	*Integración*
• Máximo nivel de discordia • Uso de la fuerza en defensa de intereses	• Incompatibilidad de intereses	• Coordinación de intereses a partir de la percepción de problemas comunes	• Nulo nivel de discordia • Interés supranacional

A) EL CONFLICTO COMO INTERACCIÓN BÁSICA: LA GUERRA

Las situaciones de conflicto, las crisis internacionales o las explosiones de violencia constituyen la dimensión «de mayor audiencia» de las relaciones internacionales. A pesar de que en el complejo cotidiano de las interacciones internacionales las situaciones de cooperación superen a las de conflicto, son estas últimas las que acaparan mayor atención, especialmente cuando adoptan su forma límite: la guerra. Situación, esta última, que se da en un número muy limitado de conflictos.

Dejando de lado otras disciplinas (psicología, sociología, etc.), las relaciones internacionales ofrecen un sinfín de definiciones del concepto de conflicto. Desde la historia de las relaciones internacionales DUROSELLE[245] apuntaba, a principios de los años sesenta, que por conflicto se puede entender: 1) choque entre dos voluntades

---

245 Véase J. B. DUROSELLE, «La nature des conflits», *Revue Française de Science Politique*, vol. XIV, n.º 2, 1964, p. 295.

opuestas sean cuales sean los medios utilizados o que decidan utilizar los adversarios para asegurar el triunfo de sus decisiones; 2) situaciones sucesivas en las cuales dos o más jugadores consideran un objeto como una baza cuya posesión (a conquistar o a conservar) merece que se corran unos riesgos; y 3) conjunto complejo de tensiones en las que la acción del hombre de estado va acompañada por reacciones emocionales colectivas.

A partir de las definiciones aportadas por Duroselle se puede destacar una serie de rasgos del conflicto internacional: *a*) la existencia de intereses divergentes, base del conflicto, da lugar a un litigio (voluntades opuestas); *b*) la defensa de dichos intereses comporta la utilización de instrumentos diversos (incluido el uso de la fuerza); *c*) el conflicto evoluciona con el paso del tiempo, a causa de las actitudes de las partes en litigio, dando origen a fases diversas (cambios en la naturaleza, la intensidad y el alcance del conflicto).

Kal HOLSTI[246], por su parte, escribe que el conflicto, que puede llevar a una situación de violencia organizada, emerge de una combinación particular de partes (en el conflicto), de posiciones incompatibles sobre un litigio, de actitudes hostiles y de determinadas acciones diplomáticas y militares.

En otras palabras, las partes (estados, grupos, etc.) tienen un comportamiento conflictivo cuando ejecutan acciones incompatibles con los intereses o los objetivos de la otra o las otras partes. El criterio central es el de escasez, en la medida en que el beneficio de una parte va en perjuicio de la otra. Lo que en teoría de juegos se denomina juego de suma cero o nula. El ejemplo más clásico lo constituyen los litigios por el control territorial. Si bien puede darse incompatibilidad de posiciones en otros muchos terrenos (incompatibilidad entre sistemas de valores, tratamiento de las minorías en un estado, proliferación armamentística, etc.). El control de la ciudad (santa) de Jerusalén constituye un buen ejemplo de la incompatibilidad de valores entre árabes y judíos, y de la escasez (¡no hay más que una!).

Estos dos factores, que se hallan en el origen de los conflictos (escasez de recursos o bienes e incompatibilidad de valores), sirven a algunos autores para definir el conflicto. Es el caso de Raymond ARON, para quien el conflicto es una oposición entre grupos e individuos por la posesión de bienes escasos o la realización de valores mutuamente incompatibles[247].

Al hablar de origen de los conflictos hay que distinguir, pues, entre dos criterios: el de *la escasez* (un bien escaso, como pueden ser los territorios estratégicos o los recursos naturales) y el de *la incompatibilidad* (los enfrentamientos debidos a la propia identidad de los grupos en litigio, como la religión, la nacionalidad, la ideología, la pertenencia a un clan, etc.). En muchos casos los dos criterios son inseparabales (el hostigamiento por parte de una comunidad a otra puede estar directamente asociado a la posesión de territorios «simbólicos», como ocurre en Kosovo, donde la población albanesa ha sufrido la presión serbia). En cualquier caso, los dos son de extrema actualidad. Los conflictos ligados a la «identidad comunitaria», y responsables de la pérdida de vidas humanas, han ido en aumento tras el fin de la guerra fría. A los horrores habituales en África (la guerra de Biafra, por ejemplo) o Asia (enfren-

---

[246] Véase sobre el particular K. HOLSTI, *International Politics*, *op. cit.*, pp. 348-349.

[247] R. ARON, *Paz y guerra entre las naciones*, *op. cit.*

tamientos entre tamiles y cingaleses en Sri Lanka) hubo que sumar, tras el fin de la guerra fría, el inicio de situaciones similares en Europa (desintegración de la antigua Yugoslavia).

La escasez de bienes ha sido un tema recurrente a lo largo de la historia. Sin embargo, los problemas globales del momento actual le dan nuevas dimensiones. Como escribe GRASA, «se ha producido en los últimos años, en el marco de la creciente preocupación por los cambios medioambientales y sus repercusiones a nivel global y local, un notorio interés por el eventual papel del medio ambiente como motivo de conflictos y posible factor belígeno»[248].

Al hablar de medio ambiente, se pueden considerar manifestaciones muy diversas de un conflicto (la escasez de recursos puede dar lugar a revueltas —revueltas del pan— que acaban en represión militar; a causa de dicha represión se producen migraciones masivas, como ha ocurrido en varias ocasiones en el Cuerno de África; dichas migraciones han activado enfrentamientos por choque entre la identidad de los «recién llegados» y la de los otros grupos ya instalados en la zona de acogida; los choques entre nacionales de uno y otro estado pueden reactivar un conflicto latente «estado a estado», etc.). Así, la «cadena conflictiva» se autoalimenta en las zonas de mayor depauperación, implicando a la población y a los estados. La implicación directa de la población en los conflictos que acarrean violencia es un hecho evidente. Así, mientras a principios del siglo XX el 90 por 100 de las bajas en los conflictos armados eran militares y el 10 por 100 eran civiles, a principios del siglo XXI las cifras se han invertido. El impacto de los conflictos armados en la vida de las sociedades es cada vez más grave. Los desarrollos tecnológicos y la crueldad de ciertas prácticas, como el minado sistemático del territorio, que inciden directamente en la población civil (véase cuadro 23) constituyen uno de los temas centrales en la «agenda de paz» de la actual sociedad internacional.

Volviendo a las definiciones de conflicto, hemos visto que las mismas inciden en aspectos diversos del mismo. Como escribe FISAS, «unas subrayan la incompatibilidad de intereses o de objetivos; otras, la lucha, el choque y el enfrentamiento; algunas hacen referencia al objeto del conflicto (posesión de valores, enfrentamiento de potencias, deseo de un derecho), y otras se refieren a la frustración, impotencia o imposibilidad de que uno o varios actores consigan lo que quieren»[249].

En suma, si recogemos los elementos aquí apuntados se puede decir que *el conflicto es una situación en la que los actores tienen intereses incompatibles que les llevan a oponerse, bien sea por la posesión de bienes escasos o por la realización de valores incompatibles, llegando incluso al uso de la fuerza para alcanzar sus objetivos.*

Como ya se ha dicho antes, el conflicto, que suele ser de larga duración, sufre cambios a lo largo del tiempo. Se puede hablar de un proceso de desarrollo. Ese proceso viene marcado por *la tensión, entendida como las actitudes y predisposiciones, tales como desconfianza o sospecha, que la población y los políticos de una parte tienen hacia la otra parte.* La tensión permanente, por ejemplo, entre israelíes y sirios a causa de sus objetivos incompatibles (control de los Altos del Golán) nece-

---

[248] R. GRASA, «Los conflictos «verdes»: su dimensión interna e internacional», *Ecología Política*, n.º 8, 1994, p. 26.

[249] V. FISAS ARMENGOL, *Introducción al estudio de la paz y de los conflictos*, Lerna, Barcelona, 1987, p. 167.

CUADRO 23

El legado de las minas terrestres

Millones de minas están diseminadas en más de setenta países en África, Asia, Europa, Oriente Próximo y América. Se encuentran infestados por minas Afganistán, Angola, Bosnia-Herzegovina, Camboya, Croacia, Irak, Mozambique, Somalia, Sudán, Vietnam y muchos más países.

Las minas antipersonal son artefactos explosivos diseñados para mutilar o matar a las personas que los activan. Las minas tienen efectos indiscriminados en cuanto al blanco y al tiempo. Siguen matando o mutilando a soldados y a personas civiles, hombres y mujeres, adultos y niños indistintamente, incluso décadas después de finalizados los combates. Cada mes, unas 2.000 personas resultan heridas o muertas = una víctima cada veinte minutos.

La ONU calcula que mientras una mina antipersonal vale entre 3 y 30 dólares EEUU, la remoción de una mina antipersonal por desminadores locales puede costar hasta 1.000 dólares EEUU.

Las minas socavan los cimientos socioeconómicos del proceso de paz y amenazan la recuperación tras el conflicto. Las costosas actividades de remoción de minas consumen los escasos fondos con que se podría financiar la salud pública, la educación y la reparación de las infraestructuras.

El mes de diciembre de 1997, 123 Estados firmaron la Convención sobre la prohibición del empleo, almacenamiento, producción y transferencia de minas antipersonal y sobre su destrucción. En este tratado, conocido como el Tratado de Ottawa, se estipula la prohibición total del desarrollo, la producción, el almacenamiento, la transferencia y el empleo de las minas antipersonal. Cuando entre en vigor *, tendrán que destruirse, en el plazo de cuatro años, las reservas de minas antipersonal y habrá un plazo de diez años para la remoción de las minas antipersonal ya colocadas. Es la primera vez que, en el derecho internacional humanitario, se prohíbe un arma de uso generalizado.

Fuente: Informe *Acabemos con las minas* de la Cruz Roja, 1 de mayo de 1998.
*El Tratado de Ottawa entró en vigor el 1 de marzo de 1999. Países como China, Estados Unidos y la Federación Rusa siguen sin firmar el Tratado sobre la prohibición de minas.

sita, sin embargo, de una acción diplomática o militar para dar un paso más en el conflicto. Lo mismo se puede aplicar a otros muchos conflictos de larga duración (división de la isla de Chipre y tensión entre Grecia y Turquía, por ejemplo). El paso adelante en el conflicto puede ser (vía acción diplomática) hacia la solución del conflicto, pero también puede suponer una escalada en la tensión latente y conducir a una situación de crisis.

La crisis constituye una etapa del conflicto, caracterizada por la explosión repentina de acontecimientos inesperados. Un conflicto puede durar décadas (como el conflicto árabe-israelí o el conflicto entre las dos Coreas) pero, ocasionalmente, acciones hostiles de una de las partes aumentan la tensión y la percepción de amenaza que tiene la otra parte; hasta tal punto que la parte amenazada se ve forzada a responder a sabiendas de que las opciones extremas son, por una parte, la guerra y, por otra parte, la rendición. Un ejemplo tradicional de crisis entre los analistas de relaciones internacionales es la crisis de Berlín (1948-1949), que puso frente a frente a los Estados Unidos y a la Unión Soviética. Dado el carácter de las partes, dicha crisis hubiera podido comportar una guerra general. La resolución de la misma tuvo, como correspondía a su centralidad, consecuencias para el conjunto del sistema (mayor rigidez del bipolarismo).

Desde el punto de vista del decisor político, los elementos distintivos de una crisis son: el efecto sorpresa en la acción del enemigo, la percepción de una gran amenaza, la percepción de tener poco tiempo para responder y la percepción de las consecuencias negativas que puede acarrear la inactividad[250].

La crisis, hasta cierto punto, es un «momento de la verdad» en la vida del conflicto en el que las dos partes demuestran si sus posiciones se mantienen o han variado. En muchas ocasiones la crisis no hace sino reafirmar el *statu quo* existente entre las partes. Sin embargo, en algunas ocasiones, puede desembocar en una situación de conflicto armado, entrando en una nueva dimensión del conflicto: la guerra. Como escribe BRECHER, «la evidencia de la inestabilidad generada por las crisis desde 1945 hasta 1988 es aplastante [...] a causa del nivel de violencia alcanzado, podemos hablar de guerra en 50 de las 251 crisis internacionales de las últimas cuatro décadas»[251].

Así llegamos a la guerra. «La situación de conflicto entre dos o más Estados[252] llega en ocasiones a una circunstancia extrema de empleo de la fuerza armada, que es la guerra»[253]. La guerra, por tanto, constituye la dimensión militar del conflicto; acto político de fuerza en palabras de Clausewitz o, en una terminología más actual, conflicto armado para HOLSTI[254] o violencia organizada llevada a cabo por unidades políticas entre sí para BULL[255].

Entre los teóricos de las relaciones internacionales, la guerra es motivo constante de atención. Es más, como se recoge al inicio de esta obra, se halla en la génesis de la disciplina. Sin embargo, algunos autores piensan que la guerra no ha conseguido el interés teórico que se merece[256], a pesar de los múltiples y voluminosos trabajos empíricos que durante años han abordado el fenómeno de la guerra (causas, factores comunes, etc.), en especial desde el campo de la *peace research*.

Se ofrece este dato para introducir dos ideas: en primer lugar, que la conceptualización del fenómeno guerra es un tema central para los teóricos, que aquí se ha resuelto con un espíritu muy pragmático, y, en segundo lugar, que la guerra (asociada a crisis y conflicto) ha sido el fenómeno que más trabajo empírico ha generado en la disciplina de las relaciones internacionales[257]. El ejemplo más espectacular, en este sentido, es el proyecto «Correlates of War», que durante varias décadas ha generado múltiples publicaciones basadas en un impresionante

---

[250] Estos elementos son destacados por C. F. HERMANN, «International Crisis as a Situational Variable», en la compilación de J. ROSENAU, *International Politics and Foreign Policy*, *op. cit.*, p. 414.

[251] M. BRECHER y J. WILKENFELD, «International Crises and Global Instability: The Myth of the «Long Peace»», en C. W. KEGLEY (comp.), *The Long Postwar Peace*, Harper Collins, Nueva York, 1991, p. 103.

[252] La idea de guerra en el sistema internacional no es equivalente a la lógica formal de guerra interestatal. La mayor parte de guerras, con trascendencia internacional en las últimas décadas, son de carácter interno (Angola, Somalia, Nicaragua) o transnacional (palestinos).

[253] La definición se debe a PASTOR RIDRUEJO, *Curso de Derecho Internacional Público y Organizaciones Internacionales*, *op. cit.*, p. 643.

[254] Ésta es la definición utilizada por K. HOLSTI, *Peace and War: Armed Conflicts and International Order 1648-1989*, Cambridge UP, Cambridge, 1991.

[255] H. BULL, *The Anarchical Society. A Study of Order in World Politics*, *op. cit.*, p. 184.

[256] Esta opinión es emitida por J. VASQUEZ, *The War Puzzle*, Cambridge UP, Cambridge, 1993.

[257] Los trabajos empíricos se han situado tanto en el terreno más propio del behaviorismo (causas de la guerra, correlaciones entre comportamientos agresivos y otras variables, etc.) como en el terreno de los mecanismos e instrumentos para la resolución de conflictos. Tema este último que abarca todas las dimensiones de la disciplina (diplomacia, organizaciones internacionales, etc.).

trabajo cuantitativo (acumulación y tratamiento de datos sobre conflictos y guerras desde 1816)[258]. De dicho proyecto se puede destacar la definición operacional de guerra, creada a efectos analíticos por SINGER y SMALL: «Una guerra internacional es un conflicto militar librado entre entidades nacionales, de las cuales por lo menos una es un estado y que, como mínimo, produce mil bajas entre el personal militar»[259].

La definición operacional que se acaba de recoger, viene a añadirse a otras, consideradas clásicas, como la de Quincy WRIGHT, para quien estudiar la guerra suponía estudiar «todas las hostilidades que afectan a miembros de la familia de naciones, bien sean internacionales, civiles, coloniales o imperiales, y que sean reconocidas como estado de guerra bien en el sentido jurídico o bien porque supongan la movilización de 50.000 efectivos de tropa»[260].

Las características del tema explican el porqué de un cierto rechazo al trabajo empírico-cuantitativo en este terreno, al margen incluso de sus modestos resultados[261]. El solo concepto operacional de guerra, aquí recogido, ya plantea «problemas de sensibilidad». Una sensibilidad vinculada a los efectos que el fenómeno de la guerra ha provocado en el período paradójicamente denominado como la «larga paz» (1945-1989): casi veinte millones de muertos en acciones de guerra[262], además de secuelas posteriores (muertes en campos de refugiados, por minas, por hambruna, etc.). En 2001 se calculaba la cifra de desplazados en países del Tercer Mundo en cerca de veinte millones de personas[263].

Los años de la guerra fría fueron un período de «larga paz» para las potencias del sistema y sus países aliados. De ahí que la guerra haya sufrido una transformación notable respecto de épocas anteriores: las guerras han afectado, en el 75 por 100 de los casos, a estados pequeños radicados habitualmente en el Tercer Mundo; y la mayor parte de esas guerras ha sido, y es, de carácter civil o interno. Se han sustituido las guerras internacionales entre las potencias del sistema, habituales en el siglo XIX, por las guerras internacionalizadas en los países del Tercer Mundo. Una internacionalización favorecida por la participación extranjera directa (presencia de fuerzas militares, como las tropas cubanas en Angola) o indirecta (asesoramiento y ayuda financiera, como los ofrecidos por el gobierno de Estados Unidos a la contra en la Nicaragua sandinista), y por el crecimiento desmesurado de la industria armamentística a nivel mundial. El enfrentamiento entre bloques, a lo largo de la guerra fría, facilitó dicho proceso de internacionalización (apoyo sistemático de las dos superpotencias o de sus aliados a los bandos enfrentados en guerras civiles, como

---

[258] El proyecto fue iniciado en la Universidad de Michigan (Ann Arbor) por David Singer y Melvin Small a principios de los sesenta. Este proyecto ha dado lugar a múltiples publicaciones. Véase una síntesis de los trabajos realizados en el artículo de D. SINGER, «Vers une science de la politique internationale: perspectives, promesses et résultats», *Études Internationales*, vol. 15, 1984, pp. 860-874.

[259] J. D. SINGER y M. SMALL, *The Wages of War 1816-1965*, John Wiley, Nueva York, 1972, p. 27.

[260] Q. WRIGHT, *A Study of War*, Chicago UP, Chicago, 1965 (1.ª ed., 1942).

[261] C. DEL ARENAL, *Introducción a las relaciones internacionales*, Tecnos, Madrid, 1990 (1.ª ed., 1984), p. 283, incide en los modestos resultados que ofrecen investigaciones cuantitativas de largo alcance, como la dirigida por Singer.

[262] Las cifras siempre son relativas. Ésta hace referencia al período 1945-1990 y la recoge J. D. SINGER, «Peace in the Global System: Displacement, Interregnum or Transformation?», en C. W. KEGLEY (comp.), *The Long Postwar Peace*, *op. cit.*, p. 59.

[263] Véase sitio web acnur.org.

ocurrió en Angola o en Mozambique), tanto a nivel de guerra civil como a nivel de guerra regional (caso del conflicto árabe-israelí).

El fin de la guerra fría ha tenido algunos efectos destacables sobre los conflictos armados. Así, por ejemplo, su localización geográfica. Europa (escenario de la «larga paz», a excepción del conflicto de Irlanda del Norte) ha visto reaparecer la guerra (véase cuadro 24).

CUADRO 24

Distribución regional de los conflictos armados (1990-2000)

Región	*1990*	*1995*	*1997*	*1999*	*2001*
África	10	5	4	11	7
América	4	3	2	2	3
Asia	8	8	8	7	9
Europa	-	3	-	2	1
Oriente Próximo y Medio	4	4	4	3	4
Total	*26*	*23*	*18*	*25*	*24*

Fuente: *SIPRI Yearbook*, 2002, p. 45.

La cifra de veinticuatro conflictos armados para el año 2001 hace referencia a los veintiocho países en los que existen situaciones de conflictividad armada, que en algunos casos pueden albergar más de una guerra. Así, por ejemplo, en Filipinas, donde el gobierno tiene dos guerras abiertas, una contra el Nuevo Ejército Popular y otra contra el Frente Islámico de Liberación Moro[264]. Ninguna de las guerras consignadas en 2001 responde al modelo clásico de una guerra internacional. Son guerras internas (internacionalizadas en muchos casos), en las que la incompatibilidad de intereses entre las partes es esencialmente un litigio territorial (tema dominante en los últimos años) o bien una lucha contra el gobierno instalado en el poder (lucha por la independencia o contra el régimen político, de base étnica en algunos casos[265]). Las guerras estaban localizadas en 2001 en los siguientes puntos del planeta. En Europa, con un foco: Chechenia, en Rusia. En Oriente Medio, con cuatro focos: Irán, Irak, Israel y Turquía. En Asia, con siete focos: Afganistán, India, India/Pakistán, Indonesia, Myanmar, Filipinas y Sri Lanka. En África, con siete focos: Angola, Argelia, Burundi, República Democrática del Congo, Rwanda, Somalia y Sudán. En América, con tres focos: Colombia, Perú y Estados Unidos. Hay que destacar que el conflicto entre Estados Unidos y Al-Qaeda es el único conflicto nuevo registrado en 2001. Es un conflicto complejo e inusual (el SIPRI lo ha

[264] Estos datos y los siguientes están extraídos del *SIPRI Yearbook 2002*, *op. cit.*, pp. 22-76.

[265] De los quince conflictos más mortales en 2001, once se han internacionalizado. El caso en el que la dimensión regional del conflicto es más evidente es en la Región de los Grandes Lagos, donde los conflictos en Angola, Burundi y la República Democrática del Congo están estrechamente vinculados y tienen efectos desestabilizadores sobre Rwanda, Tanzania y Uganda.

definido como un conflicto de tipo gubernamental ya que la incompatibilidad entre las partes proviene de la influencia global de los Estados Unidos y de su sistema político).

Junto a las guerras aquí consignadas, a partir de los criterios adoptados por el SIPRI[266], hay que recordar que el mapa mundial de la conflictividad es mucho más denso[266 bis]. Su análisis en profundidad escapa a estas páginas, si bien en el capítulo VI dedicaremos atención al fenómeno actual de las guerras degeneradas.

Pasemos a continuación a la segunda interacción básica del sistema internacional: la cooperación.

B) La cooperación como interacción básica: la integración

El otro extremo del *continuum* generado por las interacciones internacionales está ocupado por la *cooperación.* En efecto, tras el conflicto y su forma extrema, la guerra, le toca ahora el turno a la cooperación, cuya forma extrema se ha definido como integración, si bien algunos autores distinguen netamente entre la cooperación y la integración, por entender que esta última se basa en una lógica superadora del sistema de estados.

El *continuum* conflicto-cooperación nos transporta, pues, desde el estado hobbesiano de guerra al estado lockiano de la sociedad civil. En otros términos, los objetivos incompatibles que pueden degenerar en uso de la fuerza (visión conflictiva) pasan a ser problemas comunes que requieren un espíritu de colaboración (visión cooperativa).

Las interacciones diversas y complejas que conforman la dimensión cooperativa de las relaciones internacionales han sido abordadas en términos analíticos por la teoría de los regímenes internacionales[267], que conforma lo que simbólicamente han definido algunos autores como la «superación de la imagen anárquica de las relaciones internacionales»[268] en beneficio de la eficiencia y del bienestar. La intensidad de esa cooperación puede variar sustancialmente, desde la negociación diplomática puntual y las consecuencias derivadas de la misma (financiación de un proyecto *ad hoc* para hacer frente a un problema natural o humanitario, por ejemplo), hasta la creación de una organización en la que los estados asuman compartir su soberanía, iniciando así un proceso de integración (rasgos de supranacionalidad en la Unión Europea, a través del derecho y de los mecanismos de toma de decisiones).

---

[266] El SIPRI considera guerra a todo conflicto armado en el que intervienen fuerzas militares gubernamentales y/o fuerzas de oposición organizada militarmente, con utilización de armamento fabricado y con una cifra de muertos en combate superior a 1.000.

[266 bis] Véase el mapa de la conflictividad mundial recogido anualmente en el *Anuario Internacional CIDOB*, CIDOB, Barcelona, en el que se suman a las guerras, aquí recogidas, otras manifestaciones de violencia (golpes de estado, conflictos latentes por enfrentamientos étnicos o religiosos, episodios de represión), así como las retiradas de tropas, las negociaciones y los procesos de paz.

[267] Según K. Holsti (*International Politics*, *op. cit.*, p. 384), «llamamos régimen a aquellas reglas, regulaciones, normas y principios que guían y gobiernan las transacciones y las soluciones de los problemas (*issue areas*) que afectan a dos o más estados».

[268] Véase L. Bonanate, A. Caffarena y R. Vellano, R., *Dopo l'anarchia. Saggi sul superamento dell'immagine anarchica delle relazioni internazionali e sul rischio di ricadervi*, Franco Angeli, Milán, 1989.

HOLSTI nos recuerda que «cada día millones de transacciones entre individuos, organizaciones y gobiernos se realizan de manera rutinaria. La mayor parte no comportan amenazas ni contemplan la posibilidad del uso de la fuerza como trasfondo. [...] Mientras el estudio de la política internacional se ha centrado habitualmente en las causas de la guerra, no debemos ignorar las formas rutinarias de colaboración sólo porque el conflicto y la guerra parezcan más interesantes. La cooperación y la colaboración internacional hacen nuestras vidas más fáciles, más confortables y más eficientes»[269]. En otras palabras, la mayor parte de interacciones se mantienen al margen de toda amenaza o recurso al uso de la fuerza, aun cuando existan situaciones de discordia o desacuerdo. ¿Por qué?

La teoría de juegos nos explica que los actores llevan a cabo un cálculo coste/beneficio que les muestra que sus intereses individuales están mejor defendidos y de manera más barata en un «espacio común». Lo que, en muchos casos, resulta evidente dado el carácter de los problemas (inabordables a nivel individual). Nos referimos, lógicamente, a los problemas de la agenda global (medio ambiente, terrorismo, narcotráfico, sida, etc.). En otros casos, la sola pertenencia al sistema comporta niveles mínimos de colaboración técnico-administrativa (criterios de vacunación internacional, normas de aviación civil o de correos, etc.), sin contar con que todos los estados han aceptado el principio de la cooperación internacional como norma de comportamiento desde su ingreso en las Naciones Unidas. En efecto, al firmar la Carta de San Francisco, los 191 miembros de la ONU tienen como propósito, según reza el artículo 1.3: «Realizar la cooperación internacional en la solución de problemas internacionales de carácter económico, social, cultural o humanitario, y en el desarrollo y estímulo del respeto a los derechos humanos y a las libertades fundamentales de todos, sin hacer distinción por motivos de raza, sexo, idioma o religión.» De este modo, la cooperación internacional es un «cálculo racional», como apuntan algunos analistas, pero también una obligación jurídica.

En cualquier caso, la relación de cooperación que tiene consecuencias políticas para los implicados —creación de mecanismos de coordinación y consulta— prolifera, como ya se ha dicho, por razones objetivas (incapacidad individual para hacer frente a los problemas), pero también por razones subjetivas (percepción derivada del sentimiento de deber moral, de valores compartidos, etc.). Exactamente las condiciones opuestas a la situación de tensión que se vive en un conflicto. En ese sentido, las condiciones que favorecen el establecimiento de relaciones de cooperación son, según HOLSTI, las siguientes: la existencia de intereses, objetivos y necesidades similares o complementarios entre las partes; la distribución equitativa de costes, riesgos y beneficios entre las partes; la confianza en que la otra parte cumplirá con sus obligaciones; y, finalmente, las interacciones que han de llevarse a cabo en términos de reciprocidad y de confianza mutua[270].

ATTINÀ nos indica que «la cooperación, como categoría de las relaciones políticas internacionales es la forma de relación entre los gobiernos que supera el simple nivel de la colaboración técnico-administrativa. En el origen de las relaciones cooperativas existe un cálculo individual que revela que el mejor modo de conseguir

---

[269] K. HOLSTI, *International Politics*, *op. cit.*, p. 381.

[270] Ibídem (ed. 1988), p. 434.

uno o más objetivos nacionales fundamentales es cooperar con otro gobierno, dando vida así a un tipo de relación particular y diferente de la que se tiene con otros gobiernos en relación con los mismos objetivos»[271].

Hablar de objetivos comporta una referencia a las áreas o materias que son objeto de cooperación. *Si deseamos distinguir entre diferentes tipos de cooperación internacional, podemos comenzar por distinguir entre cooperación política, cooperación económica y cooperación técnica.* En el terreno de la cooperación política, por ejemplo, se podría citar el mecanismo de relaciones bilaterales establecido entre Francia y Alemania desde los años sesenta (Tratado Franco-Alemán de Cooperación, firmado en 1963) para mantener un marco de consulta política al más alto nivel entre los dos países. Este mecanismo de cooperación política ha sido copiado por otros países. Así, España tiene mecanismos similares, basados en reuniones semestrales a nivel de jefes de estado y de gobierno, con Francia, Alemania y Portugal. La cooperación política también ha sido motivo de atención especial para algunos grupos de países; así, por ejemplo, los países nórdicos que de manera regular coordinan sus posiciones en temas diplomáticos en el marco de Naciones Unidas.

El terreno de la cooperación económica está muy desarrollado. Pensemos, por ejemplo, en los marcos de cooperación puestos en marcha por el sistema de Bretton Woods en materia monetaria, y por el GATT (incorporado en la Organización Mundial del Comercio, OMC, en 1995) en materia comercial.

El terreno de la cooperación técnica es amplísimo. Puede englobar desde la planificación militar conjunta que se realiza entre los países de la OTAN hasta los acuerdos hispano-portugueses para regular el uso de las aguas fluviales, pasando por los programas de trabajo del PNUD (Programa de Naciones Unidas para el Desarrollo) o del PNUMA (Programa de Naciones Unidas para el Medio Ambiente). La Antártida, por ejemplo, nos ofrece la imagen de un territorio dedicado, exclusivamente, a la cooperación en materia científico-técnica.

Tras el primer criterio retenido para distinguir entre tipos de cooperación —materia política, económica o técnica— introduzcamos un segundo criterio: *el nivel de formalización de la cooperación.* Ello nos lleva a distinguir entre formas de cooperación altamente formalizadas, mediante un mecanismo jurídico formal (tratados y/o organizaciones internacionales), y otras de carácter informal, basadas únicamente en acuerdos políticos. Esa doble opción sirvió a la Comunidad Europea, en su momento, para abordar sus relaciones económicas con las antiguas colonias de sus países miembros, traducidas en un marco jurídico, a partir de 1963 (Convención de Yaundé, seguida por las de Lomé y Cotonú); y para coordinar las políticas exteriores de sus países miembros, a partir de 1970, mediante un acuerdo político: el mecanismo de la Cooperación Política Europea.

El tercer criterio de clasificación, muy habitual en el terreno de la cooperación, está relacionado con el nivel de análisis o, si se prefiere, con *los actores implicados.* Lo más simple es distinguir entre cooperación bilateral (establecida entre dos estados) y cooperación multilateral (habitualmente en el marco de una organización internacional). Complicando esa lógica, pero siempre con el mismo criterio (actores implicados), se puede hablar de cooperación a los siguientes niveles: el nivel inte-

[271] F. ATTINÀ, *La Politica Internazionale Contemporanea*, *op. cit.* (ed. 1983), p. 84.

restatal, bien sea bilateral o multilateral; el nivel gubernamental subestatal, que ofrece ejemplos como la cooperación transfronteriza entre gobiernos regionales (así la cooperación transfronteriza vasco-aquitana[272]); el nivel transnacional, que abarca a todas aquellas ONG que participan en proyectos de cooperación; y el nivel supraestatal, en el que se ubican todas las relaciones de cooperación enmarcadas en una organización internacional (así las campañas de alfabetización de la UNESCO o las campañas de vacunación de la OMS). Al igual que el conflicto, la cooperación admite múltiples formas y se da a diversos niveles del sistema internacional, afectando a todo tipo de actores internacionales[273].

Entre las modalidades de la cooperación, la que despierta mayor interés, a nivel social, es la *cooperación internacional para el desarrollo.* Francisco ALBURQUERQUE escribe que «por cooperación internacional para el desarrollo debe entenderse el conjunto de actividades desplegadas por los países desarrollados que, implicando alguna transferencia de recursos concesionales a los países subdesarrollados, tiene como finalidad principal la de ayudar a superar la difícil situación existente en estos últimos países»[274].

La concepción moderna de ayuda internacional —la ayuda como un «rasgo permanente» de las relaciones internacionales[275]— surgió tras el final de la segunda guerra mundial. Sus primeros pasos están vinculados a la política exterior de los Estados Unidos y a la reconstrucción de sus aliados en el marco de la incipiente guerra fría (Plan Marshall). La descolonización masiva de los años cincuenta y sesenta va a poner en marcha un proceso nuevo —la ayuda al desarrollo— que aunará las reivindicaciones de los nuevos países con el deseo de las ex metrópolis y de las superpotencias de no perder o de ganar influencia en el Tercer Mundo.

La entrada de los nuevos países en Naciones Unidas llevó a que la organización adoptara una estrategia de ayuda al desarrollo, sobre la base de los propósitos recogidos en el capítulo IX de la Carta («la solución de problemas internacionales de carácter económico, social y sanitario»). Así, en 1960, la Asamblea General adoptaba la Resolucion 1.515 (XV), titulada «Acción concertada en pro del desarrollo». Uno de los procedimientos para lograr dicho desarrollo serán las transferencias de recursos de norte a sur, y más concretamente la Ayuda Oficial al Desarrollo (AOD).

Según el Comité de Ayuda al Desarrollo (CAD) de la OCDE[276], «por ayuda oficial al desarrollo se entiende la aportación de recursos a los países subdesarrollados (o a los organismos multilaterales) efectuada por organismos públicos (comprendidas las actividades locales) o por sus órganos gestores y que responden a dos criterios básicos: *a*) tener como finalidad esencial el desarrollo económico y la mejora de

[272] Véase F. LETAMENDIA *et al.*, *Cooperación Transfronteriza. Euskadi-Aquitania*, Universidad del País Vasco, Bilbao, 1994.

[273] Una idea de la amplitud que admite el concepto de cooperación nos la da la compilación de trabajos recogidos en F. ALDECOA LUZARRAGA (comp.), *La Cooperación Internacional*, Universidad del País Vasco, Bilbao, 1993.

[274] F. ALBURQUERQUE, «Hacia una nueva conceptualización de la cooperación internacional para el desarrollo», *Información Comercial Española*, n.º 702, febrero de 1992, p. 21.

[275] La noción de «rasgo permanente» es introducida por R. GRASA, «El nuevo sistema internacional y el futuro del desarrollo», *Información Comercial Española*, n.º 702, febrero de 1992, p. 182.

[276] El Comité de Ayuda al Desarrollo de la OCDE fue creado en 1961 a instancias de los Estados Unidos, como foro consultivo, para orientar y planificar la AOD de los países miembros de la organización.

las condiciones de vida en los países subdesarrollados; y *b*) estar dotados de condiciones ventajosas, comportando un determinado porcentaje de concesionalidad»[277]. Lo cual implica que no se debe contabilizar como ayuda al desarrollo ni las inversiones, ni los préstamos, en condiciones comerciales o ligados a las exportaciones. Aunque lo cierto es que en algunas ocasiones estos últimos se contabilizan como tal ayuda (caso, por ejemplo, de los créditos para la adquisición de armamento).

La distinción entre cooperación bilateral y multilateral es importante, sobre todo por razones políticas. La cooperación bilateral es aquella que procede de un gobierno (donaciones, créditos oficiales) o de una ONG y está dirigida a otro gobierno o a instituciones privadas en los países subdesarrollados. El principal donante en términos bilaterales es el grupo de países integrados en el CAD/OCDE (España ingresó en diciembre de 1991). La posición de estos últimos ha cambiado a lo largo de los años. Hasta los años sesenta se puede hablar de un liderazgo de los Estados Unidos (Estados Unidos suministraba en 1960 el 64 por 100 de la AOD mundial). En éste, como en otros terrenos económicos, se produce una pérdida de posiciones por parte de los Estados Unidos frente al avance de Japón y de algunos países europeos. En términos porcentuales, Estados Unidos pasó del 25,8 por 100 de la AOD, en 1970, al 21,2 en 2001; Japón, del 8,6 al 18,8 por 100; y la CE, del 34,7 al 50,6 por 100. Así, la UE en su conjunto (sumada la ayuda de la Comunidad y la de sus estados miembros) se ha convertido en el primer donante a nivel mundial. La cooperación llevada a cabo por la UE, a través del Fondo Europeo de Desarrollo, o por otras instituciones públicas internacionales, se conoce como cooperación multilateral[278]. Las principales instituciones en este terreno son los organismos financieros internacionales (FMI, Banco Mundial, bancos regionales de desarrollo); los fondos multilaterales vinculados a Naciones Unidas, como el Fondo Internacional de Desarrollo Agrícola, o a otras organizaciones; y, finalmente, los organismos de carácter técnico funcional (PNUD, PNUMA, OMS, etc.).

La diferencia entre bilateralidad y multilateralidad estriba en que en el primer caso el donante tiene una mayor capacidad de control sobre el receptor. No en vano muchos autores han definido la cooperación para el desarrollo como un instrumento más de la política exterior, orientando el donante la ayuda hacia regiones en las que tenga intereses (intereses de seguridad, por proximidad geográfica, o antiguos lazos coloniales)[279]. Además, el donante puede «ligar» su ayuda a determinadas condiciones. Así, por ejemplo, el receptor ha de utilizar una parte de la ayuda o de los préstamos para adquirir exportaciones del país donante, por ejemplo[280]. La condicionalidad de la ayuda no es, sin embargo, privativa de los estados. Los organismos

---

[277] F. ALBURQUERQUE, «Hacia una nueva conceptualización de la cooperación internacional para el desarrollo», *op. cit.*, p. 26.

[278] Por poner un ejemplo, en el año 2000, España vehiculó el 25 por 100 de su AOD a través de la Unión Europea y alrededor de un 10 por 100 a través de otras instituciones multilaterales (agencias de Naciones Unidas, Banco Mundial, Bancos regionales de desarrollo u otros). Véase *La realidad de la ayuda 2002-2003*, Intermón Oxfam, Brcelona, 2002, p. 35.

[279] En el caso español, por ejemplo, el área geográfica más cuidada en términos de AOD es América Latina (53,20 por 100 del total), seguida por África del Norte (13,97 por 100), Europa Central y Oriental (11,34 por 100), Oriente Medio (4,38 por 100) y Sudeste asiático (4,34 por 100). Los datos son del *Plan anual de cooperación internacional 2002*.

[280] España, por ejemplo, está entre los miembros del CAD que más volumen de ayuda ligan a la compra de bienes y servicios propios (el 53 por 100 en el año 2000). Por encima de España sólo se encuentran Grecia, Canadá e Italia. Por debajo del 10 por 100 de ayuda ligada se sitúan en el año 2000 Portugal, Noruega, Luxem-

financieros, por ejemplo, condicionan cada vez más sus préstamos a la adopción por parte de los receptores de programas de ajuste estructural. Lo que en muchas ocasiones mejora las cifras macroeconómicas, pero en detrimento de las condiciones de vida para la mayoría de la población. Lo que plantea dudas sobre los efectos positivos de dicha cooperación para el desarrollo.

Una cooperación para el desarrollo que Naciones Unidas ha planificado, con escaso éxito, durante varias décadas. En 1960 se puso en marcha un programa de actuación para la década siguiente, que se convirtió en el «Primer Decenio de las Naciones Unidas para el Desarrollo». Diez años después, entre otras cosas, el programa para el «Segundo Decenio» (1970-1980) incluyó el objetivo de conseguir que los países donantes transfirieran hacia los países subdesarrollados el 0,7 por 100 de su PNB en forma de AOD.

Ese 0,7 por 100 constituye, ya en el siglo XXI, una cifra no alcanzada por la mayor parte de países donantes. España, que en 1970 aún era un país receptor de ayuda (lo fue hasta 1977), se halla como país donante, muy por debajo de esa cifra (véase cuadro 25). Lo que ha dado lugar, en la última década, a movilizaciones sociales, impulsadas por algunas ONGD españolas, en favor del cumplimiento por parte del gobierno de los objetivos marcados por Naciones Unidas hace más de dos décadas en materia de ayuda al desarrollo. Este hecho nos recuerda la importancia que tienen las ONG en el ámbito de la cooperación internacional para el desarrollo, tal y como vimos al tratar el tema de los actores internacionales.

La situación española no es única[281]. Los países donantes del CAD/OCDE se hallan, como promedio, por debajo de esa cifra. En efecto, entre 1992 y 2000 el promedio de desembolso neto en ayuda al desarrollo por parte de dichos países fue del 0,33 al 0,22 por 100 de su PNB. Lo que significa un retroceso respecto de la década anterior: en el período 1980-1985 fue del 0,36 y en el período 1985-1990 del 0,35 por 100.

Si atendemos al análisis de GRASA, ello responde a las tendencias generales en el sistema internacional: «la ayuda externa no quedará al margen de los cambios del sistema [...]. Parece indudable que se va a recortar su cuantía, que variará su énfasis, con un más que posible empuje adicional en favor de la ayuda bilateral en detrimento de la multilateral, así como que va a cambiar la dirección de los flujos de recursos, probablemente en la línea de una mayor especialización y regionalización de los receptores escogidos por los donantes. África, aparte, y a la espera de lo que suceda en el Próximo y Medio Oriente, a la larga el mapa de destinos prioritarios de la ayuda de los tres polos del mundo desarrollado podría acabar solapándose, a grandes rasgos, con el de sus tres grandes áreas de influencia económica»[282].

En otras palabras, varias décadas de cooperación internacional para el desarrollo no han conseguido el objetivo de partida: la globalización del bienestar econó-

---

burgo, Suecia, Holanda, Suiza, Francia, Alemania, Reino Unido y Finlandia. Véase *La realidad de la ayuda 2002-2003*, *op. cit.*, p. 27.

[281] En realidad la cifra del año 2001 de AOD español (0,30 por cien del PNB), desfigura la realidad. Recordemos que en 2000, la cifra de AOD española fue del 0,22 por cien del PNB. La cifra de 2001 se explica por una operación puntual de condonación de deuda relacionada con una papelera que debía instalarse en Guatemala. La cifra de los últimos años se ha situado sistemáticamente por debajo del 0,25 por cien. Véase ibídem, p. 11.

[282] R. GRASA, «El nuevo sistema internacional y el futuro del desarrollo», *op. cit.*, p. 192.

CUADRO 25

Ayuda oficial al desarrollo (2001)

Países donantes	*Millones de dólares*	*Porcentaje PNB*
1. Dinamarca	1.599	1,01
2. Noruega	1.346	0,83
3. Países Bajos	3.155	0,82
4. Luxemburgo	142	0,80
5. Suecia	1.576	0,76
6. Bélgica	866	0,37
7. Francia	4.293	0,34
8. Suiza	908	0,34
9. Finlandia	389	0,33
10. Irlanda	285	0,33
11. Reino Unido	4.659	0,32
12. España	1.748	0,30
13. Alemania	4.879	0,27
14. Australia	852	0,25
15. Austria	457	0,25
16. Nueva Zelandia	111	0,25
17. Portugal	267	0,25
18. Canadá	1.572	0,23
19. Japón	9.678	0,23
20. Grecia	194	0,19
21. Italia	1.493	0,14
22. Estados Unidos	10,884	0.11
Total CAD	*51.354*	*0,22*

Fuente: CAD/OCDE, sitio web http://www.oecd.org/pdf/M00029000/M00029446.pdf (consultado en mayo de 2003).

mico y social. Las tendencias más actuales apuntan, al contrario, hacia la marginalización de los más pobres (desvinculación del «sur sur», pero no por voluntad propia) y hacia la regionalización del resto alrededor de tres polos (Estados Unidos, Japón y Unión Europea). Así, la cooperación para el desarrollo se presenta como una interacción más que actúa en aras de la tripolarización del sistema. El tema será abordado con más detalle, y actualidad, en el capítulo VI.

Como se apuntó al principio de este subapartado, *la cooperación puede derivar en integración.* Incluso podemos considerar la integración como un tipo de interacción *per se*. ¿Qué entendemos por integración?

Como ocurría en las anteriores interacciones, los autores ponen énfasis en unos u otros aspectos para definir el fenómeno. Sin profundizar en el mismo, sí que podemos aportar tres visiones al tema.

En primer lugar, la visión jurídico-institucional, a partir de aquellas organizaciones internacionales que se pretenden de integración. Según DÍEZ DE VELASCO, en esas organizaciones «se opera una cesión de competencias de los Estados miembros a los órganos comunes, que se caracteriza por suponer la atribución de poderes del mismo tipo de los que resultan de las funciones superiores de un Estado a unos órganos independientes de los Estados, y por la posibilidad que tienen dichos órganos de pronunciarse por mayoría en caso de estar formados por representantes gubernamentales (y no por unanimidad como en las Organizaciones tradicionales), al tiempo que las decisiones que adopten podrán tener, en determinadas ocasiones, autoridad directa e inmediata en los órdenes jurídicos nacionales»[283].

Esta definición nos lleva a constatar la existencia de un único espacio en el que se dan interacciones de integración: la Unión Europea, con transferencia de soberanía en determinadas materias, como comercio, agricultura o pesca; independencia de la Comisión Europea; toma de decisiones por mayoría en un número importante de temas por parte del Consejo de la Unión; y aplicación del derecho comunitario. Lo que nos hace ser restrictivos con el uso del término integración. En efecto, hoy por hoy, regionalización económica e integración jurídico-institucional no son todavía la misma cosa.

El proceso de la construcción europea, en sus orígenes, animó los estudios sobre la integración de Ernst HAAS, quien definió la integración política (techo de la integración) como un proceso a través del cual los actores políticos transferirían su lealtad y sus expectativas hacia una nueva autoridad o comunidad superpuesta a las existentes (estados nacionales)[284]. Este tipo de enfoque plantea dudas, incluso en el caso de la Unión Europea. En otras palabras, ¿hasta qué punto existe una identidad europea? La existencia, o no, de interés europeo y de identidad europea explica muchas de las dificultades cotidianas que vive la Unión. El sustrato de la integración —«Europa emocional» o «Europa utilitaria»[285]— marca los límites de una integración política, ya que el enfoque puramente utilitario de la integración (caso de Gran Bretaña en el marco de la Unión Europea) difícilmente puede llevar a la aceptación de la integración política. Y, así, a una plena integración. No en vano el mismo Jean Monnet llegó a escribir, al final de sus días que, de volver a iniciar el proceso de las Comunidades, lo habría hecho desde la cultura y no desde la economía[286].

La tercera visión de la integración, a diferencia de las dos anteriores, no corre en paralelo al proceso de la construcción europea. Karl Deutsch, autor de la tercera visión, aborda la integración a partir de un nuevo concepto por él diseñado (la comunidad de seguridad). El concepto de comunidad de seguridad hace referencia a un grupo de personas que se han «integrado». Por lo que el autor entiende: conseguir que, dentro de un territorio, exista «sentido de comunidad», además de organizaciones y prácticas suficientemente extendidas y profundas como para asegurar durante «largo» tiempo expectativas de cambio pacífico entre la población.

En otras palabras, como apunta el propio DEUTSCH, una comunidad de seguridad existe cuando tenemos la certeza de que «los miembros de esa comunidad no lucharán entre ellos físicamente sino que resolverán sus disputas por otras vías.

---

[283] M. DÍEZ DE VELASCO, *Las Organizaciones Internacionales*, *op. cit.*, p. 49.

[284] Véase E. HAAS, *The Uniting of Europe. Political, Economic and Social Forces, 1950-1957*, Stanford UP, Stanford, 1958.

[285] Distinción basada en D. EASTON, *A Systems Analisis of Political Life*, Chicago UP, Chicago, 1965, p. 177.

[286] Véase J. MONNET, *Mémoires*, 2 vols., Fayard, París, 1976.

Si todo el mundo estuviera integrado en una comunidad de seguridad, las guerras serían eliminadas automáticamente»[287]. En este caso, la integración estaría vinculada a la existencia de una «zona de paz», al margen del *status* jurídico de las partes. Deutsch comparte con Haas la «base comunitaria» de la integración pero mantiene el sistema de estados independientes. De ahí que, en ese sentido, los países nórdicos o América del Norte (Estados Unidos y Canadá) sean considerados comunidades integradas (estados separados pero un territorio y una población que han eliminado el recurso al uso de la guerra en su seno), a diferencia de lo que ocurre en muchos estados del mundo, escenario de guerras civiles.

Las tres visiones aquí aportadas inciden en elementos diferentes: transferencia de soberanía e instituciones independientes, en el primer caso; creación de identidad común, en el segundo caso; y eliminación de la guerra, en el tercer caso. No son excluyentes, más bien se podría decir que la suma de las tres constituiría el éxito de cualquier proceso de integración en el actual sistema internacional.

En suma, las interacciones que tienen lugar en el sistema, desde la guerra hasta la integración, constituyen realidades cotidianas que, como veremos en los siguientes capítulos, han dado forma al sistema internacional desde 1945 hasta nuestros días. Es más, la paradoja del sistema es que jamás en la historia se habían dado los niveles de conflictividad (víctimas humanas) y de cooperación y bienestar por nosotros conocidos. Eso sí, con una distribución geográfica muy poco equitativa.

BIBLIOGRAFÍA DE CONSULTA

BUZAN, B. y LITTLE, R.: *International Systems in World History*, Oxford UP, Oxford, 2000.

CALDUCH CERVERA, R.: *Relaciones Internacionales*, Ediciones Ciencias Sociales, Madrid, 1991, pp. 105-364.

COLARD, D.: *Les Relations Internationales de 1945 à nos jours*, Armand Colin, París, 1997 (7.ª ed.), pp. 90-115.

HOCKING, B., y SMITH, M.: *World Politics. An Introduction to International Relations*, Harvester/Wheatsheaf, Nueva York, 1990, pp. 39-109 y 193-215.

HOLSTI, K. J.: *International Politics. A framework for analysis*, Prentice Hall, Englewood Cliffs, 1995 (7.ª ed.), pp. 327-380.

MERLE, M.: *Sociología de las Relaciones Internacionales*, Alianza, Madrid, 1991 [2.ª ed. (ed. orig. en francés, 1988)], pp. 341-543.

ROCHE, J. J.: *Relations Internationales*, LDGDJ, París, 2001.

RUSSET, B.; STARR, H., y KINSELLA, D.: *World Politics. The Menu for Choice*, Bedford/St. Martin's, Boston, 2000 (7.ª ed.).

TRUYOL Y SERRA, A.: *La Sociedad Internacional*, Alianza, Madrid, 1991 (6.ª reimpr.), pp. 99-171.

VVAA: «Actores Internacionales», *Papers* (número monográfico), n.º 41, 1993.

---

[287] K. W. DEUTSCH *et al.*, *Political Community and the North Atlantic Area*, Princeton UP, Princeton, 1957, p. 6.

CAPÍTULO V

LA SOCIEDAD INTERNACIONAL DE ÁMBITO MUNDIAL: GÉNESIS, EVOLUCIÓN Y CRISIS DEL SISTEMA (1945-1989)

Vivimos en una época de celebraciones. De cincuentenarios, para ser más precisos. Primero fue Normandía, en 1994; después la capitulación de Berlín y la Carta de San Francisco, en 1995, Bandung, en 2005 … Muchos pensarán que a todos esos nombres, motivo de celebración, hay que unir los menos celebratorios de Hiroshima y Nagasaki. La suma de todos ellos, y muchos más repartidos por buena parte de la geografía mundial, constituyen los fundamentos de una sociedad internacional que, a diferencia de las anteriores (en época moderna), no tiene su centro de gravedad en Europa.

No sólo eso. El arma nuclear, por una parte, y la descolonización, por otra, constituyen auténticas revoluciones de alcance mundial[1]. Nadie queda libre ni de la amenaza nuclear, ni del carnet de identidad (aplíquese la denominación pertinente en cada caso). Así, al mismo tiempo, la humanidad se globaliza (vive bajo el mismo peligro, sea el arma nuclear o el efecto invernadero) y se fragmenta (fragmentación jurídico-territorial del espacio en forma de estados o, contra ellos, voluntad de pertenencia a un grupo no estatalizado).

En el presente capítulo se van a exponer los fundamentos, la evolución y los factores de crisis del sistema internacional nacido como producto de la segunda guerra mundial. En este sentido, el sistema internacional surgido en 1945 es un sistema clásico en lo que respecta a sus orígenes: producto de una guerra entre las potencias del sistema. Ahora bien, todo lo demás (estructura, proceso, normas) lo va a diferenciar claramente de los anteriores sistemas (el de Viena o el de Versalles, por ejemplo). Ello no significa que el sistema no tenga elementos de contacto con el pasado. En realidad, el solapamiento de lo nuevo (la división del mundo en bloques ideológicos) y lo viejo (enfrentamientos nacionales de raíz histórica) ha generado importantes dinámicas de transformación. El caso más espectacular nos lo ofrecen las relaciones chino-soviéticas. No es el único, podríamos hallarlos a docenas. Por ejemplo, en las relaciones entre los nuevos países, surgidos de la descolonización, y sus ex metrópolis o en las relaciones entre los Estados Unidos y sus socios europeos.

Dadas las limitaciones de este capítulo, no se pretende realizar un análisis pormenorizado de la vida internacional entre 1945 y 1989[2]; momento en el que el sis-

---

[1] A la revolución científico-técnica, que genera el arma nuclear, y a la revolución colonial, algunos autores suman una tercera revolución, la revolución socialista, que, junto con las dos anteriores, son eclosionadoras de una nueva sociedad internacional en el siglo XX. Véase R. MESA, *La Nueva Sociedad Internacional*, Centro de Estudios Constitucionales, Madrid, 1992, p. 114.

[2] Existen excelentes análisis de la sociedad internacional entre 1945 y 1989. Entre ellos, destacan G. LUNDESTAD, *East, West, North, South. Major Developments in International Politics*, Norwegian UP/Oxford UP, Oslo, 1999 (1.ª ed., 1986); y P. MOREAU DEFARGES, *Les relations internationales dans le monde*

tema variará de manera fundamental. Tanto es así, que algunos autores se preguntan si debemos hablar, a partir de la desaparición del muro de Berlín, de un nuevo sistema internacional, radicalmente diferente del que ha «puesto orden» en la sociedad internacional a partir de 1945[3]. Esta pregunta es motivo de atención del siguiente, y último, capítulo de esta obra. Tan sólo se puede avanzar aquí, de manera simbólica, que el sistema internacional instalado en 1945 ha pasado de las manos de un jardinero francés a otro inglés. Se ha pasado de un mundo basado, hasta cierto punto, en unas formas geométricas conocidas (bipolarismo diplomático-militar, hegemonía «erosionada» de los Estados Unidos en el terreno económico, etc.) a un laberinto en el que los caminos a tomar son «confusos» y en ningún caso «seguros», como nos mostraron las rectificaciones y las dudas de las «supuestas» potencias del actual sistema ante el conflicto de la antigua Yugoslavia. Como escribe Fred HALLIDAY, «un sistema hegemónico, y su correlativo reparto del poder, se han hundido. El mapa de los estados se está rehaciendo. Un grado de incertidumbre sin parangón desde la década de los treinta predomina en el escenario internacional»[4].

De momento, y por lo que respecta al presente capítulo, nos centraremos en dos cuestiones que, a nuestro parecer, son básicas para comprender y para explicar la sociedad internacional desde 1945 hasta 1989, e incluso más acá: 1) las bases y los desafíos sobre los que se construye el nuevo orden internacional; y 2) las grandes fracturas que explican la dinámica y la evolución del sistema internacional.

1. EL NUEVO ORDEN INTERNACIONAL: YALTA, BRETTON WOODS, SAN FRANCISCO Y BANDUNG

La segunda guerra mundial es el primer acontecimiento internacional que merece la categoría de mundial. De entrada, por razones geográficas obvias: afecta a los cinco continentes[5]. Por encima de ello, nuestro interés se centra en el hecho de que *la segunda guerra mundial supuso, en términos de orden, la globalización del sistema*. Desde 1945, y a diferencia de lo que ocurría antes, el orden internacional se globalizó. Se pasó de un sistema mundial, en términos geográficos, pero hecho a la medida de Europa en términos de orden, a un sistema realmente mundial. Así lo explica Adam WATSON: «El siglo XX comenzó con un sistema internacional de ámbito mundial. Todavía estaba dominado por las potencias europeas,

---

d'aujourd'hui, STH, París, 1992 (4.ª ed.; 1.ª ed., 1987). En lengua castellana se recomienda consultar la traducción de P. CALVOCORESSI, *Historia política del mundo contemporáneo. De 1945 a nuestros días*, Akal, Madrid, 1999. Entre nosotros se han publicado dos obras que cubren todo el período: P. LOZANO BARTOLOZZI, *Relaciones Internacionales*, 2 vols., EUNSA, Pamplona, 1994 (vol. I) y 1995 (vol. II), y F. GARCÍA DE CORTÁZAR y J. M. LORENZO ESPINOSA, *Historia del mundo actual 1945-1992*, Alianza, Madrid, 1991 (3.ª ed.; 1.ª ed., 1989).

[3] Es el caso de S. BROWN, «Explaining the Transformations of World Politics», *International Journal*, vol. XLVI, n.º 2, 1991, pp. 207-219.

[4] F. HALLIDAY, «El balance de 1993: El mundo nuevo y sus insatisfacciones», *Anuario Internacional CIDOB 1993*, CIDOB, Barcelona, 1994, p. 15.

[5] Los escenarios de guerra sólo dejan un continente al margen. Aunque América, bien sea mediante su participación directa en la guerra (Norteamérica) o indirecta (países latinoamericanos firmantes de la Declaración de las Naciones Unidas) está, al igual que el resto del mundo, involucrada en la contienda.

pero fuera de Europa, y especialmente en el Pacífico, los europeos ya compartían su predominio con los Estados Unidos y con Japón. Catorce años después de su intervención conjunta en China para restaurar el orden, los europeos entraron en guerra, y tras un intervalo de veinte años de paz desordenada, se lanzaron, de nuevo, a una guerra extremadamente devastadora que entre 1939 y 1945 iba a instaurar las bases de un nuevo orden. Para entonces, ya era evidente que Europa no iba a dominar más los asuntos mundiales y que los intereses y las presiones del sistema eran auténticamente globales. Este cambio hubiera ocurrido de todas formas a lo largo del siglo, pero la autodestrucción del poder europeo aceleró en gran medida el proceso»[6].

El orden internacional va a ajustarse, a partir de 1945, a dos realidades. En primer lugar, *el sistema es muy constreñidor*, por lo que el margen de maniobra de los otros actores respecto de las potencias será muy limitado. En segundo lugar, *el sistema ha de absorber una avalancha de nuevos actores (pueblos descolonizados), que cada vez más alejan a la nueva sociedad mundial de la anterior sociedad eurocéntrica*. Las dos dimensiones del nuevo sistema —*constreñimiento y ampliación*— determinan el tipo de orden internacional establecido desde 1945. Ambas dimensiones son tratadas a continuación bajo el triple prisma que determina todo orden internacional: los valores y principios dominantes en el sistema, la política ejercida por las potencias y, finalmente, los mecanismos e instituciones que marcan el proceso o la dinámica del sistema.

Comencemos por *la dimensión constreñidora del sistema*. En el terreno de las potencias, el sistema nacido en 1945 va a gozar de ciertas particularidades. Así, la victoria de los aliados en la segunda guerra mundial contra Alemania y Japón no va a generar la tradicional conferencia de paz (llamémosla proceso constituyente del nuevo sistema internacional) en la que los vencedores suelen establecer las condiciones de la paz, y con ellas el nuevo orden internacional, como ocurrió tras el fin de la primera guerra mundial con la firma, entre otros, del Tratado de Versalles.

La alianza entre la Unión Soviética y los anglosajones —formada para contrarrestar la amenaza de Japón y Alemania y sólo una vez iniciadas las operaciones militares— pierde su sentido cuando finaliza la contienda. No olvidemos que la alianza de guerra ha surgido del sistema internacional de entreguerras (1919-1939). El sistema en cuestión había constituido un ejemplo clásico de sistema heterogéneo en el que el enfrentamiento de tres bloques ideológicos (comunismo, liberalismo y fascismo) y la multiplicación de intereses nacionales supuso un complicado juego de alianzas y de desconfianzas. Es sintomático, en ese sentido, a partir de 1933, el complejo juego diplomático a tres —entre la Unión Soviética, Alemania, y franceses y británicos, más una Italia fluctuante— que produjo tanto el Pacto de Múnich como el Pacto Germano-Soviético[7].

Si la alianza de guerra entre anglosajones y soviéticos pierde sentido al finalizar ésta, no es extraño que la segunda guerra mundial carezca de su conclusión lógica:

---

[6] A. WATSON, *The Evolution of International Society*, Routledge, Londres, 1992, p. 278.

[7] Véanse para el tema en cuestión, P. RENOUVIN, *Historia de las relaciones internacionales*. t. II, vol. II, *Las crisis del siglo XX*, Aguilar, Madrid, 1969, pp. 937-1100, y E. H. CARR, *International Relations between the Two World Wars*, Macmillan, Londres, 1983.

la conferencia de paz que hubiera establecido las bases de un nuevo sistema consensuado por parte de los vencedores. De ahí que las grandes conferencias del período de guerra —Teherán, Yalta y Potsdam— (véase cuadro 1) desempeñaran un papel sustitutorio, haciendo poco más que establecer *de facto*, y a grandes rasgos, las futuras esferas de influencia[8]. Así se creó el «mito de Yalta»[9] o la idea de una división del mundo pactada entre los dos grandes de la posguerra.

CUADRO 1

Acuerdos de Yalta (extractos) (11 de febrero de 1945)

[…] II. DECLARACIÓN SOBRE LA EUROPA LIBERADA

[…] El premier de la Unión de las Repúblicas Socialistas Soviéticas, el primer Ministro del Reino Unido y el Presidente de los Estados Unidos de América […] afirman conjuntamente su acuerdo para determinar una política común de sus tres Gobiernos durante el período temporal de inestabilidad de la Europea liberada, con el fin de ayudar a los pueblos de Europa liberados de la dominación de la Alemania nazi, y a los pueblos de los antiguos Estados satélites del Eje, a resolver por medios democráticos sus problemas políticos y económicos más apremiantes.

El establecimiento del orden en Europa y la reconstrucción de las economías nacionales deben realizarse mediante procedimientos que permitan a los pueblos liberados destruir los últimos vestigios del nazismo y del fascismo y establecer las instituciones democráticas de su elección. Éstos son los principios de la Carta del Atlántico —derecho de todos los pueblos a elegir la forma de gobierno bajo la que quieren vivir—; restauración de los derechos soberanos y de autogobierno en beneficio de los pueblos que fueron privados por las potencias agresoras.

Con el fin de crear las condiciones en las cuales los pueblos liberados podrán ejercer estos derechos, los tres Gobiernos ayudarán conjuntamente a los pueblos de todo Estado liberado de Europa […]

[…]

Para constituir autoridades provisionales gubernamentales ampliamente representativas de todos los elementos democráticos de estas poblaciones y que se comprometerán a establecer, tan pronto como sea posible, mediante elecciones libres, gobiernos que sean la expresión de la voluntad de los pueblos […].

Cuando los tres Gobiernos estimen que las condiciones en un Estado libre de Europa o en un país anteriormente satélite de Europa hacen necesaria una acción determinada se consultarán inmediatamente acerca de las medidas a tomar para asumir sus responsabilidades comunes definidas en la presente declaración.

Fuente: R. MESA, La Sociedad Internacional Contemporánea, I, Documentos básicos, Taurus, Madrid, 1982, pp. 53-55.

Dejando aparte sus consideraciones sobre el comportamiento de los soviéticos, es ilustrativo de la conferencia de Yalta lo que ha escrito uno de sus artífices, Edward Stettinius, el secretario de estado de Roosevelt: «El acuerdo sobre Polonia fue, dadas

[8] Véanse las declaraciones finales de dichas conferencias en R. MESA, *La Sociedad Internacional Contemporánea, I. Documentos básicos*, Taurus, Madrid, 1982, pp. 49-79.

[9] Véase un compendio sintético del tema en P. DE SENARCLENS, *Yalta*, FCE, México, 1988 (ed. orig. en francés, 1984).

las circunstancias, una concesión del mariscal Stalin al Primer Ministro y al Presidente. No era exactamente lo que nosotros deseábamos pero, por otra parte, tampoco era lo que deseaba la Unión Soviética. No fue, como habitualmente se nos ha echado en cara, una liquidación de la Polonia democrática, sino un compromiso, adoptado por Stalin, para permitir la organización de un nuevo gobierno y de elecciones libres en un país que se hallaba totalmente a su merced. El desorden no vino de la fórmula de Yalta, sino del hecho que la Unión Soviética no actuó más tarde según los términos acordados [...]. ¿Qué ganó la Unión Soviética al Este de Europa que no hubiera ganado ya mediante las victorias del Ejército Rojo? Gran Bretaña y los Estados Unidos obtuvieron en Yalta compromisos, desgraciadamente no respetados, que prometían elecciones libres y gobiernos democráticos. ¿Qué recibió la Unión Soviética en Yalta? La excepción, quizá, son las Islas Kuriles, que no hubiera podido tener sin el consentimiento general. Si no hubiera habido acuerdo, los soviéticos hubieran podido barrer el norte de China, y, ni los Estados Unidos, ni los chinos hubieran podido impedírselo [...]»[10].

¿Qué separaba a soviéticos y anglosajones? Entre otros temas —Naciones Unidas, ocupación cuatripartita de Alemania, criminales de guerra, fronteras en Europa, transferencia de territorios de Japón a Rusia— los Acuerdos de Yalta establecían dos principios destacables: la celebración de elecciones libres en Europa para la creación de gobiernos democráticos y la acción común de los tres aliados para facilitar dicho proceso. Actuar de modo común a la hora de organizar un nuevo sistema democrático, por ejemplo el de Polonia, supone concebir de la misma manera dicho término: la democracia. Ahí se asienta, junto a los lógicos intereses en juego si pensamos en el caso de Polonia (intereses de seguridad por parte de Rusia), uno de los rasgos fundamentales del orden surgido tras la segunda guerra mundial: un orden basado en la enemistad ideológica. Lo que hace impensable la construcción en común de un nuevo orden. *A partir de 1945, se construirá un orden —el nuevo orden bipolar— que será un orden de enemigos, no de aliados.*

En efecto, una vez acabada la guerra, el poder en el sistema se reorganizó rápidamente alrededor de dos polos opuestos: la Unión Soviética, por una parte, y una alianza occidental, por otra, en la que los Estados Unidos desempeñaban el papel de socio más poderoso. De esta manera, se daba origen a un sistema en el que las dos potencias (superpotencias, dados sus recursos militares y su autoridad en los bloques respectivos) conformaban sistemas a su medida. Es decir, *bloques cerrados sobre sí mismos en términos geográficos e ideológicos*, no un tradicional sistema de alianzas cambiantes. Hasta cierto punto, el sistema internacional generó dos subsistemas cada uno con sus principios, su lógica del poder y sus instituciones. Sin embargo, antes de desarrollar más el tema de la bipolaridad, hay que hacer un inciso sobre la fórmula de orden internacional perfilada por los aún aliados durante la contienda: *la Organización de las Naciones Unidas.*

Los dos centros del nuevo poder mundial (Washington y Moscú) pertenecen a la tradición cultural europea, si bien están geográficamente alejados de la Europa «genuina». La tradición europea de organizar la sociedad internacional (directorio de potencias, Sociedad de Naciones) filtraba la filosofía de los aliados, de tal manera que el

---

[10] Texto citado por S. BERSTEIN y P. MILZA, *Histoire du vingtième siècle 1939-1953,* t. 1, Hatier, París, 1985, p. 102.

acuerdo en torno a la creación de una nueva organización fue fácil. Ahora bien, el fracaso de la Sociedad de Naciones en el período de entreguerras[11], por una parte, y la voluntad de liderazgo de los vencedores, por otra, explican la dimensión «directorio de potencias» que adoptó el Consejo de Seguridad[12], a través del mecanismo de voto (derecho de veto de los Cinco) en el mundo democrático de las Naciones Unidas.

Si bien, como apuntan algunos analistas, la Unión Soviética jamás había concebido las Naciones Unidas como el marco adecuado para resolver las diferencias entre las grandes potencias. WATSON ha escrito lo siguiente: «la Unión Soviética veía en las Naciones Unidas una maquinaria inapropiada para resolver los conflictos entre las grandes potencias, que deberían ser abordados mediante negociación directa; yo mismo se lo oí explicar claramente, y en estos términos, a Molotov»[13]. Así será como sucederán en realidad las cosas: el sistema internacional surgido de la segunda guerra mundial se fraccionará en lo que a la construcción de un orden se refiere.

De esta manera, el orden internacional se establecería en dos ámbitos: el ámbito universal en el que los grandes actuarían como directorio de potencias (el directorio a cinco, propio de un sistema multipolar clásico, legitimado por la segunda guerra mundial), y donde el veto actuaría, en términos de WATSON, como «válvula de seguridad»[14], y el ámbito restringido (bilateral, finalmente) en el que las superpotencias abordarían negociaciones directas. Así, las Naciones Unidas parecían más dirigidas hacia la universalidad que hacia la efectividad. En efecto, la penetración del Consejo de Seguridad por el enfrentamiento entre soviéticos y aliados de los Estados Unidos paralizó un sistema concebido para «actuar en común», como en las épocas de la alianza de guerra.

Sin embargo, la ampliación del sistema internacional gracias a la descolonización (véase cronología de la descolonización en cuadro 2) supuso un cambio notable. Apartó a las Naciones Unidas (asentadas ahora en un mundo afro-asiático) de una idea original: el sistema de San Francisco como concierto «limitado» de las grandes potencias para el mantenimiento de la paz y de la seguridad internacionales. La amplió, para ser más precisos. Frente a la parálisis del Consejo de Seguridad, «Michel Virally, desde el año 1972, ha ofrecido un tríptico operativo en el que se enmarcan perfectamente las actividades de progreso llevadas a cabo por la Organización mundial: las Naciones Unidas como instrumento de universalización, como instrumento de pacificación y como instrumento de desarrollo»[15]. Vinculado todo ello al papel asumido por la Asamblea General (fuerzas de mantenimiento de la paz) y al impulso de los nuevos estados (desarrollo). El sistema multipolar de potencias creado en 1945 ha vivido en el «limbo», junto a una transformación radical de la casa (Naciones Unidas) al sufrir en sus cimientos (objetivos) una de las grandes revoluciones de la sociedad internacional: la multiplicación del número de estados y la incorporación del mundo afro-asiático a los foros internacionales.

---

[11] Sobre la Sociedad de Naciones, véase F. P. WALTERS, *Historia de la Sociedad de Naciones*, Tecnos, Madrid, 1971.

[12] Sobre las negociaciones en torno a la composición y al sistema de voto en el Consejo de Seguridad, véase E. LUARD, *History of the United Nations*, 2 vols., Macmillan, Londres 1982.

[13] Citado por A. WATSON, *The Evolution of International Society*, *op., cit.*, p. 290.

[14] Ibídem, p. 290.

[15] Citado por R. MESA, *La nueva sociedad internacional*, *op. cit.*, p. 125.

CUADRO 2

Cronología de la descolonización (1946-1990)

Año	*Países*
1946	Filipinas, Jordania y Siria.
1947	Bhután, India y Pakistán.
1948	Birmania (Myanmar), Brunei, Ceilán (Sri Lanka) y Palestina (Israel).
1949	Indonesia y Laos*.
1951	Libia.
1954	Camboya, Laos*, Vietnam (Norte) y Vietnam (Sur).
1956	Marruecos, Sudán y Túnez.
1957	Ghana y Malaisia*.
1958	Guinea.
1960	Alto Volta (Burkina Faso), Camerún, Chad, Congo, Costa de Marfil, Dahomey (Benín), Gabón, Madagascar, Malí, Mauritania, Níger, Nigeria, República Centroafricana, Senegal, Somalia, Togo y Zaire (República Democrática del Congo).
1961	Chipre, Kuwait, Sierra Leona y Tanganika (Tanzania)*.
1962	Argelia, Burundi, Jamaica, Ruanda, Samoa Occidental, Trinidad y Tobago y Uganda.
1963	Kenia, Malaisia*, Singapur* y Zanzíbar (Tanzania)*.
1964	Malawi, Malta y Zambia.
1965	Gambia, Maldivas y Singapur*.
1966	Barbados, Botswana, Guyana y Lesotho.
1967	Yemen (Sur).
1968	Guinea Ecuatorial, Mauricio, Nauru y Swazilandia.
1969	Sidi Ifni (Marruecos).
1970	Fiji y Tonga.
1971	Bahrein, Emiratos Árabes Unidos, Qatar y Sierra Leona*.
1973	Bahamas.
1974	Granada y Guinea Bissau.
1975	Angola, Cabo Verde, Comoras, Mozambique, Papua Nueva Guinea, Sahara Occidental, Santo Tomé y Príncipe y Surinam.
1976	Seychelles.
1977	Djibuti.
1978	Dominica, Islas Salomón y Tuvalu.
1979	Kiribati, Santa Lucía y San Vicente y Granadinas.
1980	Vanuatu y Zimbabwe.
1981	Antigua y Barbuda y Belice.
1983	Saint Kitts y Nevis.
1984	Brunei.
1985	Islas Marshall.
1990	Namibia.

* Procesos en varias etapas.
Fuente: Adaptación de P. J. TAYLOR (comp.), *World Government*, Oxford UP, Nueva York, 1990, pp. 16-17.

Volviendo a la bipolaridad, hay que apuntar que el sistema de Yalta (en sentido figurado) se caracteriza por haber generado dos sistemas separados en los que las respectivas superpotencias desempeñan el papel constructor. Ni la lógica del Congreso de Viena (estructura multipolar y hegemonía difusa), ni la lógica del Tratado de Versalles o de la Carta de San Francisco (compromisos voluntarios que generan seguridad colectiva), se encuentran en el sistema bipolar en el que se establecen dos esferas separadas de autoridad, en las que el poder, en el sentido más clásico, está altamente concentrado (en manos de los Estados Unidos y de la Unión Soviética, líderes ideológicos y poseedores del armamento nuclear)[16].

Los Estados Unidos se enfrentan por primera vez a la función de organizar el sistema internacional. A pesar del sentimiento contrapuesto de la sociedad estadounidense (resabios de aislacionismo), los Estados Unidos asumen como cualquier otra potencia la función de crear un sistema a su medida y de liderarlo[17]. Ello es evidente en el terreno económico, donde los recursos de los Estados Unidos son abrumadoramente superiores a los de cualquier otro estado. Así, el sistema de Bretton Woods, junto al GATT, introducen en el sistema internacional surgido de la segunda guerra mundial una lógica de primacía[18]. En otras palabras, junto al sistema bipolar Estados Unidos-Unión Soviética, un sistema unipolar liderado por los Estados Unidos y simbolizado por el dólar, va a conformar la dinámica económica de alcance mundial (quedando al margen de la economía mundial dominante, las economías planificadas de tipo socialista). De tal manera que, como apunta ARON, acaba por equipararse «mundo libre» con «mundo de libre mercado»[19]. Así, *sumamos a la multipolaridad (paralizada) del Consejo de Seguridad y a la bipolaridad centrada en las relaciones entre los Estados Unidos y la Unión Soviética una tercera lectura del sistema internacional (que no mundial al quedar, de momento, al margen el mundo de la economía planificada) en clave de unipolaridad (bajo el liderazgo de los Estados Unidos).*

La Unión Soviética, por su parte, reproduce en su zona de influencia una lógica imperial clásica (ocupación militar, imposición de gobiernos amigos, etc.). En otras palabras, el intento de expandir el imperio (ruso) de manera lógica (Europa Orien-

---

[16] La Unión Soviética llevó a cabo sus primeras experiencias nucleares en 1949. A partir de esa fecha se puede hablar, en sentido estricto, de un sistema bipolar nuclear.

[17] Tema desarrollado en J. SPERO, *The Politics of International Economic Relations*, Allen & Unwin, Londres, 1985 (3.ª ed.; 1.ª ed., 1977), p. 25.

[18] Los conceptos de primacía y de hegemonía se utilizan en el sentido de H. BULL, *The Anarchical Society. A Study of Order in World Politics*, Macmillan, Londres, 1977, pp. 214-215. El autor británico define los conceptos de dominación, primacía y hegemonía en los siguientes términos. La *dominación* se caracteriza por el uso habitual de la fuerza por parte de una gran potencia en sus relaciones con los estados de su *hinterland* y por el continuado desprecio de las normas universales de comportamiento interestatal que confieren derechos de soberanía, igualdad e independencia a esos estados (por ejemplo, las relaciones de Estados Unidos con América Central y el Caribe entre finales del siglo XIX y la presidencia de F. D. Roosevelt). La *primacía* se caracteriza por el predominio de una gran potencia en relación con un grupo de estados, sin que se recurra al uso de la fuerza o a la amenaza de usarlo. En este caso, la negociación entre el grande y los otros se realiza dentro de la aceptación de las normas básicas de comportamiento, si bien la gran potencia goza de instrumentos de presión a la hora de negociar (un ejemplo, en este caso, nos lo ofrecen las relaciones de Estados Unidos con sus aliados en la OTAN). Finalmente, la *hegemonía* se refiere a la situación en la que una gran potencia ejerce su liderazgo usando, no habitualmente sino esporádicamente, la fuerza o la amenaza de su uso, ya que esto último le supone costes políticos importantes.

[19] En referencia a la obra de R. ARON, *La República Imperial*, Alianza, Madrid, 1976 (ed. orig. en francés, 1973).

tal, estados bálticos, Irán, Turquía, Kuriles, etc.), y de aislarlo de las amenazas exteriores (factor tradicional en la política rusa y experiencia reciente, a causa del cordón sanitario y de la guerra civil de 1918-1920). A estos elementos se suma, en el caso de la Unión Soviética, la percepción por parte de los países occidentales de que dicho país controlaba todos los partidos comunistas del mundo. Lo que convertía, por ejemplo, la guerra civil china en un acontecimiento de primera magnitud para la división geográfica de esferas de influencia a nivel mundial. La victoria de Mao Tsetung, en 1949, es vista, pues, como una ampliación del espacio controlado por la Unión Soviética; en este caso, nada despreciable. Sin embargo, como mostrarán los acontecimientos (cisma chino-soviético a partir de los años sesenta), el funcionamiento del sistema bipolar fue más complejo de lo que la percepción de los primeros años de guerra fría parecía apuntar.

Hemos reservado el concepto de *guerra fría* para completar, en todas sus características, el sistema bipolar ya definido (dos esferas de autoridad cerradas sobre sí mismas y con una distribución jerárquica del poder en su seno). Distribución jerárquica que, como veremos, a través del concepto de guerra fría se convierte en primacía y hegemonía, respectivamente, en manos de los Estados Unidos y de la Unión Soviética. Aunque el concepto de guerra fría, popularizado por el analista político estadounidense Walter LIPPMANN[20], se aplica habitualmente a la sociedad internacional surgida de la segunda guerra mundial, algunos autores sitúan el inicio de la guerra fría ya en la victoria de los bolcheviques en Rusia[21].

Esta última consideración nos lleva a hacer una salvedad. Existen múltiples definiciones de guerra fría. De ahí que el período histórico calificado como tal varíe sustancialmente de un autor a otro. A nuestro parecer, hay dos grandes opciones defendibles en dicho sentido. La primera de ellas sitúa la guerra fría en un período corto de tiempo (1947-1953), durante el cual el sistema bipolar se caracteriza por su extrema rigidez, traducida en la incomunicación diplomática directa entre los dos grandes[22]. La segunda opción equipara la guerra fría con el sistema bipolar surgido de la segunda guerra mundial. Lo que incluiría tanto la rigidez inicial del sistema (simbolizada en la crisis del bloqueo de Berlín de 1948-1949), como la flexibilidad posterior (llámese distensión, coexistencia pacífica, etc.). Esta última opción está más extendida, tanto entre los teóricos y los historiadores de las relaciones internacionales[23], como entre el público en general. De ahí que se opte por la segunda acepción, dado el carácter más teórico y general de esta obra.

La *guerra fría*, que Raymond ARON describió *como un estado de guerra improbable y de paz imposible*, combina varios elementos[24]. En primer lugar, una guerra

---

[20] Walter Lippmann, colaborador habitual en las páginas de la prensa estadounidense, está considerado un pensador político de primera línea en dicho país. Véase un compendio de sus ensayos en C. ROSSITER y J. LARE, *The Essential Lippmann*, Harvard UP, Cambridge, 1982.

[21] Es el caso del autor francés A. FONTAINE, *Historia de la guerra fría,* 2 vols., Luis de Caralt, Barcelona, 1970 (ed. orig. en francés, 1967).

[22] En este sentido, véase F. HALLIDAY, *The Making of the Second Cold War*, Verso, Londres, 1986 (2.ª ed.; 1.ª ed., 1983).

[23] Véase, en ese sentido, P. ALLAN y K. GOLDMAN, *The End of the Cold War. Evaluating Theories of International Relations*, Martinus Nijhoff, Dordrecht, 1992. Desde el punto de vista histórico, véase J. C. PEREIRA, *Historia y presente de la guerra fría*, Istmo, Madrid, 1989.

[24] Hemos simplificado, bajo dos categorías (ideología y armamento nuclear), dichos elementos. Véase un tratamiento más amplio del tema en F. HALLIDAY, *The Making of the Second Cold War, op. cit.*, pp. 7-10.

ideológica entre liberalismo y comunismo (guerra de religión), acompañada inicialmente de campañas de propaganda masiva, que conforma la lógica este-oeste. Es decir, la lógica del «enemigo por definición» que infiltra la vida cotidiana a los dos lados del «telón de acero» (metáfora surgida de la inspiración dramática de Winston Churchill) y que acaba por dominar la geografía mundial de los conflictos. Todo conflicto local (guerras revolucionarias nacionalistas en Indochina) o regional (guerras árabe-israelíes) acaba por bipolarizarse[25].

En segundo lugar, la amenaza de carácter permanente (en tanto exista el otro bloque ideológico) se contrarresta con militarización y carrera de armamentos. En esa carrera de disuasión mutua militar, el papel central corresponde al armamento nuclear, con todo lo que ello comporta[26]. De tal manera que, en el bloque occidental, la seguridad frente a la amenaza comunista (equiparada a la Unión Soviética) está vinculada al paraguas nuclear de los Estados Unidos. Dado que el uso del arma nuclear comporta riesgos de autodestrucción, son los espacios nuclearizados por los dos grandes los que justamente hacen realidad la noción de paz imposible y guerra improbable. Así, el espacio europeo queda, gracias al nuevo equilibrio (equilibrio del terror), en situación privilegiada dentro del nuevo orden bipolar, convirtiéndose en una «zona de paz» en un mundo plagado de conflictos armados (guerras de descolonización, como la de Argelia o la de Angola; guerras tribales, como la de Biafra; guerras revolucionarias, como las de Cuba o Nicaragua; etc.).

En efecto, la guerra se traslada a la periferia del sistema bipolar donde los innumerables cambios (guerras de liberación, descolonización, etc.) dejan margen de maniobra a las dos superpotencias para aumentar su esfera de influencia. Lo que Roberto MESA explica en los siguientes términos: «Desde el año 1945, la Sociedad internacional no ha visto repetirse la experiencia de las dos guerras mundiales anteriores. Pero el precio de la contraprestación ha sido elevadísimo; por doquier se han multiplicado las guerras intermedias, las guerras por procuración o delegación, en las que nunca se han enfrentado directamente Estados Unidos y la Unión Soviética, pero en las que siempre han estado presentes ideológica, estratégica, económica y militarmente. Conflictos armados en los que, a costa de los demás y como si se tratase de partidas ajedrecísticas, se delimitan las zonas de esfera de influencia respectivas. Bien entendido que, en la mayoría de los supuestos, se han respetado escrupulosa y rigurosamente aquellas zonas sobre las que existía acuerdo previo, Europa y, en principio, el continente americano, y se han destrozado aquellas otras sobre las que no obraba ningún tipo de entendimiento anterior: Oriente Próximo, Sudeste Asiático, etc.»[27].

La guerra fría convierte, por tanto, el sistema bipolar en un único espacio mundial en términos estratégicos (efectos del armamento nuclear) y conflictivos (ampliación de las esferas de influencia en el Tercer Mundo), mientras, al mismo tiempo, la sociedad internacional va conformándose como sociedad de estados independientes y miembros de las Naciones Unidas (partícipes todos ellos de las mismas reglas e

---

[25] La identificación entre movimiento revolucionario y amenaza comunista (léase, de la Unión Soviética) convierte, a los ojos de la administración estadounidense, toda revolución o toda guerra de liberación en conflicto este-oeste.

[26] Sobre el tema, véase M. AGUIRRE, *De Hiroshima a los euromisiles*, Tecnos, Madrid, 1984.

[27] R. MESA, *La Nueva Sociedad Internacional*, *op. cit.*, p. 119.

instituciones). La ampliación del número de actores en el sistema, mediante *la descolonización* —«el mayor espectáculo político del siglo XX»[28]— *va a servir de contrapunto al proceso de bipolarización.*

Los efectos negativos de la segunda guerra mundial sobre las potencias coloniales europeas (destrucción, dependencia de la ayuda estadounidense, etc.) son evidentes en 1945. A la debilidad de las metrópolis, castigadas por la guerra y «segundonas» en el nuevo orden internacional, se suma un proceso de concienciación imparable (iniciado con la lógica de los mandatos creada por la Sociedad de Naciones). Según WATSON[29], «diez años después del final de la guerra mundial estaba claro tanto para los líderes políticos como para la mayoría de la opinión informada en los países democráticos que, a esas alturas, el colonialismo ya se había hecho tan insoportable como, un siglo antes, la esclavitud». Lo que, sin embargo, no evitó derramamientos de sangre, como en Argelia, Indonesia o Indochina, o la dilatación del proceso en el caso de metrópolis con regímenes dictatoriales, como el de Portugal. Así, la resolución 1514 de la Asamblea General de Naciones Unidas (Declaración sobre la concesión de la independencia a los países y pueblos coloniales) vendría a ser una demanda objetiva del sistema internacional, favorecida, por una parte, por las nuevas estrategias de neocolonialismo desarrolladas por los países occidentales y, por otra parte, como apunta Roberto MESA, por «la acción concertada entre los Estados tercermundistas y los Estados socialistas»[30].

La incorporación de un numeroso grupo de países afro-asiáticos al sistema va a suponer un desafío para el sistema en todas sus manifestaciones[31]. Así, podemos hablar de un desafío al sistema bipolar desde el momento en que un grupo de países afro-asiáticos dan forma a un movimiento antisistema, que rechaza la lógica de la guerra fría y con ella el alineamiento con uno u otro de los bloques. La Conferencia de Bandung (abril de 1955) es una conferencia afro-asiática en la que se reúnen por primera vez estadistas de esos países, sin el patrocinio de sus antiguos colonizadores. Sukarno (como país anfitrión), Nasser, Chu En-lai o Nehru dan «talla política mundial» a un encuentro que va a reunir a veintinueve estados de África y de Asia (la mitad de la población de la humanidad), y que pretende crear un nuevo modelo de relaciones internacionales. En ese sentido, Nehru representa a la perfección las tres ideas que subyacen en la convocatoria de la conferencia: *descolonización* frente a la política tradicional de las potencias, *neutralismo* frente a la política de bloques y *coexistencia pacífica*[32], arraigada en principios filosóficos de Gandhi, frente a la atmósfera de enfrentamiento propiciada por la bipolaridad. El espíritu de Bandung se resume en los diez principios de su comunicado final, habitualmente conocidos como «principios de la coexistencia pacífica» (véase cuadro 3).

---

[28] Ibídem, p. 142.

[29] A. WATSON, *The Evolution of International Society*, *op. cit.*, p. 295.

[30] R. MESA, *La Nueva Sociedad Internacional*, *op. cit.*, p. 121.

[31] Sobre el afro-asiatismo, véase B. BOUTROS GHALI y S. DREYFUS, *Le mouvement afro-asiatique*, PUF, París, 1969.

[32] El término «coexistencia pacífica» (*Panch Shila*) se acuñó en el Tratado chino-indio sobre el Tíbet (abril de 1954) firmado por Chu En-lai y por Nehru.

CUADRO 3

Diez principios de la coexistencia pacífica (Bandung, 1955)

1. Respeto de los derechos fundamentales, de conformidad con los fines y los principios de la Carta de las Naciones Unidas.
2. Respeto de la soberanía y de la integridad territorial de todas las naciones.
3. Reconocimiento de la igualdad de todas las razas y de la igualdad de todas las naciones, grandes y pequeñas.
4. No-intervención y no-injerencia en los asuntos internos de los demás países.
5. Respeto del derecho de toda nación a defenderse individual o colectivamente, de conformidad con la Carta de las Naciones Unidas.
6. Rechazo del recurso a los acuerdos de defensa colectiva destinados a servir los intereses particulares de las Grandes Potencias, sean cuales sean.
7. Abstención de actos o de amenazas de agresión o del empleo de la fuerza contra la integridad territorial o la independencia política de un país.
8. Solución de todos los conflictos por medios pacíficos, tales como la negociación o la conciliación, el arbitraje o el recurso ante los tribunales así como otros medios pacíficos que puedan escoger los países interesados de conformidad con la Carta de las Naciones Unidas.
9. Fomento de los intereses mutuos y de la cooperación.
10. Respeto de la justicia y de las obligaciones internacionales.

Fuente: R. MESA, *La Sociedad Internacional Contemporánea, I. Documentos básicos*, Taurus, Madrid, 1982, pp. 53-55.

En suma, el sistema de Bandung supone un rechazo de la lógica de Yalta. Pero no sólo eso, Bandung es una revuelta contra occidente, nacida del resentimiento contra los europeos por su actitud de superioridad cultural y racial[33]. Entre otras cosas, por ejemplo, el comunicado final de Bandung exigía el derecho fundamental de los pueblos a estudiar su propia lengua y su propia cultura y condenaba las prácticas de segregación y de discriminación racial. Coexistencia pacífica, concepto surgido de la tradición cultural de China y de la India, o panafricanismo son, entre otras, aportaciones nuevas, por su origen en términos geográficos y culturales. La periferia introduce nuevas lógicas.

Al mismo tiempo, sin embargo, los nuevos estados afro-asiáticos van a reforzar la lógica europea de la igualdad entre estados soberanos. La defensa de la recién adquirida independencia les hace ortodoxos en materia de soberanía y, también, como contrapartida, en materia institucional. En efecto, las Naciones Unidas suponen para muchos de esos estados, sin experiencia ni recursos materiales o humanos, la única «tabla de salvación» para sobrevivir «solos» en un mundo de «iguales».

En suma, el orden internacional surgido de la segunda guerra mundial no es simple. El hecho de hablar al mismo tiempo de sistema unipolar, en lo económico; bipo-

[33] La superioridad de los blancos europeos había mermado a lo largo del siglo XX, a los ojos, claramente, de los asiáticos, si tenemos en cuenta el valor simbólico de los éxitos militares de Japón frente a ejércitos europeos, comenzando por la guerra ruso-japonesa de 1904-1905.

lar, en lo diplomático-militar; y multipolar, en lo jurídico-institucional (Naciones Unidas) es una buena muestra de ello. Al contrario, el sistema es más bien complejo y, como hemos visto, reúne cuatro dinámicas diferentes que se han identificado geográficamente con los nombres de Yalta, San Francisco, Bretton Woods y Bandung. La dispersión geográfica de esos cuatro puntos sirve como preámbulo al siguiente apartado en el que, a partir del orden (órdenes, si se prefiere) establecido, vamos a seguir los «movimientos sísmicos» del sistema, debidos a las grandes fracturas del mismo, orientadas, como se verá, de este a oeste y desde el centro hacia la periferia.

2. LAS GRANDES FRACTURAS DEL SISTEMA INTERNACIONAL

La sociedad internacional se mueve, tal y como hemos visto en el apartado anterior, entre dos tendencias de signo opuesto: la globalización y la fragmentación. En primer lugar, el sistema de estados es un sistema cada vez más integrado si se tiene en cuenta que la actuación de los mismos está condicionada por la evolución económica y tecnológica del mundo. Un proceso de integración informal que comenzó en 1945 —aparición de las armas nucleares y creación del sistema de Bretton Woods— y que ha ido desarrollándose, de tal modo que el conjunto del planeta ha llegado a constituir un todo, la famosa «aldea global» de los comunicólogos. Así lo atestiguan los procesos de interdependencia económica, las redes de comunicaciones y la degradación medioambiental. En segundo lugar, y en contradicción con la tendencia integradora, la sociedad de estados se convierte en un sistema muy fragmentado, tanto en términos territoriales (aumento del número de estados), como en términos culturales (la defensa de la cultura propia frente a la idea de cultura global —«la cocacolización»— transmitida por los medios de comunicación de alcance mundial).

Nuestra atención se centra en el sistema de estados, a partir del momento que observamos que las grandes dinámicas del sistema internacional (los elementos de cambio) están asociadas a las agrupaciones de estados conformando fracturas en el seno de dicha sociedad.

Como toda sociedad, la sociedad internacional puede ser analizada bajo el prisma de las fracturas (*cleavages*)[34]. La noción de fractura comporta que los miembros de una sociedad se dividen en grupos opuestos. Cada uno de los grupos se convierte, de manera recíproca, en objeto de orientaciones y de acciones hostiles por parte del otro, generándose así conflictos políticos. En el caso de la sociedad internacional, las fracturas nos sirven para analizar las agrupaciones de estados y ver cómo los gobiernos coordinan sus acciones en temas específicos y adoptan políticas similares,

---

[34] El estudio de los *cleavages* (traducidos en el texto como «fracturas») está ligado en sus orígenes al estudio de los sistemas políticos en Europa Occidental. Véanse S. ROKKAN, *Citizens, Elections, Parties*, Universitets Forlaget, Oslo, 1970, y D. RAE y M. TAYLOR, *The Analysis of Political Cleavages*, Yale UP, New Haven, 1970. Aplicado al análisis de la sociedad internacional, véase F. ATTINÀ, *International Society, Cleavages and Issues*, Dipartimento di Studi Politici (Università di Catania), 1993. Entre nosotros, y aplicado al caso concreto de la construcción europea, véase E. BARBÉ y R. GRASA, *La Comunitat Europea i la Nova Europa*, Fundació Bofill, Barcelona, 1992.

por ejemplo en las Naciones Unidas, para influir en la organización del sistema internacional. De esta manera, se forma un grupo de estados cuya política se distingue, en negativo, respecto de otro grupo.

En el caso de la sociedad internacional nos encontramos con un conjunto de 191 estados (en referencia a los miembros de las Naciones Unidas) extremadamente diversos. No hay que olvidar que la lógica de «un estado, un voto» se aplica tanto a Estados Unidos (282 millones de habitantes y más de 10 billones de dólares de PNB) como a las Islas Palau (19.000 habitantes y un PNB de 150 millones de dólares). A pesar de la enorme variedad, en todos los terrenos (demografía, territorio, riqueza, sistema político, cultura, etc.), el sistema internacional ha sido dinamizado esencialmente por dos grandes fracturas, siendo más compleja y más profunda la primera, la fractura centro-periferia, que la segunda, la fractura este-oeste. Comenzaremos por esta última.

A) La fractura este-oeste

La fractura este-oeste se asienta en la lógica del sistema bipolar. Así, los grupos de estados, a uno y otro lado de la fractura, se diferencian y crean estrategias de oposición en todos los terrenos (social, político y económico), a partir de dos bases ideológicas diferenciadas (marxismo y liberalismo). Sobre esa base, el origen de la fractura este-oeste se remonta a la revolución bolchevique y su posterior institucionalización (Unión Soviética e Internacional Comunista)[35]. La política antibolchevique practicada en los países europeos en el período de entreguerras permite hablar de primeros pasos en dicha fractura. Sin embargo, su transformación en eje determinante de las relaciones diplomático-militares en el sistema internacional no se da hasta el final de la segunda guerra mundial, con la creación del sistema bipolar y la instauración de la lógica de guerra fría. Como se verá, la fractura este-oeste, a diferencia de la fractura centro-periferia, es reciente, de corta duración en el tiempo y de ámbito geográfico-cultural limitado, de no haber sido por su exportación durante la guerra fría.

La fractura este-oeste, a pesar de afectar al conjunto del sistema internacional, donde realmente funciona como tal es en el escenario europeo, en el que cada uno de los dos grupos de estados reproduce simétricamente sus instituciones de «contención» contra el otro grupo: alianzas militares (OTAN *versus* Tratado de Varsovia) y organizaciones económicas (OECE y CEE *versus* CAME)[36]. Sin embargo, la creación simétrica de instituciones de autodefensa no está ligada a una percepción de

---

[35] Sobre el particular, véase E. H. Carr, *La revolución bolchevique 1917-1923. La Rusia soviética y el mundo*, Alianza, Madrid, 1985 (3.ª ed.; ed. original, 1953).

[36] La noción de contención está directamente relacionada con la formulación de la política exterior de los Estados Unidos. Su origen se remonta a la inmediata posguerra (véase el texto de George Kennan recogido en las «Lecturas complementarias» de este capítulo), si bien los instrumentos propuestos para «contener» el avance de la Unión Soviética han generado políticas muy diversas a lo largo del tiempo; desde la creación de alianzas militares con la voluntad de «rodear» a la Unión Soviética en los años cincuenta hasta las negociaciones en materia de desarme en los años setenta. Sobre la política de contención ejercida por los Estados Unidos, véase J. L. Gaddis, *Strategies of Containment. A Critical Appraisal of Postwar American National Security Policy*, Oxford UP, Nueva York, 1982.

amenaza idéntica en todo momento. En ese sentido, la fractura este-oeste va a transformarse durante sus cuatro décadas largas de vida.

El proceso de cambio, que acaba con la fractura (fin de la guerra fría), se debe a tres tipos de fenómenos: las relaciones entre los Estados Unidos y la Unión Soviética, el policentrismo o erosión del liderazgo de las superpotencias en cada uno de sus bloques y, finalmente, la creación de una red de relaciones intraeuropeas, al margen de los dos líderes.

Las relaciones entre los Estados Unidos y la Unión Soviética evolucionan, desde la rigidez de los primeros años de la guerra fría (entre 1947 y 1955 no se producen contactos bilaterales) hasta los años felices de la distensión (1968-1975) en los que abundan los encuentros a alto nivel. El cambio de actitud, que afecta a otros aspectos de la vida internacional (la actitud compartida respecto del conflicto del Próximo Oriente, en 1973, por ejemplo), está directamente vinculado al control del armamento nuclear. La crisis de los misiles de Cuba (1962), percibida como *momentum*, produce una lección: la lógica de la disuasión, basada en la carrera cualitativa y cuantitativa del armamento, precisa unas reglas de juego[37]. Desde 1963, los grandes encuentros de las superpotencias están ligados a negociaciones y firmas de acuerdos en materia de armamento —teletipo rojo, accidentes nucleares, SALT I, SALT II, etc.— (véase cuadro 4).

Esta «política a dos» refuerza el papel de los líderes, en tanto que responsables militares y diplomáticos del bloque. El eterno ministro de asuntos exteriores del presidente De Gaulle, Michel Jobert, calificó tal situación de *condominium* americano-soviético del mundo. Así pues, la distensión entre Estados Unidos y Unión Soviética supone, de entrada, concentración de poder en manos del líder (interlocutor exclusivo). Sin embargo, *a medio plazo, el «clima de confianza» generado por los grandes va a repercutir negativamente en su papel como «guardianes» del sistema bipolar. Lo que se puede explicar a través de los otros dos fenómenos, ya mencionados, que erosionan la persistencia de la fractura este-oeste: el policentrismo, por una parte, y el paneuropeísmo, por otra.*

Una mención, en primer lugar, al policentrismo. La disminución de la tensión en las relaciones este-oeste favorece *la aparición en cada uno de los bloques de movimientos antilíder*. Dadas las diferencias internas en cada uno de los bloques, no se puede hablar de dos procesos idénticos. Mientras en el bloque occidental los atentados contra el liderazgo de los Estados Unidos se desarrollan de manera pacífica, en el bloque del este producen víctimas y uso de la fuerza militar (siendo el Tratado de Varsovia más una policía interna que un ejército defensivo), como ocurrió en Hungría (1956) o en Checoslovaquia (1968).

En el bloque occidental, Francia, primero individualmente y después liderando el mecanismo de Cooperación Política Europea creado por los países de la Comunidad Europea, en 1970, para armonizar sus políticas exteriores, se opuso a la política estadounidense, primero en materia estratégica y nuclear (abandono de la estructura militar integrada de la OTAN en 1968) y, más adelante, en materia diplomático-eco-

---

[37] En el terreno teórico, la crisis de los misiles de Cuba inspiró uno de los clásicos en materia de adopción de decisiones en situaciónes de crisis. Véase G. T. ALLISON, *Essence of Decision: Explaining the Cuban Missile Crisis*, Little Brown, Boston, 1971 (trad., 1988). La crisis de los misiles de Cuba ha dado lugar a mucha producción teórica. Véase, a modo de síntesis, E. BARBÉ, «La crisis de los misiles de Cuba, veinte años después», *Afers Internacionals*, n.º 1, 1983, pp. 5-18.

CUADRO 4

Cumbres Estados Unidos-Unión Soviética (1955-1989)

Cumbre/ Participantes	*Resultados*
Ginebra (julio de 1955) Eisenhower-Bulganin	URSS acepta devolver prisioneros alemanes de guerra.
Camp David (septiembre de 1959) Eisenhower-Jruschev	Conversaciones sobre la situación en Alemania.
Viena (junio de 1961) Kennedy-Jruschev	URSS asegura que no será el primero en hacer nuevas pruebas nucleares.
Glassboro (junio de 1967) Johnson-Kosiguin	URSS rechaza propuestas sobre misiles antibalísticos (ABM).
Moscú (mayo de 1972) Nixon-Breznev	Firmados los acuerdos SALT I y ABM.
Camp David (junio de 1973) Nixon-Breznev	Acuerdo sobre encuentros regulares entre EEUU y URSS.
Moscú (junio-julio de 1974) Nixon-Breznev	Tratado de prohibición de ciertas pruebas nucleares subterráneas.
Vladivostok (noviembre de 1974) Ford-Breznev	Establecimiento de líneas para negociar las SALT II.
Viena (junio de 1979) Carter-Breznev	Firmados los acuerdos SALT II.
Ginebra (noviembre de 1985) Reagan-Gorbachov	Acuerdo para abrir consulados en Kiev y en Nueva York.
Reikiavik (octubre de 1986) Reagan-Gorbachov	Discusión sobre control de armamentos, sin acuerdos.
Washington (diciembre de 1987) Reagan-Gorbachov	Firmado el tratado INF (euromisiles).
Moscú (junio de 1988) Reagan-Gorbachov	Intercambio de instrumentos de ratificación Tratado INF.
Malta (diciembre de 1989) Bush-Gorbachov	Agenda para negociar reducción de armas (nucleares y convencionales).

Fuente: C. W. KEGLEY y E. R. WITTKOPF, *World Politics. Trend and Transformation*, St. Martin's Press, Nueva York, 1993 (4.ª ed.), p. 98.

nómica. Esta última actitud se dejó notar sobre todo durante la guerra árabe-israelí de 1973 (guerra del Yom Kipur) y la consecuente crisis a causa del aumento del precio del petróleo[38]. Ni en una materia (actitud ante el conflicto del Próximo Oriente), ni en otra (política de cartel de consumidores de petróleo), Francia se mostró dispuesta a aceptar el liderazgo de los Estados Unidos.

En el bloque del este, salvando todas las distancias, el liderazgo de la Unión Soviética sufrió un duro revés a causa del «cisma» chino-soviético[39]. Las diferencias entre ambos países a lo largo de los años sesenta, a través de acusaciones ideológicas mutuas, degeneran en 1969 en choques armados vinculados a reivindicaciones territoriales históricas. De este modo, la Unión Soviética pierde el monopolio ideológico del comunismo y gana un rival de cara a la extensión de su influencia en el Tercer Mundo, donde pesa el liderazgo chino entre los no-alineados[40].

Los demás intentos de erosionar el papel de la URSS, reivindicaciones y revueltas nacionales en Europa del este, chocan con la política imperial tradicional de Moscú. El uso de la fuerza y la perversión jurídica (doctrina Breznev de soberanía limitada), aplicadas en Checoslovaquia en 1968, muestran la fuerza (represión) y, a la vez, la debilidad (amplio rechazo social) de la Unión Soviética en su esfera de influencia[41].

El segundo fenómeno que erosiona la fractura este-oeste —*el paneuropeísmo*— es, al igual que en el caso anterior, más disolvente del papel del líder en el bloque occidental que en el bloque del este. El fenómeno en cuestión *hace referencia al tejido de una red compleja de contactos entre europeos del este y del oeste que, en algunos casos entra en contradicción con los intereses de los dos grandes*. En este terreno, hay que destacar, en primer lugar, la *Ostpolitik* iniciada por el canciller Brandt y, en segundo lugar, la CSCE (Conferencia sobre la Seguridad y la Cooperación en Europa)[42].

La *Ostpolitik* tuvo como resultado la firma de una serie de tratados entre países del este y del oeste, con la RFA como eje central[43], que venían a crear, en palabras del propio Willy Brandt, «puentes para las personas a través de las fronteras».

Tanto la *Ostpolitik* como la CSCE tienen varias lecturas: *a*) para la diplomacia soviética, fue una manera de reafirmar las fronteras surgidas de la segunda guerra mundial (muy favorables para la propia Unión Soviética o para Polonia, a costa sobre todo de Alemania); *b*) para la diplomacia occidental era una manera de «penetrar» en el bloque del este, a través de la firma de acuerdos sobre libre circulación de personas y de ideas; de forzar a los soviéticos a aceptar la negociación en materia de armas convencionales, y de «ratificar» la condición cuatripartita de la ciudad de Berlín; y, finalmente, *c*) para las poblaciones de las dos Alemanias y de los países de la Europa central y oriental suponía una vía para superar los aspectos «inhumanos» de la guerra fría en Europa: facilitar los contactos entre familias divididas a un lado y otro del telón, por ejemplo.

---

[38] Sobre las relaciones entre Estados Unidos y sus socios europeos, véase A. GROSSER, *Les Occidentaux. Les pays d'Europe et les États-Unis depuis la guerre*, Fayard, París, 1978.

[39] Sobre los orígenes del conflicto entre China y la Unión Soviética, véase M. BETTATI, *Le conflit sino-soviétique,* 2 vols., Armand Colin, París, 1971.

[40] Véase F. JOYAUX, *La politique extérieure de la Chine populaire*, PUF, París, 1983.

[41] Una buena introducción a la Europa del este en F. FEJTÏO, *Histoire des démocraties populaires,* 2 vols., Seuil, París, 1992 (1.ª ed., 1969; trad. 1971).

[42] Sobre la CSCE en la Europa de la guerra fría, véase V. Y. GHEBALI, *La diplomatie de la détente: La CSCE, 1973-1989*, Bruylant, Bruselas, 1989.

[43] La RFA firmó acuerdos de no agresión con la Unión Soviética (agosto de 1970), con Polonia (diciembre de 1970), con Checoslovaquia (diciembre de 1973) y un tratado fundamental con la RDA (diciembre de 1972) que permitió el ingreso de los dos estados en las Naciones Unidas. Como producto de esta política también se firmó un Acuerdo Cuatripartito sobre la Ciudad de Berlín (septiembre de 1971), al que se asociaron las dos Alemanias, y mediante el cual se ratificaba la ocupación cuatripartita de la ciudad.

En suma, los dos procesos «disolvieron» la lógica bipolar en Europa. La *Ostpolitik* facilitó las relaciones «transtelón» de acero, abriendo una vía de comunicación propia entre europeos a un lado y otro del telón. La CSCE creó un «código de conducta» en Europa —el Acta Final de Helsinki, firmada en 1975— que ha puesto piedras en el camino de la guerra fría, hasta colaborar a su fin.

Este tipo de relaciones y sus instrumentos básicos, potenciados por la actividad de la Comunidad Europea, fuera y dentro del continente (acciones humanitarias, negociaciones económicas, etc.), dio lugar a un nuevo concepto entre los teóricos de las relaciones internacionales, la europeización. Morten KELSTRUP la define como el dinamismo europeo (contactos políticos, culturales y, muy especialmente, económicos) capaz de llegar a superar la división bipolar del continente, ejemplificada en las alianzas militares[44]. La decisión del G-7, en su cumbre de París (julio 1989), de poner en marcha el plan PHARE para ayudar a la Europa del este —con la Comunidad Europea, por un lado, y Hungría y Polonia, por el otro— sería el ejemplo perfecto de como ha funcionado la europeización para erosionar la fractura este-oeste, antes de su desaparición.

Esta evolución de la fractura este-oeste, en lo que respecta al nuevo papel de los europeos occidentales está directamente ligada a uno de los grandes cambios en el sistema internacional entre 1945 y 1989: *la transformación de la naturaleza del poder*[45].

Ya en los años setenta la Comunidad Europea es percibida por los analistas del sistema internacional como una *rara avis* para la que no existen categorías de análisis. De ahí la aparición del término «potencia civil»[46] que se aplica a la Comunidad Europea para distinguirla de las dos superpotencias, caracterizadas por su capacidad militar. De esta manera se desvincula la noción de potencia (ejercicio de influencia y de autoridad en el sistema) de la capacidad militar. Este tipo de reflexión se desarrolla especialmente en los años ochenta, una vez superada la tensión de la segunda guerra fría. Así, bajo el concepto de poder suave[47] o de poder difuso los teóricos pretenden dar al poder un contenido más ajustado a la dinámica del sistema, en la que el control de las finanzas o de las comunicaciones parece ser tanto o más importante que el control del poder duro, el poder clásico de las armas.

En ese sentido, NYE, quien piensa que «el poder, como el amor, es más fácil de experimentar que de definir o de medir»[48], intenta transmitir dos ideas en relación con el poder en los años ochenta: por una parte, su naturaleza cambiante y, por otra, su carácter difuso derivado de la complejidad propia del sistema (interdependencia económica, transnacionalismo, difusión de la tecnología, etc.). Todo ello lleva al ex asesor del presidente Carter a hablar de poder suave, en el sentido de un poder que gira en buena medida alrededor de la información y no alrededor del capital o de las armas.

---

[44] El término «europeización» es introducido por M. KELSTRUP, «The Process of Europeanization. On the Theoretical Interpretation of Present Changes in the European Regional Political System», *Cooperation and Conflict*, n.º 1, 1990, pp. 21-40.

[45] El tema fue desarrollado, entre otros, por J. NYE, «The Changing Nature of World Power», *Political Science Quarterly*, vol. 105, n.º 2, 1990, pp. 177-192.

[46] Término acuñado por F. DUCHENE, «Europe's Role in World Peace», en R. MAYNE (comp.), *Europe Tomorrow: Sixteen Europeans Look Ahead*, Fontana, Londres, 1972, pp. 42-47.

[47] El término «poder suave» fue popularizado por J. NYE, «Soft Power», *Foreign Policy*, vol. 90, n.º. 80, pp. 153-171.

[48] Ibídem.

El poder suave de Nye, al igual que el poder estructural de Strange, ya abordado en el capítulo III de esta obra, constituyen «llamadas al orden» sobre la evolución de la estructura del sistema internacional. En efecto, el protagonismo político de los europeos occidentales, que hemos presentado como erosionador del papel de los Estados Unidos en tanto que líder del bloque occidental, da lugar a una avalancha literaria en torno al declive de los Estados Unidos[49]. La evidente transformación del sistema económico que, tras la primacía estadounidense en la época de Bretton Woods ha dado paso a una situación de multipolarismo, cuya mejor «fotografía» son las tomadas en los encuentros del G-7, lleva a una confusión en los términos. De tal manera que, a finales de los años ochenta, la desaparición de la primacía estadounidense en el diseño de los regímenes económicos internacionales lleva a que muchos analistas hablen de inestabilidad del sistema en su conjunto[50]. ¿Ha desaparecido en realidad tal primacía? ¿Se puede hablar de un sistema multipolar en el terreno económico, que ha sustituido el unipolarismo de los Estados Unidos?

NYE intenta resituar el tema en sus justos términos, concluyendo que al final de la guerra fría sólo los Estados Unidos eran poderosos en todos los ámbitos, aunque no potencia exclusiva en ninguno de ellos (como sí había ocurrido tras la segunda guerra mundial). Llega a esta conclusión preguntándose por la capacidad de las cinco potencias principales del sistema en varios recursos tangibles —recursos básicos, militares y tecnológicos— e intagibles —cohesión nacional, carácter universal de la cultura propia y control de las instituciones internacionales— (véase cuadro 5).

CUADRO 5

Recursos de poder de las potencias (1990)

Fuente de poder	*EEUU*	*URSS*	*Europa*	*Japón*	*China*
Tangible:					
Recursos básicos	fuerte	fuerte	fuerte	medio	fuerte
Militares	fuerte	fuerte	medio	débil	medio
Económicos	fuerte	medio	fuerte	fuerte	medio
Ciencia/Tecnología	fuerte	medio	fuerte	fuerte	débil
Intangible:					
Cohesión nacional	fuerte	medio	débil	fuerte	fuerte
Cultura universal	fuerte	medio	fuerte	medio	medio
Instituc. intern.	fuerte	medio	fuerte	medio	medio

Fuente: J. NYE, *Bound to Lead. The Changing Nature of American Power*, Basic Books, Nueva York, 1991 (reimp. ed. de 1990), p. 174.

---

49 La escuela del declive, liderada por el famoso libro del historiador P. KENNEDY, *The Rise and Fall of the Great Powers*, Random House, Nueva York, 1987 (trad., 1989), da lugar a numerosos libros y artículos. De los mismos se derivan programas de acción política, que van desde la reducción drástica de armamentos hasta el aislacionismo del país.

50 Véase, en ese sentido, la vinculación que establece R. TUCKER, «1989 and all that», en N. X. RIZOPOULOS (comp.), *Sea-Changes. American Foreign Policy in a World Transformed*, Council on Foreign Relations, Nueva York, 1990, entre amenaza a la seguridad mundial e inexistencia de una potencia hegemónica.

Susan STRANGE[51] también aborda la misma cuestión, tratando, a su vez, de resituar el tema en sus justos términos. Es decir, diferenciando entre la evolución del sistema económico, en el que se ha producido un cambio desde el unipolarismo de la inmediata posguerra hasta el multipolarismo de los años ochenta que obliga a los Estados Unidos a negociar con japoneses y europeos, y la estructura del sistema internacional global. Como ya veíamos en el capítulo III, el poder estructural de Strange suma cuatro dimensiones a controlar (seguridad militar, producción, finanzas y, finalmente, ideas, creencias, conocimientos y comunicación). A las puertas del final de la guerra fría, Strange, al igual que Nye, concluye que sólo los Estados Unidos disponen de recursos para intervenir a la vez en las cuatro dimensiones del poder que conforman la estructura del sistema internacional.

Si el poder de los Estados Unidos se erosiona en tanto que líder del sistema económico, en favor de un «posible» multipolarismo (en favor de Japón y Europa), y en tanto que líder del bloque occidental, a través de la CSCE o de la disidencia de Francia y de la CE en el terreno político, ¿qué ocurre con la Unión Soviética en el bloque del Este?

Los fenómenos potencialmente erosionadores del liderazgo de la URSS —control de armamento, policentrismo y redes de contacto intraeuropeas— pasan por un momento de crisis durante el período de la segunda guerra fría (1979-1985). Momento en el que las dos superpotencias alejan sus posiciones, se rearman (crisis de los euromisiles, Iniciativa de Defensa Estratégica, etc.) y llevan a cabo acciones de fuerza (Afganistán, Granada, Nicaragua, etc.). Sin embargo, a partir de la llegada de Gorbachov a la secretaría general del PCUS en 1985, se produce un cambio de rumbo que va a poner en marcha el fin de la guerra fría, desde el interior del propio bloque del este.

Las limitaciones económicas de la Unión Soviética para mantenerse dentro de la lógica del sistema bipolar (carrera armamentística como base para la disuasión) llevan a GORBACHOV, a formular un nuevo pensamiento soviético en materia internacional[52]. Su discurso se centra en dos grandes ideas. La primera de ellas constituye un atentado contra las bases de la fractura este-oeste, ya que propone la desideologización de las relaciones internacionales. La segunda supone una aceptación de la «realidad dominante»: la voluntad de integrarse en la economía mundial, dado el carácter interdependiente del sistema, y la concepción global de la seguridad, centrada en los problemas medioambientales y en la reducción (futura desaparición) del armamento nuclear como factor peligroso para la supervivencia de la humanidad.

El nuevo pensamiento soviético va acompañado de acciones concretas —rechazo de la Doctrina Breznev, solución de conflictos regionales, acuerdos INF— que nos muestran que, ya antes de la caída del muro de Berlín, la fractura este-oeste estaba altamente erosionada, tanto en Europa (múltiples canales de contacto intraeuropeos, como la CSCE, las relaciones CE-CAME o el plan PHARE), como a nivel mundial. Si tomamos como punto de referencia, a nivel mundial, el

[51] A los trabajos ya citados de la autora británica, se puede añadir: «The Persistent Myth of Lost Hegemony», *International Organization*, vol. 41, n.º 4, 1987, pp. 551-574, y «The Future of the American Empire», *Journal of International Affairs*, vol. 42, n.º 1, 1988, pp. 1-17.

[52] Sobre el nuevo pensamiento, véase M. GORBACHOV, *Perestroika*, Ediciones B, Barcelona, 1987. Véase un extracto del mismo en las «Lecturas complementarias» de este capítulo.

Consejo de Seguridad de Naciones Unidas es evidente que a partir de 1987 la fractura este-oeste dejó de funcionar como paralizadora del sistema de San Francisco. Si Yalta desaparece, en favor de Bretton Woods y San Francisco, como parece en un principio, ¿qué ocurre con Bandung? Esta pregunta sirve de preámbulo al siguiente apartado, en el que vamos a abordar la fractura centro-periferia.

B) La fractura centro-periferia

Un *a priori* sobre el término centro-periferia, de larga tradición entre los estudiosos de los temas de desarrollo[53]. Tras el fin de la guerra fría, autores del campo de las relaciones internacionales han reclamado el término «periferia» como alternativa al de Tercer Mundo, carente de sentido a causa de la desaparición del Segundo Mundo (bloque del este). Ése es el argumento de Buzan[54], quien utiliza el concepto de centro como «un núcleo dominante globalmente de economías capitalistas» y el de periferia, como «un conjunto de estados débiles, política, industrial y financieramente, que opera dentro de un marco de relaciones predefinido por el centro». El autor habla asimismo de una semiperiferia, en relación a los estados más consolidados y más desarrollados de la periferia, cuya aspiración es convertirse en miembros del centro.

Una vez hecho este *a priori*, comencemos por apuntar que la fractura centro-periferia es más compleja que la fractura este-oeste. No sólo por su carácter multidimensional (económico, político, cultural, religioso, etc.), propio de toda fractura centro-periferia en los sistemas políticos nacionales, sino por la heterogeneidad de sus componentes. ¿Dónde ubicar a Arabia Saudí?, por ejemplo. La noción de periferia —el Tercer Mundo que Alfred Sauvy acuñó en 1957— no es suficientemente rica en matices. De la misma manera que se ha desestimado el término de Tercer Mundo[55] (y hoy se habla incluso de Cuarto Mundo), ¿por qué no desestimar el de periferia o, su a veces equivalente, de sur?

En realidad, la fractura centro-periferia combina, a nuestro parecer, dos criterios para diferenciar los grupos de estados (el económico y el cultural o civilizacional). El problema a nivel de análisis viene dado porque, a diferencia de la fractura este-oeste, no estamos hablando de agrupaciones de estados bien organizadas y lideradas, por una parte, y, por otra parte, porque ambos criterios no coinciden a la hora de agrupar los estados. Así, para responder a la pregunta de Arabia Saudí, no cabe ninguna duda de que dicho estado forma parte de la periferia (si por tal entendemos el mundo que no forma parte de la civilización occidental dominante) y, en cambio,

---

[53] El término «centro-periferia» se debe a Raúl Prebisch, *El desarrollo económico de América Latina y sus principales problemas*, CEPAL, Santiago de Chile, 1949. Véase «Lecturas complementarias» del capítulo IV de esta obra.

[54] B. Buzan, «New Patterns of Global Security in the Twenty-First Century», *International Affairs*, vol. 67, n.º. 3, 1991, p. 432.

[55] Hoy en día, el Tercer Mundo o periferia se divide en diversos grupos. Una de las clasificaciones más habituales, en este sentido, usual en las organizaciones económicas internacionales, hace referencia a tres grupos de países: las NIE (nuevas economías industrializadas), los países productores de petróleo y, finalmente, los países menos desarrollados (LDCs, en las siglas en inglés). A estos últimos correspondería el término de Cuarto Mundo, dado su estado de extrema pobreza y de dependencia de la «asistencia social» internacional.

forma parte del centro (si por tal entendemos los países favorecidos en términos económicos por la organización del sistema).

A efectos de análisis se va a abordar, en primer lugar, la dimensión económica de la fractura centro-periferia, para pasar a continuación a abordar la dimensión cultural. Esta división no responde, sin embargo, a la realidad de la sociedad internacional en la que dichas dimensiones se solapan y se combinan a la busca de objetivos políticos más amplios (lo que explica, sin duda, la presencia de Arabia Saudí en el Grupo de los 77). En realidad, no existe en el mundo ningún otro grupo tan homogéneo como el de los países de la OCDE, con economías de mercado desarrolladas[56] y una cultura (occidental o euroamericana), compartida por la gran mayoría[57]. De ahí que la noción de periferia sea mucho más multiforme, y abarque a más tipos de estados («cajón de sastre»), que la de centro. Lo que explica que MOREAU DEFARGES haya definido a la periferia como «conjunto complejo, contradictorio o, más exactamente, una articulación de conjuntos»[58].

En su dimensión económica, la fractura centro-periferia agrupa a los estados del sistema en dos bloques enfrentados, aquellos que desean mantener los regímenes económicos mundiales frente a aquellos que desean modificarlos. El punto de partida de esta fractura hay que localizarlo en el siglo XVI, en el inicio del capitalismo y su mundialización, a través del colonialismo, de las economías locales. Lo que WALLERSTEIN ha definido como el sistema mundo o economía-mundo capitalista[59]. La fractura centro-periferia se nos presenta, así, como la fractura originada por la división internacional del trabajo en la economía mundial y por el control de la interdependencia entre los mercados nacionales. Dicha fractura ha tomado formas diversas en momentos diferentes: la competición por el control económico mundial entre europeos, japoneses y estadounidenses a principios de siglo o la creación, tras la segunda guerra mundial, de regímenes económicos de alcance mundial (sistema de Bretton Woods, GATT).

A partir de los años sesenta, la formulación más precisa de la fractura centrada en la división internacional del trabajo y en el control de la interdependencia económica la encontramos en la propia Asamblea General de las Naciones Unidas, donde la entrada de los países descolonizados dio lugar a la agrupación de una serie de estados dispuestos a coordinar sus acciones y a adoptar políticas similares a fin de modificar los principios de funcionamiento del sistema económico internacional.

En ese sentido, la creación, en 1964, del Grupo de los 77 y de la UNCTAD (Conferencia de Naciones Unidas sobre el Comercio y el Desarrollo) suponen, respectivamente, la institucionalización y la creación de un forum privilegiado para vehicu-

---

[56] El ingreso de México, en junio de 1994, viene a sumarse a la heterogeneidad vivida en la OCDE por la presencia turca (la inflación turca de un 150 por 100 llevó en 1995 a excluir a este país de las estadísticas globales OCDE).

[57] Japón supone el caso aparte más destacado (véase el cuadro 5 de este mismo capítulo, en el que Japón muestra debilidad en términos de influencia internacional a través de su cultura, no «central» en el sistema). Si bien su comportamiento en los foros políticos, como la UNESCO, donde se ha manifestado tradicionalmente la periferia cultural no se puede, en absoluto, tachar de antioccidental.

[58] P. MOREAU DEFARGES, *Les relations internationales dans le monde d'aujourd'hui*, STH, París, 1992 (4.ª ed.; 1.ª ed., 1987), p. 86.

[59] Véase I. WALLERSTEIN, *The Modern World System I. Capitalist Agriculture and the Origins of the European World Economy in the Sixtheen Century*, Academic Press, Nueva York, 1974 (trad., 1979).

lar la imagen de una periferia con una agenda propia (estabilización de precios de materias primas, desarrollo de industrias de transformación, soberanía integral sobre recursos naturales, etc.)[60]. La Carta de Deberes y Derechos Económicos de los Estados, adoptada por la Asamblea General de Naciones Unidas, en diciembre de 1974, es el mejor ejemplo de la política coordinada por la periferia[61]. Una política que pretende instaurar un Nuevo Orden Económico Internacional. En otras palabras, se pretende a partir de una visión diferente del mundo, basada en los principios de igualdad y de justicia, crear nuevas reglas del juego: un nuevo orden internacional. Para llevar a cabo ese objetivo el Grupo de los 77, que reúne (ya en los noventa) alrededor de 130 países, cuenta esencialmente con el sistema de Naciones Unidas, adaptado a esa nueva dinámica para la que no había sido inicialmente concebido[62]. El sistema de Bandung influirá, de esta manera, decisivamente en el desarrollo del sistema de San Francisco.

La noción de periferia, o Tercer Mundo, tiene sentido a lo largo de los años sesenta o setenta en tanto que genera una dinámica internacional, notable en el caso de las Naciones Unidas: los Decenios para el Desarrollo, las sesiones extraordinarias sobre el Diálogo Norte-Sur, la Conferencia sobre Derecho del Mar, la demanda de nuevos mecanismos de voto en el FMI y en el BIRD, etc. Sin embargo, la fuerza coordinada, simbolizada en el G-77, que determina dicha dinámica no es tal en realidad.

La crisis petrolífera de 1973, y después la de 1979-1980, van a tener un efecto «disolvente» en la periferia. Mientras la actitud de la OPEP, en un principio, es percibida como una «victoria del Tercer Mundo»[63] frente al dominio occidental, a la larga tiene efectos diversos y no tan negativos para Occidente: readaptación energética de las economías industrializadas[64]; diferenciación dentro del Tercer Mundo entre los países productores de petróleo y el resto; efectos negativos de la crisis en el Tercer Mundo (depauperación de las economías importadoras, especialmente en África, y generación de deuda en múltiples países productores, caso de México, por la bonanza de los años setenta y la nueva caída de los precios del petróleo tras la segunda crisis), etc.

En suma, la celebración de la cumbre norte-sur de Cancún (1981), que había de iniciar una era de diálogo mundial y permanente sobre los grandes problemas econó-

---

[60] Véase el discurso de Julius Nyerere, presidente de Tanzania y uno de los impulsores del Grupo de los 77, recogido en el apartado «Lecturas complementarias» de este capítulo.

[61] Dicha Carta expone, junto con otras resoluciones de la Asamblea General, el contenido del término Nuevo Orden Económico Internacional. Sobre el mismo, su desarrollo y, de manera amplia, el derecho al desarrollo, véanse los trabajos de V. ABELLÁN HONRUBIA, «Codificación y desarrollo progresivo del Derecho Internacional del Desarrollo», *Revista Española de Derecho Internacional*, vol. XXIX, n.º 2, 1976, pp. 369-396, y «Algunas consideraciones sobre el nuevo orden económico internacional», *Revista de la Facultad de Derecho de la Universidad Complutense* (número monográfico), n.º 13, 1987.

[62] Sobre el tema, véase V. ABELLÁN HONRUBIA, *Las Naciones Unidas y el Tercer Mundo*, Japizua, Barcelona, 1971.

[63] En este sentido, ya la nacionalización del petróleo iraní por parte de Mossadegh en 1951, forma parte de la memoria colectiva (árabe) musulmana de resistencia a Occidente. Así, el petróleo adquiere connotaciones civilizacionales, más allá de las puramente económicas que darán lugar a la aparición de un grupo de *nouveaux riches* en el sistema de estados.

[64] Mientras en 1974, el petróleo suponía el 54 por 100 del consumo mundial de energía, la cifra había pasado al 44 por 100 en 1984, tras los dos *shocks* petrolíferos. En lo que respecta a la OPEP, como productor, su espacio también ha menguado: el 35,1 por 100 de la producción mundial en 1982, frente al 55,8 por 100 en 1974. Lo que lógicamente le resta margen de maniobra política en la economía mundial.

micos mundiales, acabó en fracaso y supuso la evidencia de la nueva situación. Es decir, la desaparición de la periferia en tanto que fuerza unida con problemas comunes y la aparición de grupos y de problemas diversos en la periferia: la situación de depauperación total del Cuarto Mundo, radicado esencialmente en África; el endeudamiento millonario, que supone un toque de atención para el sistema bancario mundial, de países con economías potentes como México o Brasil; el crecimiento rápido de algunos países asiáticos en base a su desarrollo tecnológico, etc. El problema de la deuda ocupa el lugar privilegiado en la agenda centro-periferia de los años ochenta. Una agenda que las instituciones financieras internacionales redimensionan, con negociaciones bilaterales (políticas nacionales de ajuste) y con planes específicos (Baker, Brady). Lo que entra de lleno en la lógica de la disolución de la periferia como fuerza única organizada, al estilo de la UNCTAD. La regionalización de las relaciones centro-periferia (los europeos occidentales con la lógica Lomé, Japón con sus relaciones en el Pacífico, etc.) supone la victoria del pragmatismo económico frente a la voluntad política, mostrada en los años sesenta y primeros setenta, de organizar una periferia activa como tercera fuerza, con una visión propia y particular del mundo. Jean RIVOIRE ha escrito, en ese sentido, que «el Tercer Mundo ya no es más que una reminiscencia»[65] (véase una cronología sobre los temas aquí apuntados en el cuadro 6).

Susan STRANGE ha recogido muy bien lo que acabamos de decir, al escribir que «la literatura sobre el desarrollo refleja una extendida aceptación de que la reivindicación por parte de los países en desarrollo de un NOEI está tan muerta como su esperanza de que se produzca un plante de los deudores. [...] La razón de tal desilusión es, en ambos casos, la misma: la competición entre los estados por parcelas del mercado es incompatible con las peticiones de solidaridad, ya sea entre deudores o entre exportadores. [...] El Grupo de los 77 puede tener 134 miembros, pero ya no es un grupo. [...] Esto es lo que explica que una década que empezó con aclamaciones hacia el multilateralismo haya acabado con la lucha por concluir negocios bilaterales»[66].

Todo ello no impide que los problemas, tradicionalmente llamados del Tercer Mundo, sigan naturalmente presentes, bajo la forma en la mayor parte de los casos de agenda global (subdesarrollo, deforestación, epidemias, etc.). La idea de globalidad del mundo como sistema frágil e interdependiente, está presente en los Informes que produjeron a lo largo de los años ochenta las Comisiones Brandt y Bruntland. En relación con el Informe BRANDT[67] se puede destacar aquí la crítica de Susan STRANGE[68], quien cree que la concepción dominante en dicho Informe (la noción de intereses mutuos entre el centro y la periferia) no toma en consideración la complejidad y la profundidad de la fractura entre ambos grupos de países, aludiendo así a unas diferencias que van más allá de las desigualdades económicas. Estas últimas son, en muchos casos, más graves dentro de los propios países de la periferia (acumulación de la riqueza en pocas manos frente a miseria generalizada) que en el marco de las relaciones centro-periferia.

---

[65] J. RIVOIRE, *L'économie mondiale depuis 1945*, PUF, París, 1991 (5.ª ed.; 1.ª ed., 1982), p. 120.

[66] S. STRANGE, «The Name of the Game», en RIZOPOULOS, *Sea Changes*, *op. cit.*, pp. 251-252.

[67] W. BRANDT, *et al.*, *Diálogo Norte-Sur. Informe de la Comisión Brandt*, Nueva Imagen, México, 1981.

[68] S. STRANGE, «Reactions to Brandt: Popular Acclaim and Academic Attack», *International Studies Quarterly*, vol. 25, 1981, pp. 333-342.

CUADRO 6

Cronología de la vida económica de la periferia (1960-1992)

1960	Creación de la OPEP.
1964	I UNCTAD (Ginebra). Institucionalización de la Conferencia de Naciones Unidas sobre el Comercio y el Desarrollo (UNCTAD) y creación del G-77.
1966	Creación por la AG de la Organización de Naciones Unidas para el Desarrollo Industrial (ONUDI).
1968	II UNCTAD (Nueva Delhi). Estudia sistema de preferencias.
1972	III UNCTAD (Santiago). Programa en favor de los países más pobres.
1973	Primera crisis del petróleo (aumento de precios y reducción de la producción por parte de la OPAEP).
1974	Resolución de la AG adoptando la «Carta de Derechos y de Deberes Econó-micos de los Estados».
1975	Primera Convención de Lomé (CE y 46 países ACP). Creación de un sistema de estabilización de ingresos para las exportaciones agrícolas (STABEX).
	Inicio en París de la Conferencia sobre la Cooperación Económica Interna-cional (CCEI), llamada Diálogo Norte-Sur.
1976	IV UNCTAD (Nairobi). Programa Integrado sobre materias primas.
1977	Clausura sin resultados del Diálogo Norte-Sur.
1979	ONUDI se convierte en organismo especializado de Naciones Unidas.
	V UNCTAD (Manila). Énfasis en temas comerciales. Resultados simbólicos.
	Segunda Convención de Lomé. Creación de un sistema para compensar pérdidas en exportaciones minerales (SYSMIN).
	Segunda crisis del petróleo.
1980	Sesión extraordinaria de la AG para adoptar una «estrategia de desarrollo».
1981	Conferencia sobre los Países Menos Desarrollados, en París.
	Cumbre en Cancún de 22 países del norte y del sur. Fracaso.
1982	México suspende el pago del servicio de la deuda.
	Convención de Montego Bay (Derecho del Mar).
1983	VI UNCTAD (Belgrado). Sin resultados.
1985	Plan Baker (EEUU) relativo a la gestión de la deuda de los países de renta media.
1987	VII UNCTAD (Ginebra). Aproximación pragmática a los temas referentes al desarrollo.
1989	Plan Brady (EEUU) sobre préstamos especiales para apoyar las reducciones de deuda aceptadas por los bancos comerciales.
	Creación de la UMA (Unión del Magreb Árabe).
	Convención Lomé IV (ayuda a ajuste estructural, protección de derechos humanos y del medio ambiente).
1991	Mercosur (Argentina, Brasil, Paraguay, Uruguay).
	Tratado de Libre Cambio México-Chile.
1992	VIII UNCTAD (Cartagena de Indias). Énfasis en un desarrollo ligado a economía de mercado y pluralismo democrático.
	Declaración de los países de la ASEAN para crear una zona de libre cambio.

La crítica de Strange nos permite introducir la segunda dimensión, por nosotros calificada de cultural, de la fractura centro-periferia, completando así aspectos destacados de lo que, implícitamente, ya hemos denominado «el Tercer Mundo como formulador del orden internacional». El carácter multidimensional de dicho nuevo orden ha sido, también, recogido por Roberto MESA, quien escribe: «no sería coherente limitar la lucha por la igualdad al mero, aunque indispensable, establecimiento de un cuerpo normativo transformador de las actuales estructuras económicas. El objetivo del empeño es mucho más ambicioso; actualmente se habla ya sin cortapisas de la necesidad apremiante de un nuevo orden internacional que reivindica bases distintas no sólo en el ámbito económico, sino también en el social, en el político y en el cultural»[69].

En el marco cultural no nos interesa escapar del término de Tercer Mundo, a pesar de todas sus deficiencias, porque en realidad refleja a la perfección la voluntad política de aquellos pueblos y estados que inicialmente lo asumieron. El origen francés del término, *Tiers Monde*, no es casual, ya que recoge el espíritu del *Tiers État* de Sieyès. Por tanto, si la revolución de los afro-asiáticos había de seguir la lógica de la Revolución francesa, los principios de Bandung, y más adelante los de la Carta de Deberes y Derechos Económicos de los Estados (1974), deberían constituir las bases del nuevo orden.

Antes de entrar en los mismos, comencemos por señalar que la fractura centro-periferia está presente en el sistema internacional, como en cualquier sistema político territorial en el que el conflicto se genera a causa de la extensión del control político, de la difusión de modelos culturales y de la imposición de intereses económicos del centro al resto del sistema. De todo ello nos interesa destacar la difusión de modelos culturales, si bien es inseparable de las otras dos manifestaciones (control político e intereses económicos).

La fractura centro-periferia se ha creado, por una parte, por la extensión del sistema europeo de estados y la difusión de la civilización y de la cultura europeas al resto del mundo y, por otro lado, por la resistencia de los pueblos extraeuropeos a dicha extensión mediante la lucha para acabar con los lazos coloniales y contener la preeminencia política y cultural euro-americana.

El control de los europeos, que pasa de un tercio del globo en 1800 a dos tercios en 1878 y, finalmente, a cuatro quintas partes en 1914[70], genera resistencias puntuales a lo largo del tiempo (revuelta de los bóxers, guerra ruso-japonesa) que, sin embargo, se convierten tras la segunda guerra mundial en una fractura permanente. En efecto, esta fractura se desarrolló plenamente a partir de los años cincuenta, momento en el que las políticas exteriores de algunos grandes países (Indonesia, China, India) rechazaron los fundamentos del sistema (occidentalismo, fractura este-oeste) para coordinar la actuación de una serie de estados alre-dedor de opciones alternativas a las del centro: afro-asiatismo frente a europeísmo/occidentalismo y neutralismo frente a política de bloques.

La creación de la periferia, como grupo, está asociada de entrada más que a cuestiones económicas (tema central a partir de los años sesenta) a cuestiones políticas (descolonización) y culturales o ideológicas. En este último sentido, hay que mencionar el papel destacado que desempeñan una serie de líderes carismáticos del Tercer Mundo en el proceso de coordinar y movilizar la periferia (Nehru, Nasser, Sukarno,

---

[69] R. MESA, *La Nueva Sociedad Internacional*, *op. cit.*, p. 131.

[70] Datos citados por D. K. FIELDHOUSE, *Economics and Empire 1830-1914*, Cornell UP, Ithaca, 1973, p. 3.

U Nu, Nkrumah). El discurso de Sukarno en la inauguración de la Conferencia de Bandung (1955) es una muestra de la toma de conciencia de los pueblos afroasiáticos y una llamada de carácter moral: «Durante generaciones, nuestros pueblos no han tenido voz. [...] Nosotros, asiáticos y africanos, en nombre de mil cuatrocientos millones de personas, más de la mitad de la población mundial, podemos movilizar en favor de la paz eso que yo llamo la violencia moral de las naciones [...].»

De entrada, la fractura tiene una carga moral (antisistema), cultural (negritud, panafricanismo, islam, etc.) y con objetivos políticos precisos (descolonización). Lo que un eslogan, cuya traducción le hace perder sonoridad, recoge con claridad: «the rest against the West». La Conferencia de Bandung ofrece el primer conjunto de principios del Tercer Mundo, resumidos en dos grandes objetivos: mostrar al mundo la voluntad de África y de Asia de participar en el sistema internacional y protestar contra los efectos de la guerra fría sobre el forum mundial por excelencia (Naciones Unidas), donde el ingreso de nuevos miembros estuvo congelado entre 1950 y 1955 por la fractura este-oeste. La institucionalización de la fractura centro-periferia, en este terreno, está asociada a las reuniones del Movimiento de Países No-Alineados, iniciadas en 1961, en Belgrado, y en las que, como su nombre indica, se persigue la creación de un grupo que actúe colectivamente en el sistema internacional, al margen de los bloques. En realidad, la institucionalización como tal (cumbres periódicas, embrión de secretariado, etc.) se inicia a partir de la cumbre de Lusaka (1970) (véase composición del Movimiento en cuadro 7).

CUADRO 7

Países miembros del Movimiento de los No-Alineados

Afganistán, Angola, Arabia Saudita, Argelia, Bahamas, Bahrein, Bangladesh, Barbados, Belarús, Belice, Benin, Bhután, Bolivia, Botswana, Brunei Darussalam, Burkina Faso, Burundi, Cabo Verde, Camboya, Camerún, República Centroafricana, Chad, Chile, Chipre, Colombia, Comoras, Congo, República Democrática del Congo, República Democrática de Corea, Côte d'Ivoire, Cuba, Djibouti, República Dominicana, Ecuador, Egipto, Emiratos Árabes Unidos, Eritrea, Etiopía, Filipinas, Gabón, Gambia, Ghana, Granada, Guatemala, Guinea, Guinea-Bissau, Guinea Ecuatorial, Guyana, Honduras, India, Indonesia, Irán, Iraq, Jamaica, Jordania, Kenya, Kuwait, República Democrática Popular Lao, Lesotho, Líbano, Liberia, Libia, Madagascar, Malawi, Malasia, Maldivas, Malí, Malta, Marruecos, Mauricio, Mauritania, Mongolia, Mozambique, Myanmar, Namibia, Nepal, Nicaragua, Níger, Nigeria, Omán, Pakistán, Palestina, Panamá, Papua Nueva Guinea, Perú, Qatar, Ruanda, Santa Lucía, Santo Tomé y Príncipe, Senegal, Seychelles, Sierra Leona, Singapur, República Árabe de Siria, Somalia, Sri Lanka, Sudáfrica, Sudán, Suriname, Swazilandia, Tailandia, Tanzania, Togo, Trinidad y Tobago, Túnez, Turkmenistán, Uganda, Uzbekistán, Vanuatu, Venezuela, Vietnam, Yemen, Yugoslavia*, Zambia, Zimbabwe.

* Pertenencia suspendida en 1992.

Fuente: sitio web del Movimiento de los No-Alineados, http://www.nam.gov.za/background/ members.htm (actualizada a 6 de diciembre de 2001).

El Movimiento de los No-Alineados[71] sigue en un principio el estilo del afroasiatismo. Es decir, un liderazgo fuerte (Nasser, Tito o Nehru, entre otros) que convierte a los no-alineados en un grupo prestigioso, reforzando así la fractura centro-periferia. Sin embargo, las debilidades del no-alineamiento van a aparecer muy pronto (intentos de China y de la Unión Soviética para controlar el movimiento, desaparición progresiva en los años sesenta de los líderes carismáticos, multiplicación de conflictos militares entre países no-alineados, etc.). Todo ello va a hacer que el Movimiento adquiera rasgos retóricos en materia política. La condena de Israel y del *apartheid* como recurso ante las posiciones encontradas es la manera de establecer un cierto consenso diplomático. Asimismo, desde la cumbre de Argel y su Declaración de un Nuevo Orden Económico Internacional (1973), el Movimiento se identifica, de manera genérica, con los países en vías de desarrollo.

Todo ello supone la consolidación de una estrategia general, que ya va a marcar el futuro del Movimiento. Su agenda central coincide, así, con la dimensión económica de la fractura centro-periferia y, por lo tanto, sigue su lógica. Es decir, se da una progresiva diferenciación dentro del grupo (países menos avanzados, exportadores de petróleo, NIE, etc.). Lo que, unido a las diferencias motivadas por la incidencia de la fractura este-oeste (moderados frente a radicales) y a otros conflictos puntuales (Sahara Occidental, Vietnam-Camboya, Irán-Irak, etc.) hace que el Movimiento pierda, a lo largo de los años ochenta, su papel de partida. Nada favorecido, por otra parte, por la política de firmeza adoptada en el sistema de Naciones Unidas por los Estados Unidos de Reagan, que frenan o hacen fracasar proyectos inspirados por la periferia (Nuevo Orden Mundial de la Información, Derecho del Mar, etc.)[72]. El final de la guerra fría incidirá aún más en esta tendencia a la disolución de la periferia en el terreno político, al dejar de existir, o «casi», las bazas del consenso (*apartheid* en Sudáfrica y territorios ocupados por Israel).

Sin embargo, la disolución de la organización política comporta, paradójicamente y al igual que ocurría en el caso de las diferencias económicas centro-periferia, una agudización de los problemas. Si por tal entendemos una mayor percepción de las diferencias. En el terreno cultural o civilizacional de la fractura centro-periferia, dicha percepción está ligada al papel político adquirido por el islam en el marco internacional, desde la revolución iraní (1979). En efecto, el recurso a la identidad básica (religión que comporta cosmovisión), como contrapartida a la modernización y a sus efectos en amplias capas de la población (migraciones campo-ciudad, marginación, etc.), ha adquirido en el mundo árabe-musulmán[73] un papel central, dadas

---

[71] El término «Movimiento» se utiliza, por primera vez, en un documento oficial surgido de una reunión preparatoria en Kabul, en 1973. Véase P. LYON, «The Emergence of the Third World», en H. BULL y A. WATSON, *The Expansion of International Society*, Clarendon Press, Oxford, 1984, p. 444.

[72] Véase R. C. JOHANSEN, *Las Naciones Unidas: La crisis y el futuro*, CIP (Papeles para la Paz, n.º 23), Madrid, 1987.

[73] El mundo árabe, y por extensión el musulmán, sufre un duro golpe a causa de la derrota frente a Israel, en la guerra del 67, y el consiguiente paso de Jerusalén a manos judías. Ello se suma al «complejo de inferioridad», en términos de J. PISCATORI, «Islam in the International Order», en H. BULL y A. WATSON, *The Expansion of International Society*, *op. cit.*, p. 309, debido a varios siglos de fracasos frente a los avances militares desde el exterior en la región. El control de las fuentes petrolíferas, por un lado, y la derrota de la modernización del sha de Irán frente al carisma religioso-tradicional de Jomeini, por otro, suponen, a partir de los años setenta, factores de movilización y de fuerza frente al exterior (lo europeo y lo occidental).

las condiciones de desarrollo político en esos países (instituciones débiles, líderes no-elegidos, partidos únicos, etc.)[74].

No se va a desarrollar este tema, de enorme complejidad[75]. Del mismo sólo nos interesa extraer dos ideas. En primer lugar, el islam, como factor de resistencia contra el dominio cultural del mundo occidental y como voluntad de manifestar autonomía e identidad en materia de valores y de principios, aglutina a una parte de la periferia. Lo que nos reafirma en la idea, antes apuntada, de periferia diversificada. Ello no obsta para que la influencia de los países islámicos sea decisiva en dos terrenos del orden internacional: la formulación de los principios[76] y la estabilidad (política, económica y militar) del conjunto del sistema. En segundo lugar, el recurso a la identidad y a los valores más tradicionales (religión, cultura nacional, etc.), se reafirma, como muestra el caso del islam, como tendencia en la sociedad internacional de los años ochenta.

En suma, las fracturas este-oeste y centro-periferia que, en los años cincuenta, parecían dibujar claramente dinámicas básicas en el sistema internacional, se han ido erosionando a lo largo de las décadas, dando lugar a una situación mucho más compleja y diversa en la que se produce mayor fragmentación (diversificación de la periferia, por ejemplo), se globalizan los problemas (el subdesarrollo como problema medioambiental) y se hace más difícil identificar la estructura del sistema, dada la difusión del poder, que adopta formas muy diversas (integración económica regional, desarrollo de actores transnacionales, amenazas globales, etc.). Así, a las puertas del final de la guerra fría, que va a suponer la desaparición de la lógica bipolar, los teóricos se ven enfrentados a un mundo multiforme y complejo que, a pesar de todo, gozaba de «un cierto orden».

BIBLIOGRAFÍA DE CONSULTA

ARACIL, R., OLIVER, J. y SEGURA, A., *El mundo actual: De la Segunda Guerra Mundial a nuestros días*, Barcelona, Publicacions Universitat de Barcelona, 1995.

ARON, R.: «El sistema planetario en la edad termonuclear», en *Paz y guerra entre las naciones.2.Historia y praxeología*, Alianza, Madrid, 1985, pp. 455-684.

CALVOCORESSI, P., *Historia Política del mundo contemporáneo. De 1945 a nuestros días*, Akal, Madrid, 1999 (7.ª ed.).

COLARD, D., *Les Relations internationals de 1945 à nos jours*, París, Armand Colin, 1997 (7.ª ed.).

GILPIN, R., *The Political Economy of International Relations*, Princeton, Princeton University Press, 1987

LUNDESTAD, G., *East, West, North, South. Major Developments in International Politics since 1945*, Oxford University Press, Oxford, 1999 (4.ª ed.).

---

[74] Sobre los regímenes políticos árabes, véase B. LÓPEZ GARCÍA y C. FERNÁNDEZ, *Introducción a los regímenes y constituciones árabes*, Centro de Estudios Constitucionales, Madrid, 1985.

[75] Existe una amplísima bibliografía sobre el tema. Por su carácter recapitulativo y sintético, además de ofrecer una guía bibliográfica, véase Th. DE MONTBRIAL, «L'islam aujourd'hui, religion ou idéologie?», *Ramses 87/88*, Economica/IFRI, París, 1988, pp. 253-327.

[76] En ese sentido, apuntamos las críticas de etnocentrismo a la Declaración Universal de Derechos Humanos en temas tales como la libertad religiosa o la igualdad sexual.

MCMAHON, R. J., *The Cold War: A Very Short Introduction*, Oxford University Press, Oxford, 2003.

MESA, R.: «Factores de paz y elementos de crisis en la Sociedad Internacional contemporánea», en *La nueva Sociedad Internacional*, Centro de Estudios Constitucionales, Madrid, 1992, pp. 137-174.

NASSAU, A., *Worlds apart: the north-south divide and the international system*, Zed Books, Londres, 1993.

PEREIRA CASTAÑARES, J. C. (coord.), *Historia de las relaciones internacionales contemporáneas*, Ariel, Barcelona, 2001, pp. 379-564.

WAITES, B., *Europe and the Third World: From Colonisation to Decolonisation, c.1500-1998*, MacMillan Press, Londres, 1999.

WOODBY, S. y COTTAM, M. L., *The Changing Agenda: World Politics since 1945*, Westview Press, Oxford, 1991 (2.ª ed.).

ZORGBIBE, Ch., *Historia de las Relaciones Internacionales. 2. Del sistema de Yalta hasta nuestros días*, Alianza, Madrid, 1997.

LECTURAS COMPLEMENTARIAS

Nota introductoria: En este apartado se recogen textos de tres protagonistas de la sociedad internacional de la «guerra fría» o de la «larga paz», como prefieren algunos autores. Se trata de: George Kennan, diplomático estadounidense y teórico responsable de la noción de *containment* o contención, guía de la política exterior de los Estados Unidos durante cuatro décadas; de Julius Nyerere, uno de los estadistas más destacados del Tercer Mundo por su papel en la defensa de una política internacional pensada desde la periferia; y de Mijaíl Gorbachov, responsable de haber introducido un nuevo pensamiento en el juego de los dos grandes.

LECTURA 1. X (seudónimo de G. F. Kennan), «The Sources of Soviet Conduct», *Foreign Affairs*, vol. XXV, n.º 4, 1947, pp. 566-82 (extractos). (Trad. y selec. por J. Ibáñez.)

La personalidad política del poder soviético tal y como lo conocemos hoy es fruto de la ideología y de las circunstancias: ideología heredada por los líderes soviéticos actuales del movimiento en que se forjaron políticamente, y circunstancias del poder que han ejercido durante casi tres décadas en Rusia. Pocas tareas de análisis psicológico pueden ser más difíciles que intentar seguir la pista de la interacción de estas dos fuerzas y el papel relativo de cada una de ellas en la determinación de la conducta soviética oficial. Sin embargo, el intento es necesario para entender y combatir eficazmente dicha conducta.

[...] el mantenimiento del modelo de actuación gubernamental de la Unión Soviética, a saber, la búsqueda de una autoridad ilimitada en el interior, acompañada del culto al cuasimito de la implacable hostilidad exterior, ha conformado sobremanera la maquinaria de poder soviético tal y como la conocemos en la actualidad. [...] La mayor parte de la estructura del poder soviético está comprometida en el perfeccionamiento de la dictadura y en el mantenimiento de una idea de Rusia como en un estado de sitio, con el enemigo debilitándose extramuros [...].

[...] Se mantiene la creencia en la maldad básica del capitalismo, en la inevitabilidad de su destrucción, en la obligación del proletariado de contribuir a dicha destrucción y de tomar el poder con sus propias manos. Pero el énfasis se ha trasladado sobre todo a aquellas ideas más específicamente relacionadas con el propio régimen soviético: con su posición como único régimen verdaderamente socialista en un mundo desencaminado y oscuro, y con las relaciones de poder en su interior.

La primera de esas ideas es la del antagonismo innato entre capitalismo y socialismo. [...] Fundamentalmente, el antagonismo se mantiene. Se da por supuesto. Y de ahí surgen muchas de las actitudes que nos parecen preocupantes en la conducta del Kremlin en política exterior: la opacidad, la falta de franqueza, la duplicidad, las sospechas de guerra, y la básica hostilidad de propósitos. Estas actitudes permanecerán en un futuro previsible.

[...] Esto significa que durante mucho tiempo nos seguirá costando tratar con los rusos. [...] La teoría de la inevitabilidad de la caída final del capitalismo comporta, afortunadamente, que no haya prisa alguna al respecto. [...] La promoción en el exterior de proyectos revolucionarios «aventurados» y prematuros que pudieran de alguna forma poner en apuros al régimen soviético serían actos imperdonables, incluso contrarrevolucionarios.

[...] hemos visto que el Kremlin no tiene ninguna obligación ideológica de alcanzar sus fines de forma apresurada. [...] Nuevamente, estos preceptos se ven reforzados por las lecciones de la historia rusa, de siglos de oscuras batallas entre ejércitos nómadas en las extensiones de vastas llanuras sin fortificaciones. La cautela, la prudencia, la flexibilidad y el engaño son en este caso cualidades valiosas; y su valor es apreciado de forma natural por la mentalidad rusa u oriental. Así, el Kremlin no dudará en retirarse ante una fuerza superior. Y como no existe ninguna obligación de calendario, la necesidad de la retirada no hará que se precipite. Su acción política es una corriente fluida en constante movimiento, si tiene por donde pasar, hacia un objetivo determinado. [...]

Estas consideraciones hacen que las relaciones con la diplomacia soviética sean a la vez más fáciles y más difíciles que con la diplomacia de líderes individuales agresivos como Napoleón o Hitler. [...] Y la paciente persistencia de la que se nutre significa que los adversarios de Rusia no pueden hacerle frente, eficazmente, mediante actos esporádicos derivados de caprichos pasajeros de la opinión democrática, sino tan sólo a través de políticas inteligentes a largo plazo; políticas no menos constantes en su motivación, y no menos abigarradas e inventivas en su aplicación, que las de la misma Unión Soviética.

En estas circunstancias, queda claro que el elemento principal de cualquier política estadounidense hacia la Unión Soviética debe ser la contención paciente y a largo plazo, pero firme y atenta, de las tendencias expansivas rusas. [...]

A la luz de lo hasta aquí expuesto, se verá claramente que la presión soviética contra las instituciones libres del mundo occidental puede ser contenida mediante una hábil y vigilante aplicación de barreras en una serie de puntos geográficos y políticos constantemente cambiantes, correspondientes a los cambios y maniobras de la política soviética, pero dicha presión no puede ser conjurada ni su existencia negada. Los rusos esperan un duelo de duración infinita, y saben que ya han obtenido victorias importantes [...].

[...] si la desunión llegara a atenazar y a paralizar al partido, el caos y la debilidad de la sociedad rusa se manifestarían de maneras indescriptibles. Pues hemos visto que el poder soviético es sólo una cáscara que oculta una masa amorfa de seres humanos sin derecho a una estructura organizacional independiente. En Rusia ni siquiera existe algo similar a gobierno local. La actual generación de rusos nunca ha conocido la espontaneidad de la acción colectiva. Por consiguiente, si ocurriera algo que quebrantase la unidad y la eficacia del Partido en tanto que instrumento político, de la noche a la mañana la Rusia soviética podría pasar de ser una de las sociedades nacionales más fuertes a una de las más débiles y lamentables.

Así, el futuro del poder soviético puede no estar en absoluto tan seguro como haría parecer a los hombres del Kremlin la capacidad rusa para el autoengaño. [...] sigue existiendo la posibilidad (considerable en nuestra opinión) de que el poder soviético, al igual que el mundo capitalista que áquel se imagina, lleve consigo la semilla de su propia decadencia, cuyos brotes ya están muy desarrollados.

Queda claro que los Estados Unidos no pueden esperar el mantenimiento de relaciones amistosas con el régimen soviético en un futuro previsible. Deben seguir viendo a la Unión Soviética como un rival y no como un socio en el terreno político. [...] El contrapeso a esto es que Rusia, en tanto que opuesta al mundo occidental en general, es todavía y con mucho la parte más débil; que la política soviética es muy flexible; y que la sociedad soviética puede adolecer de carencias que con el tiempo debilitarán su propio potencial total. Esto justificaría por sí solo que los Estados Unidos adoptaran con confianza razonable una política de contención diseñada para hacer frente a los rusos, con fuerza de contención inalterable, en cada punto en el que muestren signos de socavar los intereses de un mundo estable y pacífico.

Pero en realidad las posibilidades de la política estadounidense no se limitan de ningún modo a mantener una posición y esperar que todo salga bien. Para los Estados Unidos es del todo posible influir con sus acciones en la evolución interna tanto de Rusia como del conjunto del movimiento comunista internacional. Se trata de la capacidad de los Estados Unidos para proyectar en los pueblos del mundo la imagen de un país que sabe lo que quiere, que se enfrenta victoriosamente a sus problemas internos y a las responsabilidades de una potencia mundial, y que tiene una vitalidad espiritual capaz de estar a la altura de las más importantes corrientes ideológicas de nuestro tiempo [...].

Así, ciertamente la decisión recaerá en gran medida en este mismo país. El tema de las relaciones soviético-estadounidenses es fundamentalmente un test sobre la valía global de los Estados Unidos en tanto que nación entre las naciones. Para evitar la destrucción, los Estados Unidos sólo necesitan ponerse a la altura de sus mejores tradiciones y demostrar que son capaces de mantenerse como una gran nación.

Seguramente nunca hubo un test para demostrar la categoría nacional tan justo como éste. A la luz de estas circunstancias, un observador reflexivo de las relaciones ruso-americanas no encontrará motivo de queja en el reto lanzado por el Kremlin a la sociedad estadounidense. Más bien sentirá cierta gratitud hacia la Providencia que, al proporcionar al pueblo estadounidense este reto implacable, ha hecho depender la seguridad de toda la nación de la unión de sus fuerzas, y de su aceptación de las responsabilidades de liderazgo moral y político que la historia le tenía manifiestamente reservado.

LECTURA 2. J. Nyerere, «¿Una lucha social transnacional?» (Discurso pronunciado el 12 de febrero de 1979 por el presidente de Tanzania, Julius Nyerere, ante la reunión ministerial del «Grupo de los 77»). Fuente: C. Zorgbibe, *Textes de politique internationale depuis 1945*, PUF, París, 1985, pp. 96-103 (extractos). (Trad. por J. Ibáñez.)

El Grupo de los 77 ha nacido porque el Tercer Mundo ha comprendido que debía hablar con una sola voz en las sesiones de la Conferencia de Naciones Unidas sobre el Comercio y el Desarrollo, así como en las otras reuniones dedicadas a los problemas económicos mundiales. Cuando estabámos aislados éramos débiles; por ello hemos realizado consultas multilaterales, y por ello cuarenta naciones más se han unido a las reuniones del Grupo de los 77 desde la primera reunión celebrada en Argel en 1967. Independientemente de la filosofía económica de nuestras naciones, todos nos hemos dado cuenta de que los esfuerzos individuales encaminados a desarrollar nuestras economías nacionales chocaban contra un muro de inmenso poder, el poder de las naciones ricas y de las influyentes firmas transnacionales.

Tanto los países recientemente descolonizados como los países más antiguos de América Latina habían heredado la misma idea de la cultura euro-americana dominante: trabajad mucho y seréis prósperos. Poco a poco, todos hemos descubierto que no existía relación de causa-efecto entre el ardor en el trabajo y la prosperidad. ¡Siempre parecía haber alguna cosa externa que rompía esa supuesta relación! La pretendida neutralidad del mercado mundial resultaba ser la neutralidad entre el explotador y el explotado, entre el ave de presa y su víctima. Cuando en la búsqueda de recursos para sobrevivir aplicábamos al pie de la letra los medios preconizados para atraer capitales —ya no digo para desarrollarnos— siempre parecíamos acabar, bien bajo la férula, o casi, de las firmas transnacionales, bien padeciendo las políticas deflacionistas del FMI, cuando no eran ambas circunstancias al mismo tiempo. No avanzábamos, íbamos de mal en peor. Incluso al intentar únicamente garantizar nuestras exportaciones e importaciones tradicionales, constatábamos que, cuanto más trabajábamos, más disminuía nuestro poder adquisitivo.

De ahí que nos hayamos reunido para negociar con los estados industrializados los cambios que deben ser introducidos en las reglas y prácticas que rigen las finanzas y los intercambios mundiales. El sistema actual ha sido instituido por los estados industrializados para servir a sus intereses. ¡Se trata de un hecho histórico y no de un juicio moral! El resultado es que el grupo de naciones industrializadas —que actúan claramente en tanto que grupo cuando tratan con otros países— controla las finanzas y los intercambios internacionales, y dispone asimismo de las riquezas acumuladas durante siglos de colonización y de diplomacia de las armas, gracias igualmente al avance inicial en las técnicas de producción masiva. Una vez más, se trata de hechos, no de juicios morales. Si en este asunto la moral ha de desempeñar algún papel, y ésta es sin duda mi opinión, dicho papel afecta al futuro. Pues nosotros, el Tercer Mundo, exigimos ahora que sean modificados los sistemas que enriquecen a los ricos y que empobrecen a los pobres, a fin de no descolgarnos de los otros cambios ocurridos en el mundo: el fin del colonialismo, los progresos de la tecnología, y la renovada aspiración de la humanidad a la igualdad y a la dignidad humana.

El Tercer Mundo exige este cambio siendo plenamente consciente de algunos datos esenciales, y a causa de ellos. El 70 por 100 de la población mundial, es decir el Tercer Mundo, tan sólo dispone del 12 por 100 del producto nacional bruto. Como ha dicho Barbara Ward, los ricos países industriales controlan el 80 por 100 de los intercambios y de las inversiones mundiales, el 93 por 100 de la industria y cerca del 100 por 100 de la investigación. La distancia entre las rentas sigue agrandándose, incluso entre los países industrializados y los países del Tercer Mundo en los que la renta *per cápita* es «elevada». La mayor parte de los intercambios del Tercer Mundo siempre se realizan con las naciones desarrolladas; en el sector de los transportes son las relaciones con el mundo desarrollado las que predominan; la tecnología utilizada por el Tercer Mundo es una tecnología puesta a punto por y para el mundo desarrollado, el cual controla también el empleo en ella.

En otros términos, no son las naciones del Tercer Mundo las que han conformado el aparato de producción y de intercambios del mundo, y prácticamente no tienen voz ni voto. Este dominio de fuerzas sobre el que no tenemos ningún control es el que todos rechazamos. Si hemos formado el Grupo de los 77 es para poder tratar en pie de mayor igualdad con el bloque que existía y que detentaba el poder. Nuestra unidad está hecha fundamentalmente de oposición, y es una unidad de nacionalismos.

En efecto, nuestros diversos nacionalismos son los que nos han acercado, y no los ideales de fraternidad humana, de igualdad entre los hombres o de amistad recíproca. Las razones inmediatas de la participación de todas las naciones en el Grupo de los 77 han dependido, en cada caso, de la intensidad de las frustraciones económicas infligidas por un poder exterior. Ya quisieran «desarrollarse», «industrializarse», «vencer la miseria», o incluso simplemente estar capacitados para actuar como nación independiente, los intereses continuaban siendo africanos, latinoamericanos o asiáticos y, en este marco, Tanzania, Argentina o Malaisia se mantendrían como tales. Al mostrarnos que la independencia jurídica no tenía necesariamente como corolario la libertad económica, la experiencia práctica ha conducido a la mayoría de nuestros países a considerar la cooperación con aquellos que se encontraban en situación similar.

Insisto en que nuestro nacionalismo es el que nos ha impuesto la unidad, ya que somos nosotros mismos los que nos tenemos que entender para alcanzar nuestros objetivos. Los miembros del Grupo de los 77 no comparten una ideología común. Entre ellos hay regímenes que se denominan abiertamente socialistas «científicos», o simplemente socialistas, o también capitalistas, teocráticos o fascistas. No todos mantenemos buenas relaciones entre nosotros, y algunos de los países aquí representados se encuentran actualmente en guerra. Nuestra renta nacional *per cápita* se sitúa entre los 100 y los 2.000 dólares al año. Algunos poseen recursos minerales, otros no; algunos carecen de litoral, otros se encuentran perdidos en medio de inmensos océanos. La pertenencia al Grupo de los 77 no está basada en ningún criterio económico, social o ideológico: el Grupo es heterogéneo.

Los intereses inmediatos y las prioridades en materia de negociación son, pues, muy diversos en el Grupo, y por ello será preciso crear subgrupos. Están los países de la OPEP, los países más seriamente afectados, los países menos avanzados, los países que han accedido recientemente a la industrialización, los países sin litoral, etc.; esta clasificación es realizada unas veces por nosotros mismos y otras veces por otros países, pero la aceptamos por razones prácticas. En efecto, las subdivisiones pueden ser útiles, ya que nos permiten mantener negociaciones a fondo sobre puntos precisos con los países industrializados, y asimismo garantizar el respeto de todos los intereses presentes dentro del Grupo a la hora de elaborar nuestra estrategia general.

Pero también son negociaciones peligrosas. Indefectiblemente, tienen lugar arreglos particulares en aquellos subgrupos que adquieren un sentimiento de unidad propio, el cual puede ser dirigido contra los otros subgrupos, en lugar de ser un sentimiento de unidad para con éstos frente al orden mundial existente. En tal caso, se hace difícil la utilización en las negociaciones de la ventaja de que se dispone en un área para ganar terreno en otra área en la que es el adversario el que dispone de ventaja. «Divide y vencerás» es un método antiguo de dominación, y las naciones desarrolladas no ignoran su eficacia.

Dicho esto, nuestra diversidad se inscribe en una experiencia común y primordial. Nuestro punto en común es que todas nuestras naciones son dependientes, y no independientes, del mundo desarrollado. Cada una de nuestras economías es un «subproducto» y una «filial» de las economías desarrolladas del Norte industrializado, y está orientada al exterior. No somos los amos de nuestro destino. Sentimos vergüenza al admitirlo, pero a nivel económico somos territorios dependientes —como mucho semicolonias—, y no estados soberanos.

Así ocurre en el caso de cada uno de los países aquí representados. Los países miembros de la OPEP se reunieron para fijar el precio del petróleo en 1973. Este acto histórico que sacudió al mundo ha mejorado sensiblemente el poder de negociación de los países exportadores de petróleo y ha animado a los otros productores de materias primas. Sin embargo, desde entonces los países miembros de la OPEP han podido comprobar, y todos lo hemos constatado una vez más, que, por muy poderoso que sea, un sindicato que defiende sólo los intereses de una fracción de los trabajadores de una empresa no puede por sí solo cambiar la esencia de las relaciones entre patrón y empleados.

Y luego están los gigantes del Tercer Mundo: la India, Indonesia y Brasil. Aunque estos tres países, con alrededor de 900 millones de habitantes, se separaran de los otros países del Tercer Mundo y adoptaran una posición común, no escaparían a la realidad de la dominación del grupo de los países desarrollados. Como mucho, podrían obtener concesiones marginales y provisionales, porque el hecho es que la unidad de los subgrupos del Tercer Mundo, incluso de los más poderosos, no basta para permitir a los países que los componen actuar verdaderamente en el panorama económico mundial, y no sólo conformarse con reaccionar.

La unidad del Tercer Mundo en su totalidad es necesaria para transformar radicalmente el sistema económico mundial actual.

Sin embargo, las presiones que intentan desunirnos son fuertes. Se adula a los países mejor situados, se les corteja y se les proponen condiciones de favor en tal o cual terreno en el que tienen un interés inmediato. En el interior de cada subgrupo —ya se trate de los países de la OPEP o de los países menos favorecidos— existen fuerzas dispuestas a aceptar las ofertas de trato especial o de representación especial y, en lugar de utilizar estas ventajas para contribuir al progreso del Tercer Mundo, a desinteresarse acto seguido de la lucha general. Estas fuerzas todavía no han triunfado en ningún país, pero sería aventurado pensar que no existen, y no desaparecerán como por arte de encantamiento. La recesión europea nos hace temblar, y de nuestra desesperanza surge una fuerte tentación de recogimiento nacional en lugar de contribuir a cerrar las filas del Grupo.

He dicho en voz alta lo que a veces se dice en privado. He actuado así porque, para afrontar un peligro, hace falta conocerlo. La desunión sería un gran paso atrás en relación con nuestras esperanzas; supondría renunciar a una inmensa fuente posible de poder. En efecto, la diversidad del Tercer Mundo puede reforzarnos, y no debilitarnos, si conseguimos el compromiso de mantenernos unidos en la negociación y en la acción.

A veces, nosotros los políticos hablamos como si para transformar el orden económico mundial actual sólo pudiéramos elegir entre el diálogo o el enfrentamiento con las naciones ricas. Yo mismo he utilizado este lenguaje en los países desarrollados. En efecto, es una especie de fórmula lapidaria que permite comprender rápidamente que lo que es verdad en un país también lo es entre países. Si el orden antiguo no se transforma ordenadamente, el enfrentamiento será inevitable tanto a nivel nacional como internacional. Pero partiendo de esta idea hemos razonado como si el Tercer Mundo se encontrara ante una elección estratégica: negociar con los estados ricos o declararles una guerra económica a ultranza. Sobre esta base, hemos llegado a sentirnos obligados a justificarnos ante nuestros propios pueblos y ante los otros. Cuando participamos en el diálogo, intentamos justificarnos como si el hecho de negociar significara una capitulación o un debilitamiento de nuestra posición con respecto a nuestros objetivos. Cuando el diálogo queda bloqueado, intentamos justificar el enfrentamiento como si hubiéramos dejado de atender a razones, o incluso nos hubiéramos vuelto irracionales, e intentásemos provocar una guerra económica a ultranza que no podemos ganar.

No creo que estemos ante una tal alternativa. No tenemos por qué elegir entre el diálogo y el enfrentamiento con los países ricos; no existe ninguna razón para que nos sintamos obligados a justificarnos sobre la negociación o sobre el rechazo de continuar una discusión y volver a la acción directa. De alguna manera formamos un sindicato de los países pobres. A veces, quizás la mayor parte del tiempo, negociaremos ciertos aspectos de las exigencias relativas al establecimiento del nuevo orden económico internacional y nos conformaremos con el mejor compromiso posible en un momento determinado. Pero, a veces, quizá nos veremos obligados a iniciar una huelga para manifestar que ciertas cosas ya no son aceptables.

No obstante, la fuerza de un sindicato depende de su unidad y, en el momento de decidir si un compromiso es aceptable o no, debemos tener en cuenta las realidades políticas: en nuestro caso, hay 117. En efecto, el Tercer Mundo no dispone de un fondo de reserva, y la huelga de hambre en ningún caso podría ser el arma de los hambrientos. Por ejemplo, pedir a países como Zambia o Chile que dejen de exportar cobre a los países industrializados sería pedirles que se suicidaran, lo cual no podrían aceptar sus gobiernos, como es natural; pidiéndoles que lo hicieran romperíamos la unidad del Tercer Mundo. Esta debilidad nuestra es a veces exagerada, pero los países desarrollados conocen bien nuestra situación, y amenazarlos con el recurso al enfrentamiento en lugar de recurrir al diálogo no les asusta.

Pero también es cierto que el tipo de diálogo que hemos mantenido —en la UNCTAD, en París, en Ginebra, en Nueva York y en todas partes— no ha producido ningún cambio fundamental en el orden económico mundial. No pretendo decir que el diálogo ha sido inútil, pues ahora existen grupos, e incluso pequeñas naciones en el mundo industrializado, que han comprendido que las injusticias actuales ya no pueden ser toleradas y que un cambio ordenado se ha hecho necesario, tanto en interés suyo como en el nuestro. Esta tendencia es alentadora, pero el problema persiste: no hemos conseguido cambiar la estructura del poder. El orden mundial sigue siendo contrario a los intereses de los pobres.

LECTURA 3. Mijaíl Gorbachov, «Cómo vemos nosotros el mundo actual», en *Perestroika*, Ediciones B, Barcelona, 1988 (4.ª ed.; 1.ª ed., 1987), pp. 125-147 (extractos). (Selec. por J. Ibáñez.)

Dónde estamos

[...] ¿Cómo es el mundo en el que todos vivimos, este mundo de las actuales generaciones de la humanidad? Es un mundo diverso, variado, dinámico e impregnado de tendencias opuestas y agudas contradicciones. Es un mundo de fundamentales cambios sociales, de amplia revolución científica y tecnológica, de problemas globales cada vez más agudos, en el aspecto de la tecnología y también en el de materias primas, y de cambios radicales en la información. Es un mundo en el que unas posibilidades inauditas de desarrollo y progreso marchan paralelas a la más abyecta pobreza, el atraso y el medievalismo. Es un mundo en el que existen varios «campos de tensión».

[...] ¿Cabe esperar unas relaciones normales y justas, procedentes exclusivamente de los intereses de la Unión Soviética, Estados Unidos, Gran Bretaña o Japón? ¡No! Se necesita un equilibrio de intereses y, por el momento, no existe tal equilibrio. Ahora, los ricos se enriquecen más y los pobres se empobrecen más. Sin embargo, en el Tercer Mundo se están efectuando procesos capaces de alterar todo el sistema de las relaciones internacionales.

[...] Y nosotros no nos hemos limitado a leer de nuevo la realidad de un mundo multicolor y multidimensional. No sólo hemos evaluado la diferencia en los intereses de cada estado individual. Hemos contemplado la cuestión principal: la creciente tendencia a una interdependencia de los estados de la comunidad mundial. Tal es la dialéctica del desarrollo actual. El mundo —contradictorio y social y políticamente diverso, pero sin embargo intercomunicado y en gran parte integral— se está formando con grandes dificultades, como si tanteara su camino a través de un conflicto de factores opuestos.

Otra realidad no menos obvia de nuestro tiempo es la aparición y el empeoramiento de las llamadas cuestiones globales, que también se han tornado vitales para los destinos de la civilización. Me refiero a la conservación de la naturaleza, la condición crítica del medio ambiente, de la atmósfera y de los océanos, y de los recursos tradicionales de nuestro planeta, que se han revelado como no ilimitados. Me refiero a antiguas y nuevas enfermedades terribles y a la preocupación común de la humanidad: ¿Cómo pondremos fin al hambre y a la pobreza en vastas zonas de la Tierra? Me refiero a la inteligente labor conjunta para la explotación del espacio exterior y de los océanos mundiales, y el uso de los conocimientos obtenidos en beneficio de la humanidad.

[...] La Unión Soviética por sí sola no puede resolver todas estas cuestiones. Y no nos avergüenza repetir estas palabras, ni solicitar la cooperación internacional. Decimos con plena responsabilidad, dejando de lado falsas consideraciones de «prestigio» que, en el mundo actual, todos nosotros dependemos cada vez más unos de otros y que cada vez somos más necesarios los unos para los otros. [...] La necesidad de unos procedimientos y mecanismos internacionales, justos y efectivos, que aseguren la utilización racional de los recursos de nuestro planeta como propiedad de toda la humanidad, se hace cada vez más acuciante.

Y es aquí donde vemos nuestra interdependencia, la integridad del mundo, la necesidad imperativa de compartir los esfuerzos de la humanidad en aras de su autoconservación, para su beneficio hoy, mañana y a lo largo de todos los tiempos.

En último lugar, pero no por ello menos importante, existe otra realidad que debemos reconocer. Al entrar en la era nuclear y utilizarse la energía del átomo para fines militares, la humanidad ha perdido su inmortalidad. En el pasado hubo guerras, guerras espantosas que se cobraron millones y millones de vidas humanas, que convirtieron ciudades y pueblos en ruinas y cenizas, y que destruyeron naciones enteras junto con sus culturas. Sin embargo, la continuación de la humanidad no se vio amenazada. En cambio, hoy, si estalla una guerra nuclear, todo ser viviente será borrado de la faz de la Tierra.

[...] La carrera de armamentos, al igual que la guerra nuclear, no puede tener ganador [...].

El tiempo está maduro para desechar actitudes de política exterior que se basen en un punto de vista imperial. Ni la Unión Soviética ni Estados Unidos tienen nada que imponer por su voluntad a otros. [...] Por esta razón, sólo queda una cosa, que son las relaciones de igualdad. [...] Junto con las citadas realidades de las armas nucleares, la ecología, la revolución científica y tecnológica, y la información, también esto nos obliga a respetarnos entre nosotros y respetar a todos. Tal es nuestro mundo: complejo pero no carente de esperanza. Sostenemos la opinión de que todo puede ser resuelto, pero que cada uno debe repensar su papel en este mundo y actuar con responsabilidad.

Nuevo pensamiento político

[...] Tras haber adoptado en el XXVII Congreso [del PCUS] el concepto de un mundo contradictorio pero interconectado, interdependiente y esencialmente integral, empezamos a construir nuestra política exterior sobre esta base. Sí, nosotros seguimos siendo diferentes en lo que se refiere a nuestro sistema social, nuestras opiniones ideológicas y religiosas, y nuestra modalidad de vida. Desde luego, permanecerán ciertas distinciones. Sin embargo, ¿debemos pelear a causa de ellas? ¿No sería más adecuado prescindir de las cosas que nos dividen, en beneficio de los intereses de toda la humanidad, en beneficio de la vida en la Tierra? Hemos tomado nuestra opción, fijando una nueva actitud política, tanto mediante nuestras manifestaciones vinculantes, como por logros y acciones específicas.

[...] El papel de las Naciones Unidas, con su experiencia en el perfeccionamiento de la cooperación internacional, es más importante que en cualquier momento anterior.

Es cierto que los esfuerzos de Naciones Unidas no siempre han tenido éxito, pero, en mi opinión, esta organización es el foro más apropiado para buscar un equilibrio en los intereses de los estados, que tan esencial resulta para la estabilidad del mundo.

[...] El principio fundamental de la nueva perspectiva es muy sencillo: *la guerra nuclear no puede ser un medio para conseguir objetivos políticos, económicos, ideológicos o de cualquier otra clase*. Esta conclusión es verdaderamente revolucionaria, ya que significa descartar las nociones tradicionales de guerra y paz. Es la función política de la guerra la que la ha justificado siempre, atribuyéndole una explicación «racional». La guerra nuclear carece de sentido, es irracional. No habría ni vencedores ni vencidos en un conflicto nuclear global, y la civilización mundial perecería inevitablemente. Sería un suicidio, más que una guerra en el sentido convencional de la palabra.

[...] Por primera vez en la historia, basar la política internacional en unas normas morales y éticas que sean comunes a toda la humanidad, así como en unas relaciones interestatales humanas, se ha convertido en una exigencia vital. De la imposibilidad de una solución militar, o sea nuclear, para las diferencias internacionales, deriva una nueva dialéctica de fuerza y seguridad. La seguridad ya no puede quedar garantizada por medios militares.

[…] La nueva perspectiva política exige el reconocimiento de un axioma muy simple: la seguridad es indivisible. Se trata de una seguridad igual para todos, o de lo contrario ninguna seguridad para nadie. […] Por tanto, los adversarios deben convertirse en socios y comenzar a buscar conjuntamente los medios para conseguir una seguridad universal. […]

La seguridad universal de nuestro tiempo se apoya en el reconocimiento del derecho de cada nación a escoger su propio camino de desarrollo social, en la renuncia a la interferencia en los asuntos internos de otros estados, y en el respeto a los demás en combinación con una visión objetiva y autocrítica de la propia sociedad. Una nación puede elegir entre el capitalismo o el socialismo. Tal es su derecho soberano. Las naciones no pueden ni deben amoldar su vida ni bajo el modelo de Estados Unidos ni bajo el de la Unión Soviética. Por consiguiente, las posturas políticas deben estar libres de toda intolerancia ideológica.

Las diferencias ideológicas no debieran transferirse a la esfera de las relaciones interestatales, ni la política exterior debiera estar subordinada a ellas, ya que las ideologías pueden ser polos opuestos, en tanto que el interés de la supervivencia y la prevención de la guerra se mantienen con un carácter universal y supremo.

A la par con la amenaza militar, la nueva modalidad de pensamiento político tiene en cuenta la solución de otros problemas globales, incluidos los del desarrollo económico y la ecología, como una condición indispensable para asegurar una paz justa y duradera. Pensar de esta nueva manera significa también observar un vínculo directo entre desarme y desarrollo. Somos partidarios de la internacionalización de los esfuerzos para convertir el desarme en un factor de desarrollo […].

Nuestro camino hacia una nueva perspectiva

[…] Algunos de los postulados que parecían inquebrantables en otros tiempos deben ser abandonados. […] La espina dorsal de la nueva manera de pensar es el reconocimiento de la prioridad de los valores humanos, o, para ser más precisos, de la supervivencia de la humanidad.

A algunos puede parecerles extraño que los comunistas hagan tanto hincapié en los intereses y valores humanos. […] Las nociones humanitarias eran vistas como una función y como un resultado final de la lucha de la clase obrera, la última clase que, al liberarse de sí misma, libera toda la sociedad de los antagonismos de clase.

Pero ahora, con la aparición de un armamento masivo, capaz de provocar una destrucción universal, existe un límite objetivo para la confrontación de clases en la arena internacional: la amenaza de una destrucción universal. Por primera vez, surge un interés humano común, real y no especulativo y remoto, para salvar a la humanidad del desastre. […]

Era una creencia aceptada la de que el origen de las guerras mundiales radicaba en contradicciones entre los dos sistemas sociales […].

Al desarrollar nuestra filosofía pacífica, hemos mirado con nuevos ojos la interdependencia de guerra y revolución. En el pasado, la guerra servía a menudo para detonar la revolución […]. Pero cuando las condiciones cambiaron radicalmente, hasta el punto de que el único resultado de una guerra nuclear sólo podría ser la destrucción universal, sacamos una conclusión acerca de la desaparición de la relación causa-efecto entre guerra y revolución. […] En el XXVII Congreso del PCUS «divorciamos» claramente los temas de guerra y revolución […].

La competencia económica, política e ideológica entre países capitalistas y socialistas es inevitable. Sin embargo, puede y debe mantenerse en una estructura de competición pacífica, lo que necesariamente significa cooperación. A la historia le corresponde juzgar los méritos de cada sistema particular […].

Cabe preguntarse por qué nosotros conservamos y modernizamos el armamento, así como las fuerzas armadas. Al respecto puedo dar una respuesta precisa, puesto que yo soy el presidente del Consejo de Defensa de la Unión Soviética. Desde la Revolución de Octubre, nos hemos encontrado bajo la amenaza permanente de una agresión potencial. Que se ponga en nuestro lugar quien quiera hacerlo [...].

[...] estamos sinceramente preparados para el desarme, pero sólo sobre una amplia base de seguridad equitativa, y de cooperación en un frente muy amplio. [...]

Por una política exterior sincera y abierta

Los dirigentes soviéticos pugnan por manejar los asuntos exteriores siguiendo un nuevo camino. [...]

En realidad, hemos excluido toda discrepancia entre lo que les decimos a nuestros interlocutores extranjeros detrás de unas puertas cerradas, y lo que declaramos y hacemos en público. Debo confesar que yo [...] soy partidario [...] de una política abierta, y que realmente funcione. No debe tratarse de una política de dos caras, ya que su fiabilidad es una condición indispensable para la estabilidad internacional [...].

Creo que el nuevo estilo en las relaciones internacionales implica que éstas amplíen sus estructuras mucho más allá de los límites del proceso diplomático propiamente dicho. Los parlamentos se están mostrando cada vez más activos en los contactos internacionales, a la par con sus gobiernos, y ésta no deja de ser una evolución alentadora, puesto que señala una tendencia a una mayor democracia en las relaciones internacionales. La invasión en gran escala de este dominio por parte de la opinión pública y de las organizaciones públicas internacionales y nacionales, es un signo de nuestro tiempo. Una diplomacia pública, de ciudadanía, una manera de dirigirse directamente a los pueblos, es algo que se está convirtiendo en un medio corriente para establecer contactos entre los estados. Utilizar los métodos de la diplomacia ciudadana no es un problema para nosotros. Procedemos a partir de la comprensión de que toda la carga de la carrera de armamentos, por no mencionar las posibles consecuencias de los conflictos internacionales, gravita sobre el pueblo, y queremos que la posición de la Unión Soviética quede bien clara para todos los pueblos del mundo [...].

CAPÍTULO VI

LA SOCIEDAD INTERNACIONAL EN LA ERA DE LA GLOBALIZACIÓN

La sociedad internacional, a partir de la caída del muro de Berlín, es el centro de interés de este último capítulo. El período de tiempo es relativamente corto, pero suma dos hechos importantes: la pérdida del referente político-militar (bipolarismo) que había marcado la sociedad internacional desde el final de la segunda guerra mundial y la situación de «turbulencia», en el sentido metafórico que otorga Rosenau al término: una situación de incertidumbre y de gran conmoción[1]. En relación a este período de tiempo, DEL ARENAL ha escrito que en el mismo se observa «un cambio en las relaciones internacionales, tanto a nivel de realidades como de percepciones, de tal magnitud y profundidad como no se había producido desde el Renacimiento europeo»[2]. Lo cual anuncia la dificultad que supone encontrar claves explicativas para abordar una sociedad internacional que muchos identifican con la era de la globalización. Las grandes dinámicas que caracterizan, de modo genérico, a la sociedad internacional actual (anarquía *vs.* orden, globalización *vs.* fragmentación, mundialización, heterogeneidad, complejidad, interdependencia) ya han sido abordadas en capítulos anteriores de esta obra. En el presente capítulo se trata de esbozar unas breves líneas orientativas que nos permitan transitar por la complejidad de la realidad internacional y, de modo especial, por los problemas más destacados; asumiendo, una vez más en estas páginas, la convivencia de cambio y continuidad en la actual sociedad internacional.

Es evidente que los analistas de las relaciones internacionales vivieron, durante décadas, «mentalmente» condicionados por la guerra fría. Aunque el mapa mental de una analista del imperio transnacional, como fue Susan STRANGE[3], se centrara en las empresas transnacionales o en los flujos financieros, no por ello podía dejar de lado un hecho evidente: esos flujos, que no saben de territorios ni de banderas, se llevaban a cabo en un mundo físico en el que las decisiones político-militares de las dos superpotencias podían estabilizar o desestabilizar regiones enteras. Lo cual no hay que confundir con capacidad para controlar dichas regiones. De ahí la agudización, y persistencia, de algunos conflictos internacionales. Todo ello nos orienta en la dirección del cambio. Lógico si tenemos en cuenta la transformación en las fracturas del sistema (la desaparición de la fractura este-oeste ha producido sacudidas

[1] J. ROSENAU, *Thinking Theory Thoroughly*, Westview Press, Boulder, 1999, p. 50.

[2] C. DEL ARENAL, «La nueva sociedad mundial y las nuevas realidades internacionales: Un reto para la teoría y la política», en *Cursos de Derecho Internacional y Relaciones Internacionales de Vitoria-Gasteiz 2001*, Servicio Editorial de la Universidad del País Vasco, 2002, p. 22.

[3] Véase S. STRANGE, «Toward a Theory of Transnational Empire» en E. O. CZEMPIEL, y J. ROSENAU, *Global Changes and Theoretical Challenges. Approaches to World Politics for the 1990s*, Lexington Books, Lexington, 1989.

notables, que han llevado hasta la aparición de conflictos armados en Europa). Sin embargo, como se recoge al inicio de esta obra, se trata de un terremoto y no de un *big bang*. En consecuencia, los cambios en «cascada», haciendo uso recurrente de la «plástica» terminología de ROSENAU[4], dejan tras de sí enormes espacios de continuidad. En otras palabras, los cambios en Europa, que han de llevar en 2004 a la incorporación de antiguos países del bloque del Este a la Unión Europea, contemporizan con el mantenimiento de la pobreza en buena parte del planeta (1.200 millones de personas viven con menos de un dólar diario).

El presente capítulo se compone de cuatro apartados. El primero de ellos establece unos parámetros o líneas orientativas que nos han de servir para explicar el funcionamiento de la sociedad internacional en la era de la globalización. A efectos de análisis, se ha circunscrito la complejidad internacional, en la que nuevos temas van a ganar relevancia, a tres agendas diferenciadas: agenda militar, agenda económica y agenda global. El concepto de agenda, definido como «un grupo de cuestiones (*cluster of issues*) en torno al cual se organiza actividad política»[5] es útil para ordenar la explicación, aunque, como veremos, en estas páginas la agenda internacional es cada día más interdependiente y conexa en todas sus manifestaciones. Así, por ejemplo, los conflictos armados (uno de los temas más clásicos de la agenda militar) son, hoy en día, inseparables de la globalización económica (zonas del mundo al margen de los flujos de inversión, economía criminal en forma de explotación minera, tráfico de armas o narcotráfico) e inseparables de las redes de individuos, características de la agenda global (ONG de asistencia humanitaria, grupos de mercenarios). Los otros tres apartados del capítulo se dedican sucesivamente a un aspecto importante de cada una de dichas agendas. Así se abordan, sucesivamente, como temas relevantes en la sociedad internacional actual los siguientes: *Pax Americana*; desigualdad, pobreza y desarrollo; y, finalmente, medio ambiente.

1. AGENDAS INTERNACIONALES: VIOLENCIA, GLOBALIZACIÓN Y CIUDADANOS

Comprender y explicar la sociedad internacional actual, cargada de incertidumbre y de conmoción, no es sencillo. Como apunta Michael COX, «escribir algo significativo acerca de un tema en constante evolución no es nada fácil»[6]. A pesar de ello, y a riesgo de ser «insignificante», este apartado pretende apuntar lo que, a nuestro parecer, son hoy en día las grandes tendencias (circunscritas a tableros de juego o a agendas, tal y como veremos a continuación), que nos permiten organizar una explicación en torno a la actual sociedad internacional.

Tendencias que, como ya se ha dicho, no nacen en Berlín en 1989, sino que tienen una «historia» más larga. En ese sentido, el historiador Geir LUNDESTAD ha precisado dicha visión al escribir: «[...] en los últimos años, el mundo ha cambiado de forma espectacular y podría parecer que hemos entrado claramente en un nuevo

---

[4] Véase J. ROSENAU, *Turbulence in World Politics. A Theory of Change and Continuity*, Harvester Wheatsheaf, Londres, 1990.

[5] B. WHITE, R. LITTLE y M. SMITH (eds.), *Issues in World Politics*, Palgrave, Nueva York, 2001, p. 2.

[6] M. COX, «Rethinking the End of the Cold War», *Review of International Studies*, vol. 20, n.º 2, 1994, p. 187.

período que, a falta de un término mejor, llamamos el mundo de la posguerra fría. Sin embargo, las raíces de cada nuevo período se encuentran en el anterior, y siempre queda algo de lo anterior en lo nuevo. El término posguerra fría nos dice que la guerra fría ha acabado, pero nos deja planteada la cuestión de saber cuánto es lo que en realidad ha cambiado»[7].

Intentar lo «insignificante» —ordenar la continuidad dentro del cambio a efectos explicativos— no es fácil. De hecho, esta exposición es tan «falsa» como cualquier otra, teniendo en cuenta que nos las tenemos que ver, como apunta DEL ARENAL, con «un sistema internacional en profunda mutación [...], cargado de incertidumbres [...], contradicciones, singularidades y limitaciones»[8], en el que los temas se entrecruzan y se solapan sin cesar.

Hay que comenzar recordando que la guerra del Golfo (1991), primero, y el desmembramiento de la Unión Soviética (1991), después, constituyen los hitos de un problema que, en términos teóricos, se traduce en el cuestionamiento de la distribución del poder en el sistema internacional de la posguerra fría. En otras palabras, ¿cuál es la actual estructura del sistema? El intento de buscar respuestas a dicha pregunta nos lleva, previamente, a recordar la transformación sufrida por el poder y ver cómo le afecta el final de la guerra fría. En ese sentido, Andrés ORTEGA apunta que «si la globalización y la reticularización implican menos poder político, también el fin de la Guerra Fría —enfrentamiento que tenía un poder estructurador— se ha llevado consigo a la tumba una parte del poder que había en el mundo»[9].

De ahí la advertencia de Jack SNYDER a los analistas del sistema, al recordar que «especialmente en el mundo multipolar, interdependiente y crecientemente complejo que está surgiendo en la actualidad, la teoría parca de los sistemas necesita abrirse al análisis de las interacciones complejas entre los subsistemas militar, económico y doméstico»[10]. Advertencia que introduce mayores dificultades a la hora de definir las bases de la estructura. Aspecto que ya destacaba Kal HOLSTI en relación con la década de los ochenta en su conjunto, advirtiendo que ya no existe un único sistema de estratificación en el mundo y sobre todo un único criterio que permita establecer una sola jerarquización entre los estados[11]. En suma, lo apuntado por dichos autores nos lleva a afirmar que *los esquemas de poder y de influencia a nivel global cambian en razón del ámbito (militar, económico, social) y de la fuente de autoridad (estados, organizaciones internacionales, empresas, individuos organizados).*

A efectos de análisis, vamos a hacer uso en estas páginas del símil desarrollado por Joseph NYE para describir la actual estructura del sistema internacional (distri-

---

[7] G. LUNDESTAD, «Beyond the Cold War: New and Old Dimensions in International Relations» en G. LUNDESTAD, y O. A. WESTAD (comps.), *Beyond the Cold War: New Dimensions in International Relations*, Scandinavian U.P., Oslo, 1993, p. 245. La pregunta planteada por Lundestad —saber cuánto es lo que en realidad ha cambiado— ha constituido en los primeros años noventa la «razón de ser» de muchas publicaciones. Véase, entre otras, D. M. SNOW, *The Shape of the Future. The Post-Cold War World*, M.E. Sharpe, Nueva York, 1991.

[8] C. DEL ARENAL, «El nuevo escenario mundial y la teoría de las relaciones internacionales» en VVAA, *Hacia un nuevo orden internacional y europeo. Estudios en homenaje al profesor Don Manuel Díez de Velasco*, Tecnos, Madrid, 1993, p. 80.

[9] A. ORTEGA, *La razón de Europa*, El País-Aguilar, Madrid, 1994, p. 50.

[10] J. SNYDER, «Introduction: New Thinking about the New International System» en J. SNYDER, y R. JERVIS, *Coping with Complexity*, Westwiew, Boulder, 1993, p. 20.

[11] Idea desarrollada en K. HOLSTI, *International Politics. A Framework for Analysis*, Prentice Hall, Engle-

bución del poder). El analista estadounidense ha escrito, «hoy en día el poder se distribuye entre los países con una pauta semejante a una compleja partida de ajedrez tridimensional. En el tablero superior, el poder militar es generalmente unipolar. [...] Estados Unidos es el único país con armas nucleares intercontinentales, gigantescas fuerzas terrestres y navales dotadas de tecnología punta, y una potencial global. Pero en el tablero del centro, el poder económico es multipolar, con Estados Unidos, Europa y Japón representando dos tercios de la producción mundial, y con China como un posible jugador importante a principios de siglo, debido a su espectacular crecimiento [...] en este tablero económico Estados Unidos no es el país hegemónico y a menudo debe negociar como homólogo de Europa. Esto ha llevado a algunos observadores a denominarlo un mundo híbrido *unimultipolar*. Pero la situación es incluso más complicada y difícil de captar en la terminología tradicional del equilibrio de poderes. El tablero inferior es el reino de las relaciones transnacionales, que rebasan las fronteras, quedando fuera del control gubernamental. Este reino incluye en un extremo a agentes no estatales tan diversos como los banqueros que transfieren electrónicamente sumas de dinero mayores que la mayoría de los presupuestos nacionales, y en el otro, a los terroristas que organizan atentados y a los piratas informáticos que interfieren las operaciones realizadas por Internet. En este tablero inferior el poder está muy disperso y en él no tiene sentido hablar de unipolaridad, multipolaridad o hegemonía»[12].

Con este símil, NYE intenta perfilar mejor la idea de que la sociedad internacional es el resultado de la articulación entre dos mundos en una relación binaria. Tras el fin de la guerra fría, dicha idea ha encontrado formulaciones diversas. Así, SINGER y WILDAVSKY, aplicando una visión de conflicitividad internacional dividieron el mundo entre zonas de paz, donde impera un orden mundial democrático liberal, y zonas de caos, donde viven en un desorden mundial no-democrático[13]. ROSENAU, por su parte, dibujó dos mundos que corresponden a dos explicaciones en términos de distribución del poder: el polarismo, que comporta la clásica distribución del poder entre estados, y el multicentrismo, que incorpora a otros actores internacionales en torno a cuestiones fundamentalmente socio-económicas. Ese mundo multicéntrico sería el escenario en el que se redistribuiría la autoridad del estado tanto hacia arriba (organización supranacional, gobernanza global) como hacia abajo (gobiernos subestatales, movimientos sociales)[14]. También se puede hablar del mundo de la geoeconomía que se caracteriza por la globalización traducida en una economía mundial, frente al mundo de la geopolítica[15], un mundo interestatal en el que se dan tendencias contradictorias, ya que, por un lado, los estados se resisten a los procesos de globalización/integración (afirmación identitaria, renacionalización) y, por otro, sufren el impacto de unas sociedades más vinculadas con el medio internacional (movimientos sociales transnacionales, opinión pública sensible a los temas internacionales, etc.).

---

[12] J. NYE, *La paradoja del poder norteamericano*, Taurus, Madrid, 2003 (ed. en inglés, 2002), pp. 66-67.

[13] M. SINGER, y A. WILDAVSKY, *The Real World Order. Zones of Peace/Zones of Turmoil*, Chatham House, Chatham (NJ), 1993.

[14] J. ROSENAU, J., *Turbulence in World Politics. A Theory of Change and Continuity*, Harvester/Wheatsheaf, Londres, 1990.

[15] Los conceptos de geoeconomía y geopolítica, en el sentido aquí utilizado, son muy habituales. Véase, por ejemplo, E. N. LUTTWAK, «From Geopolitics to Geo-Economics: Logic of Conflict, Grammar of Commerce», *National Interest*, n.º 20, 1990, p. 19.

De ahí que textos de los primeros años noventa, como algunos de Stanley HOFFMANN, ya hablaran no de dos, sino de tres mundos interconectados: el diplomático-estratégico, el de la economía internacional y el de los ciudadanos[16]. Es evidente que el símil de Joseph NYE, más arriba mencionado, sigue dicha línea. Es el adoptado en estas páginas que, en lugar de hablar de mundos o de tableros, harán uso del término de agendas[17]. Eso sí, siguiendo las pautas establecidas por HOFFMANN y NYE, que no son todo lo satisfactorias que desearíamos. La tercera agenda, llámese global, transnacional o de los ciudadanos, no es equivalente a las dos anteriores (militar o diplomático-estratégica y económica). Su carácter es más difuso, pero sí algo la justifica es la existencia de una serie de temas en la agenda internacional que, más allá de tener efectos potenciales para toda la humanidad, son vistos como gestionables exclusivamente en un marco global. Naciones Unidas es el escenario privilegiado de eso que llamamos agenda global. A ello se suma que el papel de los ciudadanos, en este caso, es mucho más destacado que en las otras agendas.

De todas maneras, hay que puntualizar que la idea de un mundo complejo, con agendas diversas y conexas, no deriva del final de la guerra fría. Las transformaciones acontecidas en los años setenta (recuperación económica de Europa y Japón e irrupción con fuerza de actores transnacionales), pero sobre todo en los años ochenta (modificación de los procesos económicos derivados de la globalización y explosión de una agenda de temas globales, como la degradación mediambiental) ya dibujan una lógica compleja en un mundo en el que la bipolaridad soviético-estadounidense seguía presente. La desaparición de dicha bipolaridad introduce cambios fundamentales en el ámbito militar y, derivado de ello y dada la interconexión entre todas las agendas que conforman el juego internacional, se dejan notar en las demás, sin que suponga, de entrada, un cambio radical en las mismas. Así, por lo tanto, si nos planteamos la pregunta fundamental de quién dispone de poder estructural[18] o, en otros términos, quien establece la(s) agenda(s) internacional(es) y quien diseña las normas de funcionamiento es evidente que el único tablero que sufre una transformación radical en la posguerra fría es el militar.

Sin embargo, al margen de la agenda militar, nos vamos a encontrar con un discurso bien instalado antes del fin de la guerra fría y que incide, fundamentalmente, en las otras agendas (económica, global). Empecemos con otra pregunta: ¿cómo se establece el orden? Esta pregunta tiene respuestas clásicas bien conocidas: el equilibrio del poder, para los realistas, y el establecimiento de un gobierno mundial, para los idealistas. Sin embargo, el mundo al que nos enfrentamos ha sido calificado, una vez más por ROSENAU, como un mundo donde existe *governance without government*[19]. En otras palabras que, a pesar de la inexistencia de un gobierno dotado de autoridad formal (anarquía internacional), nos encontramos con situaciones de autoregulación por parte de los actores internacionales. Situación que se da, sobre todo,

---

[16] Tema desarrollado en S. HOFFMANN, «A New World Order and its troubles», *Foreign Affairs*, vol. 69, n.º 4, 1990, pp. 115-122.

[17] Hay manuales de Relaciones Internacionales que han hecho dicha opción para el análisis de la sociedad internacional desde 1945. Véase S. WOODBY y M. L. COTTAM, *The Changing Agenda. World Politics since 1945*, Westview Press, Boulder, 1991.

[18] El concepto de poder estructural ha sido abordado en el capítulo III de este libro.

[19] J. ROSENAU y E. O. CZEMPIEL (eds.), *Governance without Government: Order and Change in World Politics*, Cambridge U.P., Cambridge, 1992.

en aquellos ámbitos más propicios a la percepción de intereses comunes; caso de las crisis financieras o de los desastres mediambientales, por poner dos ejemplos. Josep IBÁÑEZ ha escrito que «más allá de lo que la extensión del término *governance* puede tener de moda o de triunfo de una imposición ideológica, lo cierto es que la naturaleza y el ritmo de los cambios asociados a la globalización, especialmente en su dimensión económica, han puesto de relieve durante las dos últimas décadas la necesidad de gobernar la economía política global»[20].

El término *governance* (gobernanza) establece una lógica de continuidad en la sociedad internacional de las dos últimas décadas, tal y como acabamos de ver. Entendiendo la gobernanza como una manera de gobernar que se propone como objetivo el logro de un desarrollo económico, social e institucional duradero, promoviendo un sano equilibrio entre el Estado, la sociedad civil y el mercado de la economía[21], lo cierto es que, desde los años setenta, y a través de los regímenes internacionales[22], ya se patentizaba la existencia de mecanismos (técnicas, instituciones, reglas, normas o instrumentos, más o menos formalizados), en algunos casos informales, cuya voluntad era gobernar determinados ámbitos de las relaciones internacionales (océanos, finanzas, ozono) y en cuya elaboración habían participado actores no necesariamente estatales.

Mecanismos en los que convergen intereses de actores diversos, de estados fundamentalmente, pero, también, en muchos casos, de ONG. Así pues, el fin de la guerra fría no introduce la goberanza, pero si que la incentiva, pasando a ocupar un lugar más destacado en la sociedad internacional, todavía anárquica, pero más «gobernada», en ciertos ámbitos. Tres razones justifican el mayor papel de la gobernanza en el mundo post-1989: primero, el fin de la guerra fría, y los pasos dados ya en los últimos años ochenta en el Consejo de Seguridad gracias a la nueva política de Gorbachov, hacían presagiar una revitalización de Naciones Unidas; segundo, la percepción cada vez más clara del auge de la globalización y de su impacto en el pensamiento contemporáneo, generando un sentimiento de «globalidad»; y, tercero, la conciencia de que el planeta tiene una serie de problemas que sólo pueden ser abordados de manera coordinada y global[23].

Así pues, las incertidumbres sobre el poder estructural global, a la vista de las transformaciones de la agenda militar, y la mayor relevancia de la gobernanza, sobre todo en las agendas económica y global, constituyen dos características de la actual sociedad internacional. Revisemos, de manera sucinta, los rasgos destacados de cada una de dichas agendas en el nuevo tiempo mundial que vivimos, conformado por la convergencia del posbipolarismo y de la globalización[24].

---

[20] J. IBÁÑEZ MUÑOZ, *Poder y autoridad en las relaciones internacionales: El control del comercio electrónico en Internet*, Tesis de doctorado defendida en la Universitat Pompeu Fabra, Barcelona, 2002, p. 199.

[21] Véase *Diccionario de la Real Academia Española*, Real Academia Española, Madrid, 2001.

[22] Véase el capítulo II de esta obra.

[23] M. GRIFFITHS y T. O'CALLAGHAN, «Global Governance» en *International Relations. The Key Concepts*, Routledge, Londres, 2003, p. 125.

[24] El concepto de nuevo tiempo mundial ha sido desarrollado en el capítulo II de esta obra.

A) Agenda militar

En el ámbito militar, en un sentido amplio (temas de seguridad y defensa, de mantenimiento de la paz y, hasta de violencia, de modo genérico), se pueden destacar tres grandes ideas en la sociedad internacional post-1989.

La primera idea tiene que ver con *la frustración de las expectativas creadas con el fin de la guerra fría en materia de seguridad.* Recordemos, de entrada, que el final de la guerra fría no hizo sino reforzar un proceso en curso en el mundo de las ideas: sustitución del estrecho concepto de seguridad nacional, basado en la defensa del propio territorio con instrumentos militares, por un concepto de seguridad global. La nueva concepción de la seguridad relegaba la dimensión militar de la misma (central en la época de la guerra fría) a un papel residual, tal y como venían solicitando amplios sectores de la comunidad internacional ya en los años ochenta. En ese sentido, recogemos una referencia a la seguridad contenida en el texto adoptado, en 1987, por los 150 estados participantes en la Conferencia organizada por Naciones Unidas sobre la relación entre desarme y desarrollo: «[...] la seguridad tiene no sólo aspectos militares, sino también aspectos económicos, sociales, humanitarios y de derechos humanos, y ecológicos. El incremento de la seguridad puede, por una parte, crear las condiciones que lleven al desarme, y, por otra, crear el medio y la confianza que permitan conseguir con éxito el desarrollo»[25].

El carácter multidimensional y global (aspectos interdependientes de la seguridad) que nos ofrece el anterior texto político es el producto de un pensamiento cada vez más extendido. Este nuevo pensamiento, en términos de Ken Booth, no está vinculado al fin de la guerra fría[26]. Lo precede. Ahora bien, la muerte del sistema bipolar va a resituar los términos de la seguridad. En primer lugar, se revalorizan las nuevas dimensiones de la seguridad, tanto por parte de los teóricos como de los políticos. De ahí el interés por las migraciones, el integrismo, las hambrunas o las catástrofes naturales. Temas, todos ellos, que conforman lo que ha venido a llamarse la agenda global o la nueva agenda de la política mundial, que veremos más adelante. Gro Harlem Bruntland lo recoge así: «A medida que nos acercamos al próximo siglo, paz, democracia, medio ambiente y desarrollo deben ser los temas centrales de nuestra agenda. No son temas aislados. Están íntimamente vinculados»[27]. En segundo lugar, la seguridad en la periferia presenta algunas novedades, facilitadas por la nueva situación internacional (ni colonización, ni bipolarismo) en la que viven esos pueblos desde el fin de la guerra fría.

La primera de dichas consideraciones, relacionada con la nueva visión de la seguridad, estableció una correlación directa entre fin de la guerra fría (reducción del militarismo y de los presupuestos de defensa) y nuevos recursos para otras dimensiones de la seguridad (desarrollo, en sentido genérico). Se creó así el discurso de los dividendos de la paz. Bien pronto se vio que el fin de la guerra fría no impedía

---

[25] Documento citado por D. Fischer, *Nonmilitary Aspects of Security: A Systems Approach*, Darmouth (UNIDIR), Aldershot, 1993, p. 9.

[26] Idea desarrollada en K. Booth, *New Thinking about Strategy and International Security*, Harper Collins, Londres, 1991.

[27] G. H. Bruntland, «Peace, Democracy, Environment and Development» en G. Lundestad, y O. A. Westad (comps.), *Beyond the Cold War: New Dimensions in International Relations*, Scandinavian UP, Oslo, 1993.

ni las guerras hegemónicas (durante la guerra fría la lucha por la hegemonía se tradujo en disuasión nuclear entre las dos superpotencias) ni los conflictos en la periferia. Al contrario, la guerra del Golfo, de 1991, va a desempeñar la función de «vuelta al pasado hobbesiano» en términos teóricos: la geoestrategia y el culto al armamentismo recuperan el escenario internacional. La evolución de los acontecimientos lleva a hablar, ya en 2003, de una clara recuperación del discurso de la seguridad nacional por parte de la potencia hegemónica en materia militar, con las consecuencias que de ello se derivan: aumento del gasto militar y pervivencia del dilema de la seguridad (carrera armamentista, que en este caso tendría lugar entre Estados Unidos y los *rogue states*). La frustración de las expectativas creadas, ejemplificadas en su momento en un discurso de Nuevo Orden Mundial, y su traducción actual en un sistema internacional donde lo militar desempeña un papel destacado serán abordadas en el apartado 2 de este capítulo, sobre la *Pax Americana.*

La segunda idea nos lleva a una constatación cruel y dolorosa. *El mundo está dividido en dos cuando se trata de violencia.* En efecto, existe un mundo en el que se vive lo que Mary KALDOR ha llamado « violencia organizada en la era global» o nuevas guerras[28]. Es un mundo que se halla en la encrucijada entre el final del bipolarismo y la globalización.

En primer lugar, el fin del bipolarismo (orden establecido por las dos superpotencias) supone la aparición de zonas de caos, zonas inquietantes o zonas grises, que se asientan sobre dos realidades: por una parte, el fracaso del estado moderno y, con ello, la desaparición del monopolio de la violencia y, por otra parte, la desintegración de estados compuestos que se fracturan por criterios de etnicidad. La erosión del estado en buena parte de África ha llevado a algunos autores a hablar de «estados fracasados» (*failed states*)[29] o, incluso, de estados premodernos, para diferenciarlos del estado moderno (estado soberano clásico) e incluso del estado posmoderno (estados europeos que comparten soberanía en el marco de la Unión Europea)[30]. En consecuencia, buena parte del África Subsahariana se ha convertido en un gran espacio de conflictos violentos. La desintegración de estados federales, como la Unión Soviética o Yugoslavia, han creado el segundo gran espacio de conflictividad tras el fin de la guerra fría.

En segundo lugar, la globalización, por su parte, también incide en las nuevas guerras. El impacto de la globalización es evidente tanto en los actores en presencia (periodistas, soldados extranjeros, mercenarios, expatriados voluntarios, trabajadores de ONG de todo tipo, funcionarios de agencias de Naciones Unidas, tropas de pacificación) como en los factores económicos de las mismas (comercio ilegal de armas, drogas o mercancias de valor, como petróleo o diamantes; «fiscalización» de la ayuda humanitaria). El resultado de todo ello es lo que Martin SHAW ha llamado guerras degeneradas[31], en las que la población se convierte en el objeto/víctima de

---

[28] Véase un excelente desarrollo del tema presentado en estas páginas en M. KALDOR, *Las nuevas guerras. Violencia organizada en la era global*, Tusquets, Barcelona, 2001 (ed. en inglés, 1999).

[29] C. ALLEN, «Warfare, Endemic Violence and State Collapse in Africa», *Review of African Political Economy*, n.º 81, 1999, pp. 367-384.

[30] Sobre los tres tipos de estado, véase R. COOPER, *The Postmodern State and the World Order*, Demos, Londres, 2000.

[31] M. SHAW, «War and globality: the role and character of war in the global transition». En H.W. Jeong (ed.), *Peace and Conflict: A New Agenda*, Ashgate, Hampshire, 1999.

la propia guerra y en las que el objetivo de la guerra (lucha étnica, en algunos casos) se convierte en la excusa para un «negocio» sustentando en el propio conflicto (mafias en los Balcanes Occidentales, grupos paramilitares vinculados a empresas extranjeras explotadoras de recursos naturales en África, etc.). Todo ello ha llevado a Manuel CASTELLS a utilizar el término de estados predatorios para casos como el del antiguo Zaire, hoy República Democrática del Congo[32].

Toda «zona gris», como ha escrito MOREAU DEFARGES, puede ser una baza importante en el marco de las relaciones internacionales. En principio parecería que lo es por factores locales (localizaciónn geográfica, recursos esenciales), pero «finalmente, lo es por razones estratégicas, externas a la propia zona: tráficos ilegales, implantación de movimientos terroristas»[33]. De ahí que dicho autor incida en la necesidad de «gestionar» dichas zonas, entre las que sitúa la antigua Yugoslavia, el Cáucaso, Asia Central (incluída la pareja Afganistán-Pakistán), la región de los grandes lagos en África y la América Andina.

Este reclamo de gestión sirve para hacer un breve apunte sobre una de las expectativas que creó la guerra fría y que más frustraciones ha generado en materia de gestión de conflictos armados. Nos referimos al papel de Naciones Unidas. El espíritu optimista de posguerra fría se tradujo en el Programa de Paz de Butros Gali (1992) (véase lecturas complementarias de este capítulo), que establecía líneas de actuación para la organización a diversos niveles (diplomacia preventiva, mantenimiento de la paz, establecimiento de la paz), al tiempo que las Naciones Unidas llegaban a tener, en la primera mitad de los años noventa, el despliegue más importante de su historia en materia de cascos azules. La caída en julio de 1995 de la ciudad de Srebrenica, zona protegida por las Naciones Unidas, en manos de tropas serbobosnias, que procedieron a fusilar a miles de personas, supuso un «punto de inflexión». Es más, una auténtica crisis para el espítitu «onusiano» en materia de operaciones de mantenimiento de la paz. El Informe Brahimi[34], por una parte, y las recurrentes decisiones a partir de ese momento, por parte del Consejo de Seguridad de «delegar» en otras organizaciones regionales funciones de mantenimiento de la paz (caso, por ejemplo, del ECOMOG en Sierra Leona y Liberia, en la segunda mitad de los años noventa) hay que interpretarlo como un toque de realismo respecto de las posibilidades de la Organización en una sociedad internacional con violencia organizada de manera global.

La tercera, y última idea, que queremos destacar en relación con la *agenda militar*, y la violencia de manera general, es el fenómeno de *la privatización que dicha agenda está sufriendo*. El ejemplo de las guerras degeneradas, en las que, en múltiples ocasiones, los ejércitos nacionales han desaparecido dando lugar a guardias pretorianas pagadas por empresas europeas o a grupos de mafiosos, ya es suficientemente elocuente. Pero si no bastaba con él, los ataques del 11 de septiembre han

---

[32] M. CASTELLS, *La era de la información. Economía, sociedad y cultura. Vol 3. Fin del milenio*, Alianza, Madrid, 1997, p. 121.

[33] Ph. MOREAU DEFARGES, «La gestion des zones grises», *Ramses 2003*, Dunod, París, 2002, p. 69.

[34] El Informe Brahimi (A/55/305-S/2000/809) presentado a la Asamblea General de Naciones Unidas en el año 2000 reconoce abiertamente los errores cometidos por Naciones Unidas, empezando por decir que las fuerzas de Naciones Unidas han de ser capaces de defenderse a sí mismas y de defender a los demás, en una clara alusión a Srebrenica. Dicho Informe demanda «un compromiso renovado de los Estados miembros, un cambio institucional significativo y un mayor apoyo financiero».

significado un toque de atención importante en lo relativo a la dimensión pública/privada de la seguridad de las personas en pleno siglo XXI. El fenómeno de la globalización surge, de nuevo al lado, de esta «privatización de la guerra» y aún antes de entrar en la agenda económica, ésta se hace presente, por las conexiones existentes entre redes financieras de carácter global y de gran complejidad y la estrategia de actuación de las organizaciones terroristas. Como ha escrito Thierry de MONTBRIAL, «Bin Laden no es una reacción del Islam tradicional, sino un avatar aberrante de la globalización, tanto por los instrumentos de su eficacia (tecnicidad, competencia, organización), como por la desconexión de su acción respecto de las sociedades reales»[35].

B) AGENDA ECONÓMICA

El anterior ejemplo de interconexión entre agendas nos sirve para hacer la transición hacia la agenda económica. Una agenda que nos obliga, de entrada, a recordar que el fin de la guerra fría se identifica con la victoria del sistema capitalista: el fin de la Historia, en terminología, famosa en su momento, de FUKUYAMA[36]. La extensión planetaria del sistema capitalista, que algunos autores identifican con proceso de globalización[37], ya no tiene ni la barrera física del muro de Berlín (muy poroso, en el ámbito económico, ya antes de su caída) ni la barrera psicológica de la existencia de «alternativas» o de «otro mundo posible» (papel desempeñado, de modo poco exitoso, por las economías planificadas del bloque soviético). Al igual que en la agenda anterior, nos limitaremos a destacar tres grandes ideas que caracterizan la dimensión económica de la actual sociedad internacional.

Es un lugar común empezar señalando, justamente como primera idea, que *la agenda económica define el rasgo fundamental de nuestra era: la globalización*. No es nuestra intención entrar a fondo en el tema de la globalización[38], totalmente inabordable y con fuertes elementos de debate. La globalización se sustenta en explicaciones diversas: el crecimiento del número de interacciones, el crecimiento de los niveles de interdependencia, la aparición de un sentimiento/percepción de globalidad, la adopción de políticas de liberalización que hacen desaparecer las barreras, etc. En cualquier caso, y pensando desde el ámbito de la sociedad internacional (una sociedad fundamentada en la lógica interestatal), la globalización comporta, en palabras de Celestino DEL ARENAL, «la superación del territorio y del tiempo como marco de actuación por parte de los actores»[39]. Ello supone lógicamente un desafío

---

[35] T. de MONTBRIAL, «Perspectives», en *Ramses 2003*, *op. cit.*, p. 23.

[36] F. FUKUYAMA, «The End of History», *The National Interest*, vol. 16 n.º de verano, pp. 3-18.

[37] J. ADDA, *Globalización de la economía,* Madrid, Sequitur, 1999 (1ª ed. en francés 1996), p. 1.

[38] Existe una amplísima bibliografía sobre el tema, imposible de reseñar en estas páginas. En el campo de las relaciones internacionales, y entre nosotros, se recomienda la aproximación que realiza al tema C. GARCÍA SEGURA, «La globalización en la sociedad internacional contemporánea: dimensiones y problemas desde la perspectiva de las relaciones internacionales», *Cursos de Derecho Internacional de Vitoria Gasteiz 1998*, Servicio Editorial de la Universidad del País Vasco, 1999, pp. 315-350. En dicho texto se encuentra un buen compendio bibliográfico sobre el tema. Entre las publicaciones más recientes sobre el tema, en nuestro país, véase D. HELD y A. Mc GREW, *Globalización/Antiglobalización. Sobre la reconstrucción del orden mundial*, Paidós, Barcelona, 2003.

[39] C. DEL ARENAL, «La nueva sociedad mundial y las nuevas realidades internacionales», *op. cit.*, p. 35.

de primer orden para el Estado, que se asienta en la soberanía territorial. La desaparición entre lo interno y lo externo viene acompañada de la desaparición de la lógica temporal.

Así, la revolución tecnológica en el campo de la información, que sustituye la noción general de tiempo por la de inmediatez, ha incidido de modo profundo en la vida económica. A través de operaciones electrónicas en el ámbito financiero, del comercio electrónico por medio de Internet o de videoconferencias en el campo de la gestión de empresas, nos encontramos con transformaciones que han creado una nueva realidad. La realidad de la globalización que se caracteriza, entre otras cosas, por: 1) la gran expansión de los intercambios internacionales de bienes y servicios, que ha sido impulsada por la reducción de las barreras comerciales, por los avances tecnológicos, por el comercio intra-firma, etc.; 2) la transnacionalización de la producción, que ha dado lugar, entre otras cosas, a un aumento espectacular de la inversión directa extranjera y de la deslocalización de la producción; 3) la globalización financiera, favorecida por la desregulación que han llevado a cabo los gobiernos de los países más activos en este terreno y por el avance de la tecnología que permite la comunicación inmediata.

No son gratuitas las referencias económicas, ya que es el ámbito económico el que mejor responde a la lógica de la globalización. Como escribe Caterina GARCÍA SEGURA, «la naturaleza básica de la globalización sería, en nuestra opinión, económica. Dicho de otro modo: el motor de la globalización son los procesos económicos, pero el fenómeno ya no es meramente económico, sino que al tener consecuencias sobre todos los ámbitos de las relaciones sociales ha comportado que éstas también resultasen globalizadas»[40].

Los efectos de la globalización en el terreno económico se traducen en ejemplos tradicionales a lo largo de la historia, en el sentido del aumento de interacciones, pero también permiten ofrecer ejemplos propios de una fase nueva (la actual globalización), diferente de todo lo anterior, y cuyo desarrollo, vinculado a las nuevas tecnologías de la información, se situa en los años ochenta y noventa del pasado siglo[41]. Entre los ejemplos tradicionales, se puede hacer referencia al crecimiento del volumen del comercio internacional, equivalente al 29 por 100 del PIB mundial en el año 2000, cuando en el año 1990 era de un 19 por 100. En lo relativo a ejemplos que recojan ese nuevo mundo de globalización en el que estamos inmersos, con perdida de los referentes de espacio y de tiempo, hay que trasladarse al mundo financiero donde ordenadores, chips y satélites han revolucionado todo, incluidas las normas de funcionamiento (desregulación, privatización de banca pública, eliminación de controles al crédito, nuevos instrumentos y estructuras de mercado), y, con ello, las relaciones de poder entre los jugadores[42]. Resultado de las innovaciones tecnológicas y de las transformaciones institucionales ha sido el volumen gigantesco que han alcanzado los movimientos de capitales, desligados de la actividad económica real (comercio e inversión productiva). Como apunta Josep IBÁÑEZ, «el volumen de las operaciones diarias en los mercados de cambio del mundo es alrededor de cuarenta

---

[40] C. GARCÍA SEGURA, «La globalización en la sociedad internacional contemporánea», *op. cit.*, pp. 324-325.

[41] S. STRANGE, *Dinero loco. El descontrol del sistema financiero global*, Paidós, Barcelona, 1999 (ed. en inglés, 1998), p. 35.

[42] Ibídem, p. 38.

veces superior al valor del comercio internacional diario, y menos del 10 por 100 de las transacciones en esos mercados de cambio se refieren a pagos de tipo comercial o de IED»[43]. En otras palabras, estamos en materia financera, según STEGER, frente a un «supermercado del ciberespacio que cubre el globo de punta a punta»[44]. Lo que nos sugiere claramente la noción de globalidad. Pero, es más, estamos, en palabras de STRANGE, frente a un «dinero loco, disparatado e imprudente». Lo que nos sugiere la noción de volubilidad, impredecibilidad; desgobierno en suma[45]. Tenemos un ejemplo en la crisis financiera de 1997-1998 en el sudeste asiático, un caso de especulación global con duros efectos sociales, ya que dicha crisis hizo que los países afectados perdieran, en menos de un año, todos los avances de una década en materia de reducción de la pobreza.

Una segunda idea a destacar en la agenda económica post-1989, caracterizada desde los años ochenta por el proceso de globalización, es la existencia de una tendencia opuesta. Esto es, *globalización y fragmentación conviven en la actual sociedad internacional*[46]. En realidad, la tensión entre globalización (integración, para algunos autores) y fragmentación fue fuertemente destacada por los analistas en la inmediata posguerra fría, al extremo que GADDIS señaló, a principios de los años noventa, que la misma había sustituido a la tensión entre democracia y totalitarismo, que había determinado la geopolítica del sistema bipolar[47]. En realidad, la tensión aquí presentada cubre dos procesos vinculados y de carácter continuista con respecto al pre-1989. El primer proceso enfrenta el proceso de extensión planetaria de valores, cultura, tecnología, etc., a la voluntad de individualización, traducida en la defensa de identidades propias y, en ciertos casos, en la consecuente reclamación de autodeterminación (antiguas Yugoslavia y Unión Soviética). El segundo proceso, radicado en la esfera económica y que nos ocupa en este momento, enfrenta la *integración económica regional*, asentada en acuerdos comerciales, a la globalización de la economía. Que la integración económica regional es un fenómeno en auge, en paralelo al fin de la guerra fría, se evidencia con las cifras. Así, entre 1948 y 1989 se notificó al GATT la firma de setenta acuerdos regionales; entre 1990 y 1994 se notificó la firma de treinta y ocho nuevos acuerdos y, ya en 2002, se estima la vigencia técnica de ciento cincuenta de dichos acuerdos.

Así pues, las cifras muestran que el regionalismo, entendido como proceso político formal y no como regionalización informal derivada de dinámicas de integración social o de interacción económica[48], se extiende en los años noventa por todo el planeta, destacando, entre otros muchos acuerdos, el Tratado de Libre Comercio entre Estados Unidos, Canadá y México (TLCAN); el Acuerdo de Libre

---

43 J. IBÁÑEZ MUÑOZ, *Poder y autoridad en las relaciones internacionales, op. cit.*, p.85. Recoge abundante bibliografía sobre dichas cuestiones.

44 M. STEGER, *Globalization. A very short introduction*, Oxford UP, Oxford, p. 45.

45 S. STRANGE, *Dinero loco, op. cit.*

46 La lógica binaria de globalización vs. fragmentación sirve a CLARK para revisar las relaciones internacionales en el siglo XX. Véase I. CLARK, *Globalization and fragmentation. International Relations in the Twentieth Century*, Oxford UP, Oxford, 1998.

47 J. L. Véase GADDIS, «Toward the post-Cold War World», *Foreign Affairs*, vol. 70, n.º 2, 1991, pp. 102-122.

48 Véase A. HURRELL, «Explaining the resurgence of regionalism in worl politics», *Review of International Studies*, vol. 21, 1995, pp. 331-358.

Comercio entre los países ASEAN (AFTA); el Tratado de la Unión Europea (TUE); o el Tratado del Mercado Común del Sur (Mercosur), firmado por Argentina, Brasil, Uruguay y Paraguay.

Dichos acuerdos, así como la creación de foros como APEC (Cooperación Económica Asia Pacífico), de proyectos como ALCA (Acuerdo de Libre Comercio de las Américas) o de partenariados como el Partenariado Euromediterráneo, entre la Unión Europea y sus socios mediterráneos, demuestran que el regionalismo ha ganado un papel central en nuestra sociedad internacional. Ha ganado un papel central, pero también un matiz nuevo, si lo comparamos con los primeros procesos regionales de los años sesenta, ya que el nuevo regionalismo se ve investido de cierta capacidad reguladora dentro del sistema internacional. En otras palabras, regionalismo y gobernanza son conceptos vinculados hoy en día en el marco de las Relaciones Internacionales. En ese sentido, buena parte de los analistas sitúan a nivel regional una capacidad de control y de regulación del sistema que debería hacer frente a los abusos de la globalización, por una parte, y al debilitamiento de la soberanía estatal, por otra. GAMBLE y PAYNE presentan al regionalismo como «un paso esencial en la dirección [...] de una nueva era de regulación a nivel global»[49].

De momento, lo cierto es que tras una década larga de regionalismo *tous azimuts* (en todas direcciones ya que todos los continentes se ven afectados), y con resultados muy dispares (integración monetaria en Europa, zona de libre comercio en América del Norte, procesos paralizados en América del Sur o en África), nos encontramos con una dura realidad para una parte importante del planeta: la *regionalización del comercio mundial, asentada en la llamada «tríada» (Europa Occidental, Norteamérica y Asia Oriental)*[50]*, excluye a una parte del planeta*. En otras palabras, el comercio entre dichos bloques regionales y en el interior de los mismos representa más de tres cuartas partes del comercio total mundial. Si el comercio se retroalimenta entre los países industrializados, más algunas economías emergentes, otro tanto ocurre con las inversiones, ya que, a principios del siglo XXI, tres cuartas partes de la Inversión Extranjera Directa circula entre los tres componentes de la tríada (Estados Unidos, Europa y Japón reciben el 71 por 100 de la IED y envían el 82 por 100).

¿En qué medida hace frente el actual proceso de regionalización «tripolar» a los abusos de la globalización económica? Todos sabemos que entre los resultados de dichos abusos se encuentra la marginación de una parte de la población mundial. Como escriben David HELD y Anthony Mc GREW, «dado que una proporción sustancial de la población mundial está ampliamente excluida de los beneficios de la globalización, ésta resulta ser un proceso profundamente divisivo y, en consecuencia, vigorosamente disputado. La irregularidad de la globalización impide que sea un proceso universal que se experimenta de forma uniforme en todo el planeta»[51]. No parece por los resultados a la vista (África, por ejemplo, tan sólo recibe el 3,5 por 100 de la IED hacia países en desarrollo) que los procesos de integración económi-

---

[49] A. GAMBLE y A. PAYNE (eds.), *Regionalism & World Order*, Macmillan, Londres, 1996, p. 263.

[50] El término de triada fue acuñado en 1985 por Kenichi Ohmae. Cit. por J. IBÁÑEZ, *La triada en la economía política internacional contemporánea*, Memoria de Doctorado (Universidad Autónoma de Barcelona), 1999 (trabajo no publicado).

[51] D. HELD y A. Mc GREW, *Globalización/Antiglobalización, op. cit.*, p.13.

ca regional hayan tenido impactos positivos a nivel global, si acaso a nivel estrictamente regional. No entramos en el tema, ya que la vinculación entre globalización y desigualdad es tratada, de modo detallado, en el apartado 3 de este capítulo, que versa sobre Desigualdad, Pobreza y Desarrollo.

La tercera idea que deseamos introducir en estas páginas constituye el centro de un debate apasionante entre economía y política y nos remite a uno de los fundamentos clásicos de las relaciones internacionales. Esto es, *el papel que desempeñan las potencias en un mundo con una economía globalizada*. No olvidemos que la construcción tras la segunda guerra mundial, y posterior desarrollo, del sistema económico internacional se ha atribuido a la función hegemónica llevada a cabo por los Estados Unidos. La estabilidad hegemónica, establecida por dicha potencia, comportaría a la vez la organización del mercado y de las condiciones estratégico-diplomáticas necesarias para la supervivencia del estado[52].

En el momento actual hay voces que consideran que, independientemente del papel que las potencias hayan podido desempeñar históricamente para establecer el contexto político necesario para el desarrollo de los objetivos de sus agentes económicos, ello ya no es relevante hoy en día, puesto que economía y poder político están distanciándose y que, finalmente, las leyes económicas prevalecerán sobre el poder político[53].

Otros autores insisten, contrariamente, en un escenario de cambio, pero en el que economía y política están presentes en una lógica compartida. GILL esboza un escenario de transición desde la tradicional hegemonía de los Estados Unidos hacia un orden transnacional hegemónico, aún incompleto, caracterizado por: 1. La función, disminuida, de los Estados Unidos como potencia para establecer los marcos de la actividad económica; 2. Los cambios en la producción global y en la competencia, y 3. La estructura cuasiautónoma de las finanzas globales[54]. En una visión como la anterior la centralidad del papel militar y político de los Estados Unidos sigue siendo fundamental.

Así pues, la articulación entre poder político y globalización económica nos lleva a la cuestión de la responsabilidad por parte de las potencias económicas (Estados Unidos, UE, Japón) con respecto a temas como el citado antes (globalización desigual). Responsabilidad que se ejemplifica en múltiples decisiones políticas, que se adoptan a nivel nacional, pero sobre todo en foros de gobernanza global (FMI, OCDE, OMC, G-7/G-8) y que inciden en el desarrollo de la globalización (la desregulación en materia financiera es un ejemplo bien claro). De ahí que hayan sido, justamente, esos foros objetivo de los movimientos sociales de contestación al fenómeno de la globalización. Con ello entramos en la tercera de las agendas anunciadas, la agenda global.

---

[52] R. GILPIN, *War and Change in World Politcs*, Cambridge UP, Cambridge, 1981.

[53] P. HIRST y G. THOMPSON, *Globalization in question. The International Economy and the possibilities of Governance*, Oxford P.P., Oxford, 1996.

[54] S. GILL, «Neo-Liberalism and the Shift towards a US-Centred Transnational Hegemony», en H. OVERBEEK (ed.), *Restructuring Hegemony in the Global Political Economy: The Rise of Transnational Neo-Liberalism*, Londres, 1993, p. 246.

C) Agenda global

La noción de agenda global tiene un doble sentido. Así según Woodby y Cottam, «la agenda global incluye los temas considerados importantes para la comunidad global. Estos no se limitan a los temas discutidos en las instituciones internacionales tales como Naciones Unidas, aunque la mayor parte de los temas globales se debaten en este foro. Se trata de temas que la mayor parte de líderes nacionales consideran que no sólo tienen repercusiones para toda la humanidad, sino que además precisan de una solución global; esto es, precisan de una actuación que sea acordada y ejecutada por la comunidad global»[55]. Esta definición introduce dos componentes bien diferentes: por una parte, la relevancia del tema (*issue*) y, por otra parte, la manera de hacerle frente.

Así pues, la primera idea que deseamos introducir en este caso es que *la relevancia de un tema, su inclusión en la agenda (agenda setting) global, está directamente relacionada con el poder estructural.* De ahí que la agenda global, entendida como una agenda que aborda temas centrales en el marco de Naciones Unidas (pobreza y desarrollo, crecimiento y movimientos de población, derechos humanos, alimentación, medio ambiente, infancia, salud), haya seguido los avatares del propio sistema internacional. Nuevamente estamos frente a un fenómeno que eclosiona en plena guerra fría, pero que no es un producto del final de la guerra fría. Como ha apuntado Ian Clark, «los procesos de globalización se han expresado sobre todo a través del nuevo imaginario de las relaciones internacionales de posguerra fría, enfatizando temas como el orden mundial, los derechos humanos o la ecología, que se consideran manifestaciones de una supuesta condición humana global. Esas imágenes no son nuevas, pero han evolucionado desde que captaron por primera vez la atención del público a principios de la década de los setenta. Se puede hablar de una intensificación espectacular de las mismas desde el final de la guerra fría»[56]. A tal extremo que Ulrich Beck ha caracterizado a la sociedad internacional de nuestros días, justamente por los temas de esta agenda, como «sociedad de riesgo mundial»[57].

La percepción de que el problema trasciende por completo las fronteras nacionales está presente en buena parte de los temas de la agenda internacional. Así, la agenda global es un «cajón de sastre» en el que tienen cabida múltiples temas. Se enumeran algunos: el respeto de los derechos humanos, concebidos como derechos de la humanidad[58]; las amenazas medioambientales (tema que será desarrollado de manera monográfica en el cuarto apartado del presente capítulo); la delincuencia transnacional que genera grandes negocios como el tráfico de armas o de estupefacientes y, tras ellos y en pleno desarrollo, la explotación sexual de niños, ampliamente extendida en América Latina y en el sudeste asiático (la prostitución infantil, sobre todo para turistas, genera anualmente un negocio de 5.000 millones de

---

[55] S. Woodby y M. L. Cottam, *The Changing Agenda. World Politics since 1945, op. cit.*, p. 3.

[56] I. Clark, *Globalization and fragmentation, op. cit.*, p. 185.

[57] U. Beck, *¿Qué es la globalización?*, Paidós, Barcelona, 1998, p. 65.

[58] La concepción de los derechos humanos como derechos de la humanidad ha movilizado en los últimos años a amplios sectores de la opinión pública. Sobre dicha concepción, véase R. J. Dupuy, «Droit d'ingérence et assistance humanitaire», en VV.AA., *Hacia un nuevo orden internacional y europeo. Estudios en homenaje al profesor Don Manuel Díez de Velasco*, Tecnos, Madrid, 1993, p. 279.

dólares)[59]; las hambrunas (el Programa Mundial de Alimentos, que pretende llegar a cuarenta millones de personas del continente africano al borde de la inanición sufre graves dificultades, en 2003, a causa de su déficit de 1.000 millones de dólares); las enfermedades, como la malaria, la tuberculosis o el VIH/sida (en el año 2002 murieron en África más de dos millones y medio de personas afectadas por el sida); los desplazamientos de población (en el año 2001, se calculaba en 150 millones el número de personas que vivían como migrantes fuera de su país de origen y en 22 millones el número de refugiados bajo mandato de ACNUR); etc. Los grandes encuentros de Naciones Unidas (véase cuadro 1) son, en buena medida, un fiel reflejo de eso que hemos denominado la agenda global en la que se hace presente la lógica de la gobernanza global por la imbrincación que en dichos encuentros se produce entre organizaciones internacionales, gobiernos, entidades subestatales, empresas, movimientos sociales, ONG, etc.

CUADRO 1

Principales cumbres y conferencias internacionales de Naciones Unidas (1989-2003)

Año	*Lugar*	*Tema*
1989	Jontiem	Conferencia Mundial sobre Educación para Todos
1990	Nueva York	Cumbre Mundial en favor de la Infancia
1992	Río de Janeiro	Conferencia Mundial sobre el Medio Ambiente y el Desarrollo (Cumbre para la Tierra)
1993	Viena	II Conferencia Mundial de Derechos Humanos
1994	El Cairo	IV Conferencia Internacional sobre la Población y el Desarrollo
1994	Yokohama	Conferencia Mundial sobre Reducción de Desastres Naturales
1995	Copenhague	Cumbre Mundial sobre Desarrollo Social
1995	Beijing	IV Conferencia Mundial sobre la Mujer
1996	Estambul	II Conferencia sobre los Asentamientos Humanos (Hábitat II)
1996	Roma	Cumbre Mundial sobre la Alimentación
2000	Nueva York	Cumbre del Milenio: el papel de Naciones Unidas en el siglo XXI
2001	Durban	Conferencia Mundial contra el Racismo, la Discriminación Racial, la Xenofobia y las Formas Conexas de Intolerancia
2002	Roma	Cumbre Mundial sobre Alimentación: 5 años después
2002	Monterrey	Conferencia Internacional sobre la Financiación para el Desarrollo
2002	Johannesburgo	Cumbre Mundial sobre Desarrollo Sostenible
2003	Ginebra	Cumbre Mundial de la Sociedad de la Información

Fuente: Elaboración A. Herranz.

[59] Según la Organización Mundial del Turismo (OMT), un 20 por 100 de los 700 millones de viajes turísticos que se realizan al año se consideran turismo sexual (un 3 por 100 específicamente de turismo sexual infantil). Página web de la OMT, en la que se aborda la explotación sexual infantil http://www.world-tourism.org/protect_children/index.htm. Según ECPAT, se calcula que entre 30.000 y 35.000 españoles viajan cada año a América Latina con el único fin de mantener relaciones sexuales con niños. Página web de ECPAT http://www.ecpat.net/es/Ecpat_inter/projects/sex_tourism/sex_tourism.asp.

¿En qué medida avanzan las propuestas y planes de trabajo adoptados en las cumbres y conferencias mundiales, como las aquí mencionadas? Como apuntábamos antes, la inclusión de los temas en la agenda y la solución de los mismos está en función del poder estructural y ello viene, de entrada, determinado por los efectos que el problema en cuestión tiene sobre los decisores con poder estructural (estados, empresas, muy puntualmente ONG o movimientos sociales). Así, no nos engañemos, todos los problemas de la agenda global no son tratados con la misma intensidad, pero eso sí, se ha puesto en marcha una dinámica que sale del marco interestatal y entra en el ámbito de la gobernanza global (transnacionalización de la actividad, conciencia de globalidad, redes temáticas). En el caso del medio ambiente, David HELD ha escrito, «no todos los problemas medioambientales son, por supuesto, globales; semejante concepción sería profundamente engañosa. No obstante ha habido un cambio sorprendente en las condiciones físicas y medioambientales —es decir, en la extensión, intensidad y rápida transmisión de los problemas medioambientales— que afectan a los asuntos humanos en general. Estos procesos han hecho que la política esté muy lejos de ser una actividad que cristaliza primero y principalmente en el Estado y en los asuntos interestatales [...] Si bien sería un error concluir que las comunidades políticas, ya no padecen divisiones o quiebras específicas en sus fronteras, están claramente modeladas por múltiples redes de interacción y sistemas de poder transfronterizos»[60].

Ello nos lleva a la segunda idea que deseamos destacar y que está directamente asociada con la gobernanza global. Esto es, *el creciente papel de los ciudadanos en la sociedad internacional de la posguerra fría, a través de su implicación en la discusión y la gestión de la agenda global* (desde las ONG institucionalizadas o desde los movimientos sociales sin articulación precisa).

Así, al analizar el papel de la sociedad civil global en la inmediata posguerra fría, Richard FALK hablaba de «relaciones internacionales extraordinarias [...], esto es, la actividad transnacional de las fuerzas sociales centradas en los derechos humanos, la democracia y el desarrollo sostenible»[61]. Lo que se identifica de inmediato con la actividad de ONG en los terrenos mencionados que, como sabemos, han alcanzado un gran protagonismo. Así, en la Cumbre de la Tierra de Río (1992), donde se organizó un Forum Global con la presencia de 30.000 representantes de ONG; en la Conferencia sobre Derechos Humanos de Viena (1993), cuyo foro paralelo de ONG reunió a representantes de 162 organizaciones; en la Cumbre Mundial para el Desarrollo Social, celebrada en Copenhague en marzo de 1995, a la que acudieron 10.000 miembros de ONG o en la cumbre de la UNCTAD, celebrada en Bangkok, en 2000, en la que estuvieron presentes alrededor de 100.000 personas representando a más de 100 ONG y movimientos sociales. Sobre esa actividad, el mismo FALK concluía, a principios de la década de los noventa, que «las iniciativas transnacionales que surgen de la sociedad civil crecen cada vez más y tienen un mayor impacto en el marco de los derechos humanos y del medio ambiente, pero todavía no en el marco de la política económica y de la política de seguridad»[62].

---

[60] D. HELD y A. MC GREW, *Globalización/Antiglobalización, op. cit.*, p. 148.

[61] R. FALK, «The Infancy of Global Civil Society» en G. LUNDESTAD, y O. A. WESTAD, *Beyond the Cold War: New Dimensions in International Relations, op. cit.*, pp. 219-234.

[62] Ibídem, p. 233.

Seguramente una de las transformaciones fundamentales de la sociedad internacional de la última década ha sido la irrupción con fuerza de los movimientos sociales en esas áreas que, al final de la guerra fría, parecían más inaccesibles. En el terreno de la seguridad, que a pesar de todo sigue siendo el menos «tocado» por los ciudadanos, hay que mencionar el ejemplo exitoso en términos de impacto social de la campaña contra las minas antipersonales. La Campaña Internacional para la Prohibición de las minas antipersonales (ICBL en sus siglas inglesas), lanzada en 1992, tenía como objetivo la prohibición total de dichas minas y la obtención de recursos para poner en marcha procesos de desminado y de asistencia a las víctimas. Dicha Campaña, que reunió a más de 1.100 ONG de 75 países y se sumó a los esfuerzos del Proceso de Ottawa, iniciativa del gobierno canadiense contra las minas antipersonales, fue en buena medida responsable de la firma en 1997, por parte de 121 países, de la «Convención sobre la prohibición del uso, almacenaje, producción y transferencia de las minas antipersonales y sobre su destrucción». La ICBL y su coordinadora, Jody Williams, recibieron el Premio Nobel de la Paz en 1997.

En el terreno de la política económica, es evidente que nuestra sociedad internacional está marcada, desde el punto de vista de los ciudadanos, por la contestación contra la globalización económica, en todas sus vertientes (liberalización comercial, «casino» financiero, privilegios a empresas transnacionales). Dos rasgos básicos la caracterizan: en primer lugar, la creación de un discurso alternativo contra el pensamiento único neoliberal, ilustrado por la famosa frase «otro mundo es posible», surgida del Foro Social Mundial de Porto Alegre (véase la sección de lecturas complementarias de este capítulo) y, en segundo lugar, la logística de actuación de dicho movimiento está plenamente asentada en los métodos de la globalización (actuación en redes y uso de las tecnologías de la información, como telefonía movil, Internet u otros).

La Batalla de Seattle, el 30 de noviembre de 1999, es el «momento estelar» de un movimiento que, en varios puntos del planeta y a través de Internet, ha puesto en marcha un estado de opinión contrario a los foros de gobernanza económica, dominados por los grandes estados y las empresas transnacionales (Foro Económico Mundial, Foro de Davos, FMI, G-8, OCDE, OMC), que han visto sistemáticamente, desde 1997, como sus encuentros daban lugar a contrarreuniones y manifestaciones masivas en las calles[63]. La creación de algunos grupos emblemáticos como ATTAC, promotor de la introducción de una tasa para gravar las transferencias financieras especulativas (tasa Tobin), o las acciones puntuales, como la del agricultor francés José Bové destruyendo un restaurante de la cadena Mc Donald's, constituyen expresiones de un movimiento multiforme y con objetivos diversos, cuando no contradictorios. Así, las manifestaciones de Seattle (unas 50.000 personas y unos 700 grupos representados), consideradas como uno de los factores que llevó al fracaso de los objetivos de la OMC en dicho encuentro (lanzar la Ronda del

[63] La fecha de 1997 es considerada importante, ya que es el momento en que se pone en marcha una campaña contra los derechos excepcionales que se están negociando (Acuerdo Multilateral de Inversiones, AMI), en el marco de la OCDE, a favor de las inversiones de las empresas transnacionales. En 1998 se creó una coalición internacional con 600 organizaciones sociales y la primera acción pública consiste en una manifestación de activistas, de más de treinta países, frente a la sede de la OCDE en París, durante las negociaciones del AMI, en abril de 1998. La OCDE decidió postergar su aprobación.

Milenio), han servido como toque de atención en un proceso que algunos consideran, simplemente, irreversible e inevitable: el proceso de la globalización económica. De ahí, por tanto, las llamadas a la regulación del proceso y, es más, como apuntará el Foro Social Mundial, las llamadas a la búsqueda de alternativas: «otro mundo es posible».

En efecto, el Foro Social Mundial, que es visto por muchos como la respuesta simbólica antisistema al Foro de Davos, se convierte en un espacio de continuidad en el que los representantes de grupos y movimientos sociales (15.000 personas en 2001, 60.000 personas en 2002 y más de 100.000 personas en 2003, entre las cuales 30.000 delegados de 5.500 organizaciones de 126 países), así como de otros estamentos (autoridades locales, parlamentarios), han generado una dinámica propia de la era global. Este producto de la globalización, que son las redes de grupos indígenas, movimientos de mujeres o asociaciones conservacionistas, está creando un «espacio público», junto a las autoridades locales de Porto Alegre, al propio gobierno de Brasil (dirigido por Lula) y, sin duda, a múltiples instancias de organizaciones globales. De esta manera, nos encontramos con una sociedad internacional que se globaliza, pero que no acepta los resultados de la globalización, tal y como ha sido concebida hasta ahora: unos resultados que *han hecho de la era de la globalización la era de las desigualdades.*

Finalmente, y recogido en forma de tercera idea que cierra este apartado dedicado a la agenda global, hay que constatar que *el proceso de globalización, acelerado por el fin de la guerra fría, coincide en el tiempo con el auge de las identidades.* La expresión de la identidad —que adopta múltiples facetas, desde la descomposición sangrienta de Yugoslavia, que tiene mucho que ver con la retirada de la identidad y de la autoridad comunista, hasta las manifestaciones de intolerancia religiosa de los talibán, asociadas a la voluntad de destruir todo rastro foráneo/occidental— se convierte en un fenómeno central de la sociedad internacional en la era global.

En cierta medida se podría decir que si la globalización suponía la desaparición de dos referentes fundamentales –el espacio y el tiempo- la identidad se basa justamente en lo contrario: una identificación con el territorio, y todos sus simbolismos, y una reclamación de los valores culturales, asentados en la propia historia (el propio tiempo). Frente al carácter global de la tecnología hay que destacar el carácter particular de la cultura. Así, el inglés como *lingua franca* de Internet significa un desafío para los usuarios de las restantes 3.000 lenguas que hay en el mundo a principios del siglo XXI (7.500 a principios del siglo XX). Los mercados de valores funcionan interconectados y al instante, pero no existe un único «tiempo mundial». Mira Nair, destacada directora de cine en la India, opina que «en la India, los siglos no avanzan sino que coexisten». Es evidente que esa frase es aplicable al mundo en su conjunto.

La coexistencia, en sentido genérico, es positiva, aunque difícil hoy en día, sobre todo si tenemos en cuenta que un siglo de modernización forzada (estados poscoloniales), unas décadas de guerra fría y, finalmente, unos cuantos años de globalización («cocacolización», dirían algunos) han provocado una reacción, en sentido contrario, en muchas regiones del mundo contra el modelo occidental. Así, la era global, se convierte, al mismo tiempo, en la era de las identidades. La gestión de la dialéctica globalización-fragmentación/identidad es una de las claves para el futuro de la sociedad internacional. La experiencia la tenemos en nuestra vida cotidiana, donde la proximidad de las personas (migraciones) y la asimilación de discursos peligrosos (choque de culturas) plantea un escenario de dificultades. Como ha escrito Barry BUZAN, «una vez combinada la amenaza de las migraciones y el choque de culturas, es bastante fácil imaginar un escenario en el que se daría una especie de guerra fría de sociedades entre el centro y, al menos, una parte de la periferia, y específicamente entre Occidente y el Islam, en la cual Europa estaría en la línea de frente»[64].

Como conclusión de este apartado, y antes de pasar a los tres ejemplos que pretenden ilustrar cada una de las agendas aquí abordadas, se puede apuntar que el orden internacional de nuestros días se asienta en cuatro elementos estructurales que, de uno u otro modo, han quedado recogidos en las páginas anteriores: 1) el mantenimiento de la polaridad, clásico de un sistema de estados, aunque tengamos dudas de si estamos en uno unipolar, multipolar o unimultipolar, como dirían algunos; 2) el multilateralismo que, a pesar de sus fracasos, se demuestra necesario para gobernar la agenda global; 3) el regionalismo, que está marcando la estructuración del sistema económico internacional en forma de tríada; y 4) la existencia de dos mundos que, calificados como zona de paz y como zona de caos, responden asimismo a dos realidades económicas y políticas bien diferentes[65].

2. *PAX AMERICANA*

La caída del Muro de Berlín y la consiguiente desaparición de la Unión Soviética[66] supusieron una transformación del escenario diplomático-militar en el que se había movido el mundo durante la guerra fría (fractura este-oeste). Cuando el mundo aún no se había percatado de las dimensiones del proceso en marcha, los acontecimientos vinieron a crear una «ventana de oportunidad» para Estados Unidos. En efecto, la crisis de Kuwait, iniciada en agosto de 1990, con la ocupación de dicho país por las tropas de Sadam Hussein, situó al mundo frente a una realidad evidente: el orden bipolar había dejado de existir, incluso antes de la propia desaparición de la Unión Soviética, y el «vacío de poder» venía a ocupar su lugar.

Ese contexto de «vacío de poder» es justamente el escenario que da pie a la aceptación de lo que hoy en día ya es un hecho asentado: la existencia de una potencia hegemónica, los Estados Unidos, en el ámbito diplomático-estratégico a nivel mundial. La caracterización de los Estados Unidos como potencia hegemónica desde el final de la guerra fría, en lo relativo a paz y guerra, puede ser entendida de múltiples maneras, que no son excluyentes: como ejercicio de liderazgo, como función

---

[64] B. BUZAN, «New Patterns of Global Security in the Twenty-First Century», *International Affairs*, vol. 67, n.º 3, 1991, p. 449.

[65] Seguimos el esquema adoptado por Ian CLARK, «Globalization and the post-cold war order», en J. BAYLIS y S. SMITH (eds.), *The Globalization of World Politics*, Oxford U.P., Oxford, 2001, (2ª ed.), p. 641.

[66] El 8 de diciembre de 1991 se reunieron en Minsk los presidentes ruso (B. Yeltsin), ucraniano (L. Kravchuk) y bielorruso (S. Suskiévich) y declararon disuelta la Unión Soviética, acordando la creación de una Comunidad de Estados Independientes (CEI). El 21 de diciembre se reunieron, en Alma-Atá (Kajazstán), los representantes de once repúblicas soviéticas (todas menos Georgia, que se incorporaría en 1993, y las bálticas) para firmar el protocolo de fundación de la CEI. Finalmente, el 25 de diciembre, Gorbachov dimitió como presidente de la URSS sin nombrar sucesor, dandose así por definitivamente disuelta la Unión Soviética.

estabilizadora del sistema (la estabilidad hegemónica ha sido una explicación habitual para el funcionamiento del sistema económico internacional), como sobrecapacidad militar, como resultado del consenso de los otros miembros del sistema en torno a la función hegemónica de la potencia en cuestión, etc. En estas páginas ya se ha hecho referencia a la hegemonía[67]. No vamos a entrar aquí en el terreno de la conceptualización, sino que vamos a analizar porqué dicha hegemonía nos lleva a hablar, casi década y media después del final de la guerra fría, de *Pax Americana*. En cualquier caso, la primera lección a extraer de lo dicho hasta el momento es que Estados Unidos ha gozado de la oportunidad y, como veremos a continuación del poder (capacidad y voluntad), para asumir el papel de potencia hegemónica y para ejercerlo. El presente apartado va a abordar sucesivamente las bases del poder de los Estados Unidos en el terreno diplomático-estratégico y los métodos aplicados en el ejercicio de su liderazgo, para, finalmente, valorar los efectos de dicha política sobre el orden internacional en su conjunto.

A) Guerra a distancia

La voluntad de los Estados Unidos de asumir funciones de liderazgo, en solitario y a nivel mundial, tiene, como ya hemos dicho, su «ventana de oportunidad» con la crisis de Kuwait. En efecto, el presidente Bush (padre), de la misma manera que hizo el presidente Truman en su momento (Doctrina Truman para Grecia y Turquía, 1947) diseñó una estrategia mundial para un problema particular. El 11 de septiembre de 1990, en plena crisis por la ocupación de Kuwait, el presidente Bush se dirigió a una reunión conjunta de ambas cámaras del Congreso americano para dar a conocer la voluntad de su gobierno, no sólo de hacer frente al ataque irakí sobre la soberanía y la integridad territorial de Kuwait sino de instaurar un Nuevo Orden Mundial. La sola referencia a Nuevo Orden Mundial, término ya usado en 1815, 1918 ó 1945, suponía, en otras palabras, que los Estados Unidos estaban diseñando las bases de un nuevo orden, en tanto que vencedores de la guerra fría. Las primeras referencias a dicho Nuevo Orden Mundial se asociaron, fundamentalmente, a cosas tales como la cooperación entre las grandes potencias y el reforzamiento del papel tanto de Naciones Unidas como del derecho internacional. El propio Bush, en una nueva alocución ante el Congreso, el 6 de marzo de 1991, lo apuntó así: «Vemos aparecer un nuevo orden mundial [...]. Un mundo donde las Naciones Unidas, liberadas del período de guerra fría, están en condiciones para llevar a cabo la visión histórica de sus fundadores. Un mundo en el que la libertad y los derechos humanos sean respetados por todas las naciones».

En efecto, la reacción contra el ocupante irakí había supuesto una reafirmación del papel del Consejo de Seguridad de Naciones Unidas (responsable del mantenimiento de la paz y de la seguridad) que, a través de su resolución 678, autorizó el uso de la fuerza contra Irak. El liderazgo indiscutible de Estados Unidos, a lo largo de todo el proceso, sumó dos componentes fundamentales para el ejercicio de la hegemonía: legitimidad y capacidad. La legitimidad se asentó en el amplio apoyo

---

[67] Véase nota 18 en el capítulo V, donde se adopta la definición de Hedley Bull, que define la hegemonía como la situación en la que una gran potencia ejerce su liderazgo usando, no habitualmente sino esporádicamente, la fuerza o la amenaza de su uso, ya que esto último le supone costes políticos importantes.

que los Estados Unidos recibió de la comunidad internacional (la operación militar fue sufragada por aliados de Washington, como Arabia Saudí, Alemania y Japón), en la legalidad del proceso (resolución 678) y en la multilateralización del mismo (coalición internacional formada por 32 países y liderada por Estados Unidos).

No hablemos ya de legitimidad, sino de capacidad. Sin duda, la capacidad de los Estados Unidos para llevar a cabo la operación militar contra el Irak de Sadam Hussein fue aplastante: mando absoluto, y en solitario, de un ejército de 750.000 personas (500.000 estadounidenses) en una operación que se caracterizó por una espectacular muestra de capacidad aérea (cuarenta y dos días de bombardeos aéreos, con más de 100.000 salidas) y, sobre todo, tecnológica. La «guerra tecnológica» que se pudo ver a través de todas las pantallas de televisión del mundo (*boom* de la CNN) dejó un saldo de víctimas no desdeñable: entre 50.000 y 150.000 iraquíes, frente a 235 soldados de la coalición (115 estadounidenses). Esta fue la primera muestra de un comportamiento que Andrés ORTEGA ha calificado de «potencia del mando a distancia»[68]. Una distancia respecto del terreno de combate que es posible gracias a la capacidad tecnológica de Estados Unidos y es necesaria, a causa de las dificultades de la sociedad americana para superar el «síndrome Vietnam» (asumir víctimas propias en conflictos armados). «Hacer la guerra a distancia» es una de las características de este nuevo período de hegemonía en las relaciones internacionales.

En buena medida, la capacidad y la voluntad demostrada por Estados Unidos en la guerra contra Irak, de 1991, llevó a hablar de unipolaridad en el sistema internacional, así como a la creación de términos nuevos para calificar a la nueva única potencia: hiperpotencia. La busqueda de términos nuevos revela la existencia de nuevas situaciones. Y, sin duda, éstas existen cuando se trata de analizar el papel de potencia en la actual sociedad internacional desde el punto de vista de las capacidades militares. En efecto, estamos viviendo una situación radicalmente nueva en las relaciones internacionales, ya que la capacidad militar de Estados Unidos ha llegado a unas cotas inalcanzables para cualquier otro país (o grupo de países). Así, en 1999, el gasto de Estados Unidos superaba al de los quince países siguientes del mundo en el ranking de gasto militar (Rusia, China, Reino Unido, Japón, Francia, Alemania, Arabia Saudí, Italia, Corea del Sur, Taiwán, Brasil, India, Turquía, Australia y Países Bajos). En el marco de la OTAN, por ejemplo, se ha generado un *gap* (cuantitativo y cualitativo) tal entre Estados Unidos y sus alidados (Estados Unidos gasta más del doble que el resto de sus dieciocho aliados) que se ha llegado a poner en duda la propia lógica de dicha alianza militar.

Estos datos militares responden a la época Clinton y, por tanto, nos permiten afirmar que la situación de sobrecapacidad militar de Washington no se deriva, como algunos tenderían a pensar del efecto 11-S. Ahora bien, no es menos cierto, que la reacción de la administración Bush (hijo) a los atentados del 11-S se ha traducido en un espectacular aumento del presupuesto de defensa de los Estados Unidos. Así, por ejemplo, el aumento previsto para el año 2003 es equivalente a todo el presupuesto de defensa de Alemania para dicho año[69].

---

[68] A. ORTEGA, *Horizontes cercanos. Guía para un mundo en cambio*, Taurus, Madrid, 2000, p. 30.

[69] El gasto militar previsible de Estados Unidos en 2003 será de 379.000 millones de dólares; sus socios de la OTAN más el resto de países europeos gastarán 180.000; Rusia y los países de Eurasia, 52.000; Asia, 135.000; América Latina, 20.000 y África, 7.000. Véase «El Estado del Mundo» en *Imperio o gobierno mundial (La Vanguardia. Dossier)*, n.º 3, octubre-diciembre de 2002, p. 18.

El aumento del nivel de gasto militar, que connota una visión del mundo en términos de *self-help* (existencia de amenazas que sólo se pueden afrontar mediante medios militares propios), está directamente vinculado a una revolución tecnológica en el ámbito del armamento[70]. A diferencia de las armas nucleares que, por sus propias características, neutralizaron su uso por parte de las superpotencias durante la guerra fría (disuasión nuclear), los actuales avances debidos a la tecnología de la información han facilitado la actuación de la hiperpotencia en lo que antes hemos llamado «guerra a distancia»: los sistemas de guiado (GPS), los sensores (aéreos, espaciales o en tierra) que permiten observar el terreno de batalla en tiempo casi real, el tratamiento de la información obtenida por los sensores, etc.

Algunos ejemplos nos permiten percatarnos del uso de la nueva tecnología (armas guiadas, tratamiento de la información). Así, en la guerra del Golfo de 1991, el porcentaje de ataques aéreos realizados con las llamadas «bombas inteligentes» fue del 7 por 100. Durante la intervención en Kosovo, en 1999, el porcentaje de este tipo de armamento de precisión fue del 30 por 100. En la guerra contra el régimen de los talibán, en 2002, el procentaje aumentó hasta el 60 por 100. Finalmente, en la guerra contra Irak, en 2003, se calcula que el porcentaje de bombas inteligentes fue de entre el 80 y el 90 por 100 del total utilizado[71]. En materia de información, hay que destacar que las tropas americanas desplegadas en Kosovo (un 10 por 100 de las desplegadas ocho años antes contra Irak) «consumieron» tres veces más información, dadas las nuevas capacidades de transmisión, sobre todo espaciales[72]. La actual globalización tecnológica (tecnología de la información) se convierte, por tanto, en un factor determinante de la asignación del poder en el actual sistema internacional en todos los ámbitos incluido, como hemos visto, el militar. Derivado, justamente de ello, se puede hablar de hegemonía basada en la sobrecapacidad tecnológico-militar de Estados Unidos frente al resto del mundo.

En buena medida, los ataques del 11 de septiembre contra Nueva York y Washington constituyen un desafío de primer orden para la lógica del sistema en su conjunto (Estados Unidos y sus aliados), basado en esa sobrecapacidad tecnológico-militar, ya que dichos atentados se asientan en la asimetría del poder y son eficaces al conseguir el objetivo perseguido: demostrar la vulnerabilidad de la potencia hegemónica.

B) Seguridad Nacional *versus* Derecho Internacional

Dadas las circunstancias arrriba descritas, el ejercicio de la hegemonía por parte de Estados Unidos, desde el final de la guerra fría, nos plantea una pregunta de rigor: ¿Cómo han articulado los Estados Unidos su discurso sobre el Nuevo Orden Mundial, centrado en Naciones Unidas y en el derecho internacional, con la asimetría de poder existente entre dicho país y el resto del mundo?

Es evidente que el discurso del Nuevo Orden Mundial, reforzador de las instituciones internacionales y del derecho, no corresponde a la cultura política de los esta-

---

[70] L. Freedman, «The revolution in strategic affairs», *Adelphi Papers*, n.º 318, 1998.

[71] Véase http://www.globalsecurity.org/org/news/2003/030320-war05.htm

[72] C. Grand, «Révolutions technologiques et stratégiques», *Ramses 2002 (IFRI)*, 2001, p. 51.

dounidenses en materia internacional, dado su tradicional aislacionismo. En ese sentido, es lógico que el discurso del presidente Bush (hijo), centrado en la seguridad nacional (defensa del propio territorio) y en los temas domésticos (pensiones, impuestos) fuera más atractivo para el americano medio que el internacionalismo de Bill Clinton. Si bien, como veremos a continuación, existe continuidad en algunas dimensiones de la agenda de política exterior de Estados Unidos a lo largo de todo el período (relación dificultosa con las Naciones Unidas y otros foros de gobernanza global, hostigamiento sobre Irak, focalización en los *rogue states*). Esa continuidad nos llevará, en último término y con el efecto 11-S de por medio, a un perfil de potencia hegemónica centrada en las preocupaciones nacionales (no las internacionales) y atenta a la eficacia de sus acciones (no a la legitimidad de las mismas). Lo que plantea serias dudas respecto del cumplimiento de las funciones de una potencia con responsabilidad global y aceptada como tal por la comunidad internacional (como mínimo, por los grandes estados del sistema).

El ejercicio de potencia con responsabilidad global es asumido por Estados Unidos, durante la etapa Clinton, a través de la política del presidente en casos como Oriente Medio (patrocinio de las negociaciones de Camp David entre Arafat y Barak, en julio de 2000); el liderazgo decidido en Bosnia (acciones militares de la OTAN contra los serbios, desde 1994, y acuerdos de Dayton, en noviembre de 1995) o su controvertida política en Kosovo, en 1999, donde los Estados Unidos impulsaron a la OTAN a realizar acciones aéreas de castigo sobre Serbia, sin base legal de Naciones Unidas, para acabar con la limpieza étnica de la población albanesa. Sin embargo, esa actitud de liderazgo decidido, con asunción de responsabilidades en acciones militares, choca con las resistencias de Estados Unidos a aceptar los marcos regulatorios surgidos de los foros de gobernanza global (caso del Protocolo de Kioto o del Tribunal Penal Internacional, cuyo estatuto fue firmado *in extremis* por Clinton, poco antes de abandonar la Casa Blanca). En ese sentido, hay que recordar que, durante la presidencia Clinton, los Estados Unidos optaron por quedarse al margen de los principales acuerdos internacionales sobre armamento. Así, Estados Unidos no firmó el Tratado sobre la Prohibición de Minas Antipersonales (1997), mientras que, a nivel bilateral (con Rusia), venía realizando, desde principios de los noventa, una activa política de reducción de arsenales nucleares (firma del Tratado START II, en 1993). Por su parte, el Senado (de mayoría republicana) no ratificó, en 1999, el Tratado de Prohibición de Pruebas Nucleares, firmado por Clinton en 1996.

Es sin duda durante la etapa de Bush (hijo), al frente de la Casa Blanca, que cristalizan tendencias anteriormente apuntadas de cómo ejercer el liderazgo en el nuevo escenario (que no orden) mundial. Un escenario que se va a a ver alterado por los hechos del 11-S. Sin embargo, antes de llegar a ello, hay que recordar que la seguridad nacional va a ocupar un lugar preminente en la agenda de Estados Unidos. Clinton, por su parte, ya había ordenado bombardeos sobre Irak, en 1998; ya había centrado su atención en los *rogue states* o estados canallas (a la vez, eso sí, que iniciaba una política de distensión con Corea del Norte) y ya había proyectado un sistema de Defensa Nacional contra Misiles (NMD). Sin embargo, todos estos temas van a ocupar un lugar destacado a partir del momento en que Bush se hace cargo de la Casa Blanca, en 2001.

Ello explica la rápida decisión de la administración Bush de acelerar el proyecto de dotar a su país de un sistema NMD, que estará previsiblemente en funcionamiento en 2004, con la intención de proteger a los americanos de la amenaza. ¿Qué amenaza? La amenaza se identifica con la supuesta fabricación, por parte de los llamados *rogue states* (Corea del Norte, Irán, Irak)[73], de misiles balísticos de largo alcance, con los que podrían en el futuro (horizonte 2005/2010) penetrar en el territorio de Estados Unidos. La decisión, por parte de la administración Bush en diciembre de 2001, de denunciar el Tratado ABM, que prohíbe la fabricación de misiles antibalísticos, para facilitar el programa NMD, supuso un punto de inflexión con el pasado (el Tratado ABM era una pieza fundamental de la disuasión en la época nuclear) y una muestra de unilateralismo estadounidense (la mayor parte de los aliados europeos se opusieron a tal decisión, no España). En efecto, el uso del espacio ultraterrestre con fines defensivos nacionales, auspiciado sobre todo por el Secretario de Defensa, Donald Rumsfeld, es la vía unilateral adoptada para hacer frente a la identificada como amenaza del momento, los *rogue states*. Esta política se ha reforzado, a pesar de que decisiones como el abandono del Tratado ABM puedan «animar» la proliferación nuclear (India y Pakistán realizaron pruebas nucleares en 1998) e incidir negativamente en los regímenes internacionales de «uso pacífico» del espacio ultraterrestre[74].

Con ello, los Estados Unidos han puesto en jaque al ordenamiento jurídico internacional y al sistema de Naciones Unidas. Se pueden citar otros casos, aún sin entrar en el tema central que nos ocupará a continuación (el ataque contra Irak): en marzo de 2001, Bush anunció que su país no ratificaría el protocolo de Kioto; en mayo de 2001, el Congreso americano decidió suspender el pago previsto de sus deudas con las Naciones Unidas (más de 1.000 millones de dólares); en enero de 2002, frente a las críticas recibidas por el trato dado en Guantánamo a los prisioneros de guerra traídos desde Afganistán, la administración americana señaló la necesidad de hacer una «lectura moderna» de las Convenciones de Ginebra; el 7 de mayo de 2002, el gobierno de Estados Unidos comunicó a las Naciones Unidas su intención de no ratificar el estatuto del Tribunal Penal Internacional (TPI); en julio de 2002, el representante de Estados Unidos «chantajeó» al Consejo de Seguridad, amenazando con retirar sus tropas de la misión de las Naciones Unidas en Bosnia si no recibían garantías de inmunidad para su personal frente al TPI; en julio de 2002, el Departamento de Estado comunicó la retirada de su aportación presupuestaria al Fondo de Población de las Naciones Unidas, por su apoyo a programas de control de natalidad. Esta es una lista que nos permite constatar lo evidente: Estados Unidos acepta con dificultades, y en muchos casos no las acepta, las restricciones a su actuación derivadas de la regulación jurídica y de los marcos multilaterales. Estados Unidos se vería a sí mismo, en una imagen ya famosa de Stanley HOFFMANN para caracterizar a los Estados Unidos en el mundo, como Gulliver amarrado por los liliputienses[75].

---

[73] En el primer Discurso sobre el estado de la Nación posterior al 11-S, el 29 de enero de 2002, el presidente Bush hizo de los tres países (Irak, Irán, Corea del Norte) un *eje del mal*. Esta terminología, de remembranzas históricas, fue utilizada de modo destacado durante la posterior campaña contra el régimen de Sadam Hussein.

[74] El Tratado sobre los principios jurídicos que deben regir las actividades de los Estados en la exploración y utilización del espacio ultraterrestre (1967) considera que el espacio ultraterrestre pertenece a la humanidad y, como corolario de ello, ha de estar desmilitarizado. Hay que apuntar que dicha desmilitarización es relativa, dado que no prohibe explícitamente que por el mismo transiten misiles o que los satélites tengan fines militares.

[75] Véase S. HOFFMANN, *Gulliver's Troubles*, McGraw Hill, Nueva York, 1968.

Es evidente que los atentados del 11 de septiembre contra Nueva York y Washington vienen a reforzar la tendencia de los Estados Unidos a desconfiar de los marcos multilaterales y a confiar exclusivamente en sus propias capacidades. Así, al margen de lo que muchas voces pidieron en un primer momento, que el ejercicio del liderazgo estadounidense para responder a los agresores debía basarse en el consenso internacional en el marco de las instituciones y en la formación de coaliciones sólidas, la política de la administración Bush para hacer frente al terrorismo internacional se ha asentado en parámetros de características muy diferentes a los anteriores. Hasta el extremo que la actuación de los Estados Unidos, en el período que transcurre entre el 11-S y el inicio de la guerra contra el régimen de Sadam Hussein, emprendida por Estados Unidos y Gran Bretaña, en marzo de 2003, permite hablar de una política imperialista y claramente unilateral. Si bien, como veremos a continuación, dichos términos han sido readaptados por la jerga diplomática anglosajona, hablándose de «intervencionismo benévolo» y de «multilateralismo a la carta».

El imperialismo, que en su acepción original comporta la proyección del poder de un estado más allá de su jurisdicción con el objeto de crear unidades político-administrativas bajo su control, está latente en la Doctrina Bush o Estrategia de Seguridad Nacional de Estados Unidos, anunciada en septiembre de 2002 (véase cuadro 2).

CUADRO 2

Estrategia de seguridad nacional de Estados Unidos (2002)

[...] Hoy, Estados Unidos disfruta de una posición de fuerza militar sin paralelo y de gran influencia económica y política. De acuerdo con nuestro pasado y a nuestros principios, no utilizamos nuestra fuerza para obtener ventajas unilaterales. En cambio, buscamos crear un equilibrio de fuerzas que favorezca la libertad humana [...] En un mundo a salvo de peligros, la gente estará en condiciones de mejorar sus propias vidas. Defenderemos la paz al luchar contra los terroristas y los tiranos. Preservaremos la paz al crear buenas relaciones entre las grandes potencias. Extenderemos la paz al fomentar sociedades libres y abiertas en cada continente.

Defender a nuestra nación de sus enemigos es el primer compromiso fundamental del gobierno federal. Hoy, ese cometido ha cambiado drásticamente. En el pasado, nuestros enemigos necesitaban tener grandes ejércitos y grandes capacidades industriales para poner en peligro a Norteamérica. Ahora, redes oscuras de individuos pueden traer gran caos y sufrimiento a nuestras costas por menos de lo que cuesta comprar un solo tanque. Los terroristas están organizados para penetrar las sociedades abiertas y tornar contra nosotros el poder de la tecnología moderna.

Para derrotar esta amenaza debemos utilizar cada herramienta de nuestro arsenal: el poderío militar, la defensa mejorada de nuestro territorio nacional, la aplicación de la ley, la recopilación de inteligencia, y gestiones vigorosas para cortarles el financiamiento a los terroristas. La guerra contra el terrorismo de alcance global es una empresa mundial de duración incierta. [...].

El peligro más grave que encara nuestra nación está en la encrucijada del radicalismo y la tecnología. Nuestros enemigos declararon abiertamente que procuran armas de destrucción en masa, y hay pruebas que indican que lo están haciendo con determinación. Estados Unidos no permitirá que estas gestiones tengan éxito. Construiremos defensas contra misiles balísticos y otros medios de transporte. Cooperaremos con otros países para denegar, contener y restringir los esfuerzos de nuestros enemigos para adquirir tecnologías peligrosas. Y, como una cuestión de sentido común y de autodefensa, Estados Unidos actuará contra esas amenazas en surgimiento antes de que éstas terminen de formarse. [...]. En el nuevo mundo en que hemos entrado, el único camino hacia la paz y la seguridad es el de la acción.

[...] Lo acaecido el 11 de septiembre de 2001 nos enseñó que estados débiles como Afganistán, pueden representar un peligro tan grande para nuestros intereses nacionales como los estados poderosos. La pobreza no hace que los pobres se conviertan en terroristas y asesinos. Pero la pobreza, las instituciones débiles y la corrupción pueden hacer que los estados débiles sean vulnerables a las redes de terroristas y a los carteles narcotraficantes dentro de sus fronteras.

[...] Nos guía también la convicción de que ninguna nación puede por sí sola crear un mundo mejor, más seguro. Las alianzas y las instituciones multilaterals pueden multiplicar la fuerza de las naciones amantes de la libertad. Estados Unidos está comprometido con instituciones perdurables como las Naciones Unidas, la Organización Mundial del Comercio, la Organización de los Estados Americanos, la OTAN, así como con otras alianzas de larga data. Las coaliciones de naciones dispuestas a participar pueden aumentar estas instituciones permanentes [...].

[...] Hoy, la humanidad tiene en sus manos la oportunidad para hacer que la libertad triunfe sobre todos estos enemigos. Estados Unidos acoge con beneplácito nuestra responsabilidad de encabezar esta gran misión.

Fuente: Departamento de Estado de Estados Unidos. Consultado en: http://usinfo.state.gov/espanol/terror/02092502.htm.

Dicha Estrategia se ha popularizado, sobre todo, por el uso que propugna de los ataques preventivos: «Estados Unidos actuará contra esas amenazas en surgimiento antes de que éstas terminen de formarse». Tales amenazas, surgidas de la combinación de las tres T (Terrorismo, Tecnología, Tiranía), se identifican con casos concretos de países (estados débiles, o fracasados, como Afganistán, o regímenes que combinan tiranía y armas de destrucción masiva, como Irak), que se vinculan al terrorismo. Esa identificación de países concretos, a ocupar y controlar, ha supuesto un paso importante en la estrategia imperialista, completada con un despliegue militar de gran alcance geográfico (repúblicas de Asia Central, a partir de la guerra contra los talibán; Filipinas, para hacer frente a las guerrillas islamistas; presencia en el Cáucaso, con despliegue en Georgia).

C) Intervencionismo benévolo y multilateralismo a la carta

La lucha contra el terrorismo internacional ha generado una visión imperialista, que Richard Haas, director del *Policy Planning Staff* del Departamento de Estado, justifica apuntando que «si un gobierno no puede cumplir sus obligaciones contra el terrorismo, otros gobiernos, incluido el norteamericano, se ganan el derecho a intervenir»[76]. Así, la idea de que un nuevo tipo de imperialismo es necesario para el mantenimiento de la paz y la seguridad en el mundo actual ha sido defendida abiertamente por Tony Blair en una nueva versión de «intervencionismo benévolo», según la cual se autorizaría a las potencias occidentales a invadir o

---

[76] Entrevista a Richard Haas en *The New Yorker* (abril 2002), cit. por X. Batalla, «Pax Americana», *La Vanguardia*, 7 de abril de 2002.

atacar cualquier país soberano «cuyo líder inflija sufrimiento injustificado a su población» o «ponga en peligro la estabilidad mundial o la seguridad nacional de otras naciones»[77].

El unilateralismo, que supone dejar de lado (ni respetar, ni consultar) las instituciones multilaterales a la hora de tomar decisiones y de ejecutar políticas ha sido la línea de actuación asumida, de modo radical, por Estados Unidos. La Estrategia de Seguridad Nacional, antes mencionada, considera que «las alianzas y las instituciones multilaterales pueden multiplicar la fuerza de las naciones amantes de la libertad. Estados Unidos está comprometido con instituciones perdurables como las Naciones Unidas, la Organización Mundial del Comercio, la Organización de los Estados Americanos, la OTAN, así como con otras alianzas de larga data. Las coaliciones de naciones dispuestas a participar pueden aumentar estas instituciones permanentes». En el momento en que actuaciones de Estados Unidos, como las que vamos a reseñar a continuación, han sido calificadas de unilateralistas, Washington ha respondido con su definición alternativa de «multilateralismo a la carta», conceptualizado por Richard HAAS.

Si nos centramos en el caso del ataque a Afganistán (octubre 2001), vemos que los Estados Unidos diseñan su política de actuación en base a dos parámetros: primero, la creación de coaliciones de circunstancias (*coalitions of the willing*), que variarán según el momento y las necesidades (importancia de Pakistán, por ejemplo, en el caso de crear la coalición para actuar contra los talibán); y, segundo, hacer de las instituciones un factor «multiplicador» de su propia fuerza. En el caso del ataque contra los talibán, Estados Unidos cuenta, por una parte, con la legalidad del recurso a la legítima defensa, amparado por el Consejo de Seguridad de Naciones Unidas y, por otra parte, con el compromiso total de sus aliados (OTAN) que, mediante la activación, por primera vez en la historia, del artículo 5 del Tratado de Washington, muestran su disposición a entrar en guerra contra el agresor de Estados Unidos[78]. Sin embargo, los Estados Unidos optan por una operación militar propia, basada en la lógica de la coalición y al margen del marco institucional de la OTAN. De este modo, se socava la credibilidad de dicha institución, reconvertida en un instrumento para legitimar y reforzar políticamente la actuación militar de Estados Unidos.

En el caso de Irak (2002/2003), la imposibilidad de obtener una resolución del Consejo de Seguridad para llevar a cabo una intervención militar contra el régimen de Sadam Hussein, por su supuesta posesión de armas de destrucción masiva, lleva a la guerra librada, a partir de marzo de 2003, por Estados Unidos y Gran Bretaña. El apoyo político de algunos alidados (España de modo significativo) chocó, como sabemos, con la oposición frontal de Francia, Alemania y Rusia. En este caso, a diferencia de lo ocurrido en Afganistán, el líder no goza ni de la legalidad, ni de la legitimidad política, producto del consenso de los aliados europeos en torno a la política de Washington. Es evidente que en el escenario actual de la hegemonía —sobrecapacidad tecno-

[77] Véase «Blair choca con Schröder y otros líderes de izquierda sobre las lecciones de la guerra», *La Vanguardia*, 14 de julio de 2003.

[78] Véanse los textos de referencia y un análisis de los mismos en E. BARBÉ y P. AGUIAR MOLINA, «Reacción de las organizaciones internacionales frente a los atentados del 11 de septiembre», *Cuadernos de Derecho Público*, n.º 14, septiembre-diciembre de 2001, pp. 253-282.

lógica que permite «guerras a distancia»— los europeos no disponen de otra función que la de legitimar al líder. Como ha escrito LINDLEY-FRENCH, mientras los Estados Unidos quieren tener las manos totalmente libres, los europeos las tienen atadas, o peor, no las tienen (en referencia a su falta de capacidad militar)[79].

Así, el «derecho de intervención» y el «multilateralismo a la carta» sustentan el liderazgo de Estados Unidos. Se ha preferido la eficacia a la legitimidad. Ello abre una etapa de incertidumbre de cara al orden internacional. Por una parte, han aumentado las zonas de caos (Afganistán e Irak se han sumado a esa categoría) y no parece que se haya reducido la capacidad de agresión del terrorismo internacional; más bien, al contrario. Por otra parte, la legitimidad del líder se ha visto minada por su política: primero, aún más minada en aquellas zonas del mundo (dos terceras partes de la humanidad, según analistas americanos[80]) en las que la política de Washington es tradicionalmente percibida como una amenaza; segundo, se ha minado la confianza de muchos de sus aliados europeos que han visto desaparecer el valor diferencial de la OTAN; y, finalmente, se ha minado toda esperanza de que Estados Unidos favorezca la gobernanza global, vista su actuación en el Consejo de Seguridad y en algunos regímenes internacionales.

De modo sugerente, HUNTINGTON ha apuntado que tenemos un *lonely superpower*, pero no un mundo unipolar. Según él, «los esfuerzos de la superpotencia para crear un sistema unipolar estimulan los esfuerzos de otras potencias importantes (condominio franco-alemán, Rusia, China e India, entre otras) para orientarse hacia un sistema multipolar. Virtualmente, todos los poderes regionales importantes intentan autoafirmarse para potenciar sus intereses diferenciados, que, a menudo, entran en conflicto con los de Estados Unidos. La política global se está transformando. El sistema bipolar de la guerra fría está entrando, después de haber pasado por un momento unipolar (reflejado en la guerra del Golfo, 1991), en una o dos décadas uni-multipolares, antes de llegar al verdadero mundo multipolar del siglo XXI»[81].

Sin entrar en el debate de si la guerra contra Irak, de 2003, apunta, o no, en esa dirección uni-multipolar, lo cierto es que el liderazgo de Estados Unidos, en el ámbito de la paz y la guerra, a principios del siglo XXI muestra una mentalidad estrecha de *self help* (seguridad basada exclusivamente en sus propios recursos militares y centrada en la protección de su territorio con defensas antimisiles). Una mentalidad propia del estado moderno, en el sentido clásico del término, justamente cuando en la era de la globalización, tal y como mostró el 11-S, la inseguridad no es ni un fenómeno territorial, ni estrictamente militar.

Uno de los grandes desafíos para la seguridad mundial, en el sentido amplio del término, es justamente la existencia de zonas de caos (muchas de ellas en África), a las que Estados Unidos parece prestar atención tan sólo de manera reactiva, tal y

[79] J. LINDLEY-FRENCH, «US: the new Leviathan?», *ISS-EU Newsletter*, n.º 2/3, septiembre de 2002. Consultado en www.iss-eu/org.

[80] En un encuentro académico, celebrado en Harvard en 1997, los académicos reunidos coincidieron en que las elites de países que reúnen, al menos, a dos terceras partes de la humanidad (chinos, rusos, indios, árabes, musulmanes y africanos) ven en los Estados Unidos una amenaza para sus sociedades. Cit. por S. HUNTINGTON, «The Lonely Superpower», *Foreign Affairs*, vol. 78, n.º 2, marzo-abril de 1999, p. 42.

[81] Ibídem, p. 37. En la página 36 se recogen las que HUNTINGTON denomina potencias importantes y/o regionales.

como ha mostrado el caso de Afganistán tras el 11-S. Bastantes autores destacan en el momento actual la separación entre conflictos regionales potenciales y mecanismos de orden al estilo grandes potencias, y ya no digamos de carácter multilateral (Naciones Unidas). HOBSBAWM, por ejemplo, ha considerado la falta de un sistema de orden efectivo a nivel internacional como uno de los rasgos característicos de la posguerra fría[82].

En suma, la *Pax Americana* no convence, pero qué surgirá de ella es imposible de prever, más si cabe en la compleja sociedad internacional de nuestros días. Como ha escrito Stanley HOFFMANN, «en un mundo único —en el que se encabalgan una sociedad de estados desiguales y a menudo virtuales, y una sociedad global cuyas instituciones públicas son frágiles y la sociedad civil es subdesarrollada, en el que estas dos sociedades están dominadas por una sola potencia a cuyos rivales costará mucho situarse a su altura pero cuya economía puede tornarse incontrolable— hay que decir que los profetas son muy imprudentes y que corren mucho aquellos que piensan que poseen las claves del porvenir»[83].

3. DESIGUALDAD, POBREZA Y DESARROLLO *

Al comenzar el siglo XXI, la persistencia de la pobreza y la desigualdad siguen siendo rasgos destacados de la sociedad internacional. La importancia de la fractura norte-sur es ahora mayor debido a la desaparición del conflicto este-oeste y a la aceleración de la globalización. El aumento de la pobreza, la desigualdad y la falta de expectativas es un factor de creciente importancia para entender los problemas de la seguridad internacional y las causas de la inestabilidad política y la crisis del Estado, las tensiones étnico-culturales, los flujos migratorios, la vulnerabilidad a los desastres y otros problemas contemporáneos.

Muchos defensores de la integración económica global afirman que ésta alienta el crecimiento económico y la convergencia de la renta entre ricos y pobres, y que la liberalización económica en la que se basa el proceso de globalización disminuirá la desigualdad y la pobreza mundial, incluso sin libre circulación de personas, pues la inversión extranjera y el libre comercio son sustitutos de las migraciones.

Es cierto que la renta mundial ha registrado un crecimiento notable en las últimas décadas: Sin embargo, los datos de los principales organismos internacionales muestran que la globalización ha promovido un visible empeoramiento en la distribución mundial de la riqueza, y la pobreza apenas ha disminuido, y afecta, según datos recientes, a casi la mitad de la humanidad. Los procesos de polarización socioeconómica también se están produciendo en el seno de las sociedades industrializadas, pero es en los países en desarrollo en los que se concentra la mayor parte de los 2.800 millones de personas que son pobres, y los 1.200 millones que padecen pobreza extrema o miseria (véase cuadro 3). Estas cifras de pobreza se han calculado a partir de los ingresos,

---

[82] E. J. HOBSBWAM, *Age of Extremes: The Short Twentieth Century 1914-1991*, Micahel Joseph, Londres, 1994.

[83] S. HOFFMANN, «El estado de las cosas», *La Vanguardia Dossier*, n.º 3, octubre-diciembre de 2002, p. 30.

* Este apartado ha sido redactado por el Dr. José Antonio Sanahuja, Profesor de Relaciones Internacionales en la Universidad Complutense de Madrid (UCM).

pero existen otras dimensiones «horizontales» de la pobreza como el género, la etnia, la casta, la adscripción religiosa o el lugar de residencia[84].

Este apartado pretende examinar las principales tendencias mundiales de pobreza y desigualdad partiendo de los procesos históricos concretos que le han dado forma, como la crisis de la deuda y las políticas de liberalización y ajuste, que han dominado las relaciones norte-sur en las dos últimas décadas. A continuación, se describen los principales acuerdos internacionales sobre el desarrollo, adoptados en las distintas Cumbres convocadas por las Naciones Unidas en los años noventa,; el compromiso de reducir la pobreza, adquirido por los países donantes de Ayuda Oficial al Desarrollo, el Banco Mundial, el Fondo Monetario Internacional o la Unión Europea (UE); y los «Objetivos de Desarrollo del Milenio» (ODM), adoptados por la Asamblea General de las Naciones Unidas, entre los que destaca la reducción de la pobreza extrema a la mitad del período 1990-2015 (véase cuadro 4). Finalmente, se procede a valorar las perspectivas de cumplimiento de dichos ODM a la vista del contexto actual.

A) La desigualdad y la pobreza: de la modernización al «Consenso de Washington»

En la mayor parte de los países en desarrollo existe una «pobreza estructural» que hunde sus raíces en el pasado colonial y en la evolución histórica de los países en desarrollo tras la independencia. Entre sus causas se encuentran las bajas rentas generadas por sus economías y la elevada desigualdad que caracterizaba a las sociedades coloniales. También es el resultado de las políticas de desarrollo del período postcolonial (1950-1980), que lograron resultados dispares frente a la pobreza: fuerte reducción en Asia oriental, modesta en América Latina, y más reducida en África subsahariana y el sur de Asia. A esa evolución contribuyeron causas internas y externas, como la «transición demográfica», el grado de dependencia de los inestables mercados de materias primas, el peso del neocolonialismo, el éxito o el fracaso de la industrialización, la inversión en educación, la creación de Estados y políticas públicas eficaces, o la incidencia de la guerra y el conflicto. La particular pauta de industrialización y urbanización de los países en desarrollo generó nuevas formas de pobreza urbana, y la pobreza rural se hizo más intensa debido a los cambios sociales producidos por la modernización del agro y la «revolución verde». En muchos países la tasa de pobreza disminuyó, pero el número absoluto de personas pobres aumentó por causa de la explosión demográfica. En sociedades caracterizadas por la desigualdad, el crecimiento económico se concentró en los más pudientes.

La comparación de distintas experiencias de desarrollo arroja luz sobre los factores de éxito y fracaso en el desarrollo y la reducción de la pobreza.. En los «tigres asiáticos» la combinación de fuertes inversiones en educación e infraestructura, ayuda externa, Estado fuerte y eficaz, y una política económica orientada a la industria-

---

[84] Según el Banco Mundial, que ha calculado estas cifras, la «línea de pobreza» la define una renta diaria *per capita* ajustada al poder adquisitivo inferior a dos dólares diarios. Una «línea de pobreza» de un dólar diario *per capita* define situaciones de pobreza extrema o miseria.

lización y a conquistar mercados externos logró hacer realidad el «milagro asiático» de crecimiento económico y cierta equidad social. En contraste, en muchos países de América Latina el desarrollo industrial se vio truncado por el proteccionismo, las políticas de desarrollo respondieron a intereses corporativos de las oligarquías locales y las empresas transnacionales, y la dependencia de la financiación externa condujo a niveles de endeudamiento insostenible. Las tasas de crecimiento económico de dos dígitos del «milagro brasileño» de los años sesenta y setenta hicieron de Brasil una potencia industrial, pero también lo convirtieron en el país con más desigualdad del mundo.

Tras la crisis de la deuda de 1982, los países en desarrollo abandonaron de forma generalizada las estrategias nacionalistas de desarrollo del período postcolonial, y han adoptado un nuevo modelo económico de orientación neoliberal conocido como «Consenso de Washington», basado en la liberalización económica, el predominio de las fuerzas del mercado, la apertura externa y la supremacía del sector exportador, con el que se busca una nueva modalidad de inserción en la economía mundial [85].

La adopción de dicho Consenso como matriz de política económica es en gran medida resultado de la aplicación de los Programas de Ajuste Estructural (PAE) de las instituciones financieras internacionales y, en particular, del Fondo Monetario Internacional (FMI) y el Banco Mundial. Aunque el ajuste nació para hacer frente a la crisis de la deuda mediante programas de estabilización de corto plazo, pronto se convirtió en un instrumento para impulsar la reforma política a largo plazo, incluyendo dentro de su condicionalidad amplias medidas de apertura externa, liberalización comercial conforme a las normas de la Organización Mundial del Comercio (OMC), y eliminación de restricciones a la inversión extranjera y a la actuación de las corporaciones transnacionales [86]. Por la importancia de esas medidas, los PAE han tenido un papel decisivo en la incorporación de los países en desarrollo a las dinámicas de la globalización económica.

Aunque la pobreza y la desigualdad de los países en desarrollo no son imputables exclusivamente a las políticas de ajuste del FMI y el Banco Mundial, y en general a ese «Consenso de Washington», éstas han contribuido decisivamente a incrementarlas. Ello se debe tanto a los efectos recesivos del ajuste a corto plazo —aumento del desempleo y el subempleo del llamado «sector informal», caída de los ingresos por efecto de las devaluaciones— como a factores estructurales de largo plazo. En América Latina, por ejemplo, la pobreza disminuyó del 50 por 100 al 35 por 100 de la población entre 1950 y 1980, pero entre 1980 y 1990 aumentó hasta un 41 por 100; esto significó un incremento del número total de pobres de 135 a 200 millones.

---

[85] La expresión «Consenso de Washington», acuñada por John WILLIAMSON, se refiere al «decálogo» de reformas adoptadas en América Latina en los años ochenta, aunque se ha utilizado como sinónimo de neoliberalismo. Ver John WILLIAMSON, *Latin American Adjustment. How much has happened?*, Institute for International Economics, Washington, 1990, pp. 20-21, y «The Washington Consensus revisited», en L. EMMERIJ y J. NÚÑEZ DEL ARCO (comps.), *El desarrollo económico y social en los umbrales del siglo XXI*, Banco Interamericano de Desarrollo (BID), Washington, 1998.

[86] Un análisis detallado del contenido y orientación de los programas de ajuste, en J. A. SANAHÚJA, *Altruismo, mercado y poder. El Banco Mundial y la lucha contra la pobreza*, Intermón Oxfam, Barcelona, 2001, capítulos 3 y 4.

Las políticas de apertura externa del «Consenso de Washington» han acentuado la heterogeneidad y polarización de las economías y las sociedades, agrandando las brechas (económicas, sociales, tecnológicas, de productividad e ingreso, de nivel de renta y acceso a activos productivos como el capital y la información) entre los sectores vinculados a la economía global, como las industrias de ensamblaje intensivas en mano de obra barata o «maquilas», el *agrobusiness* o el turismo; y los sectores tradicionales orientados al mercado interno. En el nuevo modelo de crecimiento económico sostenido por las exportaciones del «Consenso de Washington», la competitividad internacional y, con ella, la inserción de los países en desarrollo en la economía global, se basa a menudo en los bajos costes laborales, en la «externalización» de costes ambientales, y en bajas cargas fiscales a las empresas exportadoras.

Por esta razón, muchos países en desarrollo se ven atrapados en un «círculo vicioso» de pobreza y crisis ambiental. Para escapar de él, sería necesario emprender reformas estructurales que contribuyan tanto a la eficiencia económica como a la equidad social. Entre ellas se encuentran la inversión en infraestructura productiva, en educación y tecnología, y el acceso de los campesinos pobres a la tierra. Ello exigiría un «pacto fiscal» que permitiera aumentar los ingresos del gobierno y hacer frente a esas inversiones, a cambio de una gestión pública eficaz, transparente y responsable, y ésa es una de las razones por las que es clave hacer frente a la corrupción. Sin embargo, atraer la inversión extranjera a menudo comporta un régimen fiscal y regulatorio poco exigente, que contribuye al debilitamiento del Estado, de sus políticas sociales, y de su capacidad para generar cohesión social y territorial, y, de esa manera, hacer viable a largo plazo una sociedad democrática. Por ello, cabe preguntarse si es posible reducir la pobreza y la desigualdad sin cambios de política y modelo económico.

B) Los años noventa: ¿una «década perdida» para la reducción de la pobreza?

En 1990, según cálculos del Banco Mundial, la pobreza extrema afectaba al 33 por 100 de la población de los países en desarrollo, y se estimó que entre 1990 y 2000 sería posible reducir esa tasa hasta el 18 por 100, con lo que el número total de pobres disminuiría de 1.125 a 825 millones[87]. Para que esas previsiones se hicieran realidad se requería crecimiento económico, voluntad política de los gobiernos y un entorno internacional favorable. Diez años después el propio Banco ha dado a conocer cifras actualizadas, basadas en mediciones más refinadas, y ha intentado incorporar las dimensiones cualitativas de la pobreza. Según las nuevas cifras, las previsiones del Banco eran muy optimistas. Entre 1987 y 1998 la pobreza extrema se redujo del 28 por 100 al 24 por 100 de la población mundial, pero el número de pobres se mantuvo prácticamente estable, pasando de 1.183 a 1.200 millones. Con una línea de pobreza de 2 dólares, que define situaciones de pobreza, más que de pobreza extrema, la tasa de pobreza en esos años bajó del 61 por 100 al 56 por 100, y el número de pobres pasó de 2.549 a 2.801 millones[88]. En suma, los noventa han sido una «década perdi-

---

[87] Banco Mundial, *Informe sobre el desarrollo Mundial 1990: La Pobreza*, Banco Mundial, Washington, 1990.

da» en la lucha contra la pobreza mundial, con pocos avances respecto a su incidencia, y un claro aumento de las cifras absolutas (véase cuadro 3).

CUADRO 3

Evolución de la pobreza mundial, 1987-1998

(Según una línea de pobreza de 1 dólar diario *per capita*)

Región	1987		1998	
	Incidencia (%)	Mill. personas	Incidencia (%)	Mill. personas
Asia oriental-Pacífico	27	417	15	278
América Latina y Caribe	15	64	15	78
Europa oriental y Asia central.	<1	1	5	24
Oriente próximo y N. de África	4	9	2	5
Sur de Asia	45	474	40	522
África subsahariana	46	217	46	290
Total	28	1.183	24	1.199

(Según una línea de pobreza de 2 dólares diarios *per capita*)

Región	1987		1998	
	Incidencia (%)	Mill. personas	Incidencia (%)	Mill. personas
Asia oriental-Pacífico	67	1.052	49	892
América Latina y Caribe	35	147	36	183
Europa oriental y Asia central	4	16	20	93
Oriente próximo y N. de África	30	65	22	62
Sur de Asia	86	911	84	1.096
África subsahariana	76	357	77	475
Total	61	2.549	56	2.801

Fuente: Banco Mundial

Asia oriental ha sido la única región en la que la pobreza disminuyó con rapidez, en especial en China. Sólo en este país, la población en la pobreza extrema pasó de 303 a 213 millones de personas. La crisis financiera de 1997, sin embargo, cam-

[88] Banco Mundial, *Poverty trends and the Voices of the Poor*, Banco Mundial, Washington, 1999, p. 10; véase también el *Informe sobre el desarrollo Mundial 2000-2001. Attacking poverty*, Oxford University Press/Banco Mundial, Washington, 2001. Sobre las dimensiones cualitativas de la pobreza, véase D. NARAYAN *et al.*, *Voices of the Poor. Can Anyone Hear Us?*, Banco Mundial-Oxford University Press, Washington, 2000.

bió la tendencia en esta región y dio paso a un rápido aumento en países como Indonesia o Tailandia. En el sur de Asia, y en especial en la India, apenas hubo progresos en términos relativos, y al número total se le agregaron otros 200 millones de pobres. Más dramática aún es la situación de África subsahariana, donde la pobreza aumentó con rapidez tanto en términos relativos como absolutos debido a la falta de crecimiento económico, al rápido crecimiento demográfico, y a la inestabilidad política, la corrupción y la guerra. En América Latina y el Caribe las tasas se mantuvieron constantes, pero el número de pobres aumentó.

Las cifras también revelan que los países del este de Europa, y en particular las repúblicas ex soviéticas, viven una crisis social sin precedentes. No todos los costes sociales de la transición pueden ser atribuidos a las políticas de ajuste y liberalización económica, pues en parte se deben a la ineficiencia y a la corrupción heredadas de la planificación centralizada. Sin embargo, en esa zona el FMI y el Banco Mundial han mostrado una clara preferencia por terapias de choque con efectos nefastos en los niveles de vida, en la capacidad de gobernación del Estado y en la cohesión social. Un estudio reciente del Banco Mundial, partiendo de una línea de pobreza de 4 dólares diarios *per capita*, más apropiada en esta región, revela que entre 1989 y 1995 la población pobre de los 18 países de este grupo pasó del 4 por 100 al 45 por 100 del total, y el número de personas pobres de 13,6 a 168 millones. En varias repúblicas ex soviéticas la pobreza ya afecta a dos terceras partes de la población. Los retrocesos en los indicadores sociales han sido dramáticos. Según Naciones Unidas, la disminución en la esperanza de vida ha supuesto la muerte prematura de más de diez millones de personas en esta región[89].

A estos magros resultados contribuyeron las crisis financieras del período 1995-1998, que hicieron más lento el crecimiento económico, y además mostraron que la apertura externa del «Consenso de Washington» situaba a los países en desarrollo en una posición muy vulnerable frente a los avatares de un mercado internacional de capitales cada vez más integrado, y también más inestable y volátil. Por efecto de las crisis financieras, México y los países latinoamericanos golpeados por la «onda expansiva» de la «crisis del peso», o los países afectados por la crisis asiática en 1997-1998, perdieron en menos de un año todos los avances de una década en la reducción de la pobreza. Con estos antecedentes, las perspectivas no son halagüeñas. Con las tasas de crecimiento previstas por el Banco Mundial en los países en desarrollo para el período 2000-2015, no se alcanzarían las metas internacionales de reducción de la pobreza extrema de ese último año. Esas estimaciones, además, se han mostrado muy optimistas debido a los efectos de la recesión de 2000-2002.

Pero el crecimiento económico, siendo condición necesaria, no es suficiente, pues su impacto en la reducción de la pobreza es reducido cuando la desigualdad es muy alta, y a la inversa. Como se indicó, los datos disponibles revelan que la desigualdad ha aumentado, tanto entre países, como en el interior de ellos. Según estudios de Naciones Unidas, en los últimos veinticinco años —la era del ajuste neoliberal— la desigualdad ha aumentado en la mayor parte de los países, y la apertura externa asociada a la glo-

---

[89] B. Milanovic, *Income, Inequality and Poverty during the Transition from Planned to Market Economy*, Banco Mundial (regional and sectorial studies), Washington, 1998, pp. 46 y 64. Véase también Programa de las Naciones Unidas para el Desarrollo, *Transition 1999. Human Development Report for Central and Eastern Europe and the CIS*, PNUD, Nueva York, 1999, pp. 6-10.

balización ha tenido un papel determinante[90]. El primer estudio mundial sobre desigualdad basado en encuestas de hogares, realizado por el Banco Mundial, revela que entre 1988 y 1993 se ha producido un aumento sorprendentemente rápido de las disparidades sociales, tanto entre diferentes países, como dentro de la mayor parte de los países mismos. En ese período de apenas cinco años el 5 por 100 más pobre de la población mundial perdió un 25 por 100 de su renta, mientras que el 20 por 100 más rico la incrementó en un 12 por 100. Este proceso ha agravado la desigualdad internacional ya existente: se estima que a finales de los noventa el 25 por 100 de la población mundial percibe el 7 por 100 de la renta, y la renta percibida por el 1 por 100 más rico del mundo es similar a la del 57 por 100 de menores ingresos. Un dato llamativo aportado por este estudio: los 50 millones de personas más ricas disfrutan de la misma renta que los 2.700 millones más pobres, y la riqueza en manos de los 25 millones de estadounidenses más ricos es similar a la que corresponde a los 2.000 millones de personas más pobres. La desigualdad internacional es mucho más elevada que la del interior de Brasil, el país, como ya hemos dicho, con mayor desigualdad interna de todo el mundo[91].

Estos niveles de desigualdad internacional serían intolerables dentro de un país pero probablemente se mantienen debido a que pese a la globalización, los ricos y los pobres no pueden comparar su situación, y para buena parte de la humanidad la pobreza y la riqueza extremas son sólo conceptos abstractos. En este sentido la globalización es un fenómeno ambivalente. En el plano económico contribuye a incrementar la desigualdad, pero al facilitar el contacto entre sociedades se produce una «revolución de las expectativas» que puede tener múltiples efectos: puede alentar la toma de conciencia crítica sobre esta situación, pero también los flujos migratorios, la tensión social y política y los fundamentalismos que se nutren del agravio y la desesperación. Según Robert WADE: «A una proporción creciente de la gente se le impide el acceso a las necesidades básicas, al mismo tiempo que ven en la televisión gente conduciendo Mercedes. El resultado es una gran cantidad de jóvenes desempleados y airados, a los que las nuevas tecnologías de la información han dado los medios para amenazar la estabilidad de la sociedades en las que viven, y que incluso pueden amenazar la estabilidad de los países más ricos»[92].

La desigualdad es un factor clave a la hora de explicar la persistencia de la pobreza, y significativamente, las políticas de ajuste estructural aplicadas desde 1982 la han acentuado. Además de reducir el empleo, el ajuste supone recortes del gasto en educación y salud. Se han creado «fondos de inversión social» más de 70 países con el apoyo del Banco Mundial y de otros donantes, que consideran que son un instrumento eficaz para luchar contra la pobreza, y que ayudan a hacer viable políticamente el ajuste. Pero estos fondos no han logrado atenuar el impacto social de la crisis y el ajuste, ni reducir la pobreza estructural preexistente[93].

Hacer frente a estos problemas exige superar las políticas del «Consenso de Washington». La necesidad de un cambio de orientación no se limita a círculos

[90] Ver, entre otros, F. STEWART, *Distribución de los ingresos y desarrollo, 1999*, X UNCTAD, Bangkok, Mesa Redonda de Alto Nivel sobre Comercio y Desarrollo, 12 de febrero de 2000.

[91] B. MILANOVIC, *True world income distribution, 1988 and 1933: First calculation based on household surveys alone,* Banco Mundial, *Working Paper*, n.º 2.244, Washington, noviembre de 1999, pp. 51-52.

[92] R. WADE, «Winners and Losers», *The Economist*, 28 de april de 2001, pp. 79-82.

[93] G. A. CORNIA, *Social Funds in Adjustment and Stabilization Programmes*, WIDER/UNU, *Research for Action Papers*, n.º 48, Helsinki, 1999.

heterodoxos: a partir de la desastrosa gestión de la crisis asiática por parte del FMI, ha sido planteada por economistas convencionales como Paul KRUGMAN o Joseph STIGLITZ, ex economista jefe del Banco Mundial, que propuso un «postconsenso de Washington»[94].

En el plano interno, lograr una reducción efectiva de la pobreza exigiría una estrategia adoptada por los propios países afectados a través de procesos de consulta y participación social, más que la condicionalidad impuesta por actores externos. Esa estrategia debería basarse tanto en el crecimiento económico como en medidas redistributivas, destinadas a facilitar el acceso de los pobres a la renta y a activos productivos. Para ello es imprescindible la reforma institucional y el «buen gobierno».

En muchos casos, es imprescindible reducir el peso del servicio de la deuda externa y liberar esos recursos para la inversión productiva y el gasto social. El pago de la deuda es, en muchos países, la mayor partida de gasto gubernamental, llegando a consumir hasta el 30 por 100 o el 40 por 100 del mismo. Sin estos recursos apenas hay margen para reorientar el presupuesto del Estado hacia prioridades sociales. En el plano internacional, se requiere un entorno de estabilidad que favorezca el crecimiento económico, y marcos reguladores que limiten los flujos especulativos y eliminen la volatilidad financiera asociada a la globalización. También es clave la apertura comercial de los países industrializados, a través de las negociaciones de la OMC. Asimismo se requiere aplicar la iniciativa para la reducción de la deuda externa de los países más pobres, y un esfuerzo adicional de ayuda al desarrollo.

C) LOS OBJETIVOS DEL MILENIO: UN NUEVO «CONSENSO» INTERNACIONAL SOBRE DESARROLLO

Al finalizar la década de los noventa, la lucha contra la pobreza se ha convertido en un asunto central en la agenda de la cooperación internacional. A ello han contribuido varios factores:

—Las críticas al impacto social del ajuste estructural y el «Consenso de Washington», y la constatación de que estas políticas no lograban reducir la pobreza, y en muchos casos contribuyeron a aumentarla.

—La celebración de las «Cumbres» temáticas de las Naciones Unidas a lo largo de los años noventa, en las que se intentó aprovechar la «ventana de oportunidad» que suponía el fin de la guerra fría para renovar la agenda de la cooperación internacional, superar los condicionantes de la geopolítica y el neocolonialismo, que la desvirtuaron durante décadas, y aprovechar el «dividendo de la paz» que, según se esperaba, podría respaldar esa agenda. Esas «cumbres» fueron, a su vez, el marco de reuniones internacionales de ONG que contribuyó a la aparición del «movimiento antiglobalización», con las manifestaciones de noviembre de 1999 en la Conferencia de Seattle de la Organización Mundial de Comercio (OMC).

---

[94] P. KRUGMAN, *El retorno de la economía de la depresión*, Crítica, Barcelona, 2000; Joseph STIGLITZ, *More Instruments and Broader Goals: Moving Toward the Post-Washington Consensus*, The 1998 WIDER Annual Lecture, Banco Mundial/WIDER, Washington/Helsinki, 7 de enero de 1998; y de este mismo autor, *El malestar en la globalización*, Taurus, Madrid, 2002.

—La búsqueda de una nueva fundamentación de la ayuda al desarrollo, para hacer frente a la «fatiga del donante» y las crecientes críticas sobre su papel e impacto. Desde posiciones neoliberales se ha afirmado que la ayuda al desarrollo ha sido dañina al alentar la corrupción y la ineficiencia, y se considera que la ayuda debe ser abolida y la financiación del desarrollo debe estar en manos del mercado. En el otro extremo, la crítica anticapitalista, que considera que la ayuda es un instrumento de penetración del capital transnacional y la globalización neoliberal, por lo que también es rechazada.

Con estos antecedentes, se ha impuesto una agenda reformista. A mediados de los noventa, las organizaciones internacionales y los países donantes intentaron renovar los fundamentos doctrinales y la legitimidad de la cooperación. La guerra fría y el neocolonialismo habrían distorsionado la ayuda externa, que no pudo cumplir sus objetivos. Pero esos condicionantes desaparecieron con la posguerra fría y la globalización, permitiendo que los donantes dejen de lado sus intereses nacionales, y la ayuda, ahora sí, respondería a sus objetivos declarados de desarrollo y lucha contra la pobreza, que la globalización hace más perentorios. En lo esencial, esta es la argumentación en la que descansa la nueva política contra la pobreza del Banco Mundial, formulada por su presidente James Wolfensohn en 1995; el compromiso de los países donantes con el objetivo de reducir la pobreza extrema en el año 2015, adoptado en 1996; la aceptación de esos mismos objetivos en 2000 por parte del FMI, el Banco Mundial y la Organización de Naciones Unidas; y su adopción por la Asamblea General en septiembre de 2000, con el sobrenombre de «Objetivos de Desarrollo del Milenio» (ODM) (véase cuadro 4)[95].

En la «Declaración del Milenio» se añadió a los ODM el objetivo de establecer una «Asociación mundial para el desarrollo» con compromisos sobre ayuda, condonación de deuda, y apertura comercial. Una de las «ideas-fuerza» de este consenso es el vínculo entre la pobreza en los países en desarrollo y las barreras al comercio y el proteccionismo agrario de los países ricos. En una concesión a los países pobres, ese vínculo fue reconocido por la «Declaración de Doha» de noviembre de 2001, que dio inicio a una nueva «ronda» de negociaciones de la OMC. La lucha contra la pobreza también justifica la condonación de deuda en la «Iniciativa para los Países Pobres más Endeudados» (PPME), que se empezó a aplicar en 1997.

En muchos aspectos, el énfasis en la lucha contra la pobreza y el desarrollo social también respondería al intento de otorgar legitimidad al proyecto neoliberal de globalización. Para ser viable, este proyecto requería atenuar los costes sociales y ambientales y hacer frente a las externalidades negativas que supone su aplicación. Con ello, también se intentaba atenuar la resistencia política y dar respuesta a las demandas planteadas por los nuevos movimientos sociales transnacionales contrarios a ese proyecto, que plantean en la arena política global las demandas de justicia, equidad y ciudadanía que antes sólo se formulaban en el marco del Estado-nación.

---

[95] Véase el documento del Comité de Ayuda al Desarrollo de la OCDE *Shaping the 21st Century. The Contribution of Development Co-operation*, OECD, París, mayo de 1996, y el documento conjunto del FMI, el Banco Mundial, la OCDE y Naciones Unidas, *Un mundo mejor para todos. Consecución de los objetivos de desarrollo internacional*, de junio de 2000. La «Declaración del Milenio» fue adoptada en la Resolución de la Asamblea General A/RES/55/2, de 8 de septiembre de 2000, firmada por 189 países, incluyendo 147 Jefes de Estado y de Gobierno.

CUADRO 4

Objetivos de Desarrollo del Milenio

Objetivo 1:	*Erradicar la pobreza extrema y el hambre*
Meta 1:	Reducir a la mitad, entre 1990 y 2015, la proporción de personas con ingresos menores a un dólar diario
Meta 2:	Reducir a la mitad, entre 1990 y 2015, la proporción de personas que padecen hambre
Objetivo 2:	*Lograr la educación primaria universal*
Meta 3:	Asegurar que en 2015, en todas partes, tanto los niños como las niñas puedan terminar un ciclo completo de educación primaria
Objetivo 3:	*Promover la igualdad entre los sexos y el empoderamiento de la mujer*
Meta 4:	Eliminar las disparidades entre los sexos en educación primaria y secundaria preferiblemente en 2005 y en todos los niveles educativos a más tardar en el 2015
Objetivo 4:	*Reducir la mortalidad infantil*
Meta 5:	Reducir en dos tercios, entre 1990 y 2015, la tasa de mortalidad de los niños menores de cinco años
Objetivo 5:	*Mejorar la salud materna*
Meta 6:	Reducir la tasa de mortalidad materna en tres cuartas partes entre 1990 y 2015
Objetivo 6:	*Combatir el VIH, el sida, la malaria y otras enfermedades*
Meta 7:	Haber detenido y comenzado a reducir en 2015 la propagación del VIH/sida
Meta 8:	Haber detenido y comenzado a reducir en 2015 la incidencia de la malaria y otras enfermedades graves
Objetivo 7:	*Garantizar la sostenibilidad del medio ambiente*
Meta 9:	Integrar los principios del desarrollo sostenible en las políticas y programas nacionales y revertir la pérdida de recursos del medio ambiente
Meta 10:	Reducir a la mitad, para 2015, la proporción de personas sin acceso sostenible a agua potable
Meta 11:	Para el 2020, haber logrado mejoras apreciables en las vidas de al menos 100 millones de residentes en barrios marginales
Objetivo 8:	*Fomentar una asociación mundial para el desarrollo*
Meta 12:	Dar un nuevo impulso al desarrollo de un sistema comercial y financiero abierto, basado en normas, predecible y no discriminatorio.
Meta 13:	Atender las necesidades especiales de los países menos adelantados (PMA)
Meta 14:	Atender las necesidades especiales de los países sin litoral y de los pequeños Estados insulares en desarrollo
Meta 15:	Abordar de forma global el problema de la deuda de los países en desarrollo mediante medidas nacionales e internacionales orientadas a que la deuda sea sostenible a largo plazo
Meta 16:	En cooperación con los países en desarrollo, elaborar e implementar estrategias que proporciones empleo digno y productivo a los jóvenes
Meta 17:	En colaboración con las compañías farmacéuticas, proporcionar acceso a medicamentos esenciales asequibles en los países en desarrollo
Meta 18:	En colaboración con el sector privado, facilitar el aprovechamiento de los beneficios de las nuevas tecnologías, especialmente las de información y comunicaciones

Fuente: Naciones Unidas. Una lista completa de los objetivos, metas e indicadores, con información por regiones y países, en http://www.developmentgoals.org/.

D) Comercio, ayuda y flujos financieros: las perspectivas de cumplimiento de los ODM

Mucho antes de los atentados del 11-S y la «guerra contra el terrorismo», el nuevo consenso internacional sobre el desarrollo se enfrentaba a los condicionantes del sistema internacional. Esos condicionantes se han expresado en las negociaciones de la OMC, iniciadas en 2001, y en la Conferencia sobre Financiación al Desarrollo de Monterrey (México) de 2002, que abordó la difícil cuestión de la movilización de los recursos, internos y externos, que se requieren para alcanzar los ODM.

En primer lugar, el cumplimiento de los compromisos de liberalización de Doha y las negociaciones de otros acuerdos comerciales dependen de una premisa básica: la reforma de las políticas agrícolas y la apertura comercial en los países industrializados. En este ámbito, las posibilidades de acuerdo son limitadas. La reforma de la Política Agrícola Común (PAC) de la Unión Europea, de junio de 2003, permitirá cierto grado de apertura, pero prolonga las ayudas internas y mantiene los subsidios a la exportación para productos de clima templado de interés para los países en desarrollo. En el caso de Estados Unidos, la Ley agraria, de mayo 2002, supone un fuerte incremento de los subsidios agrarios durante el período 2002-2012, en particular para trigo, maíz, soja, arroz y algodón y otros productos, en los que se genera un gran volumen de excedentes, que se exportan a precio de *dumping*.

Estas medidas han sido recibidas como un «jarro de agua fría» para las expectativas de acceso al mercado de los países en desarrollo. Estos países no ven qué beneficio comportan unas negociaciones en las que se pretende que abran aún más sus fronteras a los productos industriales y a los servicios estadounidenses, y se comprometan a observar reglas estrictas en materia de inversiones o propiedad intelectual, sin obtener acceso sin restricciones para sus bienes agrícolas. Tanto la Ley Agraria americana, como el limitado alcance de la reforma de la PAC parecen anunciar un acuerdo agrícola limitado en el seno de esta organización, disminuyendo el atractivo de esas negociaciones para los países en desarrollo. Las negociaciones en torno a patentes y propiedad intelectual de los medicamentos contra el sida también presentan resultados desalentadores. En diciembre de 2002, pocos días antes de vencer la fecha límite decidida en Doha, Estados Unidos bloqueó el acuerdo que permitiría que los países más pobres con graves problemas de sida y otras enfermedades, y que no tienen capacidad para fabricar genéricos, puedan importarlos de países como la India o Brasil. La posición estadounidense respondía a los intereses de compañías transnacionales interesadas en mantener sus cuotas de mercado y evitar excepciones a la estricta normativa de protección de las patentes de la OMC. Estas compañías prefieren una política «de doble precio» parcial y temporal, basada en ventas con descuento y donaciones, controlada por las farmacéuticas y no por los Gobiernos, que además reportaría beneficios en términos de imagen y publicidad.

La falta de acuerdo respecto a las patentes de los medicamentos y las directrices de negociación del sector agrícola condiciona el éxito de las negociaciones de la OMC y hace difícil que el acuerdo global pueda estar ultimado, como establece la Declaración de Doha, el 1 de enero de 2005. Si no hay acuerdo y se incumplen los compromisos, los países en desarrollo pueden sentirse burlados. El mismo director general de la OMC, Supachai Panitchpakdi, ha reconocido la creciente «frustración» de los países en desarrollo ante la situación, cercana a la parálisis, a la que han llegado las negociaciones a mediados de 2003.

Las iniciativas sobre reducción de deuda progresan con lentitud y aparecen nuevas crisis financieras en países de renta media como Argentina o Uruguay, sin que haya avances en la reforma de la «Arquitectura Financiera Internacional», como ilustra el bloqueo de la propuesta del FMI de establecer un procedimiento internacional de insolvencia para hacer frente a situaciones de impago de la deuda.

Las perspectivas sobre la ayuda al desarrollo tampoco son alentadoras. En tanto que nuevo fundamento político y moral de la ayuda, la lucha contra la pobreza y el derecho al desarrollo no han logrado ni aumentar la ayuda, ni mantenerla en el nivel de décadas anteriores, que se basó en argumentos como la seguridad nacional, el anticomunismo y/o la responsabilidad poscolonial. En los años noventa la AOD cayó a mínimos históricos. El promedio anual entre 1969 y 1998 fue del 0,33 por 100 del PIB de los países donantes. Entre 1991 y 1999 descendió al 0,22 por 100. Esta última cifra es la más baja de los últimos treinta años.

Quizás era ilusorio pensar que la conferencia de Monterrey alteraría las normas y los principios reguladores de la ayuda y del sistema financiero internacional, pero existían expectativas razonables de que la Conferencia lograse algún resultado concreto respecto a los alrededor de 50.000 millones de dólares adicionales que según distintos cálculos serían necesarios para alcanzar los ODM [96]. Estas expectativas respondían a la necesidad de financiar esos objetivos, por un lado; y la conmoción causada por los atentados del 11-S, que sugerían la existencia de vínculos entre la nueva amenaza del terrorismo global y la pobreza.

Monterrey reafirmó que el comercio y el capital privado deben seguir siendo las principales fuentes de financiación del desarrollo, reservando a los flujos oficiales un papel subsidiario. Estos últimos se justificarían por la existencia de «fallas de mercado», más que por razones de justicia o equidad, por el derecho al desarrollo, o por metas de cohesión social a escala mundial. El «Consenso de Monterrey» se limitó a mencionar el viejo objetivo del 0,7 por 100 del PIB de los donantes —y entre el 0,15 por 100 y el 0,20 por 100 a los países menos adelantados (PMA)—, pero sin establecer un calendario para su cumplimiento[97].

Al reiterar ese objetivo, pese a ser poco creíble tras treinta años de incumplimientos, se descartaron las propuestas de textos preliminares para duplicar la AOD —lo que, en términos relativos, suponía simplemente recuperar el esfuerzo de ayuda promedio de las tres décadas anteriores—, o crear nuevas fuentes de recursos para el desarrollo al margen de la voluntad discrecional de los gobiernos donantes, como los «impuestos globales». Estados Unidos, que considera que la ayuda no contribuye al desarrollo, y que éste debe ser el resultado del libre comercio, rechazó de forma expresa la inclusión de compromisos cuantitativos en el «Consenso de Monterrey», por lo que se formularon al margen del texto final. En el Consejo Europeo de Barcelona, la UE acordó aumentar la ayuda hasta el 0,39 por 100

---

[96] S. DEVARAJAN, M. J. MILLER y E. V. SWANSON, *The costs of attaining the Millennium Development Goals*, Banco Mundial, Washington, 2002.

[97] Naciones Unidas, *Informe de la Conferencia Internacional sobre Financiación del desarrollo, Monterrey (México), 18-22 de marzo de 2002,* A/CONF.198/11. Véase también el «Informe Zedillo», Naciones Unidas, *Informe del Grupo de Alto Nivel sobre la Financiación para el Desarrollo*, A/55/1000, 26 de junio de 2001.

del PIB en 2006. Es un compromiso valioso, pero modesto, pues en 1990 la UE aportaba el 0,44 por 100.

El «Consenso de Monterrey», por otra parte, reitera la exigencia del «buen gobierno» en los países en desarrollo. Obviamente, la ayuda no será eficaz si hay corrupción y el receptor no aplica políticas de desarrollo adecuadas. Pero la ayuda tampoco será eficaz si los donantes siguen actuando de manera discrecional, la subordinan a sus intereses nacionales, no actúan de manera coordinada, y no hay coherencia entre la ayuda y otras políticas, en ámbitos como el comercio o la venta de armas. Por otra parte, las exigencias de transparencia, responsabilidad y «buen gobierno» no se aplican a los organismos financieros internacionales, cuyas reglas de votación aseguran la mayoría a los países industrializados.

A todo lo anterior hay que añadir que los atentados del 11 de septiembre y la «guerra contra el terrorismo» han alterado la agenda de la cooperación internacional. Los problemas del desarrollo, cuando apenas comenzaban a adquirir cierta relevancia, vuelven a estar relegados a un segundo plano y a ser vistos a través del limitado prisma de la seguridad nacional. Con el retorno de la seguridad, cuestiones como la ayuda externa, las negociaciones comerciales, y las acciones para hacer frente a la deuda externa o los problemas del medio ambiente, serán atendidas sólo o principalmente si se percibe que guardan relación con las amenazas a la seguridad y los objetivos estratégicos de los actores en juego[98].

La primacía de la seguridad y las «guerras hegemónicas» afectan a las políticas de cooperación al desarrollo de varias formas:

—*La seguridad como justificación de la ayuda externa*: Hay dos visiones al respecto: para los «halcones», la ayuda externa es un instrumento de la política exterior, subordinado a las necesidades de la «guerra contra el terrorismo». La seguridad nacional, y no la pobreza, justifica el aumento de la ayuda de Estados Unidos, después de 10 años de declive, del 0,10 por 100 al 0,12 por 100 del PIB entre 2000 y 2002. Por otro lado, las «palomas» que consideran que hay vínculos entre el terrorismo global, el fundamentalismo, y la desesperación causada por la pobreza y la desigualdad, y ven el desarrollo como solución de largo plazo a estos problemas. La UE, el Banco Mundial, Naciones Unidas y otros donantes han propuesto aumentar la ayuda apelando a ese argumento. La nueva doctrina de seguridad de la UE, de junio de 2003, también establece ese vínculo entre ayuda, desarrollo y seguridad.

—*El «coste de oportunidad» del aumento del gasto militar*. En 2002 el gasto militar mundial aumentó hasta alcanzar niveles similares a los de la guerra fría, con un total de 794.000 millones de dólares, con lo que se evaporó definitivamente el «dividendo de la paz». Aunque difícil de estimar, ese aumento supone un elevado «coste de oportunidad» para los ODM. Sólo la guerra de Irak le ha costado a Estados Unidos 100.000 millones de dólares, lo que equivale a casi dos años de ayuda mundial, y al doble de lo requerido para alcanzar las metas de reducción de la pobreza.

---

[98] Un tratamiento más detallado de estas cuestiones en J. A. SANAHÚJA, «De Doha a Bagdad. La fuerza contra la cooperación internacional», en M. AGUIRRE y M. GONZÁLEZ BUSTELO (coords.), *Tiempos difíciles. Guerra y poder en el sistema internacional. Anuario CIP 2003*, Centro de Investigación para la Paz (CIP), Madrid, 2003, pp. 237-260.

—*Cambios en las prioridades geográficas*. Los Estados relevantes en la «guerra contra el terrorismo» reciben los mayores aumentos de la ayuda económica y alivio de la deuda de Estados Unidos. Pakistán dejó de recibir ayuda como penalización por las pruebas nucleares y el régimen militar, pero tras el 11-S se convirtió en el cuarto receptor mundial de ayuda bilateral de Estados Unidos. En Turquía se utilizó la «diplomacia de chequera», con ofertas de ayuda y condonación de deuda, para que este país permitiera el paso de tropas para la guerra de Irak. Otros países verán condicionada la ayuda a la nueva agenda de seguridad, y no a metas de desarrollo. África subsahariana y América Latina ya están siendo objeto de menos atención política y un estancamiento de la ayuda, incluso de actores como la Comunidad Europea, que ha comprometido en Afganistán una cifra similar a la destinada a toda Latinoamérica. Esto afecta también a las organizaciones multilaterales. Así lo revela el «rescate» de la economía turca por parte del FMI, al tiempo que se abandonaba a su suerte a Argentina, y las presiones al Banco Mundial para utilizar sus préstamos, según *The Economist*, como un «soborno» para ganar aliados.

—*Creciente politización de la ayuda humanitaria*. Afganistán e Irak son parte de la tendencia a subordinar la ayuda humanitaria a las exigencias de la guerra y la propaganda bélica, debilitando su legitimidad y su capacidad de proporcionar asistencia y protección efectiva a las víctimas. Con ello, se agrava el problema de los «conflictos olvidados» para los que es difícil obtener recursos.

—*Nuevas necesidades de reconstrucción de posguerra*. Las «guerras hegemónicas» emprendidas tras el 11-S exigen sumas elevadas para reconstruir lo dañado, detrayendo fondos de otros países y de necesidades de desarrollo.

—*La agenda de la democratización, los derechos humanos y el «buen gobierno», arrinconada*. El 11-S ha vuelto a plantear el dilema «libertad *versus* seguridad», dando paso a restricciones a las libertades democráticas. Este dilema también se plantea en la cooperación internacional, como ya ocurrió en la guerra fría, de forma que la democracia y el «buen gobierno» pueden perder peso frente a objetivos de seguridad como criterio en la asignación de la ayuda, debilitando la condicionalidad democrática.

Según los datos más recientes, de mantenerse la tendencia será difícil que los Objetivos del Milenio se logren en el 2015. Antes de producirse el 11-S el grado de cumplimiento era desalentador. Con la excepción del sudeste asiático, en ninguna región se está avanzando al ritmo requerido; en África subsahariana y el este de Europa se están registrando retrocesos, y hay setenta países que se sitúan por detrás de la tendencia necesaria en la reducción de la pobreza extrema. Según Naciones Unidas, en 2001 había cincuenta y cuatro países que tenían ingresos per cápita inferiores a los de 1990, y en veintiuno había retrocesos en el desarrollo humano. En América Latina, de mantenerse las tendencias actuales, sólo seis países lograrán alcanzar los ODM en 2015[99].

Estas tendencias expresan los condicionantes estructurales del sistema internacional de la globalización. Como ha señalado David HELD, ese sistema se caracteri-

99 Programa de las Naciones Unidas para el Desarrollo, *Informe sobre desarrollo humano 2003. Los Objetivos de Desarrollo del Milenio: un pacto entre las naciones para eliminar la pobreza humana*, Mundi-prensa, Madrid, 2003. Ver también el informe de la Comisión Económica para América Latina y el Caribe, *Hacia el objetivo del milenio de reducir la pobreza en América Latina y el Caribe*, CEPAL, LC/G.2188-P, Santiago de Chile, febrero de 2003.

za por una brecha o déficit jurisdiccional y de incentivos: en un mundo globalizado y regionalizado, pero en el que la autoridad política está fragmentada en unidades estatales, surge el problema de las «externalidades» de las que nadie se ocupa, y la ausencia de instituciones que aseguren la provisión y la regulación del uso de los bienes públicos internacionales. Aunque los mercados y el espacio político están cada vez más integrados, la autoridad política sigue siendo nacional, y al existir marcadas asimetrías en la distribución de costes y beneficios de la cooperación, es frecuente que ésta no se produzca. En ese marco, pueden producirse acuerdos internacionales de cooperación, como los Objetivos del Milenio o el protocolo de Kioto. Sin embargo, en un mundo de Estados soberanos la ausencia de reglas imperativas sobre los medios que exigiría su cumplimiento, unida a la falta de voluntad política, genera comportamientos escapistas o de *free rider* que obstaculizan la aparición de la acción pública colectiva necesaria para enfrentarse a la pobreza mundial [100].

4. MEDIO AMBIENTE*

En las últimas tres o cuatro décadas ha aumentado la percepción social, política y, claro está, académica, del calibre de las amenazas ambientales. Durante este tiempo, el medio ambiente se ha insertado de forma paulatina en la agenda de las relaciones internacionales, ha evolucionado como *issue* y ha sufrido numerosos ascensos y descensos en la lista de prioridades de los estados y del resto de actores internacionales, acompañado todo ello de los correspondientes flujos y reflujos del interés de la opinión pública sobre las problemáticas ecológicas.

Durante los años sesenta y primeros años setenta se publicaron trabajos e informes que, por una parte, indicaron una elevado grado de preocupación entre algunos sectores de la ciencia, en general, y de la ciencia social, en particular, por la progresiva degradación de los sistemas ecológicos y, por otra, coadyuvaron a establecer, no sin cierto catastrofismo, un estado de ánimo propicio a las políticas de protección del medio ambiente en los países del norte. Las aportaciones de BOULDING, CARSON, EHRLICH y el informe MEADOWS[101] son algunas de las referencias clásicas de trabajos que, teniendo un carácter científico (algunos más que otros), gozaron de una fuerte repercusión tanto sobre la opinión pública como sobre las agendas de algunos gobiernos y ciertas organizaciones internacionales.

Otros factores influyeron también en el proceso de toma de conciencia por parte de la población. Así, suele aducirse que 1969 fue un año clave: Amstrong y Collins pisaron la luna y retornaron, desde nuestro satélite, «la visión de un planeta azul y frágil», que «conmocionó a la gente de la calle». Poco tiempo después, en 1970, veinte millones de norteamericanos se manifestaban en la celebración del primer día de la tierra. A los pocos meses, Nixon creaba la Agencia de Protección del Medio ambiente (la EPA)

---

* El presente apartado ha sido redactado por Oriol Costa, Profesor de Relaciones Internacionales de la Universidad Autónoma de Barcelona (UAB).

[100] D. HELD, «La globalización tras el 11 de septiembre», *El País*, 8 de julio de 2002, p. 13.

[101] K. BOULDING, *The economics of the coming spaceship Earth*, en Environmental quality in a growing economy, Sixth RFF Forum, Johns Hopkins Press, 1966; R. CARSON, *Silent Spring*, Houghton Mifflin, Boston, 1962; P. R. EHRLICH, *The population bomb*, Ballantine Books, Nueva York, 1968; D. H. MEADOWS, *Los límites al crecimiento*, FCE, México, 1972.

de los Estados Unidos, «la primera del mundo y la más influyente», se interrumpía la construcción de un buen número de autopistas y se aprobaban leyes como la *Liability Act*, «que responsabilizaba a las empresas de los delitos ambientales en función de la legislación vigente, pese a que los hechos se hubiesen producido previamente y fuesen actuaciones congruentes con la legislación del momento»[102]. La Conferencia de Naciones Unidas sobre el Medio Ambiente Humano, celebrada en Estocolmo en 1972, y sobre la que volveremos más adelante, vino a ratificar y cristalizar la entrada del medio ambiente en la agenda internacional.

En este apartado nos proponemos, primeramente, esbozar, sin ánimo alguno de exhaustividad, los problemas más destacados a los que se enfrentan las políticas internacionales del medio ambiente. En segundo lugar, se lleva a cabo una revisión de la labor realizada, hasta nuestros días, por las instancias internacionales (organizaciones, cumbres, convenciones) en relación con las cuestiones ambientales. Finalmente, se formulará una valoración sobre la efectividad de las políticas internacionales del medio ambiente.

A) Amenazas ambientales

A lo largo del siglo XX, la temperatura global del aire aumentó entre 0,4 ºC y 0,8 ºC. Retrocedieron las nieves perpetuas y el ritmo de ascenso del mar fue más alto que el de los últimos mil años. Los datos aportados por los satélites indican con claridad que la concentración de hielo durante el verano sobre el Ártico ha disminuido un diez por ciento[103]. En suma, el clima está cambiando, y lo está haciendo a una velocidad muy superior a la que es propia de los ciclos naturales, a causa de la acumulación en la atmósfera de gases de efecto invernadero, en especial el CO_2, en proporciones mayores a las existentes con anterioridad a la revolución industrial. Así, según las muestras de burbujas de aire retenidas en los núcleos helados más profundos del mundo, en Vóstok (Antártida), los niveles actuales de CO_2 no tienen precedentes en relación con los 420.000 años anteriores; los análisis de plancton fosilizado sugieren que deben estar en su punto más elevado de un período de veinte millones de años. Dicho de otro modo, como afirmó la Declaración final de la *Conferencia sobre la Atmósfera Cambiante: Implicaciones para la Seguridad*, celebrada en 1988 en Toronto, «la humanidad está llevando a cabo un experimento involuntario, incontrolado y globalmente generalizado, cuyas últimas consecuencias tan sólo podrían ser peores en caso de una guerra nuclear»[104].

No únicamente el clima se ve alterado por la actividad humana. También la biodiversidad, esto es, la diversidad que se encuentra en el nivel de los genes, de los individuos, de las especies y de los ecosistemas, está seriamente amenazada. Así, se calcula que el ritmo de extinción de especies aumentó durante el siglo XX de una tasa de entre

[102] R. Grasa (2001), «La construcción de regímenes internacionales para la protección transfronteriza del medio ambiente y los recursos naturales: ¿sistemas de gobernación o sistemas de gobierno?», *Papeles y Memorias de la Real Academia de Ciencias Morales y Políticas*, n.º X, mayo de 2001, p. 118.

[103] IPCC, *Climate Change 2001: The Scientific Basis. Sumary for policy makers*, consultado en el sitio web www.ippc.ch en julio de 2003.

[104] «The Toronto and Ottawa conferences and the *Law of the Atmosphere*», documento del sitio web oficial del unfccc, encontrado en http://unfccc.int/resource/ccsites/fact/fs215.htm (consultado en junio de 2003).

una y tres especies anuales (que es lo que se considera esperable como parte natural del proceso evolutivo) a la *ratio* de más de mil cada año, estando uno de cada cuatro mamíferos y uno de cada tres peces en peligro de extinción. Todo ello impulsa a John TUXILl a escribir que «vivimos una época de extinción en masa»[105]. En buena medida a causa de la sobreexplotación de algunas especies con valor comercial y a causa de la destrucción de hábitats. En lo tocante a lo primero, bueno es recordar, por ejemplo, que la proporción de especies marinas que han sufrido exceso de captura ha pasado de prácticamente 0 en 1950 al 35 por 100 en 1996, estando en peligro más la mitad de las costas del mundo y un 60 por 100 de los arrecifes coralinos a causa de la actividad humana, incluidas la sobrepesca, la contaminación y la urbanización.

También los bosques están acusando un importante retroceso. Janet N. ABRAMOVITZ escribe que «más de la mitad de los bosques que habían cubierto la Tierra han desaparecido, y la deforestación se está extendiendo y acelerando». Así mismo, «la vitalidad y la calidad de los bosques que quedan está disminuyendo». En efecto, desde 1950 la demanda de madera se ha multiplicado por dos, lo que ha supuesto una fuerte presión sobre las masas forestales del planeta[106].

CUADRO 5

Agua dulce, agricultura y desarrollo en los grandes países del sur

China e India, los países más poblados del mundo, necesitan utilizar el riego para la mitad, o más, de su producción alimentaria. En China, las aguas subterráneas están bajando prácticamente en todos los llanos del país. La mitad del norte del país ya está prácticamente seco. El nivel de las aguas freáticas en casi toda la llanura del norte, una zona que produce casi el 40 por 100 de los cereales del país, está bajando aproximadamente un metro y medio al año. Las previsiones hechas por el *Sandia National Laboratory* de los EEUU muestran unos enormes déficits de agua para determinadas cuencas de los ríos de China para el nuevo milenio.

En India, la situación del agua se deteriora probablemente con mayor rapidez. Ahora que la población de este país se aproxima a la cifra de los 1.000 millones, ésta se debe enfrentar a drásticas restricciones en el suministro de agua para regar. David Seckler, jefe del Instituto internacional de gestión del agua de Colombo, primera institución mundial de investigación en este campo, precisa: «la extracción de agua de los acuíferos de la India supera dos veces o más su capacidad de recuperación. Así pues, prácticamente en toda la India se están reduciendo los acuíferos de 1 a 3 metros cada año». Seckler continúa especulando que a medida que se vayan agotando los acuíferos, las reducciones en irrigación que resultaran podrían llegar a provocar una disminución de un 25 por 100 en las cosechas de la India, un país en el que ya a día de hoy el suministro y la demanda de alimentos están prácticamente equilibrados y en el que durante los próximos años se prevé que van a vivir 600 millones de habitantes más.

Fuente: L. BROWN y C. FLAVIN, «Una nova economia per un nou segle», en L. BROWN *et al.*, *L'estat del món 1999*, Centre UNESCO de Catalunya, Barcelona, 1999, pp. 12-13.

---

105 J. TUXIL, «Valorar els beneficis de la biodiversitat vegetal», en L. BROWN, *et al.*, *L'estat del món 2000,* Centre UNESCO de Catalunya, Barcelona, 2000, p. 107. Si no se indica lo contrario, los datos ofrecidos en estas páginas proceden de varias ediciones recientes del anuario *L'Estat del Món,* coordinado por Lester BROWN.

106 J. N. ABRAMOVITZ, «·El sosteniment del món», en L. BROWN, *et al.*, *L'estat del món 1998,* Centre UNESCO de Catalunya, Barcelona, 1998, p. 22.

Ello viene acompañado de una intensa degradación de los suelos, que dificulta sobremanera su uso agrícola y las posibilidades de sustento de ciertos ecosistemas, así como acelera la desertización. Se calcula que la tierra agrícola perdida (por procesos de degradación de origen humano, o bien por urbanización) entre los años 1945 y 1990 habría podido producir, suponiendo rendimientos más bien modestos, cereales suficientes para más de 1.500 millones de personas (aproximadamente una cuarta parte de la población mundial actual). De manera todavía más preocupante, prácticamente dos terceras partes de la tierra más degradada se encuentran en África y Asia, esto es, justamente allí donde se prevé un aumento mayor de la demanda de alimentos en los próximos años. Todo ello puede verse sensiblemente agravado a causa del ya mencionado cambio climático. Se estima que la salinización de los suelos irrigados (las sales disueltas en el agua permanecen en el suelo cuando ésta se ha evaporado) afecta ya a 25 millones de hectáreas, lo que supone aproximadamente un 10 por 100 de las zonas de regadío del mundo. Pues bien, se espera que esta superficie se extienda a razón de más de 2 millones de hectáreas anuales. De hecho, la irrigación y otros usos extensivos del agua se han convertido en fuente de numerosos problemas ambientales en muchos puntos del planeta (véase cuadro 5). Se calcula que el número de grandes presas que obstaculizan los ríos y los procesos naturales que los acompañan ha pasado de 5.000 en el año 1950 a 38.000 en nuestros días.

En suma, de acuerdo con la Agenda 21, podemos afirmar que las grandes preocupaciones de la agenda ambiental desde la década de los años noventa hasta el momento tienen que ver con la protección de la atmósfera, lo que incluye el cambio climático, la capa de ozono y la lluvia ácida; los problemas ambientales derivados de los asentamientos humanos, en particular en el contexto del proceso urbanización de la miseria que está sufriendo el tercer mundo; la gestión de los recursos del suelo, incluyendo esto la desertización, la sequía y las explotaciones agrícolas; la deforestación; la conservación de la biodiversidad, a la que se asocian los debates acerca de la biotecnología; la protección de los océanos y las pesquerías; la gestión del agua dulce; y, finalmente, el almacenamiento de productos químicos tóxicos y de residuos peligrosos, incluidos los residuos nucleares.

Una vez presentadas las principales amenazas ambientales, acompañadas de algunas cifras indicativas, pasamos a continuación a revisar las políticas emprendidas, fundamentalmente, por los estados y por las organizaciones internacionales en esta materia.

B) De Estocolmo a Johanesburgo, pasando por Río

Como se ha indicado, las cuestiones ambientales se introdujeron en la agenda de las relaciones interestatales, en la actividad de las organizaciones internacionales y entre las prioridades de una parte significativa de actores transnacionales durante las décadas de los años sesenta y setenta. En efecto, si bien es cierto que «las relaciones internacionales, en su doble sentido de práctica política y reflexión intelectual tienen una dimensión medio ambiental desde, al menos, Tucídides»[107], puesto que ya

---

[107] R. Grasa, «Prólogo» a M, Renner, *La Seguridad Nacional: Dimensiones económicas y ambientales*, Libros de la Catarata/Bakeaz, 1993, p. 12.

entonces estaban los recursos naturales, entendidos como objetivos estratégicos, en el centro de las preocupaciones de los actores y de los autores, no fue hasta más recientemente que la «preocupación por la posesión» de los recursos dio paso a la «preocupación por la degradación de su calidad»[108].

Esta preocupación por la degradación del entorno ha experimentado una evolución que nos aprestamos a examinar y que, de forma algo esquemática, podemos resumir en el camino recorrido entre los tres puntos culminantes que constituyen la Conferencia de Naciones Unidas sobre el Medio Ambiente Humano, celebrada en Estocolmo en 1972, la Conferencia de las Naciones Unidas sobre Medio Ambiente y Desarrollo, celebrada veinte años más tarde en Río, y la Cumbre Mundial sobre Desarrollo Sostenible, que tuvo lugar en Johannesburgo en 2002. Durante este tiempo, como se observará, han tenido lugar dos tipos de cambios, parcialmente relacionados: cambios en la agenda de la política internacional del medio ambiente y cambios en las relaciones entre el norte y el sur o, si se quiere, entre los discursos sobre el medio ambiente y los discursos sobre el desarrollo.

Es necesario hacer una referencia detallada al primero de dichos encuentros (Estocolmo) para mejor contextualizar lo ocurrido tras el final de la guerra fría en materia mediambiental. La Conferencia de las Naciones Unidas sobre el Medio Ambiente Humano (CNUMAH) celebrada en Estocolmo en 1972 (a propuesta de Suecia), fue reflejo y catalizadora del aumento de la preocupación por las problemáticas ecológicas, suponiendo un punto de inflexión en sus procesos de politización e internacionalización. En efecto, Estocolmo acentuó la tendencia de lo ambiental a abandonar la esfera técnica para entrar en la política; ya no se trataba tan sólo de conocer qué sucedía, sino que había que tomar decisiones en las que, más allá del saber técnico y científico, desempeñaban un papel importante los juicios de valor, el establecimiento de prioridades y la distribución de costes y beneficios. Por otra parte, la CNUMAH contribuyó decisivamente a la introducción de los problemas ambientales en la agenda internacional. En efecto, a partir de entonces, las negociaciones internacionales se han convertido en foros destacados, que han hecho que los actores políticos, sociales y mediáticos prioricen los temas medioambientales con ocasión de los mismos. Todo ello se vio facilitado con la creación del Programa de las Naciones Unidas para el Medio Ambiente (PNUMA), que se convirtió en el fruto institucional de la Conferencia de 1972. Además de la creación del PNUMA, la Conferencia también adoptó una declaración con 26 principios y un plan de acción con 109 recomendaciones, todo ello sin vinculación jurídica alguna.

En suma, «la CNUMAH de 1972 legitimó las cuestiones ambientales como un tema de preocupación internacional [y permitió] que por primera vez el medio ambiente ocupara un sitio en muchas agendas nacionales»[109]. Y esta fue su principal contribución. En efecto, el espíritu de Estocolmo, así como los factores que habían llevado a la Conferencia, se hicieron notar a medio plazo. De esta forma, poco después

---

[108] R. GRASA, «Los conflictos *verdes*: su dimensión interna e internacional», *Ecología Política*, n.º 8, 1994, pp. 25-40.

[109] P. S. CHASEK, *Earth Negotiations. Analyzing thirty years of environmental diplomacy*, United Nations University Press, Tokyo, Nueva York, París, 2001, p. 17. Pamela Chasek es editora del *Earth Negotiation Bulletin*, que desde 1992 proporciona detallada cuenta de las negociaciones ambientales internacionales. Véase el sitio web www.iisd.ca/enbvol/enb-background.htm.

de Estocolmo se firmó el convenio sobre protección marina (MARPOL, 1973), los convenios de protección del Báltico y el Mediterráneo (en 1974 y 1975, respectivamente), el convenio sobre el comercio internacional de especies de la flora y la fauna en peligro de extinción (CITES, 1975) y el convenio sobre la contaminación atmosférica transfronteriza de largo recorrido (LRTAP, 1979). Hay que apuntar que más de 155 acuerdos ambientales han sido negociados a nivel regional e internacional desde 1921; de los cuales, más de noventa se habían firmado entre la CNUMAH de 1972 y el año 2000.

Cabe destacar también que la Conferencia de 1972 indicó ya cuáles iban a ser durante los siguientes treinta años los grandes rasgos de las negociaciones ambientales en el ámbito internacional. En efecto, la CNUMAH «conformó dos de los principales debates que dominan la política internacional del medio ambiente hasta hoy: profundos desacuerdos sobre las relaciones entre medio ambiente y desarrollo y la resistencia gubernamental a las presiones para que los estados comprometan su autoridad soberana sobre los recursos naturales y los ecosistemas en su territorio»[110].

Dicho de otro modo, el sur planteó en Estocolmo algunas batallas que, al cabo de tres décadas, parece haber ganado: la batalla por trasladar a los países industrializados la responsabilidad por el deterioro medioambiental y la batalla por enlazar la protección del entorno con el desarrollo. Nótese que tanto la CNUMAH como los acuerdos ambientales inmediatamente posteriores compartieron el rasgo de dirigirse de forma prácticamente exclusiva a los problemas ambientales que preocupaban a los países desarrollados, esto es, a las degradaciones que tienen su origen en los efectos de la industrialización, descuidando una larga lista de preocupaciones ambientales que beben de las situaciones de subdesarrollo. Indira Gandhi ya lo expresó de esta manera en Estocolmo: «los problemas ambientales de los países pobres no son los efectos colaterales de la industrialización excesiva, sino que reflejan la falta de desarrollo»[111]. Oran R. YOUNG ha planteado el tema en unos términos muy claros: «la nueva agenda de los cambios ambientales globales está llamada a enfrentarnos con las fuentes básicas de la división norte-sur [...] ¿Por qué deberían los países subdesarrollados, como China e India, acordar restricciones del uso de combustibles fósiles cuando los mayores contaminadores en términos de gases de efecto invernadero son los estados industrializados avanzados del norte? ¿Tienen los Estados del norte el derecho de intervenir en los asuntos de los países subdesarrollados, como Brasil e Indonesia, las acciones de los cuales son críticas para la aceleración o el freno de la pérdida de biodiversidad?»[112].

En un contexto internacional radicalmente diferente, una vez desaparecido el muro de Berlín y en plena era de la globalización, tuvo lugar en Río, veinte años después, la Conferencia sobre Medio Ambiente y Desarrollo (CNUMAD), bajo el influjo del informe Nuestro Futuro Común preparado en 1987 por la Comisión Mundial

---

[110] K. CONCA, «Greening the United Nations: environmental organisations and the UN system», *Third World Quarterly*, vol 16, n.º 3, 1995, p. 443.

[111] Citado por E. FOUÉRÉ, «Emerging trends in international environmental agreements», en J. E. CARROLL (ed), *International environmental diplomacy. The management and resolution of transfrontier environmental problems*, Cambridge University Press, Cambridge, 1988, p. 39.

[112] O. R. YOUNG, «Global Environmental Change and International Governance», en I. ROWLANDS y M. GREEN (eds.), *Global environmental change and international relations*, Macmillan/Millennium, Hampshire, 1992, p. 14.

del Medio Ambiente y el Desarrollo (también llamada Comisión Brundtland). La CNUMAD dejó claro que «las negociaciones ambientales ya no tienen que ver tan sólo con el medio ambiente». En efecto, «las cuestiones relacionadas con el desarrollo y concernientes a la pobreza, pautas de consumo y asentamientos humanos, están siendo consideradas juntamente con los temas ambientales, en esta nueva época del "desarrollo sostenible"»[113]. De esta forma, en Río, los países subdesarrollados se aseguraron que la crisis de la deuda, las barreras al comercio, los precios de las materias primas y otras cuestiones económicas que dificultan su desarrollo también estuvieran sobre la mesa de negociaciones.

De hecho, un buen número de autores sostienen que «si la CNUMAD tuvo éxito en algo fue en demostrar que el medio ambiente y el desarrollo están íntimamente relacionados»[114]. Todo ello contribuyó al cambio de enfoque que puede detectarse entre Estocolmo y Río. En efecto, durante los veinte años que separan a estas dos reuniones se recorrió el camino que separa una agenda, la de 1972, centrada en la contaminación transfronteriza, aérea y marina, que afectaba básicamente al norte, y la siguiente, la de los años noventa, dominada por el cambio climático, el agujero de la capa de ozono, la biodiversidad, la biotecnología y la desertización. Esto es, cuestiones menos regionales y más globales, menos de los estados desarrollados y más del conjunto del planeta (o directamente del sur). Dicho de otra forma, la aparición y entronización del concepto de desarrollo sostenible, así como la modificación de la agenda de la política internacional del medio ambiente permitió, por una parte, compatibilizar el discurso proteccionista de algunos estados del norte con el discurso del desarrollo emitido por los países del sur y, por otra, implicar a este último en la solución de problemas ecológicos comunes.

Río también supuso el crecimiento explosivo de la participación de las ONG en temas ambientales, incentivado por el propio proceso de preparación de la CNUMAD. Fue un proceso largo, con una alta visibilidad y plagado de oportunidades para la actividad de las ONG (la preparación de las comunicaciones nacionales, las reuniones regionales y las reuniones del comité preparatorio, por citar sólo algunos de los ejemplos más importantes).

En lo institucional, si el PNUMA fue el resultado de Estocolmo, Río alumbró el nacimiento de la Comisión para el Desarrollo Sostenible (CDS), con el mandato de coordinar las actividades sobre medio ambiente en Naciones Unidas y monitorizar la aplicación de là Agenda 21, un vastísimo plan de acción aprobado en Río y a implementar en los niveles internacional, estatal y local, que, a pesar de su buena acogida, no tiene carácter vinculante. El solapamiento de las tareas reservadas a ambas organizaciones ha sido motivo de confusiones y disfunciones múltiples. En lo tocante a logros sustantivos, Río arrojó un resultado mixto. Si bien es cierto que se consiguió abrir a la firma de los estados un convenio sobre el cambio climático y otro sobre la protección de la biodiversidad, también es verdad que ambos documentos requieren del desarrollo de protocolos para tener algún efecto relevante, así como tampoco se consiguió, por oposición del sur, adoptar un convenio sobre bosques (que se quedó en una "declaración *autoritativa*"). Así, ni la Declaración de Río

[113] Comisión Mundial del Medio Ambiente y el Desarrollo, *Nuestro Futuro Común*, Alianza Editorial, Madrid, 1989.

[114] CHASEK, *op. cit*, p. 205.

pudo convertirse en una Carta de la Tierra, gemela de la de San Francisco, ni la Agenda 21 pudo ser vinculante, ni se avanzó de forma suficientemente clara en el refuerzo de los mecanismos institucionales, ni en la búsqueda de nuevos recursos y mecanismos financieros, ni tampoco en la transferencia tecnológica. Río, por tanto, impulsó de forma muy significativa al medio ambiente hacia los puestos altos de la agenda internacional, pero no pudo cubrir las ambiciosas expectativas que muchos habían albergado, en especial en lo tocante a compromisos concretos para políticas determinadas.

Más recientemente, en 2002, tuvo lugar la Cumbre Mundial sobre Desarrollo Sostenible (CMDS) en Johannesburgo, convocada con el objetivo de revisar los éxitos y fracasos registrados desde la CNUMAD y, así, poder «señalar los progresos logrados y determinar las esferas en que es necesario redoblar los esfuerzos para ejecutar la Agenda 21 y los demás resultados de la Conferencia [de Río], así como las decisiones orientadas hacia la acción que fuera necesario adoptar», además de «examinar, en el marco de la Agenda 21, los nuevos problemas y oportunidades»[115].

Ahora bien, la CMDS no venía precedida únicamente de la CNUMAH y la CNUMAD. La puerta abierta por la Comisión Brundtland a la entrada del desarrollo en la agenda ambiental supuso que las grandes conferencias sobre desarrollo celebradas en los años inmediatamente anteriores a la reunión de Johannesburgo (la Cumbre del Milenio y Monterrey), así como las recientes negociaciones comerciales con vínculos más evidentes con éste asunto (Doha), condicionaran de forma muy evidente la Cumbre de 2002. Por otra parte, si bien la CNUMAH y la CNUMAD se habían dado en momentos en los que el contexto internacional apuntaba a un aumento de las oportunidades para la cooperación internacional, la CMDS se insertó en un contexto más conflictivo. En efecto, la distensión de los últimos años sesenta y primeros setenta y el fin de la guerra fría parecieron estimular en la sociedad internacional en general, y en el sistema de las Naciones Unidas en particular, la creencia de que eran posibles cambios de cierta profundidad en la relación entre estados, así como la perspectiva de la liberación de pingües cantidades de dinero que, procedentes de la industria militar, podrían destinarse a la empresa del bienestar y el medio ambiente (dividendos de la paz). En cambio, lejos ya el fin del enfrentamiento entre bloques, perdido el impulso generado por Río, descartados los dividendos de la paz, y en un marco de ejercicio unilateral de la hegemonía, de redoblamiento de los esfuerzos dirigidos hacia la seguridad y de aumento de la tensión internacional en general, la CMDS de Johanesburgo parecía nadar contracorriente.

En este contexto tuvo lugar la cumbre de Johannesburgo, definida por todos antes de su celebración como «la cumbre de la acción», vocación más que justificada, vistos los magros avances en el campo de la protección ambiental conseguidos desde Río. Como apuntaba un comunicado de prensa previo a la celebración de la CMDS: «determinada a superar una década de resultados decepcionantes en los esfuerzos para revertir la degradación ambiental, la CMDS empieza [...] con un fuerte énfasis en encontrar maneras de hacer las cosas»[116].

---

[115] «Examen decenal de los progresos logrados en la aplicación de los resultados de la Conferencia de las Naciones Unidas sobre el Medio Ambiente y el Desarrollo» (A/RES/55/199).

[116] «Johannesburg Summit to open on Monday with a focus on action», comunicado de prensa encontrado en el sitio web de NNUU para la conferencia (www.johannesburgsummit.org).

El trabajo de la Cumbre se estructuró en cinco áreas básicas (llamadas WEHAB, por sus siglas en inglés), que reflejan con nitidez el cambio sufrido por la agenda internacional del medio ambiente desde Estocolmo hasta Johannesburgo, a saber: agua y saneamiento; energía; salud y medio ambiente; agricultura; y biodiversidad y gestión de los ecosistemas. Esto es, prioridades principalmente del sur. No obstante, el grueso del tiempo se dedicó a discutir acerca de los que, ya antes del inicio de la conferencia, se habían identificado como los aspectos de más compleja negociación: el «establecimiento de nuevos objetivos y calendarios», «los aspectos vinculados al comercio y la financiación», lo referente a la globalización y el Protocolo de Kioto[117].

Finalmente, la Cumbre Mundial sobre Desarrollo Sostenible alumbró tres resultados concretos. Por una parte, los estados acordaron dos documentos de naturaleza distinta: una breve declaración política, llena de formulaciones generales, pero con elementos de interés (una defensa del multilateralismo que había encontrado reticencias en la negociación del otro gran texto de la Conferencia, por ejemplo), y un extenso «Plan de Implementación», que, sin ser vinculante, contiene objetivos con un grado de concreción variable e indicaciones sobre los medios de implementación fuertemente discutidas entre los actores estatales. Estos son los resultados llamados de «tipo I». Por otra parte, la CMDS acogió también la firma y el anuncio de más de 220 acuerdos de colaboración entre estados, empresas, universidades y fundaciones, conocidos como resultados de «tipo II», que deberían permitir la ejecución de proyectos concretos en los campos identificados como prioritarios por la CMDS, representando un total de unos 240 millones de euros[118]. Todo ello corrió en paralelo al incremento de la implicación del sector privado en los trabajos de la Cumbre. En efecto, la presencia de unas 700 empresas y unos 50 directores ejecutivos en las actividades paralelas a la CMDS puede indicar un aumento del interés, con motivaciones muy diversas, del sector de los negocios por las cuestiones relacionadas con el desarrollo sostenible. Está por ver cuáles van a ser los resultados concretos de todo ello. Sin embargo, recuérdese que tanto para Estocolmo como para Río se ha sostenido que, más que los acuerdos alcanzados en las reuniones, la mayor contribución de las mismas había consistido en aumentar la visibilidad de las cuestiones ambientales, facilitando así la adopción, *a posteriori*, de algunos acuerdos de cierta relevancia. Con mayor perspectiva, por tanto, será posible realizar un análisis más ajustado de las consecuencias de Johannesburgo 2002, a pesar de que los primeros indicios no parecen excesivamente positivos.

En suma, durante los treinta años que separan 1972 de 2002 el medio ambiente se ha insertado, no sin problemas y flaquezas, en la agenda internacional, produciéndose también una modificación del listado de prioridades que ha permitido que el sur participe del intento de regular, desde el ámbito internacional, las relaciones entre las sociedades y los sistemas ecológicos. Para acabar nos proponemos, justamente, efectuar una evaluación del grado de éxito del mencionado intento.

---

[117] Véase el documento «Press guide to the negotiations», en el sitio web de Naciones Unidas para la cumbre (www.johannesburgsummit.org).

[118] *With a sense of Urgency, Johannesburg Summit Sets an Action Agenda*, NNUU, 3 de septiembre de 2002. Véase sitio web de Naciones Unidas para la Cumbre (www.johannesburgsummit.org).

C) ¿ÉXITO O FRACASO DE LA POLÍTICA INTERNACIONAL DEL MEDIO AMBIENTE?

Cualquier evaluación debe empezar por explicitar los criterios y, ante todo, los puntos de referencia que la informan. Esto es, uno debe anunciar respecto de qué va a medir el éxito o fracaso de la política internacional del medio ambiente (o cualquiera de sus componentes: lluvia ácida, polución marina, biodiversidad, cambio climático, capa de ozono, desertización, etc.). Por ejemplo: ¿debe compararse lo hecho con lo que debería hacerse o con lo que hubiera ocurrido de no haberse hecho nada? Nótese que cualquiera de las dos aproximaciones requeriría de una extensa discusión y de un notable esfuerzo metodológico, de quererse abordar con todo el rigor necesario. Sirva esto para justificar la parquedad de nuestra evaluación, que pretende, más bien, dar la oportunidad de preguntarse por los factores causales que explican el diferente grado de desempeño de la sociedad internacional ante las diferentes cuestiones de la agenda.

CUADRO 6

Principales regímenes internacionales sobre medio ambiente y sus textos de referencia

Tema	*Convenios y protocolos*
Zonas húmedas	Convenio sobre zonas húmedas de importancia internacional (1971), Protocolo de enmienda del Convenio (1982).
Ozono	Convenio de Viena (1985), Protocolo de Montreal (1987), con las enmiendas de Londres (1990), Copenhague (1992), Montreal (1997) y Beijing (1999).
Movimientos transfronterizos de residuos peligrosos	Convenio de Base sobre el control de Movimientos Transfronterizos de Residuos Peligrosos y su deposición (1989), Protocolo sobre Responsabilidad y Compensación (1999).
Plan de Acción del Mediterráneo	Convenio para la Protección del Medio Ambiente Marino y la Región Costera del Mediterráneo (Convenio de Barcelona, 1976), revisado en 1995; Protocolo de vertidos, (1976), revisado en 1995; Protocolo de emergencias (1976); Protocolo Fuentes Terrestres (1980), enmendado el 1996; Protocolo de áreas especialmente protegidas (1982), revisado en 1995; *Offshore Protocol* (1994); Protocolo de Residuos Peligrosos (1996, aún no en vigor).
Cambio Climático	UNFCCC (1992), Protocolo de Kioto (1987).
Comercio internacional de especies en peligro	Convenio sobre el Comercio Internacional de Especies Protegidas (CITES, 1973).
Diversidad Biológica	Convenio sobre la Diversidad Biológica (1992), Protocolo de Cartagena sobre Bioseguridad (2000).
Lluvia ácida	Convenio sobre polución transfronteriza de largo alcance (Ginebra, 1979), Protocolo para el financiamiento a largo plazo del programa cooperativo para monitorizar y evaluar la transmisión a gran distancia de contaminantes del aire en Europa (EMEP, 1984), Protocolo sobre la reducción de emisiones de sulfuro o de sus flujos transfronterizos como mínimo en un 30 por 100 (1985), Protocolo de control de las emisiones de Óxidos de Nitrógeno o de sus flujos transfronterizos (1988), Protocolo sobre el control de emisiones de compuestos orgánicos volátiles (1991), Protocolo sobre mayores reducciones de emisiones de sulfuros (1994).

Fuente: Elaboración O. Costa.

Las experiencias de cooperación internacional en materia de medio ambiente, los regímenes ambientales, han funcionado de forma extremadamente desigual. No es posible emitir un juicio válido para el conjunto de la política internacional del medio ambiente (véase cuadro 6). Así, al lado de éxitos de consideración o éxitos razonables, como los regímenes para la protección de la capa de ozono y para la lucha contra la contaminación transfronteriza de larga distancia en Europa (asociado comúnmente con la lluvia ácida), encontramos acuerdos que no cuentan (quizás no cuentan *aún*) con la capacidad para frenar la degradación ambiental, como son los casos del régimen internacional sobre el cambio climático y el convenio de la biodiversidad. Entre ambos extremos se dan ejemplos de acuerdos que han funcionado bien durante una época pero han perdido empuje (el Plan de Acción para el Mediterráneo), que incentivaron la degradación de recursos durante una época y se convirtieron al conservacionismo más tarde (ballenas), que funcionan de forma aceptable pero únicamente en su muy limitado campo de acción (el CITES) y un amplio abanico de otras posibilidades.

En ocasiones, esta diversidad tiene que ver con la diferente naturaleza de los problemas ambientales. Así, si bien en algunos casos la solución pasa por una «simple» sustitución tecnológica (véanse, por ejemplo, los esfuerzos para la protección de la capa de ozono, que requerían únicamente encontrar y utilizar compuestos alternativos a los dañinos CFCs), en otros tantos el cambio a realizar es de mucho mayor calado e implica, por ejemplo, la modificación del modelo energético sobre el que se han asentado nuestras sociedades, como demuestran los intentos para frenar el cambio climático.

No obstante, la eficacia de los regímenes parece ser función de algunas otras variables clave. Primeramente, cabe mencionar la distribución de costes y beneficios entre estados. Es decir, el mayor o menor éxito de un régimen internacional en materia ambiental depende de qué estados asumen el grueso de los impactos positivos y negativos de las políticas generadas por la cooperación internacional y de la ausencia de políticas. Dicho de otro modo, la eficacia de un acuerdo tiene que ver con el reparto de la vulnerabilidad frente a la degradación ambiental y con el reparto de los costes de actuar para atajarla. Si entre los estados más interesados en el buen funcionamiento del régimen están aquellos que, además, disponen de más recursos de poder, es de prever que los acuerdos sean más rigurosos desde un punto de vista ambiental y que, además, se apliquen de forma más firme. Así, por ejemplo, el descubrimiento por parte de Alemania de la grave afectación que venía sufriendo la Selva Negra a causa de la lluvia ácida permitió que este país cambiara de posición y, a principios de la década de los ochenta, abandonara su tradicional oposición a un régimen contra la contaminación atmosférica transfronteriza en Europa y pasara a liderar el proceso de negociación. En otras palabras, la RFA se había dado cuenta de su vulnerabilidad ante la lluvia ácida, de forma que, de percibirse exclusivamente como victimaria ante sus países vecinos, pasó a considerarse a sí misma también como víctima. Ello, junto con su posición preponderante en la estructura del poder en Europa, facilitó sobremanera el desarrollo del mencionado régimen.

También en el caso de los esfuerzos para conformar un régimen contra el cambio climático se aprecia diáfanamente el papel del interés y el poder como factores explicativos del desarrollo de las negociaciones. El 4 de junio de 1992 se abrió a la firma de los Estados el Convenio Marco de las Naciones Unidas sobre Cambio

Climático (UNFCCC), que tiene por objetivo último «conseguir la estabilización de las concentraciones de gases de efecto invernadero [...] a un nivel que impida interferencias antropogénicas peligrosas en el sistema climático». Para ello, y fiel al principio de las «responsabilidades comunes pero diferenciadas», divide a los estados en dos grupos: los países del norte, sobre los que recae el mayor grado de compromiso, y los del sur, que deben recibir ayudas (financieras y tecnológicas) para hacer frente a los efectos del cambio climático. El UNFCCC, que no incluye ningún compromiso claro de limitación de las emisiones, sí acertó a iniciar una serie de reuniones de la Conferencia de las Partes (COP), para revisar los progresos realizados y evaluar la adecuación de las metas planteadas. Durante la COP-3 (1997) se adoptó el Protocolo de Kioto, después de un intenso debate articulado alrededor de los compromisos cuantitativos y de los «mecanismos de flexibilidad». A propósito de lo primero, el Protocolo compromete a los Estados del norte a reducir sus emisiones de gases de efecto invernadero en un 5,2 por 100 por debajo de los niveles de 1990 para los años 2008-2012, muy lejos de la disminución del 60 por 100 propuesta por los expertos. Empero, la cifra acordada esconde la existencia de compromisos diferenciados, de forma que mientras la UE debe reducir sus emisiones en un 8 por 100 (repartido desigualmente entre sus miembros), Islandia puede incrementarlas en un 10 por 100. Los EEUU se comprometieron a una disminución del 7 por 100. Para cumplir con estos compromisos, el Protocolo prevé que la contabilidad de las emisiones incluya las actividades que pueden retirar CO_2 de la atmósfera, llamadas sumideros y vinculadas, sobre todo, a la silvicultura y la agricultura. Asimismo, el Protocolo facilita su cumplimiento mediante tres mecanismos de flexibilidad; esto es, el comercio de emisiones, el mecanismo de desarrollo limpio y la implementación conjunta. El comercio de emisiones permitirá que los países del norte que «sobrereduzcan» puedan vender créditos de emisión a los que no lleguen a las reducciones acordadas. Existe el temor que los estados del este de Europa (por la precaria situación de su tejido industrial) vayan a reducir tanto sus emisiones que inunden el mercado de créditos. Por su parte, el mecanismo de desarrollo limpio permitirá a gobiernos o actores privados de países industrializados conseguir créditos de reducciones de emisiones invirtiendo en proyectos que reduzcan o prevengan emisiones en el sur. Finalmente, la implementación conjunta prevé que los países del norte adquieran unidades de reducción de emisiones invirtiendo en proyectos de reducción de emisiones en otros países industrializados, lo que también puede beneficiar a los países del este. Tanto los sumideros como los mecanismos de flexibilidad son objeto de duras críticas, políticas y científicas.

Para que el Protocolo entre en vigor son necesarias las ratificaciones de 55 estados que hayan accedido al UNFCCC, incluyendo países del norte que sumen el 55 por 100 de las emisiones de gases de efecto invernadero de este grupo en 1990. Así se impide que el Protocolo entre en vigor si no lo ratifican dos de los tres grandes emisores, a saber, EEUU, la UE y Rusia. Si bien la UE se ha mostrado siempre favorable a Kioto, los EEUU han anunciado que no lo ratificarán y Rusia está demorando este paso, de forma que se hace difícil pronosticar la suerte de un Protocolo que nació ya excesivamente débil y plagado de incertidumbres en sus detalles operativos. Especialmente relevantes han sido, en la gestación de esta precariedad, las reticencias de los EEUU, incluyendo su resistencia al establecimiento de objetivos cuantificables, su voluntad de ampliar al máximo las posibilidades contables de los sumideros y su vocación de desregular el funcionamiento de los mecanimos de flexibilidad, preocupado por los efectos que un régimen fuerte pudiera tener sobre su economía, muy intensiva en energía y en la que las empresas petroleras y del carbón desempeñan un papel destacado. En definitiva, el hecho de que Estados Unidos, que además de ser un estado poderoso es el principal emisor de gases de efecto invernadero, se haya opuesto a una aproximación ambiciosa al cambio climático ha dificultado muy mucho, y veremos si impedido, que el problema se encuentre, siquiera débilmente, en vías de solución.

En definitiva, las constelaciones de intereses, sobrepuestas a las estructuras de poder, condicionan de forma muy notable el grado de éxito de los esfuerzos para hacer frente a las problemáticas ecológicas que el conjunto de la sociedad internacional (y aquí los actores no-estatales y las organizaciones internacionales desempeñan un papel preponderante) ha definido como prioritarias. A saber: la protección de los bienes comunes (la atmósfera, los océanos, los recursos de agua dulce, las pesquerías y los bosques), los problemas derivados de la urbanización de la pobreza en el tercer mundo, la conservación de la biodiversidad, la gestión de los dilemas planteados por la biotecnología y los riesgos propios de los residuos tóxicos y peligrosos.

BIBLIOGRAFÍA DE CONSULTA

ARENAL, C. DEL, «La nueva sociedad mundial y las nuevas realidades internacionales: un reto para la teoría y para la política», *Cursos de Derecho Internacional y Relaciones Internacionales de Vitoria-Gasteiz 2001*, Servicio Editorial Universidad del País Vasco, 2002, pp. 17-86.

CASTELLS, M., *La era de la información. Economía, sociedad y cultura. Vol. 3. Fin de milenio*, Alianza, Madrid, 1998.

HELD, D. y MCGREW, A., *Globalización/Antiglobalización. Sobre la reconstrucción del orden mundial*, Paidós, Barcelona, 2003.

KALDOR, M., *Las nuevas guerras. Violencia organizada en la era global*, Tusquets, Barcelona, 2001 (edición en inglés, 1999).

KEGLEY Jr., C. W y WITTKOPF, E. R. (eds.), *The Global Agenda: Issues and Perspectives,* McGraw-Hill, Boston, 2001.

ORTEGA, A., *Horizontes cercanos. Guía para un mundo en cambio*, Taurus, Madrid, 2000.

SMOUTS, M.C., *Les nouvelles relations internationales. Pratiques et théories*, Presses de Sciences Po, París, 1998.

WHITE, B., LITTLE, R. y SMITH, M. (eds.), *Issues in World Politics*, Palgrave, Basingtoke, 2001.

LECTURAS COMPLEMENTARIAS

Nota introductoria: Las lecturas recogidas a continuación pretenden ofrecer una visión de temas destacados en la agenda internacional de la posguerra fría: mantenimiento de la paz, desarrollo sostenible, movimientos antiglobalización. Los tres temas citados son motivo de las tres primeras lecturas de esta sección. La primera de ellas es una selección de los aspectos más destacados del Programa de Paz, presentado en 1992, por el entonces secretario general de Naciones Unidas, Butros Gali.

La segunda lectura es el texto adoptado por los líderes mundiales reunidos en la Cumbre Mundial sobre Desarrollo Sostenible, celebrada en Johanesburgo en el año 2002, bajo los auspicios de las Naciones Unidas. La tercera lectura tiene un origen diferente, ya que no procede ni del ámbito institucional ni del ámbito gubernamental. Se trata del Manifiesto de Porto Alegre, adoptado por el Tercer Foro Social Mundial, celebrado en la ciudad brasileña de Porto Alegre en enero de 2003. Finalmente, el presente apartado de lecturas complementarias recoge otros dos textos, artículos periodísticos en este caso, que incitan, en nuestra opinión, a la reflexión en torno a una cuestión fundamental en la sociedad internacional: la cuestión del poder y de su ejercicio por parte de las potencias. Los textos, de William Pfaff y de Andrés Ortega, publicados respectivamente con motivo de las guerras que han enfrentado a Estados Unidos con Irak, en 1991 y en 2003, constituyen un material excelente para contrastar las lecciones contenidas en este libro.

LECTURA 1. Butros Butros Gali, *Un programa de paz. Diplomacia preventiva, establecimiento de la paz y mantenimiento de la paz. Informe del Secretario General presentado de conformidad con la declaración aprobada el 31 de enero de 1992 en la Reunión en la Cumbre del Consejo de Seguridad*, Naciones Unidas, Nueva York, 1992 (extractos). (Selec. por J. Sánchez.)

[…]

I. UN CONTEXTO EN EVOLUCIÓN

En los últimos años se ha derrumbado una inmensa barrera ideológica que durante decenios fue fuente de desconfianza y hostilidad; han caído también los terribles instrumentos de destrucción que eran sus compañeros inseparables. A pesar de que las cuestiones que separan a los Estados del Norte y del Sur se hacen cada vez más agudas y exigen ser estudiadas a los más altos niveles de gobierno, el mejoramiento de las relaciones entre los Estados del Este y del Oeste brinda nuevas posibilidades, algunas de ellas ya concretadas, para conjurar con éxito las amenazas que se ciernen sobre la seguridad común.

[…]

En estos momentos de renovada oportunidad, los esfuerzos de la Organización por consolidar la paz, la seguridad y la estabilidad deben englobar temas que trascienden las amenazas militares, para que sea posible romper las cadenas de los conflictos y las guerras que han caracterizado al pasado. […]

El mecanismo de seguridad de la Organización, que no había sido creado ni equipado para luchar contra las circunstancias que lo habían neutralizado, ha pasado a ser un instrumento central para prevenir y resolver los conflictos y para preservar la paz. Nuestros objetivos deben ser los siguientes:

— Tratar de determinar, en sus comienzos mismos, las situaciones que pudieran ocasionar conflictos y, por conducto de la diplomacia, tratar de eliminar las fuentes de peligro antes de que estalle la violencia;

— En los casos en que se desencadene un conflicto, tomar medidas de establecimiento de la paz para resolver todos los problemas que haya ocasionado el conflicto;

— Mediante actividades de mantenimiento de la paz, tratar de preservar la paz, por frágil que sea, en los casos en que se haya puesto fin a la lucha y ayudar a aplicar los acuerdos a que hayan llegado los encargados de establecer la paz;

— Estar dispuestos a ayudar a consolidar la paz en sus distintos contextos restableciendo las instituciones y la infraestructura de las naciones devastadas por la guerra y los conflictos civiles, y creando vínculos de beneficios mutuos en tiempo de paz entre las naciones antes en guerra;

— En la perspectiva más global, tratar de poner fin a las causas más hondas de los conflictos: la desesperación económica, la injusticia social y la opresión política. En la actualidad se discierne una percepción moral cada vez más generalizada que une a las naciones y a los pueblos del mundo y que encuentra expresión en normas internacionales de derecho, muchas de las cuales deben su génesis a la labor de esta Organización.

[...]

La piedra angular de esta labor es y debe seguir siendo el Estado. El respeto de su soberanía e integridad fundamentales es crítico en todo progreso internacional común. No obstante, ha pasado ya el momento de la soberanía absoluta y exclusiva; su teoría nunca tuvo asidero en la realidad. Hoy deben comprenderlo así los gobernantes de los Estados y contrapesar las necesidades de una buena gestión interna con las exigencias de un mundo cada vez más interdependiente.

II. Definiciones

Las expresiones «diplomacia preventiva», «establecimiento de la paz» y «mantenimiento de la paz» están vinculadas de manera integral. A los fines de su utilización en el presente informe se definen de la siguiente manera:

— Por *diplomacia preventiva* se entienden las medidas destinadas a evitar que surjan controversias entre dos o más partes, a evitar que las controversias existentes se transformen en conflictos y evitar que éstos, si ocurren, se extiendan.

— Por *establecimiento de la paz* se entienden las medidas destinadas a lograr que las partes hostiles lleguen a un acuerdo, fundamentalmente por medios pacíficos como los previstos en el Capítulo VI de la Carta de las Naciones Unidas.

— Por *mantenimiento de la paz* se entiende el despliegue de una presencia de las Naciones Unidas en el terreno, hasta ahora con el consentimiento de todas las partes interesadas y, como norma, con la participación de personal militar o policial de las Naciones Unidas y, frecuentemente, también de personal civil.

[...]

En el presente informe se tratará, asimismo, el concepto críticamente vinculado a los anteriores de *consolidación de la paz* después de los conflictos, vale decir las medidas destinadas a individualizar y fortalecer las estructuras que tiendan a reforzar y consolidar la paz a fin de evitar una reanudación del conflicto. [...]

III. Diplomacia preventiva

El empleo más conveniente y eficaz de la diplomacia consiste en mitigar las tensiones antes de que produzcan un conflicto o, si surge el conflicto, en actuar con rapidez para contenerlo y resolver sus causas. La diplomacia preventiva puede ser función del Secretario General, personalmente o mediante funcionarios superiores u organismos especializados y programas, del Consejo de Seguridad o de la Asamblea General, así como de las organizaciones regionales en cooperación con las Naciones Unidas. La diplomacia preventiva requiere medidas encaminadas a crear confianza, precisa una alerta temprana basada en la reunión de información y en misiones investigadoras oficiosas u oficiales, y puede entrañar también un despliegue preventivo y, en algunas situaciones, zonas desmilitarizadas. [...]

IV. Establecimiento de la paz

Entre las tareas de tratar de prevenir conflictos y de mantener la paz, figura la obligación de procurar que las partes hostiles lleguen a un acuerdo por medios pacíficos. En el capítulo VI de la Carta hay una amplia lista de tales medios de resolución de conflictos. [...] Si algunos conflictos han quedado sin resolver, no ha sido porque no se conocieran técnicas de arreglo pacífico ni porque tales técnicas fueran inadecuadas. El fallo se ha debido, en primer lugar, a la falta de voluntad política de las partes para buscar una solución a sus controversias por los medios sugeridos en el Capítulo VI de la Carta y, en segundo lugar, a la falta de autoridad de que dispone un tercero si se opta por ese procedimiento. [...]

La actual disposición del Consejo de Seguridad a resolver las controversias internacionales del modo previsto en la Carta ha allanado el camino a un papel más activo del Consejo. [...]

La Corte Internacional de Justicia

La Corte Internacional de Justicia ha visto aumentar su labor, pero sigue siendo un recurso insuficientemente utilizado para resolver las controversias por medios pacíficos. Una mayor confianza en la Corte contribuiría notablemente a la labor pacificadora de las Naciones Unidas. [...]

Mejoramiento de la situación mediante la prestación de asistencia

El establecimiento de la paz se facilita a veces con medidas internacionales encaminadas a mejorar las circunstancias que hayan contribuido al surgimiento de una controversia o conflicto. Si, por ejemplo, la prestación de asistencia a las personas desplazadas dentro de una sociedad es fundamental para lograr una solución, las Naciones Unidas deben poder valerse de todos los organismos y programas pertinentes. [...]

Uso de la fuerza militar

El concepto de seguridad colectiva consagrado en la Carta exige que, si no dan resultado los medios pacíficos, se empleen las medidas previstas en el Capítulo VII, si así lo decide el Consejo de Seguridad, para mantener o restablecer la paz y la seguridad internacionales frente a toda «amenaza a la paz, quebrantamiento de la paz o acto de agresión». Hasta ahora, el Consejo no ha hecho uso de la más coercitiva de esas medidas: la acción mediante una fuerza militar, prevista en el artículo 42. [...]

Aunque esa acción sólo debe iniciarse si han fracasado todos los medios pacíficos, la posibilidad de recurrir a ella es esencial para que se pueda dar crédito a las Naciones Unidas como garantes de la seguridad internacional. [...]

Unidades de resguardo de la paz

La misión de las fuerzas que se establecieran en virtud del artículo 43 sería reaccionar ante toda agresión abierta, inminente o real. Es poco probable que pueda disponerse de esas fuerzas en un futuro cercano. A menudo se acuerdan cesaciones del fuego que no se cumplen y a veces se ha pedido a las Naciones Unidas que envíen fuerzas para restablecer y mantener la cesación del fuego. En algunos casos esa tarea puede rebasar la misión de las fuerzas de mantenimiento de la paz y las expectativas de los países que aportan tales fuerzas. Recomiendo que el Consejo considere la posibilidad de utilizar unidades de resguardo de la paz en circunstancias claramente definidas y con mandatos especificados de antemano. [...]

V. Mantenimiento de la paz

Se podría decir acertadamente que el mantenimiento de la paz es un concepto inventado por las Naciones Unidas que ha permitido llevar una medida de estabilidad a numerosas zonas de tensión en todo el mundo.

Aumento de la demanda

Entre 1947 y 1987 se organizaron 13 operaciones de mantenimiento de la paz; desde entonces ha habido otras 13. Hasta enero de 1992 se calculaba que 528.000 personas habían prestado servicios bajo la bandera de las Naciones Unidas en calidad de personal militar, personal de policía y personal civil. Más de 800 de ellas, procedentes de 43 países, han muerto al servicio de la Organización. Hasta 1992, el total de gastos de estas operaciones ascendía a 8.300 millones de dólares. Las sumas adeudadas en relación con esas operaciones ascienden a más de 800 millones de dólares, que representan la deuda que tienen la Organización con los países que aportan contingentes. Se calcula que el costo de las operaciones de mantenimiento de la paz aprobadas hasta el presente es de cerca de 3.000 millones de dólares en el período de doce meses en curso; las modalidades de pago son inaceptablemente lentas. En comparación con esa cifra, los gastos de defensa mundiales a fines del último decenio eran de cerca de un billón de dólares al año, o sea, de dos millones de dólares por minuto.

El contraste entre el costo de las actividades de mantenimiento de la paz por las Naciones Unidas y el costo de la alternativa, la guerra, al igual que el contraste entre lo que se pide a la Organización que haga y los medios que se le proporcionan para ello, serían risibles si las consecuencias no fueran tan perniciosas para la estabilidad mundial y para el prestigio de la Organización. [...]

Las demandas de operaciones de mantenimiento y consolidación de la paz que recaerán sobre las Naciones Unidas en los próximos años seguirán poniendo a prueba la capacidad, la voluntad política y financiera y la creatividad de la Secretaría y de los Estados Miembros. Al igual que el Consejo de Seguridad, celebro que haya aumentado el número de operaciones de mantenimiento de la paz y que se haya ampliado el alcance de sus tareas.

Nuevos criterios en materia de mantenimiento de la paz

El carácter de las operaciones de mantenimiento de la paz ha evolucionado rápidamente en los últimos años. Los principios y las prácticas de mantenimiento de la paz establecidos han respondido con flexibilidad a las nuevas demandas, y las condiciones fundamentales para el éxito siguen siendo las mismas: un mandato claro y viable; la cooperación de las partes en la ejecución de dicho mandato; el apoyo constante del Consejo de Seguridad; la buena disposición de los Estados Miembros para aportar el personal militar, de policía y civil necesario, incluidos los especialistas; mecanismos eficaces de mando de las Naciones Unidas en la Sede y en el terreno, y apoyo financiero y logístico suficiente. [...]

VI. Consolidación de la paz después de los conflictos

Para que las operaciones de establecimiento y mantenimiento de la paz tengan verdadero éxito, deben comprender intensas actividades encaminadas a individualizar y apoyar las estructuras tendentes a consolidar la paz y crear una sensación de confianza y bienestar en el pueblo. En el marco de los acuerdos encaminados a poner fin a contiendas civiles, esas actividades pueden abarcar el desarme de las partes anteriormente en conflicto y el restablecimiento del orden, la custodia y posible destrucción de armas, la repatriación de refugiados, el apoyo en materia de preparación y adiestramiento de personal de seguridad, la observación de elecciones, la adopción de medidas para proteger los derechos humanos, la reforma o el fortalecimiento de las instituciones gubernamentales y la promoción de procesos tradicionales y no tradicionales de participación política. [...]

Al pasar revista a la gama de actividades en pro de la paz, el concepto de consolidación de la paz como creación de un nuevo clima debe verse como la contraparte de la diplomacia preventiva, que tiene por objeto evitar el quebrantamiento de las condiciones de paz. Cuando estalla el conflicto, entran en juego las actividades de establecimiento y mantenimiento de la paz que se refuerzan mutuamente. Una vez que esas actividades han logrado sus objetivos, la única manera de dar una base duradera a la paz así obtenida es desarrollar, aunadamente, una labor sostenida para hacer frente a problemas básicos de tipo económico, social, cultural y humanitario. [...]

La autoridad del sistema de las Naciones Unidas para actuar en esa esfera se basaría en el consenso de que la paz social es tan importante como la paz estratégica o política. [...]

[...]

X. Un programa de paz

Las naciones y los pueblos de las Naciones Unidas hemos tenido una buena fortuna que no tuvieron los de la Sociedad de Naciones. Se nos ha dado una segunda oportunidad, que a ellos se les negó, de crear el mundo previsto en nuestra Carta. Con el fin de la guerra fría nos hemos alejado del borde de un enfrentamiento que amenazaba al mundo y, muchas veces, paralizaba a nuestra Organización. [...]

Nunca más deberá el Consejo de Seguridad perder el carácter colegiado que es esencial para su funcionamiento adecuado, atributo que ha ganado después de tantas vicisitudes. Su labor debe regirse por un genuino sentido de consenso derivado de intereses compartidos y no por la amenaza de veto ni por el poder de un grupo dado de naciones. Se sobreentiende, por tanto, que el acuerdo de los miembros permanentes debe contar con el claro apoyo de los demás miembros del Consejo y, en general, de los Estados Miembros, para que las decisiones del Consejo sean eficaces y perduren. [...]

Para que perdure la democracia dentro de las naciones es indispensable el respeto de los derechos humanos y las libertades fundamentales, como se establece en la Carta. Son indispensables también una comprensión y un respeto más profundos de los derechos de las minorías y de las necesidades de los grupos más vulnerables de la sociedad, especialmente de las mujeres y los niños. Ésta no es sólo una cuestión política. La estabilidad social necesaria para un crecimiento productivo es fruto de condiciones en las que la población puede expresar su voluntad sin traba alguna. Para ello, es básico que existan sólidas instituciones de participación a nivel interno. Promover esas instituciones equivale a promover la participación de los no organizados, los pobres y los marginados en la adopción de decisiones. Con ese fin, las Naciones Unidas deben centrarse «en el terreno», en los lugares en que se apliquen las decisiones económicas, sociales y políticas. [...]

Al igual que es vital que cada uno de los órganos de las Naciones Unidas emplee su capacidad de la forma equilibrada y armoniosa prevista en la Carta, ni el sistema de Naciones Unidas ni los gobiernos, por sí solos, pueden lograr la paz, en el sentido más amplio del término. En esa tarea deben participar también las organizaciones no gubernamentales, las instituciones académicas, los parlamentarios, los círculos comerciales y profesionales, los medios de información y el público en general. De esa forma se robustecerá la capacidad de la Organización mundial de reflejar las preocupaciones e intereses de todos los sectores en ella representados, y los que participen más de cerca podrán dar a conocer las iniciativas de las Naciones Unidas y crear una comprensión más profunda de su labor. [...]

LECTURA 2. Declaración de Johannesburgo sobre el Desarrollo Sostenible, adoptada en la Cumbre Mundial sobre Desarrollo Sostenible, celebrada en Johannesburgo (Sudáfrica) del 26 de agosto al 4 de septiembre de 2002. Publicada en el sitio web oficial de la Cumbre de Johannesburgo (http://www.un.org/spanish/conferences/wssd/).

Desde nuestros orígenes hasta el futuro

1. Nosotros, los representantes de los pueblos del mundo, reunidos en la Cumbre Mundial sobre el Desarrollo Sostenible en Johannesburgo, Sudáfrica, del 2 al 4 de septiembre de 2002, reafirmamos nuestro compromiso con el desarrollo sostenible.

2. Nos comprometemos a levantar una sociedad mundial humanitaria, equitativa y bondadosa, consciente de la necesidad de la dignidad humana de todos.

3. Al comienzo de la Cumbre, los niños del mundo, hablando con voz simple y clara, nos han dicho que el futuro les pertenece a ellos y, en consecuencia, nos han desafiado a todos nosotros a que velemos por que, merced a nuestros actos, ellos puedan heredar un mundo libre de la indignidad y la indecencia causadas por la pobreza, la degradación ambiental y las pautas de desarrollo insostenible.

4. Como parte de nuestra respuesta a estos niños, que representan nuestro futuro colectivo, todos nosotros, oriundos de todas las comarcas de la tierra, condicionados por distintas experiencias de la vida, nos hemos unido, conmovidos por un sentido profundo de que necesitamos urgentemente crear un mundo nuevo y más luminoso, donde haya esperanza.

5. Por consiguiente, asumimos la responsabilidad colectiva de promover y fortalecer los pilares interdependientes y sinérgicos del desarrollo sostenible —desarrollo económico, desarrollo social y protección ambiental— en los planos local, nacional, regional y mundial.

6. Desde este continente, cuna de la humanidad, declaramos, mediante el Plan de Aplicación de las Decisiones de la Cumbre Mundial sobre el Desarrollo Sostenible y la presente Declaración, la responsabilidad que tenemos hacia nuestros semejantes, hacia nuestros hijos y hacia la comunidad toda de los seres vivos.

7. Reconociendo que la humanidad se encuentra en una encrucijada, nos hemos unido con la determinación común de realizar un esfuerzo resuelto por responder positivamente a la necesidad de formular un plan práctico y visible que permita lograr la erradicación de la pobreza y el desarrollo humano.

De Estocolmo a Río de Janeiro a Johannesburgo

8. Hace treinta años, en Estocolmo, nos pusimos de acuerdo sobre la urgente necesidad de responder al problema del deterioro del medio ambiente. Hace diez años, en la Conferencia de las Naciones Unidas sobre el Medio Ambiente y el Desarrollo, celebrada en Río de

Janeiro, convinimos en que la protección del medio ambiente, el desarrollo social y el desarrollo económico eran fundamentales para lograr el desarrollo sostenible basado en los Principios de Río. Para alcanzar este objetivo aprobamos el programa mundial titulado «Programa 21» y la Declaración de Río sobre Medio Ambiente y el Desarrollo, respecto de los cuales reafirmamos nuestro compromiso.

La Conferencia de Río constituyó un hito importante que estableció un nuevo plan de acción para el desarrollo sostenible.

9. En el intervalo entre la Conferencia de Río y la de Johannesburgo, las naciones del mundo se han reunido en varias grandes conferencias bajo los auspicios de las Naciones Unidas, incluidas la Conferencia Internacional sobre la Financiación para el Desarrollo y la Conferencia Ministerial de Doha. Estas conferencias delinearon a los ojos del mundo el panorama del futuro de la humanidad.

10. En la Cumbre de Johannesburgo hemos realizado una valiosa labor al reunir una variada gama de pueblos y opiniones en una búsqueda constructiva del camino común hacia un mundo que respete y ponga en práctica el concepto del desarrollo sostenible. La Cumbre de Johannesburgo ha confirmado asimismo el importante progreso realizado hacia la consecución de un consenso mundial y una alianza entre todos los pueblos del planeta.

Los grandes problemas que debemos resolver

11. Reconocemos que la erradicación de la pobreza, la modificación de pautas insostenibles de producción y consumo, la protección y ordenación de la base de recursos naturales para el desarrollo social y económico son objetivos primordiales y requisitos fundamentales de un desarrollo sostenible.

12. La profunda fisura que divide a la sociedad humana entre ricos y pobres así como el abismo cada vez mayor que separa al mundo desarrollado del mundo en desarrollo representan una grave amenaza a la prosperidad, seguridad y estabilidad mundiales.

13. El medio ambiente mundial sigue deteriorándose. Continúa la pérdida de biodiversidad; siguen agotándose las poblaciones de peces; la desertificación avanza cobrándose cada vez más tierras fértiles; ya se hacen evidentes los efectos adversos del cambio del clima; los desastres naturales son más frecuentes y más devastadores, y los países en desarrollo se han vuelto más vulnerables, en tanto que la contaminación del aire, el agua y los mares sigue privando a millones de seres humanos de una vida decente.

14. La globalización ha agregado una nueva dimensión a estos problemas. La rápida integración de los mercados, la movilidad del capital y los apreciables aumentos en las corrientes de inversión en todo el mundo han creado nuevos problemas y oportunidades para la consecución del desarrollo sostenible. Pero los beneficios y costos de la globalización no se distribuyen de forma pareja y a los países en desarrollo les resulta especialmente difícil responder a este reto.

15. Corremos el riesgo de que estas disparidades mundiales se vuelvan permanentes y, si no actuamos de manera que cambiemos radicalmente sus vidas, los pobres del mundo pueden perder la fe en sus representantes y en los sistemas democráticos con los cuales estamos comprometidos, y empezar a sentir que sus representantes vienen a ser sólo metal que resuena o címbalo que retiñe.

Nuestro compromiso con el desarrollo sostenible

16. Estamos resueltos a velar por que nuestra rica diversidad, fuente de nuestra fuerza colectiva, sea utilizada en una alianza constructiva para el cambio y para la consecución del objetivo común del desarrollo sostenible.

17. Reconociendo la importancia de crear solidaridad humana, exhortamos a que se fomenten el diálogo y la cooperación entre las civilizaciones y los pueblos del mundo, independientemente de consideraciones de raza, discapacidad, religión, idioma, cultura o tradición.

18. Nos felicitamos de que la Cumbre de Johannesburgo haya centrado la atención en la indivisibilidad de la dignidad humana y estamos resueltos, mediante la adopción de decisiones sobre objetivos, calendarios y asociaciones para la colaboración, a aumentar rápidamente el acceso a servicios básicos como el suministro de agua potable, saneamiento, vivienda adecuada, energía, atención de la salud, seguridad alimentaria y protección de la biodiversidad. Al mismo tiempo colaboraremos para ayudarnos unos a otros a tener acceso a recursos financieros, beneficiarnos de la apertura de mercados, lograr la creación de capacidad, utilizar la tecnología moderna para lograr el desarrollo y asegurarnos de que haya transferencia de tecnología, desarrollo de los recursos humanos, educación y capacitación a fin de erradicar para siempre el subdesarrollo.

19. Reafirmamos nuestra promesa de hacer especial hincapié en la lucha contra las condiciones mundiales que representan graves amenazas al desarrollo sostenible de nuestra población y darle prioridad. Entre estas condiciones cabe mencionar: el hambre crónica, la malnutrición, la ocupación extranjera, los conflictos armados, los problemas del tráfico ilícito de drogas, la delincuencia organizada, la corrupción, los desastres naturales, el tráfico ilícito de armas, la trata de personas, el terrorismo, la intolerancia y la incitación al odio racial, étnico, religioso y de otra índole, la xenofobia y las enfermedades endémicas, transmisibles y crónicas, en particular el VIH/sida, el paludismo y la tuberculosis.

20. Nos hemos comprometido a asegurar que la potenciación y emancipación de la mujer y la igualdad de los sexos sean integradas en todas las actividades abarcadas por el Programa 21, los objetivos de desarrollo del Milenio y el Plan de Aplicación de las Decisiones de la Cumbre.

21. Reconocemos la realidad de que la sociedad global tiene los medios y está dotada de los recursos para recoger los retos de la erradicación de la pobreza y el logro del desarrollo sostenible a que hace frente toda la humanidad. Unidos tomaremos las medidas adicionales para velar por que estos recursos disponibles sean aprovechados en beneficio de toda la humanidad.

22. A este respecto, a fin de contribuir a la consecución de nuestras metas y objetivos de desarrollo, instamos a los países desarrollados que no lo hayan hecho a que hagan esfuerzos concretos por alcanzar los niveles internacionalmente convenidos de asistencia oficial para el desarrollo.

23. Celebramos y apoyamos la aparición de agrupaciones y alianzas regionales más fuertes, como la Nueva Alianza para el Desarrollo de África, para promover la cooperación regional, una mayor cooperación internacional y el desarrollo sostenible.

24. Seguiremos prestando especial atención a las necesidades de desarrollo de los pequeños Estados insulares en desarrollo y los países menos adelantados.

25. Reafirmamos el papel vital de las poblaciones indígenas en el desarrollo sostenible.

26. Reconocemos que el desarrollo sostenible exige una perspectiva a largo plazo y una amplia participación en la formulación de políticas, la adopción de decisiones y la aplicación a todos los niveles. Como colaboradores sociales, seguiremos bregando por la formación de asociaciones estables con todos los grandes grupos, respetando el importante papel independiente que desempeña cada uno de ellos.

27. Hemos convenido que en la realización de sus actividades legítimas el sector privado, incluidas tanto las grandes empresas como las pequeñas, tiene el deber de contribuir a la evolución de comunidades y sociedades equitativas y sostenibles.

28. También hemos convenido en prestar asistencia a fin de aumentar las oportunidades de empleo generador de ingresos, teniendo en cuenta la Declaración de Principios de la Organización Internacional del Trabajo relativa a los Derechos Fundamentales en el Trabajo.

29. Hemos convenido en que es necesario que las empresas del sector privado cumplan la obligación de rendir cuentas, rendición que ha de tener lugar en un entorno reglamentario transparente y estable.

30. Nos comprometemos a fortalecer y mejorar la gobernanza en todos los planos para lograr la aplicación efectiva del Programa 21, los objetivos de desarrollo del Milenio y el Plan de Aplicación de las Decisiones de la Cumbre.

El multilateralismo es el futuro

31. Para lograr nuestros objetivos de desarrollo sostenible, necesitamos instituciones internacionales y multilaterales más eficaces, democráticas y dispuestas a rendir cuentas.

32. Reafirmamos nuestra adhesión a los principios y propósitos de la Carta de las Naciones Unidas y al derecho internacional así como al fortalecimiento del multilateralismo. Apoyamos la función rectora de las Naciones Unidas que, por ser la organización más universal y representativa del mundo, es la más indicada para promover el desarrollo sostenible.

33. Nos comprometemos además a vigilar periódicamente el avance en la persecución de nuestros objetivos y metas de desarrollo sostenible.

Cómo lograrlo

34. Estamos de acuerdo en que debe ser éste un proceso inclusivo, con intervención de todos los grandes grupos y Gobiernos que participaron en la histórica Cumbre de Johannesburgo.

35. Nos comprometemos a trabajar juntos, unidos por la determinación común de salvar a nuestro planeta, promover el desarrollo humano y lograr la prosperidad y la paz universales.

36. Nos comprometemos a cumplir el Plan de Aplicación de las Decisiones de la Cumbre Mundial sobre el Desarrollo Sostenible y a acelerar la consecución de los objetivos socioeconómicos y ambientales en los plazos que allí se fijan.

37. Desde el continente africano, cuna de la humanidad, prometemos solemnemente a los pueblos del mundo y a las generaciones que heredarán la tierra, que estamos decididos a velar por que se haga realidad nuestra esperanza colectiva de un desarrollo sostenible.

LECTURA 3. «Manifiesto de Porto Alegre. Llamamiento de los movimientos sociales», adoptado por el Tercer Foro Social Mundial, celebrado en Porto Alegre (Brasil) del 23 al 28 de enero de 2003. Publicado en el sitio web del Foro Social Mundial http://www.forumsocial mundial.org.br

Nos hemos reunido en Porto Alegre bajo la sombra de una crisis global. Las beligerantes intenciones del gobierno de los Estados Unidos en su determinación de lanzar una guerra contra Irak son una grave amenaza para todos nosotros y una dramática manifestación de los vínculos que existen entre militarismo y dominación económica.

Al mismo tiempo, la globalización neoliberal está en crisis: la amenaza de una recesión global es permanente; los escándalos de corrupción en las grandes compañías son noticia cotidiana y nos muestran la realidad del capitalismo.

Las desigualdades sociales y económicas se acrecientan amenazando la estructura de nuestras sociedades, nuestras culturas, nuestros derechos y nuestras vidas.

La biodiversidad, el aire, el agua, los bosques, el suelo y el mar son usados como mercancías y están en venta.

Todo esto amenaza nuestro futuro. ¡Y en consecuencia nos oponemos!

Por nuestro futuro común

Somos los movimientos sociales que luchamos en el mundo entero contra la globalización neoliberal, la guerra, el racismo, las castas, la pobreza, el patriarcado y toda forma de discriminación y exclusión: económica, étnica, social, política, sexual o de género. Luchamos en todo el mundo por la justicia social, por los derechos ciudadanos, la democracia participativa, los derechos universales y el derecho de los pueblos a decidir sobre su propio futuro.

Somos partidarios de la paz, de la cooperación internacional y de una sociedad sustentable que responda a las demandas de los pueblos en los campos de sus necesidades alimentarías, de vivienda, salud, educación, información, agua, energía, transporte público y derechos humanos. Somos solidarios con la lucha de las mujeres contra la violencia social y patriarcal. Apoyamos la lucha de los campesinos, trabajadores, movimientos populares urbanos y de todos aquellos amenazados por la inminencia de la pérdida de sus casas, trabajo, tierra y derechos.

Somos millones los que hemos manifestado en las calles afirmando que otro mundo es posible.

Nunca fue esto más cierto ni más urgente.

¡No a la guerra!

Los movimientos sociales estamos contra la militarización, el crecimiento de las bases militares y la represión estatal que genera multitud de refugiados y criminaliza a los movimientos sociales y a los pobres.

Estamos contra la guerra en Irak, los ataques contra los pueblos palestino, chechenio y kurdo, las guerras en Afganistán, en Colombia, en África y la creciente amenaza de guerra en Corea. Nos oponemos a la agresión económica y política que sufre Venezuela y el bloqueo político y económico impuesto a Cuba por el gobierno estadounidense. Estamos en contra de todo tipo de acciones militares y económicas diseñadas para imponer el modelo neoliberal y socavar la soberanía y la paz de los pueblos del mundo.

La guerra se ha transformado en una parte estructural y permanente de la dominación global, la fuerza militar se usa para controlar pueblos y recursos estratégicos como el petróleo. El gobierno de los Estados Unidos y sus aliados están imponiendo la guerra como la forma cada vez más común de resolver conflictos. Asimismo, denunciamos el intento deliberado del imperialismo de acrecentar los conflictos religiosos, étnicos, raciales, tribales, aumentando las tensiones y los enfrentamientos en todo el mundo para favorecer sus egoístas intereses.

La opinión pública mundial se opone en su mayoría a la próxima guerra en Irak.

Llamamos a todos los movimientos sociales y fuerzas progresistas a apoyar, participar y organizar protestas en todo el mundo contra esa guerra el próximo día 15 de febrero. Estas protestas están siendo planificadas y coordinadas por quienes se oponen a la guerra en treinta de las mayores ciudades del mundo.

Desbaratemos los planes de la OMC

La Organización Mundial de Comercio (OMC), el Acuerdo de Libre Comercio de las Américas (ALCA) y la proliferación de acuerdos regionales y bilaterales, tales como el Acuerdo para el crecimiento y comercio en África (AGOA) y los acuerdos de libre comercio propuestos para Centro América, son usados por las corporaciones transnacionales para promover sus intereses, dominar nuestras economías y forzar un modelo de desarrollo que empobrece a nuestras sociedades. En nombre de la liberalización del mercado el pueblo ve negado sus elementales derechos y cada aspecto de la vida y de la naturaleza en venta. Las multinacionales agroindustriales tratan de imponer los OGM en todo el mundo; a la gente que padece el SIDA y otras pandemias en África y otros lugares se les niega el acceso a los medicamentos genéricos baratos. Además, los países del sur están atrapados en el interminable ciclo de la deuda que los obliga a abrir sus mercados y a exportar sus riquezas.

En este año nuestras campañas contra la OMC, el ALCA y los acuerdos de libre comercio crecerán en magnitud y repercusión. Haremos una campaña que detenga y revierta la liberalización de la agricultura, el agua, la energía, los servicios públicos y las inversiones y permita que los pueblos recuperen la soberanía sobre sus países, sus recursos, sus culturas, sus conocimientos y sus economías.

Nos solidarizamos con los campesinos mexicanos que afirman «el campo no aguanta más» y con el espíritu de sus luchas y nos movilizaremos local, nacional e internacionalmente para desbaratar los planes de la OMC y el ALCA. Apoyamos el movimiento que en el mundo entero lucha por la soberanía alimentaria y contra los modelos neo-liberales tanto en la agricultura como en la producción y distribución de alimentos. En concreto, organizaremos en todo el mundo protestas masivas durante la celebración del quinto encuentro ministerial de la OMC que se celebrará en Cancún, México, en septiembre de 2003, así como también durante la celebración, en octubre de este mismo año, de la reunión ministerial del ALCA en Miami, EEUU.

Por la cancelación de la deuda

La completa e incondicional cancelación de la deuda del tercer mundo es un prerrequisito para lograr la plena satisfacción de los más elementales derechos humanos. Apoyaremos a todo país deudor que desee dejar de pagar su deuda externa y los que se nieguen a aplicar los programas de ajuste estructural impuestos por el FMI.

Siglos de explotación de los pueblos del tercer mundo, de sus recursos y de su medio ambiente les otorga a éstos el derecho a una reparación y hace que nos preguntemos «quién debe a quién?». Sobre estos ejes se organizarán las campañas y las importantes movilizaciones que se llevarán a cabo en el 2003: G8 (Evian, junio), OMC (Cancún, septiembre) y durante el encuentro anual del FMI y Banco Mundial (Washington, septiembre).

Nos oponemos al G8

Llamamos a todos los movimientos sociales y fuerzas progresistas a que formen parte de esta movilización para denunciar la ilegitimidad y para rechazar las políticas que el G8 se propone debatir en Evian, Francia, entre el 1 y el 3 de junio de 2003. Esta movilización se realizará en todo el mundo incluyendo un encuentro internacional en Evian: una contracumbre, un campamento alternativo y una gran manifestación internacional.

Mujeres promoviendo la igualdad

Formamos parte de las acciones que promueven los movimientos de mujeres el 8 de marzo, día internacional de la lucha contra la violencia, el patriarcado y por su igualdad social y política.

En solidaridad

Llamamos a todas las fuerzas progresistas, a los movimientos y a las organizaciones del mundo entero a manifestar solidaridad con los pueblos palestino, venezolano, boliviano y otros que están padeciendo graves crisis en este mismo momento.

Fortalezcamos la red mundial de movimientos sociales

El año pasado, durante el Foro Social Mundial en Porto Alegre, aprobamos una declaración que definió nuestros objetivos, nuestras luchas, y la forma de construir nuestras alianzas. El espíritu de este documento está vivo e inspirará nuestras próximas movilizaciones.

Desde entonces, el mundo ha cambiado muy rápidamente y sentimos la necesidad de dar un paso más en nuestros procesos de decisión, en nuestra coordinación y en nuestras alianzas para articular y desarrollar una agenda amplia, combativa, democrática, plural, internacionalista, feminista, no discriminatoria y anti-imperialista.

Queremos construir ahora un marco referencial que articule nuestros análisis y nuestros compromisos con nuestras movilizaciones. Esto requiere la participación activa de todos los movimientos recordando siempre que los movimientos sociales son independientes de los gobiernos y de los partidos políticos (conforme a la carta de principios del FSM) así como el respeto a la autonomía de las diferentes organizaciones. Este marco de referencia se fortalecerá con la contribución de los diversos actores sociales y las experiencias y la práctica social compartidas. Además deberá estar de acuerdo con las diversas formas de expresión política y de organización de los movimientos sociales y respetar la diversidad de ideologías y de culturas.

Sentimos la necesidad de construir una red de movimientos que dé respuestas, que sea flexible y sustentable y al mismo tiempo amplia y transparente y cuya responsabilidad consista en enriquecer este proceso, alimentarlo, promover su diversidad y que asegure la necesaria coordinación. Los objetivos de la red serán incentivar a los movimientos de todos los continentes a que se involucren en un debate político más profundo, facilitar acciones comunes y fortalecer la iniciativa de actores concretos que luchen por sus intereses sociales. Su trabajo tendrá que ser al mismo tiempo horizontal y efectivo.

Para lograr estos objetivos proponemos conformar un grupo de contacto que sirva de recurso e instrumento para nuestras movilizaciones internacionales incluyendo la preparación de encuentros, la promoción del debate y de la democracia a través de un sitio web y de listas de correo electrónico. Este grupo de contacto se establecerá por un período de 6 a 12 meses y se basará en la experiencia de los promotores de la red de movimientos sociales y populares existentes en Brasil. Este acuerdo es transitorio y destinado a asegurar la continuidad. La principal tarea de este grupo provisional es facilitar el debate, de modo que los movimientos sociales de todo el mundo, puedan definir procedimientos concretos de trabajo conjunto. Se trata de un proceso en marcha. La primera evaluación de este nuevo grupo de contacto tendrá lugar durante las reuniones que la red de movimientos sociales va a realizar en septiembre de 2003 contra la OMC en Cancún. La asamblea de los movimientos sociales realizará una segunda evaluación durante el FSM que se espera se celebre en la India en 2004.

Entre otras cosas la evaluación considerará la eficiencia de la coordinación realizada y buscará nuevas formas de fortalecerla. Además, considerará cómo continuar el proceso de un año a otro y cómo incluir en la red movimientos nacionales, regionales y campañas temáticas. Mientras tanto es necesario desarrollar, un amplio debate en el seno de las organizaciones, campañas y redes para articular las propuestas y lograr así una estructura más representativa y permanente.

En los próximos meses tendremos muchas ocasiones para experimentar y construir este procedimiento por medio de las campañas y de las movilizaciones que conforman nuestra agenda común.

Llamamos a todos las redes, a todos los movimientos populares y sociales para que firmen esta declaración en el plazo de dos meses.

LECTURA 4. W. Pfaff, «El poder y el sentido de una superpotencia» [«The Might, and Sense, of a Superpower»], *The International Herald Tribune*, 14 de diciembre de 1990. (Trad. por E. Barbé.)

¿Es todavía Estados Unidos una superpotencia? Ésta es una pregunta simple que invita a una respuesta polémica. Sin embargo, merece esa respuesta.

¿Qué es una superpotencia? Obviamente, un país que posee excelentes recursos materiales, industriales y militares, tal y como ocurre en el caso de los Estados Unidos. Así como un país que cree que su sociedad es un modelo para las demás. Los americanos lo creen así. Sin embargo, el elemento operativo para ser una superpotencia es la voluntad y la capacidad para usar el poder imponiendo un cierto orden en la escena internacional, y además poder costeárselo.

América poseía esas cualidades en el pasado. Pagó para reconstruir la Europa de posguerra y para crear una alianza global contra la Unión Soviética. Fue a la guerra, con pocas ganas pero de modo resuelto, en Corea y en Vietnam. La opinión pública y la del gobierno estaban de acuerdo en lo fundamental, en lo que había que hacer y en que había que afrontar su coste. Incluso cuando la opinión pública se mostró contraria a la guerra de Vietnam, las dudas se centraron en las posibilidades de cumplir los objetivos propuestos, pero en ningún caso se dudó de lo correcto de dichos objetivos.

Ahora bien, en este momento, los diarios conservadores de Gran Bretaña y de Francia escriben que está resquebrajándose el nervio de América. La prensa israelí habla de «Múnich», en el caso de que los Estados Unidos no entren en guerra con Irak. Estas críticas se basan en encuestas que indican que el público americano es reacio a seguir al presidente Bush a la guerra. Asimismo, dichas críticas ven como un gran fracaso para la voluntad de superpotencia de los Estados Unidos el hecho de que el gobierno estadounidense pida que otros paguen una intervención en el Golfo decidida por Washington; se supone que las superpotencias deberían pagar su propia política. Y todavía encuentran un indicador más de la reluctancia de América para defender su papel de superpotencia en el punto muerto que se ha producido entre el Congreso y la administración Bush en torno a las medidas fiscales y presupuestarias apropiadas para mantener el liderazgo económico mundial de los Estados Unidos.

La política del presidente en el Golfo comenzó con una mezcla de superpotencia y de ambición, como si los Estados Unidos debieran y pudieran imponer su opinión a todo el mundo. El público americano apoyó en gran medida al presidente Bush hasta que éste tomó la decisión, en noviembre pasado, de reforzar las tropas expedicionarias de Estados Unidos en el Golfo con otros 200.000 hombres. Esto hizo, de golpe, que la guerra pareciera no sólo plausible, sino también probable.

La situación es fluida, pero el 15 de enero es la fecha en la que Bush tendrá que hacer frente no sólo al ejército iraquí sino también a una crisis de opinión pública en su país.

Su conducta se ha caracterizado por la escalada continua, adoptando objetivos y promesas más allá de lo esencial, creando una situación en la cual se consideraría un fracaso de los Estados Unidos todo lo que no fuera la retirada incondicional de Irak del territorio de Kuwait, el derrocamiento de Sadam Husein y la eliminación de la capacidad iraquí para producir armas de destrucción masiva.

La resistencia del público a apoyar la política de Bush es interpretada por los críticos como una evidencia de la poca disposición popular a compartir las responsabilidades del liderazgo mundial. También se puede explicar como una respuesta razonable frente a los hechos. El combatir porque sí no es un criterio necesario para ser superpotencia. La inteligencia pública no es automáticamente equivalente a falta de nervio.

El poder en cantidad adecuada es suficiente para crear una superpotencia, siempre que el país esté dispuesto a usar dicho poder. Un país puede tener un gran poder pero no usarlo, como es el caso de Japón en la actualidad. Un país puede disponer de poder pero no poder usarlo a causa de las divisiones internas de opinión. Eso es lo que los críticos dicen de América en este momento. El desafío seguramente es usar el poder bien, de tal modo que despierte el apoyo popular en el propio país y el respeto en el extranjero.

No es irrazonable preguntarse si el público americano realmente quiere pagar por el papel mundial que se ha asignado. Todo ello se explica por el fracaso del líder nacional, incapaz de definir una política —el papel de superpotencia— atractiva para conseguir el apoyo del público. Las políticas sólidas unifican a la opinión pública. Bush no tuvo problemas con el apoyo público para emitir sanciones contra Irak o para defender Arabia Saudí. Fue la guerra lo que hizo vacilar a la población. Es una reacción perfectamente lógica, incluso en una superpotencia.

LECTURA 5. A. Ortega, «El Imperio Global», *El País*, 21 de marzo de 2003.

Poco después de llegar a la Casa Blanca, el presidente George W. Bush se propuso dejar atrás la posguerra fría. Lo está logrando, aunque el mundo no haya llegado a un nuevo orden, sino más bien a un nuevo desorden. Si Clinton se identificó con la globalización, Bush lo hace con la idea del Imperio.

La guerra de Irak, tras la de Afganistán, marca el nacimiento del primer imperio con alcance global, pero también de un mundo más inestable y más peligroso, carente de un sistema de gobernanza colectiva, pues la ONU ha quedado tocada al dejar Estados Unidos en la cuneta al Consejo de Seguridad.

El sistema de Naciones Unidas estuvo pensado para un mundo multipolar que pronto cayó en la bipolaridad de la guerra fría. Ésta tuvo un efecto estructurador. Está por demostrar que la fase imperial logre tal estabilidad. Estados Unidos, que se ha granjeado más enemigos por la mala gestión diplomática de esta crisis, va a necesitar de la ayuda de la ONU y de la UE cuando llegue la hora de la reconstrucción de Irak.

Bush no se imaginaba que el 11 de septiembre iba a acelerar a Estados Unidos en el camino imperial. La persecución de Al Qaeda ha llevado a Estados Unidos a sembrar de bases buena parte de Asia central. Y ahora, con la ocupación de Irak, se convierte en potencia militar asiática, presente desde el Mediterráneo hasta Corea y Japón, lo que suma a su condición de europea y americana. Tiene una posición única para intentar definir un nuevo orden, regional en Oriente Próximo y Asia central, y mundial con el control del petróleo y la OPEP.

En esta visión, las instituciones internacionales y las alianzas existentes cuentan menos, pues como señalara el secretario de Defensa, Donald Rumsfeld, ahora «es la misión la que determina la coalición», y no al revés. Justo cuando la OTAN se hace global, de la mano de las tensiones en las relaciones transatlánticas, entra en crisis de identidad.

En este enfoque hay una constante previa a Irak, que se plasmó en la nueva Doctrina de Seguridad Nacional, que aboga no sólo por la guerra preventiva —que en Irak puede marcar un peligroso precedente para futuras acciones de EEUU y de otros países—, sino por evitar que surja ninguna potencia capaz de rivalizar con EEUU. Rumsfeld la planteó, en un principio, para el control del espacio, pero ahora ha bajado a la tierra.

Tras estos movimientos hay un objetivo, nada colateral sino central, muy presente en la campaña electoral de Bush: rodear a China, la única potencia capaz de hacerle sombra a EU en el horizonte de dos décadas o menos.

Aunque la conversión de la UE en Europa-potencia haya sufrido un serio revés, la actual unipolaridad del mundo puede durar menos de lo que se piensa. Pocas potencias han acumulado tal grado de poder en la historia como EEUU, y cuando lo han hecho ha sido para mundos más reducidos. Estados Unidos puede aspirar a seguir siendo potencia hegemónica o preponderante. Pero el mundo se resiste a la unipolaridad. El pos-Iraq —pues esta guerra marca un comienzo tanto como un final—, como también la lucha contra la proliferación de armas de destrucción masiva y el terrorismo global, obligan a EEUU a una mayor colaboración internacional.

EEUU acentúa su condición de potencia exenta de los nuevos desarrollos del derecho internacional, al quedarse al margen del Protocolo de Kioto, de la Corte Penal Internacional o de la prohibición de minas antipersonas y de las pruebas nucleares. Parece, así, haber, al menos, dos mundos: uno dispuesto a compartir soberanía, en la mejor línea de la UE; otro reticente, como Estados Unidos o China, y un tercero que ha llegado a la condición de Estado sólo en nombre, y no en la realidad. Paradójicamente, Bush, que criticó la política de su predecesor de construcción de Estados (*nation-building*), ahora la hace suya al convertirse el fracaso de algunos de ellos en fuente de peligros y amenazas. En el caso de Iraq, el ataque puede desestabilizar el país. Como en Bosnia, Kosovo o Afganistán, EEUU puede verse obligado a mantener una presencia militar duradera.

Como señala Philip Bobbitt, «la creación de un nuevo orden implicará una serie de guerras que marcan época (*epochal wars*) comparables a las que siguieron a la caída del Imperio Romano». Las de Afganistán y la de Irak pueden ser vistas en esta línea.

Esta guerra no deja de ser un ataque de un Estado (apoyado por algún aliado) contra otro, sin tomar en cuenta esos nuevos actores que son las redes criminales globales, de la que Al Qaeda es la más famosa, y para luchar contra las cuales ni la llamada comunidad internacional ni el imperio están bien preparados. La *pax americana* no está garantizada. Habrá que reinventar instituciones de gobernanza global. Y, mientras tanto, utilizar y remozar las existentes.

PÁGINAS WEB EN RELACIONES INTERNACIONALES

Nota introductoria: Las páginas web se han convertido en un instrumento fundamental para los estudiantes en Relaciones Internacionales. La razón es muy evidente. Nos enfrentamos a una disciplina en la que los datos cambian día a día y los hechos se producen en puntos alejados del planeta. Al mismo tiempo, la red nos permite familiarizarnos, de manera fácil y rápida, con el trabajo que se realiza en marcos académicos afines (universidades, centros de investigación). Evidentemente, antes de la existencia de Internet, los especialistas en Relaciones Internacionales trabajaban regularmente. Internet no es el único instrumento de trabajo —los libros y las revistas especializadas constituyen la base fundamental de toda formación— pero abre posibilidades al estudiante inquieto (deseoso de estar siempre al corriente del último dato económico o de la última resolución del Consejo de Seguridad de Naciones Unidas). A continuación se incluye una lista de páginas web, en la que el estudiante podrá encontrar unas primeras referencias para iniciarse en el estudio de las Relaciones Internacionales. La lista, sistematizada, incluye grandes temas de estudio (actores internacionales, paz y conflictos, pobreza y desarrollo, agenda global), recursos informativos, revistas y, finalmente, centros de investigación en Relaciones Internacionales en nuestro país.

1. ACTORES

1.1. ORGANIZACIONES INTERNACIONALES

Buscador de organizaciones internacionales gubernamentales
http://www.libsci.sc.edu/bob/IGOs.htm
Asociación de Naciones del Sur-este Asiático (ASEAN)
http://www.asean.or.id
Banco Mundial
http://www.worldbank.org
Centro de Información del G8
http://www.g7.utoronto.ca/
Consejo de Europa
http://www.coe.fr/index.asp
Cooperación Económica en Asia Pacífico (APEC)
http://www.apecsec.org.sg/
Unión Europea (UE)
http://europa.eu.int
Fondo Monetario Internacional (FMI)
http://www.imf.org
Grupo de los 77
http://www.g77.org/
Liga árabe
http://www.arab.de/arabinfo/league/htm

Mercado Común de América del Sur (MERCOSUR)
http://www.mercosur.com/
Movimiento de Países no-alineados (MNA)
http://www.nonaligned.org/
Organización de Cooperación y Desarrollo Económicos (OCDE)
http://www.oecd.org
Organización de la Conferencia Islámica (OCI)
http://www.oic-oci.org/
Organización de las Naciones Unidas (ONU)
http://www.un.org
Organización de los Estados Americanos (OEA)
http://www.oas.org/
Organización de los Países Exportadores de Petróleo (OPEP)
http://www.opec.org
Organización del Tratado del Atlántico Norte (OTAN)
http://www.nato.int
Organización Mundial del Comercio (OMC)
http://www.wto.org/
Tratado de Libre Comercio de América del Norte (TLC)
http://www.nafta.sec-alena.org/
Tribunal Penal Internacional (TPI)
http://www.un.org/law/icc/

1.2. Organizaciones no gubernamentales

Buscador de ONG de más de 130 países
http://www.idealist.org/
Coordinadora de ONGD para el Desarrollo España
http://www.congde.org/
Amnistía Internacional
http://www.amnesty.org/
Comité Internacional de la Cruz Roja
http://www.icrc.org
Fundación Nobel
http://www.nobel.se
Greenpeace
http://www.greenpeace.org
Intermón-OXFAM
http://www.oxfam.org
Medicos Sin Fronteras
http://www.msf.org

1.3. Empresas transnacionales

Multinational Monitor
http://www.essential.or/monitor/
Revista Fortune
http://www.fortune.com/fortune

2. RECURSOS INFORMATIVOS

2.1. Redes de Información

International Security Network
http://www.isn.ethz.ch/
Portal de información sobre todos los Estados y las Organizaciones Internacionales.
http://www.politicalresources.net/
Portal de información sobre relaciones internacionales
http://www.sosig.ac.uk/politics/international_relations/
Virtual Library: International Affairs Resources
http://www.etown.edu/vl

2.2. Información sobre países

CIA World Factbook
http://www.cia.gov/cia/publications/factbook/
Country Indicators for Foreign Policy (CIFP)
http://www.carleton.ca/cifp/

2.3. Textos y documentos

Colección de Tratados de Naciones Unidas
http://untreaty.un.org/
Multilaterals Project
http://fletcher.tufts.edu/multilaterals.html

3. REVISTAS

European Journal of International Relations
http://www.sagepub.com/journal.aspx?pid=192
Foreign Affairs
http://www.foreignaffairs.org
Foreign Policy
http://www.foreignpolicy.org
International Security
http://mitpress.mit.edu/catalog/item/default.asp?ttype=4&tid=26
International Studies Quarterly
http://www.jstor.org/journals/00208833.html
Politique Étrangère
http://www.ifri.org/frontDispatcher/ifri/publications/politique_etrangere
Política Exterior
http://www.politicaexterior.com/
World Politics
http://www.muse.jhu.edu/journals/world_politics

4. PAZ Y CONFLICTOS

Campaña Internacional para la prohibición de Minas
http://www.icbl.org
Carnegie Endowment for International Peace
http://www.ceip.org/
Cold War International History Project (CWHIP)
http://www.cwhip.si.edu/default.htm
Groupe de Recherche et Information sur la Paix et la Sécurité (GRIP)
http://www.grip.org/
Conflicts Data Service (ICORE)
http://www.incore.ulst.ac.uk/cds/countries/
International Crisis Group (ICG)
http://www.intl-crisis-group.org/
Institute for Global Cooperation and Conflict (IGCC)
http://www-igcc.ucsd.edu/
Institute for Security Studies (ISS)
http://www.iss-eu.org/
Operaciones de mantenimiento de la Paz de Naciones Unidas
http://www.un.org/Depts/dpko/dpko/home.shtml
Stockholm International Peace Research Institute (SIPRI)
http://www.sipre.se/projects/Milex/introduction

5. POBREZA Y DESARROLLO

Centre for Development and Population Activities
http://www.cedpa.org
Comité de Ayuda al Desarrollo de la OCDE
http://www.oecd.org/dac
Earth Council
http://www.ecocouncil.ac.cr
Institute of Development Studies
http://www.ids.ac.uk
International Institute for Sustainable Development
http://iisd1.iisd.ca
North South Institute
http://www.nsi-ins.ca
PovertyNet
http://www.worldbank.org/poverty/
Programa de las Naciones Unidas para el Desarrollo (UNDP)
http://www.undp.org/
Women in Development Network
http://www.focusintl.com/widnet.htm

6. AGENDA GLOBAL

6.1. GLOBALIZACIÓN

Commission on Global Governance
http://www.cgg.ch

Globalisation
http://www.journoz.com/global/
Global Policy Forum
http://www.globalpolicy.org

6.2. Derechos humanos

Portal de recursos sobre derechos humanos
http://www.pangea.org/ddhh/
Academic Info: Human Rights
http://www.academicinfo.net/human.html
Freedom House
http://www.freedomhouse.org
Human Rights Watch
http://www.hrw.org

6.3. Medio Ambiente

Centre for International Earth Science Information
http://www.ciesin.org/
Programa de Naciones Unidas para el Medio Ambiente (UNEP)
http://www.unep.org/
World Resources Institute
http://www.wri.org/wri
Worldwatch Institute
http://www.worldwatch.org

6.4. Población y refugiados

Alto Comisionado para los Derechos Humanos de Naciones Unidas
http://www.unhchr.ch
Demographic and Population Resources
http://www.pstc.brown.edu/resources.html
Popnet
www.popnet.org
United Nations Population Network
http://www.un.org/popin/

6.5. Terrorismo

Terrorism
www.cdiss.org
Terrorism research centre
www.terrorism.com

7. CENTROS DE INVESTIGACIÓN EN ESPAÑA

Centro de Investigación para la Paz (CIP)
http://www.cip.fuhem.es/
Escola de Cultura de Pau
http://www.pangea.org/unescopau/
Fundación CIDOB
http://www.cidob.org/
Grupo de Estudios Estratégicos (GEES)
http://www.gees.org/primera.htm
Institut Universitari d'Estudis Europeus (IUEE)
http://www.uab.es/iuee
Instituto Complutense de Estudios Internacionales,
http://www.ucm.es/info/icei/
Instituto de Cuestiones Internacionales y de Política Exterior
http://www.incipe.org/
Instituto de Estudios sobre Conflictos y Acción Humanitaria
http://www.iecah.org/
Real Instituto Elcano
http://www.realinstitutoelcano.org/